国家幼儿教师资格证考试专用教材

保教知识与能力
考点精练与备考指南

主　编　王先达
副主编　全晓燕　叶圣军
　　　　熊灿灿

复旦大学出版社

图书在版编目(CIP)数据

保教知识与能力·考点精练与备考指南/王先达主编. —上海:
复旦大学出版社,2016.11(2022.8重印)
全国学前教育专业(新课程标准)"十三五"规划教材
ISBN 978-7-309-12598-6

Ⅰ.保… Ⅱ.王… Ⅲ.学前教育-幼教人员-资格考试-自学参考资料 Ⅳ.G61

中国版本图书馆 CIP 数据核字(2016)第 242093 号

保教知识与能力·考点精练与备考指南
王先达 主编
责任编辑/朱建宝

复旦大学出版社有限公司出版发行
上海市国权路 579 号　邮编:200433
网址:fupnet@fudanpress.com　http://www.fudanpress.com
门市零售:86-21-65102580　团体订购:86-21-65104505
出版部电话:86-21-65642845
上海新艺印刷有限公司

开本 890×1240　1/16　印张 23.75　字数 731 千
2016 年 11 月第 1 版
2022 年 8 月第 1 版第 4 次印刷
印数 10 301—11 400

ISBN 978-7-309-12598-6/G·1648
定价:55.00 元

如有印装质量问题,请向复旦大学出版社有限公司出版部调换。
版权所有　侵权必究

前　言

2011年,是中国首次开展全国教师资格统一考试的第一年,到如今,全国统考已经遍及所有省份。自此以后,凡要成为一名中小学和幼儿园教师,都必须参加全国统考,简称国考。

教师资格证国考以来,特别是前几年先行试点的省份,通过率并不高,尤其是社会考生。虽然有的在校生特别是师范院校的在校生的通过率比社会考生高很多,但每年还是有一定比例的考生未能通过。

作为学前教育专业的老师,希望自己教的学生能在短时间内一次性通过教师资格证考试是我们的目标。纵观目前出版的正式或非正式的各种教师资格证复习用书或练习,尚没有一种能让我们比较满意。有的书未能围绕考纲来编写,有的书虽然围绕考纲来编写但过于简略,无法应对国考。有的书太拘泥于考纲,结果不少真题却在考纲上找不到,对于考生备考来说反而容易失分。还有的书的作者没有深入研究国考或没有高校教学经验,甚至不是学前教育专业的教师。总之,目前市场上众多的国考复习用书,高质量的很少。那些低质量的复习用书通过大量广告宣传来吸引考生购买,或用名人当挂名主编或顾问,并未真正参与编写或审稿。

复旦大学出版社在出版学前教育专业教材和考试用书方面积累了丰富经验。基于高校学前教育专业的教学以及对幼儿园一线教师的调研,我们组建了专门的编写小组,立志编写一本能让考生在短时间内迅速通过教师资格证考试的书,这是我们编写本书的初衷。为了编好本书,从策划、立项到正式出版将近2年。我们在考察大量同类书的基础上,形成了本书的编写特色。

在编写启动前,我们组建了经验丰富、专业性强的编写队伍。本书的主编、副主编,都有20多年的学前教育专业的教学与科研经验,也有在幼儿园脱产跟岗教研的经历,更有与各种类型幼儿园教师考试有关的考试命题与阅卷,或题库编写与审稿经验。本书的编写吸纳了他们参加各类幼儿园教师考试命题、阅卷、面试考官的经验,又基于在校应届生与幼儿园在职老师的备考现状。同时,结合他们多年主编或参编各类学前教育教材、专著等的编书经验。

本书的编写人员有:福建幼儿师范高等专科学校王先达、叶圣军、肖英娥、谢冰清、王笑梅、王雪梅、吴梦希,川南幼儿师范高等专科学校全晓燕、夏蔚、黄琼慧,南昌师范高等专科学校熊灿灿、胡凤平,山东英才学院贾红梅,马鞍山师范高等专科学校戴明丽,长沙职业技术学院王意纳,山东女子学院王淑芹。全书框架和策划由王先达主编完成,全晓燕、叶圣军、熊灿灿为副主编,夏蔚、谢冰清也参与了部分的统稿工作。

本书根据考试大纲分模块编写,采用利于备考、符合记忆规律的编写体例,期望考生迅速掌握复习内容。本书分为三部分,第一部分是"考点知识点精要解读与过关自测"就是具体的复习资料,这部分依据考试标准的内容模块和考试大纲的内容分成7个模块。每个模块的编写结构是【模块考试大纲】、【本章考试大纲】、【本节考试大纲】、【历年真题再现】、【本节备考指导】、【命题考点精讲】、【本节考点知识点小结】、【本节过关自测】,这样的编写结构能让考生提高复习效率。各个结构的内涵是:

【模块考试大纲】:让考生整体了解本模块中考试大纲的内容,使之有整体印象。

【本章考试大纲】:每个模块下面包括多章,与本章内容有关的考试大纲内容。

【本节考试大纲】:每章下面分为多节,涉及本节内容的考试大纲用考点知识点逐一列出,这个是历年真题命题的来源最多的。

【历年真题再现】:呈现与本节内容相关的历年真题,让考生明白考点及题型。

【本节备考指导】:提醒注意事项,解读高频考点,呈现易错与易混内容,让考生对本节内容有整体把握。

【命题考点精讲】:是每节的中心内容,采用精要式、要点式的讲解或分析,有血有肉地展现本节的知识内容,快速掌握相关章节主要内容。

【本节考点知识点小结】:更简洁地归纳本节内容,提纲挈领,让考生复习、回忆内容要点。

【本节过关自测】:根据本节考点知识点编写,附有参考答案,让考生对本节的内容进行练习,检测本节的学习掌握情况。

第二部分是全真模拟试卷,让考生能有更真实的备考、应考的经验积累。

第三部分是历年真题和答案,让考生对近几年真题的题型、难度、内容分布等有切实的感受,这样复习起来更有方向。同时,让考生对真题有更多的研究和思考,也对复习效果进行检测。但限于篇幅,这部分内容以扫二维码的形式呈现。

我们希望考生基于本书特色进行科学复习,但提醒考生不局限于本书,学会为己所用。由于本书作者来自不同高校,经验也不尽相同,因此,编写的内容难免会有疏漏或错误。我们在编写时借鉴了已有的一些参考资料,在此对原作者或编者表示感谢。读者如有任何问题,欢迎发邮件到主编邮箱:448980755@qq.com。

编 者
2016年10月10日

目 录

第一部分 考点知识点精要解读与过关自测

模块一 学前儿童发展

第一章 儿童发展基本知识与理论 ……………………………………………………… 3
第一节 婴幼儿发展概述 / 3
第二节 儿童发展理论主要流派 / 7
第三节 婴幼儿身心发展的年龄阶段特征与发展趋势 / 13

第二章 幼儿生理发展基本规律、特点与教育 ………………………………………… 17
第一节 幼儿身体发育的特点与保育 / 17
第二节 幼儿动作发展的基本规律和特点与教育 / 25

第三章 幼儿心理发展基本规律、特点与教育 ………………………………………… 28
第一节 幼儿认知发展——感知 / 28
第二节 幼儿认知发展——记忆 / 36
第三节 幼儿认知发展——想象 / 41
第四节 幼儿认知发展——思维 / 45
第五节 幼儿注意的发展 / 50
第六节 幼儿言语的发展 / 56
第七节 幼儿情绪情感发展 / 61
第八节 幼儿个性与社会性发展 / 66
第九节 幼儿发展的个体差异性与教育 / 73

第四章 儿童发展的基本研究方法与应用 ……………………………………………… 78
第一节 儿童发展的基本研究方法 / 78
第二节 儿童发展的研究方法的应用 / 82

第五章 幼儿身心发展中的问题、障碍与预防 ………………………………………… 85
第一节 幼儿身体发育中易出现的问题、障碍与预防 / 85
第二节 幼儿心理发展中易出现的问题、障碍与预防 / 88

模块二 学前教育原理

第一章 教育概述 …………………………………………………………………………… 92
第一节 教育的本质 / 92
第二节 教育的目的和作用 / 94
第三节 教育与政治、经济和人的发展的关系 / 96

第二章　幼儿教育概述 ········· 100
第一节　幼儿教育的性质和意义 / 100
第二节　我国幼儿教育的目的和任务 / 102

第三章　中外幼儿教育简史 ········· 106
第一节　中外幼儿教育发展简史 / 106
第二节　中外著名教育家儿童教育思想 / 107

第四章　学前教育基本原则和幼儿园教育特点 ········· 115
第一节　学前教育的基本原则 / 115
第二节　幼儿园教育的基本特点 / 120

第五章　幼儿园的班级管理 ········· 123
第一节　幼儿园班级管理的目的和意义 / 123
第二节　幼儿园班级管理的内容与方法 / 126

第六章　教育部颁布的主要幼教法规的主要内容及解读 ········· 130
第一节　《幼儿园教育指导纲要(试行)》主要内容及解读 / 130
第二节　《3～6岁儿童学习与发展指南》主要内容及解读 / 136
第三节　《幼儿园工作规程》主要内容及解读 / 142

第七章　我国幼儿教育的改革动态与发展趋势 ········· 149
第一节　我国幼儿教育的改革动态 / 149
第二节　我国幼儿教育的发展趋势 / 151

模块三　生活指导

第一章　幼儿园一日生活 ········· 154
第一节　幼儿园一日生活的主要环节 / 154
第二节　幼儿园一日生活的教育意义 / 158

第二章　幼儿生活常规教育与习惯培养 ········· 160
第一节　幼儿生活常规教育的要求 / 160
第二节　幼儿良好生活、卫生习惯的培养 / 162

第三章　幼儿身体保健知识 ········· 165
第一节　幼儿卫生保健常规 / 165
第二节　疾病预防 / 168
第三节　幼儿营养 / 176

第四章　幼儿安全教育 ········· 182
第一节　幼儿园常见的安全问题和处理方法 / 182
第二节　突发事件的应急处理方法 / 192

模块四　环境创设

第一章　幼儿园环境创设的原则和基本方法 …… 196
- 第一节　幼儿园环境创设的意义与原则 / 196
- 第二节　幼儿园环境创设的基本方法 / 199

第二章　幼儿园的活动区 …… 202
- 第一节　幼儿园常见活动区的功能 / 202
- 第二节　幼儿园活动区的设置 / 205

第三章　幼儿园的心理环境 …… 210
- 第一节　心理环境对幼儿发展的影响 / 210
- 第二节　幼儿心理环境的创设 / 212

第四章　幼儿园与家庭、社区的共育 …… 215
- 第一节　幼儿园与家庭、社区的共育的重要性 / 215
- 第二节　与家长沟通和交流的基本方法 / 219
- 第三节　幼儿园与小学的衔接 / 222

模块五　游戏活动的指导

第一章　幼儿游戏概述 …… 227
- 第一节　幼儿游戏的基本特征与分类 / 227
- 第二节　各类幼儿游戏的特点与主要功能 / 232

第二章　幼儿游戏指导 …… 238
- 第一节　各年龄阶段幼儿的游戏特点 / 238
- 第二节　各类游戏的指导 / 240

模块六　教育活动的组织与实施

第一章　幼儿园教育活动方案的设计 …… 247
- 第一节　幼儿园教育内容的选择 / 247
- 第二节　幼儿园教育活动目标的确定 / 249
- 第三节　幼儿园教育活动方案的设计 / 251

第二章　幼儿园领域教育的基本知识与方法 …… 254
- 第一节　幼儿健康教育 / 254
- 第二节　幼儿语言教育 / 266
- 第三节　幼儿社会教育 / 274
- 第四节　幼儿科学教育 / 282
- 第五节　幼儿艺术教育 / 291

第三章　幼儿园领域教育的整合 …… 299
- 第一节　整合各领域教育的意义和特点 / 299
- 第二节　综合教育活动的设计与实施 / 304

第四章 活动中的师幼互动与个别指导 311
- 第一节 活动中的师幼互动方式 / 311
- 第二节 活动中的个别指导 / 313

模块七 教育评价

第一章 幼儿园教育评价的目的与方法 315
- 第一节 幼儿园教育评价的目的与方法 / 315
- 第二节 幼儿园教育评价的反思与建议 / 316

第二章 幼儿园教育的评价 319
- 第一节 幼儿园保教活动的评价 / 319
- 第二节 幼儿园教育活动的评价 / 321

第二部分　国家教师资格统一考试《保教知识与能力》(幼儿园)全真模拟试卷

国家教师资格统一考试《保教知识与能力》(幼儿园)全真模拟试卷第一套及参考答案 / 325
国家教师资格统一考试《保教知识与能力》(幼儿园)全真模拟试卷第二套及参考答案 / 330
国家教师资格统一考试《保教知识与能力》(幼儿园)全真模拟试卷第三套及参考答案 / 334
国家教师资格统一考试《保教知识与能力》(幼儿园)全真模拟试卷第四套及参考答案 / 338
国家教师资格统一考试《保教知识与能力》(幼儿园)全真模拟试卷第五套及参考答案 / 342
国家教师资格统一考试《保教知识与能力》(幼儿园)全真模拟试卷第六套及参考答案 / 346
国家教师资格统一考试《保教知识与能力》(幼儿园)全真模拟试卷第七套及参考答案 / 350
国家教师资格统一考试《保教知识与能力》(幼儿园)全真模拟试卷第八套及参考答案 / 354
国家教师资格统一考试《保教知识与能力》(幼儿园)全真模拟试卷第九套及参考答案 / 358
国家教师资格统一考试《保教知识与能力》(幼儿园)全真模拟试卷第十套及参考答案 / 363

第三部分　国家教师资格统一考试《保教知识与能力》(幼儿园)历年真题

2011年11月全国教师资格考试《保教知识与能力》(幼儿园)真题及参考答案 / 369
2012年上半年全国教师资格考试《保教知识与能力》(幼儿园)真题及参考答案 / 369
2012年下半年全国教师资格考试《保教知识与能力》(幼儿园)真题及参考答案 / 369
2013年上半年全国教师资格考试《保教知识与能力》(幼儿园)真题及参考答案 / 369
2013年下半年全国教师资格考试《保教知识与能力》(幼儿园)真题及参考答案 / 369
2014年上半年全国教师资格考试《保教知识与能力》(幼儿园)真题及参考答案 / 369
2014年下半年全国教师资格考试《保教知识与能力》(幼儿园)真题及参考答案 / 370
2015年上半年全国教师资格考试《保教知识与能力》(幼儿园)真题及参考答案 / 370
2015年下半年全国教师资格考试《保教知识与能力》(幼儿园)真题及参考答案 / 370
2016年上半年全国教师资格考试《保教知识与能力》(幼儿园)真题及参考答案 / 370

主要参考书目 371

第一部分
考点知识点精要解读与过关自测

模块一　学前儿童发展

【模块考试大纲】

1. 理解婴幼儿发展的涵义、过程及影响因素等。
2. 了解儿童发展理论主要流派的基本观点及其代表人物，并能运用有关知识分析论述儿童发展的实际问题。
3. 了解婴幼儿身心发展的年龄阶段特征、发展趋势，能运用相关知识分析教育的适宜性。
4. 掌握幼儿身体发育、动作发展的基本规律和特点，并能够在教育活动中应用。
5. 掌握幼儿认知发展的基本规律和特点，并能够在教育活动中应用。
6. 掌握幼儿情绪、情感发展的基本规律和特点，并能够在教育活动中应用。
7. 掌握幼儿个性、社会性发展的基本规律和特点，并能够在教育活动中应用。
8. 理解幼儿发展中存在个体差异，了解个体差异形成的原因，并能运用相关知识分析教育中的有关问题。
9. 掌握观察、谈话、作品分析、实验等基本研究方法，能运用这些方法初步了解幼儿的发展状况和教育需求。
10. 了解幼儿身体发育和心理发展中容易出现的问题或障碍，如发育迟缓、肥胖、自闭倾向等。

第一章　儿童发展基本知识与理论

【本章考试大纲】

1. 理解婴幼儿发展的涵义、过程及影响因素等。
2. 了解儿童发展理论主要流派的基本观点及其代表人物，并能运用有关知识分析论述儿童发展的实际问题。

第一节　婴幼儿发展概述

【本节考纲考点】

理解婴幼儿发展的涵义、婴幼儿发展的过程及婴幼儿发展的影响因素等。

【历年真题再现】

这一部分尚未出现过真题。

【本节备考指导】

本节的重点是婴幼儿发展的影响因素，这也是本节的难点。在复习时应注重结合生活经验和下园实践去理解各个因素对婴幼儿发展的影响作用。在几大因素中，考生容易忽略儿童自身的能动性这一因素，需要加以注意。此外,幼儿期具体指的是哪个年龄段,考生也容易混淆,应将其掌握牢固。

【命题考点精讲】

命题点1：婴幼儿发展的含义

婴幼儿是婴儿和幼儿的统称,一般是指0～6岁的小龄儿童。婴儿一般指0～3岁的儿童,而幼儿一般指3～6岁的儿童。

"发展"是指个体身体、生理、心理、行为方面的发育、成长、分化、成熟、变化的过程。

婴幼儿发展是指婴幼儿生长过程中,生理和心理整体、连续、有规律地进行量变与质变的过程。生理方面如身体正常生长发育,包括形态的增长和功能的成熟；心理方面如认知、情绪情感、个性的发展等。

命题点2：婴幼儿发展过程

婴幼儿发展的过程是指从胚胎形成到婴儿期,再到幼儿时期不同阶段的连续生长发育的过程,其生长发育的规律是年龄越小生长发育越快,年龄越大则生长发育速度逐渐减慢。

(1) 婴儿早期(出生～1岁)：此阶段婴儿与母亲或其他主要抚养者之间逐渐建立依恋关系。

(2) 婴儿后期(1～3岁)：此阶段儿童在心理发展过程中开始出现独立自主的意识。

(3) 幼儿期(3～6岁)：此阶段儿童发展极为迅速,各项心理和生理机能逐步发育完全。

命题点3：婴幼儿发展的影响因素

婴幼儿发展的影响因素主要包括生物因素和社会因素。

1. 生物因素

(1) 遗传。遗传指那些与生俱来的解剖生理特点,如机体的构造、形态、感官和神经系统的特征等,这些生理特征也叫遗传素质,遗传素质或者为儿童发展提供前提条件,或者阻碍儿童某些方面的发展。

遗传对婴幼儿发展的作用表现在：

① 提供人类发展的最初自然物质前提。

② 奠定了心理发展个别差异的最初基础。

(2) 成熟。成熟指的是身体机能随年龄增长而发育的程度和水平。美国心理学家格赛尔提出成熟势力说,认为成熟是影响儿童心理发展的主要因素。

格赛尔的观点源自于他的双生子爬梯实验。1929年,他首先对一对双生子T和C进行了行为基线的观察,确认他们发展水平相当。在双生子出生第48周时,对T进行爬楼梯、搭积木、肌肉协调和运用词汇等训练,而对C则不进行任何训练。这一过程持续了6周,其间T比C更早地显示出某些技能。到了第53周当C达到爬楼梯的成熟水平时,开始集中训练,发现只要通过少量训练,C就赶上了T的熟练水平,即在55周时T和C的能力没有差别。因此,格赛尔断言,儿童的学习取决于生理的成熟,成熟之前处于学习的准备状态。所谓准备,是指由不成熟到成熟的生理机制的变化过程。只要准备好了,学习就会发生。决定儿童发展的主要因素是成熟。

成熟的作用体现在：

① 生理成熟为心理发展提供物质前提；

② 生理成熟的顺序制约着心理发展的顺序；

③ 生理成熟的个体差异是心理发展个体差异的生理基础。

2. 社会因素

社会因素包括儿童所处的社会文化、家庭、教育机构等环境因素。

(1) 环境是指儿童周围的客观世界,包括自然环境和社会环境。环境会潜移默化地影响儿童的发展。

(2) 家庭环境对儿童的影响是巨大的。影响儿童发展的家庭环境因素有很多,如家庭结构、家庭氛围、家庭经济状况、家长文化水平、家长教养方式等都会对儿童发展产生重大的影响。

(3) 教育机构在儿童发展中起主导作用。如幼儿园的环境条件、幼儿教师的教育方式等因素都会对幼儿身心发展产生一定的影响。

(4) 儿童所生活的社区和大众传媒等社会文化因素也会对幼儿心理发展产生影响。

3. 儿童自身的能动性

除了生物和社会因素之外,儿童的发展还有赖于其自身的能动性。儿童的能动性主要体现在以下几个方面:

(1) 儿童是独立的个体,具有一定的主观能动性,不是消极被动地接受外部环境的影响,而是有选择地接受外部环境的影响;

(2) 由于儿童具有主观能动性,同样的环境对于不同的儿童可以产生不同的影响;

(3) 儿童认识外部环境是儿童内部的主动活动的过程;

(4) 如果没有儿童的主观能动性,其他因素的作用也难以完全得到实现。

基于此,我们要全面认识儿童发展的影响因素,婴幼儿的发展绝不是某一种因素单独作用的结果,而是多种因素综合相互作用的产物。

【本节考点知识点小结】

婴幼儿一般是指0~6岁的小龄儿童。婴儿一般指0~3岁的儿童,而幼儿一般指3~6岁的儿童。婴幼儿发展是指婴幼儿生长过程中,生理和心理整体、连续、有规律地进行量变与质变的过程。

婴幼儿发展的过程是指从胚胎形成到婴儿期,再到幼儿时期不同阶段的连续生长发育的过程。

婴幼儿发展的影响因素包括生物因素、社会因素、儿童自身的能动性。

生物因素又包括遗传、成熟。遗传对婴幼儿发展的作用表现在:提供人类发展的最初自然物质前提;奠定了心理发展个别差异的最初基础。格赛尔提出成熟势力说,认为成熟是影响儿童心理发展的主要因素。格赛尔的观点源自他的双生子爬梯实验。成熟的作用体现在:生理成熟为心理发展提供物质前提;生理成熟的顺序制约着心理发展的顺序;生理成熟的个体差异是心理发展个体差异的生理基础。

社会因素包括儿童所处的社会文化、家庭、教育机构等环境因素。

影响儿童发展的家庭环境因素如家庭结构、家庭氛围、家庭经济状况、家长文化水平、家长教养方式等。幼儿园的环境条件、幼儿教师的教育方式等因素都会对幼儿身心发展产生一定的影响。儿童所生活的社区和大众传媒等社会文化因素也会对幼儿心理发展产生影响。

儿童是独立的个体,具有一定的主观能动性,不是消极被动地接受外部环境的影响,而是有选择地接受外部环境的影响,同样的环境对于不同的儿童可以产生不同的影响。

【本节过关自测】

一、单项选择题

1. 婴幼儿一般指的是(   )。
   A. 0~3岁   B. 1~3岁   C. 0~6岁   D. 3~6岁

2. 幼儿一般指的是(   )。
   A. 0~3岁   B. 1~3岁   C. 0~6岁   D. 3~6岁

3. 婴儿一般指的是(   )。
   A. 0~3岁   B. 1~3岁   C. 0~6岁   D. 3~6岁

4. 兰兰的爸爸是个两米的高个子,5岁的兰兰身高也大大超过了同龄孩子的高度。这体现了哪一因素对儿童发展的影响(   )。
   A. 遗传   B. 社会环境   C. 主观能动性   D. 成熟

5. 英国学者高尔顿采用名人家谱调查法,研究发现,在977名英国名人的家属中,有322人也同样出名,而在977名普通人中,其家属只有1个是名人。这体现了哪一因素对儿童发展的影响(   )。
   A. 社会环境   B. 遗传   C. 主观能动性   D. 成熟

6. 同卵双生子比异卵双生子在心理与行为方面更为相似。这体现了哪一因素对儿童发展的影响(   )。
   A. 主观能动性   B. 社会环境   C. 遗传   D. 成熟

7. 双生子爬梯实验说明影响幼儿心理发展的主要因素是(   )。

A．遗传　　　　　　B．成熟　　　　　　C．社会文化　　　　D．环境

8. 提出成熟势力说的心理学家是（　　）。

A．皮亚杰　　　　　B．埃里克森　　　　C．格赛尔　　　　　D．斯金纳

9. 同样的环境对于不同的儿童可以产生不同的影响。这体现了哪一因素对儿童发展的影响（　　）。

A．遗传　　　　　　B．社会环境　　　　C．主观能动性　　　D．成熟

10. 生长在溺爱的家庭环境中，幼儿容易形成霸道的个性，这体现了哪一因素对儿童发展的影响（　　）。

A．遗传　　　　　　B．社会环境　　　　C．主观能动性　　　D．成熟

11. 儿童在发展过程中，不是消极被动地接受外部环境的影响，而是有选择地接受外部环境的影响，这体现了哪一因素对儿童发展的影响（　　）。

A．遗传　　　　　　B．社会环境　　　　C．主观能动性　　　D．成熟

12. 幼儿园良好的教育措施，会促进幼儿智力的发展，这体现了哪一因素对儿童发展的影响（　　）。

A．遗传　　　　　　B．社会环境　　　　C．主观能动性　　　D．成熟

二、简答题

1. 简述婴幼儿发展的影响因素。

三、材料分析题

小芳生活在一个单亲家庭，父亲也很少去探望她，父爱的缺乏导致她变得胆小，退缩，不自信。而宁宁生活在一个三代同堂的家庭，爷爷奶奶对她特别溺爱，而爸爸妈妈则要求她要独立，这让她感到无所适从。结合材料分析，该例反映了哪一因素对幼儿心理发展的影响？

【本节过关自测】参考答案

一、选择题

【考点解析】1. 答案是 C。此题考的是婴幼儿的涵义。

【考点解析】2. 答案是 D。此题考的是幼儿所代表的年龄段。

【考点解析】3. 答案是 A。此题考的是婴儿所代表的年龄段。

【考点解析】4. 答案是 A。此题考的是遗传对婴幼儿发展的影响。

【考点解析】5. 答案是 B。此题考的是遗传对婴幼儿发展的影响。

【考点解析】6. 答案是 C。此题考的是遗传对婴幼儿发展的影响。

【考点解析】7. 答案是 B。此题考的是成熟对婴幼儿发展的影响。

【考点解析】8. 答案是 C。此题考的是成熟势力说的代表人物。

【考点解析】9. 答案是 C。此题考的是主观能动性对婴幼儿发展的影响。

【考点解析】10. 答案是 B。此题考的是社会环境对婴幼儿发展的影响。

【考点解析】11. 答案是 C。此题考的是主观能动性对婴幼儿发展的影响。

【考点解析】12. 答案是 B。此题考的是社会环境对婴幼儿发展的影响。

二、简答题

1.【考点解析】此题考查婴幼儿发展的影响因素。

【答题要点】

（1）生物因素：包括遗传和生理成熟。

（2）社会因素：包括家庭环境、教育机构和社区、大众传媒等社会文化的因素。

（3）儿童自身的能动性。

上面各点要适当展开分析或举例。

三、材料分析题

1.【考点解析】此题考查幼儿发展的影响因素。

【答题要点】

（1）该例反映了家庭环境因素对儿童心理发展的影响。

(2) 小芳生活在单亲家庭,不完整的家庭结构,容易给孩子留下心理阴影,导致她变得胆小,退缩,不自信。而宁宁生活在三代同堂的家庭,祖父辈溺爱孩子,而父母要求孩子独立,不一致的教养方式容易导致孩子无所适从。这体现的正是家庭结构、家长教养方式对儿童心理发展的影响。

第二节 儿童发展理论主要流派

【本节考纲考点】

了解儿童发展理论主要流派的基本观点及其代表人物,如华生的行为主义理论、斯金纳的强化理论、班杜拉的社会学习理论、埃里克森的心理社会发展阶段论、皮亚杰的认知发展理论、维果斯基的社会文化历史发展理论等,并能运用有关知识分析、论述儿童发展的实际问题。

【历年真题再现】

【2014上】4. 照料者对婴儿的需求应给予及时回应是因为:根据埃里克森的观点,在生命中第一年的婴儿面临的基本冲突是( )。

A. 主动性对内疚 B. 基本信任对不信任
C. 自我同一性对角色混乱 D. 自主性对害羞

【考点】埃里克森的心理社会发展阶段论

【2014下】2. 按照皮亚杰的观点,2～7岁的思维处于( )。

A. 具体运算阶段 B. 形式运算阶段 C. 感知运动阶段 D. 前运算阶段

【考点】皮亚杰的认知发展阶段论

【本节备考指导】

本节的重点是斯金纳的理论、班杜拉的理论、皮亚杰的理论和埃里克森的理论。难点是皮亚杰和埃里克森的理论。复习时要注意将理论进行对比分析,避免概念出现混淆。同时应结合实践经验对抽象的概念进行理解。皮亚杰的理论和斯金纳、埃里克森的理论是常考的考点,尤其是同化和顺应,前运算阶段和具体运算阶段,正强化和负强化、惩罚,直接强化和替代强化,这些概念容易混淆,复习时应当注重对这些概念的区别进行辨析。

【命题考点精讲】

命题点 1:行为主义的理论

该理论认为心理发展是由环境和教育塑造而成的。华生、斯金纳和班杜拉是行为主义流派在不同阶段的代表人物。

1. 华生的行为主义理论

(1) 美国心理学家约翰·华生(J. B. Watson,1878—1958),行为主义心理学的创始人。他认为心理学研究的对象不是意识而是行为,认为一切行为都是刺激(S)—反应(R)的学习过程。

(2) 环境决定论:他认为环境和教育是儿童行为发展的唯一决定因素,他曾提出一个著名的论断:"给我一打健康的婴儿,我可以把他们训练成为任何一种人物——医生、律师、艺术家、大商人,甚至乞丐或强盗。"这一说法过于偏激,过分夸大了环境和教育的作用。

2. 斯金纳的强化理论

(1) 美国心理学家伯尔赫斯·弗雷德里克·斯金纳(B. F. Skinner,1904—1990)提出强化理论,认为强化是塑造行为的基础。

(2) 强化。斯金纳把强化分为两种:正强化和负强化。

① 正强化。正强化是通过呈现愉快的刺激来增强行为反应发生的频率。例如,当一个小女孩对同伴的友爱行为受到父母的奖励时,那么这个小女孩以后就会更多地表现出这样的行为。

② 负强化。负强化是通过取消、去除或中止厌恶、不愉快的刺激来增强行为反应发生的频率。

③ 在使用强化的过程中，教师应当考虑幼儿的兴趣差异，对不同的幼儿采用不同的强化物，进行有针对性的强化。

④ 普雷马克原理，即用高频的活动作为低频活动的强化物，或者说用幼儿喜爱的活动去强化幼儿参与不喜爱的活动，如告诉幼儿："你把这些玩具收拾好，就可以出去玩。"

⑤ 代币强化。代币强化可用于塑造幼儿良好的行为，矫正不良的行为。所谓代币强化就是将小红花、小星星、贴纸、特制的塑料币等作为代币，当幼儿做出积极的行为时，便给予代币作为奖励。当代币累计到一定数量，便可以兑换一个后援的强化物。

(3) 惩罚。惩罚是通过呈现厌恶刺激或取消愉快刺激来降低行为反应发生的频率。例如，一个小男孩因为乱扔玩具而受到责骂，那么以后他可能会减少这种行为。

斯金纳认为惩罚只能暂时抑制不良行为，但不能完全根除行为。所以，惩罚的运用要慎重。

3. 班杜拉的社会学习理论

(1) 阿尔伯特·班杜拉，美国当代著名心理学家，社会学习理论的创始人。

(2) 观察学习。其理论的核心观点是观察学习。班杜拉通过波波玩偶实验证明了儿童会通过模仿习得攻击行为。所谓观察学习就是通过观察他人(榜样)的行为进行的学习。儿童总是倾向于去观察和模仿周围人的言行举止。通过对他人行为及其结果的观察，儿童获得某些新的行为模式。例如，当一个儿童观察到父母尊敬老人的行为后，可能也会形成尊老的意识。

(3) 强化的模式。班杜拉把强化模式分为三种：直接强化、替代强化和自我强化。

直接强化就是斯金纳所提出的强化的概念。

替代强化是指观察者观察到他人的行为受到强化，于是也做出同样的行为，这种强化是替代性的。例如，当儿童看到他的一位同伴因为讲礼貌而受到老师的表扬，那么他以后可能也会模仿这种讲礼貌的行为，这就是替代强化。

自我强化是指当自身的行为达到自己设定的标准时，儿童就会用自我肯定、自我奖励的方法来对自己的行为做出相应的反应，如一幼儿为自己完成拼图游戏而拍手叫好，这是自我强化。

命题点2：埃里克森的心理社会发展理论

埃里克森是美国著名精神分析医生，他强调社会文化对人格发展的影响。

埃里克森认为人生发展可分为八个阶段，每个阶段都面临一对危机或冲突。要想顺利进入下一个发展阶段，就必须圆满解决所面临的危机。

1. 基本信任对不信任的心理冲突(0~1岁)

此阶段的发展任务是获得信任感，克服不信任感。婴儿基本的生物性需求，如吃饱、睡足、获得关爱，一旦这些需要得到满足，就会产生对周围世界和周围人的信任感。这种信任感是以后各阶段发展的基础，尤其可为青春期形成同一性奠定基础。

2. 自主对害羞和怀疑的冲突(1~3岁)

这一时期，儿童学会了大量的知识和技能，同时开始出现强烈的自我意识。这时候父母与子女会出现激烈的矛盾，也就是第一个反抗期的出现，一方面父母必须规范控制儿童的行为，养成良好的习惯，如训练儿童大小便，使他们对肮脏的随地大小便行为感到羞耻，训练他们按时吃饭、节约粮食等；另一方面儿童开始产生自主感，他们坚持自己的进食、排泄方式。这时孩子会常常采用"我""不"来反抗外界控制，而父母决不能听之任之、放任自流，否则将不利于儿童的社会化。反之，若过分严厉，又会伤害儿童自主性，会让儿童对自己产生怀疑，并感到害羞。因此，家长要把握好教育的适度原则，才有利于在儿童人格内部形成意志品质。埃里克森把意志定义为："不顾不可避免的害羞和怀疑心理而坚定地自由选择或自我抑制的决心。"

3. 主动对内疚的冲突(3~6岁)

在这一时期儿童会出现强烈的主动探索的热情。如果幼儿表现出的主动探究行为受到鼓励，幼儿就会形成主动性，这将有利于他将来成为一个有责任感、有创造力的人。如果成人对幼儿的主动探究行为采取打压的态度，那么幼儿就会逐渐失去自信心，容易产生内疚感，变得被动而退缩。

4. 勤奋对自卑的冲突(6～12岁)

这一阶段的儿童如果能顺利地完成学校的学业任务,他们就会获得勤奋感,这使他们在今后的独立生活和工作中充满信心。反之,就会产生自卑。另外,如果儿童形成了过分看重自己工作的思想模式,而对其他方面毫不在意,这种生活态度也是不可取的。

5. 自我同一性对角色混乱的冲突(12～18岁)

青少年期的主要任务是建立一个新的同一感或自己在别人眼中的形象,以及他在社会集体中所占的情感位置。这一阶段的危机是角色混乱。

埃里克森把同一性危机理论用于解释青少年犯罪等社会问题,他说:"如果一个儿童感到他所处于的环境剥夺了他在未来发展中获得自我同一性的种种可能性,他就将以令人吃惊的力量抵抗社会环境。在人类社会的丛林中,没有同一性的感觉,就没有自身的存在,所以,他宁做一个坏人,或干脆死人般地活着,也不愿做不伦不类的人,他自由地选择这一切。"

6. 亲密对孤独的冲突(18～25岁)

只有具有牢固的自我同一性的青年人,才敢于冒与他人建立亲密关系的风险。因为与他人建立亲密关系,就是把自己的同一性与他人的同一性融合一体。这里有自我牺牲或损失,只有这样才能在恋爱中建立真正亲密无间的关系,从而获得亲密感,否则将产生孤独感。

7. 繁殖感对停滞感的冲突(25～50岁)

当一个人顺利地度过了自我同一性时期,以后的岁月中他将过上幸福充实的生活,生儿育女,关心后代的繁殖和养育。埃里克森认为,生育感有生和育两层含义,一个人即使没生过孩子,只要能教育指导孩子也可以产生繁殖感。反之没有生育感的人,其人格贫乏,会产生停滞感。

8. 完善感对绝望感的冲突(50岁以上)

当老人们回顾过去时,可能会认为自己的一生很有价值,也可能怀着绝望走向死亡。完善感是一种接受自我、承认现实的感受,一种超脱的智慧之感。反之就会产生绝望。老年人对死亡的态度直接影响下一代儿童时期信任感的形成。因此,第8阶段和第1阶段首尾相连,构成一个循环或生命的周期。

埃里克森认为,在每一个心理社会发展阶段中,解决了核心问题之后所产生的人格特质,都包括了积极与消极两方面的品质,如果各个阶段都保持向积极品质发展,就算完成了这阶段的任务,逐渐实现了健全的人格,否则就会产生心理社会危机,出现情绪障碍,形成不健全的人格。

命题点3:皮亚杰的认知发展理论

(1)让·皮亚杰,瑞士人,近代最有名的儿童心理学家。他以发生认识论为基础,提出认知发展理论,该理论对于当代心理学的发展做出了重大的贡献。

(2)核心概念。皮亚杰认为心理结构的发展涉及四个核心概念:

① 图式:图式是个体用来认识周围世界的基本模式,图式是认知结构的基本单元。

② 同化:把环境因素纳入到先前已有的图式中,同化引起图式量的变化。

③ 顺应:改变既有的图式以适应新环境的需求和变化。顺应引起图式质的变化。例如,喝水要用吞咽的方式,而吃青菜就要改用咀嚼的方式,这就是顺应。

④ 平衡:平衡指的是同化和顺应两种机能之间的平衡。

(3)儿童的认知发展阶段。皮亚杰把儿童的认知发展分成以下四个阶段:

① 感知运动阶段(0～2岁)。主要表现为感觉和运动机能的发展,7个月时发展出客体永久性的概念(虽然看不见客体,但是仍然认为客体是存在的),以感觉动作发挥图式的功能。

② 前运算阶段(2～7岁)。此阶段儿童只能通过实际操作物体才能学习和理解外部世界。同时,言语和概念迅速发展,思维具有表面性,不具可逆性,以自我为中心。

③ 具体运算阶段(7～11岁)。这个阶段儿童思维开始去自我中心化。

④ 形式运算阶段(11～16岁)。开始学会类推,抽象逻辑思维进一步发展。

命题点4:维果斯基的社会文化历史发展理论

(1)维果斯基,有的书译为维果茨基,苏联心理学家,社会文化历史发展理论的创始人。

(2)社会文化历史的作用。维果斯基强调在人的发展过程中社会文化历史的作用,尤其是强调活动和社会交往在人的高级心理机能发展中的突出作用。他认为,高级的心理机能来源于外部动作的内化,这种内化不仅通过教学,也通过日常生活、游戏和劳动等来实现。另一方面,内在的智力动作也外化为实际动作,使主观见之于客观。内化和外化的桥梁便是人的活动。

(3)最近发展区。维果斯基在说明教学与发展的关系时,提出了"最近发展区"的理论。他认为儿童发展有两种水平:一是现有的发展水平,二是在有指导的情况下借助成人或同伴的帮助可达到的解决问题的水平。这两者之间的差距,即儿童现有水平与经过他人帮助可以达到的较高水平之间的差距,就是"最近发展区"。教学必须依据最近发展区,要考虑儿童已达到的水平,并要走在儿童发展的前面。

命题点5:关键期理论

康德拉·劳伦兹,奥地利动物学家,认为儿童心理发展存在关键期。儿童心理发展的关键期指某些行为或心理机能在发展的某一特定时期,在适当条件下才会出现,若在这一时期给予适当的激发,该项机能就会得以迅速发展。如果错过了这个时期,未给予适当的激发,这种行为或机能就难以产生甚至永远无法产生,并将对儿童以后的发展产生难以补救的影响。例如,有研究指出2~4岁是秩序的关键期。

【本章考点知识点小结】

儿童发展理论主要流派包括行为主义流派理论、埃里克森心理社会发展理论、皮亚杰的认知发展理论、维果斯基的社会文化理论。

行为主义流派理论主要代表有:(1)华生的行为主义理论:他认为心理学研究的对象不是意识而是行为,认为一切行为都是刺激(S)—反应(R)的学习过程。属于环境决定论:他认为环境和教育是儿童行为发展的唯一决定因素。他过分夸大了环境和教育的作用。(2)斯金纳的强化理论,认为强化是塑造行为的基础。正强化:正强化是通过呈现愉快的刺激来增强行为反应发生的频率。负强化:是通过消除或中止厌恶、不愉快的刺激来增强行为反应发生的频率。惩罚:惩罚是通过呈现厌恶刺激或取消愉快刺激来降低行为反应发生的频率。(3)班杜拉的社会学习理论,包括观察学习、强化。班杜拉把强化模式分为三种:直接强化、替代强化和自我强化。直接强化就是斯金纳所提出的强化的概念。替代强化是指观察者观察到他人的行为受到强化,于是也做出同样的行为,这种强化是替代性的。自我强化是指当自身的行为达到自己设定的标准时,儿童就会用自我肯定、自我奖励的方法来对自己的行为做出相应的反应。

埃里克森心理社会发展理论:儿童的心理社会发展分为八个阶段:基本信任对不信任的心理冲突(0~1岁);自主对害羞和怀疑的冲突(1~3岁);主动对内疚的冲突(3~6岁);勤奋对自卑的冲突(6~12岁);自我同一性对角色混乱的冲突(12~18岁);亲密对孤独的冲突(18~25岁);繁殖感对停滞感的冲突(25~50岁);完善感对绝望感的冲突(50岁以上)。

皮亚杰的认知发展理论的核心概念是图式、同化、顺应、平衡。儿童的认知发展阶段分为:(1)感知运动阶段(0~2岁)。主要表现为感觉和运动机能的发展,7个月时发展出客体永久性的概念(虽然看不见客体,但是仍然认为客体是存在的)。(2)前运算阶段(2~7岁)。思维具有表面性,不具可逆性,以自我为中心。(3)具体运算阶段(7~11岁):这个阶段儿童思维开始去自我中心化。(4)形式运算阶段(11~16岁):开始学会类推,抽象逻辑思维进一步发展。

维果斯基提出"最近发展区概念":他认为儿童发展有两种水平:一是现有的发展水平,二是在有指导的情况下借助成人或同伴的帮助可达到的解决问题的水平。这两者之间的差距,就是"最近发展区"。教学必须依据最近发展区,要考虑儿童已达到的水平并要走在儿童发展的前面。

康德拉·劳伦兹认为儿童心理发展存在关键期。关键期指某些行为或心理机能在发展的某一特定时期,在适当条件下才会出现,若在这一时期给予适当的激发,该项机能就会得以迅速发展。如果错过了这个时期,未给予适当的激发,将对儿童以后的发展产生难以补救的影响。

【本节过关自测】

一、单项选择题

1. 心理学家华生认为决定儿童行为发展的主要因素是( )。
A. 遗传　　　　　B. 环境和教育　　　　　C. 成熟　　　　　D. 主观能动性

2. 心理学家华生说:"给我一打健康的婴儿,我可以把他们培养成为任何一种人物——医生、律师、艺术家、商人,甚至乞丐或强盗,而无论他的兴趣爱好和先天倾向是什么。"这种观点属于(   )。
   A．遗传决定论   B．环境决定论   C．成熟势力说   D．认知发展理论

3. 教师对认真收拾玩具的幼儿给予了小红花的奖励,这种教育措施体现的是(   )。
   A．正强化   B．负强化   C．惩罚   D．消退

4. 瑶瑶在游戏中犯规,被老师给予了红牌警告。后来老师看到瑶瑶认真遵守游戏规则,便取消了红牌警告。老师后来所采取的教育措施体现的是(   )。
   A．正强化   B．负强化   C．惩罚   D．消退

5. 以下哪位心理学家不是行为主义学派的代表人物(   )。
   A．华生   B．斯金纳   C．班杜拉   D．皮亚杰

6. 社会学习理论的核心观点是(   )。
   A．同化   B．观察学习   C．顺应   D．外部强化

7. 壮壮帮助老师打扫教室卫生,因而受到老师的表扬,小敏见状,也开始模仿对方的行为,这时小敏受到的强化是(   )。
   A．直接强化   B．替代强化   C．自我强化   D．外部强化

8. 在建构活动中,幼儿搭好了一座漂亮的城堡,便为自己鼓掌叫好起来。这种强化是(   )。
   A．直接强化   B．替代强化   C．自我强化   D．外部强化

9. 根据埃里克森的观点,3~6岁儿童面临的基本冲突是(   )。
   A．主动性对内疚   B．基本信任对不信任
   C．自我同一性对角色混乱   D．自主性对害羞

10. 根据埃里克森的观点,1~3岁儿童面临的基本冲突是(   )。
    A．主动性对内疚   B．基本信任对不信任
    C．自我同一性对角色混乱   D．自主性对害羞

11. 能够引起图式量的变化,而非质的变化,这种认知过程是(   )。
    A．同化   B．顺应   C．平衡   D．适应

12. 幼儿喝水用吞咽的方式,吃苹果改用咀嚼的方式,这种认知过程称为(   )。
    A．同化   B．顺应   C．平衡   D．适应

13. 以下哪一项不属于前运算阶段的思维特点(   )。
    A．表面性   B．不可逆性   C．自我中心化   D．全面性

14. 按照皮亚杰的观点,0~2岁儿童的思维处于(   )。
    A．具体运算阶段   B．形式运算阶段
    C．感知运动阶段   D．前运算阶段

15. 儿童开始出现客体永久性的年龄是(   )。
    A．1个月   B．4个月   C．5个月   D．7个月

16. 儿童独立解决问题的水平与在教师和同伴的帮助下所能达到的解决问题的水平,这两者之间的差距叫做(   )。
    A．最近发展区   B．关键期   C．客体永久性   D．图式

17. 儿童某些行为或心理机能在发展的某一特定时期,在适当条件下才会出现,若在这一时期给予适当的激发,该项机能就会得以迅速发展。如果错过了这个时期,就会产生难以补救的影响,这反映的是(   )。
    A．最近发展区   B．关键期   C．客体永久性   D．图式

二、材料分析题

1. 栋栋特别爱喝碳酸饮料,不爱喝白开水,有一次他想喝饮料,妈妈不给他买,他就大声哭闹,无奈之下,妈妈只好妥协,满足孩子想喝碳酸饮料的要求。后来每次他想喝饮料妈妈又不给买的时候,他就变本加厉地哭闹,越来越任性,妈妈对此深感无奈,只能依从孩子的要求。

(1) 请用斯金纳的理论来解释栋栋习惯任性哭闹的原因。

(2) 应当如何正确应用斯金纳的理论来改善栋栋任性哭闹、爱喝碳酸饮料不爱喝水的问题？

2. 玫玫在幼儿园有个外号，叫"大懒虫"。每次幼儿园组织劳动，她都不愿意参与，只顾着玩自己的玩具。即使轮到她担任值日生工作，她也从不积极主动地为小朋友们分发碗筷。总要老师不断催促提醒她，她才开始懒洋洋地拿起喷壶为自然角的植物浇水。

(1) 依据观察学习理论，玫玫懒惰的可能原因是什么？

(2) 如果你是她的老师，你会如何运用观察学习理论，培养她勤劳的品质？

【本节过关自测】参考答案

一、单项选择题

【考点解析】1. 答案是B。此题考的是华生行为主义理论的基本观点。

【考点解析】2. 答案是B。此题考的是华生行为主义理论的基本观点。

【考点解析】3. 答案是A。此题考的是正强化的涵义。

【考点解析】4. 答案是B。此题考的是负强化的涵义。负强化和惩罚容易混淆。

【考点解析】5. 答案是D。此题考的是行为主义学派的代表人物。

【考点解析】6. 答案是B。此题考的是社会学习理论的核心观点。

【考点解析】7. 答案是B。此题考的是替代强化的涵义，替代强化和直接强化容易混淆。

【考点解析】8. 答案是C。此题考的是自我强化的涵义。

【考点解析】9. 答案是A。此题考的是埃里克森的基本观点。

【考点解析】10. 答案是D。此题考的是埃里克森的基本观点。

【考点解析】11. 答案是A。此题考的是同化的涵义。

【考点解析】12. 答案是B。此题考的是顺应的涵义，顺应和同化容易混淆。

【考点解析】13. 答案是D。此题考的是前运算阶段的思维特点。

【考点解析】14. 答案是C。此题考的是皮亚杰认知发展阶段论的基本观点。

【考点解析】15. 答案是D。此题考的是感知运动阶段的特点。

【考点解析】16. 答案是A。此题考的是最近发展区的概念。

【考点解析】17. 答案是B。此题考的是关键期的概念。

二、材料分析题

1. 【考点解析】此题考查斯金纳的强化理论在幼儿教育中的应用。

【答题要点】

(1) 斯金纳的强化理论认为，某种行为如果导致的是令人愉快的结果，那么该行为发生的频率就会增加。当栋栋哭闹时，妈妈便会妥协，满足孩子的要求。这种妥协其实强化了栋栋哭闹的行为，让栋栋学会用哭闹的方法来得到自己想喝的碳酸饮料，从而变得越来越任性。

(2) 当栋栋哭闹着要喝碳酸饮料时，家长不应轻易妥协，应对此不予理睬，不去强化他哭闹的行为，让其行为逐渐消退。另一方面，让栋栋明白多喝碳酸饮料的危害和多喝白开水的好处，鼓励栋栋多喝白水，当栋栋喝水时给予他适当的奖励或表扬，来强化他的良好行为。

2. 【考点解析】此题考查班杜拉的观察学习理论在幼儿教育中的应用。

【答题要点】

(1) 根据观察学习理论，儿童会通过观察他人行为及其结果习得某些行为。玫玫可能是在家常常看到家长行为懒散，不爱劳动，她也耳濡目染，渐渐地习得这种懒惰的行为。

(2) 老师可以为她树立良好的行为榜样，如与家长进行沟通，建议家长在孩子面前表现出勤劳的一面，为孩子做出良好的示范。老师也可为她讲小蜜蜂辛勤采蜜的故事。或是选取周围某个勤劳能干的小朋友作为她的榜样，让她去观察学习榜样勤劳的行为。

第三节 婴幼儿身心发展的年龄阶段特征与发展趋势

【本节考纲考点】

了解婴幼儿身心发展的年龄阶段特征、发展趋势,能运用相关知识分析教育的适宜性。

【历年真题再现】

【2011下】4."童言无忌"从儿童心理学的角度看是(　　)。
A．儿童心理落后的表现　　　　　　　　B．符合儿童年龄特征的表现
C．"超常"的表现　　　　　　　　　　　D．父母教育不当所致
【考点】婴幼儿身心发展的年龄阶段特征

【2013下】1. 2岁半的豆豆不会做饭,可偏要自己做饭;不会穿衣,可偏要自己穿衣。这反映了(　　)。
A．动作的发展　　B．自我意识的发展　　C．情感的发展　　D．认知的发展
【考点】1～3岁婴儿身心发展的年龄阶段特征

【2014上】5. 婴儿表现出明显的分离焦虑现象时,表明婴儿已获得(　　)。
A．条件反射观念　　B．母亲观念　　C．积极情绪观念　　D．客体永久性观念
【考点】6个月～2岁婴儿身心发展的年龄阶段特征

【2014下】4. 婴儿手眼协调动作发生的时间是(　　)。
A．2～3个月　　　B．4～5个月　　　C．7～8个月　　　D．9～10个月
【考点】4～5个月婴儿身心发展的年龄阶段特征

【本节备考指导】

考生在本节中通过学习,充分把握婴幼儿各年龄阶段的特征,深刻理解婴幼儿身心发展的一般特征和趋势。本节重点是婴幼儿发展的年龄特征,考查题型以单项选择题为主。

【命题考点精讲】

命题点1：婴幼儿身心发展的年龄段特征

1. 婴幼儿发展的一般特征

婴幼儿身心发展包括身体发展和心理发展两方面。身体发展是心理发展的基础,而心理的正常发展又会促进身体发展。婴幼儿发展的一般特点包括：

(1) 连续性与阶段性。个体的心理发展是一个逐渐由低级向高级演进的过程,高级的心理是在低级的心理发展的基础上进行的,具有连续性、累积性。

儿童发展的阶段,往往以年龄为标志,所以又称"年龄阶段"。我国将儿童发展阶段分为新生儿期(出生～1个月)、婴儿期(1个月～1岁)、幼儿前期(1～3岁)、幼儿期(3～6岁)、童年期(6～11、12岁)、少年期(11、12岁～14、15岁)和青年期(14,15～17岁)。

婴儿期是指出生后1～12个月,也有人称这个阶段为乳儿期。这是孩子一生中生长发育最快的时期。

(2) 定向性与顺序性。个性的身心发展在正常的条件下总是指向一定的方向并遵循一定的先后顺序,而且这种顺序是不可逆的,也不可逾越。

(3) 不平衡性。人类个体从出生到成熟的进程不是千篇一律地按照一个模式进行,也不总是匀速发展。发展的不平衡性主要表现在两个方面：

① 同一方面的发展在不同发展时期速度不相同。

② 不同方面发展具有不平衡性,即有些方面在较早阶段就能达到较高水平,而有些方面则要成熟得

晚些。

(4) 差异性。发展既有共同规律，又有个别差异。一般来说，一个正常儿童的发展总要经历一些共同的基本阶段。但同属正常范围内的个体，在发展速度、最终达到的水平、发展的优势领域、发展的类型及时间上，往往是千差万别的。有人大器晚成，有人少年英才；有人长于数理运算，有人善于空间想象；有人能说会道，有人沉默寡言。

2. 0～3岁儿童身心发展的年龄阶段特征

(1) 出生到满月(0～1个月)。新生儿期是从儿童出生到满月，这是儿童身心高速发展的一个时期。具有以下几个特点：第一，从生理上的寄居生活到独立生活。第二，新生儿出现了最初的心理活动。第三，新生儿存在发展的巨大可能，发展速度非常快。第四，新生儿大约在两周时，出现条件反射。

(2) 满月到半岁(1～6个月)。婴儿满月后，视线可以追随着物体移动，而且会主动寻找视听目标；也会积极地用眼睛寻找成人，还会主动寻找成人手里摇动着的玩具。

2～3个月的婴儿，对声音的反应也比以前积极了。这一时期的婴儿，开始主动和别人交往，出现了最初的亲子游戏。

4～5个月的婴儿开始出现手、眼协调，手眼协调动作，即视觉和手的触觉协调活动出现。

5～6个月的婴儿开始认生，对交往的人有所选择。认生是儿童认知发展和社会性发展过程中的重要变化。

(3) 半岁到1周岁(6～12个月)。在这个时期，婴儿的身体动作迅速发展。在出生后一年多的时间里，婴儿学会抬头、翻身、坐、爬、站、走等动作。

在掌握了坐和爬的动作后，手的动作开始发展。在这个阶段，儿童的手日益灵活，其中最重要的是，五指分工动作也发展起来了。

满半岁以后，婴儿喜欢发出各种声音，可以发出许多重复的、连续的音节。

这个时期也是婴儿依恋关系发展的阶段。

(4) 1～3岁。这个阶段，儿童首先学会直立行走。

1岁以后，儿童手的动作进一步灵活起来，能够准确地拿各种东西。

人类所特有的语言和思维活动，是在2岁左右开始真正形成。想象也开始发生，并出现游戏的萌芽。

2岁的儿童出现最初的独立性，不再像1岁前那么顺从了。开始萌发自我意识，自我意识就是婴幼儿对自己行为的看法和态度，幼儿在与他人交往的过程中，逐渐认识到作为主体的自己与其他客体的不同，从而形成对自己的认识。2岁左右，幼儿知道了"我"与他人的不同，在行为上表现为"我要自己来做"，自我意识萌发的重要标志是在语言上对代名词"我"的掌握。

3. 3～6岁儿童身心发展的年龄阶段特征

(1) 3～4岁。3～4岁的儿童在幼儿园小班。这个阶段儿童的主要特点是：

第一，行为具有强烈的情绪性。小班儿童的行动常常受情绪支配，情绪性强是这个幼儿期儿童的特点，但年龄越小越突出。

第二，爱模仿。

第三，思维仍带有直觉行动性。由于小班儿童的思维还要依靠动作，因此他们不会计划自己的行动，只能先做后想，或边做边想。

(2) 4～5岁。4～5岁儿童在幼儿园中班。这个阶段儿童的身心较3～4岁儿童有很大的发展，主要表现在：

第一，爱玩、会玩。中班儿童处于典型的游戏年龄阶段，是角色游戏的高峰期。

第二，产生具体形象思维。

第三，开始遵守规则。

(3) 5～6岁。5～6岁的儿童在幼儿园大班，这个阶段的儿童有如下表现：

第一，好学、好问，有强烈的求知欲和学习兴趣。

第二，抽象逻辑思维开始发展。

第三，个性初具雏形。

第四,开始掌握认知方法。

命题点2:婴幼儿身心发展的趋势

1. 婴幼儿生理发展趋势

婴幼儿身体生长发育方向顺序是按所谓的首尾方向(从头到脚)和近远方向(从中轴到边缘)。如:幼儿头部发育最早,其次是躯干,再是上肢,然后是下肢;幼儿体内各大系统成熟的顺序是:神经系统最早成熟,骨骼肌肉系统次之,最后是生殖系统。

身长中心点随着年龄的增长下移。

体围发育的顺序是由上到下,由中心到末梢。

2. 婴幼儿心理发展的趋势

(1) 从简单到复杂。儿童最初的心理活动,只是非常简单的反射活动,以后越来越复杂化。这种从简单到复杂的发展趋势主要表现在以下两个方面:从不齐全到齐全,从笼统到分化。

(2) 从具体到抽象。儿童的心理活动最初是非常具体的,以后越来越抽象和概念化。

(3) 从被动到主动。儿童心理活动从最初的被动到主动性逐渐得到发展主要表现在两个方面:从无意向有意发展,从主要受到生理制约发展到自己主动调节。

(4) 从零乱到成体系。儿童的心理活动最初是零散杂乱的,心理活动之间缺乏有机的联系。正因为不成体系,所以儿童的心理活动非常容易变化。随着年龄的增长,心理活动逐渐有了系统性,有了稳定的倾向,出现每个人特有的个性。

【本节考点知识点小结】

学前教育的教育对象包括婴儿(0~3岁)、幼儿(3~6岁)。幼儿园是对3~6岁的儿童进行教育的专门机构。在儿童心理发展的每一个年龄阶段,表现出的一般的、典型的、本质的特征被称为身心发展的年龄特征。

整个婴幼儿时期儿童身心发展非常迅速,出生后的第一年是儿童心理发生和心理活动开始萌芽的阶段,儿童依靠非条件反射适应新的生活,形成条件反射,出现手眼协调,动作发展迅速,和外界的交往大为增加,出现认生,依恋也在这个阶段发生。

1~3岁是真正形成人类心理特点的时期,儿童在这一时期学会走路,开始说话,出现表象思维和想象等人类特有的心理活动,出现独立性,自我意识开始萌芽,各种心理活动逐渐齐全。

3~6岁是进入幼儿园的时期,也是心理活动系统的奠基时期,是个性形成的最初阶段,在这三年里,身心发展比较迅速,每年有新的特点。3~4岁的儿童行为具有强烈的情绪性,爱模仿,思维仍带有直觉行动性。4~5岁的儿童爱玩、会玩,产生具体形象思维,开始遵守规则。5~6岁的儿童好学、好问,抽象逻辑思维开始发展,个性初具雏形,开始掌握认知方法。

总之,心理学家通过长期、大量的研究,揭示整个婴幼儿时期心理发展历程的趋势是:从简单到复杂,从具体到抽象,从被动到主动,从零乱到成体系。

【本节过关自测】

一、单项选择题

1. 儿童能够独立表现出来的心理发展水平,和儿童在成人指导下所能够表现出来的心理发展水平之间的差距是(   )。
   A. 关键期   B. 敏感期   C. 最近发展区   D. 转折期

2. 儿童语言获得的关键时期是(   )。
   A. 婴儿期   B. 学前期   C. 学龄期   D. 青年期

3. 现在的幼儿与几十年以前的幼儿某些心理年龄特点,如思维的具体形象性、爱活动、爱游戏等基本相同。这说明儿童心理发展的年龄特征具有(   )。
   A. 可变性   B. 整体性   C. 阶段性   D. 稳定性

4. 在幼儿心理发展的主要特征中,"活泼好动"是(   )的年龄发展特征。

A．小班　　　　　　B．中班　　　　　　C．大班　　　　　　D．托儿班

5．属于3～4岁幼儿心理发展的特征的是（　　）。

A．活泼好动　　　　B．思维具体形象　　C．好学、好问　　　D．认知依靠行动

6．人们在谈论现在的孩子比过去的孩子聪明,这说明儿童心理发展特征的（　　）。

A．延续性　　　　　B．多变性　　　　　C．稳定性　　　　　D．可变性

7．儿童先学会爬,后学会走,这说明儿童的发展具有（　　）的特点。

A．方向性和顺序性　B．连续性和阶段性　C．不平衡性　　　　D．个别差异性

8．新生儿只有少数几种情绪,随着年龄的增长,情绪越来越分化、增多。这说明儿童心理发展具有（　　）的特征。

A．从简单到复杂　　B．从具体到抽象　　C．从被动到主动　　D．从零乱到成体系

9．教育者要在儿童发展的关键期,施以相应教育,这是因为人的发展具有（　　）。

A．顺序性和阶段性　B．不均衡性　　　　C．稳定性和可变性　D．个别差异性

10．幼儿心理随年龄增长而逐渐发展,体现了幼儿心理发展具有的特征是（　　）。

A．稳定性　　　　　B．阶段性　　　　　C．连续性　　　　　D．顺序性

二、简答题

1．幼儿中期（4～5岁）的心理特点是什么？

2．谈谈婴幼儿身心发展的一般趋势是什么。

三、材料分析题

幼儿园小班上计算课,作业内容是手口一致地点数"2"。老师讲完后,带小朋友一起练习。老师问一个小朋友："数一数你长了几只眼睛？"小朋友回答："长了3只。"年轻老师一时生气,就说："长了4只呢。"那小朋友也跟着说："长了4只呢。"老师说："长了5只。"那小朋友又说："长了5只。"老师气得直跺脚,大声说："长了8只。"小朋友也跟着猛跺一脚说："长了8只！"老师忍不住笑了起来,那小朋友还以为自己回答对了,也咧开嘴天真地笑了。

(1)案例中小朋友表现出什么样的心理特点？

(2)老师的做法对吗？请做简要分析。

【本节过关自测】参考答案

一、单项选择题

【答案解析】1. 答案是C。本题考察的是考生对儿童心理发展阶段的几个概念的熟记程度。儿童心理发展某种特征的形成,或儿童某种能力的发展,在某一个时期容易出现,过了这个时期,就难以产生。容易形成某种心理特征的时期,称为儿童心理发展的关键期；敏感期是指儿童学习某种知识和形成某种能力或行为比较容易、儿童心理某个方面发展最为迅速的时期；在儿童心理发展的两个阶段之间,有时会出现心理发展在短期内突然急剧变化的情况,称为儿童心理发展的转折期；最近发展区是指儿童能够独立表现出来的心理发展水平,和儿童在成人指导下所能够表现出来的心理发展水平之间的差距。

【答案解析】2. 答案是B。本题考察的是考生对关键期现象的熟知程度。儿童心理发展的关键期现象,主要表现在语言发展和感知觉方面。资料证明,学前期是人生学习口语的时期,如果错过了这个时期,就难以学会人的语言。狼孩在7岁后才开始接触人类的语言,学习口语,但始终不能学会说话。因而本题的正确答案是B。

【答案解析】3. 答案是D。本题考察的是考生对儿童心理发展年龄特征的特性的了解程。儿童心理发展年龄特征具有稳定性和可变性。一般说来,儿童心理发展的年龄特征具有一定的稳定性。百年前和几十年前儿童心理学研究所揭示的幼儿心理年龄特征的基本点,至今仍然适用于当代儿童。如思维的具体形象性、爱活动、爱游戏这些特征本质上没有变。

【答案解析】4. 答案是B。本题考的是对身心发展年龄阶段特征的理解。中班幼儿经过一年的集体生活训练,对环境已经熟悉,其在生理上又进一步成熟,特别是神经系统进一步发展,因此表现出"活泼好动"的特征。

【答案解析】5. 答案是D。本题考的是对身心发展年龄阶段特征的理解。A、B项都属于4～5岁幼儿的心理发展特征,C项是5～6岁幼儿的心理发展特征。

【答案解析】6. 答案是D。本题考的是对身心发展一般特征含义的理解。现在的孩子比过去聪明,这说明了可变性。

【答案解析】7. 答案是A。本题考的是对身心发展趋势的理解。儿童先学会爬,后学会走,说明婴幼儿的心理发展具有一定的方向性和先后顺序,既不能逾越,也不会逆向发展,按由低级到高级、由简单到复杂的固定顺序进行。

【答案解析】8. 答案是A。本题考的是对身心发展趋势的理解。儿童最初的心理活动,只是非常简单的反射活动,以后逐渐变得复杂多样。

【答案解析】9. 答案是B。本题考的是对身心发展一般特征含义的理解。教育者只有在关键期内施以相应的教育,才能最有效地促进儿童的发展,这是因为人的发展在每一阶段都有所不同,具有不均衡性。

【答案解析】10. 答案是B。本题考的是对身心发展一般特征含义的理解。儿童心理的发展与其年龄的增长有着密切的关系,即使都是在幼儿时期,其心理活动的水平也各不相同,这显示出了心理发展具有阶段性的特征。

二、简答题

1.【考点解析】本题考查考生对4～5岁幼儿心理发展的年龄特征的掌握。

【答题要点】(1)活泼好动;(2)思维具体形象;(3)开始能够遵守规则;(4)开始自己组织游戏。(考生注意,每个要点要适当展开或举例说明。具体请参看命题考点精讲有关内容。)

2.【考点解析】本题考查考生对婴幼儿身心发展的一般趋势的掌握。

【答题要点】(1)从简单到复杂;(2)从具体到抽象;(3)从被动到主动;(4)从零乱到成体系。具体展开请参看命题考点精讲内容。

三、材料分析题

【考点解析】本题考查考生对3～4岁幼儿心理发展特征的掌握。

【答题要点】(1)案例中小朋友表现出好模仿的性格特点。好模仿是幼儿小班(3～4岁)突出的性格特点。他们最喜欢模仿别人的动作和行为。(2)本案例中老师的做法欠妥,理由如下:第一,好模仿是幼儿突出的性格特点。幼儿的模仿与其能力发展易受暗示密切相关。幼儿的模仿也和其自信心不足有关。第二,利用模仿进行教育,可以获得良好成效。有经验的老师特别注意为幼儿树立良好的榜样,使幼儿在模仿中学习。第三,老师坚决不能在幼儿面前做出错误榜样,不能说反话,否则将引起极其不良的后果。

第二章 幼儿生理发展基本规律、特点与教育

【本章考试大纲】

掌握幼儿身体发育、动作发展的基本规律和特点,并能够在教育活动中应用。

第一节 幼儿身体发育的特点与保育

【本节考纲考点】

1. 掌握学前儿童身体发育的基本规律。
2. 掌握学前儿童身体各系统的发育特点。
3. 能够在教育活动中灵活应用。

【历年真题再现】

一、选择题

【2013 上】由于幼儿的肌肉中水分多,蛋白质及糖原少,不适合他们的运动项目是(　　)。
A．长跑　　　　　B．投掷　　　　　C．跳绳　　　　　D．排球
【考点】幼儿肌肉的特点

【2014 上】婴幼儿应多吃鸡蛋、奶等食品,保证维生素 D 的摄入,以防止因维生素 D 缺乏而引起(　　)。
A．佝偻病　　　　B．异食癖　　　　C．呆小症　　　　D．坏血病
【考点】幼儿骨骼对钙的吸收特点

【2015 下】评价幼儿生长发育的重要指标是(　　)。
A．体重和头围　　B．头围和胸围　　C．身高和胸围　　D．身高和体重
【考点】学前儿童发育的重要参考指标

【本节备考指导】

本节重要知识点是学前儿童身体发育的基本规律、学前儿童身体各系统的发育特点,难点是掌握相关理论,能够在教育活动中灵活应用。

学习时首先要对学前儿童身高的变化、体重的变化、头围及胸围的发育特点、学前儿童生长发育的规律、身体各系统(运动、呼吸、消化、泌尿、内分泌、神经、心血管、感觉器官)的生理解剖特点均要有清晰的认识,能够掌握各系统、器官的发育规律及与成人相比的不同之处,即可以根据各系统生理解剖特点——发育规律——保健要点的逻辑思路进行复习,即首先明确每个系统的组成,各器官的生理特点,然后厘清相关发育规律和特点,最后明确具体的保健措施。

考生需要通过本节学习,能够与幼儿园工作相联系,进行联系分析,分析和解决学前儿童卫生保健实践中所存在的各种实践问题,以保证和促进学前儿童的正常发育和健康。

【命题考点精讲】

命题点 1：学前儿童体重的变化

1. 体重的生长规律

新生儿体重一般为 3.5～4.0 千克,新生儿出生后一周,因摄入不足,又因排出胎便及丢失水分,体重减轻,称为"生理性体重下降"。

2. 体重测量的估算

(1) 倍数估算：出生 6 个月后体重为刚出生体重的 2 倍左右,一周岁时约为 3 倍,2 岁时约 4 倍,2 岁以后到青春期前体重增长稳定,每年平均增长 2 千克。

(2) 公式估算：6 个月以内体重(克)＝出生体重＋月龄×700 克。7～12 月体重(克)＝6 000＋月龄×250 克。2～7 岁体重(千克)＝年龄×2＋8。

命题点 2：学前儿童身高的变化

身长(身高)代表头、脊柱及下肢长度的总和。3 岁前一般卧位测量,称为身长;3 岁以后一般立位测量,称为身高。身高既是生长长度的重要指标,也是正确估计身体发育特征和评价生长速度的重要依据。

1. 身高的生长规律

正常情况下,新生儿出生时身长平均为 50 厘米,第一年增长最快,约 25 厘米,1 岁时为 75 厘米,第二年平均增长约 10 厘米,2 岁时身高约为 85 厘米;2 岁以后至青春期前,平均每年增长 5～7 厘米;进入青春期出现第二次身高快速增长。

2. 身高测量的估算

(1) 按身高增长的倍数估算：出生身长按 50 厘米计算,1 周岁时身长为出生身长的 1.5 倍,4 岁时身高为出生身长的 2 倍。

(2) 按公式估算：2~7岁身高(厘米)＝年龄×5＋80(厘米)。

命题点3：学前儿童头围与胸围的变化

1. 头围

新生儿头围平均为34厘米，年龄越小，增长速度越快。6个月时，平均为42厘米，1岁时约为46厘米，2岁时约为48厘米，以后头围增加速度缓慢。5岁时头围为52厘米，成人约为54厘米。

头围的大小间接反映了颅骨及脑的发育情况，头围是6岁以下婴幼儿生长发育的重要指标，头围大小与双亲的头围有关。头围过小，常提示脑发育不良；头围增速过快，常提示脑积水或其他疾病。

2. 胸围

沿乳头下缘水平绕胸一周的长度为胸围。胸围代表着肺与胸廓的生长，反映胸廓的容积、胸廓骨骼、胸背肌肉、脂肪层及肺的发育情况。

命题点4：学前儿童生长发育的规律

（1）生长发育既有连续性又有阶段性。

（2）各系统器官发育的不均衡性。人体各器官系统的发育顺序具有一定规律。从出生到发育成熟，身体各部位的生长幅度也不一样，一般头颅增长1倍，躯干增长2倍，上肢增长3倍，下肢增长4倍。

（3）生长发育的顺序性。

（4）生长发育遵循由上到下、由近到远、由粗到细、由简单到复杂、由低级到高级的顺序和规律进行。

（5）生长发育存在个体差异。

命题点5：运动系统

运动系统是由骨、骨骼肌以及骨连接三部分构成。学前儿童运动系统的特点为：

（1）骨骼迅速生长。

（2）骨骼的数量多于成年人。人体共有206块骨头，学前儿童的一些骨骼尚未融合连接成为一个整体，比如腕骨、足骨、骨盆。因此，学前儿童骨骼总数要比成年人多，大约有300多块。

（3）骨骼柔软易弯曲。成人骨头的无机盐约占2/3，有机物约占1/3；小儿骨头的无机盐与有机物各占1/2。因此，与成人的骨相比，儿童的骨头韧性强、硬度小，容易发生变形而不易骨折，称为"青枝骨折"。

（4）头颅骨骼尚未发育好。出生时后囟很小或已闭合，至迟约6~8周龄闭合。前囟1.5岁左右闭合。头围的大小、囟门关闭的早晚在某种程度上与脑的发育及疾病影响有关。囟门关闭过晚、头围过大，多见于脑积水、佝偻病等；囟门关闭过早、头围过小，多见于大脑发育障碍、小脑畸形等。

（5）脊柱的生理弯曲。脊柱由上到下有四道弯曲，这四道弯曲叫做脊柱生理性弯曲，是随着小儿动作的发育逐渐形成的。因此，在脊柱未完全定型以前，不良的体姿会导致脊柱变形。

（6）腕骨。人每个手有8块腕骨，但要到10岁左右，8块腕骨才全部钙化。所以学前儿童腕骨未骨化完成，手部力量小，不能提拿太重的东西，不宜长时间写作业。

（7）骨盆。骨盆由骶骨、尾骨以及髋骨组成。学前儿童的髋骨还不是一块整体，由髂骨、坐骨和耻骨三块骨头，借助软骨连接在一起，一般要到25岁左右，髋骨才能成为一块完整的骨头。女性的骨盆是胎儿自然分娩的骨产道，因此女孩要特别注意保护骨盆，以免日后影响正常分娩。

（8）关节。学前儿童关节面软骨相对宽，关节囊浅，关节囊松弛，关节韧带不够结实，因此学前儿童较成年人更易发生脱臼。

（9）肌肉。学前儿童肌纤维细，肌肉成分以水分为主，蛋白质、糖、脂肪和无机盐较少。因此，肌肉的力量和能量的储备都不如成人，容易疲劳。但是，小儿新陈代谢较快，容易消除疲劳。

（10）足弓发育。刚出生的婴幼儿脚没有足弓，到了站立和行走时才开始出现足弓。由于婴幼儿的肌肉力量小，韧带发育不完善，足弓超负荷或其他原因，可引起足弓塌陷，形成扁平足。

命题点6：呼吸系统

呼吸系统由呼吸道和肺组成。呼吸道是传送气体和排出分泌物的管道，肺是进行气体交换的场所。学前儿童呼吸系统特点是：

1. 上呼吸道

鼻。婴幼儿面部颅骨发育不完全，鼻腔相对短小、位置较低，鼻黏膜柔韧且富于血管，感染时黏膜充血而形成肿胀,易于造成鼻腔堵塞引起鼻塞,甚至发生呼吸困难,小儿因此而烦躁不安、拒奶。

咽。咽是呼吸和消化系统的共同通道,分别与鼻腔、口腔和喉腔相通,是三岔口。会厌软骨在吞咽时盖住气管入口,以防止食物滑入气管。小孩会厌软骨反应不灵敏。因此异物容易进入气管导致疾病,应特别注意饮食。

婴幼儿咽部相对较狭窄,且位置垂直,有丰富的淋巴组织。扁桃体在4～10岁时发育达到高峰,扁桃体肥大和咽峡炎及腺样增殖常见于学龄儿童。

幼儿的咽鼓管短、粗、斜度小,咽炎导致耳咽管阻塞,容易发生中耳炎。

喉。呈漏斗形,喉腔较窄,声门狭小,软骨柔软,黏膜稚嫩而富有血管及淋巴组织,故轻微炎症即可引起声音嘶哑甚至呼吸困难。另外,幼儿的声门肌肉容易疲劳,应防止过度疲劳和刺激。

2. 下呼吸道

气管和支气管。婴幼儿的气管和支气管的管腔较成人相对狭窄,软骨柔软,黏膜柔嫩且血管丰富,因缺乏弹性组织而支撑作用差,另外黏液腺分泌不足导致气道较干燥,因纤毛运动较差,清除病原微生物的能力弱,所以婴幼儿容易发生呼吸道感染,而一旦感染容易引起充血水肿而导致呼吸困难。

3. 肺

学前儿童肺的弹性组织发育较差,血管丰富,间质发育旺盛,充血较多,而含气较少、肺泡数量少,就容易被黏液堵塞,所以容易感染而发生肺不张、肺气肿和肺淤血等。

4. 胸廓

婴幼儿胸部肌肉不发达,胸腔狭小,肺的容量也小,所以只能以加快呼吸的频率来代偿。呼吸以"腹式呼吸"为主,年龄越小呼吸频率越快。

命题点7:循环系统

婴幼儿循环系统的特点及保育要点是:

1. 血液

(1)血液量随年龄增长很快。

(2)慎用氯霉素等药物。

(3)空气污染影响骨髓造血功能。

2. 心脏

(1)年龄越小,心律越快。

(2)锻炼可强心肌力,但运动量要适度。

(3)预防动脉硬化始于婴幼儿。

3. 血管

学前儿童血管的管腔大,管壁薄,血管弹性小,在毛细血管流动的血量多。

4. 淋巴系统

幼儿淋巴系统发育较快,淋巴结的防御机能也较显著。扁桃体在4～10岁时发育达到高峰,而14～15岁就开始退化,所以,扁桃体炎是幼儿期常见的疾病。检查扁桃体应作为晨检的主要内容之一。

命题点8:消化系统

学前儿童消化系统解剖生理特点

1. 口腔

口腔是消化道的起始端,口腔里有牙齿、舌及三对唾液腺的开口,具有吸吮吞咽、咀嚼消化、味觉感觉和语言等功能。

(1)牙齿:乳牙在婴儿出生后6个月～8个月开始萌出,乳牙萌出有一定的顺序,最先萌出的是2个下中切牙(下门牙),1周岁末有8个乳牙,2岁半左右20个乳牙全部萌出。

(2)乳牙的功能:咀嚼食物,帮助消化;促进颌面部的正常发育;有助于口齿伶俐。

(3)唾液腺:出生5到6个月后,唾液腺分泌唾液的量明显增多,但此时婴儿口腔浅,不能及时吞咽所分泌的全部唾液,因此常发生生理性流涎。

2. 食管

新生儿和婴儿的食管呈漏斗状,管道比成人显著短、薄且窄,黏膜细嫩,管壁弹力组织发育较差,腺体缺乏弹力组织及基层上不发达,其下端贲门括约肌发育不成熟,控制能力差,常发生胃食管反流,绝大多数在8~10个月时症状消失。

3. 胃

婴儿胃呈水平状,胃容量较小,随年龄增长胃容量逐渐增大。胃排空时间因食物种类不同而异,水的排空时间为一般为1.5~2小时,母乳2~3小时,牛乳3~4小时。

4. 肠道

小儿肠管相对比成人长,一般为身长的5到7倍。小肠的主要功能包括运动、消化、吸收及免疫保护。

学前儿童的肠黏膜有丰富的血管混合淋巴管网,但肠壁薄、通透性高、屏障功能差,当消化道发生感染时,容易引起全身感染和变态反应性疾病。

学前儿童肠的蠕动能力比成人弱,容易发生便秘和粪中毒。

学前儿童的结肠壁薄,升结肠和直肠与腹后壁的固定性较差,因此较易发生肠套叠和肠扭转。

5. 肝脏

年龄越小肝脏相对越大;婴幼儿肝脏解毒功能较差;肝脏分泌胆汁少,消化脂肪的能力较差;肝脏的主要作用是维持血糖浓度的恒定,而学前儿童肝糖元储存较少,易发生"低血糖休克"。

命题点9:泌尿系统

泌尿系统包括肾脏(泌尿)、输尿管(输尿)、膀胱(贮尿)和尿道(排尿)。学前儿童泌尿系统解剖生理特点是:

1. 肾脏

2岁以内的健康儿的肾脏(特别是右肾)容易扪及,虽然与成人相比,小儿肾脏相对大且重,但是由肾小球和肾小管组成的肾单位发育尚不成熟,婴幼儿与成人相比,将从尿中损失更多的葡萄糖、氨基酸等有用物质,更易发生脱水或浮肿。

2. 输尿管

婴幼儿输尿管长而弯曲,容易受压及扭曲而导致梗阻,引起尿潴留而诱发感染。

3. 膀胱

由于学前儿童新陈代谢快,尿总量较多,但膀胱容量小,贮尿功能差,所以年龄越小,每天排尿的次数越多;同时由于神经系统发育不全,对排尿的调节能力差,所以孩子3岁前主动排尿的控制能力差。

4. 尿道

新生女婴尿道长仅1 cm(性成熟期3~5 cm),且外口暴露而又接近肛门,易受细菌污染。男婴尿道虽较长,但常有包茎,尿垢积聚时也易引起上行性细菌感染。

命题点10:内分泌系统

婴幼儿内分泌系统的特点是:

1. 脑垂体

脑垂体位于颅腔底部,被称为"内分泌之王"。脑垂体有两个发育最快的时期,一是4岁前,二是青春期。生长激素是由脑垂体分泌的一种激素,供组织生长所需。生长激素的分泌特点:一昼夜间,生长激素的分泌并不均匀。夜间入睡后,生长激素才大量分泌。

生长激素分泌异常引起的疾病:

(1)垂体性侏儒症。

(2)巨人症或者肢端肥大症。

2. 甲状腺

甲状腺是人体最大的内分泌腺,甲状腺分泌甲状腺素。甲状腺素的主要功能是调节新陈代谢,兴奋神经系统,促进骨骼的生长发育。

碘是构成甲状腺激素的原料。缺碘——影响甲状腺的功能:

大脖子病(地方性甲状腺肿):土壤、水和食物中碘的含量很少所致。

克汀病：孕妇怀孕期间缺碘，胎儿缺少甲状腺激素，出生后容易得。症状：身材不匀称，四肢骨变粗，骨龄低，身材矮小，身体下部量明显短于上部量，有不同程度的听力和言语障碍，智能发育低下，基础代谢过低。

缺碘的最大威胁是影响婴幼儿的智力发育，造成智力低下，以及听力下降、言语障碍、生长受阻等多种残疾。

命题点 11：神经系统

大脑皮质活动的某些特性：

大脑的最外一层称为大脑皮质，是各种心理活动的生理基础。大脑皮质的活动的规律：

(1)优势原则；(2)镶嵌式活动原则；(3)动力定型。

婴幼儿神经系统的特点是：

一是神经系统发育迅速：(1)脑细胞数目的增长；(2)神经髓鞘化。

二是容易兴奋、容易疲劳。

三是需要较长的睡眠时间。

命题点 12：学前儿童感官的发展

1. 皮肤

婴幼儿皮肤的特点

(1) 保护功能较差；

(2) 皮肤调节体温的机能差；

(3) 皮肤的渗透作用强。

2. 眼睛

眼睛是由眼球和一些附属部分组成的。婴幼儿眼睛的特点：

婴幼儿眼睛发育还不完善，眼球呈球形，眼球的前后径较短，物像不能聚焦到视网膜上而出现生理性远视，但是晶状体的弹性较大，调整能力强。如果晶状体调节过度，导致睫状肌持续紧张或痉挛，晶状体凸度增加而发生调节性假性近视。

3. 耳

婴幼儿耳的特点：(1)耳廓易生冻疮；(2)外耳道易生疖；(3)易患中耳炎；(4)对噪声敏感。

【本节考点知识点小结】

1. 学前儿童体重的变化

(1)倍数估算：出生6个月后体重为刚出生体重的2倍左右，1周岁时约为3倍，2岁时约4倍，2岁以后到青春期前体重增长稳定，每年平均增长2千克。(2)公式估算：6个月以内体重(克)＝出生体重＋月龄×700克。7～12月体重(克)＝6 000＋月龄×250克。2～7岁体重(千克)＝年龄×2＋8。

2. 学前儿童身高的变化

(1)按身高增长的倍数估算：出生身长按50厘米计算，1周岁时身长为出生身长的1.5倍，4岁时身高为出生身长的2倍。(2)按公式估算：2～7岁身高(厘米)＝年龄×5＋80(厘米)。

3. 学前儿童头围的变化

新生儿头围平均为34厘米。6个月时平均为42厘米，1岁时约为46厘米，2岁时约为48厘米。5岁时头围为52厘米，成人约为54厘米。

4. 学前儿童胸围的变化

沿乳头下缘水平绕胸一周的长度为胸围。胸围代表着肺与胸廓的生长，反映胸廓的容积、胸廓骨骼、胸背肌肉、脂肪层及肺的发育情况。

5. 学前儿童生长发育的规律

生长发育既有连续性又有阶段性；各系统器官发育具有不均衡性，人体各器官系统的发育顺序具有一定规律；生长发育的顺序性；生长发育遵循由上到下、由近到远、由粗到细、由简单到复杂、由低级到高级的顺序和规律进行；生长发育存在个体差异。

【本节过关自测】

一、单项选择题

1．关于小儿生长发育一般规律的说法中,不正确的是(　　)。
　A．生长发育既有连续性又有阶段性
　B．生长发育的速度是波浪式的
　C．身体各系统的发育时均衡的,又是统一协调的
　D．每个儿童的生长发育有他自己的特点

2．(　　)是人一生中身长、体重增长最快的阶段。
　A．胎儿期　　　　B．新生儿期　　　　C．1～3岁　　　　D．3～6岁

3．儿童出生后第一年内,身长一般增长(　　)厘米。
　A．5～10　　　　B．10～15　　　　C．15～20　　　　D．20～25

4．儿童出生后第一年内,体重一般增加(　　)千克。
　A．1～2　　　　B．2～4　　　　C．4～5　　　　D．6～7

5．在生长发育过程中,身体各部分发育的比例是不同的,一个人从出生到发育成熟,(　　)增长了三倍。
　A．上肢　　　　B．下肢　　　　C．头部　　　　D．躯干

6．学前儿童的(　　)比较短,管腔宽,位置平直,易得中耳炎。
　A．鼻泪管　　　　B．咽鼓管　　　　C．喉腔　　　　D．气管

7．小儿生长激素分泌不足,可能导致(　　)。
　A．克汀病　　　　B．侏儒症　　　　C．巨人症　　　　D．甲亢

8．幼儿呼吸次数描述正确的是(　　)。
　A．年龄越小,呼吸越慢　　　　　　B．年龄越小,呼吸越快
　C．年龄越大,呼吸越快　　　　　　D．不同年龄呼吸次数一致

9．不可让小儿拎提重物,是因为(　　)。
　A．小儿关节窝较浅,周围韧带松,易脱臼,形成"牵拉肘"
　B．小儿的骨头韧性强,硬度小,易发生变形
　C．小儿8块腕骨要到10岁左右才全部钙化
　D．小儿肌肉力量小,易疲劳

10．为幼儿选择的发响玩具的音响最大限度不能超过(　　)分贝。
　A．50　　　　B．60　　　　C．70　　　　D．80

11．大脑皮质的活动有它的规律,其中使大脑皮质的神经细胞有劳有逸,维持高效率的是(　　)。
　A．优势法则　　　B．镶嵌式活动原则　　C．动力定型　　D．睡眠

12．乳牙共20颗,于(　　)出齐。
　A．1岁左右　　　　B．1岁半左右　　　　C．2岁左右　　　　D．2岁半左右

13．小孩眼睛(　　)以前可以有生理性远视。
　A．一岁　　　　B．三岁　　　　C．五岁　　　　D．七岁

14．随着年龄的增长,婴幼儿的动作就逐渐迅速准确,其原因是(　　)。
　A．神经纤维的突起逐渐形成　　　　B．神经纤维的分枝逐渐形成
　C．神经纤维的髓鞘逐渐形成　　　　D．神经纤维的接触逐渐形成

15．乳牙早失会导致(　　)。
　A．恒牙排列不齐　　B．恒牙易患龋齿　　C．恒牙早失　　D．恒牙停止萌出

16．户外活动时要注意适时让幼儿休息,其原因是(　　)。
　A．幼儿的肌肉嫩　　　　　　　　　B．幼儿的骨发育不完善
　C．幼儿肌肉的力量弱,能量储备少　　D．肌肉易受损伤

17. 婴幼儿呼吸方式的特点是(　　)。
   A. 以胸式呼吸为主　　　　　　　　　B. 以腹式呼吸为主
   C. 胸式呼吸和腹式呼吸两种方式并重　　D. 既不属于胸式呼吸也不属于腹式呼吸
18. 婴幼儿体内生长激素分泌最旺盛的时间段是(　　)。
   A. 上午　　　　　B. 下午　　　　　C. 傍晚　　　　　D. 夜晚
19. 学前儿童全身各系统中耗氧量最高的是(　　)。
   A. 循环系统　　　B. 消化系统　　　C. 呼吸系统　　　D. 神经系统
20. 新生儿每分钟心跳次数为(　　)。
   A. 100次左右　　B. 120次左右　　C. 140次左右　　D. 160次左右

二、简答题

1. 简述幼儿身体发育的特点。
2. 为什么说鼻子是保护肺的第一道防线？
3. 什么是优势原则？它对幼儿园工作有何指导意义？
4. 小儿皮肤的特点是什么？在日常生活中该如何护理？

【本节过关自测】参考答案

一、单项选择题

【考点解析】1. 答案是C。小儿生长发育一般规律是指生长发育既有连续性又有阶段性；生长发育的速度是波浪式的；身体各系统的发育是不均衡的，但又是统一协调的；每个儿童的生长发育有自己的特点。本题主要考查的知识点是"掌握幼儿身体发育的规律"。

【考点解析】2. 答案是A。人生长发育的速度并不是直线上升的，而是呈波浪式，有时快些，有时慢些。而胎儿时期是人一生中身长、体重增长最快的阶段。本题主要考查的知识点是"幼儿身体发育的规律"。

【考点解析】3. 答案是D。儿童出生后头两年的身体增长速度仍比后几年快，尤其是出生后的第一年内，身长一般增长20~25厘米。本题主要考查的知识点是"幼儿身体发育的规律"。

【考点解析】4. 答案是D。儿童出生后头两年的身体增长速度仍比后几年快，尤其是出生后的第一年内，体重一般增加6~7千克。本题主要考查的知识点是"幼儿身体发育的规律"。

【考点解析】5. 答案是A。在生长发育过程中，身体各部分发育的比例是不同的，一个人从出生到发育成熟，头部增大了一倍，而躯干却增长了两倍，上肢增长了三倍，下肢增长了四倍。本题主要考查的知识点是"幼儿身体发育的规律"。

【考点解析】6. 答案是B。婴幼儿连接中耳与咽的咽鼓管较短且偏水平，使细菌容易从咽部进入中耳而引起发炎。本题主要考查的知识点是"婴幼儿咽鼓管的特点"。

【考点解析】7. 答案是B。生长激素供组织生长所需。如果生长激素分泌不足，可引起垂体性侏儒症的发生。本题主要考查的知识点是"脑垂体分泌生长激素的作用"。

【考点解析】8. 答案是B。婴幼儿呼吸肌发育尚未完善，肌张力弱，因此呼吸时胸廓活动不充分，肺的扩张受限制，导致气体不能充分进行交换，只能通过加快呼吸次数来满足身体正常代偿需要，年龄越小呼吸频率越快。本题主要考查的知识点是"婴幼儿胸廓及肺的生理特点"。

【考点解析】9. 答案是C。人的每只手都有8块腕骨，但要到10岁左右，8块腕骨才全部钙化。所以学前儿童腕骨未骨化完成，手部力量小，不能提拿太重的东西，不宜长时间写作业。本题主要考查的知识点是"婴幼儿腕骨的生理解剖特点"。

【考点解析】10. 答案是A。噪音能够引起幼儿听力下降。噪声在50分贝以下，是比较安静的正常环境；60分贝时就开始影响睡眠和休息；如果是80分贝，会引起幼儿睡眠不足，烦躁，记忆力衰退。本题主要考查的知识点是"婴幼儿耳的生理特点"。

【考点解析】11. 答案是B。镶嵌式活动原则：大脑皮质分工精细，从事某项活动时，相应区域兴奋，其余抑制。活动性质改变，兴奋区域也改变。兴奋、抑制不断轮换。本题主要考查的知识点是"大脑皮质活动的某些特性"。

【考点解析】12. 答案是 D。乳牙最先萌出的是 2 个下中切牙,2 岁半左右 20 个乳牙全部萌出。本题主要考查的知识点是"乳牙萌出有一定的顺序"。

【考点解析】13. 答案是 C。5 岁前,婴幼儿眼睛发育还不完善,眼球呈球形,眼球的前后径较短,物像不能聚焦到视网膜上而出现生理性远视。本题主要考查的知识点是"婴幼儿眼睛的特点"。

【考点解析】14. 答案是 C。神经纤维外层髓鞘的形成,对神经系统的活动有很大的意义。到 6 岁左右,幼儿大脑皮层的一切神经传导通路几乎都髓鞘化了,所以反应日益精确。本题主要考查的知识点是"婴幼儿神经系统发育的特点"。

【考点解析】15. 答案是 A。若乳牙早失(患龋齿,不得不拔去残根),邻近的牙向空隙倾倒,恒牙就不能在正常位置萌出,导致牙齿排列不齐。本题主要考查的知识点是"乳牙的功能"。

【考点解析】16. 答案是 C。运动系统的肌肉由骨骼肌纤维组成,学前儿童肌纤维细,肌肉成分以水分为主,蛋白质、糖、脂肪和无机盐较少。因此,肌肉的力量和能量的储备都不如成人,容易疲劳。本题主要考查的知识点是"学前儿童肌肉的特点"。

【考点解析】17. 答案是 B。婴幼儿胸部肌肉不发达,胸腔狭小,肺的容量也小,所以只能以加快呼吸的频率来代偿。呼吸以"腹式呼吸"为主。本题主要考查的知识点是"学前儿童呼吸系统特点"。

【考点解析】18. 答案是 D。一昼夜间,生长激素的分泌并不均匀。夜间入睡后,生长激素才大量分泌。本题主要考查的知识点是"生长激素分泌的特点"。

【考点解析】19. 答案是 D。在神经系统中,脑的耗氧量最高,儿童脑细胞的耗氧量约为全身耗氧量的 50%。本题主要考查的知识点是"学前儿童神经系统的特点"。

【考点解析】20. 答案是 C。幼儿心肌纤维细弱,收缩能力差,心腔小,每搏输出的血量比成人少,为满足新陈代谢的需要,心跳比成人快,且节律不均匀。新生儿可达 140 次/分钟;成人则一般为 60~75 次/分。本题主要考查的知识点是"学前儿童心脏的特点"。

二、简答题答案

1.【考点解析】本题主要考查知识点"幼儿身体发育的特点"。

【答题要点】(1)婴幼儿身长中心点随着年龄的增长下移;(2)体围发育的顺序是由上而下,由中心而末梢;(3)婴幼儿各器官系统的发育不平衡,有先后快慢的差别。

2.【考点解析】本题主要考查知识点"幼儿鼻的生理特点"。

【答题要点】(1)鼻是呼吸道的起始部分;(2)鼻黏膜上的血管发散热量,使吸入的冷空气升温;(3)鼻黏膜分泌的黏液,将空气中的灰尘、微生物粘附其上;(4)鼻毛可阻挡较大尘粒;(5)鼻黏膜蒸发的水分使干燥的空气湿润。总之,鼻腔对空气起着清洁、湿润、加温的作用。

3.【考点解析】本题主要考查知识点"大脑皮质的某些特性"。

【答题要点】(1)当人在从事自己感兴趣的活动时,注意力多比较集中,效率较高。(2)对与此活动无关的刺激则可"视而不见"、"听而不闻"。指导意义:在教学过程中注重发掘、培养学生的兴趣,因材施教。

4.【考点解析】本题主要考查知识点"幼儿皮肤的特点"。

【答题要点】特点:(1)皮肤的保护功能差;(2)皮肤调节体温的功能差;(3)皮肤的渗透作用强。保育要点:(1)首先要注意保洁,勤洗脸、洗头、洗澡。(2)勤剪指甲。剪手指甲可剪成半圆的弧形;剪脚趾甲,使趾甲的边缘是平的。(3)充分利用空气、阳光、水这三件宝,锻炼孩子的冷热适应能力。(4)冬天在户外活动,谨记"寒从脚下起",要让幼儿穿合脚、暖和的鞋,胸部和腹部也要保暖。(5)在皮肤上涂拭药物时要注意药物的浓度和剂量,皮肤干燥时要及时进行保润护肤,防止皮肤皲裂。

第二节　幼儿动作发展的基本规律和特点与教育

【本节考纲考点】

1. 掌握幼儿动作发展的基本规律。

2. 掌握幼儿动作发展的特点。
3. 能够在教育活动中应用上述规律和特点。

【历年真题再现】

【2014下】婴儿手眼协调动作发生的时间是（　　）。
A．2～3个月　　　　B．4～5个月　　　　C．7～8个月　　　　D．9～10个月
【考点】婴幼儿动作发展的规律

【2013上】婴儿手眼协调的标志性动作是（　　）。
A．无意触摸的东西　　　　　　　　B．伸手拿到看见的东西
C．握住手里的东西　　　　　　　　D．玩弄手指
【考点】婴幼儿动作发展的规律

【本节备考指导】

本节重要知识点是幼儿动作发展的规律及特点，难点是对于各条规律及特点的理解。纵观近年考点，这部分内容还没有真题，但也在考纲范围里面，因此复习时也需要注意。

考生在本节学习中通过对幼儿动作发展的规律及特点的深刻理解，充分认识动作发展由神经中枢、神经、肌肉协调控制的身体动作的发展。动作是活动的组成部分，动作的发展是儿童活动发展的直接前提。

考生在深入学习幼儿动作发展的规律及特点，懂得儿童的动作发展和儿童的身体发展，大脑和神经系统的发展密切相关。本节重要的知识点就是儿童动作发展的规律（从上到下，头尾律；从大到小；从简单到复杂；从不随意到随意）以及幼儿动作发展的特点（头部动作、躯体动作、行走动作、抓握动作），通过了解孩子的动作发展，能够在教育活动中应用，并为其创设良好的锻炼、学习环境，促进孩子动作的发展，从而促使孩子身心全面而和谐的发展。

【命题考点精讲】

命题点1：婴幼儿动作发展的规律
（1）从整体动作到局部的、准确的、专门化的动作。
（2）从上部动作到下部动作。这种发展趋势可称为"首尾规律"。
（3）从中央部分的动作到边缘部分的动作。
（4）从大肌肉动作到小肌肉动作。
（5）从无意动作到有意动作。

命题点2：婴幼儿动作发展的特点

1. 儿童头部动作的发展

头部动作是儿童最早发展：出生时，仰卧时头会左右转动，俯卧时会抬头片刻。1个月，头仍不能竖直，俯卧时能抬起下巴。2个月，抱着时头能竖直，但还是摇摆不稳。3个月，头能竖直而且平稳。4个月，头能平稳竖直：俯卧时能抬头。抱着时头能保持平稳。7个月，仰卧时能抬头。

2. 儿童躯体动作的发展

躯体动作的发展，主要表现为翻身和坐的动作的发展。2个月，能挺胸。3个月，能从侧卧翻到仰卧。4个月，能扶着坐。5个月，能从仰卧翻到侧卧。6个月，会坐在有扶栏的椅子上；坐着时身体前倾，会用手支撑身体。7个月，能从仰卧翻到俯卧；能不靠成人或其他东西的扶持独自坐一会儿。10个月，能毫不费力地从躺坐起。12个月，站着时能自己坐下。

3. 儿童行走动作的发展

儿童行走动作的发展，要经历爬行、站立和行走三个阶段。7个月，试着爬行，主要依靠膝盖和大腿的移动。8个月，匍匐爬行，腹部贴地，用腹部手臂带动身体和两腿前进；扶着能站立。10个月，用手和膝盖爬行，身体不着地，手臂和腿交替移动；能扶着东西自己站起。12个月，能扶着行走。14个月，能独自站立。15个月，能独自行走。18个月，跑步不稳，容易摔倒。2岁，行走自如，能大步稳跑，会踢皮球，能自己

上楼下楼。2岁半,能双脚跳,会用单脚站立片刻(2秒钟左右)。能踮着脚,用脚尖走几步,能从椅子上跳下。3岁,能单脚站立;会踮着脚走,跑步稳当,会骑三轮脚踏车。

4. 儿童抓握动作的发展

婴儿出生后6个月,抓握动作才开始发展。3个月以前的婴儿,手基本上是捏成拳头,手脚一起乱伸乱动,4~5个月的婴儿,虽然会伸手抓身旁的东西,但往往是整个手拿一把抓,拿不住。6个月,捏物体时还是一把抓,不会使用拇指,能够把东西从一只手换到另一只手;手眼协调,看到物体后能用手抓住它。8个月,抓握物体时能大拇指和其他四个指头分开,使用拇指抓握住物体。10个月,能协调地配合手眼动作,把一样东西放到另一样东西上。18个月,能将2~3件东西搭叠起来,能推拉玩具。会同时使用四个手指和拇指,抓握动作得到充分发展。2岁,能用手一页一页地翻书。2岁半,手与手指的动作相当协调,手指活动自如,会用手指拿筷子、拿笔。3岁,能用手拿笔画圆圈,会自己往杯子里倒水,能自己解开和扣上钮扣。

【本节考点知识点小结】

1. 婴幼儿动作发展的规律

(1) 从整体动作到局部的、准确的、专门化的动作。
(2) 从上部动作到下部动作。这种发展趋势可称为"首尾规律"。
(3) 从中央部分的动作到边缘部分的动作。
(4) 从大肌肉动作到小肌肉动作。
(5) 从无意动作到有意动作。

2. 婴幼儿动作发展的特点

(1) 儿童头部动作的发展:头部动作是儿童最早发展。
(2) 儿童躯体动作的发展:躯体动作的发展,主要表现为翻身和坐的动作的发展。
(3) 儿童行走动作的发展:儿童行走动作的发展,要经历爬行、站立和行走三个阶段。
(4) 儿童抓握动作的发展:婴儿出生后6个月,抓握动作才开始发展。

【本节过关自测】

一、单项选择题

1. 儿童最初的动作是全身性的,以后动作逐渐分化,这种儿童动作发展的规律称为(　　)。
   A. 从笼统到专门的规律　　　　　　　　B. 大小规律
   C. 粗细规律　　　　　　　　　　　　　D. 从整体到局部的规律

2. 下列符合儿童动作发展规律的是(　　)。
   A. 从局部动作发展到整体动作　　　　　B. 从边缘部分动作发展到中央部分动作
   C. 从粗大动作发展到精细动作　　　　　D. 从下部动作发展到上部动作

3. 关于直立行走动作发展的描述,正确的是(　　)。
   A. 儿童的直立行走动作是在无意动作基础上产生的
   B. 儿童的直立行走动作是在有意动作基础上产生的
   C. 儿童身体动作发展的趋势是翻身、抬头、坐、站、走
   D. 行走是本能的动作,无有意运动的成分

4. 婴儿看物体时,先是移动肩肘,用整只手臂去接触物体,然后才会用腕和手指去接触并抓取物体。这是儿童动作发展中的(　　)所致。
   A. 近远规律　　　B. 大小规律　　　C. 首尾规律　　　D. 从整体到局部的规律

5. 下列说法错误的是(　　)。
   A. 手眼协调动作的出现是出生后头半年婴儿认知发展的重要里程碑
   B. 儿童从出生起就有触觉反应
   C. 手的触觉作为探索手段早于口腔的触觉探索

D．触觉在儿童的人际关系形成中起着重要作用

6．下列哪些动作属于精细动作的发展（　　）。

A．用拇指与食指、中指三个指头配合一起抓握东西

B．能用两只手同时玩玩具

C．学会反复从容器中取物、放物

D．能用手支撑胸腹使身体离开床面

7．下列哪些行为不属于抓握动作（　　）。

A．新生儿用手尝试够摸东西　　　　B．能够顺向抓握小球

C．把物品放在两只手里倒来倒去　　D．2～3个月婴儿开始抬头

【本节过关自测】参考答案

一、单项选择题

【考点解析】1．答案是D。儿童最初的动作是全身性的、笼统性的、弥漫性的，以后动作逐渐分化、局部化、准确化和专门化，这种儿童动作发展的趋势称为从整体到局部的规律。

【考点解析】2．答案是C。儿童动作发展规律的是：从整体动作发展到局部动作，从中央部分动作发展到边缘部分动作，从粗大动作发展到精细动作，从上部动作发展到下部动作。

【考点解析】3．答案是A。儿童的直立行走是在无意动作基础上产生的，但是行走有有意动作的成分；儿童身体发展的趋势是抬头、翻身、坐、爬走。

【考点解析】4．答案是A。幼儿身体生长发育的规律明显表现在发展方向、顺序和速度上。方向顺序是按所谓的首尾方向（从头到脚和近远方向）、从中轴到边缘来逐渐发育的。幼儿动作发展的近远规律就是指动作的发展先从头部和躯干的动作开始，然后发展双肩和腿部的动作，最后是手的精细动作。

【考点解析】5．答案是C。儿童最早的触觉探索是通过口腔进行活动的。

【考点解析】6．答案是D。其他选项都是灵活使用手部动作的表现。

【考点解析】7．答案是D。儿童抓握动作的发展包括：新生儿前够摸动作；3～4个月顺向抓握东西；4～5个月把物品放在两只手里倒来倒去；9个月左右开始钳形抓握。

第三章　幼儿心理发展基本规律、特点与教育

【本章考试大纲】

掌握幼儿认知发展的基本规律和特点，并能够在教育活动中应用。

第一节　幼儿认知发展——感知

【本节考纲考点】

1．掌握感知觉的概念。

2．了解感知觉的发展及种类。

3．理解感知觉发展的规律。

4．掌握感知觉发展的特点。

5．掌握幼儿观察能力的培养。

【历年真题再现】

这一部分尚未出现过真题。

【本节备考指导】

本节重点是关于感知觉的概念的区别以及感知觉的特性,幼儿观察力的培养。难点是感受性、感觉阈限等概念的理解,知觉特性的灵活运用。纵观各省份对于感知觉的考察,主要集中在感知觉的概念、方位知觉、形状知觉和时间知觉的理解上。对于观察力的培养可能今后会在大题中出现。

考生在复习的时候,注重对概念的理解和知觉特性的把握,并注意与幼儿教育实践相联系,能够结合实际分析儿童观察力的培养提出教育建议。

【命题考点精讲】

命题点1:幼儿感觉的发展

1. 感觉概念

感觉是人脑对直接作用于感觉器官的客观事物的个别属性的反映。如讲台,它具有色、形、凉、滑、硬等属性,这些个别属性在我们头脑中的反映,就是感觉。

2. 幼儿感觉的发展

(1)视觉。

① 视敏度。视敏度即视觉敏锐度,是指人分辨细小物体或远距离物体细微部分的能力,也就是人通常所称的视力。并非年龄越小视力越好。随着幼儿年龄的增长,视觉敏锐度也在不断提高,但发展速度不是均衡的。5~6岁与6~7岁的幼儿视敏度水平比较接近,而4~5岁与5~6岁幼儿的视敏度水平相差很大。

② 颜色视觉。幼儿的颜色视觉发展有如下特点:

幼儿初期(3~4岁)已能初步辨认红、橙、黄、绿、蓝等基本色,但在辨认紫色等混合色和蓝与天蓝等近似色时,往往较困难,也难以说出颜色的正确名称。

幼儿中期(4~5岁),大多数能认识基本色和近似色,并能说出基本色的名称。

幼儿晚期(5~6岁),不仅识颜色,而且在画图时,能运用各种颜色调出需要用的颜色,并能正确地说出黑、白、红、蓝、绿、黄、棕、灰、粉红、紫等颜色的名称。

(2)听觉。

① 听觉感受性。听觉感受性包括听觉的绝对感受性和差别感受性。绝对感受性是指分辨最小声音的能力,差别感受性则指分辨不同声音的最小差别的能力。

幼儿的听觉感受性有很大的个别差异。有的幼儿感受性高些,有的则低些。这种个别差异并非天生不变,实际上,幼儿的听觉是在生活条件和教育影响下不断发展的,听觉感受性随年龄增长而不断完善。据研究,儿童在12~13岁以前,听觉感受性一直在增长,8岁比6岁儿童的听觉感受性几乎增加一倍。

② 言语听觉。幼儿辨别语音是在言语交际过程中发展和完善起来的。幼儿中期可以辨别语音的微小差别,到幼儿晚期,几乎可以毫无困难地辨别本族语言包含的各种语音。

教师要注意幼儿听觉方面的缺陷,尤其注意"重听"现象。"重听"是指有些幼儿虽然对别人所说的话听得不清楚,不完全,但是他们常常能根据说话者的面部表情、嘴唇的动作及当时说话的情境,正确地猜到别人所说的内容。这种现象往往为人们所疏忽,但"重听"对幼儿言语听觉、言语能力和智力的发展都带来危害,应引起人们的重视。

(3)触觉。

触觉是肤觉和运动觉的联合,是幼儿认识世界的重要手段。婴幼儿的触觉主要有两种形式:口腔探索和手的探索。真正的手的探索活动大约出现在婴儿出生5个月左右,而眼手协调动作的出现,使婴儿手的探索活动更加准确。积极主动地触觉探索是在婴儿7个月左右发生的。手的探索是继口腔探索之后婴幼儿的重要的学习方式。

3. 感觉的规律

(1)感觉的相互作用(联觉)。

不同感觉的相互作用,可以使感受性发生变化,或者提高,或者降低。即一种感觉引起另一种感觉的心理现象。例如,餐馆里看见端上来的食物颜色很好,你会觉得这道菜特别好吃。

(2) 感觉适应现象。

感觉是由于分析器工作的结果而产生的感受性,会因刺激持续时间的长短而降低或提高,这种现象叫作适应现象。在寒冷的冬季,我们刚进入幼儿园活动室,有时会闻到一股空气污浊的气味,而长时间在活动室内就不会感觉到空气污浊。

视觉适应是最常见的感觉适应现象。视觉适应包括暗适应和明适应两种。

(3) 对比现象。

同一分析器的各种感觉会因彼此相互作用而使感受性发生变化,这种现象叫作感觉的对比。感觉的对比分为先后(相继)对比和同时对比两种。先后对比是同一分析器所产生的前一感觉和后一感觉之间的相互作用,如为幼儿准备膳食要考虑味觉的对比现象。同时对比是同一分析器同时产生的各种感觉之间的相互作用。例如,灰色的图形放在白色的背景上,就显得比较暗,而放在黑色的背景上就显得亮一些。教师在制作和使用直观器具时,掌握对比现象的规律,对提高幼儿感受性具有重要意义。

(4) 感觉的补偿作用与训练。

人的感受性可以通过实践活动得到提高,由于职业的训练或实践活动的需要对某种感觉作长期、精细的训练,能使感受性大大地提高。此外,某种感觉缺失后由其他感觉加以弥补的现象。比如,盲人的听力一般都特别灵敏。

命题点 2：幼儿知觉的发展

1. 知觉概念

知觉是人脑对直接作用于感受器的客观事物的整体反映。它和感觉一样,都是对直接作用于人脑的客观事物的反映,但两者又有区别:感觉是对事物的个别属性的反映,而知觉却是对事物的整体反映。

2. 幼儿知觉的发展

(1) 空间知觉。空间知觉主要指对物体的空间关系的位置以及机体自身在空间所处位置的知觉。

① 方位知觉。方位知觉是对物体所处方向的知觉。孩子出生后就有听觉定位能力。婴儿出生后,已经能够对来自左边的声音向左侧看或转头,对来自右边的声音则向右侧转。也就是说,婴儿已有听觉定位能力。

婴幼儿方位知觉的发展主要表现在对上下、前后、左右方位的辨别。2~3 岁的幼儿能辨上下,4 岁幼儿开始能辨别前后,5 岁开始能以自身为中心辨别左右,7 岁后才能以他人为中心辨别左右,以及两个物体之间的左右方位。幼儿 5 岁时,方位知觉有跃进的倾向。

由于幼儿只能辨别以自身为中心的左右方位,因此,幼儿园教师面向幼儿做示范动作时,其动作要以幼儿的左右为基准,即"镜面示范"。

② 形状知觉。幼儿对不同几何图形辨别的难度有所不同,由易到难的顺序是:圆形—正方形—半圆形—长方形—三角形—八边形—五边形—梯形—菱形。

③ 深度知觉。深度知觉是距离知觉的一种。为了解婴幼儿深度知觉的发展状况,吉布森和沃克设计了"视崖"实验。

(2) 时间知觉。时间知觉是对客观现象延续性和顺序性的反映。时间本身没有直观形象,人们也没有专门的时间分析器,所以我们无法直接感知时间,而只能通过一些中介来感知。成人与幼儿借助的中介是不同的,成人用表、日历,而幼儿掌握这些工具则需要一些时间。

① 婴儿主要依靠生理上的变化产生对时间的条件反射。幼儿的时间知觉主要与识记的事件相联系。

② 时间知觉的发展水平与儿童的生活经验呈正相关,生活制度和作息制度在幼儿的时间知觉中起着极其重要的作用。幼儿常以作息制度作为时间定向的依据,严格执行作息制度,有规律的生活有助于发展孩子的时间知觉,培养时间观念。

③ 幼儿对时间单元的知觉和理解有一个由中间向两端、由近及远的发展趋势。幼儿先能理解的是"天"和"小时",然后是"周""月"或"分钟""秒"等更大或更小的时间单元。在"天"中,最先理解的是"今天",然后是"昨天""明天",再后才是"前天""后天""上周""下周"。

对于"正在""已经""就要"三个与时间有关的常用副词的理解,同样也是以现在为起点,逐步向过去和未来延伸。

④ 理解和利用时间标尺(包括计时工具)的能力与其年龄呈正相关。小孩子常常不能理解计时工具的意义。大约到 7 岁,儿童才开始利用时间标尺估计时间。

3. 知觉的规律或特性

(1) 知觉的选择性。当我们感知周围事物的时候,总会根据需要或者客观事物特征,选取少量事物作为知觉对象,而其他事物则区分成为背景,这种特性就是知觉的选择性。影响知觉选择性的主要因素有:

① 对象与背景的差别。对象与背景差别越大,对象越容易从背景中区别出来;反之,对象则容易消失在背景之中。教师要根据一定的教学目的,适当运用对象与背景关系的规律。根据这个规律,教师的板书、挂图和实验演示,应当突出重点,加强对象与背景的差别。对教材的重点部分,应使用粗线条、粗体字或彩色笔,使它们特别醒目,容易被幼儿知觉到。教学指示棒与直观教具的颜色不要接近。

② 对象的活动性,即活动的刺激容易被感知。在固定不变的背景上,活动的刺激物容易被知觉为对象。婴幼儿爱看活动的东西,就与此规律有关。根据这个规律,教师应尽量多地利用活动模型、活动玩具以及视频等,使幼儿获得清晰的知觉。

③ 对象的特征,特征明显的刺激物易被感知。

④ 刺激物本身各部分的组合(相邻性原则)在视觉刺激中,凡是距离上接近或形态上相似的各部分容易组成知觉的对象。在听觉上,刺激物各部分在时间上的组合,即"时距"的接近也是我们分出知觉对象的重要条件。根据这个规律,教师在绘制挂图时,为了突出需要观察的对象或部分,其周围最好不要附加类似的线条或图形,注意拉开距离或加上不同的色彩。凡是说明事物变化与发展的挂图,更应该注意每一个演进图的距离,不要将它们混淆在一起。教师讲课的声调应抑扬顿挫,如果教师的讲课平铺直叙,变化很少,毫无停顿之处,幼儿听起来就不容易抓住重点。

⑤ 主观因素。教师的言语与直观材料相结合。言语的作用可以使幼儿知觉的效果大大提高,有些直观材料,光让幼儿自己观察不一定看得清楚,如果加上教师的讲解,幼儿就能很好地理解。因此,教师对直观材料的运用,必须与正确的言语讲解结合起来。通过讲解,联系幼儿已有的知识经验,并调动其学习兴趣,教学才能够收到较好的效果。

(2) 知觉的整体性。知觉对象由许多具有不同特征的部分组成,但人并不认为它是许多个别孤立的部分,而总是把它看作一个统一的整体,这就是知觉的整体性。即使是不完整的斑点图,幼儿也能将其知觉成一个有意义的整体。

(3) 知觉的理解性。在知觉过程中,人总是根据以往的知识、经验来理解当前的知觉对象,并用词把它表示出来,这是知觉的理解性。幼儿对事物理解了,知觉就会更快、更深刻、更精确。知觉的理解性有赖于幼儿过去已有的知识和经验。

(4) 知觉的恒常性。知觉的恒常性是指当知觉的客观条件在一定范围内改变时,我们的知觉映象在相当程度上却保持着它的稳定性。知觉的恒常性中最主要的是视觉的恒常性。视觉恒常性包括亮度、大小和形状的恒常性,其中,亮度恒常性研究甚少。亮度恒常性是指在照明条件改变时,物体的视觉亮度保持不变。大小恒常性是指对远处的一个客体尽管它明显地变小,但在知觉中仍然保持原有的大小。当我们从不同角度观察同一物体时,我们知觉到的物体形状并没有发生明显变化,这就是形状恒常性。幼儿在活动中,也具备这些知觉的恒常性。

命题点 3:幼儿观察力的发展

观察是一种有目的、有计划、比较持久的知觉过程,是知觉的高级形态。观察力的发展在 3 岁后比较明显,幼儿期是观察力初步形成的阶段。

1. 幼儿观察力的发展主要表现

(1) 目的性加强。随着年龄的增长,幼儿观察的目的性逐渐加强。幼小儿童常常不能自觉地去观察,观察中常常受事物突出的外部特征以及个人兴趣、情绪的支配。特别是小班的幼儿,在观察过程中常常会忘掉观察任务。中、大班幼儿观察的目的性有所提高,他们能够按照成人规定的观察任务进行观察。任务越具体,幼儿观察的目的就越明确,观察的效果就越好。例如,让幼儿找出两幅图画的不同之处,如果明确告诉他们有几处不同,观察的效果就会显著提高。

(2)持续性延长。观察持续的时间段,与幼儿观察的目的性不强有关。幼儿对于喜欢的东西,观察的时间就长些。例如,观察金鱼,时间可达5~6分钟,观察盆景,则只能有1~2分钟。因为前者是多变的,幼儿比较有兴趣。在一个实验室里,3、4岁儿童观察图片的时间只有6分8秒,5岁增加到7分6秒,6岁可达到12分3秒。可见,学前儿童观察持续的时间随着年龄的增长有显著的提高。

(3)细致性增加。幼儿的观察一般是笼统的,看得不细致是幼儿的特点和突出问题。例如,幼儿观察时,只看事物的表面和明显较大的部分,而不去看事物较隐蔽的、细致的特征;只看事物的轮廓,不看内在的关系。学习活动要求观察要精细,经过系统培养,幼儿观察的细致性能够有所提高。

(4)概括性提高。观察的概括性是指能够观察到事物之间的联系。幼儿初期,只能对图画中各个事物孤立零碎的知觉,不能把事物有机地联系在一起,中晚期幼儿能够有顺序地进行观察,从而获得了对事物各个部分及各部分之间关系。

2. 幼儿观察力的培养

(1)明确观察的目的和任务。

(2)激发观察的兴趣。

(3)交给幼儿观察的方法。

(4)运用多种感官观察。

【本节考点知识点小结】

感觉是对客观事物个别属性的反映。知觉是对客观事物整体属性的反映。感知觉是儿童认识世界的开端。没有独立的感觉存在。感觉包括视觉、听觉、触觉等。视觉方面,视敏度并非年龄越小视力越好。幼儿颜色视觉的发展,更主要在于颜色视觉与掌握颜色名称的联系。幼儿的颜色视觉发展有如下特点:初步辨认基本色——命名基本色,辨认近似色——能调色,并正确命名。听觉感受性包括听觉的绝对感受性和差别感受性。绝对感受性是指分辨最小声音的能力,差别感受性则指分辨不同声音的最小差别的能力。触觉是肤觉和运动觉的联合,是幼儿认识世界的重要手段。积极主动地触觉探索是在婴儿7个月左右发生的。手的探索是继口腔探索之后婴幼儿的重要的学习方式。

感觉的规律方面包括四个方面:(1)感觉的相互作用(联觉);(2)感觉适应现象,包括暗适应和明适应两种;(3)对比现象,感觉的对比分为先后(相继)对比和同时对比两种;(4)感觉的补偿作用与训练,人的感受性可以通过实践活动得到提高,某种感觉缺失后由其他感觉加以弥补的现象。

知觉是人脑对直接作用于感受器的客观事物的整体反映,包括方位知觉、形状知觉、深度知觉等。2~3岁的幼儿能辨上下,4岁幼儿开始能辨别前后,5岁开始能以自身为中心辨别左右,7岁后才能以他人为中心辨别左右,以及两个物体之间的左右方位,即"镜面示范"。幼儿对不同几何图形辨别的难度有所不同,由易到难的顺序是:圆形—正方形—半圆形—长方形—三角形—八边形—五边形—梯形—菱形。深度知觉是距离知觉的一种。为了解婴幼儿深度知觉的发展状况,吉布森和沃克设计了"视崖"实验。

时间知觉是对客观现象延续性和顺序性的反映。(1)婴儿主要依靠生理上的变化产生对时间的条件反射。幼儿的时间知觉主要与识记的事件相联系。(2)时间知觉的发展水平与儿童的生活经验呈正相关。(3)幼儿先能理解的是"天"和"小时",然后是"周""月"或"分钟""秒"等更大或更小的时间单元。在"天"中,最先理解的是"今天",然后是"昨天""明天",再后才是"前天""后天""上周""下周"。先理解现在,然后理解过去,将来。

知觉的规律或特性包括知觉的选择性、知觉的整体性、知觉的理解性、知觉的恒常性等。影响知觉选择性的主要因素:对象与背景差别越大,对象越容易从背景中区别出来;对象的活动性,活动的刺激容易被感知;对象的特征,特征明显的刺激物易被感知。刺激物本身各部分的组合(相邻性原则)在视觉刺激中,凡是距离上接近或形态上相似的各部分容易组成知觉的对象。主观因素:个人的兴趣爱好、教师的言语和材料、已有的知识经验等。

幼儿观察力的发展主要表现在:(1)目的性;(2)持续性;(3)细致性;(4)概括性。幼儿观察力的培养包括:(1)明确观察的目的和任务;(2)激发观察的兴趣;(3)交给幼儿观察的方法;(4)运用多种感官观察。

【本节过关自测】

一、单项选择题

1. 感觉是对直接作用于人们感觉器官的事物的（　　）属性的反映。
   A．个别　　　　　　B．整体　　　　　　C．外部　　　　　　D．本质

2. 感受身体运动与肌肉和关节的位置的肌动觉属于（　　）。
   A．远距离感觉　　　B．外部感觉　　　　C．近距离感觉　　　D．内部感觉

3. 人们认识外部世界的第一步是（　　）。
   A．视觉　　　　　　B．听觉　　　　　　C．感觉　　　　　　D．知觉

4. 由暗处到亮处，特别是在强光下，最初一瞬间会感到光线刺眼发眩，几乎看不清外界物体，几秒钟之后逐渐看清物体。这种对光的感受性下降的变化现象称为（　　）。
   A．暗适应　　　　　B．明适应　　　　　C．不适应　　　　　D．知觉适应

5. 从亮处到暗处，人眼开始时看不见周围的东西，经过一段时间后才逐渐区分出物体，人眼这种感受性逐渐提高的过程叫（　　）。
   A．明适应　　　　　B．光适应　　　　　C．暗适应　　　　　D．不适应

6. 白天进入电影院，开始看不见座位情况，经过一段时间后才逐渐能加以分辨，这个过程是（　　）。
   A．漂白过程　　　　B．明适应　　　　　C．暗适应　　　　　D．感觉后效

7. "入芝兰之室，久而不闻其香"描述的是（　　）。
   A．适应现象　　　　B．听觉适应　　　　C．嗅觉刺激　　　　D．味觉刺激

8. 人脑对直接作用于感觉器官的客观事物的各个部分和属性的整体的反映叫（　　）。
   A．感觉　　　　　　B．知觉　　　　　　C．记忆　　　　　　D．想像

9. 看电影时，人们的知觉活动主要是（　　）。
   A．视知觉　　　　　B．听知觉　　　　　C．视、听知觉　　　D．视、感知觉

10. 将对象从背景中分化出来的知觉特性是（　　）。
    A．整体性　　　　　B．选择性　　　　　C．理解性　　　　　D．恒常性

11. 下列不属于知觉基本特性的是（　　）。
    A．知觉的选择性　　B．知觉的理解性　　C．知觉的主观性　　D．知觉的恒常性

12. 在"万绿丛中一点红"中，绿草更易被归为一组，这是知觉的（　　）。
    A．整体性　　　　　B．选择性　　　　　C．理解性　　　　　D．恒常性

13. 看到一朵红花，这时的心理活动为（　　）。
    A．感觉　　　　　　B．知觉　　　　　　C．视觉　　　　　　D．色觉

14. 双关图是（　　）中的现象。
    A．知觉选择性　　　B．知觉整体性　　　C．知觉恒常性　　　D．知觉理解性

15. 把煤放在日光照射下，把白粉笔放在阴影里，尽管前者反射的光比后者更多，但看起来依然是煤较黑，粉笔较亮，这是（　　）。
    A．知觉的理解性　　B．知觉的选择性　　C．颜色恒常性　　　D．知觉的组织性

16. 当一个人在森林里迷路时，是否看得出四周远处有微弱光亮借以辨别方向，反映了这个人的（　　）的高低。
    A．视觉适应力　　　B．视觉差别感受性　C．视觉感受性　　　D．视知觉

17. 觉察刺激之间微弱差别的能力称为（　　）。
    A．绝对感觉阈限　　B．绝对感受性　　　C．差别感觉阈限　　D．差别感受性

18. 刚能引起差别感觉的两个刺激之间的最小差异量称为（　　）。
    A．绝对感觉阈限　　B．绝对感受性　　　C．差别感觉阈限　　D．差别感受性

19. 最小可觉察的刺激量叫（　　）。
    A．绝对感觉阈限　　B．绝对感受性　　　C．差别感觉阈限　　D．差别感受性

20. 感觉阈限与感受性的大小成（　　）关系。
   A．正比　　　　　B．同比　　　　　C．反比　　　　　D．对比
21. 影响时间知觉的因素不包括（　　）。
   A．个体的兴趣和情绪　　　　　B．调节与幅合
   C．感觉通道的性质　　　　　　D．一定时间内事件发生的数量
22. 在一定时间内,（　　）,人们倾向于把时间估计得较长。
   A．事件性质越复杂　　　　　B．事件发生的数量越多
   C．对喜欢的事情　　　　　　D．事件性质越简单
23. 视崖实验可以用来测试婴儿的（　　）。
   A．时间知觉　　　B．方位知觉　　　C．深度知觉　　　D．空间知觉
24. 幼儿教师在教授动作示范时往往采用镜面示范冶,原因是（　　）。
   A．幼儿是以自身为中心来辨别左右的　　B．幼儿好模仿
   C．幼儿分不清左右　　　　　　　　　　D．使幼儿看得更清楚
25. 婴儿刚出生时,最发达的感觉是（　　）。
   A．痛觉　　　　　B．听觉　　　　　C．味觉　　　　　D．视觉

二、简答题
1. 什么是知觉的选择性？哪些刺激物容易成为知觉的对象？

三、论述题
1. 请你论述一下什么是知觉以及它具有哪些特性。

【本节过关自测】参考答案

一、单项选择题

【考点解析】1. 答案是A。考察感觉的概念。

【考点解析】2. 答案是D。根据分析器的特点和最适宜刺激物的不同,把感觉分为内部感觉和外部感觉。内部感觉的感受器位于肌体的内部,主要接受肌体内部的适宜刺激,反映自身的位置、运动和内脏器官的不同状态,包括运动觉,平衡觉和肌体觉。

【考点解析】3. 答案是C。考察感觉的作用。人类认识世界是从感觉开始的。

【考点解析】4. 答案是B。考察感觉的适应——明适应。当从暗处走到阳光下,最初看不清,只有过几秒,对强光的感受性降低,视觉恢复正常,这种现象叫明适应。

【考点解析】5. 答案是C。考察暗适应。当从亮处走到暗处,开始什么也看不清,过了一会,对弱光的感受性逐渐提高,就能分辨事物的轮廓了,这一过程就是暗适应。

【考点解析】6. 答案是C。考察暗适应。当从亮处走到暗处,开始什么也看不清,过了一会,对弱光的感受性逐渐提高,就能分辨事物的轮廓了,这一过程就是暗适应。

【考点解析】7. 答案是A。感觉适应现象。在刺激物的持续作用下感受性发生变化,这种变化可以是感受性的提高也可以是感受性的降低。

【考点解析】8. 答案是B。知觉的概念。

【考点解析】9. 答案是C。知觉的种类。根据知觉过程中起主导作用的分析器,可以把知觉分为视知觉、听知觉、嗅知觉等。看电影主要是依靠视听器官。

【考点解析】10. 答案是B。考察知觉的特性。知觉的选择性。在一瞬间,人不可能对所有事物进行感知,而总是选择把某一物作为知觉对象,其他对象作为知觉对象的背景,这种现象就是知觉的选择性。

【考点解析】11. 答案是C。知觉的特性。知觉的特性包括知觉的选择性、知觉的整体性、知觉的理解性、知觉的恒常性。

【考点解析】12. 答案是A。知觉的整体性。知觉的对象由不同的部分组成,但是人并不把知觉的对象感知为个别的孤立的部分,而是把它知觉为一个统一整体,这种特性称为知觉的选择性。

【考点解析】13. 答案是B。感知觉的区别与联系。感觉是对个别属性的反映,看到了红色的、圆形的属于感觉,回答有什么的问题。任何客观事物,其个别属性都不是孤立存在的。而知觉就是在感觉的基础上对事物整体的反映,说明作用于感官事物的是什么的问题。

【考点解析】14. 答案是A。知觉的选择性。在一瞬间,人不可能对所有事物进行感知,而总是选择把某一物作为直觉对象,其他对象作为知觉对象的背景,这种现象就是知觉的选择性。

【考点解析】15. 答案是C。知觉的恒常性。当知觉的条件在一定范围内改变了的时候,被知觉的对象仍然保持相对不变的特性,叫做知觉的恒常性。恒常性在视觉中最为明显,表现在大小、颜色、亮度、形状等上。

【考点解析】16. 答案是C。感受性的概念。不同的人对同等强度刺激物的感受能力不一样。感受性高的人可以感受到感受性低的人感受不到的刺激物的强度。如有经验的染色工人能辨别几十种不同的黑色,而一般人则很难分辨。

【考点解析】17. 答案是D。差别感受性和绝对感受性。差别感受性是指能够觉察到刺激物的最小差别的能力。绝对感受性是指能够觉察到的最小刺激物的能力。

【考点解析】18. 答案是C。差别感觉阈限。刚能引起差别感觉的两个刺激之间的最小差异量称为差别感觉阈限。

【考点解析】19. 答案是A。绝对感觉阈限。在刺激变化时所产生的最小可觉差异称为绝对感觉阈限。

【考点解析】20. 答案是C。感觉阈限和感受性成反比。

【考点解析】21. 答案是B。时间知觉的影响因素。个体的情绪和兴趣、感觉通道的性质、一定时间内事件发生的数量和性质都会影响到幼儿对时间的知觉。

【考点解析】22. 答案是D。在一定时间内,事件越简单,越没有兴趣,对时间的估计越长。

【考点解析】23. 答案是C。深度知觉是距离知觉的一种。为了解婴幼儿深度知觉的发展状况,吉布森和沃克设计了"视崖"实验。

【考点解析】24. 答案是A。幼儿的方位知觉发展。幼儿是以自身为中心来辨别左右的,幼儿教师在教授动作示范时往往采用镜面示范。

【考点解析】25. 答案是C。婴儿刚出生时各项感觉能力都很弱,只有味觉是最为发达的感觉。

二、简答题

1. 【考点分析】此题考查的是幼儿认知内容当中的感知觉规律考点。

【答案要点】知觉的选择性是指人根据当前的需要,对客观刺激物有选择地作为知觉对象进行加工的过程。

(1) 对象与背景的差别。

对象与背景差别越大,对象越容易从背景中区别出来;反之,对象则容易消失在背景之中。教师要根据一定的教学目的,适当运用对象与背景关系的规律。根据这个规律,教师的板书、挂图和实验演示,应当突出重点,加强对象与背景的差别。对教材的重点部分,应使用粗线条、粗体字或彩色笔,使它们特别醒目,容易被幼儿知觉到。教学指示棒与直观教具的颜色不要接近。

(2) 对象的活动性,活动的刺激容易被感知。

在固定不变的背景上,活动的刺激物容易被知觉为对象。婴幼儿爱看活动的东西,就与此规律有关。根据这个规律,教师应尽量多地利用活动模型、活动玩具以及视频等,使幼儿获得清晰的知觉。

(3) 对象的特征,特征明显的刺激物易被感知。

(4) 刺激物本身各部分的组合(相邻性原则)在视觉刺激中,凡是距离上接近或形态上相似的各部分容易组成知觉的对象。在听觉上,刺激物各部分在时间上的组合,即"时距"的接近也是我们分出知觉对象的重要条件。根据这个规律,教师在绘制挂图时,为了突出需要观察的对象或部分,其周围最好不要附加类似的线条或图形,注意拉开距离或加上不同的色彩。凡是说明事物变化与发展的挂图,更应该注意每一个演进图的距离,不要将它们混淆在一起。教师讲课的声调应抑扬顿挫,如果教师的讲课平铺直叙,变化很少,毫无停顿之处,幼儿听起来就不容易抓住重点。

(5) 主观因素。

教师的言语与直观材料相结合。言语的作用可以使幼儿知觉的效果大大提高,有些直观材料,光让幼儿自己观察不一定看得清楚,如果加上教师的讲解,幼儿就能很好地理解。因此,教师对直观材料的运用,必须与正确的言语讲解结合起来。通过讲解,联系幼儿已有的知识经验,并调动其学习兴趣,教学才能够收到较好的效果。

三、论述题

1.【考点分析】本题考查的是知觉特性。

【答案要点】

知觉：人脑对直接作用于感觉器官的客观事物的各个部分和属性的整体的反映；知觉是在感觉的基础上产生的,是对感觉信息的整合和解释。

知觉的特性：

（1）知觉的整体性：是指人在过去经验的基础上把由多种属性构成的事物知觉为一个统一的整体的特性。

（2）知觉的选择性：是指人根据当前的需要,对客观刺激物有选择地作为知觉对象进行加工的过程。

（3）知觉的理解性：是指人以知识经验为基础对感知的事物加工处理,并用语词加以概括赋予说明的加工过程。

（4）知觉的恒常性：是指人的知觉映象在一定范围内不随知觉条件的改变而保持相对稳定特性的过程。它包括大小恒常、形状恒常、颜色恒常。

第二节 幼儿认知发展——记忆

【本节考纲考点】

1. 记忆的概念。
2. 记忆的分类。
3. 幼儿记忆的发展趋势。
4. 幼儿记忆发展的主要特点。

【历年真题再现】

一、单项选择题

【2014下】5. 按顺序呈现"护士、兔子、月亮、救护车、胡萝卜、太阳"图片让儿童回忆,儿童回忆说：刚看到了救护车和护士,兔子与胡萝卜,太阳与月亮,这些儿童运用的记忆策略为( )。

A．复述策略　　　　B．精细加工策略　　　　C．组织策略　　　　D．习惯化策略

【考点】幼儿记忆的策略

二、简答题

【2012下】12. 分析下表所反映的幼儿记忆特点。

表　幼儿形象记忆与语词记忆效果的比较(对10个物或词能回忆出的数量)

年龄(岁)	熟悉的物体	熟悉的词	生疏的词
3～4	3.9	1.8	0
4～5	4.4	3.6	0.3
5～6	5.1	4.6	0.4

【考点】幼儿记忆的特点

【本节备考指导】

本节的重点是幼儿记忆的发展特点,幼儿记忆的发展趋势,也是经常出现的考点。尤其是记忆不精确与"说谎"这个特点、幼儿想象和现实混淆的特点及其教育策略,这一考点常作为材料分析题出现。难点在于幼儿记忆的策略。

考生在复习时应注意联系生活经验来理解抽象的概念,并结合下园实践的相关经历来进行思考。对记忆的分类,记忆的策略,考生应针对其异同点进行辨析,才能准确区分。

【命题考点精讲】

命题点1:幼儿记忆的发展

1. 记忆的含义

记忆是人脑对过去经验的反映,是一种较为复杂的心理过程。记忆包括识记、保持、回忆三个基本环节。

(1)识记:是反复认识某种事物并在头脑中留下痕迹的过程。

(2)保持:是巩固已获得的知识经验的过程。

(3)回忆:是人脑对过去经验的提取过程。包括两种不同水平:再认和再现。再认是指过去经历过的事物重新出现时能够识别出来;再现是过去经历过的事物不在眼前时,能把它重新回想起来。

(4)遗忘:是指记忆的内容不能保持或是提取有困难。艾宾浩斯的遗忘曲线显示,遗忘的进程是先快后慢。所以学习后应当及时复习。

2. 记忆的分类

(1)根据记忆储存的时间长短,把记忆分为:瞬时记忆、短时记忆和长时记忆。

瞬时记忆是通过感觉器官获得的在0.25~2秒钟以内的记忆。

短时记忆是在脑中存贮时间不超过1分钟的记忆。

长时记忆是在1分钟以上甚至保持终生的记忆。

(2)根据记忆的内容,把记忆分为:形象记忆、逻辑记忆、情绪记忆和运动记忆。

形象记忆是以感知过的事物形象为内容的记忆。

逻辑记忆是以概念、判断、推理等抽象思维为内容的记忆。

情绪记忆是以体验过的情绪情感为内容的记忆。

运动记忆是以过去练习过的动作为内容的记忆。

(3)根据记忆的目的性,把记忆分为:无意记忆、有意记忆。

无意记忆是没有目的和意图、自然而然发生的记忆。

有意记忆是有明确目的和意图的记忆。

(4)根据对记忆材料是否理解,记忆可分为机械记忆和意义记忆。

机械记忆是指在对材料不理解的情况下,根据材料的外部联系,采用简单、机械重复的方法进行记忆。

意义记忆是指对材料理解的基础上,根据材料的内在联系所进行的记忆。

3. 幼儿记忆的发展趋势

(1)记忆保持时间的延长。记忆保持时间是指从识记到能对材料再认或再现之间的间隔时间,也称为记忆的潜伏期。再认和再现的潜伏期都随着年龄的增长而增长。儿童最初出现的记忆属于短时记忆,长时记忆出现和发展稍晚。

① 幼儿期健忘。幼儿期健忘是指3岁前儿童的记忆一般不能永久保持。3岁以后出现了可以保持终生的记忆。

② 记忆恢复(回涨)现象。记忆恢复或回涨现象是指在一定条件下,学习后过几天测得的保持量比学习后立即测得的保持量要高。国内的相关研究发现,这一特点在年幼的儿童身上体现得更为明显。

产生记忆恢复现象的原因可能是幼儿的神经系统还比较弱,刚识记时接受大量的新异刺激,神经系统疲乏了,便转入抑制状态,不能马上恢复,过了一段时间后,经过休息便能回忆出来。

(2) 记忆提取方式的发展。幼儿最初出现的记忆是再认性质的记忆,而后才出现再现性质的记忆。在幼儿期,再认比再现发展得好,随着年龄增长,两者的差距逐渐缩小。

(3) 记忆容量的增加。

① 记忆广度。记忆广度是指在单位时间内能够记忆的材料的数量。一般人的记忆广度为7±2个信息单位。所谓信息单位,是指彼此之间没有明确联系的独立信息,这种信息单位称为组块。

幼儿记忆广度的增加受生理发育的局限。幼儿大脑皮质的不成熟,使其在极短的时间来不及对更大的信息量进行加工,因而不能达到成人的记忆广度。记忆广度对记忆容量有一定的影响,但记忆容量的大小主要不取决于记忆广度的大小,而取决于把实际材料组织加工,并使之系统化的能力。因为每个信息单位内部的容量是不同的,加工能力强的,单位容量就大。

② 记忆范围。记忆范围的扩大是指记忆材料种类的增多、内容的丰富。由于幼儿动作的发展,和外界交往范围的扩大以及幼儿活动的多样化,他们的记忆范围也随之越来越大。

(4) 记忆内容的变化。儿童最早出现的是运动记忆(出生后2周左右),然后是情绪记忆(6个月左右),之后是形象记忆(6~12个月左右),最晚出现的是语词记忆(1岁左右)。儿童这几种记忆的发展,并不是用一种记忆简单代替另一种记忆,而是一个相当复杂的相互作用的过程。

(5) 记忆策略的发展。记忆策略对记忆的效果有重大的影响。儿童常见的记忆策略有:

① 复述策略。在识记过程中反复背诵以避免遗忘。幼儿边识记边自言自语地说出记忆材料的名称或内容。例如,为了记住图片,每当看到一张图片时,幼儿就随即说出图片的名称。

② 精细加工策略。将学习材料与头脑中已有知识联系起来,从而增加新信息意义的深层加工策略。如形象联想法、谐音法、首字连词法。

③ 组织策略。将知识点加以构造,形成知识结构更高水平的信息加工策略。例如,一个6岁儿童,在1分钟之内正确记住了17位数字:81726354453627189,他是经过思考,抓住了这些数字之间的规律性联系进行记忆的。他发现每两个数字之和都是9,去掉最后一个9,其余的数字排列都是对称的。

4. 幼儿记忆发展的主要特点

(1) 容易记容易忘。幼儿记忆容易记容易忘,只要不及时复习,他们很快会将已经记住的材料忘掉。

(2) 无意记忆占优势,有意记忆逐渐发展。

① 无意记忆占优势。幼儿无意记忆的效果优于有意记忆。幼儿无意记忆的效果依赖以下几个因素:

客观事物的性质。直观、形象、具体、鲜明的事物,容易被幼儿在无意中记住。

客观事物与幼儿主体的关系。具有重要意义的事物,符合幼儿兴趣的事物,能激起幼儿愉快、不愉快或惊奇等强烈情绪体验的事物,容易成为无意记忆的内容。

幼儿认识活动的主要对象或活动所追求的事物。如果使记忆对象成为儿童活动任务中的注意对象,幼儿在活动过程中始终不能离开对该对象的认知,那么对这种对象进行无意记忆的效果也比较好。

活动中感官参加的数量。多种感官参加的无意记忆效果较好。

② 有意记忆逐渐发展。幼儿的有意记忆是在成人的教育下逐渐产生的。成人在日常生活和组织幼儿进行各种活动时,经常向他们提出记忆的任务:在讲故事前,预先向幼儿提出复述故事的要求;背诵儿歌时,要求他们尽快记住。这些都是促使有意记忆发展的手段。

有意记忆的效果依赖于对记忆任务的意识和活动动机。例如,幼儿在玩"开商店"游戏时担任"顾客"的角色,"顾客"必须记住应购物品的各种名称,因而记忆效果也有所提高。活动动机对幼儿有意记忆的积极性和效果都有很大影响。在游戏中,有意记忆的效果比较好。

(3) 机械记忆占优势,意义记忆逐渐发展。

① 机械记忆用得多。与成人相比较,儿童常常运用机械记忆。幼儿相对较多运用机械记忆,可能出于两个原因:一是幼儿大脑皮质的反应性较强,感知一些不理解的事物也能够留下痕迹;二是幼儿对事物的理解能力较差,只能死记硬背,进行机械记忆。

② 意义记忆的效果优于机械记忆。例如,在日常生活中,幼儿对儿歌的记忆比不理解的诗歌效果好。

③ 幼儿的机械记忆和意义记忆都在不断发展。无论是机械记忆还是意义记忆,其效果都随着年龄的增长而有所提高。年龄较小的幼儿意义记忆的效果比机械记忆要高得多,而随着年龄增长,两种记忆效果

的差距逐渐缩小,机械记忆中加入了越来越多的理解成分,使机械记忆的效果有所提高。

(4) 形象记忆占优势,语词记忆逐渐发展。

① 幼儿形象记忆的效果优于语词记忆。

幼儿对熟悉的物体的记忆效果优于熟悉的词,而对生疏的词的记忆效果显著低于熟悉的物体和熟悉的词。对熟悉物体的记忆依靠的是形象记忆。形象记忆所借助的形象带有直观性、鲜明性的特点,所以效果最好。熟悉的词在儿童头脑中与具体的形象相结合,因而效果也较好。至于生疏的词,在幼儿头脑中完全没有形象,因此效果最差。

② 形象记忆和语词记忆都随着年龄的增长而发展。

③ 形象记忆和语词记忆的差别逐渐缩小。两种记忆效果之所以逐渐缩小,是因为随着年龄的增长,形象和语词都不是单独在儿童头脑中起作用,而是有越来越密切的联系。一方面,对熟悉的物体能够叫出名称,那么物体的形象和相应的词就紧密联系在一起。另一方面,幼儿熟悉的词,也必然建立在具体形象的基础上,词和物体的形象是不可分割的。

(5) 记忆不精确。幼儿记忆不精确主要表现在回忆时记忆材料被大量遗漏。

【本节考点知识点小结】

记忆是人脑对过去经验的反映,是一种较为复杂的心理过程。记忆包括识记、保持、回忆三个基本环节。

记忆的分类,根据记忆储存的时间长短,把记忆分为:瞬时记忆、短时记忆和长时记忆。根据记忆的内容,把记忆分为:形象记忆、逻辑记忆、情绪记忆和运动记忆。根据记忆的目的性,把记忆分为:无意记忆、有意记忆。根据对记忆材料是否理解,记忆可分为机械记忆和意义记忆。

幼儿记忆的发展趋势:(1)记忆保持时间的延长;(2)记忆提取方式的发展。幼儿最初出现的记忆是再认性质的记忆。而后才出现再现性质的记忆。在幼儿期,再认比再现发展得好,随着年龄增长,两者的差距逐渐缩小。(3)记忆容量的增加。(4)记忆内容的变化:儿童最早出现的是运动记忆(出生后2周左右),然后是情绪记忆(6个月左右),之后是形象记忆(6~12个月左右),最晚出现的是语词记忆(1岁左右)。(5)记忆策略的发展:①复述策略。在识记过程中反复背诵以避免遗忘。幼儿边识记边自言自语地说出记忆材料的名称或内容。②精细加工策略。将学习材料与头脑中已有知识联系起来,从而增加新信息意义的深层加工策略,如形象联想法,谐音法,首字连词法。③组织策略。将知识点加以构造,形成知识结构更高水平的信息加工策略。

幼儿记忆发展的主要特点:(1)容易记容易忘;(2)无意记忆占优势,有意记忆逐渐发展;(3)机械记忆占优势,意义记忆逐渐发展;(4)形象记忆占优势,语词记忆逐渐发展;(5)记忆不精确。

【本节过关自测】

一、单项选择题

1. 幼儿学习踩高跷的动作要领,这个过程主要涉及( )。
   A. 形象记忆　　　　B. 情绪记忆　　　　C. 语词记忆　　　　D. 运动记忆
2. 幼儿在游览景点时,记住了当地的自然风光,这个过程主要涉及( )。
   A. 形象记忆　　　　B. 情绪记忆　　　　C. 语词记忆　　　　D. 运动记忆
3. 学习后过几天测得的保持量比学习后立即测得的保持量要高,这种现象称之为( )。
   A. 遗忘　　　　　　B. 记忆恢复　　　　C. 识记　　　　　　D. 再认
4. 记忆保持时间在0.25~2秒钟以内的记忆是( )。
   A. 短时记忆　　　　B. 瞬时记忆　　　　C. 长时记忆　　　　D. 工作记忆
5. 幼儿不理解古诗的涵义,通过反复诵读将其记住,这是( )。
   A. 形象记忆　　　　B. 情绪记忆　　　　C. 机械记忆　　　　D. 意义记忆
6. 幼儿出现语词记忆的年龄是( )。
   A. 1岁左右　　　　B. 4个月左右　　　　C. 2周左右　　　　D. 6个月左右

7. 从记忆内容的发展趋势来看,儿童最早出现的记忆是(　　)。
　　A. 形象记忆　　　　B. 情绪记忆　　　　C. 语词记忆　　　　D. 运动记忆
8. 在幼儿期占主要优势地位的记忆是(　　)。
　　A. 形象记忆　　　　B. 情绪记忆　　　　C. 语词记忆　　　　D. 运动记忆
9. 在让幼儿识记"花,厨师,蜜蜂,锅"等图片之后,幼儿回忆道:"我看到了花和蜜蜂,厨师和锅"。该幼儿运用的记忆策略为(　　)。
　　A. 复述策略　　　　B. 精细加工策略　　　C. 组织策略　　　　D. 习惯化策略
10. 人脑对过去经验的反映,这种心理过程叫做(　　)。
　　A. 记忆　　　　　　B. 想象　　　　　　C. 感知觉　　　　　D. 言语

二、简答题

1. 简述幼儿记忆发展的主要特点。
2. 简述幼儿记忆的发展趋势。

三、材料分析题

1. 方老师教幼儿学习《龟兔赛跑》这个故事,她将故事内容绘制成精美的图画,一边讲述一边引导幼儿去思考和讨论"比赛时乌龟在做什么,兔子在做什么?乌龟为什么能赢?平时生活中我们要怎么样才能获得成功"等问题,从而帮助幼儿理解故事的内容和寓意。

方老师的方法好不好?请结合幼儿记忆的发展特点来说明你的观点。

2. 王老师教幼儿学习古诗《江南》,她把诗句写在黑板上,让幼儿跟着她一句一句反复诵读。可是幼儿记忆效果并不好。林老师在教幼儿学习《江南》时,把古诗内容绘制成图画,并为幼儿讲述诗句背后的涵义。幼儿很快就把这首诗记住了,而且记得很牢。这反映出幼儿记忆的哪些特点?

【本节过关自测】参考答案

一、单项选择题

【考点解析】1. 答案是D。此题考的是记忆的分类。对动作的记忆是属于运动记忆。

【考点解析】2. 答案是A。此题考的是记忆的分类。对事物形象的记忆是属于形象记忆。

【考点解析】3. 答案是B。此题考的是记忆恢复的涵义。记忆恢复是指学习后过几天测得的保持量比学习后立即测得的保持量要高。因为幼儿神经系统发育较弱,所以在当时大脑容易疲劳,经过休息后记忆效果会提高。

【考点解析】4. 答案是B。此题考的是记忆的分类。瞬时记忆是记忆保持时间在0.25~2秒钟以内的记忆。

【考点解析】5. 答案是C。此题考的是机械记忆的涵义。在不理解古诗意义的情况下,机械重复地背诵,是属于机械记忆。

【考点解析】6. 答案是A。此题考的是幼儿记忆发展的趋势。2周左右幼儿出现运动记忆,1岁左右幼儿才出现语词记忆。

【考点解析】7. 答案是D。此题考的是幼儿记忆发展的趋势。幼儿最早出现运动记忆,其次是情绪记忆、形象记忆、语词记忆。

【考点解析】8. 答案是A。此题考的是幼儿记忆的发展特点。幼儿以形象记忆为主。

【考点解析】9. 答案是B。此题考的是幼儿记忆的策略。精细加工策略是将学习材料与头脑中已有知识联系起来,从而增加新信息意义的深层加工策略。

【考点解析】10. 答案是A。此题考的是幼儿记忆的定义,记忆是人脑对过去经验的反映。

二、简答题

1. 【考点解析】此题考查幼儿记忆的发展特点。

【答题要点】

(1) 容易记容易忘。

(2) 以无意记忆为主,有意记忆逐渐发展。

(3)以形象记忆为主,语词记忆逐渐发展。
(4)以机械记忆为主,意义记忆逐渐发展。
(5)记忆不精确。

2.【考点解析】此题考查幼儿记忆的发展趋势。
【答题要点】
(1)记忆保持时间延长。
(2)记忆提取方式的发展。
(3)记忆容量增加。
(4)记忆内容的变化。
(5)记忆策略的发展。

三、材料分析题

1.【考点解析】此题考查幼儿记忆特点在幼儿园教育中的运用。
【答题要点】
(1)方老师的教学方法很好。
(2)方老师将故事内容绘制成精美的图画,图画形象直观,有利于幼儿进行形象记忆。这符合幼儿以形象记忆为主,形象记忆效果好的特点。
(3)方老师引导幼儿去思考和讨论"比赛时乌龟在做什么,兔子在做什么?乌龟为什么能赢?平时生活中我们要怎么样才能获得成功"等问题,让幼儿通过思考,更深刻地理解故事的内容和寓意。有利于幼儿进行意义记忆。这符合幼儿意义记忆效果好的特点。

2.【考点解析】此题考查幼儿记忆的特点。
【答题要点】
(1)王老师教幼儿学习古诗《江南》,她让幼儿跟着她一句一句反复诵读这首诗。这时幼儿进行的是机械记忆。而林老师在教幼儿学习《江南》时,为幼儿讲述诗句背后的涵义。这时幼儿进行的是意义记忆。这说明幼儿以意义记忆为主,意义记忆的效果优于机械记忆。
(2)王老师教幼儿学习古诗《江南》,她把诗句写在黑板上,这时幼儿进行的是语词记忆,而林老师在教幼儿学习《江南》时,把故事绘制成图画,这时幼儿进行的是形象记忆,说明幼儿以形象记忆为主,形象记忆的效果优于语词记忆。

第三节　幼儿认知发展——想象

【本节考纲考点】

1. 想象的含义及分类。
2. 幼儿想象的特点及运用。

【历年真题再现】

一、单项选择题

【2011下】5.一个小女孩看到"夏景"说:"小姐姐坐在河边,天热,她想洗澡,她还想洗脸,因为脸上淌汗。"这个小女孩的想象是(　　)。
　　A.经验性想象　　B.情境性想象　　C.愿望性想象　　D.拟人化想象
【考点】想象的类型

【2012上】11.幼儿在想象中常常表露出个人的愿望。例如,大班幼儿文文说:"妈妈,我长大了也想和你一样,做一个老师"。这是一种(　　)。
　　A.经验性想象　　B.情境性想象　　C.愿望性想象　　D.拟人化想象
【考点】想象的类型

【2012上】13. 在同一桌上绘画的幼儿,其想象的主题往往雷同,这说明幼儿想象的特点是( )。
  A. 想象无预定目的,由外界刺激直接引起
  B. 想象的主题不稳定,想象方向随外界刺激变化而变化
  C. 想象的内容零散,无系统性,形象间不能产生联系
  D. 以想象过程为满足,没有目的性
【考点】幼儿想象的特点

【2012下】10. 幼儿常把没有发生或期望的事情当作真实的事情,这说明幼儿( )。
  A. 好奇心强　　　　B. 说谎　　　　C. 移情　　　　D. 想象与现实混淆
【考点】幼儿想象的特点

【2016上】1. 一名幼儿画小朋友放风筝,将小朋友的手画得很长,几乎比身体长了3倍,这说明幼儿绘画特点具有( )。
  A. 形象性　　　　B. 抽象性　　　　C. 象征性　　　　D. 夸张性
【考点】幼儿想象的特点

二、材料分析题

【2013上】14. 离园时,三岁的小凯对妈妈兴奋地说:"妈妈,今天我得了一个'小笑脸',老师还贴在我脑门儿上了。"妈妈听了很高兴,连续两天小凯都这样告诉妈妈。后来妈妈和老师沟通后才得知,小凯并没有得到"小笑脸"。妈妈生气地责怪小凯:"你这么小,怎么就说谎呢。"
问题:小凯妈妈的说法是否正确?试结合幼儿想象的特点,分析上述现象。
【考点】幼儿想象的特点

【本节备考指导】

本节的主要内容是想象的分类、幼儿想象的特点。在幼儿想象的特点中,想象具有夸张性、幼儿容易将想象与现实混淆这两个点是高频考点,出现大题目的概率比较大。其他知识点容易出现选择题。

【命题考点精讲】

命题点2:幼儿想象的发展

1. 想象的概念

想象是对头脑中已有的表象进行加工改造,形成新形象的过程。想象具有形象性和新颖性的特点。

2. 想象的种类

(1) 根据想象的目的性和自觉性,可以把想象分为无意想象和有意想象。

① 无意想象。是指没有预定目的和意图,在一定的刺激影响下,不由自主地进行的想象。如看着天上的白云,把它想象成棉花糖或是一匹马。无意想象是最简单、最初级形式的想象。梦是无意想象的极端形式,是完全无目的、被动的想象。

② 有意想象。是指根据一定的目的,自觉地创造出新形象的过程。例如,为搭一座高楼,幼儿想象用什么结构、材料等。

(2) 根据有意想象内容的新颖性,可以把想象分为再造想象和创造想象。

① 再造想象。是根据言语描述或图样示意,在头脑中形成新形象的过程。如幼儿阅读童话故事,头脑中浮现出故事人物的形象。

② 创造想象。创造想象是指根据一定的目的任务,不依赖现存的描述而独立创造出新形象的过程。它比再造想象更复杂更困难,具有很大的独特性和创造性,如作家塑造人物形象、科学家的创造发明等。

创造想象和再造想象的区别在于:再造想象出来的形象是现实生活中已有的事物,是描述者知道而想象者不知的事物;创造想象出来的形象是所有的人都不知道,现实生活中甚至可能不存在的事物。两者的联系表现在创造是在再造的基础上形成的。再造想象贫乏的人是不可能有丰富的创造想象的。因此,要培养人的创造力,首先要培养人的再造想象。

3. 幼儿想象的特点

（1）以无意想象为主，有意想象开始发展。

① 想象的目的性不明确。幼儿想象的产生，常是由外界刺激物直接引起的，想象活动不指向于一定的目的，想象随玩具的出现而产生。

② 想象的主题不稳定，易受外界的干扰而变化。幼儿想象不能按一定的目的坚持下去，很容易从一个主题转换到另一个主题。如在游戏中，幼儿一会儿当服务员，一会儿又去当理发师，一会儿又去娃娃家。

③ 想象的内容零散，不系统。想象的内容之间没有有机的联系。

④ 以想象的过程为满足。幼儿想象不追求达到一定的目的，只满足想象的过程。如幼儿对某个故事百听不厌，满足想象的过程。

⑤ 想象过程受兴趣和情绪的影响。情绪高涨时，幼儿想象就活跃。如"老鹰捉小鸡"的游戏本应以小鸡被老鹰抓走而告终，可孩子们同情小鸡，又产生这样的想象：鸡妈妈和鸡爸爸赶来，把老鹰啄死，救回了小鸡。另外，兴趣也影响幼儿的想象。幼儿对于感兴趣的游戏和学习，他就会长时间去想象，专注于这个活动；而对不感兴趣的活动，则缺乏想象。

中班以后，幼儿的想象已具有一定的有意性和目的性。如通过老师对故事前半部分的描述，幼儿会有意想象，续编故事的结尾。续编故事体现出孩子已有明确的想象目的，想象的有意性开始逐渐发展。

（2）再造想象为主，创造想象开始发展。

① 再造想象为主。幼儿的再造想象表现为想象在很大程度上具有复制性和模仿性。如孩子在娃娃家拖地板做家务，这实际上是模仿家长的行为，与他的生活经验相关。

再造想象从内容上可分为：

经验性想象。幼儿凭借个人生活经验开展想象活动。

情境性想象。幼儿的想象活动是由画面的情境引起的。

愿望性想象。是与个人的愿望相联系的想象。

拟人化想象。把客观事物想象成人，用人的思想、情感去描述。

② 创造想象开始发展。幼儿在中班以后，再造想象中开始出现创造性的成分。如画了小鸡之后，会在旁边添上一些米粒。想象的内容表现出较大的新颖性，对此老师要给予保护、鼓励，并创造条件促进幼儿创造性想象的发展。

（3）想象具有夸张性。幼儿常常在想象时夸大事物的某些特征和细节。如幼儿画人物时，总是把人的头部画的特别大。这些夸大部分，常是幼儿印象深刻的部分。另外，幼儿喜欢吹牛，也是想象夸张的表现。

（4）容易将想象和现实混淆。幼儿时期，常将想象和现实混淆，表现在三个方面：

① 把渴望得到的东西说成已经得到。

② 把希望发生的事情当成已发生的事情来描述。

③ 在参加游戏或欣赏文艺作品时，往往身临其境，与角色产生同样的情绪反应。如小班幼儿正在玩"狡猾的狐狸，你在哪里"的游戏，当老师扮演的狐狸逮着小鸡（小朋友饰），装作要吃她的时候，这个孩子大哭起来说："你是老师，怎么可以吃人呢！"并拼命挣扎。

教师要注意不要把幼儿说出的与事实不符的话，都归结为说谎。要深入了解，弄清真相。理解孩子想象中的不合理因素。若出现想象和现实的混淆，应在实际生活中耐心指导，帮助幼儿分清什么是想象，什么是真实。

【本节考点知识点小结】

想象是对头脑中已有的表象进行加工改造，形成新形象的过程。想象具有形象性和新颖性的特点。想象的种类：1. 根据想象的目的性和自觉性，可以把想象分为无意想象和有意想象。2. 根据有意想象内容的新颖性，可以把想象分为再造想象和创造想象。

幼儿想象的特点：1. 以无意想象为主，有意想象开始发展。具体表现在五个方面：(1)想象的目的性不明确。(2)想象的主题不稳定。(3)想象的内容零散,不系统。想象的内容之间没有有机的联系。(4)以想象的过程为满足。(5)想象过程受兴趣和情绪的影响。2.再造想象为主,创造想象开始发展:(1)再造想象为主,幼儿的再造想象表现为想象在很大程度上具有复制性和模仿性。再造想象从内容上可分为经验性想象(幼儿凭借个人生活经验开展想象活动),情境性想象(幼儿的想象活动是由画面的情境引起的),愿望性想象(是与个人的愿望相联系的想象),拟人化想象(把客观事物想象成人,用人的思想、情感去描述)。(2)创造想象开始发展。3.想象具有夸张性:幼儿常常在想象时夸大事物的某些特征和情节。4.容易将想象和现实混淆:把渴望得到的东西说成已经得到;把希望发生的事情当成已发生的事情来描述;在参加游戏或欣赏文艺作品时,往往身临其境,与角色产生同样的情绪反应。

教师要注意不要把幼儿说出的与事实不符的话,都归结为说谎。要深入了解,弄清真相。理解孩子想象中的不合理因素。若出现想象和现实的混淆,应在实际生活中耐心指导,帮助幼儿分清什么是想象,什么是真实。

【本节过关自测】

一、单项选择题

1. 对头脑中已有的表象进行加工改造,形成新形象,这种心理过程叫做(　　)。
   A. 记忆　　　　　B. 想象　　　　　C. 感知觉　　　　　D. 言语
2. 在外界刺激影响下,自然而然产生的想象叫做(　　)。
   A. 无意形象　　　B. 有意想象　　　C. 再造想象　　　　D. 创造想象
3. 安徒生在童话故事中塑造了一个又一个生动的人物形象,这属于(　　)。
   A. 回忆　　　　　B. 知觉　　　　　C. 再造想象　　　　D. 创造想象
4. 幼儿听教师讲《母鸡萝丝去散步》的故事,脑海中浮现出母鸡萝丝散步的情景,这属于(　　)。
   A. 回忆　　　　　B. 知觉　　　　　C. 再造想象　　　　D. 创造想象
5. 幼儿对"春天"的想象是:大家一起去郊游,放风筝。这是属于(　　)。
   A. 经验性想象　　B. 情境性想象　　C. 愿望性想象　　　D. 拟人化想象
6. 幼儿说:"爸爸,我长大了也要像你一样,当一个警察。"这是属于(　　)。
   A. 经验性想象　　B. 情境性想象　　C. 愿望性想象　　　D. 拟人化想象
7. 幼儿去公园赏花时,对妈妈说:"小花在欢迎我,在对我招手"。这是属于(　　)。
   A. 经验性想象　　B. 情境性想象　　C. 愿望性想象　　　D. 拟人化想象
8. 幼儿常把自己当成游戏中的角色,产生和角色同样的情绪反应,这说明幼儿(　　)。
   A. 想象与现实混淆　　B. 说谎　　　　C. 移情　　　　D. 在游戏中过分投入
9. 幼儿画"小孩摘西瓜"时,把西瓜画的比旁边的小孩还要大好几倍,这说明幼儿想象具有(　　)。
   A. 形象性　　　　B. 抽象性　　　　C. 夸张性　　　　　D. 象征性
10. 幼儿在游戏中扮演理发师的角色,重现自己在生活中所见到的理发师理发烫发的情景。这体现了幼儿想象的一大特点:(　　)。
    A. 以无意想象为主　　　　　　　　B. 以有意想象为主
    C. 以再造想象为主　　　　　　　　D. 以创造想象为主

二、简答题

1. 简述幼儿无意想象的特点。
2. 简述幼儿想象的夸张性。

三、材料分析题

1. 南南喜欢画画,可是妈妈却不让他学画画,每天硬逼着他学钢琴。有一天,南南兴冲冲地对老师说:"奥特曼昨天来我家,把我家的钢琴砸坏了,我以后再也不用学钢琴了。奥特曼还送我一大盒颜料,让我学画画。"

南南的这番言论反映了幼儿想象的什么特点?教师应当如何正确处理这种情况?

【本节过关自测】参考答案

一、单项选择题

【考点解析】1. 答案是 B。此题考的是想象的涵义。想象是对头脑中已有的表象进行加工改造,形成新形象的过程。

【考点解析】2. 答案是 A。此题考的是无意想象的涵义。无意想象是在外界刺激影响下,自然而然产生的想象。

【考点解析】3. 答案是 D。此题考的是创造想象的涵义。作家创作人物形象是创造想象。

【考点解析】4. 答案是 C。此题考的是再造想象的涵义。再造现象是根据语言描述,在头脑中形成新形象。听故事时浮现出相应的形象是再造想象。

【考点解析】5. 答案是 A。此题考的是经验性想象的涵义。依据经验产生的想象是经验性想象。

【考点解析】6. 答案是 C。此题考的是愿望性想象的涵义。和个人愿望有关的想象是愿望性想象。

【考点解析】7. 答案是 D。此题考的是拟人化想象的涵义。这种想象是把非人类的物体拟人化。

【考点解析】8. 答案是 A。此题考的是幼儿想象与现实混淆的表现。幼儿产生和角色同样的情绪反应,是想象和现实混淆的一种体现。

【考点解析】9. 答案是 C。此题考的是幼儿想象夸张性的表现。幼儿会在画画时把他印象深刻的事物进行夸大。

【考点解析】10. 答案是 C。此题考的是幼儿再造想象的表现。幼儿在游戏中重现生活中的情景,体现了想象的复制性和模仿性。这是以再造想象为主的体现。

二、简答题

1.【考点解析】此题考查幼儿无意想象的具体表现。

【答题要点】

(1) 想象无预定目的,由外界刺激直接引起。

(2) 想象主题不稳定。

(3) 想象内容零散,不系统。

(4) 以想象的过程为满足。

(5) 想象受情绪和兴趣的影响。

2.【考点解析】此题考查幼儿想象的夸张性。

【答题要点】

幼儿常常在想象时夸大事物的某些特征和细节。如幼儿画人物时,总是把人的头部画的特别大。这些夸大部分,常是幼儿印象深刻的部分。另外,幼儿喜欢吹牛,也是想象夸张的表现。

三、材料分析题

1.【考点解析】此题考查幼儿想象与现实混淆的特点及教育策略。

【答题要点】

这反映了幼儿想象和现实混淆的特点。南南想学画画,不想学琴,于是便产生了这样的想象,并把这种想象当成了现实。

教师不能简单地把幼儿此类的话归之为说谎,而是要耐心地帮助南南分清想象和现实。教师可以告诉南南:"奥特曼是出现在电视里的,现实中并没有奥特曼。"此外,教师应当和南南家长进行沟通,建议家长不要逼迫孩子学琴,可以根据孩子真正的兴趣去培养他的绘画才能,让孩子能够快乐成长。

第四节 幼儿认知发展——思维

【本节考纲考点】

1. 熟悉思维的概念和特点。

2. 掌握学前儿童思维发展的一般特点。
3. 掌握学前儿童思维发展的几大阶段。

【历年真题再现】

一、选择题

【2011下】1. 儿童能以命题形式思维,则其认知发展已达到( )。
A. 感知运动阶段　　B. 前运算阶段　　C. 具体运算阶段　　D. 形式运算阶段
【考点】认知发展阶段理论

【2011下】2. 儿童开始能够按照物体某些比较稳定的主要特征进行概括,说明儿童已出现了( )。
A. 直观的概括　　B. 语词的概括　　C. 表象的概括　　D. 动作的概括
【考点】儿童思维发生的标志

【2011下】3. 幼儿典型的思维方式是( )。
A. 直观动作思维　　B. 抽象逻辑思维　　C. 直观感知思维　　D. 具体形象思维
【考点】幼儿的典型思维类型

【2014上】10. 幼儿难以理解反话的含义,是因为幼儿理解事物具有( )。
A. 双关性　　B. 表面性　　C. 形象性　　D. 绝对性
【考点】幼儿思维的主要特点

【2015下】2. 小班幼儿玩橡皮泥时,往往没有计划性。橡皮泥搓成团就说是包子,搓成条就说是油条,长条橡皮泥卷起来就说是麻花。这放映了小班幼儿( )。
A. 具体形象思维的特点　　　　B. 直觉行动思维的特点
C. 象征性思维的特点　　　　　D. 抽象逻辑思维的特点
【考点】不同年龄阶段幼儿的思维特点

【2016上】3. 一名4岁幼儿听到教师说"一滴水,不起眼"结果他理解成了"一滴水,肚脐眼"这一现象主要说明幼儿( )。
A. 听觉辨别力弱　　　　　　　B. 想象力非常丰富
C. 语言理解凭借自己的具体经验　D. 理解语言具有随意性
【考点】幼儿思维发展的特点

【2016上】5. 下雨天走在被车轮碾过的泥泞路上,晓雪问:"爸爸,地上一道一道的是什么呀?"爸爸说:"是车轮压过的泥地儿,叫做车道沟。"晓雪说:"爸爸脑门上也有车道沟。"(指皱纹),晓雪的说法体现的幼儿思维特点是( )。
A. 转导推理　　B. 演绎推理　　C. 类比推理　　D. 归纳推理
【考点】幼儿推理的特点

二、简答题

【2012上】4. 简述幼儿思维发展的一般特点。
【考点】幼儿思维发展的特点

【2014上】12. 茵茵已经上了中班,她知道把两个苹果和三个苹果加起来,就有5个苹果。但是问她2加3等于几?她直摇头。根据上述案例简述中班幼儿数学学习的思维特点以及教育的启示。
【考点】幼儿思维的典型特征;幼儿游戏的年龄阶段特征

三、材料分析

【2015上】14. 材料:
情境一:
一天晚上,莉莉和妈妈散步时,有下列对话:
妈妈:月亮在动还是不动?
莉莉:我们动他就动。
妈妈:是什么使他动起来的呢?

莉莉：是我们。

妈妈：我们怎么使他动起来的呢？

莉莉：我们走路的时候他自己就走了。

情境二：

在幼儿园教学区活动中，老师给莉莉出示两排一样多的纽扣，莉莉认为一一对应排列的两排一样多。当老师把下面一排聚拢时，她就认为两排不一样多了……

(1) 莉莉的行为表明她处于思维发展的什么阶段(2分)？举例说明这个阶段思维的主要特征及表现。(12分)

(2) 幼儿这种思维特征对幼儿园教师的保教活动有什么启示？(6分)

【考点】幼儿思维的典型特征及表现；学前儿童思维能力的培养

【2015下】14. 材料：为了解中班幼儿分类能力的发展，教师选择了"狗、人、船、鸟"四张图片，要求幼儿从中挑出一张不同的。很多幼儿拿出来"船"，他们的理由分别是：狗、人和鸟常常是在一起出现的，船不是；狗、人、鸟都有头、脚和身体，而船没有；狗、人、鸟是会长大的，而船是不会长大的。

问题：

(1) 请结合上述材料分析中班幼儿分类能力的发展特点。(10分)

(2) 鉴于上述材料中幼儿的发展特点，教师该如何实施教育？(10分)

【考点】幼儿分类的发展；针对幼儿分类发展的教育建议

【本节备考指导】

本节重要知识点是幼儿思维发展的特征与趋势等。纵观近年考点，在幼儿思维发展年龄段特点上以选择题多，幼儿思维的典型特征、幼儿思维能力的培养、幼儿分类的发展等多以简答题、材料分析题出现。

考生在本节的学习和复习中，首先要理解和区分一些基本概念，如思维的概念、思维的分类等，其次要理解与掌握幼儿思维发展的阶段性特征，能够结合幼儿的发展实例进行分析与理解，最后要掌握培养幼儿思维发展的方法。

【命题考点精讲】

命题点1：思维的概念

定义：思维是指人脑对客观事物的概括和间接的反映。

命题点2：儿童思维发生的标志

(1) 直观的概括：儿童最初对物体最鲜明、最突出的外部特征(主要是颜色特征)进行概括。

(2) 动作的概括：儿童学会了用物体进行各种动作，逐渐掌握各种物体的用途。

(3) 语词的概括：儿童开始能够按照物体的某些比较稳定的主要特征进行概括，舍弃那些可变的次要特征。

命题点3：学前儿童思维发展的一般特点

幼儿思维的主要特点是具体形象性，它是在直观行动思维的基础上演化而来的。在幼儿期末，抽象逻辑思维开始萌芽。

1. 思维直观行动性的发展

3岁前的思维主要是直观行动思维。

① 直观性与行动性。儿童的思维与其感知和动作密不可分，其不可能在动作之外思考，而是在行动中利用动作进行思考。也就是说，儿童思考和解决问题的行为还没有分开来，因此，儿童不可能预见、计划自己的行动。儿童的思想只能在活动本身展开，他们不是先想好了再行动，而是边做边想。

② 出现了初步的间接性和概括性。直觉行动思维的概括性表现在动作之中，还表现在感知的概括性上。儿童常以事物的外部相似点为依据进行知觉判断。

虽然直觉行动思维具有一定的概括性，在刺激物的复杂关系和反应动作之间形成联系，但由于缺乏词的中介，儿童对外部世界的反应只是简单运动性和直觉性质的，而不是概念的。因此，它只能是一种"行动的思维""手的思维"。

2. 思维的具体形象性

(1) 具体性。幼儿的思维内容是具体的。他们能够掌握代表实际东西的概念,不易掌握抽象概念。比如,"家具"这个词比"桌子""椅子"等抽象,幼儿较难掌握。在生活中,抽象的语言也常常使幼儿难以理解。

(2) 形象性。幼儿思维的形象性,表现在幼儿依靠事物在头脑中的形象来思维。幼儿的头脑中充满着颜色、形状、声音等生动的形象。比如爷爷总是长着白胡子,奶奶总是头发花白等。具体性和形象性是具体形象思维的两个最为突出的特点。

(3) 表面性。幼儿思维只是根据具体接触到的表面现象来进行。因此,幼儿的思维往往只是反映事物的表面联系,而不反映事物的本质联系。例如,幼儿不理解词的转义。幼儿听妈妈说:"看那个女孩长得多甜!"他问:"妈妈,你舔过她吗?"

(4) 固定性。幼儿思维的具体性使幼儿的思维缺乏灵活性。在日常生活中,幼儿常常"认死理",比如在美工活动中,小朋友都在等着教师发剪刀,可是发到中途剪刀发完了,教师又去拿。另一位老师给他们拿手工区的剪刀,他们说什么都不肯要。这时他们的老师回来说:"没有剪刀了,你们就用手工区的吧!"可是这几个小朋友仍然不愿意用手工区的剪刀。

(5) 拟人性(泛灵论)。幼儿往往把动物或一些物体当人来对待。他们赋予小动物或玩具以自己的行动经验和思想感情,和它们说话,把它们当作好朋友。如他们认为太阳公公能看见小朋友们在玩。他们还提出许多拟人化的问题,如"风是车轮放出来的屁吗"等。

(6) 经验性。幼儿的思维是根据自己的生活经验来进行的。比如,听奶奶抱怨小鸡长得慢,幼儿就把小鸡埋在沙里,把鸡头留在外面,还用水浇,并告诉奶奶:"您的小鸡一定会长得大大的。"

3. 思维的抽象逻辑性开始萌芽

抽象逻辑思维是指用抽象的概念(词),根据事物本身的逻辑关系来进行的思维。抽象逻辑思维是人类特有的思维方式。幼儿期还不能形成典型的人类思维方式,但是幼儿期,特别是5岁以后,明显地出现了抽象逻辑思维的萌芽。

学前儿童晚期,出现了抽象逻辑思维的萌芽。整个学前期都还没有这种思维方式,只有这种方式的萌芽。随着抽象逻辑思维的萌芽,儿童自我中心的特点逐渐开始消除,即开始"去自我中心化"。儿童开始学会从他人以及不同的角度考虑问题,开始获得"守恒"观念,开始理解事物的相对性。所谓守恒,是皮亚杰理论中的重要概念,是衡量儿童运算水平的标志之一。守恒是个体对概念本质的认识能力或概念的稳定性。具体指对物体的某种本质特征(如重量、体积、长度等)的认识不因其他非本质特征的变化而改变。

儿童思维发展的总趋势,是按直觉行动思维在先,具体形象思维随后,抽象逻辑思维最后的顺序发展起来的,这个发展顺序是固定的、不可逆的。但这并不意味着这三种思维方式之间是彼此对立、相互排斥的。事实上,它们在一定条件下往往相互联系、相互配合、相互补充。学前儿童(主要是幼儿阶段)的思维结构中,特别明显的具有三种思维方式同时并存的现象。这时,在其思维结构中占优势地位的是具体形象思维。但当遇到简单而熟悉的问题时,能够运用抽象水平的逻辑思维,而当遇到的问题比较复杂、困难程度较高时,又不得不求助于直觉行动思维。

命题点4:学前儿童分类的年龄特点

(1) 4岁以下儿童基本上不能分类。

(2) 5~6岁是儿童处于由不会分类向开始发展初步分类能力的过渡时期。

(3) 5岁半~6岁半,儿童发生了从依靠外部特点向依靠内部隐蔽特点进行分类的显著转变。

(4) 6岁以后,儿童开始逐渐摆脱具体感知和情境性的束缚,能够依靠物体的功用和内在联系进行分类。

命题点5:学前儿童思维发展的阶段

(1) 感知运动阶段(0~2岁)。

(2) 前运算阶段(2~7岁)。

(3) 具体运算阶段(7~11岁)。

(4) 形式运算阶段,(11岁以后)。

命题点6：幼儿思维能力的培养

1. 创设直接感知和动手操作的机会,根据幼儿思维的直观行动性进行培养

(1) 提供可以直接感知的活动材料；

(2) 创造活动与操作的条件和机会；

(3) 引导幼儿由表象代替动作,逐步向具体形象过渡。

2. 不断丰富幼儿的感性知识,根据幼儿思维的具体形象性进行培养

(1) 丰富幼儿的感性经验；

(2) 选择适应的活动材料和教学方法；

(3) 尊重和理解幼儿的思维特点。

【本节考点知识点小结】

思维是人脑对客观事物进行间接的、概括的反映,是人类认识的高级阶段。儿童思维发展的总趋势,是直觉行动思维在先,具体形象思维随后,抽象逻辑思维最后的顺序发展起来,这个发展顺序是固定的,不可逆转的。儿童思维的主要特点是具体形象性,以及进行初步抽象概括的可能。教育者应针对儿童的思维特点组织活动,有意识地在活动中发展儿童的思维。

【本节过关自测】

一、单项选择题

1. 幼儿看到蜂窝煤以后,误以为是莲藕,这体现了幼儿思维的什么特点(　　)。
   A. 直觉行动性　　　　　　　　B. 具体形象性
   C. 推理水平低　　　　　　　　D. 抽象逻辑性

2. 青青听妈妈说,"听,那孩子小嘴多甜!"青青问："妈妈,您舔过她的嘴吗?"这主要反映青青(　　)。
   A. 思维的片面性　　　　　　　B. 思维的拟人性
   C. 思维的纯洁性　　　　　　　D. 思维的表面性

3. 两排数量一样多的扣子,一排扣子排列较为紧密,而另一排排列较为稀疏。但小明却认为两排扣子的数量不一样多。这体现出小明思维的(　　)。
   A. 自我中心性　　B. 具体形象性　　C. 抽象逻辑性　　D. 直觉行动性

4. 儿童在进行三山实验时只能从自己的角度理解对方视野里的事物,则其认知发展达到(　　)。
   A. 感知运动阶段　　B. 前运算阶段　　C. 具体运算阶段　　D. 形式运算阶段

二、简答题

1. 请简述学前阶段儿童思维工具的变化。

三、材料分析题

1. 孩子们面前摆放着两个大小、形状、重量完全相同的泥球。林老师用自己的巧手把其中一个泥球捏成薄饼状,为孩子们制作出了一块美味的"薄饼"。她让大家猜猜："小球和薄饼是不是一样重呢?"茜茜认为小球和薄饼不一样重,薄饼要更重些,因为她觉得薄饼看起来比小球大多了。而莉莉却认为小球和薄饼是一样重的。

(1) 请分别对茜茜和莉莉的思维特点进行分析。(10分)

(2) 针对莉莉的思维特点,教师如何实施教育。(10分)

【本节过关自测】参考答案

一、单项选择题

【考点解析】1. 答案是B。幼儿对蜂窝煤和莲藕之间关系的认识,仅停留于它们的外形上,并未思考它们的本质属性,因此体现了幼儿思维具体形象性的特点,幼儿依靠表象作为思维工具。

【考点解析】2. 答案是D。幼儿无法理解语言的深刻含义,往往只理解语言的字面含义,说明幼儿的思维具有表面性的特点,即具体形象性的特点。

【考点解析】3. 答案是B。小明的行为表现出他还未形成"守恒概念",这是幼儿处于具体形象思维阶段的特点。

【考点解析】4. 答案是B。幼儿在三山实验中的表现说明幼儿的思维具有"自我中心性"的特点,这是幼儿处于前运算阶段的特点。

二、简答题

1.【考点解析】此题考查考生对学前儿童思维发展特点、思维工具发展特点的理解。
【答题要点】
(1) 第一阶段:思维活动主要依靠感知和动作进行,语言只是行动的总结。
(2) 第二阶段:思维主要以表象为工具,边做边说,语言和动作不分离。
(3) 第三阶段:思维依靠语言进行,语言先于动作而出现,并起着计划动作的作用。
注意在每点回答时要适当展开分析或举例说明。

三、材料分析题

1.【考点解析】此题考查考生对幼儿思维特点以及相应教育方式的理解。
【答题要点】
(1) 茜茜具有具体形象思维的特点。她的思考受到事物具体而形象的外部特征的限制,只认识到事物的表面特征,而认识不到事物的本质。所以当她看到薄饼和小球的形状不一样时,便以为两者的重量也不同了。而莉莉具有抽象逻辑思维的初步萌芽。她能够认识到虽然薄饼和小球的形状不同,但它们仍然是一样重的,因为她能够摆脱事物表象的限制,认识到事物的本质。
(2) 根据幼儿具体形象思维的特点,进行适合儿童的教学:利用形象化的图片、玩教具、语言等;开展分类练习活动,培养学前儿童的抽象逻辑思维能力。

第五节　幼儿注意的发展

【本节考纲考点】

1. 掌握注意的概念。
2. 掌握学前儿童无意注意、有意注意发展的特点。
3. 掌握学前儿童注意品质的发展特点。
4. 熟悉幼儿注意分散的原因。
5. 熟悉幼儿注意分散的防止方法。

【历年真题再现】

一、选择题

【2011下】11. 在良好的教育环境下,5~6岁幼儿能集中注意(　　)。
A. 5分钟　　　　B. 10分钟　　　　C. 15分钟　　　　D. 7分钟
【考点】不同年龄阶段幼儿注意力集中时间的特点

【2012上】19. 儿童一进商场就被漂亮的玩具吸引,儿童在这一刻出现的心理现象是(　　)。
A. 注意　　　　B. 想象　　　　C. 需要　　　　D. 思维
【考点】注意力的概念

【2014上】1. 小班集体教学活动一般都安排15分钟左右,是因为幼儿有意注意时间一般是(　　)。
A. 20~25分钟　　B. 3~5分钟　　C. 15~18分钟　　D. 10~11分钟
【考点】不同年龄阶段幼儿注意力集中时间的特点

【本节备考指导】

本节重要知识点是幼儿期注意力发展的特征,幼儿注意分散的原因和防止;难点是对幼儿注意力品质发展的理解,对幼儿注意力发展不同年龄阶段特点的区分。纵观近年考点,本节内容多以选择题方式出现,主要涉及对注意力概念、幼儿注意稳定性的年龄特征及其与教学的联系的理解。

考生在本章节学习和复习中,首先应理解注意力的概念与特点,对无意注意和有意注意的概念、特点进行理解,然后重点掌握幼儿期注意力发展的年龄阶段特征,并注意与幼儿教育实践相联系,最后能正确理解幼儿注意力分散的原因,并且据此对幼儿园教育与家庭教育提出合适的教育建议。

【命题考点精讲】

命题点1：注意的概念和特点

注意是心理活动对一定对象的指向与集中。

注意有两个特点：

(1) 指向性：人在清醒的状态时,每一瞬间的心理活动只是有选择地倾注于某些事物,而同时离开其他的事物。

(2) 集中性：把心理活动贯注于某一事物。

命题点2：幼儿期(3～6岁)儿童注意发展的特征

1. 无意注意占优势

(1) 无意注意的发生与发展。儿童出生后就出现了注意现象,这实质上是一种定向性注意,它在新生儿期出现,婴儿期较明显,是本能的无条件反射。

(2) 幼儿无意注意的主要特点。容易引起幼儿无意注意的诱因有如下两大类：

① 刺激比较强烈,对比鲜明,新异和变化多动的事物。新颖多变、活动、刺激强烈的因素是引起幼儿无意注意的诱因。恰当地利用这些因素非常有利于对幼儿的教育以及幼儿教育活动的组织。

教师选择和制作的玩具、教具必须是颜色鲜明,对比性强,形象生动,新颖多变的,只有遵循这一心理规律才能更好地组织幼儿教育活动。

要求教师说话清楚,符合儿童特点,同时说话要抑扬顿挫。这样幼儿才能够听懂教师所说的话,并能吸引幼儿的注意力。

恰当安排、布置教育环境。既要避免繁杂干扰,又要能适当引起幼儿的注意,利于幼儿正常活动的开展。

教育内容、方法要新颖,赋予各种容易引起幼儿注意的因素。

② 与幼儿兴趣、需要和生活经验有关系的事物。幼儿兴趣、需要和生活经验的丰富,使得幼儿对更多的事物产生无意注意。只要幼儿感兴趣和爱好的事物都容易引起幼儿的无意注意。

兴趣是引起幼儿无意注意的一个因素。幼儿兴趣各有不同,引起注意的对象也有可能不同。有的孩子在街上看见汽车会特别注意,而且可以注意很长时间,但对自行车则不去注意,这是因为他对汽车特别感兴趣。

需要也是引起幼儿无意注意的一个重要条件。漂亮的玩具,极易引起幼儿的注意。幼儿非常喜欢玩,喜欢活动,喜欢游戏,如果有小朋友在游戏,其他小朋友就会马上引起注意并要求参加进去。

幼儿的生活经验也与幼儿的无意注意的产生有关。凡是幼儿很熟悉的事物或见过的东西,都非常容易引起幼儿的注意。如幼儿听过的故事、动画音乐很容易引起幼儿的注意,还有幼儿自己经常玩的玩具或吃的东西特别容易引起幼儿的注意,这些都与他们的生活经验有关系。

2. 有意注意初步发展

(1) 有意注意的萌芽与发展。幼儿有意注意的形成大致经过三个阶段：

第一阶段：儿童的注意由成人的言语指令引起和调节。例如,成人对宝宝说："宝宝,看！狗狗！""宝宝,听！谁唱歌了！"边说边用手指向狗或人,这时儿童的注意不完全是无意的了,而开始带有有意性的意味。

第二阶段：儿童通过自言自语控制和调节自己的行为。例如,儿童在玩橡皮泥时自言自语说："看我搓一个汤圆。"这就是自觉在用自言自语来使注意力指向和集中到当前的活动上。

第三阶段：运用内部言语指令控制和调节行为。儿童逐渐学会自己确定行动目的、制定行动计划,并排除干扰,使注意指向和集中在当前与任务相关的对象上。

(2) 幼儿有意注意初步发展的主要特点是:

① 幼儿的有意注意受到大脑发育水平的局限。幼儿有意注意的发展与大脑额叶功能水平密切相关。额叶在大于7岁时才达到成熟水平,因此,幼儿期有意注意开始发展,但远远未能充分发展。

② 幼儿的有意注意是在外界环境特别是成人的要求下发展。儿童进入幼儿期,面对新的生活环境和教育环境,各种生活制度和行为规则,是使幼儿有意注意逐步发展的主要因素。幼儿的有意注意需要成人的指引。首先,成人可以帮助幼儿明确注意的目的任务,产生有意注意的动机,即自觉地、有目的地控制自己的注意,并且用意志努力去保持注意。其次,成人可用语言组织幼儿的有意注意。最后,成人在儿童有意注意过程中因克服困难需要一定的方法时,可以有意识地进行教育和培养,使儿童逐渐学会一些组织有意注意的方法。

③ 幼儿的有意注意是在一定的活动中实现的。把智力活动与实际操作结合起来,对象成为幼儿的直接行动对象,使幼儿处于积极的活动状态,有利于有意注意的形成和发展。在游戏中,幼儿能够更好地维持有意注意。

命题点3:学前儿童注意品质的发展特点

1. 注意的广度

它是指一个人在同一时间内能够清楚地觉察和把握对象的数量。如"一目十行"就是说明一个人阅读时注意的范围比较广。心理研究认为,人的注意广度是生理性的。扩大注意的广度主要是把信息对象组成块,使各个对象之间能联系为一个整体。幼儿的注意广度比较狭窄,随着年龄和知识经验的增长以及生活实践的锻炼,注意的广度会逐渐扩大。

2. 注意的稳定性

幼儿注意的稳定性还比较差,但在良好教育的影响下,幼儿注意的稳定性不断发展。在良好的教育环境下,3岁幼儿能集中注意3~5分钟,4岁幼儿能集中注意10分钟,5~6岁幼儿能集中注意15分钟左右。如果教师组织得法,5~6岁幼儿可集中注意20分钟。

3. 注意的转移

幼儿还不善于调动注意,小班儿童更不善于灵活转移自己的注意,大班幼儿则能够随要求而比较灵活地转移自己的注意。例如,幼儿在课间玩游戏,上课之后,较难立即把注意力转移到课堂上。这就要求教师在课前有一定的准备工作,如播放音乐、弹奏钢琴、做小游戏等,用这些方式帮助孩子把注意力转移到课堂上。

4. 注意的分配

注意的分配,是指在同一时间内,注意指向两种或几种不同的对象与活动。例如,幼儿教师在上课时,需要一边弹奏钢琴,一边引导孩子唱歌和根据音乐做动作,这就体现了注意的分配能力。幼儿还不善于同时注意几种对象,但幼儿期中,注意分配能力逐渐提高。3岁幼儿在饭桌上想要给别人讲述事情,往往都把筷子或勺子放下,绘声绘色地说,不能做到边吃饭边聊天。小班幼儿在做操时,很难一边跟着音乐一边调整队形,而大班幼儿的注意力分配能力提高,能够跟着音乐排好队形,还能兼顾自己的动作。

命题点4:幼儿注意分散的原因

1. 无关刺激过多

幼儿很容易被多变、强烈的刺激物所吸引,这些都容易使幼儿的注意分散。例如,幼儿正在听老师讲故事,教室里突然响起了清脆的鸟叫声,不少幼儿就会转头去注意教室里的鸟笼子,这就引起了幼儿注意的分散。实验表明,让幼儿自己选择游戏时,一般以提供四五种不同的游戏为宜。提出太多的游戏,幼儿难选择,也难集中注意玩好。

2. 疲劳

幼儿神经系统的机能还未充分发展,长时间处于紧张状态或从事单调活动,便会发生疲劳,起初表现为没精打采,随之注意力开始涣散。疲劳的另一个重要原因是缺乏科学的生活规律。有的家长不重视幼儿的作息制度,晚上要幼儿长时间看电视,或让孩子像成人一样晚睡,造成幼儿睡眠不足,进而使得幼儿在课堂上无法集中注意力。

3. 目的要求不明确

有时教师对幼儿提出的要求不具体，过于笼统，或者活动的目的不能被幼儿理解，这也是引起幼儿注意涣散的原因。幼儿在活动中常常因为不明确自己应该做什么，左顾右盼，注意力分散，影响其积极完成相应活动。

4. 注意不善于转移

幼儿注意的转移品质还没有充分发展，因而不善于依照要求主动调整自己的注意。例如，幼儿看完一集有趣的动画片，可能长久地受到某些生动内容情节的影响，注意力难以转移到其他活动上，因此在从事新的活动时，惦记着之前的活动。

5. 无意注意和有意注意没有并用

教师只组织幼儿一种形式的注意，也能引起注意分散。例如，只用新异刺激来引起幼儿的无意注意，当新异刺激失去新异性时，幼儿就容易产生注意力分散。如果只调动有意注意，让幼儿长时间地主动集中注意力，也容易引起注意力疲劳，结果注意力更容易分散。

命题点5：幼儿注意分散的防止方法

1. 防止无关刺激的干扰

无关刺激的干扰引起幼儿注意的分散，也就是引起了幼儿的无意注意。因此，恰当地避免无关刺激的干扰在组织幼儿的活动中显得非常重要。例如，游戏时不要一次呈现不同的刺激物，上课前应先把玩具图画书等收起放好，上课使用的挂图等教具不要过早呈现，用过就立即收起。

2. 制定合理的作息制度

教师应与家长经常联系，共同保证幼儿的生活合理、有规律，养成良好的生活习惯，晚间不要让幼儿多看电视，或看得太晚；周末不要让幼儿外出玩得太久。这样才能使幼儿精力充沛地游戏和活动，并且防止幼儿注意的分散。

3. 培养良好的注意习惯

成人应培养幼儿集中注意学习，集中注意工作的好习惯，使他们在学习或参加其他活动时不要随便行动或漫不经心，成人这时也不要随便干扰他们，使幼儿在实践活动中养成集中注意的习惯。

4. 适当控制儿童的玩具和图书的数量

这里不是指购买的数量，而是阶段时间内提供给幼儿的数量。玩具过多，孩子一会儿玩玩这个，一会儿玩玩那个，很容易什么活动也无法开展，什么也玩不长。留下适当数量的活动材料，其余的收起来，有利于培养幼儿的注意力。

5. 不要反复向幼儿提要求

教师或家长向儿童提要求时，总是喜欢反复说很多遍，唯恐儿童没有听懂。这种做法不利于儿童注意力的培养，因为在儿童看来，这次没有注意听没关系，反正家长和老师还会再讲几次。如果家长和老师没有唠叨的习惯，幼儿反而会更加认真地注意听。

6. 灵活地交互运用无意注意和有意注意

有意注意和无意注意是幼儿注意的两种形式，虽然幼儿的注意以无意注意为主，但是两种注意在活动过程中是相互补充、交替进行的。教师在活动中恰当地引导幼儿进行两种注意的转换，不仅有助于幼儿维持注意，防止注意的分散，而且可以使幼儿在活动中减少疲劳，提高活动兴趣，产生愉快情绪，从而使幼儿的活动得以顺利地进行。因此，教师在组织幼儿活动时，应设法使活动的方式与内容适合幼儿的特点，在可能的情况下增强活动的趣味性，以减少幼儿的疲劳；同时，也要引导幼儿集中注意坚持活动，培养幼儿的有意注意，防止其注意的分散。

7. 提高教学质量

教师要积极提高教学质量，这是防止幼儿注意力分散的重要保证。教师要多方面改善教学内容，改进教学方法。所用的教具色彩鲜明，能吸引幼儿的注意；所用挂图或图片要突出中心，所有的语词要形象生动，为幼儿所能理解。这样做容易引起幼儿注意。

【本节考点知识点小结】

注意是一种心理状态,是心理活动对一定对象的指向和集中。指向性和集中性是注意的两个基本特点。注意不是独立的心理过程,它总是与其他心理活动相伴随进行。注意力有四种品质,即注意的广度、注意的稳定性、注意的分配和注意的转移,这是衡量一个人注意力好坏的标志。

注意对儿童的活动和心理发展具有重要的意义。3~6岁儿童以无意注意为主,有意注意初步发展,教师在组织儿童活动时,应分析儿童注意分散的原因,增强活动的趣味性,引导儿童集中注意坚持活动,培养儿童的有意注意,防止注意分散。

【本节过关自测】

一、单项选择题

1. 学前儿童在游戏活动中,能逐渐与别人联系、合作活动,这说明他们的注意的(　　)。
 A. 选择性增强　　　　B. 范围扩大　　　　C. 稳定性提高　　　　D. 分配提高
2. 在良好教育条件下,3~4岁幼儿能集中注意(　　)。
 A. 1~3分钟　　　　B. 3~5分钟　　　　C. 10分钟左右　　　　D. 10~15分钟
3. 在适当条件下,大班幼儿注意集中时间可达到(　　)。
 A. 5分钟　　　　B. 10分钟　　　　C. 15分钟左右　　　　D. 20分钟
4. 幼儿很难马上从课间自由活动状态转移到集中教育活动,这说明他们注意的(　　)。
 A. 广度较差　　　　B. 稳定性较差　　　　C. 转移能力较差　　　　D. 分配能力较差
5. 幼儿能容易被新奇的玩具吸引注意力,这是因为(　　)。
 A. 刺激物的强度　　　　　　　　B. 刺激物的运动变化
 C. 刺激物的新异性　　　　　　　D. 刺激物间的对比关系
6. 当教室中一片喧哗声时,教师突然放低声音或停止说话,会引起幼儿的注意,这是(　　)。
 A. 刺激物的物理特性引起幼儿的无意注意。
 B. 与幼儿的需要关系密切的刺激物,引起幼儿的无意注意。
 C. 在成人的组织和引导下,引起幼儿的有意注意。
 D. 利用活动引起幼儿的有意注意。
7. 小班的孩子在专心上课时,教室里忽然飞进一只小鸟,孩子们立刻炸开了锅,等小鸟飞走以后,孩子们的注意力还是难以回到课堂。这是因为幼儿(　　)。
 A. 注意力容易转移　　　　　　　B. 注意力容易分散
 C. 注意广度较差　　　　　　　　D. 注意的分配性较差
8. 以下属于幼儿阶段注意力发展特点的是(　　)。
 A. 有意注意占优势
 B. 注意容易发生转移
 C. 在良好教育环境下,3岁幼儿能集中注意10分钟
 D. 有意注意是在一定的活动中实现的

二、简答题

1. 简述幼儿有意注意形成的三个阶段。
2. 简述幼儿注意品质发展的特点。

三、材料分析题

小班1班的陈老师发现,班上孩子上课时总是无法集中注意力。尤其是周一早上,孩子们一来幼儿园就打着呵欠,上课也无精打采。最近,陈老师换了一个新发型,而且还涂上了鲜艳的指甲油,小朋友可喜欢了,争着要看。要上课了,小朋友还沉浸在刚才的游戏中,直到陈老师弹了钢琴才坐到小椅子上。陈老师让小朋友一起讨论"小白兔为什么那么可爱",小朋友们七嘴八舌地开始讨论,老师收都收不住。接着,陈老师又给小朋友讲了膳食金字塔的知识,以及饮食均衡的重要性,刚开始小朋友还能认真听,不一会儿就

开始东张西望了。

(1) 请根据案例分析小朋友注意力分散的原因。
(2) 陈老师要怎样防止小朋友注意分散?

【本节过关自测】参考答案

一、单项选择题

【考点解析】1. 答案是D。幼儿在游戏中要与别人联系、合作,就需要发展出注意的分配能力,不仅能自己游戏,还能边游戏边与别人交往。

【考点解析】2. 答案是B。在良好的教育环境下,3岁幼儿能集中注意3~5分钟,4岁幼儿能集中注意10分钟,5~6岁幼儿能集中注意15分钟左右。

【考点解析】3. 答案是C。在良好的教育环境下,3岁幼儿能集中注意3~5分钟,4岁幼儿能集中注意10分钟,5~6岁幼儿能集中注意15分钟左右。

【考点解析】4. 答案是C。幼儿注意的转移品质还没有充分发展,因而不善于依照要求主动调整自己的注意。

【考点解析】5. 答案是C。新颖的玩具是一个新异的刺激物,容易引起幼儿的无意注意。

【考点解析】6. 答案是C。教师突然放低声音是一种教学的组织策略,提醒幼儿把注意力转移到课堂中,是一种有意注意。

【考点解析】7. 答案是B。注意的转移是积极品质,是为了任务的需要而进行的;注意的分配是一种消极品质,是正在进行的任务被打扰或中断。

【考点解析】8. 答案是D。幼儿阶段无意注意占优势,注意容易分散,在良好教育环境下,3岁幼儿能集中注意3~5分钟。

二、简答题

1.【考点解析】此题考查考生对幼儿有意注意形成与发展的理解。
【答题要点】
(1) 儿童的注意由成人的言语指令引起和调节。
(2) 儿童通过自言自语控制和调节自己的行为。
(3) 运用内部言语指令控制和调节行为。

2.【考点解析】此题考查考生对幼儿注意品质的理解。
【答题要点】
(1) 注意的广度。幼儿的注意广度比较狭窄,随着年龄和知识经验的增长以及生活实践的锻炼,注意的广度会逐渐扩大。
(2) 注意的稳定性。幼儿注意的稳定性还比较差,但在良好教育的影响下,幼儿注意的稳定性不断发展。
(3) 注意的转移。幼儿还不善于调动注意,小班儿童更不善于灵活转移自己的注意,大班幼儿则能够随要求而比较灵活地转移自己的注意。
(4) 注意的分配。幼儿还不善于同时注意几种对象,但幼儿期中,注意分配能力逐渐提高。

三、材料分析题

【考点解析】此题考察考生对于幼儿注意分散的原因和防止方法的掌握。
【答题要点】
(1) ①无关刺激过多。老师的新发型和指甲油过于吸引孩子的注意力。②疲劳。孩子在周末没有保证良好睡眠,第二天精神不好,导致注意力不集中。③目的要求不明确。教师提的问题"小白兔为什么可爱"过于笼统,孩子容易注意力涣散。④注意不善于转移。上课前,小朋友容易沉浸在刚才的活动中,难以将注意力转移到课堂。⑤无意注意和有意注意没有并用。小班幼儿的理解力有限,注意力集中时间较短,而教师又不断讲解理论知识,要求孩子保持有意注意,没有将无意注意和有意注意并用,容易导致孩子注意力涣散。

(2)防止无关刺激的干扰;制定合理的作息制度;培养良好的注意习惯;适当控制儿童的玩具和图书的数量;不要反复向幼儿提要求;灵活地交互运用无意注意和有意注意;提高教学质量。以上还需结合案例内容进行适当分析。

第六节 幼儿言语的发展

【本节考纲考点】

1. 掌握幼儿言语的概念和分类。
2. 掌握幼儿语音、词汇、语法、口语表达能力的发展特点。
3. 掌握幼儿问题言语、游戏言语的发展特点。
4. 掌握幼儿书面言语的发展特点。

【历年真题再现】

【2012上】9. 儿童学习语言的关键期是(　　)。

A. 0~1岁　　　　B. 1~3岁　　　　C. 3~6岁　　　　D. 5~6岁

【考点】幼儿言语的关键期

【2013上】10. 冬冬边玩魔方边自己小声嘀咕:"转一下这面试试,再转这面呢?"这种语言被称为(　　)。

A. 角色语言　　　B. 对话语言　　　C. 内部语言　　　D. 自我中心语言

【考点】幼儿言语的分类

【2014下】1. 1.5~2岁左右儿童使用的句子主要是(　　)。

A. 单词句　　　　B. 电报句　　　　C. 完整句　　　　D. 复合句

【考点】幼儿语法(句子)的发展特点

【2015下】4. 一名从未见过飞机的幼儿,看到蓝天上飞过的一架飞机说:"看,一只很大的鸟!"从语言发展的角度来看,这一现象反映的特点是(　　)。

A. 过度规范化　　B. 扩展不足　　　C. 过度泛化　　　D. 电报句式

【考点】幼儿词汇的发展特点

【2016上】2. 1岁半的儿童想给妈妈吃饼干时,会说:"妈妈""饼""吃",并把饼干递过去,这表明这阶段儿童语言发展的一个主要特点是:(　　)。

A. 电报句　　　　B. 完整句　　　　C. 单词句　　　　D. 简单句

【考点】幼儿语法(句子)发展的特点

【2016上】3. 一名4岁幼儿听到教师说"一滴水,不起眼",结果他理解成了"一滴水,肚脐眼",这一现象主要说明幼儿(　　)。

A. 听觉辨别力弱　　　　　　　　　B. 想象力非常丰富

C. 语言理解凭借自己的具体经验　　D. 理解语言具有随意性

【考点】幼儿言语理解的特点

【本节备考指导】

本节的重点是言语的分类、幼儿语音、词汇、语法、语言表达能力、内部言语的发展特点,这些也是经常出现的考点。这些考点常作为选择题、简答题出现。难点在于语言表达能力的发展特点,问题言语和游戏言语的区别,儿童发音准备期的三个阶段,幼儿句型发展的顺序等知识点。考生在复习时应注意联系生活经验来理解抽象的概念,并结合下园实践的相关经历,以及自身对幼儿的观察和了解来进行思考。一些容易混淆的概念,如游戏言语和问题言语,考生应针对其异同点进行辨析,才能准确区分。

【命题考点精讲】

命题点1：言语的概念

言语是运用语言传递信息，进行交际的过程。言语是一种心理现象。

语言是人类在社会实践中逐渐形成和发展起来的交际工具，是一种社会上约定俗成的符号系统。语言是一种社会现象。

言语活动以语言为载体，儿童掌握语言的水平影响言语活动水平；语言是在人们的言语交流活动中产生发展的，某种语言不再被人的言语活动所使用，就会消失，如果儿童无言语活动机会，也就不能掌握语言。

命题点2：幼儿言语的分类

1. 外部言语

外部言语包括口头言语和书面言语。口头言语包括对话言语和独白言语。

（1）对话言语。两个人或多个人进行的言语活动，如聊天、座谈、讨论等。

（2）独白言语。个体在较长时间内独自进行的言语活动。

（3）书面言语。书面言语包括认字、写字、阅读、写作。其中认字和阅读属于接受性的，写字和写作属于表达性的。幼儿书面言语的产生如同口头言语一样，是从接受性的语言开始，即先会认字，后会写字；先会阅读，后会写作。

2. 内部言语

内部言语是一种只为言语使用者所意识到的内隐的言语。一般来说，它比外部言语简略、压缩，并常常是不完整的。内部言语与思维具有密不可分的联系。人们不出声的思考往往就是利用内部言语来进行的。

命题点3：幼儿言语的发展特点

1. 幼儿语音的发展

儿童发音准备期的三个阶段：

（1）简单发音阶段（1~3个月）；

（2）连续音节阶段（4~8个月）；

（3）模仿发音——学话萌芽阶段（9~12个月）。

幼儿一般在4岁左右掌握本民族全部语音，4岁是培养发音的关键期；韵母发音正确率比声母更高，发音的错误，大多数发生在辅音上。幼儿发音常常容易受到方言环境的影响。

教师、家长应对幼儿发音进行正确的示范，并注意不要嘲笑幼儿错误的发音。可采用儿歌、绕口令等方法，进行发音练习。

2. 幼儿词汇的发展

（1）词汇量的增加。幼儿期是人一生中词汇量增加最快的时期。据资料统计表明，3岁幼儿词汇约为800~1 100个；4岁为1 600至2 000个；5岁则增至2 200~3 000个；6岁时词汇数量可达3 000~4 000个。

（2）词类范围日益扩大。幼儿先掌握实词，后掌握虚词。掌握实词沿着"名词—动词—形容词"的顺序发展。实词中，以名词为最多，其次是动词，再次是形容词，最后才是副词。

（3）对词义的理解逐渐加深。在幼儿期，随着生活经验的丰富、思维的发展，词的概括性联系系统也逐渐发展，对词义的理解趋向丰富和深刻化。

3. 幼儿掌握句型的顺序

（1）单词句（1~1.5岁）；

（2）双词句（1.5~2岁）；

（3）简单完整句（2岁开始）；

（4）复合句（2.5岁开始）。

4. 幼儿语法的发展特点

（1）从不完整句到完整句。最初，幼儿的句子结构是不完整的，1~1.5岁，幼儿只能用单词句说话。1.5岁以后开始出现双词句，也称为电报式句子。2岁以后，逐渐出现比较完整的句子。到6岁左右大部分幼儿会使用完整句进行交流。

(2) 从简单句到复合句。2岁左右的孩子所说出的句子中,简单句占96.5%,到幼儿中期,简单句仍占多数,但随着年龄的增加,简单句所占比例在逐渐减少,复合句逐渐发展。4岁以后,还出现了各种从属复合句,还能运用适当的连接词构成复合句以反映各种关系。

(3) 从无修饰句到有修饰句。儿童最初说的句子没有修饰语,后来逐渐出现修饰语,如"美丽的花园"、"急匆匆地跑去"。

(4) 从陈述句到多种形式的句子。在整个幼儿期,简单的陈述句仍然是最主要的句型,其他形式的句子,如疑问句、祈使句、感叹句等也发展起来了。其中,疑问句产生得较早。

5. 幼儿口语表达能力的发展

(1) 从对话言语过渡到独白言语。儿童的语言最初是对话式的。到5~6岁幼儿能系统地讲述生活中的事情。

(2) 从情境性言语过渡到连贯性言语。情境性言语是不连贯、不完整、需要结合情境才能听懂的言语。而连贯性言语比较完整、连贯、逻辑性强。随着年龄增长,幼儿情境性言语的比例逐渐下降,连贯性言语的比例逐渐上升。

6. 幼儿内部言语的发展

幼儿前期没有内部言语,到了幼儿中期,内部言语才产生。幼儿时期的内部言语在发展过程中,常出现一种介乎外部言语和内部言语的过渡形式,即出声的自言自语。这种自言自语有两种形式,一种是"游戏言语",另一种是"问题言语"。

(1) 游戏言语。游戏言语是在游戏、绘画活动中出现的言语,用言语补充丰富自己的行动。这种言语通常比较完整、详细,有丰富的情感和表现力。

(2) 问题言语。问题言语是在活动中遇到困难或问题时产生的言语,用以表示困惑、怀疑、惊奇等。这种言语一般比较简单、零碎,由一些压缩的词句组成。如幼儿在拼图时,自言自语:"这个怎么办?放哪儿?不对,放这儿。"

7. 幼儿书面言语的发展

早期阅读是幼儿学习书面言语的重要途径。4~5岁是学习书面言语的关键期。在幼儿期,发展书面言语的目标是要让幼儿了解书面言语的信息,增长书面言语的兴趣,懂得书面言语的重要性,建立良好的阅读习惯。

【本节考点知识点小结】

言语是运用语言传递信息,进行交际的过程。言语是一种心理现象。幼儿言语的分类分为外部言语和内部言语。1.外部言语:外部言语包括口头言语和书面言语。口头言语包括对话言语和独白言语。(1)对话言语。两个人或多个人进行的言语活动,如聊天、座谈、讨论等。(2)独白言语。个体在较长时间内独自进行的言语活动。(3)书面言语。书面言语包括认字、写字、阅读、写作。内部言语是一种只为言语使用者所意识到的内隐的言语。

幼儿言语的发展特点表现在:1.幼儿语音的发展。4岁是培养发音的关键期;韵母发音正确率比声母更高,发音的错误,大多数发生在辅音上。幼儿发音常常容易受到方言环境的影响。教师、家长应对幼儿发音进行正确的示范,并注意不要嘲笑幼儿错误的发音。可采用儿歌,绕口令等方法进行发音练习。2.幼儿词汇的发展:(1)词汇量的增加。(2)词类范围日益扩大。(3)对词义的理解逐渐加深。3.幼儿语法的掌握:(1)从不完整句到完整句。(2)从简单句到复合句。(3)从无修饰句到有修饰句。(4)从陈述句到多种形式的句子。4.幼儿口语表达能力的发展:(1)从对话言语过渡到独白言语。(2)从情境性言语过渡到连贯性言语。5.幼儿内部言语的发展:幼儿时期的内部言语在发展过程中,常出现一种介乎外部言语和内部言语的过渡形式,即出声的自言自语。(1)游戏言语。游戏言语是在游戏、绘画活动中出现的言语,用言语补充丰富自己的行动。这种言语通常比较完整、详细,有丰富的情感和表现力。(2)问题言语。问题言语是在活动中遇到困难或问题时产生的言语,用以表示困惑、怀疑、惊奇等。这种言语一般比较简单、零碎。6.幼儿书面言语的发展:早期阅读是幼儿学习书面言语的重要途径。在幼儿期,发展书面言语的目标是要让幼儿了解书面言语的信息,增长书面言语的兴趣,懂得书面言语的重要性,建立良好的阅读习惯。

【本节过关自测】

一、单项选择题

1. 只为言语使用者所意识到的内隐的言语是(　　)。
   A. 对话言语　　　　B. 独白言语　　　　C. 书面言语　　　　D. 内部言语
2. 个体在较长时间内独自进行的言语活动是(　　)。
   A. 对话言语　　　　B. 独白言语　　　　C. 书面言语　　　　D. 内部言语
3. 一岁左右儿童使用的句子主要是(　　)。
   A. 单词句　　　　　B. 电报句　　　　　C. 完整句　　　　　D. 复合句
4. 一幼儿看到地铁,便喊道:"公交车来了。"这体现了幼儿言语的(　　)。
   A. 过度规范化　　　B. 扩展不足　　　　C. 过度泛化　　　　D. 电报句式
5. 一岁半的儿童想让妈妈把娃娃拿过来时,会说:"妈妈,娃娃",这种句式是属于(　　)。
   A. 电报句　　　　　B. 完整句　　　　　C. 单词句　　　　　D. 简单句
6. 儿童学习发音的关键期是(　　)。
   A. 2岁　　　　　　B. 1岁　　　　　　C. 4岁　　　　　　D. 6岁
7. 幼儿书面言语发展的主要途径是(　　)。
   A. 大量识字　　　　B. 早期阅读　　　　C. 写作　　　　　　D. 练字
8. 幼儿在折纸时自言自语道:"这个怎么折呢……不对,应该是这样……对了。"这属于(　　)。
   A. 对话言语　　　　B. 独白言语　　　　C. 问题言语　　　　D. 游戏言语
9. 幼儿在建构游戏中自言自语道:"火箭发射升空!"这属于(　　)。
   A. 对话言语　　　　B. 独白言语　　　　C. 问题言语　　　　D. 游戏言语
10. 关于幼儿语音的发展,下列哪一项的说法是错误的(　　)。
    A. 儿童一般在4岁左右掌握本民族全部语音　　B. 幼儿发音常常容易受到方言环境的影响
    C. 声母发音正确率比韵母更高　　　　　　　　D. 家长不能嘲笑幼儿的发音
11. 处于连续音节阶段的儿童年龄是(　　)。
    A. 2个月　　　　　B. 6个月　　　　　C. 9个月　　　　　D. 11个月
12. 军军着急地告诉老师:"老师,打了鼻子,全是血,快来快来!"老师听不明白。军军的言语活动属于(　　)。
    A. 游戏言语　　　　B. 情境性言语　　　C. 连贯性言语　　　D. 独白言语

二、简答题

1. 简述幼儿语言表达能力发展的特点。
2. 简述幼儿词汇的发展特点。

三、材料分析题

1. 四岁的臻臻常常把"小女孩"说成"小吕孩",把"锅边"说成"多边",把"柿子"说成"系子",这体现了幼儿语言发展的哪些特点?教师和家长应如何帮助其形成正确的发音?
2. 三岁的小娟总是对着家里的布娃娃自言自语道:"娃娃要吃饭啦,吃一颗蔬菜,再吃鱼,小心鱼有刺呀……吃完饭去公园玩吧。"妈妈见状,很担心孩子是不是患上了心理疾病,才变得如此喜欢自言自语。妈妈的担心有必要吗?这反映了幼儿言语发展的什么特点?

【本节过关自测】参考答案

一、单项选择题

【考点解析】1. 答案是D。此题考的是内部言语的涵义,内部言语是只为言语使用者所意识到的内隐的言语。

【考点解析】2. 答案是B。此题考的是独白言语的涵义,独白言语是个体在较长时间内独自进行的言语活动。

【考点解析】3. 答案是A。此题考的是幼儿语句发展的特点,一岁左右的儿童会说单词句。

【考点解析】4. 答案是C。此题考的是幼儿词汇发展的特点,幼儿把地铁也说成公交车,这是过度泛化的体现。

【考点解析】5. 答案是A。此题考的是幼儿语句发展的特点,双词句也叫电报句。

【考点解析】6. 答案是C。此题考的是幼儿语音发展的特点,4岁左右是语音发展的关键期。

【考点解析】7. 答案是B。此题考的是幼儿书面言语发展的途径,早期阅读是幼儿书面言语发展的主要途径。

【考点解析】8. 答案是C。此题考的是幼儿内部言语发展的特点,问题言语是幼儿在遇到困难时产生的自言自语。

【考点解析】9. 答案是D。此题考的是幼儿内部言语发展的特点,幼儿在游戏中用语言补充丰富自己的行动,这是游戏言语。

【考点解析】10. 答案是C。此题考的是幼儿语音的发展特点,应当是韵母发音正确率比声母更高。

【考点解析】11. 答案是B。此题考察考生对幼儿发音准备期三阶段的掌握,幼儿处于连续音节阶段的时期是4~8个月。

【考点解析】12. 答案是B。此题考察考生对幼儿情境性言语的理解,幼儿言语发展是从情境性言语过渡到连贯性言语,情境性言语是让别人边听、边看、边猜想当时情境才能懂的言语。

二、简答题

1.【考点解析】此题考查幼儿语言表达能力发展的特点。
【答题要点】
(1) 从对话言语过渡到独白言语;
(2) 从情境性言语过渡到连贯性言语。
每点再适当展开。

2.【考点解析】此题考查幼儿词汇发展的特点。
【答题要点】
(1) 词汇数量增加;
(2) 词类范围扩大;
(3) 对词义的理解加深。
每点再适当展开。

三、材料分析题

1.【考点解析】此题考查幼儿语音的发展及其教育。
【答题要点】
(1) 臻臻常常把"小女孩"说成"小吕孩",把"锅边"说成"多边",把"柿子"说成"系子",说明幼儿容易把n和l混淆,d和g混淆,s和x混淆,体现了幼儿声母发音正确率比较低,发音的错误,大多数发生在辅音上。而且幼儿发音常常容易受到方言环境的影响。

(2) 4岁是培养发音的关键期,对于幼儿错误发音,教师和家长不应嘲笑,而要对幼儿发音进行正确的示范,因为幼儿容易将n和l混淆,d和g混淆,s和x混淆,教师和家长可有针对性地采用与这些发音相关的儿歌,绕口令,让幼儿进行发音练习。

2.【考点解析】此题考查幼儿自言自语的特点。
【答题要点】
(1) 妈妈的担心没有必要。学前阶段的幼儿会常常自言自语,这是正常的现象,是其内部言语发展的一种表现。

(2) 小娟对着布娃娃自言自语的行为,其实是一种游戏言语。游戏言语是在游戏中出现的言语,用言语补充丰富自己的行动。这种言语通常比较完整、详细,有丰富的情感和表现力。这是幼儿外部言语向内部言语过渡的一种形式。

第七节 幼儿情绪情感发展

【本节考纲考点】

掌握幼儿情绪、情感发展的基本规律和特点,并能够在教育活动中应用。

【历年真题再现】

一、选择题

【2013 上】1. 下列哪种方法不利于缓解或调整幼儿激动的情绪( )。
A. 转移注意力　　　B. 斥责　　　　　C. 冷处理　　　　　D. 安抚
【考点】良好情绪的培养

【2013 下】3. 中班幼儿告状现象频繁,这主要是因为幼儿( )。
A. 道德感的发展　　B. 羞愧感的发展　　C. 美感的发展　　　D. 理智感的发展
【考点】情绪情感的分类

【2015 上】2. 幼儿看见同伴欺负别人会生气,看见同伴帮助别人会赞同,这种体验是( )。
A. 理智感　　　　　B. 道德感　　　　　C. 美感　　　　　　D. 自主感
【考点】情绪情感的分类

二、论述题

【2011 下】2. 4岁的成成上床睡觉前非要吃糖不可。妈妈一个劲儿地向他解释睡觉前不能吃糖的道理,成成就是不听,还扯着嗓子哭起来。妈妈生气地说:"再哭,我打你。"成成不但没停止哭叫,反而情绪更加激动,干脆在床上打起滚来。

请运用有关幼儿情绪的理论,谈谈成成为什么会这样,成人应如何引导与培养幼儿的良好情绪。
【考点】学前儿童良好情绪的培养

【2014 上】15. 材料2:星期一,已经上一小班的松松在午睡时一直哭泣,嘴里还一直唠叨,说:"我要打电话给爸爸来接我,我要回家。"教师多次安慰他一直在哭。老师生气地说:"你再哭,爸爸就不来接你了。"松松听后情绪更加激动,哭得更加厉害了。

问题:请简述上述教师的行为(5分),并提出三种帮助幼儿缓解情绪的有效方法(15分)。
【考点】学前儿童良好情绪的培养

【2016 上】14. 材料:3岁的阳阳,从小跟奶奶生活在一起。刚上幼儿园时,奶奶每次送他到幼儿园准备离开时,阳阳总是又哭又闹。当奶奶的身影消失后,阳阳很快就平静下来,并能与小朋友们高兴地玩。由于担心,奶奶每次走后又折返回来,阳阳再次看到奶奶时,又立刻抓住奶奶的手,哭泣起来……

问题:针对上述现象,请结合材料进行分析:
(1)阳阳的行为反映了幼儿情绪的哪些特点?(10分)
(2)阳阳奶奶的担心是否必要?(2分)教师该如何引导?(8分)
【考点】幼儿情绪与情感发展的特点

【本节备考指导】

本节内容要求考生熟练掌握情绪情感的概念和分类,把握学前儿童情绪情感发展的基本特点,掌握缓解学前儿童情绪的方法。根据对历年考题分析,本节内容考察题型常以单项选择题和材料分析题为主,是考试的重点。

【命题考点精讲】

命题点1:情绪与情感概述

1. 情绪情感的概念

情绪和情感是人对于客观事物是否符合自己的需要而产生的态度体验,反映的是客观事物与人的需要之间的关系。这种关系表现在事物是否能够引起人的情绪反应,是以人的需要为中介的。

情绪和情感是两种既有区别又有联系的主观体验。通常把有生理需要(如安全、饮食、睡眠等)相联系的内心体验称为情绪,如惬意、开心等。把与社会需要(如交往、文娱、教育、道德、劳动等)相联系的内心体验称为情感,如爱情、责任感等。

2. 幼儿情绪的特点

幼儿情绪具有冲动、不稳定、外露性等几个特点。

(1) 情绪的易冲动性。幼儿常常处于激动状态,来势强烈,不能自制,年龄越小,这种冲动越明显。随着年龄的增长、语言的发展,幼儿逐渐学会接受成人的语言指导,调节控制自己的情绪。

(2) 情绪的不稳定性。婴幼儿期的情绪是非常不稳定的,容易变化,表现为两种对立的情绪在短时间内互相转换,这与他们易受情境的影响有关,幼儿情绪的易变与幼儿情绪易受感染与暗示也有关。

(3) 情绪的外露性。婴幼儿期的情绪完全表露在外,丝毫不加控制和掩饰。

幼儿晚期,儿童调节自己情绪表现的能力已有一定的发展。在正确的教育下,随着幼儿对是非观念的掌握,幼儿对情绪的调节能力会很快发展起来。

3. 缓解幼儿情绪的方法

(1) 转移法。教师可通过融合的语言,用新颖有趣的玩具或者故事来吸引幼儿的注意力,使其逐渐平静下来,将注意力转移到能使其产生愉快情绪的事情上来。

(2) 冷却法。教师在幼儿情绪激动时,给予适当劝解,或暂时不予理睬,待幼儿冷静下来后,再跟他讲道理。

(3) 代币奖励法。教师可用小红星、盖章的卡片等作为代币,让幼儿知道若情绪很快平稳下来,就会有相应的奖励,从而使幼儿的正面情绪、行为得到强化。

4. 情绪情感对婴幼儿的作用

(1) 情绪的动机作用;

(2) 情绪对认知发展的作用;

(3) 情绪是人际交往的重要手段;

(4) 情绪对儿童性格形成的作用;

(5) 情绪影响身心健康。

命题点2:幼儿情绪与情感的发展

学前儿童情绪的发展趋势主要有三个方面:社会化、丰富和深刻化、自我调节化。

1. 情绪情感的社会化

(1) 情绪中社会性交往的成分不断增加。

(2) 引起情绪反应的社会性动因不断增加。

(3) 表情的社会化,主要包括两个方面:

①理解(辨别)面部表情的能力;②运用社会化表情手段的能力。

2. 情绪情感的丰富和深刻化

(1) 丰富。两种含义:一是情绪过程越来越分化,二是情绪所指向的事物不断增加。

(2) 深刻化。①与感知觉相联系的情绪情感;②与记忆相联系的情绪情感;③与想象相联系的情绪情感;④与思维相联系的情绪情感;⑤与自我意识相联系的情绪情感。

3. 情绪情感的自我调节化

(1)情绪的冲动性逐渐减少;(2)情绪的稳定性逐渐提高;(3)情绪情感从外显到内隐。

命题点3:婴幼儿几种基本情绪的发展

1. 哭

新生儿的哭主要是生理性的,幼儿的哭则主要为社会性的。

2. 笑

笑是愉快的表现,儿童的笑比哭发生得晚。主要有自发性的笑和诱发性的笑。后者包括反射性的诱发笑和社会性的诱发笑。

3. 恐惧

恐惧的类型有：本能的恐惧、与知觉和经验相联系的恐惧、怕生、预测性的恐惧。

命题点4：学前儿童高级情感的发展

1. 道德感

道德感是由自己或别人的举止行为是否符合社会道德标准而引起的情感。3岁后，道德感逐渐发展起来。

2. 美感

美感是人对事物审美的体验，它是根据一定的美的评价而产生的。儿童的美的体验是逐步发展的过程。

3. 理智感

理智感，即是否满足认识的需要而产生的体验，是人类特有的高级情感。

儿童在5岁左右，理智感明显发展起来，突出表现在幼儿很喜欢提问题，并由于提问和得到满意的回答而感到愉快。

命题点5：学前儿童良好情绪的培养

（1）合理的生活制度、丰富的生活内容。

（2）和谐的家庭生活、良好的情绪示范和教养态度。

（3）通过文学艺术作品培养幼儿高级情感。

（4）帮助幼儿克服不良情绪：

① 成人要善于发现与辨别孩子的情绪；

② 从幼儿的情绪表现来分析幼儿的内心情感世界；

③ 注意幼儿的个别差异，对不同的孩子采取不同的方法。

【本节考点知识点小结】

情绪和情感是人对客观事物是否符合自己的需要而产生的态度体验，反映的是客观事物与人的需要之间的关系。学前儿童从最初的哭、笑、恐惧等几种基本情绪逐渐发展、分化，随着掌握各种规范，受环境和教育的影响，逐渐出现道德感、美感、理智感等高级情感。学前儿童情绪情感的发展从最初的与生理性需要相联系逐渐过渡到与社会需要相联系；从指向的事物来看，其发展趋势是越来越丰富和深刻；随着年龄的增长，婴幼儿情绪过程的自我调节能力越来越强，冲动性逐渐减少、稳定性逐渐提高、从外显逐渐到内隐。总的说来，学前儿童情绪情感的发展趋势主要体现在：社会化、丰富和深刻化、自我调节化，其中社会化是儿童情绪情感发展的主要趋势。情绪情感在学前儿童认知发展、性格形成、身心健康、动机激发等方面具有非常重要的意义，是儿童人际交往的重要手段。整个学前时期儿童的情绪具有易冲动、不稳定、外露性等几个特点，我们可以通过转移法、冷却法和代币奖励法等措施缓解学前儿童的情绪。只要我们耐心引导和培养，通过创造良好情绪环境、树立良好榜样、多鼓励和肯定，能帮助儿童建立起积极的情绪，养成良好的自我调控习惯。

【本节过关自测】

一、单项选择题

1．高兴时手舞足蹈，恐惧时手足无措的情绪表达方式是（　　）。

A．面部表情　　　　B．语调表情　　　　C．言语表情　　　　D．身段表情

2．最初几天新生儿或哭或安静，或四肢划动等，可以称为（　　）。

A．原始的情绪反应　B．基本的情绪反应　C．混合的情绪反应　D．高级的情绪反应

3．关于情绪的叙述，下列（　　）项不正确。

A．情绪的发展趋势之一是日趋稳定

B．大约5岁后情绪的发展开始进入系统化阶段

C．儿童情绪态度的形成受成人长期潜移默化的影响

D．情绪在每一个人身上阈限相同、表现不同，是因为后天教育的影响

4．婴幼儿的情绪发展和形成主要依靠（　　）。
A．感知觉的发展　　　　　　　　　B．语言的发展
C．自我意识的发展　　　　　　　　D．情绪气氛的熏陶

5．婴幼儿喜欢成人接触、抚爱，这种情绪反应的动因是为满足儿童的（　　）。
A．生理的需要　　　　　　　　　　B．情绪表达性需要
C．自我调节性需要　　　　　　　　D．社会性需要

6．在幼小的儿童身上常常见到破涕为笑，脸上挂着泪水又笑起来的情况，这主要是因为（　　）。
A．幼儿的情绪还是由生理需要控制着　　B．幼儿的意志力差
C．幼儿的自我意识还未形成　　　　　　D．幼儿的情绪是不稳定的

7．幼儿基本情绪表现不包括（　　）。
A．恐惧　　　　B．爱　　　　C．哭　　　　D．笑

8．小班里有一个孩子哭，其他孩子也会莫名其妙地跟着哭，这体现了（　　）。
A．情绪情感的适应功能　　　　　　B．情绪情感的动机功能
C．情绪情感的信号功能　　　　　　D．情绪情感的感染功能

9．下列选项中，哪种情感不属于幼儿的高级情感？（　　）
A．道德感　　　　B．归属感　　　　C．美感　　　　D．理智感

10．（　　）岁幼儿，情绪反应的动因处于由主要为满足生理需要向主要为满足社会性需要的过渡阶段。
A．1～2　　　　B．2～3　　　　C．3～4　　　　D．4～5

11．在正常情况下，（　　）最易造成"分离焦虑"。
A．小班幼儿入园初期　　　　　　　B．幼儿园放假后
C．老生新学期开学　　　　　　　　D．每周一早上

二、简答题

1．简要回答幼儿情绪与情感发展的特点。
2．简要回答如何培养学前儿童良好的情绪。

三、论述题

1．小倩3岁，她最喜欢的玩具就是外婆送给她的小黄鸭。但是有一次她不小心将小黄鸭打碎了，小倩伤心地哭了。这时，妈妈给了她一块巧克力糖，她就立刻笑了。又有一次，她看到班上的小红同学摔跤后痛哭了，她也跟着哭了起来。

问题：根据学前儿童情绪发展趋势的原理，对上述案例加以分析。

2．"女儿上幼儿园1个月了，这几天上幼儿园之前总是哭，并且哭得很厉害，感觉好像特别害怕幼儿园。老师说，女儿在幼儿园表现还可以，可以和小朋友一起玩，早上在幼儿园哭一会儿就好了，可是孩子回家之后稍有不顺心，就哭个没完，脾气也变得越来越坏。"苗苗的妈妈问老师，女儿这样实在让人伤脑筋，她是不是在幼儿园受了什么委屈，或者心理有了阴影？

根据上述材料，如果你是苗苗的老师，你该怎么跟家长沟通？

【本节过关自测】参考答案

一、单项选择题

【考点解析】1．答案是D。本题考的是对情绪外部表现的理解。身段表情又称为肢体语言，头、手和脚是表达情绪的主要身体部位。高兴时手舞足蹈，恐惧时手足无措等都属于身段表情。

【考点解析】2．答案是A。本题考的是对原始情绪反应的理解。新生儿出生后，立即可以产生情绪表现，题干中所描述的可以称为原始的情绪反应。

【考点解析】3．答案是D。本题考的是对情绪含义的理解。情绪主要是生理因素的作用。

【考点解析】4．答案是D。本题考的是对情绪情感社会化的理解。婴幼儿的情绪发展和形成主要依

靠情绪气氛的影响和熏陶。

【考点解析】5. 答案是D。本题考的是对情绪情感社会化的理解。喜欢成人的接触等反映了儿童的社会性需要。

【考点解析】6. 答案是D。本题考的是对幼儿情绪与情感发展的特点的理解。幼儿情绪的不稳定性是导致这一现象的原因。

【考点解析】7. 答案是B。本题考的是对情绪表现基本形式的理解。幼儿基本情绪包括哭、笑、依恋、恐惧等,不包括爱。

【考点解析】8. 答案是D。本题考的是对情绪情感功能的理解。在一定的条件下,一个人的情绪情感可以影响别人,使之产生同样的情绪情感,此种以情动情的现象,称为情绪情感的感染作用。在幼儿初期,这种感染现象表现得尤为明显。

【考点解析】9. 答案是B。本题考的是对高级社会情感的理解。幼儿的高级情感包括道德感、理智感和美感。

【考点解析】10. 答案是C。本题考的是幼儿情绪与情感发展的特点。在引起3岁前儿童情绪反应的动因中,生理需要是否满足是主要动因。3~4岁幼儿,情绪反应的动因处于由主要为满足生理需要向主要为满足社会性需要的过渡阶段。

【考点解析】11. 答案是A。本题考的是对分离焦虑的理解。分离焦虑是孩子离开母亲时出现的一种消极的情绪体验,小班幼儿入园初期最容易造成分离焦虑症。

二、简答题

1.【考点解析】本题考查考生对幼儿情绪与情感发展特点的掌握。

【答题要点】幼儿情绪和情感的发展主要表现为:各种情绪体验逐渐丰富和深刻,情感越来越占主导地位。(1)情绪的易冲动性;(2)情绪的不稳定性;(3)情绪的外露性。各点要适当展开或举例说明。

2.【考点解析】本题考查学前儿童良好情绪情感培养的知识点。

【答题要点】(1) 合理的生活制度、丰富的生活内容。

(2) 和谐的家庭生活、良好的情绪示范和教养态度。

(3) 通过文学艺术作品培养幼儿高级情感。

(4) 帮助幼儿克服不良情绪。

① 成人要善于发现与辨别孩子的情绪;

② 从幼儿的情绪表现来分析幼儿的内心情感世界;

③ 注意幼儿的个别差异,对不同的孩子采取不同的方法。

三、论述题

1.【考点解析】本题考查考生对幼儿情绪与情感的发展趋势的掌握。

【答案要点】儿童情绪的发展趋势主要有三个方面:社会化、丰富和深刻化、自我调节化。

(1)情绪情感的社会化。学前儿童情绪情感社会化的趋势表现在以下方面:①引起情绪反应的社会性动因不断增加;②情绪中社会性交往的成分不断增加;③情感表达的社会化。

(2)情绪的丰富和深刻化。从情绪所指向的事物来看,其发展趋势是越来越丰富和深刻。所谓情绪的日益丰富,可以说包括两种含义。其一,情绪过程越来越分化。其二是情绪所指向的事物不断增加。有些先前没有引起儿童体验的事物,随着年龄的增长,引起了情感体验。

(3)情绪的自我调节化。情绪的发展趋势越来越受到自我意识的支配。随着年龄的增长,幼儿对情绪过程的自我调节能力越来越强。这种发展趋势表现在三个方面:①情绪的冲动性逐渐减少;②情绪的稳定性逐渐提高;③情绪从外露到内隐。

2.【考点解析】本题考查对小班幼儿入园分离焦虑的理解和掌握。

【答题要点】入园意味着孩子踏入社会,开始集体生活,这种生活不比在家里可以为所欲为,孩子在这个集体中必须学会调整自己的行为,从一个自然人变为社会人。但是这个转变的过程,对于3岁左右的孩子来说,显得有一定的难度。由于孩子对爸妈非常依恋,所以在幼儿园的集体生活就会显得相当无助,因此,绝大部分的新生在幼儿园都有郁闷、焦虑、紧张等情绪出现,可是他们不懂得如何发泄自己的不满,唯一的方式就是哭,通过哭闹来缓解内心的分离焦虑。还有些孩子在幼儿园不哭,一回家却动不动哭鼻子、发脾气。其实,这也是一种发泄内心情绪的方式,当孩子说不出自己的不满时,就期望得到父母加倍的重视和关注。

一般来说,新生的分离焦虑情绪会持续1~2星期,由于情绪紊乱,有的孩子回家后出现各种意想不到的症状,比如胃口很好、疲惫想睡觉等,家长以为孩子在幼儿园饿了,哭得厉害没睡好,其实这些都是因为在幼儿园情绪紧张,回家之后,能让自己彻底放松了,所以食欲好、睡得香。

向家长建议:
(1) 一定要让孩子有发泄不安情绪的途径,和孩子多谈谈幼儿园的新鲜事。
(2) 坚持送园,哪怕孩子小感冒,不要随意打乱孩子适应幼儿园生活的规律。
(3) 心理越安全,分离焦虑就越弱,多与孩子肌肤接触。

第八节 幼儿个性与社会性发展

【本节考纲考点】

掌握幼儿个性(如气质、兴趣、性格、自我意识),社会性(如亲子关系、同伴关系、亲社会行为、攻击性行为、性别角色)发展的基本规律和特点,并能够在教育活动中应用。

【历年真题再现】

一、单项选择题

【2011下】8. 最有利于儿童成长的依恋类型是(　　)。
A. 回避型　　　　B. 安全型　　　　C. 反抗型　　　　D. 迟钝型
【考点】 依恋的类型

【2011下】10. 儿童有不知足、不安全、忧虑、退缩、怀疑、不喜欢与同伴交往等特点是在(　　)教养方式下形成的。
A. 放纵型　　　　B. 专制型　　　　C. 民主型　　　　D. 自由型
【考点】 亲子关系的类型

【2011下】12. 婴儿寻求并企图保持与另一个人亲密的身体和情感联系的倾向被称为(　　)。
A. 依恋　　　　B. 合作　　　　C. 移情　　　　D. 社会化
【考点】 依恋的类型

【2011下】6. 幼儿道德发展的核心问题是(　　)。
A. 亲子关系的发展　　B. 同伴关系的发展　　C. 性别角色的发展　　D. 亲社会行为的发展
【考点】 亲社会行为的发展

【2012上】10. 培养机智、敏锐和自信心,防止疑虑、孤独,这些教育措施主要是针对(　　)。
A. 胆汁质的儿童　　B. 多血质的儿童　　C. 黏液质的儿童　　D. 抑郁质的儿童
【考点】 气质类型

【2012下】2. 幼儿意识到自己和他人一样都有情感、有动机、有想法,这反映幼儿(　　)。
A. 个性的发展　　B. 情感的发展　　C. 社会认知的发展　　D. 感觉的发展
【考点】 个性发展——自我认知的发展

【2012下】6. 有的幼儿遇事反应快,容易冲动,很难约束自己的行动,这个幼儿的气质类型比较倾向于是(　　)。
A. 多血质　　　　B. 黏液质　　　　C. 胆汁质　　　　D. 抑郁质
【考点】 气质类型

【2014上】3. 幼儿园促进幼儿社会性发展的主要途径是(　　)。
A. 人际交往　　　　B. 操作练习　　　　C. 教师讲解　　　　D. 集体教学

【考点】社会性发展途径

【2014上】5. 在婴儿表现出明显的分离焦虑对象时,表明婴儿已获得(   )。
A. 条件反射观念　　B. 母亲观念　　C. 积极情绪观念　　D. 客体永久性观念
【考点】依恋的概念和表现

【2015上】3. 幼儿如果能够认识到他们的性别不会随着年龄的增长而发生改变,说明他已经具有(   )。
A. 性别倾向性　　B. 性别差异性　　C. 性别独特性　　D. 性别恒常性
【考点】幼儿性别角色的发展

【2015上】4. 让脸上抹有红点的婴儿站在镜子前,观察其行为表现,这个实验测试的是婴儿哪方面的发展?(   )。
A. 自我意识　　B. 防御意识　　C. 性别意识　　D. 道德意识
【考点】自我意识的发展

二、材料分析题

【2013下】14. 材料:齐齐是幼儿园的一个孩子,胆子很小,上课从来都不主动回答问题,老师点名让他回答,他就脸红,声音很小,也不愿意和同伴交往,老师和同学让他一起来玩,他的头摇的跟拨浪鼓一样。
(1) 造成齐齐性格胆小的可能原因有哪些?
(2) 你认为该怎样帮助齐齐?
【考点】影响幼儿性格发展的因素及教育方式

【2014下】14. 材料:小虎精力旺盛爱打抱不平,做事急躁马虎爱指挥人,稍有不如意大发脾气动手打,事后也后悔但难克制。
问题:你认为小虎的气质属于什么类型？为什么？如果你是小虎的老师,你准备如何根据气质类型的特征实施教育。
【考点】不同气质类型及相应的教育措施

【本节备考指导】

在历年考试中都会出现本节的知识点,幼儿个性发展中考查的重点主要集中在自我意识的概念、幼儿自我评价的特点、幼儿的性格特点这几方面的知识点上;在幼儿社会性发展中容易考查依恋类型、同伴关系的类型、性别角色的发展阶段和幼儿攻击性行为的特点这几方面的知识点。在题型上,多以选择题的方式出题,在自我评价发展、幼儿性格特点、同伴关系发展和攻击性行为这几方面的知识点上,需要考生关注主观题型。

【命题考点精讲】

命题点1:幼儿个性的结构

个性是指个体在物质活动和交往活动中形成的具有社会意义的稳定的心理特征系统。

个性作为一个心理系统,包含三个彼此之间相互联系着的结构,它们是个性倾向性系统、自我意识系统和个性心理特征系统。其中,自我意识是个性调节系统的核心。

(1) 个性倾向性系统:包括需要与动机、兴趣、志向、价值观与世界观等。它是推动个性发展的动力因素,决定了一个人的活动倾向性。其中,需要是推动个性发展最积极的因素,世界观是个性倾向性的最高层次。

(2) 自我意识系统:自我意识系统包括自我认识、自我体验与自我监控三个结构。自我意识是人心理能动性的体现,对个性的形成与发展具有调控作用。

(3) 个性心理特征系统:个性心理特征系统是个性个别性的集中表现,包括气质、能力与性格等心理成分。其中性格是个性的核心特征,反映一个人对现实稳定的态度以及与之相适应的习惯化了的行为方式。

命题点2:幼儿自我意识的发展

自我意识是指个体对自己所有的身心状况以及与周围人或物的关系的意识,主要包括对自己的身体特征(如性别、相貌、健康状况等),心理特点(如情绪特点、兴趣爱好、性格特征等)以及自己的人际关系状况等的意识。自我意识的结构包括自我认知、自我体验和自我监控。

1. 幼儿自我意识发展阶段

(1) 自我感觉的发展(1岁前):儿童由1岁前不能把自己作为一个主体同周围的客体区分开到知道手脚是自己身体的一部分,是自我意识的最初形式,即自我感觉阶段。

(2) 自我认识的发展(1~2岁):孩子会叫妈妈,表明其已经把自己作为一个独立的个体来看待了。更重要的是,孩子在15个月之后已开始知道自己的形象。

(3) 自我意识的萌芽(2~3岁):自我意识的真正出现是和儿童言语的发展相联系的,掌握代词"我"是自我意识萌芽的重要标志,能准确使用"我"来表达愿望标志着儿童的自我意识的产生。

(4) 自我意识各方面的发展(3岁后):幼儿在知道自己是独立个体的基础上,逐渐开始对自己简单的评价;进入幼儿期,孩子的自我评价逐渐发展起来,同时,自我体验与自我控制也开始发展。

2. 幼儿自我评价的发展

自我评价是自我认识的核心成分。自我评价就是一个人在对自己认识的基础上对自己的评价。幼儿自我认识的发展主要表现在自我评价方面。

(1) 主要依赖成人的评价。幼儿还没有独立的自我评价,他们的自我评价常常依赖于成人对他们的评价。特别是在幼儿初期,幼儿往往不加考虑地轻信成人对自己的评价,自我评价只是成人评价的简单重复。

幼儿晚期开始出现独立的评价。幼儿对成人对其评价逐渐持有批判的态度。如果成人对其评价不符合实际情况,幼儿会提出疑问或申辩,甚至表示反感。

(2) 自我评价常常带有主观情绪性。幼儿往往不从具体事实出发,而从情绪出发进行自我评价。在一个实验里,让幼儿对自己的绘画和泥工作品同别人的作品作比较性评价,当幼儿知道比较的对方是老师的作品时,尽管这些作品比自己的质量差(这是实验者故意设计的),幼儿总是评价自己的作品不如对方。而当幼儿把自己的作品和小朋友的作品相比较时,他们总是评价自己的作品比别人的好。这一实验结果充分说明了幼儿自我评价的主观性。幼儿一般都过高评价自己。随着年龄的增长,幼儿的自我评价逐渐趋向于客观。

(3) 自我评价由个别性评价向多向性评价发展。幼儿的自我评价一般比较笼统,较多地只从某个方面对自己进行评价,以后逐渐向比较具体、细致的方向发展,做出比较全面的评价。

(4) 自我评价由对外部行为的评价向内心品质的评价发展。最初往往较多局限于对外部行动的评价,之后逐渐出现对内心品质的评价。

3. 幼儿自我体验的发展

自我体验是一个人伴随着自我评价而产生的情感体验,包括自尊、自信、自我价值感、成功感、自我效能感等。自我体验的发展始于幼儿期。4岁左右,幼儿开始用语言表达自己的内心感受,如"我不高兴""我生气"等,幼儿自我体验表现出以下特点:

(1) 从与生理相关的体验向社会性体验发展。如愉快和愤怒的体验较早,而自尊、委屈和内疚感则较晚。

(2) 表现出易受暗示性的特点。成人的暗示对幼儿自我体验的产生起着重要作用,年龄越小,表现越明显。

(3) 随年龄增长而丰富,并有一定的顺序性。其中愉快感和愤怒感发展较早,自尊感和委屈感发生较晚。

4. 幼儿自我控制的发展

自我控制反映了一个人对自己行为的调节、控制能力,包括坚持性与自制力等。幼儿自我调节能力是逐渐产生和发展的,表现为幼儿开始完全不能自觉调控自己的心理与行为。以后随着生理的发育成熟,在环境教育作用下,幼儿逐渐能够按照成人的指示和要求调节自己的行为,幼儿期自我控制能力相对较弱。

命题点3:幼儿兴趣的发展

兴趣是需要的情感体验。它表现为人们对某个事物、某项活动的选择性态度和积极的情绪反应。幼儿兴趣的发展具有以下特点：

1. 兴趣比较广泛，但缺乏中心

世界对于幼儿来说，可谓丰富多彩，千变万化，什么都是全新的，幼儿渴望认识世界，喜欢和周围的人们交流，对周围的一切事物和事件都表现出极大的广泛的兴趣。

2. 直接兴趣较多

由于幼儿年龄较小，多数幼儿不会对比较遥远的事物或活动的结果产生间接的兴趣，幼儿的兴趣绝大多数属于直接兴趣，即直接对当前的事物或活动过程感兴趣。

3. 兴趣表现出年龄差异和个体差异

幼儿期儿童的兴趣已经表现出明显的年龄差异和个别差异，如性别不同，幼儿感兴趣的事物就不同。

4. 兴趣比较肤浅，容易变化

由于幼儿的知识经验和智力水平有限，多数幼儿不会深入了解事物的本质，而往往被事物的表面特征所吸引，如鲜艳的颜色、奇异的外形等。但随着时间稍长，外部特征的吸引力降低，幼儿的兴趣随之改变。

5. 兴趣有不良倾向

幼儿对事物缺乏分辨能力，容易产生不良兴趣，如对武打片中的暴力镜头的模仿。

命题点4：幼儿气质的发展

气质是指一个人心理活动动力方面比较稳定的特征，主要表现在心理活动的速度、强度、稳定性、指向性及灵活性方面。

1. 幼儿气质的类型

希波克拉底的体液说将人的气质类型分为胆汁质、多血质、粘液质和抑郁质四种基本类型。巴甫洛夫通过实验研究，发现神经系统具有强度、平衡性和灵活性三个基本特点。它们在条件反射形成或改变时得到表现。

这四种神经活动类型，恰恰与希波克拉底所划分的四种气质类型相对应。

神经系统的特性和类型				气质	
强度	平衡性	灵活性	组合类型	气质类型	主要心理特征
强	不平衡（兴奋占优势）	—	兴奋型	胆汁质	容易兴奋，难以抑制，不易约束
	平衡	灵活	活泼型	多血质	反应敏捷，活泼好动，情绪外显
	平衡	不灵活	安静型	黏液质	安静沉稳，反应迟缓，情感含蓄
弱	不平衡（抑制占优势）	—	抑郁型	抑郁质	对事敏感，体验深刻，孤僻畏缩

2. 气质类型与教育

气质没有好坏之分，每一种气质既有优点又有缺点，教育的目的不是设法改变学前儿童原有的气质，而是要克服气质的缺点，发展它的优点，使学前儿童在原有气质的基础上建立优良的个性特征。

对于胆汁质的孩子，要培养勇于进取、豪放的品质，防止任性、粗暴；对于多血质的孩子，要培养热情开朗的性格及稳定的兴趣，防止粗枝大叶、虎头蛇尾；对于黏液质的孩子，要培养积极探索精神及踏实、认真的特点，防止墨守成规、谨小慎微；对于抑郁质的孩子，要培养机智、敏锐和自信心，防止疑虑、孤独。

命题点5：幼儿性格的发展

性格是表现在人对现实的态度和惯常的行为方式中比较稳定的心理特征。随着儿童年龄的增长，性格差异日益明显，同时又表现出幼儿期性格的年龄特征，具体表现在以下几个方面：

(1) 活泼好动。活泼好动是幼儿的天性，也是幼儿期儿童性格最明显的特征之一，不论是何种类型的幼儿都有此特性。

(2) 喜欢交往。孩子进入幼儿期后，在行为方面最明显的特征之一就是喜欢和同龄或年龄相近的小伙伴交往。

(3) 好奇好问。幼儿有着强烈的好奇心和求知欲，主要表现在探索行为和好奇好问。好问，是幼儿好奇心的一种突出表现。

(4) 模仿性强。模仿性强是幼儿期的典型特点,小班幼儿表现尤为突出。幼儿模仿的对象可以是成人,也可以是儿童。对成人模仿更多的是对教师或父母行为的模仿,这是由于这些人是幼儿心目中的偶像。

(5) 好冲动。幼儿性格在情绪方面的表现就是情绪不稳定,好冲动,做事缺乏深思熟虑。

命题点 6：幼儿社会性的发展

幼儿社会性发展的主要内容有：亲子关系、同伴关系、性别角色、亲社会行为、攻击性行为。

1. 亲子关系

亲子关系是指父母与子女的关系,也可以包含隔代亲人的关系。狭义的亲子关系是指幼儿早期与父母的情感联系,即依恋。依恋一般形成于婴儿6~8个月之间,分离焦虑与怯生的出现是依恋形成的标志。

(1) 亲子关系的类型。亲子关系通常被分成三种类型：民主型、专制型和放任型。不同的亲子关系类型对幼儿的影响是不同的。研究证明,民主型的亲子关系最有益于幼儿个性的良好发展。

① 民主型。这样的家庭中,父母与子女关系融洽,孩子的独立性、主动性、自我控制力、信心、探索性等方面的发展较好。父母对孩子提出合理的要求,对孩子的行为做出适当的限制,设立恰当的目标,并坚持要求孩子服从和达到这些目标。同时,他们表现出对孩子成长的关注和爱,会耐心地倾听孩子的观点,并鼓励孩子参与家庭决策。在这种家庭中成长的孩子,社会交往能力和认知能力都比较出色。在掌握新事物和与别的小朋友交往过程中表现出很强的自信,具有较好的自控能力,并且心境比较乐观、积极。

② 专制型。这样的家庭中,父母对孩子的要求很严格,提出很高的行为标准。如果孩子出现稍许的抵触,父母就会采取体罚或其他惩罚措施。这类家庭的孩子,或是变得驯服、缺乏生气、无主动性,甚至不喜欢与同伴交往、忧虑、退缩、怀疑,或是变得以自我为中心和胆大妄为,在家长面前和背后言行不一。从本质上看,这种抚养方式忽视和抑制了儿童自己的想法和独立性。

③ 放任型。这样的家庭中,父母对孩子充满爱与期望,他们很少对孩子提出什么要求或施加任何控制。这种家庭中成长起来的孩子自我控制能力差,往往形成生活不能自理、胆小怯懦、自命不凡、意志薄弱、缺乏独立性等诸多不良品质。当要求他们做的事情与其愿望相违背时,他们几乎不能控制自己的冲动,会以哭闹等方式寻求即时的满足。

(2) 依恋的类型。根据利用陌生情境技术测定的儿童的行为特征尤其是儿童依恋的安全程度,爱因斯沃斯把美国婴儿的依恋划分为三大类型：

A 型：焦虑—回避型依恋。大约占 20%。其人际关系倾向于冷淡、疏远。他们在母亲离开时并无特别的焦虑,能接受陌生人的关注,与陌生人在一起并不十分伤感。整个人际互动中,表现出一些回避现象,如避免成人注视或扭身走开。

B 型：安全型依恋。大约占 65%~70%。其人际关系表现出舒适、安全的总体特征。陌生情境中,能以母亲为安全基地,接受与母亲的分离,重逢时表现出很大的热情,同时,对陌生人也表现出积极的兴趣。

C 型：焦虑—反抗型（或拒绝依恋型）。大约占 10%~15%。其人际关系表现出相互矛盾的特征。对母亲有明显的矛盾特征,拒绝陌生人,对母亲和陌生人都有气愤的攻击行为。

(3) 影响依恋的因素有：

① 抚养质量——养育者的敏感性与反应性；② 儿童自身的特点——外在的体貌特征、身体的健康情况、内在的气质特点；③ 文化因素——养育观、养育方式。

2. 同伴关系的发展与影响因素

同伴关系是指儿童与其他孩子之间的关系,是年龄相同或相近的儿童之间的一种共同活动并相互协作的关系。具有平等、互惠的特点。

(1) 同伴关系的类型,同伴关系主要有受欢迎型、被拒绝型、被忽视型和一般型。四种类型的基本特征如下：

① 受欢迎型。受欢迎型幼儿喜欢与人交往,在交往中积极主动,且常常表现出友好、积极的交往行为,因而受大多数同伴的接纳和喜爱,在同伴中享有较高的地位,具有较强的影响力。

② 被拒绝型。被拒绝型幼儿和受欢迎型幼儿一样,喜欢交往,在交往中活跃、主动,但常常采取不友

好的交往方式,如抢夺玩具、推打小朋友等,攻击性行为较多,友好行为较少,因而常常被多数幼儿所排斥、拒绝,在同伴中地位低,同伴关系紧张。

③ 被忽视型。这类幼儿不喜欢交往,他们常常独处或一人活动,在交往中表现得退缩或畏缩,他们很少对同伴做出友好、合作的行为,也很少表现出不友好、侵犯性行为,因此被大多数同伴忽视和冷落。

④ 一般型。这类幼儿在同伴交往中行为表现一般,既不是特别主动、友好,也不是特别不主动或不友好;同伴有的喜欢他们,有的不喜欢他们,他们既非为同伴特别地喜爱、接纳,也非特别地被忽视、拒绝,因而在同伴心目中的地位一般。

(2) 同伴关系的影响因素有:

① 早期亲子交往的经验。幼儿在与父母的交往过程中不但实际练习着社交方式,而且发现自己的行为可以引起父母的反应,由此可以获得一种最初的"自我肯定"的概念。这种概念是幼儿将来自信心和自尊感的基础,也是其同伴交往积极、健康发展的先决条件之一。

② 幼儿自身的特征。幼儿的身心特征一方面制约着同伴对他们的态度和接纳程度,另一方面也决定着他们在交往中的行为方式。首先,性别、长相、年龄等生理因素和姓名影响着幼儿被同伴选择和接纳的程度。其次,幼儿的气质、情感、能力、性格等个性、情感特征影响着他们对同伴的态度和交往中的行为特征,由此影响同伴对他们的反应和其在同伴中的关系类型。对幼儿同伴交往关系影响最大的是其在交往中的积极主动性、交往行为及交往技能。

③ 活动材料和活动性质。活动材料,特别是玩具,是幼儿同伴交往的一个不可忽视的影响因素,尤其是婴儿期到幼儿初期,幼儿之间的交往大多围绕玩具发生。

3. 幼儿性别角色的发展阶段与行为表现

儿童性别角色的发展经历了四个发展阶段,对于学龄前儿童来说,主要经历了前三个阶段的发展。

第一阶段:知道自己的性别,并初步掌握性别角色知识(2~3岁)。

儿童的性别概念包括两方面,一是对自己性别的认识,一是对他人性别的认识。儿童对他人性别的认识是从2岁开始的。但这时还不能准确说出自己是男孩还是女孩。大约到2岁半、3岁左右,绝大多数孩子能准确说出自己的性别。

第二阶段:自我中心地认识性别角色(3~4岁)。

此阶段的儿童已经能明确分辨自己是男还是女,并对性别角色的知识逐渐增多,如男孩和女孩在穿衣服和游戏、玩具方面的不同。对于三四岁的孩子来说,他们能接受各种与性别习惯不符的行为偏差,如认为男孩穿裙子也很好,几乎不会认为这是违反了常规。

第三阶段:刻板地认识性别角色(5~7岁)。

这一阶段幼儿不仅对男孩和女孩在行为方面的区别认识越来越清楚,同时开始认识到一些与性别有关的心理因素,如男孩要勇敢,女孩要文静等。但与儿童对其他方面的认识发展规律一样,他们对性别角色的认识也表现出刻板性。如一个男孩玩娃娃就会遭到同性别孩子的反对,认为不符合男子汉的行为。

进入幼儿期后,儿童之间的性别角色差异日益稳定、明显,具体体现在以下三个方面:

(1) 游戏活动兴趣方面的差异。在现实中我们不难发现,幼儿期的游戏活动中,已经可以看到男女儿童明显的兴趣差异。男孩更喜欢有汽车参与的运动性、竞赛性游戏,女孩则更喜欢过家家的角色游戏。

(2) 选择同伴及同伴相互作用方面的差异。进入3岁后,幼儿选择同性别伙伴的倾向日益明显。研究发现,3岁的男孩就明显地选择男孩而不选择女孩作为伙伴。还有研究发现,男孩和女孩在同伴之间的相互作用方式也不同。男孩之间更多打闹、为玩具争斗,女孩则很少有身体上的接触,更多是通过规则协调。

(3) 个性和社会性方面的差异。

4. 幼儿亲社会行为的发展

亲社会行为是指一个人帮助或打算帮助他人或群体的行为及倾向。具体包括分享、合作、谦让、援助等。亲社会行为的发展是幼儿道德发展的核心问题。幼儿的亲社会行为的形成是在从别人的角度考虑(移情)的基础上,产生情感反应(同情),进而产生安慰、援助等亲社会行为。从这个意义上说,移情是亲社会行为产生的基础。

幼儿期亲社会行为有以下发展特点:

(1)幼儿亲社会行为发展不存在性别差异。
(2)幼儿亲社会行为主要指向同伴,极少指向教师。
(3)幼儿亲社会行为指向同性伙伴和异性伙伴的次数存在年龄差异。
(4)幼儿亲社会行为中,合作行为最常见,其次是分享和助人行为,安慰和公德行为较少发生。

5. 幼儿攻击性行为的发展

攻击性行为是一种以伤害他人或他物为目的的行为,是一种不受欢迎但却经常发生的行为。攻击性行为最大的特点是其目的性。

(1)幼儿攻击性行为的特点有:

① 幼儿攻击性行为频繁,主要表现为为了玩具和其他物品而攻击,行为更多是直接争夺或破坏玩具。

② 幼儿更多依靠身体上的攻击,而不是言语的攻击。

③ 从工具性攻击向敌意性攻击转化,小班幼儿的工具性攻击行为多于敌意性攻击行为,而大班幼儿的敌意性攻击则显著多于工具性攻击。

④ 幼儿的攻击性行为有着明显的性别差异,幼儿园男孩比女孩更多地卷入攻击性事件。

(2)影响幼儿攻击性行为的因素是:

① 父母的惩罚。研究发现,攻击性男孩的父母对他们惩罚更多,而且即使他们行为正确也经常受到惩罚。以惩罚作为抑制幼儿攻击性行为的方法往往给幼儿树立了攻击性行为的榜样。

② 榜样。电视上的攻击性榜样会增加儿童以后的攻击性行为,过多的电视暴力还能影响儿童的态度,使他们将暴力看作一种解决人际冲突的可以接受的和有效的途径。

③ 强化。当幼儿出现攻击性行为时,父母或教师不加制止或听之任之,就等于强化了幼儿的侵犯行为。

④ 挫折。攻击性行为产生的直接原因主要是挫折。挫折是人在活动过程中遇到障碍或干扰,使自己的目的不能实现、需要不能满足时的情绪状态。家长或教师的不公正是挫折产生的主要原因之一。因此,教师和家长在处理问题时,要保持公正的态度和采用公正的方式。

【本节考点知识点小结】

个性是指一个人比较稳定的、具有一定倾向性的各种心理特点或品质的独特组合。

随着儿童年龄的增长,个性的稳定性不断增强,人与人之间个性的差异逐渐表现明显,呈现明显的倾向性特征和相应的行为模式。从个性的结构层面分析,幼儿个性的倾向系统随着年龄的增长不断稳定与变化,如兴趣、能力等方面逐渐稳定与增强;个性的心理特征系统虽具有稳定的特点,但随着环境、教育等方面的影响,也逐渐表现出一定的特点如气质类型与性格等方面的发展;自我意识系统随着幼儿年龄增长以及环境、教育等因素的作用而逐渐完善,幼儿的自我评价、自我体验和自我控制逐渐完善与增强。

社会性发展(有时也称儿童的社会化)是指儿童从一个生物人,到逐渐掌握社会的道德行为规范与社会行为技能,成长为一个社会人并逐渐步入社会的过程。它是在个体与社会群体、幼儿集体以及同伴的相互作用和相互影响的过程中实现的。学前儿童社会性发展的主要内容有:亲子关系、同伴关系、性别角色、亲社会行为、攻击性行为。亲子关系和同伴关系既是儿童社会性发展的重要内容(人际关系),又是影响儿童社会性发展的重要因素;性别角色是作为一个有特定性别的人在社会中适当行为的总和,是社会性的主要方面;而亲社会行为和攻击性行为则属于儿童道德发展的范畴。

【本节过关自测】

一、单项选择题

1. 有的幼儿遇事反应快,容易冲动,很难约束自己的行动,这个幼儿的气质类型比较倾向于( )。

A. 多血质   B. 黏液质   C. 胆汁质   D. 抑郁质

2. 下列不属于幼儿自我评价特征的是( )。

A. 依赖成人的评价   B. 自我评价具有随意性
C. 受认识水平的限制   D. 常常带有主观情绪

3. "老师说我是好孩子"说明幼儿对自己的评价是( )。
A．个别方面的　　　B．多方面的　　　C．独立性的　　　D．依从性的
4. ( )处于刻板地认识性别角色的阶段。
A．3～4岁　　　　B．5～7岁　　　　C．2～3岁　　　　D．1～2岁
5. 攻击性行为产生的直接原因主要是( )。
A．榜样　　　　　B．强化　　　　　C．父母的惩罚　　D．挫折

二、简答题
1. 有哪些主要因素影响学前儿童攻击性行为？

三、材料分析题
1. 幼儿东东，因打了人，没有拿到小红花，而其他小朋友都拿到了。当天妈妈来接他时，他不肯回家，非要拿到小红花才肯离园。经过说服，他明白了道理。从第二天起，他自觉控制自己的行为，每天都要问老师："我今天表现好吗？"一天，老师说他有进步，给他一朵小红花，东东高兴极了。

请用自我评价及学前儿童自我评价发展特点的有关原理对材料进行分析。

【本节过关自测】参考答案

一、单项选择题
【考点解析】1．答案是C。此题考的是幼儿气质类型。往年考试中，幼儿不同气质类型的表现是高频考点。

【考点解析】2．答案是B。此题考的是幼儿自我评价的特点。自我评价的特点在历年考试中常以选择题出现，偶尔出现简答或者分析题。

【考点解析】3．答案是D。此题考的是幼儿自我评价的特点。自我评价的特点在历年考试中常以选择题出现，偶尔出现简答或者分析题。

【考点解析】4．答案是B。此题考的是幼儿性别角色的发展。这一知识点容易考查幼儿性别发展中的典型现象，如刻板性。

【考点解析】5．答案是D。此题考的是幼儿的攻击性行为。这一知识点频率较高，攻击性行为的性别特点、影响因素考查较多。

二、简答题
1．【考点解析】此题考查考生对影响幼儿攻击性行为的因素的掌握。
【答题要点】
(1)父母的惩罚；(2)榜样；(3)强化；(4)挫折。每点可适当展开。

三、材料分析题
1．【考点解析】此题考查考生对幼儿自我评价发展特点的掌握。
【答题要点】
(1) 主要依赖成人的评价；
(2) 自我评价常常带有主观情绪性；
(3) 自我评价由个别性评价向多向性评价发展；
(4) 自我评价由对外部行为的评价向内心品质的评价发展。
联系材料进行分析。

第九节　幼儿发展的个体差异性与教育

【本节考纲考点】
理解幼儿发展中存在个体差异，了解个体差异形成的原因，并能运用相关知识分析教育中的有关问题。

【历年真题再现】

一、单项选择题

【2013 上】3. 有的幼儿擅长绘画,有的善于动手制作,还有的很会讲故事,这体现的是幼儿(　　)。
A. 能力发展速度的差异　　　　　　　　B. 能力水平的差异
C. 能力发展早晚的差异　　　　　　　　D. 能力类型的差异

二、材料分析题

【2012 下】14. 材料:

儿童的一百种语言

不,一百种是在那里

孩子是由一百种组成的

孩子有一百种语言

一百双手

一百个念头

还有一百种思考、游戏、说话的方式

有一百种快乐,去歌唱去理解

一百种歌唱与了解的喜悦

一百种世界去探索去发现

一百种世界去发明

一百种世界去梦想

(1) 你能从诗中读到幼儿心理发展的什么特点?
(2) 依据这些特点,教师应该怎样对待幼儿?
【考点】幼儿发展的个体差异

【本节备考指导】

本节的重点是多元智能理论、认知风格的差异,这些也是经常出现的考点。尤其是场独立型和场依存型,冲动型和沉思型,这一考点常作为选择题出现。难点在于场独立型和场依存型。

考生在复习时应注意联系自身和生活实际来理解个体差异的涵义,并结合下园实践的相关经历来领会多元智能理论的基本观点。一些容易混淆的概念,如场独立型和场依存型,也是容易出错的考点,对此,考生应注重把握各概念之间的区别。

【命题考点精讲】

命题点 1:幼儿个别差异类型

1. 幼儿智力差异

(1) 智力发展水平差异。是指个体与同龄团体智商稳定的平均数相比较所表现出的差异。研究表明,个体智力水平呈正态分布。

(2) 智力类型差异。是指根据个体在知觉、记忆、表象、思维和言语等活动中的特点与品质不同,智力表现形式也不同。

加德纳的多元智能理论就反映了儿童在智力类型方面的差异。加德纳的研究指出,每个人至少有 8 种智力中心,即语言智力(智能)、逻辑或数学智力、音乐智力、空间或视觉智力、运动或身体智力、人际智力、内省智力、自然探索智力。这几种智力在不同幼儿身上的发展优势不同。

3 岁幼儿的智力优势中心已有明显差异,有的擅长语言,有的擅长音乐,有的擅长空间或视觉等。教师必须发现并尊重这种差异,采取针对性的教育策略。

(3) 智力表现早晚的差异。人的智力表现存在着早晚差异。有的人从小就表现出了超常的智力,被称为早慧的儿童、神童,而有的人却大器晚成。

2. 幼儿性别差异

男女性别差异主要源于社会实践和风俗习惯的不同,取决于他们的社会地位、教育、种族和职业。

性别差异不仅会影响幼儿学习某种技能、知识的速度,还会影响幼儿的学习方式。男孩的空间想象力强于女孩,而女孩的语言能力强于男孩。在社会交往方面,女孩的轮流意识和合作意识强于男孩。

3. 幼儿学习类型差异

(1) 学习类型是个人对学习情境的一种特殊反应倾向或习惯方式,它主要包括认知风格、学习策略、内外控制点等。

(2) 学习类型具有独特性、稳定性的特点。

(3) 学习类型的差异通过个体的认知、情感、行为习惯等方面表现出来。

(4) 个体认知风格的差异主要表现在场独立型和场依存型、冲动型与沉思型等方面。场依存型的幼儿对客观事物的判断易受外界环境的影响,社会敏感性强;场独立型幼儿不容易受外界环境的影响,喜欢独立思考。冲动型幼儿反应速度快,但错误率高;沉思型幼儿反应慢,倾向于深思熟虑,错误率低。在需要细节的任务中,沉思型的幼儿表现较好,在整体性的任务中,冲动型的幼儿表现较好。

命题点 2:个体差异形成的原因

儿童个体差异的形成原因,概括地说可以分成两大类,即内在的遗传因素和外在的环境因素。遗传因素决定个体发展的可能性,环境因素决定个体发展的现实性。幼儿的个体差异是个体的遗传因素与环境因素相互作用的过程。遗传因素的差异奠定了幼儿个体差异的生理基础;环境因素的差异决定了幼儿的个体差异,尤其是家庭环境,父母教养方式的差异。

命题点 3:针对个别差异的适宜性教学

(1) 资源利用模式,充分利用幼儿的长处和优点,以求人尽其才。

(2) 补偿模式,幼儿某方面的不足由另一方面的强项去补偿。

(3) 治疗模式,针对幼儿某一方面的能力缺陷,给予针对性的教育。

(4) 个别化教育方案。个别化的教学策略可以分为三种:调整儿童的学习速度;提供多样性教材;调整教师的角色。

【本节考点知识点小结】

幼儿发展的个体差异性与教育特点明显,包括幼儿个别差异类型、幼儿性别差异、针对个别差异的适宜性教学。主要命题点有:幼儿智力差异针对个别差异的适宜性教学。智力发展水平差异:正态分布;类型差异。加德纳的多元智能理论指出,每个人至少有 8 种智力中心,即语言智力(智能)、逻辑或数学智力、音乐智力、空间或视觉智力、运动或身体智力、人际智力、内省智力、自然探索智力。这几种智力在不同幼儿身上的发展优势不同。

1. 幼儿性别差异。男孩的空间想象力强于女孩,而女孩的语言能力强于男孩。在社会交往方面,女孩的轮流意识和合作意识强于男孩。2. 幼儿学习类型差异。个体认知风格的差异主要表现在场独立型和场依存型、冲动型与沉思型等方面。①场依存型的幼儿对客观事物的判断易受外界环境的影响,社会敏感性强;场独立型幼儿不容易受外界环境的影响,喜欢独立思考。②冲动型幼儿反应速度快,但错误率高;沉思型幼儿反应慢,倾向于深思熟虑,错误率低。在需要细节的任务中,沉思型的幼儿表现较好,在整体性的任务中,冲动型的幼儿表现较好。

个体差异形成的原因包括遗传因素、环境因素。遗传因素的差异奠定了幼儿个体差异的生理基础。环境因素的差异决定了幼儿的个体差异,尤其是家庭环境、父母教养方式的差异。

针对个别差异的适宜性教学。(1)资源利用模式;(2)补偿模式;(3)治疗模式;(4)个别化教育方案。

【本节过关自测】

一、单项选择题

1. 某幼儿常常能在活动之后针对自己的优缺点进行客观的评价,善于自我反思,这体现了幼儿在哪方面的智能比较突出(   )。

A．语言智能　　　　　B．音乐智能　　　　　C．内省智能　　　　　D．人际智能

2．某幼儿善于处理同伴冲突,协调同伴之间的关系,这体现了他在哪方面的智能比较突出(　　)。
A．语言智能　　　　　B．音乐智能　　　　　C．内省智能　　　　　D．人际智能

3．某幼儿常常到自然角观察植物的生长状况,并进行细致的记录,这体现了他在哪方面的智能比较突出(　　)。
A．自然探索智能　　　B．音乐智能　　　　　C．内省智能　　　　　D．人际智能

4．幼儿的智能优势中心开始出现明显差异的年龄是(　　)。
A．2岁　　　　　　　B．1岁　　　　　　　C．3岁　　　　　　　D．1.5岁

5．提出多元智能理论的心理学家是(　　)。
A．皮亚杰　　　　　　B．斯金纳　　　　　　C．班杜拉　　　　　　D．加德纳

6．有的幼儿智力发展比较早熟,而有的幼儿智能发展相对比较缓慢,这体现的幼儿个体差异是(　　)。
A．智力发展水平差异　　　　　　　　　　　B．智力类型差异
C．智力表现早晚的差异　　　　　　　　　　D．学习类型的差异

7．个体智力水平呈现正态分布,这体现的幼儿个体差异是(　　)。
A．智力发展水平差异　　　　　　　　　　　B．智力类型差异
C．智力表现早晚的差异　　　　　　　　　　D．学习类型的差异

8．多元智能理论体现的幼儿个体差异是(　　)。
A．智力发展水平差异　　　　　　　　　　　B．智力类型差异
C．智力表现早晚的差异　　　　　　　　　　D．学习类型的差异

9．有的幼儿擅长运动,有的擅长音乐,有的擅长美术,这体现的幼儿个体差异是(　　)。
A．智力发展水平差异　　　　　　　　　　　B．智力表现早晚的差异
C．智力类型差异　　　　　　　　　　　　　D．学习类型的差异

10．从性别差异的角度来说,男孩比女孩更占优势的能力是(　　)。
A．语言能力　　　　　B．空间想象力　　　　C．人际交往能力　　　D．合作能力

11．从性别差异的角度来说,女孩比男孩更占优势的能力是(　　)。
A．逻辑推理能力　　　B．空间想象力　　　　C．语言能力　　　　　D．运动能力

12．某幼儿的认知容易受到外界环境的影响,这说明他的认识风格是属于(　　)。
A．场独立型　　　　　B．场依存型　　　　　C．冲动型　　　　　　D．沉思型

13．某幼儿在学习时喜欢和同伴一同合作讨论。这说明他的认识风格是属于(　　)。
A．场独立型　　　　　B．场依存型　　　　　C．冲动型　　　　　　D．沉思型

14．某幼儿在阅读时不喜欢被别人打扰,喜欢独自学习。这说明他的认识风格是属于(　　)。
A．场独立型　　　　　B．场依存型　　　　　C．冲动型　　　　　　D．沉思型

15．某幼儿的认知不容易受到外界环境的影响,这说明他的认识风格是属于(　　)。
A．场独立型　　　　　B．场依存型　　　　　C．冲动型　　　　　　D．沉思型

16．某幼儿在学习时反应快,错误率高,这说明他的认识风格是属于(　　)。
A．场独立型　　　　　B．场依存型　　　　　C．冲动型　　　　　　D．沉思型

17．在整体性的任务中,能表现较好的认识风格是(　　)。
A．场独立型　　　　　B．场依存型　　　　　C．冲动型　　　　　　D．沉思型

18．某幼儿在学习时反应慢,错误率低,喜欢深思熟虑,这说明他的认识风格是属于(　　)。
A．场独立型　　　　　B．场依存型　　　　　C．冲动型　　　　　　D．沉思型

19．在需要注重细节的任务中,能表现较好的认识风格是(　　)。
A．场独立型　　　　　B．场依存型　　　　　C．冲动型　　　　　　D．沉思型

20．某幼儿上课时对老师提出的问题,往往需要较长时间才能想出答案,但是回答得比较完整详细,这说明他的认识风格是属于(　　)。

A．场独立型　　　　B．场依存型　　　　C．冲动型　　　　D．沉思型

21．充分利用幼儿的长处和优点，这反映的是适宜性教学的（　　）。

A．资源利用模式　　B．补偿模式　　　　C．治疗模式　　　　D．个别化教育

二、简答题

1．简述加德纳的多元智能理论的基本观点。

2．简述幼儿个体差异形成的原因。

3．简述适宜性教学的主要方式。

三、材料分析题

1．珍珍平时在幼儿园的歌唱活动中无论音色，音准还是节奏感都把握得比较到位，超出了同年龄幼儿的一般水平，在家里热衷于听儿歌，观看电视里的歌唱节目，并且总能很快学会新歌，有感情地哼唱。

依据加德纳的多元智能理论，珍珍在哪方面的智能发展比较突出？教师应如何对她进行有针对性的教学？

2．阳阳喜欢与人交往，善于理解他人的情绪，学习时容易受到周围同伴的影响，对教师的反馈也特别在意。而天天喜欢独处，学习时不容易受到外界的影响，对他人的反馈也并不在意。

阳阳和天天的认知风格分别属于哪种类型，教师应当如何对其进行有针对性的教育？

【本节过关自测】参考答案

一、单项选择题

【考点解析】1．答案是C。此题考的是多元智能理论的涵义。

【考点解析】2．答案是D。此题考的是多元智能理论的涵义。

【考点解析】3．答案是A。此题考的是多元智能理论的涵义。

【考点解析】4．答案是C。此题考的是多元智能理论的涵义。

【考点解析】5．答案是D。此题考的是多元智能理论的提出者。

【考点解析】6．答案是C。此题考的是智力表现早晚的差异。

【考点解析】7．答案是A。此题考的是智力发展水平差异。

【考点解析】8．答案是B。此题考的是智力类型的差异。

【考点解析】9．答案是C。此题考的是智力类型的差异。

【考点解析】10．答案是B。此题考的是幼儿发展的性别差异。

【考点解析】11．答案是C。此题考的是幼儿发展的性别差异。

【考点解析】12．答案是B。此题考的是场依存型的概念。

【考点解析】13．答案是B。此题考的是场依存型的涵义。

【考点解析】14．答案是A。此题考的是场独立型的涵义。

【考点解析】15．答案是A。此题考的是场依存型的概念。

【考点解析】16．答案是C。此题考的是冲动型的概念。

【考点解析】17．答案是C。此题考的是冲动型的特点。

【考点解析】18．答案是D。此题考的是沉思型的概念。

【考点解析】19．答案是D。此题考的是沉思型的特点。

【考点解析】20．答案是D。此题考的是沉思型的表现。

【考点解析】21．答案是A。此题考的是适宜性教学的资源利用模式。

二、简答题

1．【考点解析】此题考查多元智能理论的基本观点。

【答题要点】

（1）加德纳的多元智能理论指出，每个人至少有8种智力中心，即语言智力（智能）、逻辑或数学智力、音乐智力、空间或视觉智力、运动或身体智力、人际智力、内省智力、自然探索智力。这几种智力在不同幼儿身上的发展优势不同。

(2) 3岁幼儿的智力优势中心已有明显差异,有的擅长语言,有的擅长音乐,有的擅长空间或视觉等。教师必须发现并尊重这种差异,采取针对性的教育策略。

2.【考点解析】此题考察幼儿个体差异形成的原因。

【答题要点】

(1) 遗传因素。遗传因素的差异奠定了幼儿个体差异的生理基础。

(2) 环境因素。环境因素的差异决定了幼儿的个体差异,尤其是家庭环境,父母教养方式的差异。

3.【考点解析】此题考查适宜性教学的主要方式。

【答题要点】

(1) 资源利用模式,充分利用幼儿的长处和优点,以求人尽其才。

(2) 补偿模式,幼儿某方面的不足由另一方面的强项去补偿。

(3) 治疗模式,针对幼儿某一方面的能力缺陷,给予针对性的教育。

(4) 个别化教育方案,个别化的教学策略可以分为三种:调整儿童的学习速度;提供多样性教材;调整教师的角色。

三、材料分析题

1.【考点解析】此题考查多元智能理论在幼儿园教育中的运用。

【答题要点】

(1) 加德纳的多元智能理论反映了儿童在智力类型方面的差异。加德纳的研究指出,每个人至少有8种智力中心,即语言智力(智能)、逻辑或数学智力、音乐智力、空间或视觉智力、运动或身体智力、人际智力、内省智力、自然探索智力。这几种智力在不同幼儿身上的发展优势不同。而案例中的珍珍在音乐智能上发展得比较突出。

(2) 根据适宜性教学的资源利用模式,教师应当充分利用珍珍在音乐智能上的长处,为其提供机会去施展其音乐才华,如担当领唱、小指挥,进一步挖掘她的音乐潜能。

2.【考点解析】此题考查幼儿认知风格的差异和教育。

【答题要点】(1) 阳阳喜欢与人交往,学习时容易受到周围同伴的影响,认知风格是场依存型;而天天喜欢独处,学习时不容易受到外界的影响,认知风格是场独立型。

(2) 教师应当了解和尊重两位幼儿的认知风格,采用与其认知风格相匹配的教学方式。场独立型和场依存型的幼儿各有优缺点。根据适宜性教学的资源利用模式和补偿模式,让两位幼儿扬长补短。

第四章 儿童发展的基本研究方法与应用

【本章考试大纲】

掌握观察、谈话、作品分析、实验等基本研究方法,能运用这些方法初步了解幼儿的发展状况和教育需求。

第一节 儿童发展的基本研究方法

【本节考纲考点】

1. 掌握观察法的含义、分类及其具体方法的含义。
2. 掌握谈话法的含义和分类。
3. 掌握作品分析法的含义、儿童成长档案的含义。
4. 掌握实验法的含义、分类及其基本要素。
5. 了解问卷调查法、个案研究法、行动研究法的含义。

【历年真题再现】

一、选择题

【2013下】5. 为了解幼儿同伴交往特点,研究者深入幼儿所在的班级,详细记录其交往过程的语言和动作等。这一研究方法属于( )。

A. 访谈法　　　　　B. 实验法　　　　　C. 观察法　　　　　D. 作品分析法

【考点】观察法的含义

【2015上】1. 在儿童的日常生活、游戏等活动中,创设或改变某种条件,以引起儿童心理的变化,这种研究方法是( )。

A. 观察法　　　　　B. 自然实验法　　　C. 测验法　　　　　D. 实验室实验法

【考点】实验法的含义

【2015下】3. 教师根据幼儿的图画来评价幼儿发展的方法( )。

A. 观察法　　　　　B. 作品分析法　　　C. 档案袋评价法　　D. 实验法

【考点】作品分析法的含义

【本节备考指导】

本节复习的重点是掌握观察法、谈话法、作品分析法、实验法、个案研究法、行动研究法等的含义,注意辨析。历年真题题型多见于选择题。

本节复习的难点之一在于辨析观察法中的一些具体方法,要注意梳理其关键特点:

(1) 日记描述法:长期的跟踪观察;日记形式记录观察。

(2) 轶事记录法:记录认为重要的或觉得有兴趣的行为;不受时间或情境的限制。

(3) 实况详录法:详细、完整地记录被观察对象的所有行为。

(4) 时间取样法:以一定的时间间隔为取样标准;记录行为是否出现以及出现次数。

(5) 事件取样法:以特定的行为或事件的发生为取样标准;不受时间间隔和时段规定限制。

(6) 等级评定法:对行为做出评估,确定等级;往往是事后进行评定。

(7) 行为检核表:清单式的表格;观察该行为是否出现。

本节复习的难点之二在于辨析实验法中自变量、因变量、无关变量的含义。基本上,实验室考察自变量对因变量的影响。换句话说,自变量是原因,因变量是结果,无关变量是干扰因素。

【命题考点精讲】

命题点1:观察法

1. 含义

观察法是在自然条件下,教师有目的、有计划地对所要研究的现象或行为进行观察、记录和评价,并根据观察结果判断幼儿心理发展的特征和规律的方法。

2. 分类

(1) 按时间:长期观察、定期观察。

(2) 按范围:全面观察、重点观察。

(3) 按观察者的参与性:参与性观察、非参与性观察。

参与性观察是指研究者不同程度地参与到被观察者的群体中,从内部观察并记录观察对象的行为表现与活动过程。

非参与性观察是指观察者不介入观察对象的活动,以局外人和旁观者的身份从外部了解观察对象。

(4) 按规模:群体观察、个体观察。

3. 观察的具体记录方法

观察的具体记录方法包括描述观察法、取样观察法、观察评定法。描述观察法又包括日记描述法、轶事记录法、实况详录法。取样观察法包括时间取样法、事件取样法。观察评定法包括等级评定法、行为检核法(也称清单法)。

(1) 日记描述法：对观察对象进行长期的跟踪观察，以日记形式记录观察对象行为表现的方法。

(2) 轶事记录法：不受时间或情境的限制，不需事先设计好表格，不需对所要观察的行为下定义，只要认为重要的或觉得有兴趣的幼儿行为，在观察之后都可以记录下来。

(3) 实况详录法：在一段时间内详细、完整地记录被观察者在自然状态下所发生的行为。

(4) 时间取样法：以一定的时间间隔为取样标准来观察记录预先确定的行为是否出现以及出现次数的一种观察方法。

(5) 事件取样法：以特定的行为或事件的发生为取样标准，一旦事件出现就立即观察，观察事件的全过程，注意情景和背景，不受时间间隔和时段规定限制。

(6) 等级评定法：对行为特征如何呈现，及其在程度上的差别做出判断，确定等级，即将观察所得信息数量化，它往往在事后依赖记忆做出评定，是对行为事件做出评估。

(7) 行为检核表：将要观察的行为项目列成清单式的表格，然后通过观察检查该行为是否出现的一种方法，不提及行为出现的详细情况和背景。

命题点 2：谈话法

谈话法就是根据研究目的，通过谈话的方式了解被研究者的看法和态度。

1. 分类

(1) 按谈话对象：个别谈话、集体谈话；

(2) 按谈话次数：一次性、多次；

(3) 按谈话方式：直接谈话、间接谈话；

(4) 按控制程度：结构式、非结构式、半结构式。

结构式访谈也称标准式访谈，它要求有一定的步骤，由访谈员按事先设计好的访谈调查提纲依次向被访者提问并要求被访者按规定标准进行回答。

非结构式访谈也称自由式访谈。由访谈员按一个粗线条的访谈提纲或某一个主题，与被访者交谈。这种访谈是访谈双方相对自由和随便的访谈

半结构式访谈介于结构式访谈与非结构式访谈之间。

命题点 3：作品分析法

作者分析法是指运用心理学、教育学和教育经验，对研究对象的作品(如作业、日记、绘画、试卷等)进行分析研究的方法。

学前儿童成长档案：有意识地收集和汇总幼儿成长过程中的创作的作品、活动照片、轶事记录等各种资料，多角度反映幼儿的成长过程。

命题点 4：实验法

实验法即根据研究目的对某些条件加以控制，通过人为操纵某些因素，以检定两现象之间是否存在着一定因果联系的研究方法。

1. 分类

(1) 实验室实验：人为创造高度控制环境，能有效控制无关变量，获得精确结果，但结果的推广受限制。

(2) 自然实验：利用实际自然情境，只能尽量控制无关变量，持续时间较长，结果便于推广。大部分教育实验为自然实验。

2. 基本要素

(1) 自变量、因变量、无关变量：基本上，实验室考察自变量对因变量的影响。换句话说，自变量是原因，因变量是结果，无关变量是干扰因素。实验法的设计基本思路包括两个方面，一是使自变量对因变量的作用最大化，让自变量和因变量的关系凸显；二是使无关变量对因变量的影响最小化，不让无关变量对因变量产生干扰作用或使这种干扰作用控制在最小范围内。

控制无关变量的方法主要有：随机化、恒定、平衡、消除，以及盲法、统计控制等。

(2) 前测与后测：在简单实验设计中，受试者首先作为因变量接受测量(前测)，然后接受自变量刺激，

之后作为因变量在接受测量(后测)。因变量前后测之间的差异,视为自变量的影响力。

(3) 实验组与对照组：消除实验本身影响的首要方法是采用对照组。简单说,我们把受到刺激的组称为实验组,没受到或者受到不同刺激的组称为对照组。

命题点 5：问卷调查法

问卷调查法也称书面调查法或填表法,是调查者运用统一设计的问卷向被选取的调查对象了解情况或征询意见的调查方法。

问卷的基本结构是：

(1) 前言：写在问卷开头的话,一般包括调查者身份介绍、调查的目的与意义、匿名保证等。

(2) 指导语：旨在告诉被调查者如何填写问卷。

(3) 问题与答案：问卷的主体,一般有开放式和封闭式两种问题。

(4) 结语。

问卷的回收率：如果低于70%,说明问卷设计问题比较大。有效回收率指扣除废卷后的回收率。

命题点 6：个案研究法

个案研究法是教师利用观察法、调查法、作品分析法等方法对班级个别儿童进行全面系统的研究。

命题点 7：行动研究法

行动研究法是指在自然、真实的教育环境中,教育实际工作者按照一定的操作程序,综合运用多种研究方法与技术,以解决教育实际问题为首要目标的一种研究模式。

【本节考点知识点小结】

观察法是在自然情境中有计划、有目的进行地观察的一种方法。在不同情景和研究目的下,研究者选择不同的具体观察方法。观察的具体记录方法包括描述观察法、取样观察法、观察评定法。

谈话法是一种谈话的方式。根据控制的程度可以分为：结构型、无结构型和半结构型访谈。结构型访谈有一定的步骤,有事先设计好的访谈调查提纲。非结构型访谈也称自由式访谈。

作品分析法是对研究对象专门活动的作品进行分析研究。其中学前儿童成长档案是一种典型的作品分析法,通过收集和汇总幼儿成长过程中创作的作品、活动照片、轶事记录等各种资料,多角度反映幼儿的成长过程。

实验法是在控制的条件下系统地操纵某些变量,来研究这些变量对其他变量所产生的影响。实验法的基本要素包括：自变量、因变量和无关变量；前测和后测；控制组和对照组。

问卷调查法的特点是事先设计好问题的书面调查方法；个案法是针对个别儿童进行的研究；行动研究是在真实自然的情景中进行的,其目的是为了解决实际问题。

【本节过关自测】

一、单项选择题

1. 著名教育家陈鹤琴观察记录儿子从出生开始的成长过程,连续跟踪观察808天,在此基础上写出了《儿童教育心理学》一书,请这种观察法是(   )。

　　A. 轶事记录法　　　B. 日记描述法　　　C. 时间取样法　　　D. 间接记录法

2. 着重记录某种有价值的行为,可以是有主题的,也可以是没有主题的,不受任何时间条件限制的记录法是(   )。

　　A. 轶事记录法　　　B. 日记描述法　　　C. 连续记录法　　　D. 间接记录法

3. 某观察记录不对观察到的具体事实进行描述或记录,而是在观察后,对观察对象较为稳定的行为特性进行评价,该记录方法最有可能是(   )。

　　A. 事件取样法　　　B. 等级评定法　　　C. 频率计数法　　　D. 符号记录法

4. 宜用于记录观察的研究对象行为是否出现以及出现的时间等方面资料的表格记录表是(   )。

　　A. 事件取样记录表　　　　　　　　B. 时间取样记录表
　　C. 行为核对表　　　　　　　　　　D. 等级评定记录表

5. 在"幼儿在游戏中社会参与程度的研究"中,研究者先将反映幼儿游戏中社会参与程度6种行为类型的操作定义制定好,然后在规定的时间内,依次观察每个儿童一分钟,并根据儿童社会参与程度和6种游戏行为类型的操作定义,判断每个儿童这一分钟的行为属于哪种类型,记入观察记录表。请问这是什么观察法(　　)。

A．事件取样法　　　　B．时间取样法　　　　C．行为核对表　　　　D．等级评定法

6. (　　)是由于自变量的变化而引起的结果或造成的影响因素,是一种结果变量。

A．因变量　　　　　　B．无关变量　　　　　C．控制变量　　　　　D．有关变量

7. 关于个案法说法正确的是(　　)。

A．个案法的研究内容狭窄　　　　　　　　　B．个案法的结论具有普遍推广性
C．个案法适于研究个体差异化的问题　　　　D．个案法不适于婴幼儿研究

【本节过关自测】参考答案

一、单项选择题

【考点解析】1. 答案是B。此题考的是日记描述法的含义。

【考点解析】2. 答案是A。此题考的是轶事记录法的含义。

【考点解析】3. 答案是B。此题考的是等级评定法的含义。

【考点解析】4. 答案是A。此题考的是时间取样法的含义,注意与事件取样法进行区别。

【考点解析】5. 答案是B。此题考的是时间取样法的含义。时间取样法是以一定的时间间隔为取样标准,题目中"在规定的时间内,依次观察每个儿童一分钟"的描述可以判断为时间取样法。

【考点解析】6. 答案是A。此题考查的是实验法中因变量的含义。

【考点解析】7. 答案是C。此题考查的是个案法的含义。只有C选项正确,其他选项均不正确。

第二节　儿童发展的研究方法的应用

【本节考纲考点】

1. 掌握观察法的优缺点、基本实施步骤及应用。
2. 掌握谈话法的优缺点、基本实施步骤及应用。
3. 掌握作品分析法的优缺点、基本实施步骤及应用。
4. 掌握实验法的优缺点、基本实施步骤及应用。

【历年真题再现】

这一部分尚未出现过真题。

【本节备考指导】

本节复习的重点是掌握观察法、谈话法、作品分析法、实验法等的优缺点,注意其适用范围。

本节复习的难点在于根据研究问题和研究目的设计研究方案,如出现在论述题中,则要注意一般要以多种研究方法相结合。

【命题考点精讲】

命题点1：观察法

优缺点是：

(1) 优点：直接、客观、真实、可靠；自然状态,适用于教育领域的研究。

(2) 缺点：耗时耗力,不适合大样本研究；无法探究内部隐蔽问题,缺乏控制。

实施步骤是：

(1) 观察前的准备工作(确定目标、制定计划、选择方法及工具);
(2) 进行预备观察(自我培训、避免误差);
(3) 进行正式观察(按预定计划、方法进行);
(4) 观察反思(反思相关推论、疑惑或猜测并记录)。

命题点 2：谈话法

优缺点是：
(1) 优点：灵活性;深入性;真实性。
(2) 缺点：费时,不适合大范围调查;受访谈者主观因素的影响。

实施步骤是：
(1) 谈话前的准备工作(提纲、预约、工具);
(2) 进入谈话现场(建立关系);
(3) 进行正式谈话(提问、倾听、追问、回应、谈话记录);
(4) 结束谈话并进行总结。

命题点 3：作品分析法

优缺点是：
(1) 优点：以作品为依据,具有客观性;有利于克服学前儿童年龄特点的局限性;不受研究现场的限制。
(2) 缺点：受研究者自身"倾向性"影响;作品分析的视角和结果具有多样性。

实施步骤是：
(1) 作品收集(围绕研究目的);
(2) 作品整理(分类,编号);
(3) 作品分析(借助专业知识)。

命题点 4：实验法

优缺点是：
(1) 优点：控制性;因果性;科学可信。
(2) 缺点：教育实验中许多变量是无法操纵、控制的。

实施步骤是：
(1) 实验研究的准备阶段(提出实验课题,确定自变量、因变量和无关变量,选择被试,制定实施方案);
(2) 实验研究的实施阶段(操纵自变量,控制无关变量);
(3) 实验研究的总结、推广阶段(分析实验结果,撰写研究报告)。

【本节考点知识点小结】

理解各种研究方法的优点和局限,有助于我们根据不同的情景和研究目的选择适当的研究方法。

观察法的优点是真实自然,效度较高,其局限是观察资料的质量受到观察者的能力及其他心理因素的影响。

谈话法适用于不同文化程度的研究对象,灵活深入,但费时,不适合大范围调查,容易受到受访谈者主观因素的影响。

作品分析法以作品为依据,具有客观性,有利于克服学前儿童年龄特点的局限性,但容易受到研究者自身"倾向性"影响。

实验法的优点是实验结果客观、准确、可靠,便于进行定量分析,但是实验情境人为性较强,实验结论难以推广到儿童日常生活中去。

【本节过关自测】

一、单项选择题

1. 观察法与其他研究方法相比,其突出的特点是( )。
   A. 目的性强　　　　B. 计划性强　　　　C. 自然、直接　　　　D. 真实、客观
2. 不需要研究对象配合,对研究年龄较小的学前儿童具有独到优势的研究方法是( )。

A．观察法　　　　　B．调查法　　　　　C．实验法　　　　　D．测验法

二、论述题

1. 杨老师对本园小一班实施"快乐教学"。一年后，小一班所教幼儿的智力发展水平比小二班有明显提高。据此，杨老师认为，快乐教学比一般的教学方法要好很多。

请问该教师使用的是什么研究方法，此做法是否严密？请结合研究方法的有关知识举例说明。

2. 某实习生小霞去幼儿园实习，她想观察幼儿某一行为，有时候连续去了好几天都没有发现幼儿出现这一方面的行为，是继续观察，还是停止观察，或者你认为小霞还可以采取什么其他更好的方法？

3. 某幼儿园教师想了解幼儿数学学习情况，可能有三种思路：（1）访谈；（2）课堂观察；（3）个案研究。试分析比较三种思路的优劣，并提出你自己的研究设想。

【本节过关自测】参考答案

一、单项选择题

【考点解析】1. 答案是 C。自然、直接是观察法的突出特点，其他特点其他方法也都具备，或者说这些特点观察法没有表现特别明显。

【考点解析】2. 答案是 A。年幼儿童比较难配合做调查法（特别是问卷调查）、实验法、测验法等研究，观察法就比较适合。

二、材料分析题

1. 【考点分析】此题考查的是变量控制。

【参考答案】教师做法不严密。教师的这个做法，类似教育实验。如果教师想通过快乐教学这个教学方法的应用来了解该教学法是否非常有效，教师需要对实验班小一班和对比班小二班进行对照。首先，在教师开始运用快乐教学法之前，教师要对小一班和小二班进行测验，了解两个班的原有水平。如果原有水平接近，实验就可以继续进行。如果原有水平相差很大，特别是小一班如果原本水平就比小二班高，就很难说明是快乐教学法的效果。假如两个班原来水平基本一致，在小一班实验过程中，除了教学法不同外，其他的各方面（如教学内容、学习时间、课外辅导、休息时间等等），两个班都要一样或大致相同，这样最后如果小一班测验比小二班高很多，就说明快乐教学的效果明显，否则，就很难说明是快乐教学法运用的结果。

2. 【考点分析】此题综合考查了各种研究方法的运用。

【参考答案】（1）如果实习生小霞研究时间很紧迫就必须对原有的研究方案进行调整，停止原有的观察，将自然观察改为情境观察，即设置一定的教育情境，这样比自然观察更容易观察到幼儿的某一行为。如果时间允许，也可以继续观察，可能会持续很长时间。

（2）如果观察法使用起来不方便，效率不高，小霞也可以针对幼儿某一行为对家长、教师进行访谈或问卷调查，还可以对幼儿的同伴进行访谈，这样获得的资料要比观察法更为快捷、可行。

其他方法言之有理亦可酌情给分。

3. 【考点分析】此题考查了三种研究方法的优缺点和实际应用。在设计研究时一般采用多种研究方法相结合。

【参考答案】（1）访谈法的优缺点：访谈法具有灵活性、深入和真实等优点，同时也比较费时，不适合大范围调查，容易受到访者主观因素的影响。

（2）课堂观察的优缺点：课堂观察具有自然、直接、客观、真实、可靠等优点，但耗时耗力，不适合大样本研究；无法探究内部隐蔽问题；缺乏控制。

（3）个案研究的优缺点：个案法适于研究个体差异化的问题，能对个别研究对象进行深入研究，但个案法的结论不具普遍推广性。

（4）研究设计：（要点是综合使用三种方法）运用课堂观察了解幼儿数学学习的普遍情况，同时结合访谈法，访谈幼儿及幼儿家长，深入了解幼儿在数学学习中遇到的问题等，再对个别数学学习优秀和数学学习困难的幼儿进行个案研究。

第五章　幼儿身心发展中的问题、障碍与预防

【本章考试大纲】

了解幼儿身体发育和心理发展中容易出现的问题或障碍,如发育迟缓、肥胖、自闭倾向等。

第一节　幼儿身体发育中易出现的问题、障碍与预防

【本节考纲考点】

了解幼儿身体发育中容易出现的问题或障碍,如发育迟缓、肥胖等。

【历年真题再现】

这一部分尚未出现过真题。

【本节备考指导】

本节重要知识点是学前儿童身体发育的常见问题及障碍:发育迟缓、肥胖。纵观近年考试,本节内容还没有看到真题。

考生在本章节学习中,明确上述重难点,能够与幼儿园工作相联系,进行联系分析,针对幼儿的个体差异及发展中的问题及障碍进行科学的教育。

【命题考点精讲】

命题点1:肥胖症

1. 表现

肥胖症是一种热能代谢障碍疾病,由于摄入热量超过消耗热量,引起体内脂肪积累过多所致。一般体重超过标准体重20%以上即为肥胖症。

2. 病因

多食、少动;遗传因素;内分泌失调;精神因素。

3. 预防

(1)避免饮食过度;(2)调整饮食结构;(3)积极参加运动;(4)消除精神负担;(5)对症治疗疾病。

命题点2:发育迟缓

是指在生长发育过程中出现速度放慢或是顺序异常等现象。

1. 表现

在正常的内外环境下儿童能够正常发育,一切不利于儿童生长发育的因素均可不同程度地影响其发育,从而造成儿童的生长发育迟缓。表现有:(1)体格发育落后;(2)运动发育落后;(3)语言发育落后;(4)智力发育落后;(5)心理发展落后等,以某一方面为突出表现。

如果身高、体重、头围的测量值全部都偏低的话,那就表示孩子的发育出现了全面的迟缓,应该向小儿科医师做详细咨询,以确认是否需要做进一步的检查。如果只是身高、体重、头围的某一项指标偏低,那就表示孩子可能出现了部分的发育迟缓,可进一步检查脑神经或内分泌等项目以了解孩子的生理发展是否受到了影响。

2. 原因

(1)正常的生长变异。占80%~90%,如家族性矮身材、体质性发育延迟以及低出生体重性矮小,这些与先天遗传因素或宫内的发育不良有关,其生长速度基本正常,不需要特殊治疗。

(2)病理性原因。如染色体异常(唐氏综合征、特纳综合征),代谢性疾病,骨骼疾病(骨软骨发育不全),慢性疾病,慢性营养不良性疾病,内分泌疾病(如生长激素缺乏症、甲状腺功能低下症)等引起的生长迟缓。

3. 预防

(1)重视优生优育,按要求及时进行孕期及产前各项检查;

(2)科学喂养,膳食均衡,培养良好的饮食习惯;

(3)创设良好的生活环境,使儿童得到精神上的安慰以及生活上的悉心照顾;

(4)对于先天性遗传、代谢性疾病,应及时就诊。

命题点3:情绪障碍

1. 儿童期恐惧

(1)表现。儿童期恐惧是学前儿童较为常见的一种情绪障碍,对某些物体或情景产生过分激烈的情感反应,特别是到了某个年龄本该不再怕的事,仍表现惧怕,明显干扰其正常行为,造成社会适应性困难。

(2)原因。被恐吓;受过刺激;"共鸣"效应。

(3)预防。①平常生活中,鼓励儿童观察和认识各种自然现象。②不要恐吓儿童,不要让他们看恐怖的电影、电视、书刊和图片。③家长处事不惊。④运用系统脱敏法。

2. 屏气发作

(1)表现。屏气发作一般发生于6个月至3岁左右的婴幼儿,当需求不满、情绪受挫或暴怒时即发作,表现为突然情感暴发,剧烈哭叫后旋即呼吸暂停,伴有口唇发紫、全身强直,甚至意识短暂丧失和抽搐发作,其后肌肉弛缓,恢复原状,随后再哭出声来。一般持续时间30秒至1分钟,严重者可持续2~3分钟。3~4岁以后逐渐减少,屏气发作自然缓解。

(2)原因。①父母焦虑。②对儿童过度呵护与关注。③一味满足儿童不合理要求。

(3)预防。①消除父母的焦虑,对待儿童要镇静,避免溺爱。②对年龄稍大儿童,劝说无效时,在注意安全的前提下,不予理睬。

3. 暴怒发作

(1)表现。是儿童在个人要求或欲望没有得到满足,或者在某些方面受到挫折时,出现哭闹、尖叫、摔物、自残等过激行为。

(2)原因。①与儿童气质类型有关。②与成人的不适当教育方式有关。

(3)预防。①冷处理,安静时讲道理;②不要溺爱和迁就儿童;③严重者进行心理矫治。

命题点4:睡眠障碍

1. 夜惊

(1)表现。小儿入睡一段时间后突然惊醒,瞪目坐起,手脚乱动,面露恐怖表情,但意识仍呈朦胧状。这种情况常常持续几分钟后,又能自行入睡,醒后不知夜惊发生。

(2)原因。焦虑、受惊是主要的精神因素;鼻咽部疾病致睡眠时呼吸不畅、肠寄生虫病等也是常见的原因;睡前听恐怖紧张的故事和看恐怖紧张的影视等。

(3)预防。儿童夜惊一般不需要药物治疗,要消除引起紧张不安的精神因素和有关疾病因素,保持有规律的作息时间,本病一般诱因解除或随年龄增长可以自愈。

2. 梦游

(1)表现。是指睡眠中突然爬起来进行活动,而后又睡下,醒后对睡眠期间的活动一无所知。一般,持续几分钟后又复入睡,醒后完全遗忘。

(2)原因。心理社会因素(如生活规律紊乱,家庭关系不和,亲子关系欠佳等);患某些传染病或脑外伤后,大脑皮质内抑制功能减退;睡眠过深;遗传因素。

(3)矫治。①一般不必进行特殊治疗,对经常发作的儿童,需要通过心理医生进行诊疗;②合理安排作息时间;③不在孩子面前谈论其病情的严重性及其梦游经过,以免增加患儿的紧张、焦虑及恐惧情绪;④注意加强安全措施,以免梦游发作时外出走失,或伤害自己及他人。

3. 梦魇

(1)表现。梦魇是指睡眠过程中出现噩梦,如被猛兽追赶、突然跌落悬崖等,伴有呼吸急促、心跳加剧,自觉全身不能动弹,以致突然惊醒,醒后仍有短暂的意识模糊、情绪紧张、心悸、面色苍白或出冷汗等。

(2) 原因。过度疲累、作息不正常;睡姿不正确,比如在睡觉时把手放在胸前,压在心脏上。

(3) 矫治。一般不需要药物治疗;生活有规律,使儿童内的生物钟正常运转;孩子发生梦魇时,可尽快唤醒并给以安慰;有心理压力和躯体诱因的应作对症处理。

命题点5:正常心理机能发展迟缓

1. 遗尿症

(1) 表现。正常儿童于3岁以后就能自觉地控制排尿,并在入睡后因膀胱充盈而醒来,仅偶尔失去控制而遗尿。幼儿5岁或5岁以上,仍不能控制排尿,经常夜间尿床、白天尿裤,称"遗尿症"。遗尿症有两大类:器质性遗尿症和功能性遗尿症。功能性遗尿症,是指已排除了各种躯体疾病的遗尿症。

(2) 原因。精神因素:受惊吓、压力大、内心恐惧;排尿习惯不良:没有及时进行"把尿"训练、用尿布时间过长、边玩边尿;白天过度疲劳,夜间睡眠过熟而遗尿。

(3) 预防。消除可致幼儿精神不安的因素;帮助幼儿建立良好的作息规律,避免过度疲劳;小儿夜间遗尿有较固定的时间,要提前唤醒排尿;饮食清淡,睡前尽量控制饮水;配合针灸、药物治疗。

2. 吮指癖

(1) 表现。多数婴儿是从3个月开始吸吮手指,到6个月添加辅食后表现明显,伴随出牙将逐渐形成高峰。如果3岁以后仍持久频繁地吸吮手指,应及时注意。

(2) 原因。过度疲劳、恐惧;心理压力大、内心焦虑、孤单。

(3) 矫治。多参加活动,转移注意力。

3. 口吃

(1) 表现。学前儿童中常见的一种语言节律的障碍,儿童在说话时,主要表现为言语节律失调,语音或字句的重复,中断,阻滞而不流利,可伴有言语助动的动作,如跺脚、拍腿等。

(2) 原因。并非因发音器官或神经系统有缺陷,而是精神过度紧;模仿他人习得。

(3) 矫治。消除不良因素、减轻心理压力、积极鼓励练习。

【本节考点知识点小结】

肥胖症:是一种热能代谢障碍疾病,由于摄入热量超过消耗热量,引起体内脂肪积累过多所致。一般体重超过标准体重20%以上即为肥胖症。发病病因主要有:多食、少动;遗传因素;内分泌失调;精神因素。预防措施:避免饮食过度;调整饮食结构;积极参加运动;消除精神负担;对症治疗疾病。

发育迟缓:是指在生长发育过程中出现速度放慢或是顺序异常等现象。生长发育迟缓表现往往是多方面的,多有体格发育、运动发育及智力发育等落后,但也可以某一方面为突出表现。原因:正常的生长变异;病理性原因。预防:重视优生优育,按要求及时进行孕期及产前各项检查;科学喂养,膳食均衡,培养良好的饮食习惯;创设良好的生活环境,使儿童得到精神上的安慰以及生活上的悉心照顾;对于先天性遗传、代谢性疾病,应及时就诊。

情绪障碍主要表现为:(1)儿童期恐惧;(2)屏气发作;(3)暴怒发作。

睡眠障碍主要表现为:(1)夜惊;(2)梦游;(3)梦魇。

正常心理机能发展迟缓主要有:(1)遗尿症;(2)吮指癖;(3)口吃。

【本节过关自测】

一、单项选择题

1. 遗尿症属于儿童行为偏异中的( )。
   A. 情绪障碍   B. 睡眠障碍
   C. 品行障碍   D. 正常心理机能发展迟缓

2. 两岁以后幼儿的词汇日渐丰富,如果说话时常有迟疑、不流畅的现象。这种现象称为( )。
   A. 发育性口齿不流利   B. 语言发育迟缓
   C. 语言节奏障碍   D. 口吃

3. 一般体重超过标准体重（　　）以上即为肥胖症。
A．5％　　　　　　B．10％　　　　　　C．15％　　　　　　D．20％
4. 矫正幼儿口吃的主要方法是（　　）。
A．密切关系　　　B．严格要求其改正　　C．让幼儿多说话　　D．解除紧张
5. 小儿入睡一段时间后突然惊醒，瞪目坐起，手脚乱动，面露恐怖表情，但意识仍呈朦胧状。这种情况常常持续几分钟后，又能自行入睡。这种现象叫作（　　）。
A．梦游　　　　　B．夜惊　　　　　　C．夜魇　　　　　　D．屏气发作

二、分析题

某幼儿入睡不久，突然哭喊出声，坐起，两眼直视，表情恐惧，叫他则不予理睬。醒后完全遗忘。
试回答：(1)该小儿发生了哪一种睡眠障碍？(2)分析其发生的原因。(3)应怎样预防？

【本节过关自测】参考答案

一、单项选择答案

【考点解析】1. 答案是D。遗尿症、遗粪症、口吃、吮指癖等都属于儿童行为偏异中的正常心理机能发展迟缓。

【考点解析】2. 答案是D。口吃是学前儿童中常见的一种语言节律的障碍，儿童在说话时，主要表现为言语节律失调，语音或字句的重复，中断，阻滞而不流利，可伴有言语助动的动作，如跺脚，拍腿等。

【考点解析】3. 答案是D。肥胖症是一种热能代谢障碍疾病，由于摄入热量超过消耗热量，引起体内脂肪积累过多所致。一般体重超过标准体重20％以上即为肥胖症。

【考点解析】4. 答案是D。引起口吃的心理原因之一是说话时过于急躁和紧张。因此，消除紧张是矫正口吃的方法之一。

【考点解析】5. 答案是B。梦游是指睡眠中突然爬起来进行活动，而后又睡下，醒后对睡眠期间的活动一无所知；梦魇是指睡眠过程中出现噩梦，伴有呼吸急促、心跳加剧，自觉全身不能动弹，以致突然惊醒等；屏气发作表现为突然情感暴发，剧烈哭叫后旋即呼吸暂停，伴有口唇发紫、全身强直、甚至意识短暂丧失和抽搐发作。

二、分析题答案

【考点解析】答案是：(1)夜惊。(2)原因：焦虑、受惊是主要的精神因素；鼻咽部疾病致睡眠时呼吸不畅、肠寄生虫病等也是常见的原因；睡前听恐怖紧张的故事和看恐怖紧张的影视等。(3)预防：一般不需要药物治疗，消除引起紧张不安的精神因素和有关疾病因素，保持有规律的作息时间，本病一般诱因解除或随年龄增长可以自愈。

第二节　幼儿心理发展中易出现的问题、障碍与预防

【本节考纲考点】

1. 了解幼儿心理发展中容易出现的问题或障碍的类型、特点。
2. 了解正确引导幼儿的问题、障碍的教育方法。

【历年真题再现】

一、材料分析

【2013下】14. 材料：齐齐是幼儿园的一个孩子，胆子很小，上课从来都不主动回答问题，老师点名让他回答，他就脸红，声音很小，也不愿意和同伴交往，老师和同学让他一起来玩，他的头摇的跟拨浪鼓一样。
(1) 造成齐齐性格胆小的可能原因有哪些？
(2) 你认为该怎样帮助齐齐？
【考点】考察考生对影响幼儿心理健康发展的因素的掌握，以及针对幼儿特点提出相应教育建议的

能力

【2014上】15. 材料2：星期一，已经上一小班的松松在午睡时一直哭泣，嘴里还一直唠叨，说："我要打电话给爸爸来接我，我要回家。"教师多次安慰他还一直在哭。老师生气地说："你再哭，爸爸就不来接你了。"松松听后情绪更加激动，哭得更加厉害了。

问题：请简述上述教师的行为(5分)，并提出三种帮助幼儿缓解情绪的有效方法(15分)。

【考点】考察考生对正确引导幼儿负面情绪方法的掌握

【2016上】14. 材料：3岁的阳阳，从小跟奶奶生活在一起。刚上幼儿园时，奶奶每次送他到幼儿园准备离开时，阳阳总是又哭又闹。当奶奶的身影消失后，阳阳很快就平静下来，并能与小朋友们高兴地玩。由于担心，奶奶每次走后又折返回来，阳阳再次看到奶奶时，又立刻抓住奶奶的手，哭泣起来……

问题：针对上述现象，请结合材料进行分析：

(1) 阳阳的行为反映了幼儿情绪的哪些特点？（10分）

(2) 阳阳奶奶的担心是否必要？（2分）教师该如何引导？（8分）

【考点】考察考生对幼儿情绪发展特点的掌握，以及培养幼儿健康情绪的方法的了解(这个考点可归为情绪情感，也可归为身心发展问题)

【本节备考指导】

本节重要知识点是关于幼儿常见心理问题的理解，难点是幼儿常见心理问题的判断和处理。纵观近年考点，常以材料分析题的方式考查考生对幼儿心理健康教育的理解以及常见心理问题的分析与处理。

考生在本章节的学习与复习中，要理解与掌握几类幼儿常见心理问题的表现、分类和原因，并且能够掌握常见的处理方法与教育建议。

【命题考点精讲】

命题点1：孤独症（自闭症）

1. 表现

（1）社会交往障碍。避免与人进行目光接触；对主要抚养人难以产生依恋；不能与同伴建立正常的伙伴关系。

（2）言语交流障碍。言语发展滞后；常无法使用人称代词，将"你"与"我"混淆；不能使用眼神辅助交流，缺乏手势、表情，只能说个别字词或不完整的句子；有明显的仿说现象，如背诵儿歌、广告词等；被动回答，答非所问，重复提问，话题单一。

（3）兴趣范围狭窄及异常行为方式：刻板重复某个动作；喜欢转动的物体；对某一物件表现出特别的喜欢与依恋；常有仪式性动作，即吃饭、睡觉等日常行为之前会说固定的话，或做固定的动作；对动画片缺乏兴趣，却很喜欢广告、天气预报等。

2. 防治

及时就医，进行药物治疗；及时进行心理行为干预：包括行为干预治疗、感觉统合训练、特殊教育等；耐心与孩子进行沟通；主动关心孩子的情感需要。

命题点2：多动症（轻微脑功能失调或注意缺陷障碍）

1. 表现

（1）注意缺陷。表现为与年龄不相称的明显注意集中困难和注意持续时间短暂，是本症的核心症状。患者常常在听课、做作业或其他活动时注意难以持久，容易因外界刺激而分心。在学习或活动中不能注意到细节，经常因为粗心发生错误。注意维持困难，经常有意回避或不愿意从事需要较长时间持续集中精力的任务，如课堂作业或家庭作业。做事拖拉，不能按时完成作业或指定的任务。患者平时容易丢三落四，经常遗失玩具、学习用具，忘记日常的活动安排，甚至忘记老师布置的家庭作业。

（2）活动过多。表现为患者经常显得不安宁，手足小动作多，不能安静坐着，在座位上扭来扭去。在教室或其他要求安静的场合擅自离开座位，到处乱跑或攀爬。难以从事安静的活动或游戏，一天忙个不停。

(3) 行为冲动。在信息不充分的情况下快速地做出行为反应。表现冲动，做事不顾及后果，凭一时兴趣行事，为此常与同伴发生打斗或纠纷，造成不良后果。在别人讲话时插嘴或打断别人的谈话，在老师的问题尚未说完时便迫不及待地抢先回答，不能耐心地排队等候。

(4) 学习困难。因为注意障碍和多动影响了患者在课堂上的听课效果、完成作业的速度和质量，致使学业成绩差，常低于其智力所应该达到的学业成绩。

(5) 神经系统发育异常。患者的精细动作、协调运动、空间位置觉等发育较差，如翻手、对指运动、系鞋带和扣纽扣都不灵便，左右分辨困难。少数患者伴有语言发育延迟、语言表达能力差、智力偏低等问题。

(6) 品行障碍。注意缺陷多动障碍和品行障碍的共病率高达30%～58%。品行障碍表现为攻击性行为，如打骂同学、破坏物品、虐待他人和动物等，或一些不符合道德规范及社会准则的行为，如说谎、逃学、离家出走、纵火、偷盗等。

2. 防治

(1) 药物治疗：药物能改善注意缺陷，降低活动水平，在一定程度上提高学习成绩，短期内改善患者与家庭成员的关系。

(2) 心理行为治疗：主要有行为治疗和认知行为治疗两种方式。患者同伴关系不良，对别人有攻击性语言和行为，自我控制能力差等。行为治疗利用操作性条件反射的原理，及时对患者的行为予以正性或负性强化，使患者学会适当的社交技能，用新的有效的行为来替代不适当的行为模式。认知行为治疗主要解决患者的冲动性问题，让患者学习如何去解决问题，识别自己的行为是否恰当，选择恰当的行为方式。

命题点3：攻击性、对抗性、破坏性、欺骗性行为

(1) 表现。出现伤人行为，抢夺他人物品；无法听从家长、教师的管教，经常撒谎；摔东西等。

(2) 防治。引导为主，及时表扬和鼓励，切忌用威胁和强硬惩罚措施。

命题点4：其他各种障碍

(1) 表现：阅读、言语、计算、睡眠、进食、交往障碍等。

(2) 防治。家长、教师耐心的教育、引导；消除紧张心理；适当的训练。

【本节考点知识点小结】

在学前儿童心理发展的过程中，由于受各种不良因素的影响，使得不少学前儿童在心理发育方面，偏离了该年龄阶段的正常心理发育特征，与同龄的正常儿相比，在性格、情绪、行为、注意力等方面有一项或几项异常，但还不是精神性疾病。这些心理异常阻碍了学前儿童正常的心理发育，影响了他们今后的学习与生活，同时还带来严重的社会问题，若不及时干预，往往会导致成年时期的各种心理问题及精神疾病。

常见的学前儿童心理问题有：睡眠障碍、言语障碍、不良习惯、多动症等。教师应帮助家长准确识别儿童存在的身心问题，并采取有效措施或配合专门机构来矫治相关问题。

【本节过关自测】

一、材料分析题

1. 四岁的欢欢在幼儿园里是个让老师不省心的孩子。他总是特别好动，上蹿下跳的，似乎一刻都无法停止。在上集中教育课的时候，他常常和其他小朋友打闹，才坐下一会儿，又开始做小动作。玩游戏的时候，他也不注意听老师讲解游戏规则，所以等游戏开始时，他并不知道应该怎么玩，有时还妨碍其他小朋友玩游戏。

(1) 欢欢的行为反映了他的哪些问题？

(2) 老师应该如何帮助欢欢？

2. 军军是中3班的小朋友。在班级里，他总是沉默寡言，既不主动和人交流，也不回应小朋友和老师，尤其是不和其他人有眼神接触。他总是沉浸在自己的世界中，喜欢绕着教室一圈一圈地跑。他虽然不和其他人对话，但是喜欢模仿电视里的广告，或复述老师念的儿歌。老师对于军军的行为很疑惑。

(1) 军军的行为反映了他的哪些问题？

(2) 老师应该如何帮助军军？

3. 乐乐说话时不太流畅,有时一个句子里的词语会重复好几遍,如"老……老……老师……我……我要……上厕所"。老师有时会纠正他,小朋友有时嘲笑他。乐乐听到小朋友的嘲笑,更着急了,说话更加不流畅了。乐乐很烦恼,觉得自己怎么就是说不好话。

(1) 乐乐的行为反映了他的哪些问题?

(2) 老师应该如何帮助乐乐?

【本节过关自测】参考答案

一、材料分析题

1. 【考点解析】此题考察考生对幼儿注意力障碍与相关教育建议的理解。

【答题要点】

(1) 欢欢表现出:①活动过多:上蹿下跳,一刻都无法停止;②注意力不集中:上课时无法专心,和小朋友打闹,做小动作,不注意听老师说游戏规则;③冲动性:做游戏时会妨碍其他小朋友。欢欢可能有注意力方面的障碍,有可能是多动症。

(2) ①教师不可轻易把儿童的好动当作多动症来对待,不可随意给幼儿扣上多动症的帽子,一定要掌握相关专业知识,并结合幼儿生活史、临床观察、神经系统检查、心理测验等进行综合分析;②积极和家长进行沟通交流,了解幼儿在家的表现,也可建议家长带孩子到专业医疗机构就诊;③教师注意在教学中灵活运用无意注意和有意注意,提高教学质量;④教师适当控制幼儿的玩具和图书数量。

2. 【考点解析】此题考察考生对幼儿自闭症的症状和相关教育建议的理解。

【答题要点】

(1) 军军表现出:①社交障碍:沉默寡言,既不主动和人交流,也不回应小朋友和老师,尤其是不和其他人有眼神接触。②言语障碍:他虽然不和其他人对话,但喜欢模仿电视里的广告,或复述老师念的儿歌。③兴趣范围狭窄及异常行为方式:他总是沉浸在自己的世界中,喜欢绕着教室一圈一圈地跑。因此,军军的行为有可能是自闭症的表现

(2) 老师不可随意给军军扣上自闭症的帽子,可以和军军的家长沟通交流,了解军军在家的情况,建议军军的家长带孩子去专业医疗机构进行诊断,及时进行药物治疗;也可以建议家长带孩子到相关机构进行心理行为干预:包括行为干预治疗、感觉统合训练、特殊教育等;应耐心与孩子进行沟通,主动关心孩子的情感需要。

3. 【考点解析】此题考察考生对幼儿口吃的症状和相关教育建议的理解。

【答题要点】

(1) 乐乐表现出说话不流畅,有时一个句子里的词语会重复好几遍,这可能是口吃的症状。

(2) 老师要帮助孩子减压,切莫严厉批评孩子,施加压力;老师还应该营造良好的班级氛围,让其他小朋友一起帮助乐乐,而非嘲笑他;老师还应该耐心引导孩子,帮助孩子做适当的言语训练,增强孩子的言语表达能力。

模块二 学前教育原理

【模块考试大纲】

1. 理解教育的本质、目的和作用,理解教育与政治、经济和人的发展的关系,能够运用教育原理分析教育中的现实问题。
2. 理解幼儿教育的性质和意义,理解我国幼儿教育的目的和任务。
3. 了解中外幼儿教育发展简史和著名教育家的儿童教育思想,并能结合幼儿教育现实问题进行分析。
4. 理解学前教育的基本原则,理解幼儿园教育的基本特点,能对教育实践中的问题进行分析。
5. 理解幼儿园以游戏为基本活动的依据。
6. 理解幼儿园环境创设的重要性。
7. 理解幼儿园班级管理的目的和意义。
8. 掌握《幼儿园教育指导纲要(试行)》在幼儿园教育活动的目标、内容、实施和评价上的基本观点和要求。
9. 了解我国幼儿教育的改革动态与发展趋势。

第一章 教育概述

【本章考试大纲】

理解教育的本质、目的和作用,理解教育与政治、经济和人的发展的关系,能够运用教育原理分析教育中的现实问题。

第一节 教育的本质

【本节考纲考点】

1. 掌握教育的概念和教育的基本构成要素。
2. 理解教育的本质,能够运用教育原理分析教育中的现实问题。

【历年真题再现】

这一部分尚未出现过真题。

【本节备考指导】

本节重要知识点是有关教育的内涵及其构成要素,难点是理解教育的本质属性。在考题类型上主要以选择题为主。在理解广义教育的概念时,要能通过对教育内涵的掌握,准确判断哪些活动属于教育,哪些不属于。理解教育的本质时,要意识到教育是一种独特的社会活动,意在促进个体实现不断社会化的发展目标；而一个完整的教育活动，主要由教育者、受教育者和教育影响三种基本要素构成。其中，教育者在教育活动中起主导作用；受教育者是教育活动的对象，也是学习的主体；教育影响则是教育活动的中介和手段，对教育活动的质量具有重要影响。

【命题考点精讲】

命题点1：教育的概念

教育是培养人的一种社会活动，是传承社会文化、传递生产经验和社会生活经验的基本途径。教育有广义和狭义之分。

广义：泛指一切能增进人的知识和技能，发展人的智力和体力，影响人的思想观念的活动都是教育。从形态上来讲，主要包括学校教育、家庭教育和社会教育三种类型。

狭义：主要指学校教育，它是教育者根据一定社会要求，有目的、有计划、有组织地通过学校的教育工作，对受教育者的身心施加影响，促使他们朝着期望的方向发展变化的活动。

命题点2：教育的本质

教育的本质属性是一种有目的地培养人的社会活动，教育具有以下三个方面的特点：

（1）教育是人类所独有的一种社会现象，是把自然人培养成社会人的过程。

（2）教育是有意识、有目的、自觉地对受教育者进行培养的过程，这是教育活动区别于其他社会活动的本质特征。

（3）在教育活动中，存在着教育者、受教育者以及社会要求三者之间的相互作用。

命题点3：教育的基本构成要素

教育作为一种独特的社会活动，在其构成要素问题上，存在一定分歧，但普遍认为主要由教育者、受教育者和教育影响三个基本要素构成。三个要素既相互独立又相互联系，三者缺一不可。

（1）教育者。教育者是教育活动的主导者，离开了教育者，就不存在教育活动。

（2）受教育者。受教育者是教育活动的对象，也是学习的主体。教育活动需要受教育者充分发挥学习的主动性和积极性，才能取得最佳的教育效果。

（3）教育影响。教育影响是教育活动的中介和手段，处在教育者和受教育者之间，并把两者联系起来，包括教育内容、教育方法等。

【本节考点知识点小结】

本节主要论述教育的本质，包括教育的概念、基本构成要素及其本质属性。其中，掌握教育的概念，要明确教育具有广义和狭义之分。从广义上来讲，凡是影响、促进个体知识、能力、思想方面产生变化或进步的活动都属于教育的范畴；从狭义的角度来看，单指有目的、有计划、有组织的教育机构即学校的教育活动。理解教育的本质，要意识到教育是一种独特的社会活动，意在促进个体实现不断社会化的发展目标；一个完整的教育活动，主要由教育者、受教育者和教育影响三种基本要素构成。其中，教育者在教育活动中起主导作用；受教育者是教育活动的对象，也是学习的主体；教育影响则是教育活动的中介和手段，对教育活动的质量具有重要影响。

【本节过关自测】

一、单项选择题

1. 从狭义的角度来看，日常生活中谈及教育主要指向下列的（　　）。
   A. 家庭教育　　　B. 自我教育　　　C. 社会教育　　　D. 学校教育
2. 在构成教育活动的基本要素中，（　　）是学习的主体。
   A. 教育者　　　B. 受教育者　　　C. 教育影响　　　D. 教育环境
3. 教育区别于其他社会活动的本职特征是（　　）。
   A. 教育是一种自然现象　　　　　　　B. 教育是人类的本能
   C. 教育是培养人的社会活动　　　　　D. 教育是儿童对成人的无意识模仿

【本节过关自测】参考答案

一、单项选择题

【考点解析】1. 答案是 D。此题考的是教育的概念。教育有广义和狭义之分。狭义的教育概念一般指向学校,广义的教育包括社会教育、学校教育和家庭教育。

【考点解析】2. 答案是 B。此题考的是教育的基本构成要素。教育活动主要由教育者、受教育者、教育影响三个要素构成。其中,教育者起主导作用,受教育者则是学习的主体。

【考点解析】3. 答案是 C。此题考的是对教育本质属性的理解。教育是一种有目的、有计划、有组织地促进个体身心发展的活动,是一种培养人的活动,这是教育区别于其他社会活动的本质属性。

第二节 教育的目的和作用

【本节考纲考点】

1. 理解教育目的的含义,掌握教育目的作用。
2. 掌握教育目的的层次结构,理解我国教育目的的基本精神。

【历年真题再现】

这一部分尚未出现过真题。

【本节备考指导】

本节考生应掌握的教育知识重点是教育目的的含义和作用,难点是理解教育目的的层次结构。在考题类型上,主要以单项选择题为主。

考生在学习教育目的时,要建立在对教育目的内涵深刻理解的基础上,理解不同层次的教育目及其之间的关系,同时掌握教育目的对教育工作起到的重要指导作用;并能理解我国教育目的的基本精神。

【命题考点精讲】

命题点1:教育目的的含义

教育目的有广义和狭义之分。

广义:指人们对受教育者的期望,即希望受教育者通过教育在身心诸方面发生的变化。国家、社会、家庭、学校都会从自身的角度出发,对年轻的受教育者寄予各式各样的期望,这些都可理解为广义的教育目的。

狭义:指国家对培养人才的质量和规格的总体要求,即国家对通过教育把受教育者培养成为什么样的人的总要求。它反映了特定社会政治、经济、文化、科技发展对受教育者的基本要求,是教育工作的出发点和落脚点。各级各类学校的人才培养目标必须符合国家提出的教育总要求。

命题点2:教育目的的作用

教育目的是一切教育工作的出发点和归宿,具体来说,教育目的发挥着导向作用、激励作用和评价作用。

1. 导向作用

导向作用是指教育目的为国家教育政策的制定、教育制度的确立、学校教育内容的取舍、教育方法和手段的选择、教育效果的评价等指明了发展方向,使得各项教育活动得以避免发生方向性的偏差。简而言之,教育目的是实施教育活动的前提和依据。

2. 激励作用

激励作用是指教育目的是对受教育者未来发展的一种美好期望,具有目标导向性;由于它反映了个体的需要和动机,因此教育目的一旦确定就能激励人们为实现自己的目标而不懈努力,对教育行为具有一定的激励作用。

3. 评价作用

评价作用是指教育目的是衡量和评价教育实施效果的根本依据和标准。评估学校的办学方向、办学水平和办学效益,评价教师的教学质量和工作效果,检查学生的学习质量和发展程度等工作,都必须以教育目的为根本标准和依据。

命题点 3：教育目的的层次

教育目的作为各级各类学校工作实践的总方针,对学校的工作具有重要的指导作用。但学校在具体工作过程中,还需要根据本校实际情况制定符合自身水平与特点的具体工作方针,由此决定了教育目的具有层次性,主要包括如下三个层次：

1. 国家的教育目的

最高层次的教育目的,它是由国家提出来的,其决策要经过一定的组织程序,一般体现在国家的教育文件和教育法令中,是各级各类学校制定其人才培养目标的主要依据。

2. 各级各类学校的培养目标

第二个层次,它是根据国家的教育目的制定的某一级或某一类学校、某一专业对人才培养的具体要求,是国家教育目的在不同教育阶段、不同级别的学校、不同专业方向的具体化。

3. 教师的教学目标

第三个层次,是指教育者在完成某一阶段(如一个学期、一单元、一节课)的工作后,期望受教育者所能达到的预期标准。由于人才培养是一项长期工作,学校的培养目标必须具体落实到每一门学科、每一堂课中,因此教学目标是三者中最低层次的概念,其内容更为具体,微观到每堂课甚至是每个知识内容。

教学目标与教育目的、培养目标之间的关系是具体与抽象的关系。教育目的是最高层次的概念,它是培养各级各类人才的总的规定,各级各类学校的培养目标、教学目标都要依据教育目的制定。培养目标是指不同类型、不同层次的学校培养人的具体要求。教育目的和学校的培养目标是制定教学目标的依据。

命题点 4：我国教育目的的基本精神

在我国,确立教育目的的理论依据是马克思关于人的全面发展学说。同时,我国教育目的的变动是通过政府文件,以教育方针的形式表达的。新中国成立以来,由于党和国家在各个时期的工作侧重点不同,因此在对教育目的的表述上也有一定差异;但都符合各个时期国家发展和党的工作需要,也符合受教育者当下身心发展的特点。并且,提法虽然不尽相同,但基本内涵或基本精神是一致的。主要表现在两个方面：

第一,它们都确定了我国教育的社会主义性质,指明了教育培养人才、学校办学的方向,强调教育必须为社会主义建设事业服务,必须为人民服务。

第二,它们都确定了教育培养的人应具有的素质。这就是使受教育者在德智体美诸方面都得到全面发展,成为有理想、有道德、有文化、有纪律的社会主义建设者和接班人。同时,培养受教育者的独立个性和创造精神日益受到重视;这体现了时代发展的要求决定了教育目的也必须与时俱进,教育必须注重人才独立性、创新性的培养。

【本节考点知识点小结】

本节主要论述教育的目的和作用,要求掌握教育目的的含义和作用;掌握教育目的的层次结构,理解新中国教育目的的基本精神。

广义上来讲,人们对受教育者的期望都可理解为教育目的;狭义上而言,教育目的特指国家对培养人才的质量和规格的总体要求,即国家对通过教育把受教育者培养成为什么样的人的总要求,它反映了特定社会政治、经济、文化等方面发展对人才的培养要求。

教育目的是一切教育工作的出发点和落脚点,发挥着重要的导向作用(为国家教育政策制定、学校教育过程的实施都指明了方向)、激励作用(激励个体为实现自己的目标而不懈努力)和评价作用(是评价教育实施效果的根本依据和标准)。

为更有效指导一线教育工作,教育目的具有三个层次结构:最高层次的教育目的为国家的教育目的,一般体现在国家的教育文件和法令中;第二个层次的教育目的是各级各类学校的培养目标,是国家教育目的在不同教育阶段、不同级别的学校、不同专业方向的具体化;最低层次的教育目的为教师的教学目标,与前两者相比,它的内容更为具体,微观到每堂课甚至是每个知识内容。三者之间,国家教育目的的概括程度最高,学校培养目标次之,两者都是教师制定教学目标的依据。

【本节过关自测】

一、单项选择题

1. 所谓(　　),是指国家对把受教育者培养成什么样人才的总要求。
   A. 教育目的　　　　B. 培养目标　　　　C. 教学目的　　　　D. 教学目标
2. 教育目的对教育工作具有重要指导作用,但不包括以下的(　　)。
   A. 导向作用　　　　B. 激励作用　　　　C. 评价作用　　　　D. 组织作用
3. (　　)是教育者在教育教学过程中,在完成某一阶段(如一节课、一个单元或一个学期)的工作时,希望受教育者达到的要求或产生的变化。
   A. 教育目标　　　　B. 教育目的　　　　C. 培养目标　　　　D. 教学目标
4. 我国确立教育目的的理论依据是(　　)。
   A. 特定的社会政治、经济和文化背景　　　　B. 受教育者的身心发展特点与需要
   C. 马克思关于人的全面发展学说　　　　D. 社会主义制度

【本节过关检测】参考答案

一、单项选择题

【考点解析】1. 答案是 A。此题考的是教育目的的含义。教育目的是指人们对受教育者的期望,即一个国家、民族通过教育,把受教育者培养成为什么样的人,它是国家对培养人才的质量和规格的总体要求。

【考点解析】2. 答案是 D。此题考的是教育目的的作用。教育目的对一切教育工作具有指导意义。具体来说,教育目的发挥着导向作用、激励作用和评价作用。

【考点解析】3. 答案是 D。此题考的是教育目的的层次结构。其中教学目标是更为具体的某一阶段教育活动的工作目标。

【考点解析】4. 答案是 C。此题考的是我国教育目的的理论依据。在我国,确立教育目的的理论依据是马克思关于人的全面发展学说。

第三节　教育与政治、经济和人的发展的关系

【本节考纲考点】

1. 理解教育与政治经济制度的关系。
2. 理解教育与生产力的关系。
3. 理解教育和人的发展的关系。

【历年真题再现】

这一部分尚未出现过真题。

【本节备考指导】

本节考生应掌握的知识重点包括教育与政治经济制度、生产力、人口的关系,教育与人的发展的关系,难点是教育与政治经济制度、教育与人的发展的关系。在考题类型上,基本以单项选择题为主;教育与人发展的关系,特别是学校教育对人发展的影响有时也会以论述题的方式进行考查。

在掌握教育与政治经济制度之间的关系时,考生要深入理解政治经济制度对教育的制约作用,并能反

过来分析教育对政治经济制度的影响。在理解教育对人口的影响时,要能有效区分教育对生产力的促进作用,不出现混淆。

在学习教育与人的发展的关系时,要在深刻掌握人的身心发展规律的基础上,理解人的发展对教育产生的制约作用;同时,深刻掌握学校教育与其他教育形式相比的特殊性,并在此基础上,能深入分析为什么学校教育在人的发展中起主导作用,以及学校教育对个体发展的特殊功能。

【命题考点精讲】

命题点1:教育与政治经济制度的关系

1. 政治经济制度对教育的制约

政治经济制度决定着教育的性质,在同一政治经济制度下,不同国家的教育性质是相同的。

(1) 政治经济制度决定教育的领导权。在人类社会,掌握国家政权的统治阶级通过教育方针政策的颁布、教育目的的制定、教育经费的分配、教育内容特别是意识形态教育内容的规定、教师和教育行政人员的任命等,实现对教育领导权的控制。

(2) 政治经济制度决定着受教育的对象和权利。国家设立怎样的教育制度,什么人接受什么样的教育,进入不同教育系列的标准怎样确定,基本上是由政治经济制度决定的。

(3) 政治经济制度决定着教育目的。一个国家的政治经济制度,特别是政治制度是直接决定教育目的的因素,但不是唯一因素;社会的生产力水平、个体的身心发展等也会对教育目的的制定产生一定的影响作用。

综上,政治经济制度直接制约着教育的性质和发展方向。

2. 教育对政治经济制度的影响

教育对国家的政治经济制度具有积极的反作用。具体表现如下:

(1) 教育为政治经济制度培养所需要的人才。通过培养人才实现对政治经济制度的影响,是教育作用于政治经济制度的主要途径。

(2) 教育是一种通过传播思想影响政治经济的舆论力量。学校是宣传、灌输、传播一定阶级的思想体系、道德规范、政策路线的有效阵地,同时又是知识分子集中的地方,因而教育就自然成为一种强大的舆论力量。

(3) 教育可以促进民主。一个国家的民主程度直接取决于一个国家的政体,但又间接取决于这个国家人民的文化程度、教育事业发展的程度。

命题点2:教育与生产力的关系

教育与生产力是相互制约、相互促进的关系。具体表现为:

1. 生产力对教育的制约作用

(1) 生产力水平制约和决定着教育发展的规模和速度。

(2) 生产力水平制约着人才培养的规格和教育结构。

(3) 生产力水平制约着教育的内容、手段和组织形式。

(4) 生产力水平制约着教育的改革。

2. 教育对生产力的促进功能

(1) 教育通过提高劳动者素质,促进生产力的发展。

(2) 教育是科学知识再生产的重要手段,把科学知识转化为生产力。

(3) 教育是生产新的科学技术,从而促进经济发展的重要手段。

命题点3:教育与人口的关系

1. 人口对教育发展的影响和制约

(1) 人口数量对教育的影响和制约。人口数量直接决定教育需求大小。人口高增长,必然要求扩大教育发展的规模、结构,更为严重的后果是直接影响教育质量。

(2) 人口质量对教育的影响和制约。人口质量指的是人口的身体素质、道德水平和文化修养,其对教育的直接影响是指入学时已有的水平对教育质量的总影响;间接影响是指年长一代的人口质量对新生一代的人口质量的影响。

（3）人口结构对教育的影响和制约。人口结构是指人口的年龄结构、地域结构、文化结构等。如人口文化构成的总体水平高，对教育的需求水平和质量的要求也相应提高；人口的地域分布会直接影响学校布局。

2. 教育对人口的作用

（1）控制人口数量。研究表明，人口的平均受教育水平越高，人口出生率越低。

（2）改善人口质量。教育是促进人的全面发展的活动。通过教育，可以显著提高人口的文化素质和道德修养。

（3）完善人口结构。例如，教育可以改变人们"重男轻女"的错误观念，进而调整新生人口性别比例等。

命题点4：教育与人的发展

教育和人的发展是相互制约的关系：一方面，教育要遵循个体身心发展的规律才能取得良好的效果；另一方面，在影响个体发展的众多因素中，教育起主导作用。

1. 人的发展对教育的制约作用

个体的身心发展包括身体和心理两方面有规律地进行量变和质变的过程。人的发展对教育的制约作用，主要体现在教育的行为要遵循以下个体身心发展的规律：

（1）教育要适应个体发展的顺序性和阶段性，针对不同年龄段的学生，要采取不同的教育内容和方法。

（2）教育要适应个体发展的不平衡性，要找准每个学生的最近发展区，实施恰当的教育。

（3）教育要适应个体发展的稳定性和可变性，在了解学生实际情况的基础上，及时调整教育计划。

（4）教育要适应个体发展的个别差异、因材施教，有的放矢选择最恰当的教育方式，使每个学生都能得到最大的发展。

（5）教育要适应个体发展的互补性，促进人的个性发展。

2. 教育对人的发展的影响

教育包括家庭教育、学校教育和社会教育。其中，学校教育作为一种对个体的发展进行系统性引导的过程，对个体的影响更加巨大而深远。

（1）学校教育在人的发展中起主导作用：

① 学校教育是有目的、有计划、有组织的培养人的活动，它规定着人的发展方向；

② 学校教育是通过专门的教育场所和受过专门训练的教师来进行的，可以更好地确保教育工作的效果与效率；

③ 学校教育能有效地控制和协调影响学生发展的各种因素。

（2）学校教育对个体发展的特殊功能：

① 学校教育对个体发展做出社会性规范，并通过各种教育活动促使学生达到规范的目标；

② 学校教育具有加速个体发展的特殊功能；

③ 学校教育，尤其是基础教育对个体发展的影响具有即时和延时的价值；

④ 学校教育具有开发个体特殊才能和发展个性的功能。

（3）学校教育是一种特殊的教育环境：

① 学校教育有专职教师；

② 学校教育有明确的目标；

③ 学校教育是一种最简捷的、系统的影响儿童的方式。

【本节考点知识点小结】

本节内容主要论述教育与政治、经济和人的发展的关系。教育作为一种培养人的社会活动，与社会的政治、经济发展和人的发展等息息相关。

首先，教育与政治经济制度是相互制约的关系，表现为：一方面，政治经济制度制约教育的发展，包括政治经济制度决定教育的领导权、决定受教育的对象和权利、决定着教育目的；另一方面，教育对政治经济制度也产生重要影响,包括教育为政治经济制度培养所需要的人才,教育是影响政治经济的舆论力量,教育可促进民主发展的进程。

其次,教育与生产力是相互制约、相互促进的关系。具体表现为:一方面,生产力水平对教育具有制约作用,包括制约教育发展的规模和速度、制约人才培养的规格和教育结果、制约教育的内容手段和组织形式、制约教育的改革;另一方面,教育通过提高劳动者素质,进行科学知识再生产,生产新的科学技术等手段有效促进经济发展。

再者,教育与人口也相互制约、相互促进。表现为:一方面,人口的数量、质量和结构都会对教育发展产生重要影响和制约作用。另一方面,教育对人口也发挥重要作用,包括控制人口数量、改善人口质量、完善人口结构。

最后,教育与人的发展也是相互制约的关系。一方面,教育要适应个体身心发展规律才能取得良好教育效果,包括个体发展的顺序性和阶段性、不平衡性、稳定性和可变性、个体差异性、互补性。另一方面,由于学校是一种有目的、有计划、有组织培养人的活动,并且能有效控制和协调影响学生发展的各种因素,同时由受过专门训练的教师进行,因此学校在人的发展中起主导作用;并且介于学校是一种特殊的教育环境,学校教育对个体发展起到特殊的功能,包括对个体发展做出的社会性规范,教育影响的即时性和延时性等。

【本节过关自测】

一、单项选择题

1. 《学记》提出,"建国君民,教学为先",揭示的是教育与( )的关系。
   A. 生产力　　　　　B. 政治　　　　　C. 文化　　　　　D. 经济

2. 决定受教育者的权利的是( )。
   A. 经济水平　　　　B. 人口状况　　　C. 政治经济制度　　D. 文化发展

3. ( )在个体的身心发展过程中起主导作用。
   A. 环境　　　　　　B. 遗传　　　　　C. 学校教育　　　　D. 个体主观能动性

4. "孟母三迁"的故事说明,影响人的成长的重要因素是( )。
   A. 环境　　　　　　B. 邻居　　　　　C. 母亲　　　　　　D. 成熟

5. 由于幼儿已有的生活经验、学习的兴趣和速度等都存在一定差异,因此教育要( )。
   A. 因材施教　　　　B. 因地制宜　　　C. 坚持教师为中心　D. 因事制宜

6. 教育对人口产生的影响不包括以下的( )。
   A. 再生产劳动力　　B. 调整人口结构　C. 控制人口数量,　D. 改善人口素质

【本节过关自测】参考答案

一、单项选择题

【考点解析】1. 答案是 B。此题考的是教育与政治的关系。该句话指向的都是在治理国家和管理人民过程中,教育的重要性,因此阐述的是政治与教育之间的关系。

【考点解析】2. 答案是 C。此题考的是政治经济制度对教育的影响。政治经济制度对教育的制约作用包括:决定教育的领导权、决定受教育者的权利、决定教育目的。

【考点解析】3. 答案是 C。此题考的学校教育对人的发展的影响。人的身心发展受到多种因素的共同影响,但学校教育在这其中发挥主导作用。

【考点解析】4. 答案是 A。此题考的是影响人发展的重要因素。"孟母三迁"指的是孟母不停搬迁住家,从而避免不良环境对孟子发展产生不利影响,因此阐述的是环境对个体发展的重要影响。

【考点解析】5. 答案是 A。此题考的教育必须遵循个体身心发展的规律,其中重考了因材施教这一概念的内涵。

【考点解析】6. 答案是 A。此题考的教育对人口的影响。其中,教育再生产劳动力指向的是教育对经济的促进作用。

第二章 幼儿教育概述

【本章考试大纲】

理解幼儿教育的性质和意义,理解我国幼儿教育的目的和任务。

第一节 幼儿教育的性质和意义

【本节考纲考点】

1. 理解幼儿教育的内涵。
2. 理解幼儿教育的性质和意义。

【历年真题再现】

【2012上】17. 对幼儿园活动的正确理解是( )。
A. 儿童尽情地随意玩耍　　　　　　B. 在安全的前提下按课程的要求活动
C. 为儿童舒展筋骨而开展活动　　　D. 教育过程就是活动过程,促进儿童身心健康发展
【考点】幼儿园教育活动的含义

【本节备考指导】

本节考生应重点掌握的内容是幼儿教育的含义和意义,难点是理解幼儿教育的性质。在考试题型上,该节内容的考点主要以单项选择题为主,幼儿教育的意义也可能以简答题或论述题的形式进行考查。

在复习时,考生要注意区分学前教育、幼儿教育和早期教育三个概念。要明确早期教育是学前教育的前期阶段,幼儿教育是学前教育的后半阶段。三个概念的区别经常以选择题的方式进行考查。

理解幼儿教育的意义时,要注意幼儿教育对个体发展的价值是幼儿教育的本体价值所在,其社会价值也是通过个体价值来实现的。

【命题考点精讲】

命题点1：幼儿教育的含义

幼儿教育是指对3～6岁学龄前儿童所实施的教育,是学前教育(对0～6岁幼儿所实施的教育)的后半阶段。广义上而言,凡是对幼儿身心各方面发展产生影响的有目的的活动都属于幼儿教育,包括家长有意识引导幼儿进行阅读、做家务等。狭义上的幼儿教育特指幼儿园和其他专门的幼儿教育机构的教育。幼儿园教育在我国幼儿教育系统中处于核心地位。《幼儿园工作规程》明确指出"幼儿园是对3周岁以上学龄前幼儿实施保育和教育的机构,是基础教育的有机组成部分,是学校教育制度的基础阶段"。

命题点2：幼儿教育的性质

在我国,幼儿教育是基础教育的重要组成部分,是学校教育和终身教育的奠基阶段。幼儿教育的性质体现在其基础性和公益性上。

1. 基础性

指幼儿教育是基础教育的基础,是终身教育的开端,是国民教育体系的重要组成部分;对于促进个体早期的全面健康发展,巩固和提高义务教育质量与效益,提升国民素质,缩小城乡差距,促进教育和社会公平具有重要价值。

2. 公益性

指幼儿教育活动应当尊重社会全体成员的共同利益。《教育法》明确规定"教育活动必须符合国家和社会公共利益"。坚持教育的公益性是我国教育事业健康发展的基本要求。

命题点3：幼儿教育的意义

幼儿教育的意义是指幼儿教育所具有的价值和作用，主要体现在两个方面：一是对个体发展的意义，二是对社会发展的意义。其中，对个体发展的价值是幼儿教育的本体价值所在，其社会价值也是通过个体价值来实现的。

1. 幼儿教育对个体发展的意义

学前期是个体身心发展最为快速的时期，这一时期的环境和教育质量直接影响儿童今后的发展。因此，幼儿教育对个体发展的意义主要体现在以下几个方面：

（1）促进幼儿身体发育，从而增强体质；

（2）开发幼儿大脑潜力，促进幼儿智力发展；

（3）促进幼儿个性与社会性的良好发展；

（4）帮助幼儿适应学校生活，做好入小学准备。

2. 幼儿教育对社会发展的意义

（1）幼儿教育通过服务家长从而间接影响社会发展。众多事实表明，孩子能否健康地成长和发展已成为决定家庭生活是否和谐幸福、影响家庭生活质量的一个关键性因素。家庭是社会的基本单位，家庭的稳定以及家庭生活的质量直接影响着社会的稳定和整个民族素质的提高。为此，幼儿教育牵动了全社会，在许多国家成为政府关心国民的重点。

（2）幼儿教育通过影响幼儿发展从而间接影响社会发展。社会的发展主要依靠劳动力的发展，而劳动力水平的提高主要依靠教育。幼儿教育作为我国国民教育体系的开端环节，其对幼儿身心发展所起到的正向作用会更好地保障幼儿将来的成长；因此，幼儿教育关系着社会的稳定与健康发展。

【本节考点知识点小结】

本节主要论述幼儿教育的性质与意义，考生要重点掌握幼儿教育的内涵与性质、幼儿教育对个体发展和对社会发展的意义。其中，幼儿教育是指对3~6岁学龄前儿童所实施的教育。广义上而言，凡是对幼儿身心各方面发展产生影响的有目的的活动都属于幼儿教育；狭义上特指幼儿园和其他专门的幼儿教育机构的教育。在我国，幼儿教育是基础教育的重要组成部分，是学校教育和终身教育的奠基阶段。幼儿教育的性质体现在其基础性和公益性上。幼儿教育的意义体现在其对个体发展和对社会发展的意义上；对个体发展的意义包括：(1)促进幼儿身体发育，从而增强体质；(2)开发幼儿大脑潜力，促进幼儿智力发展；(3)促进幼儿个性与社会性的良好发展；(4)帮助幼儿适应学校生活，做好入小学准备。幼儿教育对社会发展的意义包括：幼儿教育通过服务家长从而间接影响社会发展；幼儿教育通过影响幼儿发展从而间接影响社会发展。

【本节过关自测】

一、单项选择题

1. 幼儿教育是学前教育的后半阶段，在我国，幼儿教育主要是指面向（　　）的儿童所实施的教育。

A．0~3岁　　　　　　　　　　　　B．3~6岁

C．0~6岁　　　　　　　　　　　　D．0~8岁

2. 儿童在成人的指导下看电视、做家务、参加社会活动等，都可说是（　　）。

A．教育　　　　　　　　　　　　　B．幼儿教育

C．广义的幼儿教育　　　　　　　　D．狭义的幼儿教育

3. 幼儿教育具有（　　）。

A．基础性和公益性　　　　　　　　B．基础性和营利性

C．启蒙性和潜能开发性　　　　　　D．代表性和公益性

4. 我国幼儿教育机构的主体部分是( )。
   A．社区活动中心 B．游戏小组 C．亲子班 D．幼儿园
5. 幼儿期是智力发展的关键期,幼儿处于大脑开发,特别是语言、感知觉等发展的敏感期,需要开展适宜的早期教育,这体现了幼儿教育可以( )。
   A．促进生长发育,提高身体素质   B．开发大脑潜力,促进智力发展
   C．发展个性,促进人格的健康发展   D．培育美感,促进想象力、创造性的发展

【本节过关自测】参考答案

一、单项选择题

【考点解析】1. 答案是 B。此题考的是幼儿教育的含义。"学前教育"是指面向 0～6 岁儿童的教育,所以它的后半阶段当然就是对 3～6 岁儿童所实施的教育,也就是本题中所提到的"幼儿教育"。

【考点解析】2. 答案是 C。此题考的是广义的幼儿教育的含义。分析题干,"儿童在成人的指导下看电视、做家务、参加社会活动"可以说这是"教育",也可以将其归之为"幼儿教育",同时也可以说是"广义的幼儿教育"。

【考点解析】3. 答案是 A。此题考的是幼儿教育的性质。幼儿教育作为基础教育的重要组成部分,具有基础性,可为儿童将来的发展打下良好的基础;公益性指向的是幼儿教育活动应当尊重社会全体成员的共同利益。

【考点解析】4. 答案是 D。此题考的在我国幼儿教育系统中,幼儿园教育居于核心地位。

【考点解析】5. 答案是 B。此题考的是幼儿教育对人的发展的价值,题干强调的是幼儿的"大脑开发"、"语言、感知觉发展的敏感期",所以本题体现的是幼儿教育在"开发儿童大脑潜力,促进儿童智力发展"过程中的重要作用。

第二节　我国幼儿教育的目的和任务

【本节考纲考点】

1. 理解我国幼儿园的保教目标,以及制定幼儿园教育目标的依据。
2. 理解我国早教机构的任务和我国幼儿园的双重任务。
3. 理解游戏是我国幼儿园的基本活动形式。

【历年真题再现】

【2012 上】4. 幼儿园的( )双重任务是我国幼儿园的一大特色,也是我国幼儿园的社会使命。
   A．发挥一日活动整体教育功能   B．以游戏为基本活动
   C．教育的活动性和活动的多样性   D．保育和教育

【考点】幼儿园教育的任务

【2012 上】20. 幼儿园对幼儿实施的教育包括( )。
   A．德、智、体、美、劳诸方面   B．智、德、体、心诸方面
   C．体、智、德、美诸方面   D．美、心、体、智诸方面

【考点】幼儿园教育的目标和任务。考生在备考时,要特别注意 2016 年新的《幼儿园工作规程》对幼儿园工作任务的表述。

【本节备考指导】

本节内容考生应重点掌握的是我国幼儿园的保教目标、早教机构的保教任务和幼儿园的双重任务,难点是深刻理解游戏为什么是幼儿园教育的主要活动形式。在考试题型上,本节内容主要以单项选择题和简答题的方式进行考核,其中幼儿园的双重任务是最经常考到的知识点;分析游戏的重要性时有时也会以

论述题的形式出现。

在掌握幼儿园的双重任务时,考生要注意 2016 年新修订颁布的《幼儿园工作规程》中对幼儿园双重任务之一的表述"为家长工作、学习提供便利条件",已更改为"为家长提供科学育儿指导"。考生要注意更新知识信息。在掌握幼儿园为何以游戏作为主要活动形式的依据时,要注意从游戏本身的特点去深入思考游戏对幼儿的价值与意义。

【命题考点精讲】

命题点 1:幼儿园教育的目标

1. 我国幼儿园的保教目标

幼儿园教育目标是教育目的在幼儿园教育阶段的具体化,我国幼儿园教育的目标是"对幼儿实施体、智、德、美诸方面全面发展的教育,促进其身心和谐发展"。

《幼儿园工作规程》进一步明确指出,我国幼儿园的保育与教育目标主要包括:

(1)促进幼儿身体正常发育和机能的协调发展,增强体质,培养良好的生活习惯、卫生习惯和参加体育活动的兴趣;

(2)发展幼儿智力,培养正确运用感官和运用语言交往的基本能力,增强对环境的认识,培养有益的兴趣和求知欲望,培养初步的动手能力;

(3)萌发幼儿爱家乡、爱集体、爱劳动、爱科学的情感,培养诚实、自信、好问、友爱、勇敢、爱护公物、克服困难、讲礼貌、守纪律等良好的品德行为和习惯,以及活泼、开朗的性格;

(4)培养幼儿初步的感受美和表现美的情趣和能力。

2. 制定幼儿园教育目标的依据

(1)社会发展的客观要求。不同的社会发展阶段、统治阶级总是根据自身的利益和需要来规定人才培养的目标和方向,因此,幼儿园教育目标的制定同样要满足和适应社会发展的需求。

(2)幼儿身心发展规律及其需求。幼儿教育的核心任务与最终目的是促进幼儿身心和谐全面发展;并且,幼儿的自主能动性对幼儿教育的效果产生重要影响。因此,任何违背幼儿身心发展规律而提出的教育要求,都无法达到促进幼儿健康成长的目的。

命题点 2:幼儿教育的任务

1. 0~3 岁早教机构的任务

托儿所一般收托两个月至三岁的孩子。早在 1981 年,原卫生部幼教所就颁发了《三岁前小儿教养大纲(草案)》,提出托儿所的保教总目标是"培养小儿在德智体美各方面得到发展,为造就体魄健壮、智力发达、品德良好的社会主义新一代打下基础"。所以,早教机构要发展小儿的基本动作,进行适当的锻炼,增强他们的抵抗力。发展小儿模仿、理解和运用语言的能力,通过语言认识周围环境事物,使小儿智力得到发展,并获得简单知识。对小儿进行友爱、礼貌、诚实、勇敢等良好的品德教育。培养小儿的饮食、睡眠、衣着、盥洗、与人交往等各个方面的文明卫生习惯及美学的观念。

2. 幼儿园的任务

幼儿园是对 3~6 周岁的儿童进行保教和教育的机构。2016 年新修订实施的《幼儿园工作规程》明确指出,幼儿园的任务是:

(1)贯彻国家的教育方针,按照保育与教育相结合的原则,遵循幼儿身心发展特点和规律,实施德、智、体、美等方面全面发展的教育,促进幼儿身心和谐发展。

(2)幼儿园同时面向幼儿家长提供科学育儿指导。

综上,对幼儿实施保育和教育,促进幼儿身心健康发展和对家长提供科学育儿指导是我国幼儿园教育的双重任务,两者缺一不可。同时,幼儿教育作为"基础教育的有机组成部分,是学校教育制度的基础阶段"。这就决定了它还承担着为学校教育打基础的任务。《幼儿园工作规程》第 33 条明确规定,"幼儿园与小学应密切联系,互相配合,注意两个阶段的相互衔接"。因此,做好幼小衔接工作,为幼儿进入小学做好准备,以提高基础教育的质量,也是幼儿园的重要任务。

命题点 3：幼儿园以游戏为基本活动

《幼儿园工作规程》明确指出："幼儿园教育以游戏为基本活动，寓教育于各项活动之中。"这是因为游戏是一种主动、自愿、愉快、假想的社会性活动，是儿童许多方式的学习中最为有效、最好的一种。具体而言，幼儿园以游戏为基本活动主要是源于以下三方面因素：

1. 游戏是幼儿最喜爱的活动，是幼儿生活的主要内容

在幼儿一日生活中，除了吃饭、睡觉等生活活动外，儿童绝大多数的时间都在游戏。即便是生活、劳动、学习等活动，幼儿也常常是以游戏的形式来进行的，或是将生活、学习、劳动的过程变成游戏活动。可见幼儿喜欢游戏，还喜欢把他们的一切活动游戏化。

2. 游戏是幼儿对生长的适应，符合幼儿身心发展的特点

幼儿身心发展的实际能力水平与其发展需要之间存在矛盾，游戏则是有效解决矛盾并满足幼儿实际发展所需的重要方法。通过让幼儿创造并参与游戏，到游戏中去满足需要，从而实现幼儿的健康生长。

3. 游戏是幼儿的自发学习

对幼儿来说，游戏不仅仅是一种消遣，还是幼儿学习的主要方式。应促使幼儿在游戏中自发学习，在游戏中健康成长。

【本节考点知识点小结】

本节主要论述幼儿教育的目的和任务，考生要重点掌握我国幼儿园教育的保教目标、托儿所的保教任务和幼儿园的双重任务。制定幼儿园教育目标必须综合考虑社会发展的客观要求和幼儿身心发展规律及其需求。我国幼儿园教育的目标是"对幼儿实施体、智、德、美诸方面全面发展的教育，促进其身心和谐发展"；《幼儿园工作规程》进一步对我国幼儿园保育和教育的目标进行了分解，包括：(1)促进幼儿身体正常发育和机能的协调发展，增强体质，培养良好的生活习惯、卫生习惯和参加体育活动的兴趣；(2)发展幼儿智力，培养正确运用感官和运用语言交往的基本能力，增强对环境的认识，培养有益的兴趣和求知欲望，培养初步的动手能力；(3)萌发幼儿爱家乡、爱集体、爱劳动、爱科学的情感，培养诚实、自信、好问、友爱、勇敢、爱护公物、克服困难、讲礼貌、守纪律等良好的品德行为和习惯，以及活泼、开朗的性格；(4)培养幼儿初步的感受美和表现美的情趣和能力。

0~3岁托儿所的保教总目标是"培养小儿在德智体美各方面得到发展，为造就体魄健壮、智力发达、品德良好的社会主义新一代打下基础"。所以，早教机构要发展小儿的基本动作，进行适当的锻炼，增强他们的抵抗力。发展小儿模仿、理解和运用语言的能力，通过语言认识周围环境事物，使小儿智力得到发展，并获得简单知识。对小儿进行友爱、礼貌、诚实、勇敢等良好的品德教育。培养小儿的饮食、睡眠、衣着、盥洗、与人交往等各个方面的文明卫生习惯及美学的观念。

2016年新修订实施的《幼儿园工作规程》明确指出，幼儿园的任务是：贯彻国家的教育方针，按照保育与教育相结合的原则，遵循幼儿身心发展特点和规律，实施德、智、体、美等方面全面发展的教育，促进幼儿身心和谐发展；幼儿园同时面向幼儿家长提供科学育儿指导。

幼儿园以游戏为基本活动主要源于以下三方面因素：(1)游戏是幼儿最喜爱的活动，是幼儿生活的主要内容；(2)游戏是幼儿对生长的适应，符合幼儿身心发展的特点；(3)游戏是幼儿的自发学习。由于游戏是一种主动、自愿、愉快、假想的社会性活动，因此是儿童许多方式的学习中最为有效、最好的一种。

【本节过关自测】

一、单项选择题

1. （　　）与幼儿身心发展规律和特征是制定幼儿园教育目标的主要依据。
   A. 家长要求　　　　B. 政府　　　　C. 社会需求　　　　D. 教育机构

2. 幼儿园的双重任务是指幼儿园除要为幼儿实施保育和教育外，还要（　　）。
   A. 对幼儿开展心理健康教育　　　　B. 为家长工作提供便利
   C. 为小学教育打下基础　　　　　　D. 面向幼儿家长提供科学育儿指导

3. 下列各项中,哪一项不属于托儿所的保教任务( )。
   A．培养幼儿的生活习惯　　　　　　B．对幼儿进行适宜的艺术陶冶
   C．教幼儿认识简单的字　　　　　　D．发展幼儿的语言能力
4. 幼儿园教育应以( )为基本的活动方式。
   A．学习　　　　　B．上课　　　　　C．玩耍　　　　　D．游戏

二、简答题

1. 简述制定幼儿园教育目标的依据。
2. 简述新时期幼儿园教育的双重任务。
3. 简述幼儿园以游戏为基本活动的依据。

【本节过关自测】参考答案

一、单项选择题

【考点解析】1. 答案是 C。此题考的是制定幼儿园教育目标的主要依据。社会需求与幼儿身心发展规律和特征是制定幼儿园教育目标的主要依据。

【考点解析】2. 答案是 D。此题考的是幼儿园的任务。2016年新颁布的《幼儿园工作规程》明确指出,幼儿园的任务是促进幼儿身心和谐发展,同时面向幼儿家长提供科学育儿指导。

【考点解析】3. 答案是 C。此题考的是托儿所的保教任务。教幼儿认识简单的字不是托儿所的保教任务。

【考点解析】4. 答案是 D。此题考的是幼儿园教育的基本活动形式。《幼儿园工作规程》明确指出:"幼儿园教育以游戏为基本活动,寓教育于各项活动之中。"

二、简答题

1.【考点解析】此题考查考生对制定幼儿园教育目标的依据的掌握。

【答题要点】

（1）社会发展的客观要求。教育作为人类特有的一种社会活动,具有社会属性。不同的社会发展阶段,统治阶级总是根据自身的利益和需要来规定人才培养的目标和方向,因此,幼儿园教育目标的制定同样要满足和适应社会发展的需求。

（2）幼儿身心发展规律及其需求。幼儿教育的核心任务与最终目的是促进幼儿身心和谐全面发展;并且,幼儿的自主能动性对幼儿教育的效果产生重要影响。因此,任何违背幼儿身心发展规律而提出的教育要求,都无法达到促进幼儿健康成长的目的。

2.【考点解析】此题考查考生对幼儿园教育任务的理解。

【答题要点】

幼儿园的双重任务是:

（1）贯彻国家的教育方针,按照保育与教育相结合的原则,遵循幼儿身心发展特点和规律,实施德、智、体、美等方面全面发展的教育,促进幼儿身心和谐发展。

（2）幼儿园同时面向幼儿家长提供科学育儿指导。

3.【考点解析】此题考查考生对幼儿园游戏重要性的认识。

【答题要点】

游戏是一种主动、自愿、愉快、假想的社会性活动,是儿童许多学习方式中最为有效、最好的一种。具体而言,幼儿园以游戏为基本活动主要是源于以下三方面因素:

（1）游戏是幼儿最喜爱的活动,是幼儿生活的主要内容。

（2）游戏是幼儿对生长的适应,符合幼儿身心发展的特点。幼儿身心发展的实际能力水平与其发展需要之间存在矛盾,游戏则是有效解决矛盾并满足幼儿实际发展所需的重要方法。通过让幼儿创造并参与游戏,到游戏中去满足需要,从而实现幼儿的健康生长。

（3）游戏是幼儿的自发学习。

第三章 中外幼儿教育简史

【本章考试大纲】

了解中外幼儿教育发展简史和著名教育家的儿童教育思想,并能结合幼儿教育现实问题进行分析。

第一节 中外幼儿教育发展简史

【本节考纲考点】

1. 中外各国幼儿教育发展简史。
2. 中外各国幼儿教育机构。

【历年真题再现】

一、选择题

【2012上】5. 被称为"教育史上的哥白尼"和"现代教育之父"的教育家是( )。
A. 杜威　　　　　B. 蒙台梭利　　　　C. 福禄倍尔　　　　D. 夸美纽斯
【考点】夸美纽斯

【2012上】12. 我国第一所公立幼稚师范学校——江西实验幼师的创办者是( )。
A. 陈鹤琴　　　　B. 陶行知　　　　　C. 黄炎培　　　　　D. 张雪门
【考点】陈鹤琴

【2012上】14. 世界上第一部论述学前教育的专著是( )。
A.《母育学校》　　B.《爱弥儿》　　　 C.《社会契约论》　　D.《学记》
【考点】《母育学校》

【2012下】4. 创建"活教育"体系的教育家是( )。
A. 陈鹤琴　　　　B. 福禄贝尔　　　　C. 杜威　　　　　　D. 蒙台梭利
【考点】陈鹤琴

【2013上】2. 提出"教育即生活"的教育家是( )。
A. 卢梭　　　　　B. 蒙台梭利　　　　C. 福禄贝尔　　　　D. 杜威
【考点】杜威

【本节备考指南】

本节重难点内容是中外各国在不同时期由不同教育家所创办的各类教育机构。考生在复习过程中,要明确区分不同国家教育机构的主要特点、机构创办人,不要混淆。纵观近年考点,各国不同时期创办的各类教育机构的名称、机构创办人、机构的主要特点等知识点方面,出现选择题的概率更高,这也是本节内容历年来主要的考查形式。

【命题考点精讲】

命题点1:中国最早的公立幼儿教育机构是湖北幼稚园,后改称为武昌蒙养院。

命题点2:英国近代空想社会主义者欧文在1816年创办"新兰纳克幼儿学校"(后改名为"性格形成学园"),是英国最早的学前教育机构。

命题点3:法国的新教派牧师奥柏林在1770年创设了"编织学校",这是法国教育史上记载的最早的学前教育机构。

命题点 4：德国 19 世纪初最早出现的幼儿教育设施是由巴乌利勒侯爵夫人设立的巴乌利勒保育所。

命题点 5：美国第一所英语幼儿园是伊丽莎白·皮博迪创办的,她因此尊称为美国幼儿园的奠基人。

【本节考点知识点小结】

中国最早的公立幼儿教育机构是湖北幼稚园,后改称为武昌蒙养院。

英国近代空想社会主义者欧文在 1816 年创办"新兰纳克幼儿学校"(后改名为"性格形成学院"),是英国最早的学前教育机构。

法国的新教派牧师奥柏林在 1770 年创设了"编织学校",这是法国教育史上记载最早的学前教育机构。

德国 19 世纪初最早出现的幼儿教育设施是由巴乌利勒侯爵夫人设立的巴乌利勒保育所。

美国第一所英语幼儿园是伊丽莎白·皮博迪创办的,她因此被尊称为美国幼儿园的奠基人。

【本节过关自测】

一、单项选择题

1. (　　)被尊为美国幼儿园的奠基人,她创办了美国第一所英语幼儿园。
   A．皮博迪　　　　B．舒尔茨　　　　C．别劳夫人　　　　D．帕斯特莱

2. 法国的新教派牧师奥柏林在 1770 年创设了(　　),这是法国教育史上记载的最早的学前教育机构。
   A．新兰纳克幼儿学校　B．编织学校　　C．母育学校　　　D．幼儿学校

3. 中国近代第一所自办的公立幼儿教育机构是(　　)。
   A．燕子矶幼稚园　　B．鼓楼幼稚园　　C．湖北幼稚园　　D．集美幼稚园

4. 新兰纳克幼儿学校是谁创办的？(　　)
   A．欧文　　　　　B．柏拉图　　　　C．怀尔德斯平　　　D．亚里士多德

5. 德国 19 世纪初最早出现的幼儿教育设施是由巴乌利勒侯爵夫人设立的(　　)。
   A．巴乌利勒托儿所　　　　　　　B．巴乌利勒幼儿学校
   C．编织学校　　　　　　　　　　D．巴乌利勒保育所

6. 性格形成学院指的是(　　)创办的幼儿学校。
   A．蒙台梭利　　　　B．欧文　　　　C．洛克　　　　　D．福禄贝尔

【本节过关自测】参考答案

一、单项选择题

【考点解析】1. 答案是 A。此题考的是皮博迪被尊为美国幼儿园的奠基人,她创办了美国第一所英语幼儿园。

【考点解析】2. 答案是 B。此题考的是法国新教派牧师奥柏林在 1770 年创设的编织学校,这是法国教育史上记载的最早的学前教育机构。

【考点解析】3. 答案是 C。此题考的是中国近代第一所自办的公立幼儿教育机构是湖北幼稚园,后改称为武昌蒙养院。

【考点解析】4. 答案是 A。此题考的是英国最早的学前教育机构新兰纳克幼儿学校的创始人是欧文。

【考点解析】5. 答案是 D。此题考的是德国 19 世纪初最早出现的幼儿教育设施是由巴乌利勒侯爵夫人设立的巴乌利勒保育所。

【考点解析】6. 答案是 B。此题考的是欧文创办了新兰纳克幼儿学校,这所机构后来被称为性格形成学院。

第二节　中外著名教育家儿童教育思想

【本节考纲考点】

1. 陶行知、陈鹤琴、张雪门等中国教育家的儿童教育思想。

2. 夸美纽斯、洛克、卢梭、裴斯泰洛齐、福禄贝尔、杜威、蒙台梭利等外国教育家的儿童教育思想。

【历年真题再现】

一、选择题

【2011下】14. 提出"父母是孩子的第一任教师"主张的教育家是(　　)。
A．蒙台梭利　　　　B．福禄贝尔　　　　C．陈鹤琴　　　　D．陶行知
【考点】福禄贝尔

【2012上】5. 被称为"教育史上的哥白尼"和"现代教育之父"的教育家是(　　)。
A．杜威　　　　B．蒙台梭利　　　　C．福禄倍尔　　　　D．夸美纽斯
【考点】夸美纽斯

【2012上】6. 陈鹤琴提出的五指活动指的是(　　)。
A．儿童健康活动、儿童社会活动、儿童科学活动、儿童艺术活动、儿童文学活动
B．儿童语言活动、儿童社会活动、儿童科学活动、儿童美术活动、儿童音乐活动
C．儿童常识活动、儿童社会活动、儿童科学活动、儿童艺术活动、儿童文学活动
D．儿童体育活动、儿童语言活动、儿童科学活动、儿童艺术活动、儿童文学活动
【考点】陈鹤琴的五指活动

【2012上】14. 世界上第一部论述学前教育的专著是(　　)。
A．《母育学校》　　　B．《爱弥儿》　　　C．《社会契约论》　　　D．《学记》
【考点】夸美纽斯的《母育学校》

【2012下】4. 创建"活教育"体系的教育家是(　　)。
A．陈鹤琴　　　　B．福禄贝尔　　　　C．杜威　　　　D．蒙台梭利
【考点】陈鹤琴的活教育思想

【2013上】2. 提出"教育即生活"的教育家是(　　)。
A．卢梭　　　　B．蒙台梭利　　　　C．福禄贝尔　　　　D．杜威
【考点】杜威关于教育的本质

【2014上】6. 陶行知的生活教育理论注重"教学做"合一，强调(　　)。
A．做是中心　　　B．学是中心　　　C．教与学是中心　　　D．教是中心
【考点】陶行知的生活教育理论

【2014下】6. 杜威认为，学校生活的组织中心是(　　)。
A．教材　　　　B．家长　　　　C．教师　　　　D．儿童
【考点】杜威的教育思想

【2015上】9. 从科学知识取向转向儿童经验取向的代表性教育著作是(　　)。
A．《理想国》　　B．《爱弥儿》　　C．《大教学论》　　D．《林哈德与葛笃德》
【考点】卢梭的教育思想

【2015下】9. 陶行知提出的"六大解放"指向的是(　　)。
A．解放儿童的观察力　　　　　　B．解放儿童的智力
C．解放儿童的体力　　　　　　　D．解放儿器的创造力
【考点】陶行的六大解放或陶行知的教育思想

二、简答题

【2011下】3. 谈谈你对杜威关于教育本质的理解。
【考点】杜威关于教育本质的思想

【本节备考指导】

本节重点内容是中外教育家的教育理论、主要的教育观点、主要的教育代表作，以及他们在不同时期所创办的各类教育机构。

本节难点主要是各国教育家在不同时期提出的著名教育理论对现实的指导和借鉴意义,考生在复习过程中,要充分理解这些教育理论的内涵和主要思想,能够结合不同的教育理论分析教育现实问题。

纵观近年考点,在教育家的代表作、创办的教育机构、标签式的教育理论观点等知识点方面,出现选择题的概率更高,这也是本节乃至本章内容历年来主要的考查形式;关于各国教育家的不同教育理论的基本观点、内涵等问题,更多以简答题的形式出现,而对于结合教育家的理论思想认识来分析现实问题,一旦出现考题,则更可能是论述题形式。

【命题考点精讲】

命题点1:陶行知

(1)陶行知创办了我国第一所乡村幼稚园——南京燕子矶乡村幼稚园。

(2)陶行知在教育实践中创立了生活教育理论和教学做合一的教育方法。生活教育理论包括三个基本观点:生活即教育;社会即学校;教学做合一。教学做合一是指:做是学和教的中心。

(3)陶行知是我国创造教育的首倡者,他提出了解放儿童创造力的思想,主要包括六大解放:解放儿童的头脑;解放儿童的双手;解放儿童的嘴巴;解放儿童的空间;解放儿童的时间;解放儿童的眼睛。

(4)陶行知在幼稚师范教育改革方面,提出了"艺友制"的方法。

(5)陶行知在《创建乡村幼稚园宣言书》一文中,指出了"当时国内幼稚园的三大弊病:一是外国病;二是花钱病;三是富贵病"。并为此提出要建设"中国的、省钱的、平民的"幼稚园。

命题点2:陈鹤琴

(1)陈鹤琴于1923年创办了我国最早的幼儿教育实验中心——南京鼓楼幼稚园。

(2)陈鹤琴创办我国第一所公立幼稚师范学校——江西省立实验幼稚师范学校并任校长。

(3)陈鹤琴创立了"活教育"理论,"活教育"的目的论是做人、做中国人、做现代中国人;"活教育"的课程论是大自然、大社会,都是活教材;"活教育"的方法论是做中教、做中学、做中求进步。

(4)陈鹤琴主张幼儿园的课程结构以"五指活动"为基本成分,同时提出了适合儿童发展的课程组织方法——"整个教学法"。五指活动主要指的是:健康活动、社会活动、科学活动、艺术活动、语文活动。

(5)陈鹤琴在我国高校首开儿童心理学课程。

命题点3:张雪门

(1)张雪门在家乡宁波创办了第一所中国人自办的幼稚园:星荫幼稚园。

(2)张雪门是行为课程理论的代表人。行为课程的基本含义:"生活就是教育,五六岁的孩子们在幼稚园生活的实践,就是行为课程"。

(3)张雪门提出了与传统观念不同的实习计划:实习场所从幼稚园扩展到婴儿园和小学;从校内扩展到校外;从城市扩大到农村;从只实习最后一个学期扩展到三年六个学期都有实习。

(4)1946年,张雪门应邀赴台湾主持开办儿童保育院(后来改称为台北育幼院)的相关工作并任院长。

命题点4:夸美纽斯

(1)捷克斯洛伐克教育家夸美纽斯的主要教育代表作是《母育学校》,这是世界上第一部系统论述学前教育思想的著作。

(2)夸美纽斯的教育代表作《世界图解》,这是世界上第一本依据直观原则编写的、对幼儿进行启蒙教育的带插图的儿童读物。

(3)夸美纽斯提出了教育适应自然的原则,所谓适应自然包括两层含义:第一,教育要遵守自然界的"秩序";第二,教育要根据人的本性和身心发展规律进行教育。

(4)夸美纽斯提出了"泛智"的思想,主要指的是要把一切有用的思想教给一切人。

命题点5:洛克

17世纪英国教育家洛克的教育代表作是《教育漫话》,他提出了关于儿童发展的"白板说"。洛克提出了教育的作用主要是培养绅士。

命题点6:卢梭

(1)法国教育家卢梭的教育代表作是《爱弥儿》。

(2)卢梭主张自然教育思想。自然教育的目的是培养自然人;自然教育思想的核心是教育要顺应幼儿天性,以幼儿为本。

(3)卢梭以自然教育论为依据,在道德教育上反对体罚,主张对儿童的过失不应该加以责备和处罚,而要利用儿童过失所造成的自然后果,使他们自食其果,让他们认识其过失并改正,这就是"自然后果法"。

命题点7:裴斯泰洛齐

(1)瑞士教育家裴斯泰洛齐是世界上第一个明确提出"教育心理化"思想的教育家。

(2)裴斯泰洛齐是西方教育史上第一位提出将教育与生产劳动相结合的思想付诸实践的教育家。

(3)裴斯泰洛齐的教育代表作是《林哈德与葛笃德》、《葛笃德和她的子女们》。

(4)裴斯泰洛齐提出了要素教育的思想,主张教学应从最基本最简单的要素开始,使教学过程心理化。他提出:体育最基本的要素是关节活动;德育最简单的要素是幼儿对母亲的爱;智育最简单的要素是语音。

命题点8:福禄贝尔

(1)德国幼儿教育家福禄贝尔被誉为"幼儿园之父",他创办了世界上第一所幼儿园,是近代幼儿教育理论的奠基人。

(2)恩物是福禄贝尔创制出的一套供幼儿使用的教学用具,意为上帝对幼儿的恩赐。

(3)福禄贝尔把幼儿的游戏分为三类:身体的游戏、感官的游戏和精神的游戏。

命题点9:杜威

(1)杜威的主要著作有《学校与社会》、《儿童与课程》、《民主主义与教育》等,《民主主义与教育》集中体现了杜威的实用主义教育思想。

(2)杜威论述教育的本质:教育即生活、教育即生长、教育即经验的改组或改造。杜威为此主张"从做中学",也即"从活动中学,从经验中学"。

(3)杜威主张儿童中心论,主张学校生活组织应该以儿童为中心,一切必要的措施都是为了儿童的生长。

(4)杜威强调儿童身上有四种本能:语言和社交的本能、制作的本能、研究和探索的本能、艺术的本能。

(5)杜威主张教学活动要能够激发儿童的思维,并提出了儿童思维的五个步骤:①疑难的情境;②确定疑难的所在并从疑难中提出问题;③提出解决问题的种种假设引起观察和其他心智活动,以及搜集事实材料;④推断哪一种假设能够解决问题;⑤通过实验验证或者修改假设。这种思维过程被人称为:思维五步。

命题点10:蒙台梭利

(1)蒙台梭利是意大利著名的幼儿教育家,1907年在罗马创设"儿童之家",主要招收3~6岁的幼儿,在这里进行她的教育实验,创立了蒙台梭利教育法,在世界范围内产生了广泛的影响。

(2)蒙台梭利的著作主要有《蒙台梭利法》、《童年的秘密》、《有吸收力的心理》等。

(3)蒙台梭利认为,幼儿是一个"精神(心理)的胚胎",幼儿具有一种下意识的感受能力,能够积极地、有选择地从外部世界上进行吸收,成为他自己心理的一部分,蒙台梭利称之为"有吸收力的心理"。

(4)蒙台梭利强调幼儿教育中应注意两条原则:一是自由的原则;二是工作的原则。

(5)蒙台梭利主张在儿童之家对幼儿进行四个方面的教育:肌肉训练、感官训练、实际生活练习、初步的知识教育。

(6)在儿童之家,蒙台梭利把"教师"改称为"指导员",意思是指教师是儿童的观察者和引导者,主要职责是给幼儿准备一个适宜的环境,给他们一些必要的指导,其余的应该让儿童自己去发展。

【本节考点知识点小结】

陶行知创办了我国第一所乡村幼稚园——南京燕子矶乡村幼稚园;他在教育实践中创立了生活教育理论和教学做合一的教育方法。生活教育理论包括三个基本观点:生活即教育;社会即学校;教学做合一。教学做合一是指:做是学和教的中心,他是我国创造教育的首倡者;他提出了"艺友制"的方法。

陈鹤琴创办了我国最早的幼儿教育实验中心——南京鼓楼幼稚园，创办我国第一所公立幼稚师范学校——江西省立实验幼稚师范学校并任校长；陈鹤琴提出了"活教育"理论；陈鹤琴主张幼儿园的课程结构以"五指活动"为基本成分，五指活动主要指的是：健康活动、社会活动、科学活动、艺术活动、语文活动。

张雪门在宁波创办了第一所中国人自办的幼稚园：星荫幼稚园；他是行为课程理论的代表人。行为课程的基本含义："生活就是教育，五六岁的孩子们在幼稚园生活的实践，就是行为课程"。

夸美纽斯的代表作包括：(1)《母育学校》：世界上第一部系统论述学前教育思想的著作；(2)《世界图解》：世界上第一本依据直观原则编写的、对幼儿进行启蒙教育的带插图的儿童读物；(3)《大教学论》。

洛克的教育代表作是《教育漫话》，他提出了"白板说"。洛克提出了教育的作用主要是培养绅士。

卢梭的教育代表作是《爱弥儿》，他主张自然教育思想；提出了"自然后果法"。

裴斯泰洛齐的教育代表作是《林哈德和葛笃德》；提出了要素教育的思想。

福禄贝尔被誉为"幼儿园之父"，所用的教具被称之为为"恩物"。

杜威论述教育的本质：教育即生活、教育即生长、教育即经验的改组或改造。杜威主张"从做中学"，也即"从活动中学，从经验中学"。杜威主张儿童中心论。杜威强调儿童身上有四种本能：语言和社交的本能、制作的本能、研究和探索的本能、艺术的本能。杜威主张教学活动要能够激发儿童的思维，并提出了儿童思维的五个步骤：(1)疑难的情境；(2)确定疑难的所在并从疑难中提出问题；(3)提出解决问题的种种假设引起观察和其他心智活动，以及搜集事实材料；(4)推断哪一种假设能够解决问题；(5)通过实验验证或者修改假设。这种思维过程被人称为：思维五步。

蒙台梭利的著作主要有《蒙台梭利法》、《童年的秘密》、《有吸收力的心理》等。蒙台梭利提出儿童具有"有吸收力的心理"；强调幼儿教育中应注意两条原则：一是自由的原则；二是工作的原则；"教师"改称为"指导员"，提出创设有准备的环境。

【本节过关自测】

一、单项选择题

1. 艺友制是以下哪位教育家提出来的？（　　）
   A. 张雪门　　　B. 张宗麟　　　C. 陶行知　　　D. 陈鹤琴

2. （　　）在《创建乡村宣言书》一文中，提出了国内幼稚园的三大弊病：富贵病、花钱病和外国病。
   A. 陈鹤琴　　　B. 陶行知　　　C. 蔡元培　　　D. 张雪门

3. 生活教育理论是（　　）提出来的。
   A. 陶行知　　　B. 陈鹤琴　　　C. 张雪门　　　D. 杜威

4. （　　）的六大解放指的是：解放儿童的时间、空间、头脑、嘴巴、双手和眼睛。
   A. 陈鹤琴　　　B. 张雪门　　　C. 陶行知　　　D. 杜威

5. 在我国高校首开儿童心理学课程的幼儿教育家是（　　）。
   A. 陶行知　　　B. 张雪门　　　C. 张宗麟　　　D. 陈鹤琴

6. 陶行知创办了（　　），这是我国第一所乡村幼稚园。
   A. 南京燕子矶乡村幼稚园　　　B. 南京鼓楼幼稚园
   C. 星荫幼稚园　　　D. 集美幼稚园

7. 南京鼓楼幼稚园是我国著名幼儿教育家（　　）创办的。
   A. 陶行知　　　B. 陈鹤琴　　　C. 张雪门　　　D. 张宗麟

8. 我国第一个幼教实验中心是（　　）。
   A. 南京晓庄师范　　B. 南京燕子矶幼稚园　　C. 南京鼓楼幼稚园　　D. 香山慈幼院

9. 五指活动的课程理念是（　　）提出来的。
   A. 陶行知　　　B. 张雪门　　　C. 张宗麟　　　D. 陈鹤琴

10. 做人、做中国人、做现代中国人，这是陈鹤琴的（　　）理论中提出的教育目的论。
    A. 生活教育　　　B. 活教育　　　C. 行为课程　　　D. 社会化的幼稚园课程

11. （　　）主张,幼稚园课程应该实施"整个教学法"。
    A．陈鹤琴　　　　B．张宗麟　　　　C．张雪门　　　　D．陶行知
12. 陈鹤琴任校长的我国第一所公立幼稚师范学校是（　　）。
    A．北平幼稚师范学校　　　　　　　B．集美幼稚师范学校
    C．江西省立实验幼稚师范学校　　　D．南京晓庄师范
13. （　　）是我国创造教育的首创者。
    A．张雪门　　　　B．张宗麟　　　　C．陈鹤琴　　　　D．陶行知
14. （　　）在《创设乡村幼稚园宣言书》中,主张要办中国的、省钱的、平民的幼稚园。
    A．张伯苓　　　　B．陈鹤琴　　　　C．张雪门　　　　D．陶行知
15. 20世纪三四十年代,我国著名教育家（　　）和陈鹤琴并称为中国幼教界的"南陈北张"。
    A．张宗麟　　　　B．张雪门　　　　C．张干　　　　　D．张伯苓
16. 张雪门创办了宁波市第一所中国人自办的幼稚园（　　）。
    A．星荫幼稚园　　B．燕子矶幼稚园　C．鼓楼幼稚园　　D．香山慈幼院
17. 行为课程的理论体系是由我国教育家（　　）提出来的。
    A．张宗麟　　　　B．陶行知　　　　C．张雪门　　　　D．陈鹤琴
18. 1946年,我国教育家（　　）应邀赴台湾主持开办儿童保育院（又来改称为台北育幼院）的相关工作并任院长。
    A．陶行知　　　　B．陈鹤琴　　　　C．张宗麟　　　　D．张雪门
19. 提出"生活即教育"、"社会即学校"的思想的是（　　）。
    A．陈鹤琴　　　　B．陶行知　　　　C．张雪门　　　　D．张宗麟
20. 世界上第一本学前教育专著是（　　）。
    A．《母育学校》　B．《世界图解》　C．《大教学论》　D．《学校与社会》
21. 现代教育之父和教育史上的哥白尼指的是（　　）。
    A．柏拉图　　　　B．亚里士多德　　C．夸美纽斯　　　D．欧文
22. （　　）完成了世界上第一本根据直观原则编制的看图识字课本——《世界图解》。
    A．欧文　　　　　B．洛克　　　　　C．杜威　　　　　D．夸美纽斯
23. 《爱弥儿》是法国教育家（　　）的教育代表作。
    A．夸美纽斯　　　B．卢梭　　　　　C．赫尔巴特　　　D．福禄贝尔
24. 在西方教育史上,（　　）第一次明确提出教育应从人的自然本性出发,使人得到充分自由的发展,这就是其自然教育思想。
    A．卢梭　　　　　B．亚里士多德　　C．欧文　　　　　D．福禄贝尔
25. 在西方教育史上,（　　）是第一位详细地论述如何训练儿童感官的教育家。
    A．福禄贝尔　　　B．蒙台梭利　　　C．夸美纽斯　　　D．卢梭
26. 自然后果法反对道德说教,主张让儿童的行为所产生的后果去惩罚他,这个观点是（　　）提出来的。
    A．蒙台梭利　　　B．陈鹤琴　　　　C．卢梭　　　　　D．陶行知
27. 白板说是（　　）提出来的?
    A．洛克　　　　　B．杜威　　　　　C．赫尔巴特　　　D．裴斯泰洛齐
28. （　　）主张,教育的目的就是培养绅士。
    A．杜威　　　　　B．洛克　　　　　C．张雪门　　　　D．陶行知
29. 《教育漫话》是（　　）的教育代表作。
    A．卢梭　　　　　B．洛克　　　　　C．夸美纽斯　　　D．陶行知
30. 要素教育是（　　）提出来的?他主张教学要从最简单的要素开始。
    A．裴斯泰洛齐　　B．福禄贝尔　　　C．陈鹤琴　　　　D．张雪门
31. （　　）被称为"幼儿园之父",他创办了世界上第一所幼儿园。

A．蒙台梭利　　　　　B．福禄贝尔　　　　　C．赫尔巴特　　　　　D．杜威

32．美国实用主义教育理论的创始人是杜威。他的实用主义教育思想主要体现在（　　）著作中。

A．《人是教育的对象》　　　　　B．《人类教育学》

C．《民主主义与教育》　　　　　D．《学校与社会》

33．提出"教育即经验的改造"思想的是（　　）。

A．卢梭　　　　　B．赫尔巴特　　　　　C．裴斯泰洛齐　　　　　D．杜威

34．在蒙台梭利所创办的儿童之家中，教师被称为（　　）。

A．指导员　　　　　B．引导员　　　　　C．观察员　　　　　D．记录员

二、简答题

1．简述陶行知生活教育理论的三个基本观点。

2．简述张雪门行为课程的涵义。

3．简述你对杜威教育本质思想的理解。

4．简述你对卢梭"自然后果法"的理解。

5．谈谈你对杜威"五步教学法"（杜威教学法）的理解。

6．简述杜威提出的"思维五步"。

【本节过关检测】参考答案

一、单项选择题

【考点解析】1．答案是C。此题考的是陶行知关于师范教育改革的教育思想——艺友制。往年考试中，会重点考查考生对陶行知教育思想的了解或熟悉程度。

【考点解析】2．答案是B。此题考的是陶行知关于国内幼稚园的三大弊病的教育思想。

【考点解析】3．答案是A。此题考的是陶行知的生活教育理论。往年考试中，这是一个高频考点。

【考点解析】4．答案是C。此题考的是陶行知的解放儿童的创造力教育思想。往年考试中，这是一个高频考点。

【考点解析】5．答案是D。此题考的是陈鹤琴为我国儿童心理学学科发展所作出的贡献。

【考点解析】6．答案是A。此题考的是陶行知创办的教育机构。

【考点解析】7．答案是B。此题考的是陈鹤琴创办的教育机构。往年考试中，这是一个高频考点。

【考点解析】8．答案是C。此题考的是陈鹤琴创办的教育机构——南京鼓楼幼稚园在我国现代幼教史上的重要地位。往年考试中，这是一个高频考点。

【考点解析】9．答案是D。此题考的是陈鹤琴的五指活动课程。往年考试中，这是一个高频考点。

【考点解析】10．答案是B。此题考的是陈鹤琴活教育思想的教育目的论。

【考点解析】11．答案是A。此题考的是陈鹤琴的幼稚园课程论思想。

【考点解析】12．答案是C。此题考的是陈鹤琴任校长的江西省立实验幼稚师范学校，这是我国第一所公立幼稚师范学校。

【考点解析】13．答案是D。此题考的是陶行知在我国首次提出要解放儿童的创造力。

【考点解析】14．答案是D。此题考的是陶行知主张要办符合中国国情的幼儿教育的爱国思想。

【考点解析】15．答案是B。此题考的是张雪门和陈鹤琴的教育思想在现代中国的影响巨大。

【考点解析】16．答案是A。此题考的是张雪门创办的教育机构。

【考点解析】17．答案是C。此题考的是张雪门提出行为课程的教育思想。

【考点解析】18．答案是D。此题考的是张雪门对台湾幼教发展的贡献。

【考点解析】19．答案是B。此题考的是陶行知的"生活教育理论"。往年考试中，这是一个高频考点。

【考点解析】20．答案是A。此题考的是捷克斯洛伐克教育家夸美纽斯的教育代表作《母育学校》。往年考试中，这是一个高频考点。

【考点解析】21．答案是C。此题考的是世人对夸美纽斯的整体评价。往年考试中，这是一个高频考点。

【考点解析】22. 答案是 D。此题考的是夸美纽斯的教育代表作之一《世界图解》。

【考点解析】23. 答案是 B。此题考的是卢梭的教育代表作。往年考试中,这是一个高频考点。

【考点解析】24. 答案是 A。此题考的是卢梭自然教育思想的含义。

【考点解析】25. 答案是 D。此题考的是卢梭感官教育的思想。

【考点解析】26. 答案是 C。此题考的是卢梭的自然后果法。

【考点解析】27. 答案是 A。此题考的是洛克的白板说。

【考点解析】28. 答案是 B。此题考的是洛克的教育思想。

【考点解析】29. 答案是 B。此题考的是洛克的教育代表作。各国教育家的教育代表作是往年考试中的高频考点。

【考点解析】30. 答案是 A。此题考的是瑞士教育家裴斯泰洛齐的教育思想——要素教育。

【考点解析】31. 答案是 B。此题考的是福禄贝尔创办了世界上第一所幼儿园,并因此被称为"幼儿园之父"。往年考试中,这是一个高频考点。

【考点解析】32. 答案是 C。此题考的是杜威的教育代表作。

【考点解析】33. 答案是 D。此题考的是杜威关于教育本质的教育思想。

【考点解析】34. 答案是 A。此题考的是蒙台梭利关于改称"教师"为"指导员"的主张。

二、简答题

1.【考点解析】此题考查考生对陶行知"生活教育理论"的理解和把握。

【答题要点】陶行知在教育实践中创立了生活教育理论和教学做合一的教育方法。

生活教育理论包括三个基本观点:

生活即教育:这是生活教育理论的核心,其内涵:生活含有教育的意义;实际生活是教育的中心;生活决定教育,教育改造生活。

社会即学校:这是"生活即教育"理论在学校与社会关系问题上的具体化。其内涵:社会含有学校,同时也指学校含有社会的意味。

教学做合一。这是生活教育理论在教学方法上的具体化。内涵:要求在劳力上劳心;"教学做合一"是因为"行是知之始";为此,教学做合一主要是指"做"是学和教的中心,这是对传统"注入式教学法"的否定。

2.【考点解析】此题考查考生对"行为课程"理论的基本理解和把握。

【答题要点】张雪门认为:生活就是教育,五六岁的孩子在幼稚园生活的实践,就是行为课程。张雪门主张,课程不能分得太清楚太有系统;课程要兼顾社会和个体两方面的需要;课程应来自于儿童自己直接的经验。为此,在行为课程中,主要采取单元教学的方法。课程与儿童生活相联系;须合乎儿童的能力、兴趣和自由发展的需要;须有目的、有计划,有远大的目标。行为课程要以行为为中心,以设计为过程,因此行为课程的教学方法应该是始于活动而终于活动的有计划的设计。

3.【考点解析】此题考查考生对杜威关于教育本质的理解和把握。

【答题要点】杜威认为:(1)"教育即生长",即教育的本质就是促进儿童的本能生长。(2)"教育即生活",即儿童本能生长总是在生活过程中展开的,最好的教育就是"从生活中学习"。(3)"教育即经验的不断改造",即在教育过程中,主要不是教给儿童既有的科学知识,而是让儿童在活动中自己去获得经验。

4.【考点解析】此题考查考生对卢梭"自然后果法"的了解。

【答题要点】以自然教育理论为依据,法国教育家卢梭在道德上反对体罚,主张"自然后果法"。也即对于儿童的过失,不必加以责备,而应该利用儿童过失所造成的自然后果,使他们自食其果,从而认识其过失并改正。

5.【考点解析】此题考查考生对杜威"五步教学法"思想的理解和把握。

【答题要点】(1)学生要有一个真实的经验的情境——要有一个对活动本身感到兴趣的连续的活动;(2)在这个情境内部产生一个真实的问题,作为思维的刺激物;(3)他要占有知识资料,从事必要的观察,对付这个问题;(4)他必须负责一步一步地展开他所想出的解决问题的方法;(5)他要有机会通过应用来检验他的想法,使这些想法意义明确,并且让他自己去发现他们是否有效。杜威提出的教学五步骤也被称为

"五步教学法"或"杜威教学法"

6.【考点解析】此题考查考生对杜威"思维五步"思想的理解和把握。

【答题要点】儿童思维的五个步骤：疑难的情境；确定疑难的所在并从疑难中提出问题；提出解决问题的种种假设引起观察和其他心智活动，以及搜集事实材料；推断哪一种假设能够解决问题；通过实验验证或者修改假设。杜威主张的这种思维过程被人称为"思维五步"。

第四章　学前教育基本原则和幼儿园教育特点

【本章考试大纲】

理解学前教育的基本原则，理解幼儿园教育的基本特点，能对教育实践中的问题进行分析。

第一节　学前教育的基本原则

【本节考纲考点】

掌握学前教育活动的基本原则：独立自主性原则，发展适宜性原则，保教结合原则，综合性原则，活动性原则。其他原则：以游戏为基本活动的原则，环境育人的原则，发挥一日活动整体教育功能的原则，教育引导发展的原则。

【历年真题再现】

一、选择题

【2012上】20．幼儿园对幼儿实施的教育包括（　　）。
A．德、智、体、美、劳诸方面　　　B．智、德、体、心诸方面
C．体、智、德、美诸方面　　　　　D．美、心、体、智诸方面
【考点】保教结合的原则

【2013上】4．某教师针对不同发展水平的幼儿提出了不同难度的操作材料，这遵循了（　　）。
A．整体性原则　　B．因材施教原则　　C．活动性原则　　D．直观性原则
【考点】基本原则中的因材施教原则

二、简答题

【2012上】3．幼儿园教育的基本原则是什么？
【考点】基本原则

三、材料分析题

【2012下】13．阅读下面材料，回答问题。

实习生小赵发现，在教学活动中，教师总是请某几个幼儿发言，有些幼儿茫然端坐，从不举手。她疑惑地询问一个不举手的幼儿，得到的回答是："反正举手了老师也不会叫我。"

请从学前教育原则和教育公平的视角论述上述现象。

【考点】学前教育原则中的其他原则，教育引导发展的原则，重视个别差异

【本节备考指导】

对于原则的每一点需要学生深刻理解和掌握，选择题一般以案例形式结合理论原则进行分析出题。学前教育的基本原则是教育学的重要考点，选择题、简答题、名词解释历年都有涉及，属于每年必考题项。因此，在复习中记忆与理解相结合。

【命题考点精讲】

教育活动的基本原则：是学前教育机构、小学、中学教师均应遵循的，它反映了对所有教育者的基本要求。

命题点1：独立自主性原则

独立自主性原则：培养儿童学会依靠自己的经验和能力进行活动，让儿童了解和认识独立自主性。独立自主性原则的主要内容有以下几方面：生活方面指通过生活技能的培养树立儿童正确的生活态度；动作方面指让儿童学习控制自己的动作，从而使儿童了解自身与社会的关系，关注环境；待人接物方面指培养儿童与人相处的社会行为；学习的自主性指除了让儿童掌握基本概念和基础知识外，另一个重要目的就是为了培养儿童良好的学习习惯和激发学习兴趣。

命题点2：尊重儿童的人格尊严和合法权益的原则

1. 尊重儿童的人格尊严

儿童从一出生就具有人格尊严，他们与我们同样是社会成员，不能因为他们小而歧视他们，要杜绝对孩子随意敷衍、盲目指责、任意羞辱的粗暴行为，更不能拿儿童作为宠物玩耍，随意给他们起绰号，当众披露他们的缺陷。教师要将儿童作为具有独立人格的人来对待，尊重他的思想感情、兴趣、爱好、要求和愿望等。

2. 保障儿童的合法权利

学前儿童享有不同于成人的许多特殊的权利，如生存权、受教育权、受抚养权、发展权等，这反映了人们对儿童在社会中的地位和权利的认可与尊重。但是，学前儿童毕竟是稚嫩、弱小的个体，他们对自己权利的行使还必须通过成人的教育和保护才能实现。家庭、学前教育机构、社会应当保障未成年人的合法权益不受侵犯。因此，教师不仅是儿童的"教育者"，也应当是儿童权益的实际维护者。

命题点3：发展适宜性原则

学前教育的出发点和最后归宿都是促进儿童身心和谐发展。促进每一个儿童在现有水平基础上获得充分的最大限度的发展。教师进行学前教育与课程的设计、组织、实施都应着眼于促进儿童的发展。所提出的教育目标，既不可任意拔高，也不能盲目滞后，内容的安排应以儿童身心发展的成熟程度为基础，注重儿童的学习准备。使每个孩子通过教学活动都能在原有的基础上有所提高，即"跳一跳，摘个桃"。教师应在充分了解儿童已有知识和理解能力、智力水平的基础上，提出"略为超前"的适度的教育要求，把儿童发展的可能性与积极引导辩证地结合起来，既不低估或迁就儿童已有的水平，错过发展的机会，又不可拔苗助长，超出发展的可能性。

命题点4：保教结合原则

保教结合是指学前儿童的身体养护与心智教育的结合，做到"教"中有保，"保"中有"教"，两者结合。与中小学教育不同，学前教育对儿童的保育方面很重要，这是由学前儿童身心发展特点所决定的。贯彻这一原则应明确以下几点：

（1）保育和教育是学前教育机构两大方面的工作。保育主要是为儿童的生存、发展创设有利的环境和提供物质条件。教育则重在培养儿童良好的行为习惯和态度，发展儿童的认知、情感、社会性等，引导儿童学习必要的知识技能等。两者缺一不可。

（2）保育和教育工作互相联系、互相渗透。在学前教育中不能以牺牲学前儿童的健康为代价来实施教育，也不能因为健康而忽视教育。保育和教育是在同一过程中实现的。对学前儿童实施保育的过程，实质上也是对学前儿童在体、智、德、美等方面实施有效影响的过程。保育和教育不是分别孤立地进行的，而是在统一的教育目标指引下，在同一教育过程中实施的。

命题点5：综合性（整合性）原则

整合性原则是指将学前教育看作是一个完整的系统，保证学前儿童身心整体健全和谐的发展，综合化地整合课程的各要素，实施教育。贯彻整合性原则应注意以下几点：

1. 活动目标的整合

目标的确定不能单追求知识技能的获得而应全面考虑情感态度、习惯、个性、知识经验、技能等综合素质的培养和提高,即活动教育的主要目标应是整个人的发展。

2. 活动内容的整合

是以目标的整合为前提,主要表现是使同一个领域的不同方面的内容或不同领域的内容之间产生有机的联系。内容的整合最终应落实到具体的教育活动之中。例如语言教育领域,不仅可以在语言教育领域内部对知识学习和能力培养进行整合,而且还可以将社会的、科学的、艺术等领域的学习内容整合在一起。

3. 教育资源的整合

充分挖掘并灵活使用相关的人力资源、物力资源、制度资源、心理资源以及社会教育机构和其他有教育价值的资源,使学前教育更加经济、更加生动活泼,更加有生命力。

4. 活动形式和活动过程的整合

将具有一定联系性的教学活动、游戏、日常生活等活动与活动之间加以整合,将集体活动、小组活动、个别活动加以互补运用和整合,使教育活动一致地对儿童的成长产生积极的、有效的影响。我国学前教育专家陈鹤琴早在20世纪20年代,就提出"整个教学法",其基本的出发点就在于,儿童对外界的反应是"整个的",儿童的发展也是整个的,外界环境的作用也是以整体的方式对儿童产生影响的,所以为儿童设计、实施的课程也必须是整个的、互相联系的,而不能是相互割裂的。这条原则已成为国际学前教育发展的共同趋势,也是各国学前教育课程改革的方向。

命题点6:活动性原则

活动是幼儿发展的基础和源泉。幼儿身心发展的特点决定了他们必须通过活动去接触各种事物和现象。活动形式应多样化,让幼儿能在多种多样的活动中得到发展。

命题点7:幼儿教育的特殊原则

(1)以游戏为基本活动的原则:游戏是幼儿园的基本活动。游戏最符合幼儿身心发展的特点,最能满足幼儿的需要,有效地促进幼儿发展,具有其他活动所不能替代的教育价值。

(2)环境育人的原则:物质条件是幼儿园教育的最基本的和必要的因素,是幼儿活动的物质基础,也是幼儿教师实施教育的中介。而人际关系、精神氛围,甚至包括在园内开展的一切活动和发生的一切事情都构成了幼儿成长的社会文化背景和精神食粮。

(3)发挥一日活动整体教育功能的原则:幼儿园应充分认识和利用一日生活中各种活动的教育价值,通过合理组织、科学安排,让一日活动发挥一致的、连贯的、整体的教育功能。幼儿园一日活动包括由教师组织的活动和幼儿的自主自由活动。

(4)教育引导发展的原则:幼儿教师作为幼儿的支持者、合作者和引导者,要根据每个幼儿的身心特点和教育规律,促进和引导每一位幼儿的进步,使每位幼儿都能实现最佳发展。

【本节考点知识点小结】

学前教育的原则主要包括一般原则和特殊原则,一般原则包括:(1)独立自主原则;(2)尊重儿童的人格尊严和合法权益的原则;(3)发展适宜性;(4)保教结合性;(5)综合性原则;(6)活动性原则。

特殊原则包括:(1)以游戏为基本活动的原则;(2)环境育人的原则;(3)发挥一日活动整体教育功能的原则;(4)教育引导发展的原则。

【本节过关自测】

一、单项选择题

1. 教育内容既要符合幼儿已有的发展水平,又要能促进其进一步发展,这符合(   )。
   A．发展适宜性原则   B．价值性原则
   C．基础性原则   D．兴趣性原则

2. (   )是我国学前教育所特有的一条原则。
   A．独立自主原则   B．发展适宜性原则
   C．保教结合原则   D．综合性原则

3. 在幼儿园实践中,某些教师认为幼儿进餐、睡眠、茶点等是保育,只有上课是传授知识、发展智力的唯一途径,不注意利用各环节的教育价值。这种做法违反了(　　)。
    A. 发挥一日生活的整体功能原则　　　　B. 重视年龄特点和个体差异原则
    C. 尊重儿童原则　　　　　　　　　　　D. 实践性原则
4. 培养儿童独立自主性的难点在于(　　)。
    A. 幼儿园　　　　B. 家长　　　　C. 社区　　　　D. 学校
5. 发展适宜性原则有两个方面含义,即年龄适宜性和(　　)。
    A. 群体适宜性　　B. 小组适宜性　　C. 个体适宜性　　D. 社区适宜性
6. 学前教育的实质是(　　)。
    A. 综合教育　　　B. 启蒙教育　　　C. 独立性教育　　D. 适宜性教育
7. 活动性原则源自于(　　)的"做中学"。
    A. 皮亚杰　　　　B. 夸美纽斯　　　C. 福禄贝尔　　　D. 杜威
8. 活动性原则要求学前教育以活动为主,并以活动贯穿整个教育过程,这里的活动主要指(　　)。
    A. 教师设计和指导的活动　　　　　　B. 儿童主动积极参与的活动
    C. 儿童的自选活动　　　　　　　　　D. 儿童的游戏活动
9. 实现保教合一的前提是(　　)。
    A. 良好的工作伙伴与师生关系　　　　B. 教师的保育意识
    C. 保育员的工作态度　　　　　　　　D. 幼儿的自理能力
10. 所谓(　　),就是把儿童所应该学的东西结合在一起,完整、系统地教授儿童。
    A. 心智　　　　　B. 整个教学法　　C. 全面教育　　　D. 教、学、做合一
11. 幼儿主动与外部环境相互作用的最重要的方式是(　　)。
    A. 游戏　　　　　B. 交往　　　　　C. 活动　　　　　D. 游玩
12. 下列不属于尊重和保护幼儿原则要求的是(　　)。
    A. 尊重幼儿的基本权利　　　　　　　B. 尊重幼儿的人格尊严
    C. 尊重幼儿的观点、意见　　　　　　D. 尊重并同意幼儿的主张、决定
13. 幼儿教师不仅要关心孩子的吃、喝、拉、撒、睡、穿和玩,还要关心孩子学习环节中的每一个环节,这体现了幼儿教师工作的(　　)。
    A. 艰巨性　　　　B. 复杂性　　　　C. 细致性　　　　D. 系统性
14. "发展适宜性原则"是美国针对幼儿教育界普遍出现的(　　)倾向提出来的。
    A. 幼儿教育多元化　　　　　　　　　B. 幼儿教育制度化
    C. 幼儿教育小学化　　　　　　　　　D. 幼儿教育特色化

二、简答题
1. 简述发展适宜性原则。

三、论述题
1. 试述幼儿园教育的原则。

【本节过关自测】参考答案

一、单项选择题

【考点解析】1. 答案是 A。发展适宜性原则指教育设计、组织、实施既符合儿童的现实需要,又有利于其长远发展。

【考点解析】2. 答案是 C。保教结合是我国特定时期保存下来的学前教育原则。与中小学教育不同,学前教育对儿童的保育方面很重视,这是由学前儿童身心发展特点所决定的。

【考点解析】3. 答案是 A。学前教育机构与教师应充分认识和利用一日生活中的各种活动的教育价值,通过合理组织、科学安排,让一日活动发挥一致的、连贯的、整体的教育功能,寓教育于一日活动之中。

【考点解析】4. 答案是 B。家长是培养儿童自主性的难点,只有家长协调配合,学生才能真正独立

自主。

【考点解析】5. 答案是C。发展适宜性原则指学前教育方案在充分参考和利用现有儿童发展研究成果的基础上，为每名儿童提供适合其年龄特点和个别差异性的课程及教育教学实践。包括两层含义：一是年龄适宜性；二是个体适宜性。

【考点解析】6. 答案是B。学前教育是一种为儿童今后发展奠定基础的启蒙教育。

【考点解析】7. 答案是D。杜威认为教育是生活的过程，强调从做中学，从经验中学，强调活动性、经验性的主动作用，现代教育中的活动性原则就源自他的这一思想。

【考点解析】8. 答案是B。游戏活动提倡幼儿的自主性，题干中的活动指儿童主动积极参与的活动。

【考点解析】9. 答案是B。教师在保教结合中起着关键的作用。

【考点解析】10. 答案是B。整个教学法是陈鹤琴先生提倡的，他反对分科教学，主张综合的单元教学。

【考点解析】11. 答案是C。幼儿园的活动是幼儿了解外部世界的主要途径。

【考点解析】12. 答案是D。尊重幼儿不是要听从幼儿的所有决定。

【考点解析】13. 答案是C。由于幼儿独立生活和学习能力较差，因此幼儿教师要全面负责幼儿的活动，体现了教师工作的细致性。

【考点解析】14. 答案是C。发展适宜性原则是指根据幼儿身心发展特征进行教育，是在幼儿教育小学化的背景下提出的。

二、简答题

1.【考点解析】发展适宜性原则的考查。

【参考答案】

（1）教育要促进每个儿童的发展。

（2）教育要促进每个儿童在原有的基础上发展。使每个孩子通过教学活动都能在原有的基础上有所提高，即"跳一跳，摘个桃"。

（3）多种组织形式促进儿童的发展。

三、论述题

1.【考点解析】教育活动的基本原则。

【参考答案】

教育活动的基本原则是学前教育机构、小学、中学教师均应遵循的，它反映了对所有教育者的一基本要求。

（1）保教结合的原则

教师应从幼儿身心发展的特点出发，在全面、有效地对幼儿进行教育的同时，重视对幼儿生活上的照顾和保护，保教合一，确保幼儿能真正健康、全面地发展。把握这个原则应明确以下几点：保育和教育是幼儿园两大方面的工作；保育和教育工作互相联系、互相渗透；保育和教育是在同一过程中实现的。

（2）尊重儿童的人格尊严和合法权益的原则

① 尊重儿童的人格尊严。儿童从一出生就具有人格尊严，他们与我们同样是社会成员，不能因为他们小而歧视他们，要杜绝对孩子随意敷衍、盲目指责、任意羞辱的粗暴行为，更不能拿儿童作为宠物玩耍，随意给他们起绰号，当众披露他们的缺陷。教师要将儿童作为具有独立人格的人来对待，尊重儿童的思想感情、兴趣、爱好、要求和愿望等。

② 保障儿童的合法权利。学前儿童享有不同于成人的许多特殊的权利，如生存权、受教育权、受抚养权、发展权等，这反映了人类对儿童在社会中的地位和权利的认可与尊重。但是，学前儿童毕竟是稚嫩、弱小的个体，他们对自己权利的行使还必须通过成人的教育和保护才能实现。家庭、学前教育机构、社会应当保障未成年人的合法权益不受侵犯。因此，教师不仅是儿童的"教育者"，也应当是儿童权益的实际维护者。

（3）教育的活动性原则

幼儿园教育应从幼儿身心发展的特点和水平出发，以活动为基础展开教育过程。同时，活动形式应多样化,让幼儿能在多种多样的活动中得到发展。

（4）独立自主性原则

培养儿童学会依靠自己的经验和能力进行活动,让儿童了解和认识独立自主性。独立自主性原则的主要内容有以下几方面：生活方面指通过生活技能的培养树立儿童正确的生活态度；动作方面指让儿童学习控制自己的动作,从而使儿童了解自身与社会的关系,关注环境；待人接物方面指培养儿童与人相处的社会行为；学习的自主性指除了让儿童掌握基本概念和基础知识外,另一个重要目的就是为了培养儿童良好的学习习惯和激发学习兴趣。

（5）发展适宜性原则

学前教育的出发点和最后归宿都是促进儿童身心和谐发展。促进每一个儿童在现有的水平基础上获得充分的最大限度的发展。教师进行学前教育与课程的设计、组织、实施都应着眼于促进儿童的发展。所提出的教育目标,既不可任意拔高,也不能盲目滞后,内容的安排应以儿童身心发展的成熟程度为基础,注重儿童的学习准备。使每个孩子通过教学活动都能在原有的基础上有所提高,即"跳一跳,摘个桃"。教师应在充分了解儿童已有知识和理解能力、智力水平的基础上,提出"略为超前"的适度的教育要求,把儿童发展的可能性与积极引导辩证地结合起来,既不低估或迁就儿童已有的水平,错过发展的机会,又不可拔苗助长,超出发展的可能性。

（6）综合性（整合性）原则

整合性原则是指将学前教育看作是一个完整的系统,保证学前儿童身心整体健全和谐的发展,综合化地整合课程的各要素,实施教育。

第二节　幼儿园教育的基本特点

【本节考纲考点】

掌握幼儿园教育的基本特点,能够结合案例分析；能够理解幼儿园教育不同于其他教育的基本特点。

【历年真题再现】

【2012 上】3. 幼儿园教育的基本特点是什么？

【考点分析】幼儿园教育的基本特点

【2011 下】18. 幼儿园的教育内容是全面的、启蒙的,各领域的内容相互渗透,从不同角度促进幼儿（　　）等方面的发展。

A．知识、技能、能力、情感、态度　　　B．情感、态度、能力、知识、技能

C．能力、情感、爱都、知识、技能　　　D．情感、态度、知识、技能、能力

【考点分析】学前儿童教育的基本特点启蒙性

【本节备考指导】

本节内容在考试中主要以选择题和简答题的形式出现,要求学生能够结合实例理解幼儿园教育的基本特点,难点在于幼儿园教育基本特点的辨析上,如启蒙性和综合性的辨析。目前尚未出现在材料分析题和论述题当中。各个版本教材在基本特点上各有偏重,稍有差异,本参考书结合了各个权威教材进行了汇总,基本包括了所有教材里面设计的基本特点,知识较为全面。

【命题考点精讲】

命题点 1：幼儿园教育的基本特点

1. 非义务性

幼儿去幼儿园接受教育是自愿的而非强迫接受的。家长完全可以根据孩子和自己的各方面的情况,综合考虑是否送孩子进托儿所或幼儿园,以及送孩子进哪所幼儿园或托儿所。学前儿童在学前教育机构

的学习可以很自主和自由。因故未上学前教育机构,事后家长和教师不得强迫他们进行课程补习。

2. 基础性

基础性是学前教育的最大特点。所谓基础性是指提供的教育是最基本的。学前教育的基础性首先是由其对象的特殊性决定的。学前教育主要是对出生到6岁或7岁的儿童所实施的教育,这一阶段是个人发展的基础阶段、开端时期。其次,学前教育在整个学制中处于基础阶段,位于教育链条的起点,为学前儿童的发展奠定基础。

3. 保教结合性

学前期是儿童生长发育十分迅速而旺盛的阶段。也是身体各种器官、各个系统的机能还没有发育成熟和完善的时期。生理上,他们骨化没有完成,骨骼坚固性差,容易受损,容易变形。他们的肌肉柔嫩、力量弱,耐力性差,容易疲劳;心理上,由于他们的年龄小,生活经验少,活动能力、自我控制能力、生活自理能力都比较差,对成人的依赖性很强,需要和别人交往建立起关系,需要成人或年长的儿童带领他们进入社会,获取经验;在法律上,他们虽然具有同成人一样的权力,但他们无相应行为能力和责任能力。按我国《民法通则》规定,10岁以下儿童属完全无民事行为能力的公民,他们当然亦不对自己的行为承担相应的责任。因此,对学龄前儿童的教育要特别强调保育与教育相结合,一切教育活动都是在保育的前提下进行的。

4. 启蒙性

所谓启蒙性,是指通过选择适合学前儿童生理特点、知识经验和认知水平的内容和方法,开启学前儿童的智慧和心灵,萌发他们优良的个性品质。学前教育的责任就是对学前儿童进行启蒙教育。具体表现是:(1)学前教育的目的就是启蒙教育。学前教育的主要目的是对学前儿童进行道德、知识与技能等方面进行初步的影响,培养潜在的兴趣,为后续发展奠定基础。(2)学前教育的内容是启蒙性的。健康、社会、语言等领域的教育都注重学前儿童的兴趣培养,而且一般要求与学前儿童的生活经验相结合以引发学前儿童的学习兴趣。(3)学前教育的方法是启蒙性的。游戏是幼儿园进行保育教育的基本方法,不管是知识的学习还是生活技能的获得,更多的是采用游戏的形式,甚至进餐、午睡、穿衣都根据学前儿童的实际情况进行安排,而不是根据成人的标准进行。

5. 生活化

对于幼儿来讲,除了认识周围世界、启迪其心智的学习内容以外,一些基本的生活和做人做事所需要的基本态度和能力,如卫生习惯、生活自理能力、交往能力等都需要学习。但是这样广泛的学习内容不可能仅仅依靠教师设计、组织的教育教学活动来完成,也不可能通过口耳相传的方式来实现,儿童只能在生活中学习生活,在交往中学习交往。即使是认知方面的学习,也要紧密结合幼儿的生活经验,才能被幼儿理解和接受。

6. 游戏化

游戏符合幼儿的年龄特征,能够满足幼儿的各种身心需要,是幼儿园的基本活动,也是幼儿教育的基本原则之一。游戏从本质来看,是幼儿自身的一种自发的主体性活动,对幼儿的发展有着多方面的价值。游戏是幼儿的基本活动形式,也是幼儿基本的学习方式。所以,游戏在幼儿园教育当中居于非常重要的位置。

7. 活动性和直接经验性

幼儿主要通过各种感官来认识世界。只有在获得丰富的感性经验的基础上,幼儿才能理解事物,才能对事物形成比较抽象概括的认识。幼儿的这种具有行动性和形象性的认知方式和认知特点,使得幼儿园课程必须以幼儿主动参与的教育性活动为其基本的存在形式和构成成分。对幼儿来讲,只有在活动中的学习才是有意义的学习,只有在直接经验基础上的学习才是理解性的学习。

8. 潜在性

从本质上讲,幼儿园教育是有目的、有计划的教育过程,幼儿园课程也有明确的课程目标和基本的学习领域,但由于幼儿身心发展和学习的特点,使得幼儿园课程不是体现在课表、教材、课堂中,而是体现在生活、游戏和其他幼儿喜闻乐见的活动形式中。虽然怎样创设环境,怎样支持幼儿的探索学习,都是教师根据幼儿园课程的目的、内容要求精心设计的,但这些内容、目的和要求仅仅存在于教师的意识和行动中,幼儿并不能清楚地认识到。幼儿感受到的更多的是环境、活动、材料和教师的行为，而不是教育者的教育目的和期望。

【本节考点知识点小结】

学前教育作为教育的组成部分，具有教育的一般特点，但同时由于教育对象的不同又具有其自身的特点：非义务性；保教结合性；基础性；启蒙性；生活化；游戏化；活动性与直接经验性；潜在性。

【本节过关自测】

一、单项选择题

1. 幼儿教育活动的基础是（　　）。
   A．培养幼儿的生活习惯　　　　　　　B．对幼儿身心安全和卫生的维护
   C．教幼儿认识简单的字　　　　　　　D．发展幼儿的语言能力

2. 关于我国学前教育的描述，不正确的是（　　）。
   A．基础教育　　　B．启蒙教育　　　C．属于义务教育　　　D．实施全面发展的教育

3. 幼儿学习的基础是（　　）。
   A．直接经验　　　B．课堂学习　　　C．间接经验　　　D．理解记忆

4. 幼儿教育具有（　　）。
   A．基础性和公益性　　　　　　　　　B．基础性和营利性
   C．基础性和潜能开发性　　　　　　　D．基础性和代表性

5. 对幼儿的照料、教育就如同经线和纬线一样交叉在一起，这句话体现了（　　）。
   A．个别教育原则　　B．因材施教　　　C．保教结合　　　D．集体教育

6. 现代幼儿教育中，教育者主要以"广、博、浅"为准则，对幼儿进行全面发展的教育。这体现了幼儿园教育具有（　　）特点。
   A．综合性　　　B．发展性　　　C．启蒙性　　　D．活动性

7. 对学前儿童的教育要与他们的现实发展需要联系起来，要起于未发、适时而教、循序渐进，不损伤"幼嫩的芽"，这表明了幼儿教育的（　　）特点。
   A．启蒙性　　　B．生活化　　　C．游戏化　　　D．潜在性

8. 幼儿主动与外部环境相互作用的最重要的方式是（　　）。
   A．游戏　　　B．交往　　　C．活动　　　D．游玩

9. 学前教育的实质是（　　）。
   A．综合教育　　　B．启蒙教育　　　C．独立性原则　　　D．适宜性原则

二、简答题

1. 幼儿园教育的基本特点是什么？

【本节过关自测】参考答案

一、单项选择题

【考点解析】1. 答案是B。对幼儿身心安全和卫生的维护是幼儿教师日常工作中非常重要的一部分，也是幼儿教育活动的基础。

【考点解析】2. 答案是C。学前教育的基本特点非义务性和基础性。

【考点解析】3. 答案是A。只有在获得丰富的感性经验的基础上，幼儿才能理解事物，才能对事物形成比较抽象概括的认识。幼儿的这种具有行动性和形象性的认知方式和认知特点决定了幼儿教育的直接经验性。

【考点解析】4. 答案是C。幼儿教育具有基础性和潜在性的特点。幼儿园课程蕴含在环境、材料、活动和教师的行为中，潜移默化地对幼儿起作用。

【考点解析】5. 答案是C。幼儿园保育和教育不可分割的关系是由幼教工作的特殊性和幼儿身心发

展的特点决定的。虽然保育和教育有各自的主要职能,但并不是完全分离的。教育中包含了保育的成分,保育中也渗透着教育的内容。

【考点解析】6. 答案是C。学前教育是人类社会发展的基石,是个人发展的基础。

【考点解析】7. 答案是A。所谓启蒙性,是指通过选择适合学前儿童生理特点、知识经验和认知水平的内容和方法,开启学前儿童的智慧和心灵,萌发他们优良的个性品质。并不是深层次的教育,是广而博的启发式教育。

【考点解析】8. 答案是C。幼儿园的活动是幼儿了解外部世界的主要途径。

【考点解析】9. 答案是B。学前教育是一种为儿童今后发展奠定基础的启蒙教育。

二、简答题

1.【考点分析】幼儿园教育的基本特点。

【参考答案】

(1)非义务性。幼儿去幼儿园接受教育是自愿的而非强迫接受的。家长完全可以根据孩子和自己的各方面的情况,综合考虑是否送孩子进托儿所或幼儿园,以及送孩子进哪所幼儿园或托儿所。学前儿童在学前教育机构的学习可以很自主和自由。因故未上学前教育机构,事后家长和教师不得强迫他们进行课程补习。

(2)基础性。所谓基础性是指提供的教育是最基本的。学前教育的基础性首先是由其对象的特殊性决定的。学前教育主要是对出生到6岁或7岁儿童所实施的教育,这一阶段是个人发展的基础阶段、开端时期。其次,学前教育在整个学制中处于基础阶段,位于教育链条的起点,为学前儿童的发展奠定基础。

(3)启蒙性。幼儿园是对3~6岁幼儿实施保育和教育的机构,所以,幼儿园教育主要是为幼儿提供学习的经验,为幼儿的一生成长奠定根基。所谓"启蒙",即开发启蒙,启蒙教育应该是简单的、通俗的、基础的、易于开启幼儿智慧和萌发优良个性的教育。

(4)生活化。对幼儿来说,大多数的学习都是在生活中进行的,如文明卫生习惯、生活处理能力、自立意识、与人相处时应有的态度和能力等,即使是认知方面的学习也离不开幼儿的生活经验,离不开幼儿的生活实践。所以,幼儿园教育活动带有浓厚的生活化特征,活动内容来源于生活,活动实施更要贯穿于幼儿的生活。

(5)游戏性。游戏是幼儿最基本的活动,是幼儿最基本的学习方法,也是幼儿获得发展的最基本的途径。幼儿园教育活动的游戏特性是显而易见的。

(6)活动性和直接经验性。对幼儿来说,只有具体的活动才是真实的学习,只有在活动中,幼儿才能理解学习的内容,直接获得学习经验,才能与他人交往,与环境互动,才能获得真正意义上的全面发展。

(7)潜在性。幼儿教育是启蒙性的、全面性的、基础的教育,它只需要向幼儿传递关于自然、社会和人类最浅显的知识和概念,但涉及面极广,类型极多。从幼儿学习的角度看,由于年龄小,知识经验贫乏,所以幼儿园的教育活动蕴藏在环境中、生活中、游戏中,教师的教育意图也是蕴含在环境、材料、活动和教师的行为之中,可以说幼儿是在潜移默化的教育环境中成长并发展的。

第五章 幼儿园的班级管理

【本章考试大纲】

理解幼儿园班级管理的目的和意义。

第一节 幼儿园班级管理的目的和意义

【本节考纲考点】

1. 理解幼儿园班级管理的含义。

2. 掌握幼儿园班级管理的目的和意义。

【历年真题再现】

【2011下】13. 在目前条件下,幼儿园比较合适的师生比是( )。
A. 1：15～20 B. 1：20～25 C. 1：25～30 D. 1：30～35
【考点】幼儿园的师生比

【2012下】1. 制定班级幼儿生活常规的主要目的是( )。
A. 帮助幼儿学会自我管理   B. 便于教师管理
C. 让幼儿学会服从   D. 维持纪律
【考点】幼儿园班级管理的目的

【本节备考指导】

本节考点较少,重点是理解幼儿园班级管理的含义,掌握幼儿园班级管理的目的和意义。一般考试题型见于选择题和简答题。

另外,考生要掌握《幼儿园工作规程》中有关幼儿园班级管理的规定,考题常见于选择题。具体规定如下：

(1) 幼儿园每班幼儿人数一般为：小班(3周岁至4周岁)25人,中班(4周岁至5周岁)30人,大班(5周岁至6周岁)35人,混合班30人。寄宿制幼儿园每班幼儿人数酌减。

(2) 幼儿园应当制定合理的幼儿一日生活作息制度。正餐间隔时间为3.5～4小时。在正常情况下,幼儿户外活动时间(包括户外体育活动时间)每天不得少于2小时,寄宿制幼儿园不得少于3小时;高寒、高温地区可酌情增减。

【命题考点精讲】

命题点1：幼儿园班级管理的含义

班级管理是学前教育机构管理的核心工作,它是指教师与行政人员遵循国家的学前教育政策、法规,按照儿童身心发展规律和保教工作的工作规律,采用科学的工作方式和管理手段,将人、财、物、时间、空间、信息等各要素合理组织起来,为实现国家规定的学前教育目标进行的保教组织管理活动。这一概念包含了三层涵义：(1)班级管理是由人去实施的,即管理的主体是人,可以是一个人,也可以是一群人。(2)班级管理是通过计划、组织、实施、调整等环节来实施的。(3)班级管理的对象是幼儿园的人、财、物、时间、空间等。不同管理活动的对象不同,可以是人或任何其他因素的综合。

命题点2：幼儿园班级管理的目的

幼儿园班级常规管理的目的是培养幼儿良好的行为习惯。从小就培养幼儿良好的行为习惯,幼儿终身受益;反之,则将终身受害。幼儿园管理的目的是为了实现如下功能：

(1) 生活功能。班级为儿童提供了共同生活的组织环境,每个儿童在集体中的生活行为,如如厕、喝水、吃饭等,都会受到班级组织管理的影响。有序、合理地安排儿童一日生活,对于提高儿童的生活质量,提高活动效率,促进儿童发展有重要意义。

(2) 教育功能。班级不仅是一个生活集体,同时是一个教育集体。班级为儿童之间、儿童与教师之间的良好交往提供平台。在教师的指导下,能够使儿童尽快掌握交往的技巧,共同的价值观,使幼儿产生班级的归属感和安全感,使儿童能够自由表达自我,相互交流,相互影响。总之,班级对促进儿童社会性发展起着重要作用。

(3) 社会服务功能。《幼儿园工作规程》指出："幼儿园同时面向幼儿家长提供科学育儿指导。"学前教育机构班级实现着为家长服务的社会功能。

命题点3：幼儿园班级管理的意义

1. 幼儿园班级管理是搞好幼儿园管理的基础工程

班级,是幼儿园的"细胞",班级管理是学校综合管理工作的重要组成部分。班级的管理水平是展示幼儿园的管理水平和教育教学水平的窗口,班级管理工作的好坏,直接反映了幼儿园的管理水平。班级又是幼儿所处的最贴近的环境和最具体的生活场所,对幼儿的发展具有最直接的影响,幼儿的健康成长都直接取决于班级管理工作的成效。因此,幼儿园的工作人员在烦琐而紧张的一日活动中,要使幼儿园的班级工作卓有成效,就必须要有一定的方法和策略。

2. 幼儿园班级管理是提高幼儿园保教质量的保证

在新时期、新理念的今天,对幼儿园的要求是保教并重,那么,教师由传统的传授知识者转变为幼儿学习的支持者、参与者和合作者,教师、保育员人人都是管理者。因此,班级活动的设计和组织安排,班级常规的制定,都必须让孩子、家长、配班老师和保育员都走到班级管理的前台来,只有全员参与,班级管理才能达到事半功倍的效果。

幼儿园的班级管理同样也离不开家长的理解、支持与参与,因为家庭是重要的合作伙伴,所以争取家长的理解、支持和主动参与,并积极支持、帮助家长提高教育能力是非常必要的。

【本节考点知识点小结】

班级管理是学前教育机构管理的核心工作。它是指教师与行政人员遵循国家的学前教育政策、法规,按照儿童身心发展规律和保教工作的工作规律,采用科学的工作方式和管理手段,将人、财、物、时间、空间、信息等各要素合理组织起来进行的保教组织管理活动。幼儿园班级常规管理的目的是培养幼儿良好的行为习惯。幼儿园班级管理的目的是为了实现生活功能、教育功能和社会服务功能。幼儿园的班级管理具有重要的意义。幼儿园班级管理是搞好幼儿园管理的基础工程;幼儿园班级管理是提高幼儿园保教质量的保证。

【本节过关自测】

一、单项选择题

1. 幼儿是幼儿园教育的对象,是班级的主体。因此有幼儿分班、班级人数、性别比例和幼儿背景等问题。其小班级人数一般是( )。
   A. 25 人　　　　B. 30 人　　　　C. 35 人　　　　D. 40 人
2. 小班每次集中活动的时间应该保持在( )分钟为宜。
   A. 10~15　　　 B. 15~20　　　 C. 20~25　　　 D. 25~30
3. 在正常情况下,幼儿户外活动时间(包括户外体育活动时间)每天不得少于( )小时。
   A. 1　　　　　 B. 2　　　　　 C. 3　　　　　 D. 4
4. 目前,我国幼儿园办园形式更加灵活,提供节假日临时收托孩子服务,早晚接送孩子服务,根据家长需要安排教师上下班时间等,主要是为了( )。
   A. 幼儿园创收　　　　　　　　B. 补偿教育
   C. 增加幼儿园知名度　　　　　D. 服务社会

二、简答题

1. 什么是幼儿园班级管理?为什么要进行幼儿园班级管理?
2. 幼儿园班级管理具有哪些功能?

【本节过关自测】参考答案

一、单项选择题

【考点解析】1. 答案是 A。《幼儿园工作规程》中规定不同年龄班幼儿的人数:小班 25 人,中班 30 人,大班 35 人。

【考点解析】2. 答案是 A。幼儿有意注意保持的时间随年龄增长而增长,小班每次集中活动 10~15 分钟,中班 20~25 分钟;大班 25~30 分钟。

【考点解析】3. 答案是 B。《幼儿园工作规程》中规定在正常情况下,幼儿户外活动时间(包括户外体育活动时间)每天不得少于 2 小时。

【考点解析】4.答案是 D。体现了幼儿园班级管理的社会服务功能。

二、简答题

1.【考点解析】此题考查了幼儿园班级管理的含义和意义。

【参考答案】

班级管理是学前教育机构管理的核心工作,它是指教师与行政人员遵循国家的学前教育政策、法规,按照儿童身心发展规律和保教工作的工作规律,采用科学的工作方式和管理手段,将人、财、物、时间、空间、信息等各要素合理组织起来,为实现国家规定的学前教育目标进行的保教组织管理活动。

幼儿园班级管理的意义包括:

(1) 幼儿园班级管理是搞好幼儿园管理的基础工程;

(2) 幼儿园班级管理是提高幼儿园保教质量的保证。

2.【考点解析】此题考察了幼儿园班级管理的功能。

【参考答案】

幼儿园班级管理是为了实现如下功能:

(1) 生活功能:有序、合理地安排儿童一日生活,对于提高儿童的生活质量,提高活动效率,促进儿童发展有重要意义。

(2) 教育功能:班级管理对促进儿童身心发展起着重要作用。

(3) 社会服务功能:学前教育机构班级管理实现着为家长服务的社会功能。

第二节 幼儿园班级管理的内容与方法

【本节考纲考点】

1. 掌握幼儿园班级管理的内容与方法。
2. 理解幼儿园班级管理的原则与工作环节。
3. 了解各年龄阶段学前儿童班级管理的特征和方法。

【历年真题再现】

【2011下】4.幼儿园班级管理的内容包括哪些方面?

【考点】幼儿园班级管理的内容

【本节备考指导】

本节考查的重点是掌握幼儿园班级管理的内容与方法,其次是理解幼儿园班级管理的原则与工作环节。考题多见于选择题和简答题。

同时,考生对各年龄阶段学前儿童班级管理的特征和方法也要有一定的了解,特别是一些具有典型性的问题,如小班幼儿的入园焦虑问题;混龄班的优势和不足等(见过关自测题)。

【命题考点精讲】

命题点 1:幼儿园班级管理的内容

幼儿园班级管理一般由生活管理、教育管理、家园交流管理、班级间交流管理、幼儿社区活动管理等几方面组成。幼儿园班级中管理人员包括保教人员、幼儿、幼儿家长。其他方面的管理工作服务于幼儿的生活管理、教育管理。

(1) 生活管理。幼儿园班级生活管理是为了保证幼儿的身体正常发育,心理健康成长,保教人员围绕幼儿在园内的起居、饮食等生活方面的需要而从事的管理工作。

(2) 教育管理。班级保教人员在班主任教师带领下对班级幼儿进行调查研究,对教育过程精心设计组织,对教育结果进行细致评估,这一系列的工作称为幼儿班级教育管理。

（3）物品管理。班级物品包括班级空间中一切物质，包括班级内部所有的设施、设备、用品和材料等。

命题点2：幼儿园班级管理的工作环节

（1）幼儿园班级工作计划的制订。计划是确定行动的纲领和方案，促使行为趋向于目标的管理活动。它是一种预先的确定目标和实现目标的手段。幼儿园班级工作计划是班级管理者为班级的未来确定目标，并提出达到这一目标的方法和步骤的管理活动。了解孩子的实际状况是我们制订计划的前提条件。

（2）幼儿园班级工作的组织与实施。工作计划制定得再好，也只是文字性的东西，计划和结果之间还需要组织与实施。组织是指安排分散的人或事物，使之具有一定的系统性或整体性；实施即实行。幼儿园班级工作的组织与实施是指将班级中的教师、幼儿、材料、物品、空间、时间等要素进行合理安排，使之具有一定的系统性和整体性，并加以实行。

（3）幼儿园班级工作的检查与计划调整。检查是对计划的检查，根据计划实施的情况对预先制定的计划进行调整。

（4）班级工作的总结与评估。总结是管理过程的终结。它对班级工作计划的执行情况进行全面检查与评估，发现成绩和缺点，总结经验和教训。总结的过程也是一个对以往工作进行全面检查、分析和研究的过程。

这四个环节是互为条件的，前一个环节是后一个环节的基础，后一个环节是前一个环节的落实与实施。它们之间相互联系，环环相扣形成了一个螺旋上升的链。每一次新计划的目标都比上一个计划目标水平提高。如此不断循环，最终促进幼儿园工作质量的提高。

命题点3：幼儿园班级管理的原则

1. 主体性原则

指教师作为班级管理的主体具有的自主性、创造性和主动性，同时又充分尊重幼儿作为学习者的主体地位。强调这一原则的目的在于引导作为班级管理主体的教师充分投入地从事班级管理工作，能从自己所在班级的实际出发，提出一系列管理策略和方案，创造性地运用多种理论和方法，协调班内的多种因素。在提高班级管理成效的同时，幼儿作为学习、游戏的主体地位得到保证和确立，使教师作为管理者的主体性与幼儿作为学习和游戏者的主体性相结合。

2. 整体性原则

指班级管理应是面向全体幼儿并涉及班内所有管理要素的管理。整体性原则保证了班级全体幼儿的共同进步而不是部分幼儿的超常发展，确保班级各种管理要素得到充分的利用。

3. 参与性原则

指教师在管理过程中不以管理者身份高高在上，而以多种形式参与到幼儿的活动之中，在活动中民主、平等地对待幼儿，与幼儿共同开展有益的活动。

4. 高效性原则

指教师进行班级管理时，要求以最少的人力、物力和时间，尽可能地使幼儿获得更多、更全面、更好的发展，使班级呈现更健康的面貌。

命题点4：幼儿园班级管理的方法

幼儿园班级集体中一般由20、30个幼儿一起生活、学习和娱乐，他们虽然具有相同的年龄特征，但各自的个性、品质、生活经验和能力却是多种多样的。要保证集体中每个幼儿自觉地接受生活教育管理，掌握一定的生活常规和知识技能，从而达到幼儿园保教目标，保教人员必须掌握一定的班级管理方法。科学的班级管理方法是每个保教人员基本的工作技能。

1. 规则引导法

指用规则引导幼儿行为，使其与集体活动的方向和要求保持一致或确保幼儿自身安全并不危及他人的一种管理方法。规则引导法是学前教育班级管理最常用和最直接有效的方法。

2. 情感沟通法

指通过激发和利用师生间或幼儿间以及幼儿对环境的情感，以引发或影响幼儿行为的方法。幼儿园孩子情感较成人外露,易受暗示和感染,所以教师很容易把握幼儿的情感特点,从幼儿情感着手,对幼儿的行为加以影响和引导,以达到管理的目的。另外,幼儿的情感伴随幼儿身心活动的全过程。所以,情感沟通法可以辐射到幼儿的全部生活、教育、游戏活动中去。它既能加强对幼儿的管理,又能促进幼儿情感的发展。

3. 互动指导法

指幼儿园教师、同伴、环境等相互作用的方法。班级活动的本质是由幼儿参与的、同指向的对象发生相互作用的活动,即班级活动过程就是由幼儿不同对象互动的过程。因此,指导幼儿主动地、积极地、有效地同他人交往是班级管理的一种重要的方法。

4. 榜样激励法

指通过树立榜样并引导幼儿学习榜样以规范幼儿行为,从而达成管理目的的方法。人们常说,榜样的力量是无穷的,对爱模仿、易受暗示的幼儿来说更是如此。教师在班级管理中利用具体的健康形象和成功的行为做示范,来引导和规范幼儿的行为。

5. 目标指引法

指教师以行为结果作为目标,引导幼儿的行为方向,规范幼儿行为方式的一种管理方法。从行为的预期结果出发,引导幼儿自觉识别行为正误是目标指引法的基本特点。

命题点5:各年龄阶段学前儿童班级管理的特征和方法

不同时期的幼儿在班级这个小社会中扮演着不同的角色,因此,我们要根据不同年龄特点的孩子营造不同的班级氛围,以达到不同的效果。比如,小班时期是养成各种常规的关键时期,而这个时期的孩子情感依恋强烈,如果老师在这一阶段能够营造一种与家庭相似的宽松、温馨的和谐环境,就能让小班时期的孩子尽快适应幼儿园的集体生活,养成良好的班级常规。而中班、大班时期的孩子,已经形成了自己的认识习惯,因此对这一阶段的孩子,老师们则应注重培养主人翁的意识,可以创设相应的环境和条件让孩子们参与其中,如主题墙面的布置、自然角的更换,充分尊重幼儿。在这样的环境下,让孩子们积极参与布置环境,共同商量,共同创设,知道自己就是班级大家庭中的一员,这样不仅提高了幼儿的兴趣和创造性,使幼儿产生了改变环境的成就感和责任感,也可以适时地引导幼儿爱惜劳动成果和保护环境,促使班级常规管理更加规范。

【本节考点知识点小结】

幼儿园班级管理一般由生活管理、教育管理和物品管理等几方面组成。幼儿园班级管理的工作环节包括:计划——组织实施——检查调整——总结评价。幼儿园班级管理要遵循主体性、整体性、参与性与高效性等原则。幼儿园班级管理的方法包括:规则引导法、情感沟通法、互动指导法、榜样激励法、目标指引法等。幼儿教师依据不同的情景灵活选择不同方法。不同年龄阶段幼儿的发展特点不一,幼儿教师要使用适宜的幼儿园班级管理方法。

【本节过关自测】

一、单项选择题

1. ( )是指幼儿教师在进行班级管理工作中,要以最少的资源投入,尽可能地使幼儿获得更多、更全面、更快、更好的发展。

　　A. 整体性　　　　B. 高效性　　　　C. 关键性　　　　D. 主体性

2. 走进幼儿园某班阅读活动区入口,在地上有五对脚印,这个设计告诉幼儿三个要求:进阅读区要脱鞋,只能五位幼儿进入,要将鞋子放整齐。教师运用了幼儿园班级管理的( )方法。

　　A. 规则引导法　　B. 情感沟通法　　C. 互动指导法　　D. 榜样激励法

3. 教师发自内心地对幼儿的尊重、理解和爱,通过激发和利用师生间或幼儿间以及对环境的情感,以引发或影响幼儿行为的方法是( )。

　　A. 规则引导法　　B. 情感沟通法　　C. 互动指导法　　D. 榜样激励法

4. 对于入园初期适应困难的孩子,幼儿园教师可以(　　)。
   A．要求幼儿严守幼儿园一日生活制度,按时入园离园
   B．允许他们上半天,如中午午饭后由家长接回,再逐渐延长在园时间
   C．多批评爱哭闹的孩子,让他害怕而不敢哭
   D．通知家长接回孩子

5. 任何一个班级都是特殊的个体,不同的班级中幼儿实际情况不同,教师经验不同、专业水平不同,制定计划时有鲜明的个性,切忌照抄照搬,这体现了制定计划的(　　)原则。
   A．整体性原则　　B．目标性原则　　C．差异性原则　　D．公平性原则

6. 在进餐时,老师发现某个幼儿安静地吃完了饭菜,就立刻表扬了他,希望他以后表现更好,该老师用了以下哪种方法(　　)。
   A．榜样示范法　　B．行为训练法　　C．及时补强法　　D．图示图表法

二、简答题

1. 幼儿园班级管理的内容有哪些?
2. 幼儿园班级管理需要遵循哪些原则?
3. 幼儿园混龄班的优势和不足有哪些?

三、论述题

如果你是幼儿园小班的教师,面对幼儿入园焦虑的问题,你打算如何做?

【本节过关自测】参考答案

一、单项选择题

【考点解析】1. 答案是 B。此题考查幼儿园班级管理的原则。
【考点解析】2. 答案是 A。幼儿园教师通过环境创设给幼儿提示规则。
【考点解析】3. 答案是 B。此题考查对幼儿园班级管理方法的理解。
【考点解析】4. 答案是 B。对入园困难的儿童,教师可以差异化对待。
【考点解析】5. 答案是 C。教师在制定班级计划时要注意考虑幼儿的个体差别。
【考点解析】6. 答案是 C。及时表扬和肯定是及时补强法的具体表现。

二、简答题

1.【考点解析】此题考查了幼儿园班级管理的内容。
【参考答案】幼儿园班级管理一般由生活管理、教育管理、家园交流管理、班级间交流管理、幼儿社区活动管理等几方面组成。
（1）生活管理。幼儿园班级生活管理是为了保证幼儿的身体正常发育,心理健康成长,保教人员围绕幼儿在园内的起居、饮食等生活方面的需要而从事的管理工作。
（2）教育管理。班级保教人员在班主任教师带领下对班级幼儿进行调查研究,对教育过程精心设计组织,对教育结果进行细致评估,这一系列的工作称为幼儿班级教育管理。
（3）物品管理。班级物品包括班级空间中一切物质,包括班级内部所有的设施、设备、用品和材料等。

2.【考点解析】此题考察了幼儿园班级管理的原则。
【参考答案】（1）主体性原则。指教师作为班级管理的主体具有的自主性、创造性和主动性,同时又充分尊重幼儿作为学习者的主体地位。
（2）整体性原则。指班级管理应是面向全体幼儿并涉及班内所有管理要素的管理。整体性原则保证了班级全体幼儿的共同进步而不是部分幼儿的超常发展,确保班级各种管理要素得到充分的利用。
（3）参与性原则。指教师在管理过程中不以管理者身份高高在上,而以多种形式参与到幼儿的活动之中,在活动中民主、平等地对待幼儿,与幼儿共同开展有益的活动。
（4）高效性原则。指教师进行班级管理时,要求以最少的人力、物力和时间,尽可能地使幼儿获得更多、更全面、更好的发展,使班级呈现更健康的面貌。

3.【考点解析】此题考察了考生对幼儿园混龄班的理解。

【参考答案】优势：(1)差异互补、各得其所；(2)异龄互动、共同促进(大带小，小促大)；(3)因材施教、形式多样。

不足：(1)课程设计与实施较复杂，一般老师难以胜任；(2)容易造成时间上的浪费；(3)容易造成大年龄幼儿的争先表现，影响小年龄幼儿的发展。

三、论述题

【考点解析】此题考查了幼儿园小班班级管理的相关知识。

【参考答案】教师要注重对小班幼儿的入园引导，具体方法如下：

(1) 入园前对幼儿进行家访；

(2) 召开家长会；

(3) 参观幼儿园；

(4) 合理安排好幼儿入园之初的活动，使幼儿真正感到幼儿园生活的快乐，真正喜欢幼儿园；

(5) 老师要通过观察和交往，努力与新来的儿童建立关系；

(6) 根据幼儿身心发展特点，组织有趣的活动吸引幼儿，分散幼儿"想妈妈，想家"的注意力；

(7) 以大带小减轻刚入园幼儿的"分离焦虑"。

第六章 教育部颁布的主要幼教法规的主要内容及解读

【本章考试大纲】

掌握《幼儿园教育指导纲要(试行)》在幼儿园教育活动的目标、内容、实施和评价上的基本观点和要求。

第一节 《幼儿园教育指导纲要(试行)》主要内容及解读

【本节考纲考点】

1. 领会《纲要》颁布的背景、意义，以及《纲要》所体现的教育理念和幼教改革动向。
2. 掌握五大领域的教育目标。
3. 领会五大领域教育的指导要点。
4. 掌握幼儿园教育活动组织与实施的要求。
5. 掌握教育活动内容的选择的原则。
6. 了解幼儿园环境的创设和利用的要点。
7. 掌握安排和组织幼儿园一日生活的要求。
8. 领会教师在幼儿学习活动中扮演的角色。
9. 理解和掌握幼儿园教育评价的目的、主体、方法和应注意的问题。

【历年真题再现】

一、单项选择题

【2011下】17.《幼儿园教育指导纲要(试行)》中提到的五个领域，每个领域都可以提炼出一个关键的能力，艺术是(　　)。

　　A．感受能力　　　　B．表现能力　　　　C．创造能力　　　　D．思维能力

【考点】对五大领域教育内容和指导要点的理解和归纳

【2011下】18. 幼儿园的教育内容是全面的、启蒙的，各领域的内容相互渗透，从不同角度促进幼儿

( )等方面的发展。

A．知识、技能、能力、情感、态度
B．情感、态度、能力、知识、技能
C．能力、情感、态度、知识、技能
D．情感、态度、知识、技能、能力

【考点】对《幼儿园教育指导纲要》第二部分前言的掌握

【2013上】9．根据《幼儿园教育指导纲要（试行）》，幼儿园体育的重要目标是（　　）。

A．获得比赛奖项
B．培养运动人才
C．培养幼儿对体育活动的兴趣
D．训练技能

【考点】对体育目标的理解

【2013下】9．下列属于幼儿园语言教育目标的是（　　）。

A．能认读拼音字母
B．能清楚地说出自己想说的事
C．能认读一定量的汉字
D．能正确书写常用汉字

【考点】语言领域目标的掌握

【2015下】7．《幼儿园教育指导纲要（试行）》中的教育目标较多使用"体验""感受""喜欢""乐意"等词汇，这表明幼儿园教育强调（　　）。

A．知识取向　　　B．情感态度取向　　　C．能力取向　　　D．技能取向

【考点】对《幼儿园教育指导纲要（试行）》目标的理解

二、简答题

【2012下】11．简述《幼儿园教育指导纲要（试行）》中语言教育的指导要点。

【考点】领域指导要点的掌握

【本节备考指导】

《纲要》是非常重要的法规文件，自从颁布以来，每年均有真题出现，最常见的是选择题。另外，也要注意材料分析题。《纲要》内容较多，重点要掌握教育目标、内容选择的原则、环境创设、教师角色等。

【命题考点精讲】

命题点1：《幼儿园教育指导纲要（试行）》简析

《幼儿园教育指导纲要（试行）》从结构来看，由四个部分组成，即总则、教育内容与要求、组织与实施、教育评价。

1. 总则

（1）为贯彻《中华人民共和国教育法》《幼儿园管理条例》和《幼儿园工作规程》，指导幼儿园深入实施素质教育，特制定本纲要。

（2）幼儿园教育是基础教育的重要组成部分，是我国学校教育和终身教育的奠基阶段。城乡各类幼儿园都应从实际出发，因地制宜地实施素质教育，为幼儿一生的发展打好基础。

（3）幼儿园应与家庭、社区密切合作，与小学相互衔接，综合利用各种教育资源，共同为幼儿的发展创造良好的条件。

（4）幼儿园应为幼儿提供健康、丰富的生活和活动环境，满足他们多方面发展的需要，使他们在快乐的童年生活中获得有益于身心发展的经验。

（5）幼儿园教育应尊重幼儿的人格和权利，尊重幼儿身心发展的规律和学习特点，以游戏为基本活动，保教并重，关注个别差异，促进每个幼儿富有个性的发展。

2. 教育内容与要求

幼儿园的教育内容是全面的、启蒙性的，可以划分为健康、语言、社会、科学、艺术等五个领域，也可做其他不同的划分。各领域的内容相互渗透，从不同的角度促进幼儿情感、态度、能力、知识、技能等方面的发展。

《幼儿园教育指导纲要（试行）》在对每一领域进行阐述时，分成"目标""内容与要求"和"指导要点"三部分。各部分功能各有侧重。

在教育目标方面,《幼儿园教育指导纲要(试行)》重视幼儿的兴趣、情感、态度,并在实施中重视幼儿为主体的探索性学习。使用诸如"体验""感受""喜欢""乐意"等词汇,表明该领域要达到什么目的和它主要的价值取向。所有领域的目标既比较集中地体现了该领域特有的价值,又共同体现了《幼儿园教育指导纲要(试行)》的基本精神。《幼儿园教育指导纲要(试行)》着眼于培养幼儿终身学习的基础和能力。如"科学"的目标在将幼儿"对周围的事物、现象感兴趣,有好奇心和求知欲"放在首位的同时,还强调幼儿"能运用各种感官,动手动脑,探究问题"。

而且特别指出让幼儿能从生活和游戏中感受事物的数量关系并体验到数学的重要和有趣,并在"指导要点"明确地指出"幼儿的科学教育是科学启蒙教育","重在激发幼儿的认识兴趣和探究欲望。要尽量创造条件让幼儿实际参加探究活动,使他们感受科学探究的过程和方法,体验发现的乐趣"。

"内容与要求"部分则在说明为实现教育目标,教师应该做什么、该怎样做、用什么内容做。在教育内容方面,《幼儿园教育指导纲要(试行)》吸收了建构主义和现代认知心理学的成果,强调了作为教育内容的知识的建构性、过程性。在其教育内容与要求中,不再把知识列为一大堆静态的、脱离幼儿的、仅仅要他们记住的东西,而是视知识为动态变化的、幼儿主动建构的过程。

《幼儿园教育指导纲要(试行)》强调幼儿的主动学习,改革教学方式,要求教师"各领域的内容要有机联系,相互渗透,注重综合性、趣味性、活动性,寓教育于生活、游戏之中",要着力组织适合幼儿的活动,创造适宜的教育环境,从幼儿的实际生活中去发现教学资源,通过作用于幼儿的活动来对其发生影响,强调幼儿的主动学习,让他们获得体验,并获得一定的知识和技能。

"指导要点"部分,一是点明该领域的教和学的特点。因为各领域的知识性质不同,幼儿的学习方式也会随之变化,教师必须根据这些特点来设计教学,以提高教与学的效果。如语言、社会文化、社会规则等方面的知识,教师可以通过语言传授的方式来教,学生可用接受学习的方式来学。教师要重视良好人际环境的创设,重视自己的言行举止,重视幼儿平常生活的点点滴滴等;而科学领域的知识大多属于程序性知识,这类知识是不能靠直接的语言传授让幼儿获得的,它需要幼儿自身与物体、与外部世界直接地相互作用,通过活动而自我建构。因此,教师的教就应当是间接的,如创设相适应的环境、提供必要的活动条件和其他支持手段等。二是点明该领域特别应当注意的普遍性的问题。比如,在"艺术"领域中,较严重地存在重视表现技能或艺术活动的结果,而忽视幼儿在活动过程中的情感体现和态度的倾向,因此在"指导要点"中明文要求避免此类情况的发生。

3. 组织与实施

(1) 幼儿园的教育是为所有在园幼儿的健康成长服务的,要为每一个儿童,包括有特殊需要的儿童提供积极的支持和帮助。

(2) 幼儿园的教育活动,是教师以多种形式有目的、有计划地引导幼儿生动、活泼、主动活动的教育过程。

(3) 教育活动的组织与实施过程是教师创造性地开展工作的过程。教师要根据《幼儿园教育指导纲要(试行)》,从本地、本园的条件出发,结合本班幼儿的实际情况,制定切实可行的工作计划并灵活地执行。

(4) 教育活动目标要以《幼儿园工作规程》和《幼儿园教育指导纲要(试行)》所提出的各领域目标为指导,结合本班幼儿的发展水平、经验和需要来确定。

(5) 教育活动内容的选择应遵照本《幼儿园教育指导纲要(试行)》第二部分的有关条款进行,同时体现以下原则:

① 既适合幼儿的现有水平,又有一定的挑战性;
② 既符合幼儿的现实需要,又有利于其长远发展;
③ 既贴近幼儿的生活来选择幼儿感兴趣的事物和问题,又有助于拓展幼儿的经验和视野。

(6) 教育活动内容的组织应充分考虑幼儿的学习特点和认识规律,各领域的内容要有机联系,相互渗透,注重综合性、趣味性、活动性,寓教育于生活、游戏之中。

(7) 教育活动的组织形式应根据需要合理安排,因时、因地、因内容、因材料灵活地运用。

(8) 环境是重要的教育资源,应通过环境的创设和利用,有效地促进幼儿的发展。

① 幼儿园的空间、设施、活动材料和常规要求等应有利于引发、支持幼儿的游戏和各种探索活动,有利于引发、支持幼儿与周围环境之间积极的相互作用。

② 幼儿同伴群体及幼儿园教师集体是宝贵的教育资源,应充分发挥这些资源的作用。

③ 教师的态度和管理方式应有助于形成安全、温馨的心理环境;言行举止应成为幼儿学习的良好榜样。

④ 家庭是幼儿园重要的合作伙伴。应本着尊重、平等、合作的原则,争取家长的理解、支持和主动参与,并积极支持、帮助家长提高教育能力。

⑤ 充分利用自然环境和社区的教育资源,扩展幼儿生活和学习的空间。幼儿园同时应为社区的早期教育提供服务。

(9) 科学、合理地安排和组织一日生活。

① 时间安排应有相对的稳定性与灵活性,既有利于形成秩序,又能满足幼儿的合理需要,照顾到个体差异。

② 教师直接指导的活动和间接指导的活动相结合,保证幼儿每天有适当的自主选择和自由活动时间。教师直接指导的集体活动要能保证幼儿的积极参与,避免时间的隐性浪费。

③ 尽量减少不必要的集体行动和过渡环节,减少和消除消极等待现象。

④ 建立良好的常规,避免不必要的管理行为,逐步引导幼儿学习自我管理。

(10) 教师应成为幼儿学习活动的支持者、合作者、引导者。

① 以关怀、接纳、尊重的态度与幼儿交往。耐心倾听,努力理解幼儿的想法与感受,支持、鼓励他们大胆探索与表达。

② 善于发现幼儿感兴趣的事物、游戏和偶发事件中所隐含的教育价值,把握时机,积极引导。

③ 关注幼儿在活动中的表现和反应,敏感地察觉他们的需要,及时以适当的方式应答,形成合作探究式的师生互动。

④ 尊重幼儿在发展水平、能力、经验、学习方式等方面的个体差异,因人施教,努力使每一个幼儿都能获得满足和成功。

⑤ 关注幼儿的特殊需要,包括各种发展潜能和不同发展障碍,与家庭密切配合,共同促进幼儿健康成长。

(11) 幼儿园教育要与0~3岁儿童的保育教育以及小学教育相互衔接。

《幼儿园教育指导纲要(试行)》的第三部分明确了幼儿教师的角色定位是幼儿学习活动的支持者、合作者、引导者。要求教师尊重幼儿权利、发展规律、特点、水平、个体差异;教师要以关怀、接纳、尊重的态度与幼儿交往,耐心倾听,尽力理解幼儿的想法和感受,支持、鼓励幼儿大胆探索与表达。

尊重教师的创造,强调教育性、互动性、开放性、针对性和灵活性。要求教师善于发现幼儿的兴趣,在游戏和偶发事件中发现隐含的教育价值,把握时机,积极引导。在活动中关注幼儿的表现和反应,找出幼儿的需要,及时以适当的方式给予回答,使幼儿在互动中学习。

要求教师应科学合理地安排和组织幼儿的一日活动,建立良好的常规要求,逐步引导幼儿学会自我管理。要求教师争取家长的理解、支持,主动参与并充分利用自然环境和社区的教育资源,促进幼儿身心全面和谐的发展。要求教师的态度和管理方式应有助于形成安全、温馨的心理环境;言谈举止应成为幼儿学习和模仿的好榜样。

在《幼儿园教育指导纲要(试行)》的实施原则中,要求保证幼儿的游戏、自由和自发的活动时间。同时,强调幼儿园教育的生活性,要"引导幼儿实际感受祖国文化的丰富与优秀,感受家乡的变化和发展,激发幼儿热爱家乡、热爱祖国的情感",要"能从生活和游戏中感受事物的数量关系并体验到数学的重要和有趣"。

4. 教育评价

(1) 教育评价是幼儿园教育工作的重要组成部分,是了解教育的适宜性、有效性,调整和改进工作,促进每一个幼儿发展,提高教育质量的必要手段。

(2) 管理人员、教师、幼儿及其家长均是幼儿园教育评价工作的参与者。评价过程是各方共同参与、相互支持与合作的过程。

(3) 评价的过程,是教师运用专业知识审视教育实践,发现、分析、研究、解决问题的过程,也是其自我成长的重要途径。

(4) 幼儿园教育工作评价实行以教师自评为主,园长以及有关管理人员、其他教师和家长等参与评价的制度。

(5) 评价应自然地伴随着整个教育过程进行。综合采用观察、谈话、作品分析等多种方法。

(6) 幼儿的行为表现和发展变化具有重要的评价意义,教师应视之为重要的评价信息和改进工作的依据。

(7) 教育工作评价宜重点考察以下几方面:

① 教育计划和教育活动的目标是否建立在了解本班幼儿现状的基础上。

② 教育的内容、方式、策略、环境条件是否能调动幼儿学习的积极性。

③ 教育过程是否能为幼儿提供有益的学习经验,并符合其发展需要。

④ 教育内容、要求能否兼顾群体需要和个体差异,使每个幼儿都能得到发展,都有成功感。

⑤ 教师的指导是否有利于幼儿主动、有效地学习。

(8) 对幼儿发展状况的评估,要注意以下几方面:

① 明确评价的目的是了解幼儿的发展需要,以便提供更加适宜的帮助和指导。

② 全面了解幼儿的发展状况,防止片面性,尤其要避免只重知识和技能,忽略情感、社会性和实际能力的倾向。

③ 在日常活动与教育教学过程中采用自然的方法进行。平时观察所获得的具有典型意义的幼儿行为表现和所积累的各种作品等,是评价的重要依据。

④ 承认和关注幼儿的个体差异,避免用统一的标准评价不同的幼儿,在幼儿面前慎用横向的比较。

⑤ 以发展的眼光看待幼儿,既要了解现有水平,更要关注其发展的速度、特点和倾向等。

《幼儿园教育指导纲要(试行)》的第四部分明确指出教育评价是幼儿园教育工作的重要组成部分,是促进幼儿发展,提高教育质量的必要手段。评价的目的一是了解幼儿的发展需要,以便提供更加适宜的帮助和指导,二是为了教师的反思成长和提高教育质量。《幼儿园教育指导纲要(试行)》明确指出了评价幼教工作质量和评价幼儿发展状况的重要方面和注意事项。教育评价要"在日常活动与教育教学过程中采用自然的方法进行",强调教育应当关注儿童的生命意识和生命进行状态;强调儿童是在生活中学习,在学习中生活;重视教育评价中潜在的文化决定性和内含的人文关怀等。

命题点2:《幼儿园教育指导纲要(试行)》的意义

1. 知识观方面的意义

(1) 强调了知识的动态性和过程性,即知识是学习者在与环境相互作用的过程中发展而得来的;

(2) 肯定了知识的主观性、个人性和相对性;

(3) 强调实践本身——"做"的能力也是知识;

(4) 强调了知识的整体性、综合性。

2. 在对待儿童的发展观问题上的意义

《幼儿园教育指导纲要(试行)》渗透了终身教育的基本指导思想。明确指出:"幼儿园教育是基础教育的重要组成部分,是我国学校教育和终身教育的奠基阶段。"《幼儿园教育指导纲要(试行)》把孩子终身受益放在首位,既强调对学生智力因素(感知观察力、记忆力、想象力和思维的培养,又重视对儿童非智力因素(情感、意志、兴趣、信念、世界观等)的培养。

命题点3:我国幼儿教育的发展趋向

我国幼儿教育改革的趋势总体上是与国际一致的。在未来的一段时期,我国幼儿教育改革的重要内容和发展趋势是:(1)提高幼儿教育质量;(2)促进幼儿教育公平;(3)普及幼儿教育;(4)保教管理一体化;(5)促进合作关系(建立家园共建和社区参与的模式)。

【本节考点知识点小结】

本节知识点以《幼儿园教育指导纲要(试行)》原文为主。总则部分阐明幼儿园教育的性质、任务、方式和原则。第二部分为五大领域的教育目标、内容与要求和指导要点;第三部分为幼儿园教育活动组织与实施中应该注意的问题,如内容选择、活动组织、时间安排和环境创设等;第四部分为幼儿教育评价的目标、主体、方式、标准和注意事项。

《幼儿园教育指导纲要(试行)》作为国家级的幼儿园课程文件,体现了最新的教育理念和幼教改革动向。《纲要》紧紧围绕课程的五要素"目标—内容—组织—实施—评价"展开阐述,指明了幼儿园教师开展教育活动的方向,明确了五个领域的教育目标、内容与要求、指导要点、教育活动组织和实施时应遵循的原则和要求、环境的创设和利用的要点、安排和组织幼儿园一日生活的要求、教师在幼儿学习活动中扮演的角色,以及教育评价的目的、主体、方法和应注意的问题,是幼儿园教师开展教育工作的标准。

【本节过关自测】

一、单项选择题

1. 幼儿园教育是(　　)的奠基阶段。
   A．早期教育　　　　　　　　　　　B．中小学教育
   C．学校教育和终身教育　　　　　　D．社会教育

2. 幼儿园应为幼儿提供健康、丰富的(　　)环境,满足他们多方面发展的需要。
   A．物质　　　　B．精神　　　　C．生活和活动　　　　D．游戏

3. 对幼儿发展状况的评估,(　　)是重要依据。
   A．教师的评语　　　　　　　　　　B．家长的反映
   C．平时观察的行为和累积的作品　　D．重要、典型时刻的特殊行为

4. 下面哪一个不是选择教育内容的依据(　　)。
   A．幼儿园要求和教材顺序　　　　　B．贴近幼儿的生活
   C．助于拓展幼儿的经验和视野　　　D．幼儿的兴趣与水平

5. 幼儿艺术活动的能力是在大胆表现的过程中逐渐发展起来的,教师的作用应主要在于激发幼儿感受美、表现美的情趣,丰富他们的(　　),使之体验自由表达和创造的快乐。
   A．认识水平　　　　B．情感体验　　　　C．创造思维　　　　D．审美经验

6. 幼儿园的环境创设要求是(　　)。
   A．购买大型玩具
   B．安装塑胶地板
   C．应有利于引发、支持幼儿的游戏和各种探索活动
   D．选择较清静的场所

二、材料分析题

1. 某幼儿园十分重视孩子的健康和安全,所有的涉及安全的物品如剪刀、火柴、铁丝等,一律不许幼儿接触,请分析该园的做法。

2. 某幼儿园十分重视收集幼儿之间、教师之间、家长之间发生的故事,并将其引入到课程中,请分析该园的做法。

【本节过关自测】参考答案

一、单项选择题

【考点解析】1. 答案是 C。见《幼儿园教育指导纲要(试行)》总则第二条(原文)。

【考点解析】2. 答案是 C。见《幼儿园教育指导纲要(试行)》总则第四条(原文)。

【考点解析】3. 答案是 C。幼儿评价的方法是过程性评价。见《幼儿园教育指导纲要(试行)》第四部分教育评价(原文)。

【考点解析】4. 答案是 A。《幼儿园教育指导纲要(试行)》明确规定,选择幼儿园教育内容要符合三个原则:一是既适合幼儿的现有水平,又有一定的挑战性;二是既符合幼儿的现实需要,又有利于其长远发展;三是既贴近幼儿的生活来选择幼儿感兴趣的事物和问题,又有助于拓展幼儿的经验和视野。不能像

中小学那样,依据教材。

【考点解析】5.答案是 D。艺术教育的指导要点,见《幼儿园教育指导纲要》原文。

【考点解析】6.答案是 C。《幼儿园教育指导纲要》第三部分第八点明确规定:"幼儿园的空间、设施、活动材料和常规要求等应有利于引发、支持幼儿的游戏和各种探索活动,有利于引发、支持幼儿与周围环境之间积极的相互作用。"

二、材料分析题

1.【考点分析】幼儿园健康教育的指导要点。

【答题要点】《幼儿园教育指导纲要(试行)》的健康领域的指导要点明确提出:"既要高度重视和满足安全的需要,又要尊重和满足幼儿不断增长的独立要求,避免过度的保护和包办,应鼓励并指导幼儿自理自立的尝试。"所以对于所谓"危险"的物品,应该在教师的指导下,让幼儿尝试使用,并学会自我安全保护的方法。

2.【考点分析】《幼儿园教育指导纲要(试行)》第三部分"组织与实施"。

【答题要点】《幼儿园教育指导纲要(试行)》的总则明确提出:"幼儿园应与家庭、社区密切合作,与小学相互衔接,综合利用各种教育资源,共同为幼儿的发展创造良好的条件。"第三部分"组织与实施"中指出:幼儿的同伴群体及教师集体是宝贵的教育资源,应充分发挥和利用,家庭也是幼儿园的重要合作伙伴。该幼儿园将教师、幼儿同伴、家庭等资源引入到课程中,是符合《纲要》教育理念和精神的。

第二节 《3～6岁儿童学习与发展指南》主要内容及解读

【本节考纲考点】

1. 了解《指南》颁布的背景、意义。
2. 领会实施《指南》应把握的要点。
3. 领会《指南》每个领域的价值、教育策略和注意事项。
4. 掌握《指南》框架结构,即每个领域内容的子领域,以及每个子领域的学习与发展目标和教育建议。

【历年真题再现】

一、单项选择题

【2012 上】20.幼儿园对幼儿实施的教育包括( )。

A.德、智、体、美、劳诸方面　　　　B.智、德、体、心诸方面
C.体、智、德、美诸方面　　　　　　D.美、心、体、智诸方面

【考点】《3～6岁儿童学习与发展指南》"说明"部分第二点(原文)

【2014 下】7.幼儿学习的基础是( )。

A.直接经验　　　　　　　　　　　B.课堂学习
C.间接经验　　　　　　　　　　　D.理解记忆

【考点】《3～6岁儿童学习与发展指南》"说明"部分,"实施《指南》应把握以下几个方面"(原文)

【2015 下】1.下列哪一种不属于《3～6岁儿童学习与发展指南》倡导的幼儿学习方式?( )

A.强化学习　　　　　　　　　　　B.直接感知
C.实际操作　　　　　　　　　　　D.亲身体验

【考点】《3～6岁儿童学习与发展指南》"说明"部分,"实施《指南》应把握以下几个方面"(原文)

二、论述题

【2015 下】11.为什么不能把《3～6岁儿童学习与发展指南》作为一把"尺子"来衡量所有的幼儿?请说明理由。(15 分)

【考点】《3～6岁儿童学习与发展指南》"说明"部分,"实施《指南》应把握以下几个方面"(原文)

【本节备考指导】

重点：《指南》结构，各子领域的目标及不同年龄幼儿的典型表现。

难点：《指南》实施注意事项；各领域教育要点和教育建议。

复习注意事项：表格中各年龄段目标（典型表现）务必要记清楚年龄段的归属；《指南》的结构，各领域的主要内容（子领域）要记全，不可遗漏；教育建议和教育要点不可以死记硬背，要领会和运用。

经常考的考点：表格中各年龄段目标（典型表现）经常考选择题和简答题；教育建议和教育要点容易出论述和分析题。

容易出错的考点：表格中各年龄段目标（典型表现）张冠李戴，年龄段弄混淆。

【命题考点精讲】

命题点1：《指南》与《纲要》的关系

(1)《纲要》是对学前教育的宏观要求，是制定指南的依据之一。指南对幼儿不同年龄阶段的教育提出了更详细的教育标准和建议，它是对纲要的具体化。

(2)《指南》所提出的针对不同年龄儿童的教育标准和教育建议不仅对幼儿园的教育有指导作用，同时也适用于幼儿的家庭教育。

命题点2：《指南》说明部分的解读

1. 制订的原因、依据、目标和核心

制订的原因、依据：为深入贯彻《国家中长期教育改革和发展规划纲要（2010—2020年）》和《国务院关于当前发展学前教育的若干意见》。

制订的目的：指导幼儿园和家庭实施科学的保育和教育，促进幼儿身心全面和谐发展。

《指南》的目标和核心：以为幼儿后继学习和终身发展奠定良好素质基础为目标，以促进幼儿在体、智、德、美各方面的全面协调发展为核心，旨在引导幼儿园教师和家长树立正确的教育观念，了解3~6岁幼儿学习与发展的基本规律和特点，建立对幼儿发展的合理期望。

2. 为幼儿后继学习和终身发展奠定基础

(1) 为幼儿后继学习奠定基础。幼儿后继学习指什么？指幼儿园教育以后的学习，包括：小学学习、中学学习、大学学习乃至大学毕业后的终身学习等。为后继学习奠定基础实际上就是指为进入学校学习做准备，即我们通常说的"入学准备"。为幼儿后继学习做准备是否需要提前学习和训练后继学习中的知识内容和技能技巧？提前学习和训练后继学习中的知识内容和技能技巧就会导致幼儿园教育小学化，小学化的具体表现为：幼儿园教识字、教拼音、教阅读、教计算等，是不可取的。

(2) 为幼儿的终身发展奠定基础。终身发展指人在整个生命历程中的可持续发展，需要个人生活有幸福感、学习工作中有成就感和对社会有贡献三大方面作支撑。我们知道，一个人的幸福成功和对社会的贡献并不主要取决于他的知识水平有多高或物质生活有多富裕，而是与其社会性品质有极大的关系，如知足、自信、自尊、积极乐观、有能力等，而这些积极社会态度的养成，与儿童早期形成的心理品质有关。

3.《指南》的框架和结构

《指南》从健康、语言、社会、科学、艺术五个领域描述幼儿的学习与发展。每个领域按照幼儿学习与发展最基本、最重要的内容划分为若干方面。每个方面由学习与发展目标和教育建议两部分组成。

目标部分分别对3~4岁、4~5岁、5~6岁三个年龄段末期幼儿应该知道什么、能做什么，大致可以达到什么发展水平提出了合理期望，指明了幼儿学习与发展的具体方向；教育建议部分列举了一些能够有效帮助和促进幼儿学习与发展的教育途径与方法。

4. 实施指南应坚持的几个原则

(1) 关注幼儿学习与发展的整体性。解读：这一原则主要是针对目前幼儿园流行的特长班提出的，特长班往往是出于经济利益考虑的、迎合某些家长需求的，它对幼儿某一方面或某几方面特长的训练。追求孩子特长的发展实际上是在以衡量成人的标准衡量儿童，前面提到蒙台梭利教育观时我们已经知道，孩子的发展具有无限的可能性(潜能),特长班将孩子的发展固化在了某一个或某几个方面,限制了孩子发展的可能,使孩子失去了很多方面的发展机会。我们提倡成人的生活要扬长避短,但对孩子的发展我们要做到:扬长补短。因此,幼儿教育应该是全面的,是注重学习与各领域间相互渗透和整合的。

(2)尊重幼儿发展的个体差异。具体是:

解读A:准确把握幼儿发展的阶段性特征,即幼儿发展的年龄特征,它是指某一年龄阶段儿童在这一年龄阶段表现出来的本质的、普遍的、典型的特征。是同一年龄阶段儿童发展的共性要求,在班级授课制的今天,把握幼儿发展的年龄特征即是要求老师教育要面向幼儿集体。

解读B:充分尊重幼儿发展连续性进程上的个别差异。每个孩子都有自己的个性特征,因此,"一把尺子量到底的"教育方法是无法满足幼儿个性发展的需要的。

解读C:幼儿从原有水平向更高水平发展。这一要求是根据苏联教育家维果茨基的"最近发展区"理论提出来的。苏联教育家维果茨基的研究表明:教育对儿童的发展能起到主导作用和促进作用,但需要确定儿童发展的两种水平:一种是已经达到的发展水平;另一种是儿童可能达到的发展水平,表现为"儿童还不能独立地完成任务,但在成人的帮助下,在集体活动中,通过模仿,却能够完成这些任务"。这两种水平之间的距离,就是"最近发展区"。把握"最近发展区",能加速学生的发展。

(3)理解幼儿的学习方式和特点。具体是:

解读A:珍视幼儿生活和游戏的独特价值,这一点是针对当前许多老师和家长仅仅把童年期看成是为成人生活做准备,导致我们以成人生活的需要要求儿童,忽略了儿童的天性特点和幼儿今天的快乐,好的幼儿教育应该能协调为幼儿未来生活做准备和幼儿幸福快乐需要两方面的关系。如何协调好两者的关系,找到两者间的平衡点呢,其实在玩中学、在做中学就能帮助我们找到这个平衡点。我们都知道幼儿的注意和识记大都是在无意识中产生的,玩中学、做中学恰好满足了幼儿的这一心理特点,这些就是在幼儿园常用的游戏活动。

解读B:严禁"拔苗助长"式的超前教育和强化训练。什么是超前教育?超前教育的实质是在探索幼儿教育的下限,如对儿童的识字教育本来应该在6岁左右进行,但教育者发现如果花费的时间,孩子5岁也能学会识字,假设花费更多的时间,孩子4岁,甚至3岁就能学会识字,于是有的教育者就把这种拔苗助长式的超前教育应用在孩子身上,这么做带来的危害有哪些呢?挤占了孩子其他方面发展的时间和错过了孩子不容忽视的发展上限,即孩子在年龄发展关键期应该发展的方面,因此我们要把恰当的内容在恰当的时期传递给孩子。

(4)重视幼儿的学习品质。幼儿在活动过程中表现出的积极态度和良好行为倾向是终身学习与发展所必需的宝贵品质。要充分尊重和保护幼儿的好奇心和学习兴趣,帮助幼儿逐步养成积极主动、认真专注、不怕困难、敢于探究和尝试、乐于想象和创造等良好学习品质。忽视幼儿学习品质培养,单纯追求知识技能学习的做法是短视而有害的。

5. 树立正确的教育观念

当前存在着三种错误的儿童观,一是把儿童看成是待填充的空瓶,儿童的发展就是把知识不断填充到空瓶里的过程,似乎知识填充得越多教育就越成功,孩子成为了没有灵魂的知识的容器。第二种观点是把儿童看成待雕塑的材料,于是乎有了这样的比喻"教师是人类灵魂的工程师",但实际上真正塑造儿童灵魂的只能是儿童自己,教师只能为儿童塑造自己的灵魂创造条件和环境。第三种观点是把儿童看成赛道上的跑车,人生就是一场赛跑,只有跑在别人前面的人,人生才会幸福,人生才是成功的。于是,教育成了赛跑的训练,这种思想和需求,导致了今天的应试教育,这些孩子在与他人相处时思想意识中只有竞争,没有合作,缺乏一个完整的社会人的基本品质,很难体味到人生的幸福,也很难为社会做贡献。

我们要认识到:一是儿童具有无限的可能性。二是儿童有自主的选择性。三是儿童的发展是一个主动建构的过程。

教育要跟上孩子的学习节奏,现实中我们的教育基本都是在强调孩子要跟上教师教育的节奏,忽视了孩子学习的节奏,实际上国际上许多先进的教育理念如蒙台梭利的教育、瑞杰欧的教育等,都强调教育要跟上孩子的学习节奏,当一个我们认为已经可以结束的活动,孩子仍然还感兴趣时候,就说明这个活动对孩子仍然有营养。

命题点 3：《指南》中各领域的基本价值、教育要点和注意事项

即每个领域前面的三段话，如健康领域：

第一段为该领域的基本价值："健康是指人在身体、心理和社会适应方面的良好状态。幼儿阶段是儿童身体发育和机能发展极为迅速的时期，也是形成安全感和乐观态度的重要阶段。发育良好的身体、愉快的情绪、强健的体质、协调的动作、良好的生活习惯和基本生活能力是幼儿身心健康的重要标志，也是其他领域学习与发展的基础。"

第二段为该领域的教育要点："为有效促进幼儿身心健康发展，成人应为幼儿提供合理均衡的营养，保证充足的睡眠和适宜的锻炼，满足幼儿生长发育的需要；创设温馨的人际环境，让幼儿充分感受到亲情和关爱，形成积极稳定的情绪情感；帮助幼儿养成良好的生活与卫生习惯，提高自我保护能力，形成使其终身受益的生活能力和文明生活方式。"

第三段为该领域教育的注意事项："幼儿身心发育尚未成熟，需要成人的精心呵护和照顾，但不宜过度保护和包办代替，以免剥夺幼儿自主学习的机会，养成过于依赖的不良习惯，影响其主动性、独立性的发展。"

其他领域请举一反三，不一一列举。

命题点 4：《指南》中各领域的内容结构（子领域）和目标分类

一、健康

（一）身心状况

目标 1　具有健康的体态

目标 2　情绪安定愉快

目标 3　具有一定的适应能力

（二）动作发展

目标 1　具有一定的平衡能力，动作协调、灵敏

目标 2　具有一定的力量和耐力

目标 3　手的动作灵活协调

（三）生活习惯与生活能力

目标 1　具有良好的生活与卫生习惯

目标 2　具有基本的生活自理能力

目标 3　具备基本的安全知识和自我保护能力

二、语言

（一）倾听与表达

目标 1　认真听并能听懂常用语言

目标 2　愿意讲话并能清楚地表达

目标 3　具有文明的语言习惯

（二）阅读与书写准备

目标 1　喜欢听故事，看图书

目标 2　具有初步的阅读理解能力

目标 3　具有书面表达的愿望和初步技能

三、社会

（一）人际交往

目标 1　愿意与人交往

目标 2　能与同伴友好相处

目标 3　具有自尊、自信、自主的表现

目标 4　关心尊重他人

（二）社会适应

目标 1　喜欢并适应群体生活

目标 2　遵守基本的行为规范
目标 3　具有初步的归属感

四、科学

(一) 科学探究

目标 1　亲近自然,喜欢探究
目标 2　具有初步的探究能力
目标 3　在探究中认识周围事物和现象

(二) 数学认知

目标 1　初步感知生活中数学的有用和有趣
目标 2　感知和理解数、量及数量关系
目标 3　感知形状与空间关系

五、艺术

(一) 感受与欣赏

目标 1　喜欢自然界与生活中美的事物
目标 2　喜欢欣赏多种多样的艺术形式和作品

(二) 表现与创造

目标 1　喜欢进行艺术活动并大胆表现
目标 2　具有初步的艺术表现与创造能力

命题点 5：《指南》各领域不同幼儿年龄阶段的典型表现

即《指南》表格中的内容,如健康领域(二)动作发展：

目标 2　具有一定的力量和耐力

3～4岁	4～5岁	5～6岁
1. 能双手抓杠悬空吊起10秒左右。 2. 能单手将沙包向前投掷2米左右。 3. 能单脚连续向前跳2米左右。 4. 能快跑15米左右。 5. 能行走1公里左右(途中可适当停歇)。	1. 能双手抓杠悬空吊起15秒左右。 2. 能单手将沙包向前投掷4米左右。 3. 能单脚连续向前跳5米左右。 4. 能快跑20米左右。 5. 能连续走1.5公里左右(途中可适当停歇)。	能双手抓杠悬空吊起20秒左右。 能单手将沙包向前投掷5米左右。 能单脚连续向前跳8米左右。 能快跑25米左右。 能连续行走1.5公里以上(途中可适当停歇)。

命题点 6：《指南》各子领域教育实现目标的"教育建议"

如,健康领域(二)动作发展：

目标 2　具有一定的力量和耐力

教育建议：

1. 开展丰富多样、适合幼儿年龄特点的各种身体活动,如走、跑、跳、攀、爬等,鼓励幼儿坚持下来,不怕累。

2. 日常生活中鼓励幼儿多走路、少坐车；自己上下楼梯、自己背包。

【本节考点知识点小结】

以原文理解和掌握为主。《3～6岁儿童学习与发展指南》的框架和结构、制订的原因、依据、目标和核心等是基础知识。说明部分的"四、实施《指南》应把握以下几个方面",也就是实施指南应坚持的几个原则,教师要结合《纲要》,树立正确的教育观念。五大领域中各领域开头的三段话是该领域的基本价值、教育要点和注意事项,即该领域的核心价值。《指南》中各领域的内容结构(子领域)和目标分类、各领域不同幼儿年龄阶段的典型表现、各子领域教育实现目标的"教育建议"等知识点,是教师针对年龄水平开展教育的依据。

《3～6岁儿童学习与发展指南》的颁布紧跟《幼儿园教育指导纲要(试行)》的脚步,是《纲要》的具体化。《指南》不仅指导教师开展教育工作,而且指导家长关注儿童的学习和发展,其意义在于发动全社会的力量提高幼儿教育的质量,最终促进儿童的身心和谐全面发展。学习《指南》,就要了解《指南》颁布的背景、意义和框架结构,要领会实施《指南》应把握的要点;掌握《指南》每个领域内容的子领域,以及每个子领域的学习与发展目标和教育建议,子领域的年龄段目标(典型表现)最容易出选择题,注意千万不要张冠李戴。尤其要注意的是:《指南》条文繁多,但千万不要把表格中的指标理解为"标准"或"尺子",从而用这把"尺子"去量所有的幼儿,那样做是大错特错。

【本节过关自测】

一、单项选择题

1.《指南》是( )年颁布的。
A．2001　　　　B．2010　　　　C．2011　　　　D．2012

2.《指南》中每个领域按照幼儿学习与发展最基本、最重要的内容划分为若干方面。每个方面由( )部分组成。
A．2　　　　　B．3　　　　　C．4　　　　　D．5

3.《指南》以( )为目标。
A．促进幼儿体、智、德、美各方面的协调发展
B．促进幼儿学习与发展的教育途径与方法
C．帮助幼儿园教师和家长了解3～6岁幼儿学习与发展的基本规律和特点
D．为幼儿后继学习和终身发展奠定良好素质基础

4. 4～5岁幼儿在讲话和表达方面的典型性表现是( )。
A．能有序、连贯、清楚的讲述一件事情
B．愿意与他人讨论问题,敢在众人面前说话
C．能基本完整地讲述自己的所见所闻和经历的事情,讲述比较连贯
D．能口齿清楚地说儿歌、童谣或复述简短的故事

5. 人际交往和社会适应是幼儿社会学习的主要内容,也是( )发展的基本途径。
A．社会性　　　　B．语言　　　　C．沟通能力　　　　D．身体健康

6. 关于数学认知的发展目标,正确的是( )。
A．完全掌握形状与空间关系　　　　B．初步感知生活中数学的有用和有趣
C．深刻理解数、量及数量关系　　　　D．能用数学的方法解决常见应用题。

二、简答题

1. 如何引导幼儿初步感知生活中数学的有用和有趣?
2.《指南》的目标、核心和功能(意义)是什么?
3. 简述4～5岁幼儿动作发展力量和耐力的发展目标。

三、论述题

1. 教师和家长如何为幼儿营造安全的心理氛围,让幼儿敢于并乐于表达表现?
2. 论述如何帮助幼儿养成良好的语言行为习惯?

【本节过关自测】参考答案

一、单项选择题

【考点解析】1. 答案是D。《3～6岁儿童学习与发展指南》颁布的时间。
【考点解析】2. 答案是A。《3～6岁儿童学习与发展指南》说明部分(原文)。
【考点解析】3. 答案是D。《3～6岁儿童学习与发展指南》说明部分(原文)。
【考点解析】4. 答案是C。语言领域"倾听与表达"中"目标2　愿意讲话并能清楚地表达"的年龄段典型表现。
【考点解析】5. 答案是A。社会领域的内容和途径(原文)。

【考点解析】6. 答案是 B。对科学领域中数学认知的发展目标的理解。

二、简答题

1.【考点分析】对《3～6 岁儿童学习与发展指南》"教育建议"的掌握。

【答题要点】（1）引导幼儿注意事物的形状特征，尝试用表示形状的词来描述事物，体会描述的生动形象性和趣味性。

（2）引导幼儿观察发现按照一定规律排列的事物，体会其中的排列特点与规律，并尝试自己创造出新的排列规律。

（3）鼓励和支持幼儿发现、尝试解决日常生活中需要用到数学的问题，体会数学的用处。

2.【考点分析】对《3～6 岁儿童学习与发展指南》"说明"部分的掌握。

【答题要点】《指南》以为幼儿后继学习和终身发展奠定良好素质基础为目标；以促进幼儿体、智、德、美各方面的协调发展为核心；通过提出 3～6 岁各年龄段儿童学习与发展目标和相应的教育建议，帮助幼儿教师和家长。具体是：

（1）了解 3～6 岁儿童学习与发展的基本规律和特点。

（2）建立对幼儿发展的合理期望。

（3）实施科学的保育和教育，让幼儿度过快乐而有意义的童年。

3.【考点分析】对《3～6 岁儿童学习与发展指南》各领域幼儿年龄段典型表现的掌握。

【答题要点】4～5 岁幼儿动作发展力量和耐力的发展目标是：

（1）双手抓杠悬空吊起 15 秒左右。

（2）单手将沙包向前投掷 4 米左右。

（3）单脚连续向前跳 5 米左右。

（4）快跑 20 米左右。

（5）能连续行走 1.5 公里左右。

三、论述题

1.【考点分析】对《3～6 岁儿童学习与发展指南》艺术领域的子领域"表现与创造"中的"目标 1 喜欢进行艺术活动并大胆表现"的教育建议之领会与运用。

【答题要点】（1）欣赏和回应幼儿的哼哼唱唱、模仿表演等自发的艺术活动，赞赏其独特的表现方式。（2）在幼儿自主表达创作过程中，不做过多干预或把自己的意愿强加给幼儿，在幼儿需要时再给予具体的帮助。（3）了解并倾听幼儿艺术表现的想法或感受，领会并尊重幼儿的创作意图，不简单用"像不像"、"好不好"等成人标准来评价。（4）展示幼儿的作品，鼓励幼儿用自己的作品或艺术品布置环境。

2.【考点分析】对《3～6 岁儿童学习与发展指南》语言领域的子领域"倾听与表达"中的"目标 3 具有文明的语言习惯"的教育建议之领会与运用。

【答题要点】（1）结合情景提醒幼儿一些必要的交流礼节。如对长辈说话要有礼貌，客人来访时要打招呼，得到帮助时要说"谢谢"等。（2）提醒幼儿遵守集体生活的语言规则，如要轮流发言，不随意打断别人讲话等。（3）提醒幼儿注意公共场所的语言文明，如不大声喧哗。

第三节 《幼儿园工作规程》主要内容及解读

【本节考纲考点】

1. 掌握幼儿园的性质和任务。
2. 领会幼儿园保育和教育的主要目标。
3. 了解幼儿入园和编班相关规定。
4. 熟悉幼儿园的安全工作。
5. 熟悉幼儿园的卫生保健工作要点。
6. 联系"学前教育学"掌握幼儿园的教育原则。

7. 了解幼儿园、家庭和社区之间合作的原则和方法。
8. 了解幼儿园的教职工条件和职责。
9. 了解幼儿园的管理、经费、园舍、设备等相关规定。

【历年真题再现】

【2012上】4. 幼儿园的(　　)双重任务是我国幼儿园的一大特色,也是我国幼儿园的社会使命。
  A. 发挥一日活动整体教育功能　　　　B. 以游戏为基本活动
  C. 教育的活动性和活动的多样性　　　D. 保育和教育
【考点】对《规程》总则第二条和第三条的理解和掌握

【2012上】20. 幼儿园对幼儿实施的教育包括(　　)。
  A. 德、智、体、美、劳诸方面　　　　B. 智、德、体、心诸方面
  C. 体、智、德、美诸方面　　　　　　D. 美、心、体、智诸方面
【考点】对《规程》总则第三条的理解和掌握(注意,新的《规程》对这个表述做了修改,顺序有了变化)

【2014上】8.《幼儿园工作规程》指出,幼儿园应制订合理的幼儿一日生活作息制度,两餐间隔时间不少于(　　)。
  A. 2.5小时　　　B. 3小时　　　C. 2小时　　　D. 3.5小时
【考点】对《规程》"第四章　幼儿园的卫生保健"的理解和掌握

【本节备考指导】

重点:幼儿园的性质和任务;幼儿园保育和教育的主要目标;幼儿园的安全工作和卫生保健工作要点。

难点:第五章"幼儿园的教育"。

复习注意事项:对于出现数字的条文,务必记牢,因为这是最容易考选择题的知识点;第五章相当于浓缩版的"学前教育学",所以请自觉结合"学前教育学"相关章节理解;和幼儿园教师有关的部分强化记忆,和幼儿园教师工作关系不大的部分(如经费、管理、设备等)可以弱化。

经常考的考点:《规程》颁布施行的时间,幼儿园编班班额、户外活动时间、两餐间隔等硬性规定(出现数字的条文要记牢),幼儿园的安全工作和卫生保健工作要点。

容易出错的考点:幼儿入园和编班相关规定;幼儿园教职工的条件和职责。

作为最后一节讲解幼教法规,特别需要注意的是,前面学习过的三份文件分别指向不同的人群或受众,掌握其精髓必须要弄明白其中的逻辑关系。如《幼儿园工作规程》指向幼儿园的举办者和管理者;《幼儿园教育指导纲要》指向幼儿园专业教师;《3～6岁儿童学习与发展指南》指向幼儿园管理者、教师和家长。因为指向不同,所以,作为教师资格证考试的考点侧重就会有所不同。从这个逻辑关系上理解,同学们大可不必眉毛胡子一把抓,机械记忆所有的条文,那样做既不可能也没有必要。最后,不得不提的一个教育部文件是《幼儿园教师专业标准》,这份文件的颁布,目的是加强幼儿教师队伍管理,是幼儿教师的培养、选拔、管理的重要依据,也是我们参加幼儿教师资格证考试的依据,所以,其重要性不言而喻。《标准》中提到的四个理念和幼儿园教师的专业素质和能力,务必掌握其框架和结构,并和"学前教育学"的"幼儿园教师"相关章节内容相结合,自觉按照《标准》中的幼儿教师专业素质和能力去要求自己,使自己成为一名合格、专业的幼儿园教师。

【命题考点精讲】

命题点1:2016新《规程》主要做了哪些方面新的修订?

1. 幼儿园安全首次被单列,强化安全管理

专设"幼儿园的安全"一章,明确要求幼儿园要建立健全设备设施、食品药品以及与幼儿活动相关的各项安全防护和检查制度,建立安全责任制和应急预案。在"幼儿园的卫生保健"一章中,对建立与幼儿身心健康相关的一系列卫生保健制度做了明确规定。增加的章节是第三章"幼儿园的安全",这是教育部首次

将幼儿园安全作为单独重点强调的部分加入《规程》，并放在靠前的位置。记者从旧《规程》中可以看到，除了对卫生保健有所要求外，以往从未对幼儿园的安全进行特别规定。

新《规程》中具体对幼儿园的安全防护进行了详尽的规定，如"建立健全门卫、房屋、设备、消防、交通、食品、药物、幼儿接送交接、活动组织和幼儿就寝值守等安全防护和检查制度，建立安全责任制和应急预案"。同时，还特别强调了幼儿园不得设置在污染区和危险区，幼儿园的设备设施、装修装饰材料、用品用具和玩教具材料等，应当符合国家相关的安全质量标准和环保要求。

2. 要对幼儿进行反家暴教育

20年前的中国，可能针对孩子的训斥打骂都还被认为是"自家事"，但现在已经完全不同了，爹妈打孩子如果严重了就会上升到"家庭暴力"，幼儿园可以直接报案。新《规程》规定，幼儿园应当结合幼儿年龄特点和接受能力开展反家庭暴力教育，发现幼儿遭受或者疑似遭受家庭暴力的，应当依法及时向公安机关报案。2016年3月1日刚好也是《反家庭暴力法》正式实施的日子，新《规程》也及时地向全国幼儿园传递了新理念。

另外，新规还要求幼儿园教职工必须具有安全意识，掌握基本急救常识和防范、避险、逃生、自救的基本方法，在紧急情况下应当优先保护幼儿的人身安全。幼儿园要定期组织开展多种形式的安全教育和事故预防演练，还要投保校方责任险。

3. 入园期从四年缩短为三年

对比两个版本的《规程》可以发现，很多条例发生了一些细微的措辞变化。比如旧《规程》第四条规定，幼儿园适龄幼儿为3周岁至6周岁（或7周岁）。而新规修订为"幼儿园适龄幼儿一般为3周岁至6周岁。"少了一个括号，幼儿入园时间也就从过去的最长4年，缩短为现在的3年，而这与目前全国小学入学年龄普遍由7周岁提前到6周岁有关。

同样，对幼儿园班额的规定新规也作了补充，在每班人数基本不变的前提下，旧《规程》只是模糊地要求幼儿园规模"不宜过大"，而新规则明确要求幼儿园规模一般不超过360人。而曾经广泛存在的"学前班"，则正式从《规程》中消失了。

4. 幼小衔接不得教授小学知识

虽然新《规程》取消了学前班，但不意味着鼓励幼儿园提早上小学课。在幼儿园教育标准方面，新规要求幼儿园和小学应密切联系，互相配合，注意两个阶段教育的相互衔接，但强调"幼儿园不得提前教授小学教育内容，不得开展任何违背幼儿身心发展规律的活动"。这句话在20年前也是没有的，可见如今小学入学的巨大压力下，幼儿园提早上课的情况一定不少。

值得注意的是，旧《规程》第二十八条特别规定："幼儿园应当使用全国通用的普通话。招收少数民族幼儿为主的幼儿园，可使用当地少数民族通用的语言。"而在新规中，这一条被删除了。

5. 规范办园行为，幼教人员准入门槛大幅提高

近年来，由于不合格幼教人员导致的幼儿园事故和纠纷不断被曝出，幼儿园不再只是"托儿所"，家长对于幼教人员提高素质的呼声愈发高涨，于是，新《规程》在多条标准中提高了对幼儿园教职员工的准入门槛。

新《规程》特别新增了一条规定："幼儿园教职工患传染病期间暂停在幼儿园的工作。有犯罪、吸毒记录和精神病史者不得在幼儿园工作。"

过去当幼儿园园长只需有幼师（包括职业学校幼儿教育专业）毕业及其以上学历，并获得幼儿园园长岗位培训合格证书即可，对工作年限也并无规定。新《规程》则明确要求幼儿园园长应当"具有《教师资格条例》规定的教师资格、具备大专以上学历、有三年以上幼儿工作经历和一定的组织管理能力，并取得幼儿园园长岗位培训合格证书"。

同时，负责幼儿生活的保育员准入门槛从初中毕业提高到了高中毕业。幼儿园配备的医生和护士也从过去的"中等卫校以上学历"和资格认证即可，提高到现在的必须取得卫生行政部门颁发的《医师执业证书》和《护士执业证书》。

新修订的《规程》对幼儿园的学制、办园规模、经费、资产、信息等方面的管理提出了明确要求。

6. 完善幼儿园内部管理机制

要求幼儿园进一步加强科学民主管理,强化了家长委员会的职能作用,家长委员会应参与幼儿园重要决策和事关幼儿切身利益事项的管理。强调幼儿园应当建立教研制度,加强教育教学研究,研究解决教师在保教工作中遇到的实际问题。

命题点2:《规程》制订的依据、目的和基本理念

依据:《教育法》等法律法规。

目的:为了加强幼儿园的科学管理,规范办园行为,提高保育和教育质量,促进幼儿身心健康。

基本理念:坚持立德树人。进一步强调幼儿园要坚持国家的教育方针,遵循幼儿身心发展特点和规律,实施德、智、体、美诸方面全面发展的教育,促进其身心和谐发展。

命题点3:幼儿园的性质和任务

第二条　幼儿园是对3周岁以上学龄前幼儿实施保育和教育的机构。幼儿园教育是基础教育的重要组成部分,是学校教育制度的基础阶段。(性质)

第三条　幼儿园的任务是:(1)贯彻国家的教育方针,按照保育与教育相结合的原则,遵循幼儿身心发展特点和规律,实施德、智、体、美等方面全面发展的教育,促进幼儿身心和谐发展。(2)幼儿园同时面向幼儿家长提供科学育儿指导。(幼儿园的双重任务)

命题点4:幼儿园保育和教育的主要目标

(1)促进幼儿身体正常发育和机能的协调发展,增强体质,促进心理健康,培养良好的生活习惯、卫生习惯和参加体育活动的兴趣。(2)发展幼儿智力,培养正确运用感官和运用语言交往的基本能力,增进对环境的认识,培养有益的兴趣和求知欲望,培养初步的动手探究能力。(3)萌发幼儿爱祖国、爱家乡、爱集体、爱劳动、爱科学的情感,培养诚实、自信、友爱、勇敢、勤学、好问、爱护公物、克服困难、讲礼貌、守纪律等良好的品德行为和习惯,以及活泼开朗的性格。(4)培养幼儿初步感受美和表现美的情趣和能力。

命题点5:幼儿入园和编班

第八条　幼儿园每年秋季招生。平时如有缺额,可随时补招。

幼儿园对烈士子女、家中无人照顾的残疾人子女、孤儿、家庭经济困难幼儿、具有接受普通教育能力的残疾儿童等入园,按照国家和地方的有关规定予以照顾。

第九条　企业、事业单位和机关、团体、部队设置的幼儿园,除招收本单位工作人员的子女外,应当积极创造条件向社会开放,招收附近居民子女入园。

第十条　幼儿入园前,应当按照卫生部门制定的卫生保健制度进行健康检查,合格者方可入园。

幼儿入园除进行健康检查外,禁止任何形式的考试或测查。

第十一条　幼儿园规模应当有利于幼儿身心健康,便于管理,一般不超过360人。

幼儿园每班幼儿人数一般为:小班(3周岁至4周岁)25人,中班(4周岁至5周岁)30人,大班(5周岁至6周岁)35人,混合班30人。寄宿制幼儿园每班幼儿人数酌减。

幼儿园可以按年龄分别编班,也可以混合编班。

命题点6:幼儿园的安全

第十二条　幼儿园应当严格执行国家和地方幼儿园安全管理的相关规定,建立健全门卫、房屋、设备、消防、交通、食品、药物、幼儿接送交接、活动组织和幼儿就寝值守等安全防护和检查制度,建立安全责任制和应急预案。

第十三条　幼儿园的园舍应当符合国家和地方的建设标准,以及相关安全、卫生等方面的规范,定期检查维护,保障安全。幼儿园不得设置在污染区和危险区,不得使用危房。

幼儿园的设备设施、装修装饰材料、用品用具和玩教具材料等,应当符合国家相关的安全质量标准和环保要求。

入园幼儿应当由监护人或者其委托的成年人接送。

第十四条　幼儿园应当严格执行国家有关食品药品安全的法律法规,保障饮食饮水卫生安全。

第十五条　幼儿园教职工必须具有安全意识,掌握基本急救常识和防范、避险、逃生、自救的基本方法,在紧急情况下应当优先保护幼儿的人身安全。

幼儿园应当把安全教育融入一日生活,并定期组织开展多种形式的安全教育和事故预防演练。

幼儿园应当结合幼儿年龄特点和接受能力开展反家庭暴力教育,发现幼儿遭受或者疑似遭受家庭暴力的,应当依法及时向公安机关报案。

第十六条　幼儿园应当投保校方责任险。

命题点7：幼儿园的卫生保健工作

第十八条　幼儿园应当制定合理的幼儿一日生活作息制度。正餐间隔时间为3.5～4小时。在正常情况下,幼儿户外活动时间(包括户外体育活动时间)每天不得少于2小时,寄宿制幼儿园不得少于3小时;高寒、高温地区可酌情增减。

第十九条　幼儿园应当建立幼儿健康检查制度和幼儿健康卡或档案。每年体检一次,每半年测身高、视力一次,每季度量体重一次;注意幼儿口腔卫生,保护幼儿视力。

第二十条　幼儿园应当建立卫生消毒、晨检、午检制度和病儿隔离制度,配合卫生部门做好计划免疫工作。幼儿园应当建立传染病预防和管理制度,制定突发传染病应急预案,认真做好疾病防控工作。幼儿园应当建立患病幼儿用药的委托交接制度,未经监护人委托或者同意,幼儿园不得给幼儿用药。幼儿园应当妥善管理药品,保证幼儿用药安全。

第二十一条　幼儿园应当每周向家长公示幼儿食谱,并按照相关规定进行食品留样。

第二十三条　幼儿园应当积极开展适合幼儿的体育活动,充分利用日光、空气、水等自然因素以及本地自然环境,有计划地锻炼幼儿肌体,增强身体的适应和抵抗能力。正常情况下,每日户外体育活动不得少于1小时。

命题点8：幼儿园的教育原则

第二十五条　幼儿园教育应当贯彻以下原则和要求：

(一)德、智、体、美等方面的教育应当互相渗透,有机结合。

(二)遵循幼儿身心发展规律,符合幼儿年龄特点,注重个体差异,因人施教,引导幼儿个性健康发展。

(三)面向全体幼儿,热爱幼儿,坚持积极鼓励、启发引导的正面教育。

(四)综合组织健康、语言、社会、科学、艺术各领域的教育内容,渗透于幼儿一日生活的各项活动中,充分发挥各种教育手段的交互作用。

(五)以游戏为基本活动,寓教育于各项活动之中。

(六)创设与教育相适应的良好环境,为幼儿提供活动和表现能力的机会与条件。

第二十六条　幼儿一日活动的组织应当动静交替,注重幼儿的直接感知、实际操作和亲身体验,保证幼儿愉快的、有益的自由活动。

第二十七条　幼儿园日常生活组织,应当从实际出发,建立必要、合理的常规,坚持一贯性和灵活性相结合,培养幼儿的良好习惯和初步的生活自理能力。

第二十八条　幼儿园应当为幼儿提供丰富多样的教育活动。

教育活动内容应当根据教育目标、幼儿的实际水平和兴趣确定,以循序渐进为原则,有计划地选择和组织。

教育活动的组织应当灵活地运用集体、小组和个别活动等形式,为每个幼儿提供充分参与的机会,满足幼儿多方面发展的需要,促进每个幼儿在不同水平上得到发展。

教育活动的过程应注重支持幼儿的主动探索、操作实践、合作交流和表达表现,不应片面追求活动结果。

第二十九条　幼儿园应当将游戏作为对幼儿进行全面发展教育的重要形式。

幼儿园应当因地制宜创设游戏条件,提供丰富、适宜的游戏材料,保证充足的游戏时间,开展多种游戏。

幼儿园应当根据幼儿的年龄特点指导游戏,鼓励和支持幼儿根据自身兴趣、需要和经验水平,自主选择游戏内容、游戏材料和伙伴,使幼儿在游戏过程中获得积极的情绪情感,促进幼儿能力和个性的全面发展。

第三十条 幼儿园应当将环境作为重要的教育资源,合理利用室内外环境,创设开放的、多样的区域活动空间,提供适合幼儿年龄特点的丰富的玩具、操作材料和幼儿读物,支持幼儿自主选择和主动学习,激发幼儿学习的兴趣与探究的愿望。

幼儿园应当营造尊重、接纳和关爱的氛围,建立良好的同伴和师生关系。

幼儿园应当充分利用家庭和社区的有利条件,丰富和拓展幼儿园的教育资源。

第三十一条 幼儿园的品德教育应当以情感教育和培养良好行为习惯为主,注重潜移默化的影响,并贯穿于幼儿生活以及各项活动之中。

第三十二条 幼儿园应当充分尊重幼儿的个体差异,根据幼儿不同的心理发展水平,研究有效的活动形式和方法,注重培养幼儿良好的个性心理品质。

幼儿园应当为在园残疾儿童提供更多的帮助和指导。

第三十三条 幼儿园和小学应当密切联系,互相配合,注意两个阶段教育的相互衔接。

幼儿园不得提前教授小学教育内容,不得开展任何违背幼儿身心发展规律的活动。

命题点9:幼儿园教师主要职责

第四十一条 幼儿园教师对本班工作全面负责,其主要职责如下:

(一)观察了解幼儿,依据国家有关规定,结合本班幼儿的发展水平和兴趣需要,制订和执行教育工作计划,合理安排幼儿一日生活;(教育)

(二)创设良好的教育环境,合理组织教育内容,提供丰富的玩具和游戏材料,开展适宜的教育活动;(环境)

(三)严格执行幼儿园安全、卫生保健制度,指导并配合保育员管理本班幼儿生活,做好卫生保健工作;(保育)

(四)与家长保持经常联系,了解幼儿家庭的教育环境,商讨符合幼儿特点的教育措施,相互配合共同完成教育任务;(家园)

(五)参加业务学习和保育教育研究活动;(学习)

(六)定期总结评估保教工作实效,接受园长的指导和检查。(检查)

命题点10:《规程》施行的时间

2016年3月1日起施行。

【本节考点知识点小结】

作为国家颁布的法规性文件,《幼儿园工作规程》在考试中大多是识记性知识点,如幼儿园的性质和任务,保育和教育目标,幼儿园的安全工作和卫生保健工作要点,幼儿园教职工的条件和职责,幼儿园教育的原则和实施要求,幼儿园的园舍、设备和经费等硬性规定。《幼儿园工作规程》是一份规范幼儿园办园行为的文件,在1996版的基础上做了很大的修订。《规程》阐述的内容十分宽泛,既有和幼儿园教师相关的教育、安全、卫生保健等工作的规定,又有和管理者相关的幼儿入园和编班、管理、经费、园舍、设备等相关规定,同时,还有部分内容和"学前教育学"密切相关,如幼儿园保教目标、幼儿园的性质和任务、幼儿园的教育原则,以及幼儿园、家庭和社区之间合作的原则和方法等。

【本节过关自测】

一、单项选择题

1. 幼儿园教育是( )的重要组成部分,是( )的基础阶段。
   A. 启蒙教育 学校教育制度
   B. 初等教育 终身教育
   C. 基础教育 学校教育制度
   D. 初等教育 学校教育制度

2. 幼儿园适龄幼儿一般为( )周岁。
   A. 3~7
   B. 3~6
   C. 3~6/7
   D. 2~6

3. 关于幼儿入园和编班,下列说法不正确的是( )。
   A. 幼儿园每年秋季招生

B．幼儿园对于家庭经济困难幼儿，按照国家和地方的有关规定予以照顾

C．幼儿入园除进行健康检查外，可以进行考试或测查

D．大班(5周岁至6周岁)人数一般为35人

4．关于幼儿园安全，下列说法正确的是(　　)。

A．入园幼儿必须由监护人接送

B．在紧急情况下应当优先保护教职工的人身安全

C．幼儿园可以不投保校方责任险

D．幼儿园应当结合幼儿年龄特点和接受能力开展反家庭暴力教育

5．幼儿户外活动时间每天不得少于(　　)小时。

A．2　　　　　　B．3　　　　　　C．4　　　　　　D．1

6．幼儿园日常生活组织，应当从实际出发，建立必要、合理的常规，坚持(　　)相结合。

A．一贯性和稳定性　　　　　　　　　B．一贯性和灵活性

C．创造性和灵活性　　　　　　　　　D．共性和个性

二、简答题

1．简述幼儿园的任务。

2．简述幼儿园教师工作主要职责。

三、分析题

1．新的一学年马上就要来了，亮亮妈带着亮亮来到家旁边的一所公立幼儿园准备报名上幼儿园。一进园，幼儿园接待教师就连续问了几个问题："你们父母双方有人是公务员吗？如果有，才有机会。你参加了我们的入园智力测验吗？成绩必须在100分之上才行。"亮亮都符合以上要求。但亮亮妈提出小班人数最好别太多时，接待教师说："现在人满为患，小班最少都是40个孩子，你不满意可以不报名。"请结合《幼儿园工作规程》中对幼儿园的招生、编班的规定，分析该幼儿园违背了规程中的哪些规定。

【本节过关自测】参考答案

一、单项选择题

【考点解析】1．答案是C。《幼儿园工作规程》"第一章　总则"第二条。

【考点解析】2．答案是B。《幼儿园工作规程》"第一章　总则"第四条。

【考点解析】3．答案是C。《幼儿园工作规程》"第二章　幼儿入园和编班"。

【考点解析】4．答案是D。《幼儿园工作规程》"第三章　幼儿园的安全"。

【考点解析】5．答案是A。《幼儿园工作规程》"第四章　幼儿园的卫生保健"第十八条。

【考点解析】6．答案是B。《幼儿园工作规程》"第五章　幼儿园的教育"第二十七条。

二、简答题

1．【考点分析】对《幼儿园工作规程》"第一章　总则"的掌握。

【答题要点】答：幼儿园的任务是：(1)贯彻国家的教育方针，按照保育与教育相结合的原则，遵循幼儿身心发展特点和规律，实施德、智、体、美等方面全面发展的教育，促进幼儿身心和谐发展。(2)幼儿园同时面向幼儿家长提供科学育儿指导。

2．【考点分析】对《幼儿园工作规程》"第七章　幼儿园的教职工"教师工作职责的理解掌握。

【答题要点】答：幼儿园教师对本班工作全面负责，其主要职责如下：

(1) 观察了解幼儿，依据国家有关规定，结合本班幼儿的发展水平和兴趣需要，制订和执行教育工作计划，合理安排幼儿一日生活；

(2) 创设良好的教育环境，合理组织教育内容，提供丰富的玩具和游戏材料，开展适宜的教育活动；

(3) 严格执行幼儿园安全、卫生保健制度，指导并配合保育员管理本班幼儿生活，做好卫生保健工作；

(4) 与家长保持经常联系，了解幼儿家庭的教育环境，商讨符合幼儿特点的教育措施，相互配合共同完成教育任务；

(5) 参加业务学习和保育教育研究活动；

(6)定期总结评估保教工作实效,接受园长的指导和检查。

三、分析题

1.【考点分析】对《幼儿园工作规程》"第二章 幼儿入园和编班"相关要点的掌握。

【答题要点】《幼儿园工作规程》"第二章 幼儿入园和编班"内容:

第八条 幼儿园每年秋季招生。平时如有缺额,可随时补招。

幼儿园对烈士子女、家中无人照顾的残疾人子女、孤儿、家庭经济困难幼儿、具有接受普通教育能力的残疾儿童等入园,按照国家和地方的有关规定予以照顾。

第九条 企业、事业单位和机关、团体、部队设置的幼儿园,除招收本单位工作人员的子女外,应当积极创造条件向社会开放,招收附近居民子女入园。

第十条 幼儿入园前,应当按照卫生部门制定的卫生保健制度进行健康检查,合格者方可入园。

幼儿入园除进行健康检查外,禁止任何形式的考试或测查。

第十一条 幼儿园规模应当有利于幼儿身心健康,便于管理,一般不超过360人。

幼儿园每班幼儿人数一般为:小班(3周岁至4周岁)25人,中班(4周岁至5周岁)30人,大班(5周岁至6周岁)35人,混合班30人。寄宿制幼儿园每班幼儿人数酌减。

幼儿园可以按年龄分别编班,也可以混合编班。

第七章 我国幼儿教育的改革动态与发展趋势

【本章考试大纲】

了解我国幼儿教育的改革动态与发展趋势。

第一节 我国幼儿教育的改革动态

【本节考纲考点】

1. 了解国外幼儿教育的改革动态。
2. 了解我国幼儿教育的改革动态。

【历年真题再现】

这一部分尚未出现过真题。

【本节备考指导】

本节考生要重点掌握当前我国和国外幼儿教育的改革动态。纵观历年考题,该节的知识点直接考到的概率较低;但掌握好该节知识点,对考生更好地把握当前我国幼儿教师改革的现状有重要意义。在考试题型上,主要以单项选择题和简答题为主。

在学习该节内容时,考生要注意掌握当代新的儿童观、教师观的特点;并能够用正确的教育观念去分析教育实践。

【命题考点精讲】

命题点1:国外幼儿教育的改革动态

尽管各国的历史传统、文化背景、经济水平等存在众多差异,但都表现出相同的幼儿教育改革动态,主要体现为以下几点:

(1)幼儿教育中心转移。随着对儿童社会性和情感发展重要性认识的不断深入,幼儿教育越发倡导多元教育,从"智育中心"转向注重儿童的整体发展。

(2) 尝试实施"混龄教育"。不分年级的教育,其核心指导思想是重视儿童个体发展的差异性,使每个孩子都得获得最有效的教育。

(3) 出现多形式和多功能的幼儿教育机构。主要表现为:一是幼儿园不断扩大其服务社会的功能,形式更加多元,功能更加丰富;二是学前教育机构的微型化和家庭化发展迅速;三是社区学前教育机构广泛发展。

(4) 倡导多元化教育。当前国际社会作为一个"地球村",多元文化教育已成为当今世界教育的一个热门话题。教师应教育儿童尊重所有的人及其文化,尊重来自不同文化背景中的儿童,促使他们同来自不同文化背景中的人们愉快交往。

命题点2:我国幼儿教育的改革动态

进入21世纪,我国众多幼儿教育法规政策的颁布和实施,不断推动了我国幼儿教育科学化、规范化的进程。特别是2010年国家颁布《国家中长期教育改革和发展规划纲要(2010—2020年)》《国务院关于当前发展学前教育的若干意见》等重要标志性文件,积极推动我国学前教育健康可持续发展。具体而言,当前我国幼儿教育的改革动态如下:

(1) 幼儿园办园模式的改革。国家强调发展学前教育,必须坚持公益性和普惠性;必须坚持政府主导,社会参与,公办民办并举的发展路线。要多种形式扩大学前教育资源,一方面大力发展公办幼儿园,另一方面鼓励社会力量以多种形式举办幼儿园。

(2) 幼儿园教育理念的变革。通过加强幼儿园教师的培养培训,帮助教师形成更为科学合理的儿童观、儿童学习观和教育观;同时,社会对教师的角色定位也不断科学化。

(3) 幼儿教育课程模式的变革。目前,我国幼儿园的课程模式已经呈现出多元化的特点和百花齐放趋势,如单元教育课程、综合主题课程、田野课程和游戏课程等,其中在全国影响较大的有单元教育课程和综合主题课程。

(4) 幼儿教育的合作与交流日趋国际化。各国幼儿教育在各自社会、经济、文化背景下都形成具有自身特色的教育实践,对我国的幼儿教育具有一定的启示与借鉴。特别是当前受到各国广泛认可的如瑞吉欧教育、高瞻课程等,因此我国幼儿教育的发展愈发重视与国际先进教育模式进行交流与发展。

【本节考点知识点小结】

本节考生要重点理解国内外幼儿教育的改革动态。国外幼儿教育改革动态主要表现为:(1)幼儿教育中心转移。从"智育中心"转向注重儿童的整体发展;(2)尝试实施"混龄教育"。使每个孩子都得获得最有效的教育;(3)出现多形式和多功能的幼儿教育机构。主要表现为:一是幼儿园不断扩大其服务社会的功能,形式更加多元,功能更加丰富;二是学前教育机构的微型化和家庭化发展迅速;三是社区学前教育机构广泛发展;(4)倡导多元化教育。

国内的幼教改革动态主要表现为:(1)幼儿园办园模式的改革。强调发展学前教育,必须坚持政府主导,社会参与,公办民办并举的发展路线。(2)幼儿园教育理念的变革。儿童观、儿童学习观和教育观转变;教师角色定位转变。(3)幼儿教育课程模式的变革。目前,我国幼儿园的课程模式已经呈现出多元化的特点和百花齐放趋势。(4)幼儿教育的合作与交流日趋国际化。

【本节过关自测】

一、单项选择题

1. 在我国幼儿园的课程模式中,影响较大的两种模式是( )。
   A. 单元教育课程和田野课程 B. 单元教育课程和综合主题课程
   C. 田野课程和综合主题课程 D. 田野课程和游戏课程

2. 1985年6月在日本召开的"日、美、欧幼儿教育、保育会议"的中心内容,就是要求从"智育中心"转向( )的全面发展。
   A. 德育中心 B. 美育中心 C. 幼儿个性 D. 注重整体

3.《幼儿园教育指导纲要(试行)》中指出教师应成为幼儿学习活动的(　　)。
  A．辅导者、支持者、引导者　　　　B．支持者、合作者、引导者
  C．指导者、合作者、支持者　　　　D．辅导者、合作者、引导者
4.下列说法属于当代儿童观的是(　　)。
  A．儿童是缩小的大人　　　　　　　B．儿童有独立的人格
  C．祖传秘方传男不传女　　　　　　D．父让子亡，子不得不亡

【本节过关自测】参考答案

一、单项选择题

【考点解析】1．答案是B。此题考查的是我国幼儿教育的改革动态。目前，我国幼儿园的课程模式已经呈现出多元化的特点和百花齐放趋势，如单元教育课程、综合主题课程、田野课程和游戏课程等，其中在全国影响较大的有单元教育课程和综合主题课程。

【考点解析】2．答案是D。此题考查的是国外幼儿教育的改革动态。在题干提及的这个会议上，国外幼儿教育形成的改革共识是从"智育中心"转向注重儿童的整体发展。

【考点解析】3．答案是B。此题考查的是我国幼儿教育改革过程中对教师角色定位的转变。以往，教师的角色更偏向于定位为知识的传递者，全程参与和包办幼儿学习的全过程。《幼儿园教育指导纲要(试行)》中指出教师应成为幼儿学习活动的支持者、合作者、引导者。

【考点解析】4．答案是B。此题考查的是我国幼儿教育改革过程中儿童观的转变。以往的教育，经常忽视了儿童的独特性，忽视了儿童是自身权利的主体，将儿童看作成人的附属品，都是错误的。现代社会下，人们把幼儿看作有积极主动学习愿望的人，认为幼儿是能够在一定环境中积极主动学习的。

第二节　我国幼儿教育的发展趋势

【本节考纲考点】

1. 了解我国幼儿教育发展存在的问题。
2. 了解我国幼儿教育的发展趋势。

【历年真题再现】

这一部分尚未出现过真题。

【本节备考指导】

本节考生要在了解当前我国幼儿教育发展现状的基础上，重点掌握当前我国幼儿教育的改革发展趋势。纵观历年考题，该节的知识点较少涉及。在考试题型上，主要以简答题和论述题为主。

在学习该节内容时，考生要注意结合《国家中长期教育改革与发展规划纲要(2010—2020年)》《国家关于当前发展学前教育的若干意见》等重要标志性文件来深刻了解我国幼儿教育未来一段时间的发展趋势；并能据此分析我国幼儿教育事业发展中的问题。

【本节考点知识点小结】

本节考生要重点掌握我国幼儿教育的改革发展趋势。尽管我国经过几十年的努力，幼儿教育事业取得了重大的发展成绩。但当前我国幼儿教育事业的发展仍然存在以下问题，包括农村幼儿入园率偏低；多主体办园的局面基本形成；幼儿教师的学历水平和专业化程度较低，但总体上稳步上升；幼儿教育经费投入仍然有待提高。

建立在问题的基础上，未来一段时间内国内幼儿教育的改革发展趋势为：(1)更加重视发展学前教育，普及学前教育。(2)多种形式扩大学前教育资源，建立政府主导、社会参与、公办民办并举的办园体制。

(3)关注幼儿园教师的专业成长,多种途径加强幼儿园教师队伍建设。(4)多种渠道加大学前教育投入。(5)加强学前教育管理的规范化和科学化。(6)幼儿教育交流合作的国际化态势将保持进一步加强。

【命题考点精讲】

命题点1:国内幼儿教育发展的现状及存在的问题

新中国成立以来,我国幼儿教育的发展已取得令人瞩目的成就,但仍然存在部分问题:

(1)农村幼儿入园率偏低。与城市地区相比,农村地区经济发展水平较低、家长的教育观念也较为落后,众多因素导致农村幼儿园的数量与质量,幼儿的入园率等都远远低于城市地区。

(2)多主体办园的局面基本形成。近年来我国不断加大政府投入发展学前教育,但为了尽可能满足社会对幼儿教育的多元需求,我国明确提出要"多种形式扩大学前教育资源",一方面大力发展公办幼儿园,另一方面鼓励社会力量以多种形式举办幼儿园。

(3)幼儿教师的学历水平和专业化程度总体上稳步上升。2011年我国颁布《幼儿园教师专业标准(试行)》,对幼教行业从业人员的专业素质做出了全面要求,并以此文件精神来要求我国幼教师资的培养培训,确保我国幼儿教师的专业化水平不断提升。同时,实行幼儿园教师资格证全国统考制度,提高幼教岗位的从业门槛。

(4)幼儿教育经费投入仍然有待提高。尽管当前国家大力重视发展学前教育,政府财政投入力度也不断提高;但当前经费主要用于硬件建设;幼儿园教师作为决定幼教质量的关键因素,政府必须不断提高幼儿教师的待遇水平,才能提高教师队伍的稳定性,也才能吸引更加优秀的人才进入幼教队伍。

命题点2:我国幼儿教育的发展趋势

我国幼儿教育发展的趋势总体上是与国际一致的。《国家中长期教育改革和发展规划纲(2010—2020年)》《国务院关于当前发展学前教育的若干意见》等重要标志性文件明确指出,在未来的一段时期,我国幼儿教育改革的重要内容和发展趋势是:

(1)更加重视发展学前教育,普及学前教育。国务院《关于当前发展学前教育的若干意见》明确指出,各级政府要充分认识发展学前教育的重要性和紧迫性,要把学前教育的发展作为重大民生工程,努力构建覆盖城乡、布局合理的学前教育公共服务体系。

(2)多种形式扩大学前教育资源,建立政府主导、社会参与、公办民办并举的办园体制。具体包括大力发展公办幼儿园;鼓励社会力量以多种形式举办幼儿园;城镇小区按照国家有关规定配套建设幼儿园;努力扩大农村学前教育资源。

(3)关注幼儿园教师的专业成长,多种途径加强幼儿园教师队伍建设;依法落实幼儿教师地位和待遇;完善幼儿师资培养培训体系。

(4)多种渠道加大学前教育投入。各级政府要将学前教育经费纳入财政预算。新增教育经费要向学前教育倾斜。财政性学前教育经费要在同级财政性教育经费中占合理比例。同时,规范学前教育经费的使用和管理。

(5)加强学前教育管理的规范化和科学化。包括:(1)加强幼儿园的准入管理。严格执行幼儿园准入制度;分类治理、妥善解决无证办园问题。(2)规范幼儿园安全监管。健全各项安全管理制度和安全责任制,建立全覆盖的幼儿园安全防护体系等。(3)规范幼儿园收费管理。幼儿园实行收费公示制度,接受社会监督;加强收费监管,坚决查处乱收费。

(6)幼儿教育交流合作的国际化态势将保持进一步加强。我国将进一步借鉴、学习外国先进的幼儿教育模式与经验,不断提高国内幼儿教育质量。

【本节过关自测】

一、单项选择题

1. 在幼儿教育改革的背景下,我国幼儿园办园体制也进行了改革,目前我国的幼儿园办园体制正在向( )的方向发展。

A. 政府参与,社会主导,公办民办并举   B. 公办为主,民办参与,政府社会并举

C．政府主导、社会参与、公办民办并举 　　D．民办为主，公办支持，政府社会并举

二、论述题

1．试述我国幼儿教育发展的现状及存在的问题。
2．试述我国幼儿教育的改革发展趋势。

【本节过关自测】参考答案

一、单项选择题

【考点解析】1．答案是 C。此题考查的是当前我国幼儿教育在办园体制上的发展趋势。《关于当前发展学前教育的若干意见》明确指出，要多种形式扩大学前教育资源，建立政府主导、社会参与、公办民办并举的办园体制。

二、论述题

1．【考点解析】此题考查考生对当前我国幼儿教育发展的现状的了解。

【答题要点】

(1) 农村幼儿入园率偏低。与城市地区相比，农村地区幼儿的入园率等都远远低于城市地区。

(2) 多主体办园的局面基本形成。一方面大力发展公办幼儿园，另一方面鼓励社会力量以多种形式举办幼儿园。

(3) 幼儿教师的学历水平和专业化程度总体上稳步上升。2011年我国颁布《幼儿园教师专业标准（试行）》，对幼教行业从业人员的专业素质做出了全面要求。同时，实行幼儿园教师资格证全国统考制度。

(4) 幼儿教育经费投入仍然有待提高。政府必须继续加大财政投入，不断提高幼儿教师的待遇水平，才能提高教师队伍的稳定性，也才能吸引更加优秀的人才进入幼教队伍。

2．【考点解析】此题考查考生对当前我国幼儿教育改革发展趋势的了解。

【答题要点】

(1) 更加重视发展学前教育，普及学前教育。
(2) 多种形式扩大学前教育资源，建立政府主导、社会参与、公办民办并举的办园体制。
(3) 关注幼儿园教师的专业成长，多种途径加强幼儿园教师队伍建设。
(4) 多种渠道加大学前教育投入。
(5) 加强学前教育管理的规范化和科学化。
(6) 幼儿教育交流合作的国际化态势将保持进一步加强。

模块三 生活指导

【模块考试大纲】

1. 熟悉幼儿园一日生活的主要环节,理解一日生活的教育意义。
2. 了解幼儿生活常规教育的要求与培养幼儿良好生活、卫生习惯的方法。
3. 了解幼儿卫生保健常规、疾病预防、营养等方面的基本知识。
4. 了解幼儿园常见的安全问题和处理方法,了解突发事件如火灾、地震等的应急处理方法。

第一章 幼儿园一日生活

【本章考试大纲】

熟悉幼儿园一日生活的主要环节,理解一日生活的教育意义。

第一节 幼儿园一日生活的主要环节

【本节考纲考点】

熟悉幼儿园一日生活的主要环节,了解各环节的基本要求。

【历年真题再现】

这一部分尚未出现过真题。

【本节备考指导】

本节主要从幼儿园的一日生活八大环节入手,重点介绍幼儿园一日生活各个环节的基本要求,考生要从重要性、如何做、养成良好习惯三方面进行记忆。本节内容多以单项选择题和简答题为主要考查形式。

【命题考点精讲】

命题点1:幼儿园一日生活的主要环节

《幼儿园工作规程》指出:"幼儿园一日活动的组织应动静交替,注重幼儿的实践活动,保证幼儿愉快的、有益的自由活动。"幼儿园的一日活动包括:接待幼儿入园、早操、教育活动、间隙活动、自由游戏活动、进餐、睡眠、午点、离园等。

1. 入园——幼儿一日生活的开始

接待幼儿入园,包括以下几项工作:

(1)接待幼儿。

(2)晨检。晨间检查根据各园的条件,可以由带班教师负责,也可以由专门的护士、保健教师负责。晨间检查的一般方法是:

一看,看脸色,看皮肤,看眼神,看喉咙;

二摸,摸摸是否发烧,摸腮腺是否肿大;

三问,问幼儿在家吃饭情况,睡眠是否正常,大小便有无异常;

四查,检查幼儿是否携带不安全物品。

(3) 幼儿活动的引导:①值日生;②分散的活动。

2. 盥洗——保障幼儿身体健康的第一道防线

盥洗是幼儿园一日生活的重要内容,包括洗手、洗脸、漱口、梳头等活动。

(1) 早晚刷牙,饭前便后及手脏时用碱性的肥皂洗手,早晚及午睡后最好用流动水洗脸。寄宿制幼儿园、托儿所,应根据季节变换洗头、洗澡的次数。每晚洗屁股、洗脚,定期剪指甲、理发。

(2) 教师要教给新入园儿童正确洗手、洗脸的方法。

(3) 儿童的盥洗用具如毛巾、漱口杯、牙刷要专人使用,并定期消毒,以防传染病。

3. 进餐——进餐为幼儿身体发育提供了充足的营养

进餐提供了充足的营养,是幼儿生活学习的物质前提。

1岁半以后的学前儿童每天应安排三餐两点。

(1) 进餐前后不做剧烈运动。

(2) 按时开饭,每次进餐时间不应少于30分钟,保证儿童吃饱每餐饭。

(3) 应让学前儿童精神愉快、安静进餐,不处理各种影响儿童情绪的问题。

(4) 培养儿童良好的饮食卫生习惯。

4. 喝水——培养幼儿主动喝水、科学喝水的好习惯

(1) 喜欢喝白开水,逐步做到主动喝水。

(2) 在取放杯子、接水、喝水的过程中能正确使用口杯。

(3) 养成安静、有序喝水的好习惯。

(4) 在成人指导下,学习根据身体需要适量喝水。

(5) 知道按时喝水,遇到特殊情况能及时喝水。

5. 如厕——幼儿的神经发育尚不完善,幼儿园如厕是一种挑战

应有计划、有步骤地培养儿童按时排便的习惯。

(1) 对初入园的小龄儿童,首先应教他们能用语言来表达要大小便,教他们如何坐盆或蹲坑,教会儿童便后由前往后擦屁股。

(2) 保教人员应在每天早晨起床后或早饭后提醒儿童大便。

(3) 培养儿童不随地大小便的文明习惯。

(4) 保教人员应观察了解儿童的排便情况,以便及时发现疾病。

6. 自由活动——让幼儿选择活动内容、玩具材料、玩伴

除了让幼儿选择活动内容、玩具材料、玩伴等,还应让幼儿在活动过程中主动参与、充分交往,获得直接经验,体验各种感情。

7. 午睡——午睡时幼儿园一日生活中非常重要的环节

午睡直接影响幼儿的身体健康、生长发育、学习状况。学前儿童必须保证每天有适宜的睡眠时间。一般全日制幼儿园,3~6岁儿童中午安排一次午睡。寄宿制幼儿园,3~6岁儿童一昼夜需要12小时左右的睡眠。

(1) 睡眠环境应保持安静和空气清新、温度适宜。室温一般为16~18℃,卧室内不要有过堂风。

(2) 饭前不做剧烈运动,不喝茶、咖啡等刺激性饮料,保持儿童安定的情绪。

(3) 教会儿童自己穿脱衣服。

(4) 培养儿童正确的睡眠姿势,一般双腿弯曲,向右侧卧睡最适宜。

(5) 在睡眠中,工作人员要随时巡视,了解儿童睡眠情况。

8. 游戏和户外游戏

在幼儿的一日活动中,游戏和户外活动应占3～4小时以上。《幼儿园工作规程》指出:"要保证幼儿有充分的户外活动和游戏时间。整日制幼儿园每日不得少于2小时,寄宿制幼儿园每日不得少于3小时,其中包括每天1小时的户外体育活动。场地小的幼儿园在安排一日活动时,首先要保证各班至少1小时户外体育活动。上课及其他活动可尽量安排在户外。"

9. 离园

幼儿一日或一周的集体生活结束后,要离开幼儿园转入分散的家庭生活。教师在幼儿离园前,应让幼儿做好结束工作,引导、帮助幼儿做好清洁和整理工作。

【本节考点知识点小结】

幼儿园一日生活是构成幼儿日常生活的重要组成部分,应包括入园、盥洗、如厕、进餐、睡眠、游戏、教学活动、户外活动和离园等环节。

入园环节是幼儿一日生活的开始,要为幼儿营造温馨舒适、丰富有趣的入园环境,做好"一看、二摸、三问、四查"的晨检工作。良好的盥洗习惯是保障幼儿身体健康的第一道防线,也是幼儿园一日生活的重要内容,包括洗手、洗脸、漱口、梳头等活动。进餐为幼儿身体发育提供了充足的营养,是幼儿生活学习的物质前提,教师要引导幼儿做好餐前准备,掌握进餐技能,养成良好习惯,学会餐后整理和盥洗。水在人体内具有无可替代的重要作用。因此,培养幼儿主动喝水、科学喝水的习惯是极具价值的生活教育课题。由于神经系统发育不完善,所以对大多数幼儿来说,如厕是一种挑战,教师应引导幼儿学会表达、自理及便后洗手等如厕习惯。自由活动、游戏和户外活动可以满足幼儿身体的、认知的、社会的和情绪情感的发展需要,教师应保障幼儿活动的时间,注意场地安全,引导幼儿养成良好的活动习惯。午睡是幼儿园一日生活中非常重要的环节,直接影响幼儿的身体健康、生长发育和学习状况,因此教师应让幼儿养成午睡的好习惯,增强其独立生活的能力。离园是幼儿园一日生活的最后一个环节,是幼儿一天生活的结束,教师要根据实际情况,适时地组织有目的、有计划的活动,抓住有价值的教育契机,实施有效的指导和帮助。

【本节过关自测】

一、单项选择题

1. 教师和家长应从( )岁左右的孩子开始进行如厕能力的培养。
A. 1.5岁   B. 2岁   C. 2.5岁   D. 3岁

2. ( )是教师观察、发现和指导儿童最经常、最自然、最容易的活动。
A. 餐饮活动   B. 生活活动   C. 盥洗活动   D. 整理活动

3. 幼儿园一日活动的组织应动静交替,注重幼儿的实践活动,保证幼儿愉快的、有益的( )活动。
A. 体育   B. 自由   C. 音乐   D. 学习

4. 3～4岁幼儿每天需要( )个小时睡眠。
A. 8～9   B. 9～10   C. 11～12   D. 12～13

5. "检查幼儿是否携带不安全物品"属于晨间检查的方法中的( )。
A. 一看   B. 二摸   C. 三问   D. 四查

6. 下列关于制定学前儿童一日生活日程的叙述,错误的是( )。
A. 幼儿年龄越小,安排的睡眠时间应越短,次数应越多
B. 游戏是儿童的基本活动,应保证他们的游戏时间
C. 制定作息制度要考虑到不同地区的差异,如南北方差异
D. 安排幼儿一日的生活作息制度,要考虑到家长的配合

7. 儿童应有较多的户外活动时间,夏天大部分时间应在户外活动,春秋季节每天应不少于( )小时,冬季每天不少于2小时。
A. 3～4   B. 4～5   C. 5   D. 3

8. 根据学前儿童身体发育的特点,教育机构要制定正确的饮食制度,儿童进餐必须定时定量,开饭要

准时,进餐时间间隔应该是(　　)。
　　A．1～2小时　　　　B．2～3小时　　　　C．3～4小时　　　　D．4～5小时
9. 上课时,个别幼儿喊口渴要喝水,老师的正确做法是(　　)。
　　A．立即让该幼儿离座去喝水　　　　B．让该幼儿坚持到下课
　　C．批评后再让其喝水　　　　D．停止教育活动,督促所有幼儿喝水
10. 从幼儿在园一日活动的主要类型来分,幼儿园环境可分为游戏活动环境、学习活动环境和(　　)。
　　A．交往环境　　　B．文化心理环境　　　C．语言环境　　　D．生活活动环境
11. 下列对幼儿园一日活动组织的表述,错误的是(　　)。
　　A．时间安排应有相对的稳定性与灵活性,既有利于形成秩序,又能满足幼儿的合理需要,照顾到个别差异
　　B．尽量减少不必要的集体行为和过渡环节,减少和消除消极等待现象
　　C．教师只需直接指导活动,保证幼儿偶尔有适当的自主选择和自由活动时司即可
　　D．建立良好的常规,避免不必要的管理行为,逐步引导幼儿学习自我管理

二、简答题

1. 如何培养儿童良好的餐饮习惯?
2. 简述幼儿园一日生活的主要环节。

【本节过关自测】参考答案

一、单项选择题

【考点解析】1. 答案是B。从小培养儿童的入厕能力,不仅是孩子自身发展的需要,也是社会发展的需要。教师和家长应从对2岁左右的孩子开始进行如厕能力的培养,使他们能较快地适应托儿所、幼儿园的集体生活。

【考点解析】2. 答案是B。生活活动是教师观察、发现和指导儿童最经常、最自然、最容易的活动,教师应抓住生活活动中的教育契机,促进儿童的全面发展。

【考点解析】3. 答案是B。《幼儿园工作规程》指出,幼儿园一日活动的组织应动静交替,注重幼儿的实践活动,保证幼儿愉快的、有益的自由活动。

【考点解析】4. 答案是D。儿童的睡眠时间,应随年龄和健康状况而异,年龄小、体质弱的儿童睡眠时间需相应延长。3～4岁每天需要睡12～13个小时,5～6岁每天需要睡11～12个小时。

【考点解析】5. 答案是D。晨间检查的一般方法有:一看,看脸色,看皮肤,看眼神,看喉咙;二摸,摸摸是否发烧,摸腮腺是否肿大;三问,问幼儿在家吃饭情况,睡眠是否正常,大小便有无异常;四查,检查幼儿是否携带不安全物品。

【考点解析】6. 答案是A。儿童神经系统的发育尚未成熟,容易疲劳,需要较长的睡眠时间进行休整,因此,幼儿年龄越小,安排的睡眠时间应越长,次数越多。A项说法错误。

【考点解析】7. 答案是A。户外活动能使幼儿获得充足的阳光,享受新鲜空气,并利用各种自然条件的变化,增强身体抵抗力,减少疾病,特别是呼吸道的疾病,促进儿童体力和智力的发育。夏天大部分时间应在户外活动,春秋季节每天应不少于3～4小时,冬季每天不少于2小时。

【考点解析】8. 答案是C。餐饮活动对于保证幼儿的身体健康成长有十分重要的意义,《幼儿园工作规程》第十三条规定,幼儿园应制定合理的幼儿一日生活作息制度。两餐间隔时间不得少于三小时半。

【考点解析】9. 答案是A。老师的正确做法是让幼儿立即离座去喝水。

【考点解析】10. 答案是D。从幼儿在园一日活动的主要类型来分,幼儿园环境可分为生活活动环境、游戏活动环境和学习活动环境等。

【考点解析】11. 答案是C。教师直接指导的活动和间接指导的活动相结合,保证幼儿每天有适当的自主选择和自由活动时间。教师直接指导的集体活动要能保证幼儿的积极参与,避免时间的隐性浪费。

二、简答题

1.【考点解析】本题考查学前儿童进餐基本要求。
【答案要点】
(1) 按时吃饭,坐定进食,这是儿童在集体生活中必须遵守的常规。
(2) 逐步培养儿童独立吃完自己的饭菜的能力。
(3) 注意不让饭菜撒落在桌上和地上。
(4) 进餐时不大声说笑。
(5) 学会收拾餐具。

2.【考点解析】本题考查幼儿园一日生活的主要环节。
【答案要点】
科学、合理的幼儿园一日生活制度必须依据幼儿的年龄发展特点、季节、家长工作特点,以及幼儿园教育教学的特点等来制定。

《幼儿园工作规程》明确指出:"幼儿一日活动的组织应动静交替,注重幼儿的实践活动,保证幼儿愉快的、有益的自由活动。"幼儿园的一日生活应包括入园、盥洗、入厕、进餐、睡眠、游戏、教学活动、户外活动和离园等环节。

第二节 幼儿园一日生活的教育意义

【本节考纲考点】

了解幼儿园一日生活的教育意义,掌握制定幼儿园一日生活日程的原则,充分发挥幼儿园一日生活的功能和作用。

【历年真题再现】

这一部分尚未出现过真题。

【本节备考指导】

本节主要介绍幼儿园的一日生活的教育意义,知识点相对简单,考生要从意义入手充分发挥幼儿园一日生活的功能和作用。本节内容多以单项选择题或简答题为主要考查形式。

【命题考点精讲】

命题点1:一日生活的教育意义

1. 保护幼儿身体的健康发育

幼儿园一日生活能够保护和支持幼儿生理活动的正常进行,可进一步促进幼儿身体各系统的健康发育。

2. 有利于幼儿心理的健康发展

合理的幼儿园一日生活不仅能够保证幼儿集体生活的有序和顺畅,还能够促进幼儿心理健康发展以及自我意识和自我控制水平的提高,对幼儿心理的健康发展具有重要意义。

3. 培养幼儿良好的生活习惯

合理的幼儿园一日生活可以培养幼儿按一定时间和规律吃饭、活动(包括学习和游戏活动)、睡眠等,能够令幼儿更快更好地熟悉和适应生活环境,从而达到保护幼儿身心健康的目的。

4. 促进幼儿的学习

幼儿园日常生活是幼儿教育的重要内容,也是教育的重要途径。选择贴近幼儿生活、令幼儿感兴趣的事物和问题,有助于拓展幼儿的经验和视野。

命题点 2：制定一日生活日程的原则

1. 根据学前儿童的年龄特点安排各项活动

儿童年龄越小，学习活动时间越短，休息、户外活动和睡眠的时间则越长。

2. 动静结合，不同类型的活动要交替进行

学前儿童进行活动时，应注意不同类型的活动交替进行，这样使大脑皮质各功能区的神经细胞和身体各系统各组织得到轮流休息，防止神经细胞和肌肉等组织的疲劳，提高活动效率。

3. 根据家长工作需要安排入园和离园时间

幼儿园要为家长参加工作提供便利条件。在制定生活制度时，应当适当考虑与家长上下班时间相适应，同时要争取家长的配合，使孩子在家的生活时间和托幼机构的生活安排相衔接。

4. 结合季节变化做适当调整

由于一年四季的昼夜长短不一样，学前儿童的作息制度可以适当调整。

【本节考点知识点小结】

幼儿园一日生活是构成幼儿日常生活的重要组成部分，幼儿园一日生活可以分为不同类型的活动，这些活动本质上具有共同属性，是一个完整的教育整体。幼儿在园的一日生活不仅能满足幼儿的基本的生理需要，还可以提供各种教育，锻炼幼儿独立生活的能力，促进幼儿德、智、体、美等方面的发展。

"生活即教育，教育即生活。"教育的过程就是生活的过程。因此，将各项教育内容渗透于幼儿园一日生活的各种活动中，可以使幼儿在园接受的教育真正适合幼儿身心发展的特点，使幼儿养成良好的生活和卫生习惯，建立良好的心理素质，有助于顺利达到教育目的。

【本节过关自测】

一、简答题

1. 试论述幼儿园一日生活的教育意义。
2. 简要回答制定幼儿园一日生活日程的原则。

【本节过关自测】参考答案

一、简答题

1.【考点解析】本题考查幼儿园一日生活的教育意义。

【答案要点】

（1）保护幼儿身体的健康发育。幼儿园一日生活能够保护和支持幼儿生理活动的正常进行，可进一步促进幼儿身体各系统的健康发育。

（2）有利于幼儿心理的健康发展。合理的幼儿园一日生活不仅能够保证幼儿集体生活的有序和顺畅，还能够促进幼儿心理健康发展以及自我意识和自我控制水平的提高，对幼儿心理的健康发展具有重要意义。

（3）培养幼儿良好的生活习惯。合理的幼儿园一日生活可以培养幼儿按一定时间和规律吃饭、活动（包括学习和游戏活动）、睡眠等，能够令幼儿更快更好地熟悉和适应生活环境，从而达到保护幼儿身心健康的目的。

（4）促进幼儿的学习。幼儿园日常生活是幼儿教育的重要内容，也是教育的重要途径。选择贴近幼儿生活、令幼儿感兴趣的事物和问题，有助于拓展幼儿的经验和视野。

2.【考点解析】本题考查幼儿园一日生活日程的制定原则。

【答案要点】

（1）根据学前儿童的年龄特点安排各项活动。儿童年龄越小，学习活动时间越短，休息、户外活动和睡眠的时间则越长。

（2）动静结合，不同类型的活动要交替进行。学前儿童进行活动时，应注意不同类型的活动交替进行，这样使大脑皮质各功能区的神经细胞和身体各系统各组织得到轮流休息，防止神经细胞和肌肉等组织的疲劳,提高活动效率。

(3) 根据家长工作需要安排入园和离园时间。幼儿园要为家长参加工作提供便利条件。在制定生活制度时,应当适当考虑与家长上下班时间相适应,同时要争取家长的配合,使孩子在家的生活时间和托幼机构的生活安排相衔接。

(4) 结合季节变化做适当调整。

由于一年四季的昼夜长短不一样,学前儿童的作息制度可以适当调整。

第二章 幼儿生活常规教育与习惯培养

【本章考试大纲】

了解幼儿生活常规教育的要求与培养幼儿良好生活、卫生习惯的方法。

第一节 幼儿生活常规教育的要求

【本节考纲考点】

了解幼儿生活常规教育的概念、特点和意义,把握幼儿生活常规教育的内容和要求。

【历年真题再现】

【2012下】9. 制定幼儿班级生活常规的主要目的是(   )。
A. 维持纪律　　　　B. 便于教师管理　　　C. 让幼儿学会服从　　D. 帮助幼儿学会自我管理
【考点】幼儿生活常规的目的和意义

【本节备考指导】

本节要求考生掌握关于生活常规教育的概念、特点和意义,掌握对幼儿进行常规教育的要求。本节内容可能融合在材料分析题中进行考察。

【命题考点精讲】

命题点1:幼儿生活常规教育概述

1. 生活常规的概念

生活常规是幼儿园为了培养学前儿童良好生活习惯和基本生活能力,确保学前儿童健康成长而制定的幼儿园一日生活各环节的基本规则和要求。

《幼儿园工作规程》明确指出:"幼儿园日常生活组织,要从实际出发,建立必要的合理的常规,坚持一贯性、一致性和灵活性的原则,培养幼儿良好的习惯和初步的生活自理能力。"

2. 幼儿生活常规教育的特点

幼儿园小、中、大班的生活常规内容具有螺旋式上升的特点。小班的生活常规内容是基础,是起点;中班的生活常规内容不仅包含小班阶段的内容,还增添了高一层次的内容;大班的生活常规除了涵盖中小班的内容,还增添了更高层次的内容。

3. 幼儿生活常规教育的意义

(1) 生活常规教育促使儿童形成良好的生活习惯。
(2) 生活常规教育促进儿童身体各系统的生长发育。
(3) 生活常规教育有利于学前儿童心理健康发展。

命题点2：幼儿生活常规教育的要求

1. 幼儿生活常规教育的内容

(1) 引导幼儿懂得有规律的生活有益于健康的道理，可以自觉遵守作息时间和生活制度。

(2) 让幼儿学习生活的基本技能，培养幼儿的生活自理能力。

(3) 培养幼儿良好的生活卫生习惯。

2. 幼儿生活常规教育的要求

幼儿生活常规教育的要求是在入园、盥洗、进餐、喝水、如厕、自由活动、午睡、离园等环节对学前儿童提出的要求，详见上一章相关内容。在对幼儿进行生活常规教育时，要注意以下几点：

(1)对不同年龄儿童的要求应有差别；(2)具体而规范；(3)保育和教育相结合；(4)注意照顾个别差异。

【本节考点知识点小结】

生活常规是幼儿园为了培养学前儿童良好生活习惯和基本生活能力，确保学前儿童健康成长而制定的幼儿园一日生活各环节的基本规则和要求。

幼儿生活常规教育的要求是在入园、盥洗、进餐、喝水、如厕、自由活动、午睡、离园等环节对学前儿童提出的要求，内容具有螺旋式上升的特点。生活常规教育能引导幼儿自觉遵守作息时间和生活制度，学习生活的基本技能，培养生活自理能力，养成良好的生活卫生习惯，有效促进学前儿童身心健康发展。

【本节过关自测】

一、单项选择题

1.（　　）是幼儿园为了培养幼儿良好的生活习惯和生活基本能力，确保幼儿健康成长而制定的幼儿园生活各环节的基本规则与要求。

　　A．幼儿园一日生活　　B．幼儿生活常规　　C．幼儿园保育　　D．幼儿园教育

2. 幼儿园常规教育主要包括（　　）、教育教学常规等。

　　A．学习常规　　B．一日生活常规　　C．听课常规　　D．游戏常规

3. 制定幼儿生活管理中的制度与规则应遵循的原则是（　　）。

　　A．以教师为本　　B．以幼儿为本　　C．以教育为本　　D．以教学为本

4. 幼儿园日常生活组织，要从实际出发，建立必要的合理的常规，坚持（　　）的原则，培养幼儿的良好习惯和初步的生活自理能力。

　　A．一贯性、一致性和灵活性
　　B．一贯性、一致性和巧妙性
　　C．一致性、一体性和互动性
　　D．一致性、互动性和渗透性

5. 在幼儿生活中进行常规教育，下列说法不正确的是（　　）。

　A．教师要从长期自居的领导者的宝座上走下来，建立平等的师幼关系

　B．教师要引导幼儿自信，鼓励幼儿主动发展

　C．教师要规范自身的行为，为幼儿树立榜样，促进幼儿养成自觉的行为习惯

　D．幼儿生活常规教育无需家长的参与

6. 幼儿生活常规教育的意义有（　　）。

① 可以培养幼儿的生活规律，养成良好的行为习惯

② 可以帮助幼儿适应幼儿园环境，学习在集体中生活

③ 幼儿的某些生活常规教育不利于培养幼儿的自律能力

④ 能够增强幼儿的安全感，有助于幼儿健康成长

　　A．①②③　　B．①③④　　C．①②④　　D．②③④

二、材料分析题

中二班小朋友玥玥和菘菘的家在同一个小区，从小一起长大，是非常要好的朋友，总有说不完的话，总在一起玩，睡午觉也要睡在紧挨在一起的床上。秋天到了，天气渐渐变凉，两个孩子吃完午饭，在幼儿园院子里跑来跑去拣落叶，玩得很高兴。午睡时，两人还兴奋着，老安静不下来，叽叽喳喳说个不停。值班的老

师说了几次都没用,一生气,把两个只穿着内衣的女孩提了起来罚站。两个孩子终于乖了。

请运用所学的有关理论分析此案例中教师行为的适宜性。

【本节过关自测】参考答案

一、单项选择题

【考点解析】1. 答案是B。题干是对幼儿生活常规的含义的阐述。

【考点解析】2. 答案是B。幼儿园常规教育主要包括:一日生活常规、教育教学常规等。幼儿园教师要会科学、合理地制定各项常规,要耐心细致,持之以恒地教育幼儿遵守各项常规,使幼儿园常规教育发挥应有的作用。

【考点解析】3. 答案是B。制定幼儿生活管理中的制度与规则应遵循以幼儿为本的原则。

【考点解析】4. 答案是A。幼儿园日常生活组织应坚持一贯性、一致性和灵活性的原则。

【考点解析】5. 答案是D。幼儿生活常规的教育,不但需要教师的指导,同时也需与家长沟通,达成共识,形成教育幼儿的一致性。

【考点解析】6. 答案是C。幼儿通过遵守一日生活的常规,可以逐渐养成自律的能力。

二、材料分析题

【考点解析】本题考查生活常规教育的要求和方法。

【答案要点】

(1) 老师的方法不合适,过于简单,对孩子的身体健康不利。

(2) 幼儿园组织睡眠活动的要求是要为儿童创设一个舒适、安静的睡眠环境;重视睡眠的护理工作;要细心照顾个别儿童。幼儿午餐后不宜进行兴奋性较强的活动,所以老师应在午饭后引导玥玥和菘菘进行一些安静的活动,不宜跑来跑去。

(3) 要从孩子进幼儿园时就开始培养孩子的良好习惯:进入睡眠室后,要保持安静,立即上床睡觉,不能在室内随便走动或说话,并要提醒和检查幼儿不把玩具和其他东西带到睡眠室内。也可以采用其他一些方法,如把两个孩子睡觉的床安排得距离远一些,多关注两个孩子的举动,多耐心引导。

第二节 幼儿良好生活、卫生习惯的培养

【本节考纲考点】

了解培养幼儿良好生活、卫生习惯的内容和方法。

【历年真题再现】

这一部分尚未出现过真题。

【本节备考指导】

本节要求考生掌握关于生活卫生习惯的内容,重点掌握幼儿进行生活常规教育的常用方法。本节内容可能融合在材料分析题中进行考察。

【命题考点精讲】

命题点1:幼儿良好的生活卫生习惯内容

(1) 引导幼儿懂得有规律的生活有益于健康的道理,可以自觉遵守作息时间和生活制度。

(2) 让幼儿学习生活的基本技能,培养幼儿的生活自理能力,包括吃饭、穿衣服、刷牙、洗脸、收拾玩具、铺床等生活技能。

(3) 培养幼儿良好的生活卫生习惯。卫生习惯包括饭前便后洗手、定时排便、不乱扔垃圾、爱护公共卫生等。生活习惯包括讲文明、讲礼貌、不玩不浪费水、不影响他人休息、把衣物整齐地放在固定的地

方等。

命题点 2：幼儿生活常规教育常用方法

幼儿生活常规教育常用方法有：

(1) 示范讲解法。示范讲解法是生活常规教育中最基本的方法，主要有整体示范讲解法和分解示范讲解法。

(2) 操作法。操作法是生活常规教育中最重要的方法，也是养成教育的主要方法。

(3) 集中训练与个别指导法。在生活常规教育中，集中训练与个别指导不可分割，必须结合使用。

(4) 随机教育法。随机教育法就是利用偶发事件进行及时、灵活的教育。

【本节考点知识点小结】

幼儿园应通过示范讲解、操作、随机教育等方式，引导幼儿懂得有规律的生活有益于健康的道理，自觉遵守作息时间和生活制度。让幼儿学习生活的基本技能，培养其生活自理能力，从而养成良好的生活卫生习惯，促进其身心和谐发展。

【本节过关自测】

一、单项选择题

1. 下列关于制定学前儿童一日生活日程的叙述，错误的是（   ）。
   A．幼儿年龄越小，安排的睡眠时间应越短，次数应越多
   B．游戏是儿童的基本活动，应保证他们的游戏时间
   C．制定作息制度要考虑到不同地区的差异，如南北方差异
   D．安排幼儿一日的生活作息制度，要考虑到家长的配合

2. 建立合理的生活制度可以培养幼儿（   ）。
   A．遵守纪律的习惯   B．良好的生活习惯   C．自我保健的技能   D．艰苦朴素的习惯

3. 为培养幼儿诚实、不说谎话的习惯，教师向幼儿讲述了《狼来了》的故事，这是运用了（   ）。
   A．渗透教育法   B．榜样示范法   C．评价激励法   D．成果欣赏

4. 教师给表现好的孩子发放小红花、五角星、小红旗，这是运用了（   ）。
   A．评价激励法   B．渗透教育法   C．成果欣赏法   D．图示观察法

5. 向幼儿出示两张图片，一张为肮脏的小脸，一张为干净的小脸，然后组织幼儿讨论："你喜欢哪张小脸？为什么？"在此基础上，把正确洗脸的流程图贴在洗脸池的上方，方便幼儿对照图片学习洗脸。这是运用了（   ）。
   A．成果欣赏法   B．渗透教育法   C．图示观察法   D．评价激励法

6. 幼儿园定期召开家长会，向家长宣传良好习惯养成的重要性，要求家长密切配合幼儿园，达成共识。这是运用了（   ）。
   A．家园共育法   B．游戏练习法   C．评价激励法   D．图示观察法

7. 培养幼儿良好生活、卫生习惯的途径有（   ）。
   ① 开展适宜的教育教学活动   ② 渗透到一日生活中进行教育   ③ 充分发挥教育合力
   A．①②   B．②③   C．①③   D．①②③

二、简答题

1. 简述幼儿生活常规教育的主要内容。

三、材料分析题

1. 以前在我们班里经常出现孩子吃饭情绪不高，不能按时将饭菜吃完，桌上、地面到处留下饭粒、菜渣等现象。为了改变这种状况，最近，我们开始实施"自助餐厅"的做法，让孩子根据自己的身体情况、饭量的大小，由自己决定自己进餐食量的需要，不再由老师统一定量、统一分配。而且，在自助餐厅中，老师担任服务员的角色，用游戏的口吻向孩子介绍今天的菜单；以愉快的情绪，热情地招呼小朋友；提醒幼儿做文明顾客：吃饭时不讲话，吃完饭后自己整理好餐具和清洁桌面，并告之餐厅营业时间 11:30 关门，请顾客

准时结束用餐。以上这一切都在教师所扮演的角色——餐厅服务员的微笑中,并伴随着美妙的音乐声进行。果然,从前那些不良的进餐现象都改善了。

问题:根据材料,分析幼儿生活常规教育的实施要求。

2. 离园时,李老师发觉琪琪的衣服挺别扭,仔细一瞧,原来是纽扣错位了。在李老师的指导下,琪琪笨拙地解开了一个又一个纽扣,准备重扣。正在这时,琪琪妈妈出现在活动室门口。显然,她已看到了一切,脸上写满了不高兴。只见她快步上前,动手要帮琪琪扣纽扣。

李老师一把拉住她说:"瞧这衣服模样,就知道肯定是琪琪自己穿的。琪琪能够独立穿衣,这是一件值得高兴的事啊!让她再练习一下,相信她会有进步的,你说对吗?"琪琪妈妈听了李老师的话,似乎悟出了什么,脸慢慢由阴转晴,笑眯眯地对琪琪说:"乖孩子,慢慢扣,妈妈等着你!"

问题:请结合幼儿园生活常规原理,分析李老师的行为。

【本节过关自测】参考答案

一、单项选择题

【考点解析】1. 答案是A。儿童神经系统的发育尚未成熟,容易疲劳,需要较长的睡眠时间进行休整,因此,幼儿年龄越小,安排的睡眠时间应越长,次数越多。A项说法错误。

【考点解析】2. 答案是B。建立合理的生活制度最主要的作用是培养幼儿良好的生活习惯。

【考点解析】3. 答案是B。利用文艺作品中的鲜明人物形象,给孩子树立良好的榜样。这是运用了榜样示范法。

【考点解析】4. 答案是A。一面小红旗、一颗五角星、一朵小红花都会让孩子们体验到成功的喜悦,教师利用这种方法运用的是评价激励法。

【考点解析】5. 答案是C。图示观察法以简洁、形象、连续的图示替代传统的示范、讲解等指导方式,引导幼儿在反复观察、思考、尝试的过程中,学习新技能、新方法。

【考点解析】6. 答案是A。教师与家长密切配合,促进幼儿良好习惯的养成,这是运用了家园共育法。

【考点解析】7. 答案是D。以上三项都是属于培养幼儿良好生活、卫生习惯的途径。

二、简答题

1. 【考点解析】本题考查生活常规教育的主要内容。

【答案要点】

(1) 学习规律生活的基本常识,能够自觉遵守作息时间和生活制度。

(2) 学习生活的基本技能,培养生活的自理能力,包括吃饭、穿衣、刷牙、洗脸、收拾玩具书本、铺床等生活技能。

(3) 培养良好的生活习惯和卫生习惯,生活习惯包括讲文明、讲礼貌、不玩水、不浪费水等;卫生习惯包括饭前便后洗手、定时排便、不乱扔垃圾、爱护公共卫生等,形成规范的生活行为和卫生习惯。

三、材料分析题

1. 【考点解析】本题考查生活常规教育的常用方法。

【答案要点】

该教师的做法是十分值得称赞的。同样是进餐这样一个生活情景,由于教师改变了方法,又将规则融进了游戏中,效果就变得完全不同。可见,根据幼儿的年龄特点选择教育方法是至关重要的,幼儿生活常规教育的实施要求有:

(1) 结合幼儿自身特点。幼儿生活常规教育应针对不同年龄阶段、不同特点的幼儿制定相应的具体要求。

(2) 要求具体且规范。幼儿园应从实际出发,根据幼儿园的具体条件和各年龄班的特点制定具体而规范的生活常规。

(3) 保育和教育相结合。幼儿园生活常规的要求需要保育和教育同时进行,幼儿年龄越小,越需要通过保育的手段使幼儿养成良好的生活习惯,并在一日生活的每个环节进行教育。

2.【考点解析】本题考查生活常规教育的常用方法。
【答案要点】
李老师的行为是正确的。幼儿每天都从各种必不可少的日常生活环节中潜移默化地掌握很多最基本的生活经验,锻炼独立生活的能力,发展德、智、体、美等方面的素质。因此,孩子能做到的事,教师不要代替,家长也不要包办。李老师还努力引导使家长明白,使幼儿园和家长通力合作,为孩子营造一个顺利成长的环境,更有利于孩子的全面发展。

第三章　幼儿身体保健知识

【本章考试大纲】

了解幼儿卫生保健常规、疾病预防、营养等方面的基本知识。

第一节　幼儿卫生保健常规

【本节考纲考点】

了解幼儿卫生保健常规的基本知识。

【历年真题再现】

这一部分尚未出现过真题。

【本节备考指导】

本节重要知识点是了解幼儿卫生保健常规的基本知识。纵观近年考试真题,本节内容还没有看到真题。

考生通过学习本节内容,能够与幼儿园工作相联系,进行联系分析,贯彻预防为主、保教结合的工作方针,为集体儿童创造良好的生活环境,预防控制传染病,降低常见病的发病率,培养健康的生活习惯,以保证和促进学前儿童的正常发育和健康。

【命题考点精讲】

托幼机构卫生保健工作的主要任务是贯彻预防为主、保教结合的工作方针,为集体儿童创造良好的生活环境,预防控制传染病,降低常见病的发病率,培养健康的生活习惯,保障儿童的身心健康。

命题点1:一日生活安排

(1)应当根据各年龄段儿童的生理、心理特点,结合本地区的季节变化和本托幼机构的实际情况,制订合理的生活制度。

(2)合理安排儿童作息时间和睡眠、进餐、大小便、活动、游戏等各个生活环节的时间、顺序和次数。

(3)保证儿童每日充足的户外活动时间。全日制儿童每日不少于2小时,寄宿制儿童不少于3小时,寒冷、炎热季节可酌情调整。

(4)根据儿童年龄特点和托幼机构服务形式,合理安排每日进餐和睡眠时间。儿童正餐间隔时间3.5~4小时,进餐时间20~30分钟/餐,餐后安静活动或散步时间10~15分钟。3~6岁儿童午睡时间根据季节以2~2.5小时/日为宜,3岁以下儿童日间睡眠时间可适当延长。

命题点2:儿童膳食

1. 膳食管理

(1)托幼机构食堂应建立健全各项食品安全管理制度。

（2）托幼机构应当为儿童提供符合国家《生活饮用水卫生标准》的生活饮用水，保证儿童按需饮水。

（3）儿童膳食应当专人负责，工作人员与儿童的膳食要严格分开。

（4）儿童食品应当在具有《食品生产许可证》或《食品流通许可证》的单位采购。食品进货前必须采购查验及索票索证，托幼机构应建立食品采购和验收记录。

（5）儿童食堂应当每日清扫、消毒，保持内外环境整洁。

（6）禁止加工变质、有毒、不洁、超过保质期的食物，不得制作和提供冷荤凉菜。

（7）进餐环境应当卫生、整洁、舒适。餐前做好充分准备，按时进餐，保证儿童情绪愉快，培养儿童良好的饮食行为和卫生习惯。

2. 膳食营养

（1）托幼机构应当根据儿童生理需求，以《中国居民膳食指南》为指导，制订儿童膳食计划。

（2）根据膳食计划制订带量食谱，1～2周更换1次。食物品种要多样化且合理搭配。

（3）在主副食的选料、洗涤、切配、烹调的过程中，方法应当科学合理，减少营养素的损失，符合儿童清淡口味，达到营养膳食的要求。烹调食物注意色、香、味、形，提高儿童的进食兴趣。

（4）三大营养素热量占总热量的百分比是蛋白质12%～15%，脂肪30%～35%，碳水化合物50%～60%。每日早餐、午餐、晚餐热量分配比例为30%、40%和30%。优质蛋白质占蛋白质总量的50%以上。

命题点3：体格锻炼

（1）应当根据儿童的年龄及生理特点，每日有组织地开展各种形式的体格锻炼。

（2）定期进行室内外安全隐患排查。

（3）利用日光、空气、水和器械，有计划地进行儿童体格锻炼。做好运动前的准备工作；运动中注意观察儿童面色、精神状态、呼吸、出汗量和儿童对锻炼的反应，若有不良反应要及时采取措施或停止锻炼；加强运动中的保护，避免运动伤害。运动后注意观察儿童的精神、食欲、睡眠等状况。

（4）全面了解儿童健康状况，患病儿童停止锻炼；病愈恢复期的儿童运动量要根据身体状况予以调整；体弱儿童的体格锻炼进程应当较健康儿童缓慢，时间缩短，并要对儿童运动反应进行仔细的观察。

命题点4：健康检查

1. 儿童健康检查

（1）入园（所）健康检查。儿童入托幼机构前，应当经医疗卫生机构进行健康检查，合格后方可入园。

（2）定期健康检查，具体是：

① 儿童定期健康检查项目包括：测量身长（身高）、体重，检查口腔、皮肤、心肺、肝脾、脊柱、四肢等，测查视力、听力，检测血红蛋白或血常规。

② 1～3岁儿童每年健康检查2次，每次间隔6个月；3岁以上儿童每年健康检查1次。

（3）晨午检及全日健康观察，具体是：

① 做好每日晨间或午间入园（所）检查。检查内容包括询问儿童在家有无异常情况，观察精神状况、有无发热和皮肤异常，检查有无携带不安全物品等，发现问题及时处理。

② 应当对儿童进行全日健康观察，内容包括饮食、睡眠、大小便、精神状况、情绪、行为等，并作好观察及处理记录。

③ 卫生保健人员每日深入班级巡视2次，发现患病、疑似传染病儿童应当尽快隔离并与家长联系，及时到医院诊治，并追访诊治结果。

④ 患病儿童应当离园（所）休息治疗。如果接受家长委托喂药时，应当做好药品交接和登记，并请家长签字确认。

命题点5：卫生与消毒

1. 环境卫生

托幼机构应为儿童提供整洁、安全、舒适的环境，保持室内空气清新、阳光充足，采取湿式清扫方式清洁地面。

2. 个人卫生

（1）儿童日常生活用品专人专用，保持清洁。

（2）培养儿童良好卫生习惯。饭前便后应当用肥皂、流动水洗手，早晚洗脸、刷牙，饭后漱口，做到勤洗头洗澡换衣、勤剪指（趾）甲，保持服装整洁。

（3）工作人员应当保持仪表整洁，注意个人卫生。

3. 预防性消毒

（1）儿童活动室、卧室应当经常开窗通风，保持室内空气清新。每日至少开窗通风2次，每次至少10～15分钟。

（2）餐桌每餐使用前消毒。

（3）门把手、水龙头、床围栏等儿童易触摸的物体表面每日消毒1次。坐便器每次使用后及时冲洗，接触皮肤部位及时消毒。

（4）使用符合国家标准或规定的消毒器械和消毒剂。

命题点6：传染病预防与控制

（1）督促家长按免疫程序和要求完成儿童预防接种。

（2）托幼机构应当建立传染病管理制度。

（3）对因病缺勤的儿童，应当了解儿童的患病情况和可能的原因，对疑似患传染病的，要及时报告给园（所）疫情报告人。

（4）托幼机构内发现疑似传染病病例时，应当及时设立临时隔离室，对患儿采取有效的隔离控制措施。

（5）托幼机构应当配合当地疾病预防控制机构对被传染病原体污染（或可疑污染）的物品和环境实施随时性消毒与终末消毒。

（6）发生传染病期间，托幼机构应当加强晨午检和全日健康观察，并采取必要的预防措施，保护易感儿童。

（7）患传染病的儿童隔离期满后，凭医疗卫生机构出具的痊愈证明方可返回园（所）。

【本节考点知识点小结】

1. 一日生活安排

全日制儿童每日户外活动时间不少于2小时，寄宿制儿童不少于3小时，寒冷、炎热季节可酌情调整。儿童正餐间隔时间3.5～4小时，进餐时间20～30分钟/餐，餐后安静活动或散步时间10～15分钟。3～6岁儿童午睡时间根据季节以2～2.5小时/日为宜，3岁以下儿童日间睡眠时间可适当延长。

2. 膳食管理和膳食营养

托幼机构食堂应建立健全各项食品安全管理制度。托幼机构应当根据儿童生理需求，以《中国居民膳食指南》为指导，制订儿童膳食计划。食谱1～2周更换1次。烹调食物注意色、香、味、形，提高儿童的进食兴趣。三大营养素热量占总热量的百分比是蛋白质12%～15%，脂肪30%～35%，碳水化合物50%～60%。每日早餐、午餐、晚餐热量分配比例为30%、40%和30%。优质蛋白质占蛋白质总量的50%以上。

3. 体格锻炼

应当根据儿童的年龄及生理特点，每日有组织地开展各种形式的体格锻炼；定期进行室内外安全隐患排查；利用日光、空气、水和器械，有计划地进行儿童体格锻炼。

4. 儿童健康检查

（1）入园（所）健康检查。儿童入托幼机构前应当经医疗卫生机构进行健康检查，合格后方可入园。（2）定期健康检查：1～3岁儿童每年健康检查2次，每次间隔6个月；3岁以上儿童每年健康检查1次。（3）晨午检及全日健康观察。

5. 卫生与消毒

托幼机构应为儿童提供整洁、安全、舒适的环境，保持室内空气清新、阳光充足，采取湿式清扫方式清洁地面。儿童日常生活用品专人专用，保持清洁。培养儿童良好卫生习惯。工作人员应当保持仪表整洁，注意个人卫生。儿童活动室、卧室应当经常开窗通风，保持室内空气清新。每日至少开窗通风2次，每次至少10～15分钟。

6. 传染病预防与控制

督促家长按免疫程序和要求完成儿童预防接种,托幼机构应当建立传染病管理制度。

【本节过关自测】

一、单项选择题

1. 3～6岁儿童(　　)健康检查1次。
   A．每3个月　　　　B．每6个月　　　　C．每9个月　　　　D．每12个月
2. 合理安排儿童膳食,三大营养素热量占总热量的百分比是(　　)。
   A．脂肪12%～15%,蛋白质30%～35%,碳水化合物50%～60%
   B．蛋白质12%～15%,脂肪30%～35%,碳水化合物50%～60%
   C．碳水化合物12%～15%,脂肪30%～35%,蛋白质50%～60%
   D．蛋白质12%～15%,碳水化合物30%～35%,脂肪50%～60%
3. 每日早餐、午餐、晚餐热量分配比例为(　　)。
   A．10%、60%和30%　　　　　　　　　B．40%、20%和40%
   C．30%、40%和30%　　　　　　　　　D．10%、40%和50%
4. 全日制儿童每日户外活动时间不少于(　　)小时。
   A．1小时　　　　B．2小时　　　　C．3小时　　　　D．4小时
5. 3～6岁儿童午睡时间根据季节以(　　)为宜。
   A．1小时/日　　B．1.5小时/日　　C．2～2.5小时/日　　D．2.5～3.5小时/日
6. 空气浴锻炼最好从(　　)开始。
   A．春季　　　　B．夏季　　　　C．秋季　　　　D．冬季

【本节过关自测】参考答案

一、单项选择题

【考点解析】1. 答案是B。1～3岁儿童每年健康检查2次,每次间隔6个月;3岁以上儿童每年健康检查1次。

【考点解析】2. 答案是B。三大营养素热量占总热量的百分比是蛋白质12%～15%,脂肪30%～35%,碳水化合物50%～60%。

【考点解析】3. 答案是C。安排幼儿膳食,每日早餐、午餐、晚餐热量分配比例为30%、40%和30%。优质蛋白质占蛋白质总量的50%以上。

【考点解析】4. 答案是B。保证儿童每日充足的户外活动时间。全日制儿童每日不少于2小时,寄宿制儿童不少于3小时,寒冷、炎热季节可酌情调整。

【考点解析】5. 答案是B。3～6岁儿童午睡时间根据季节以2～2.5小时/日为宜,3岁以下儿童日间睡眠时间可适当延长。

【考点解析】6. 答案是B。空气浴锻炼最好从夏季开始,使机体逐步适应冷空气,气温慢慢降至15℃左右为空气浴的最低温度。

第二节　疾病预防

【本节考纲考点】

了解幼儿疾病预防的基本知识。

【历年真题再现】

这一部分尚未出现过真题。

【本节备考指导】

本节重要知识点是学前儿童常见病及常见传染病的基本知识,难点是掌握各种常见疾病的基础知识后,能够在日常教学活动中灵活应用,从而有效帮助幼儿预防疾病。

学习时要对婴幼儿常见病(上呼吸道感染、佝偻病、缺铁性贫血、龋齿、腹泻、肥胖症、斜视、弱视、中耳炎)的病因、临床表现及预防措施以及婴幼儿常见传染病(麻疹、水痘、流行性感冒、百日咳、手足口病、腮腺炎、猩红热)病因、传染途径、临床表现及预防措施,都要有比较清晰的认识和把握,目的是能理清各种常见疾病而不至于混淆,最后能够在实际教学过程中真正做到保教合一。

【命题考点精讲】

命题点1:急性上呼吸道感染

1. 症状

上呼吸道感染简称上感,是小儿最常见的疾病。

(1) 一般有鼻塞、打喷嚏、流鼻涕、咳嗽、发热等症状。

(2) 3岁以下小儿因高热(体温39℃以上)出现惊厥,多发生在病初突发高热时。

(3) 若高热持续不退、咳嗽有增无减、出现喘憋等症状,应考虑并发肺炎,需及时诊治。

2. 病因

可由细菌或病毒感染引起。

3. 预防及护理

(1) 平时需要重视体育锻炼,增加户外活动时间。

(2) 室内要经常开窗通风,保持室内空气清新。

(3) 摄入清淡、易消化、营养均衡的食物,鼓励幼儿多喝水

(4) 根据气候变化,及时增减衣服。

(5) 在呼吸系统疾病多发季节,不要到人群拥挤的场所。

命题点2:佝偻病

1. 症状

(1) 一般症状:多发生于佝偻病早期,主要症状是睡眠不安、夜间易哭闹、多汗(与气候冷暖关系不大)。

(2) 骨骼改变:佝偻病进一步发展就会在骨骼上出现改变,主要症状是:方颅、前囟晚闭、串珠肋、鸡胸、下肢弯曲(呈"O"形或"X"形)。

(3) 动作发育迟缓:坐、站、走均较正常小儿迟缓。

(4) 语言发展较晚。

2. 病因

(1) 接触日光不足;

(2) 生长过快;

(3) 疾病影响;

(4) 钙的吸收利用障碍。

3. 预防及护理

(1) 病儿多汗、体弱,应注意冷暖,随时增减衣服。

(2) 按医嘱补充维生素D,切勿过量,以免中毒。

(3) 经常参加户外活动,多晒太阳。

(4) 提倡母乳喂养,及时添加辅食

命题点3:缺铁性贫血

是指由于体内贮存铁消耗殆尽、不能满足正常红细胞生成的需要而发生的贫血。

1. 症状

(1) 面色、眼结膜、口唇、甲床苍白或泛黄；

(2) 呼吸、脉搏加快；

(3) 食欲不振、精神不振、易疲倦；

(4) 肝、脾、淋巴结可有轻度肿大。

2. 病因

(1) 铁元素的先天储备不足；

(2) 饮食摄入铁元素不足；

(3) 生长发育过快；

(4) 疾病影响。

3. 预防及矫治

(1) 加强孕妇的营养；

(2) 坚持合理营养；

(3) 及时治疗各种感染性疾病；

(4) 感染钩虫的患儿，积极进行驱虫治疗；

(5) 早产儿、多胎儿应及时补充铁剂。

命题点4：龋齿

是一种由口腔中多种因素复合作用所导致的牙齿硬组织进行性病损，表现为无机质脱矿和有机质分解，随病程发展而从色泽改变到形成实质性病损的演变过程。

1. 症状

龋齿有色、形、质的变化；对冷热酸甜等刺激不适。

2. 病因

牙齿结构缺陷、食物残渣滞留、口腔中细菌的破坏作用。

3. 预防及护理

(1) 保持口腔卫生；

(2) 注意营养、多晒太阳；

(3) 定期进行口腔检查；

(4) 必要时进行窝沟封闭。

命题点5：婴幼儿腹泻

1. 症状

可伴有腹痛；大便次数增多，大便水分多呈蛋花样；尿量少。

2. 病因

(1) 非感染性因素引起的腹泻；

(2) 感染性因素引起的腹泻。

3. 预防及护理

(1) 调整饮食，减轻胃肠道负担，进食高热量易消化的食物；

(2) 注意腹部的保暖；

(3) 做好臀部的护理；

(4) 患儿用过的便具、尿布，及污染过的衣服、被单应及时洗涤消毒；

(5) 密切观察孩子的脸色和精神状态。

命题点6：肥胖症

1. 症状

肥胖症是一种热能代谢障碍疾病，由于摄入热量超过消耗热量，引起体内脂肪积累过多所致。一般体重超过标准体重20%以上即为肥胖症。

2. 病因

(1) 多食;(2) 少动;(3) 遗传;(4) 心理因素;(5) 内分泌疾病。

3. 预防及矫治

(1) 控制进食量;

(2) 调整饮食结构;

(3) 增加运动量;

(4) 消除精神负担。

命题点 7:斜视

1. 症状

人在注视某一物体时,两眼的黑眼球位置不对称,视轴出现明显的偏斜。

2. 病因

视神经或眼肌受损;近视、远视或散光。

3. 预防与护理

斜视越早治疗,效果越好。可根据病情配戴矫正眼镜或者通过手术进行治疗。

命题点 8:弱视

1. 症状

弱视是指眼球没有器质性病变,视力低下,经矫正后仍然达不到正常值。

2. 病因

先天性弱视、两眼视差较大、斜视、视觉剥夺。

3. 预防和护理

治疗弱视的最好时间是 6 岁以前,经过治疗,视力可以提高,并恢复立体视觉。年龄越小,治疗效果越好。对于弱视患儿应该散瞳验光,采用"健眼遮盖法",配戴合适的矫正眼镜,或者遵照医嘱采取其他矫正措施。

命题点 9:急性中耳炎

1. 症状

高热、惊哭、摇头、拒绝喝奶。

2. 病因

急性上呼吸道感染、鼓膜穿孔、用力擤鼻涕等。

3. 预防和护理

(1) 预防感冒;

(2) 对症治疗;

(3) 保持耳道清洁;

(4) 教会幼儿正确地擤鼻涕。

命题点 10:有关传染病的基础知识

1. 传染病的特性

有病原体,有传染性,有免疫性,病程发展有一定规律性。

2. 传染病流行过程的三个基本环节

(1) 传染源。传染源是指被病原体感染的人或动物,主要分为病人、病原携带者、受感染动物这三种。

(2) 传染途径。主要的传染途径有:空气飞沫传播、食物传播、水源传播、土壤传播、日常生活接触传播、虫媒传播、直接接触传播、母婴传播、医源性传播。

(3) 易感者。

命题点 11:麻疹

1. 病因及传染途径

麻疹是由病毒引起的呼吸道传染病,主要经飞沫传染。

2. 症状

(1) 病初的症状和患感冒差不多。

(2) 发烧后2~3天,口腔黏膜出现费-科氏斑,这是麻疹所特有的症状。

(3) 发烧后3~4天,开始出皮疹,皮疹颜色鲜红,略高出皮肤。皮疹先由耳后出现,渐至颈部、面部、躯干、四肢,最后手心、脚心出疹。皮疹之间可见到正常的皮肤颜色。

(4) 出疹一般持续3~4天,疹子出齐后开始消退,体温渐恢复正常。

3. 预防及护理

(1) 居室应保持空气新鲜。

(2) 注意眼部卫生。

(3) 注意鼻腔、口腔清洁。

(4) 饮食宜富于营养而容易消化。

(5) 出疹发高烧应采取降低体温的措施。

(6) 护理病儿的人,进入病儿所在居室要戴口罩。

命题点12：流行性感冒

1. 病因及传染途径

流行性感冒简称为流感,是由流感病毒引起的急性呼吸道传染病。流感病人是主要传染源,通过咳嗽、喷嚏等排出病毒,经呼吸道感染他人。此病传染性很大,四季均可流行,多流行于冬春季。

2. 症状

(1) 多以畏寒发热急性起病,伴有头痛,腰部和四肢酸痛,眼球结膜及咽部充血等。

(2) 以胃肠道症状为主者,有恶心、呕吐、腹痛、腹泻等症状。

(3) 以肺炎症状为主者,发病1~2日后出现咳嗽、气促等症状。

(4) 部分病儿有明显的精神症状,如嗜睡、惊厥等。

(5) 婴幼儿常并发中耳炎、鼻窦炎等。

3. 预防及护理

(1) 高烧时卧床休息。病儿居室要有阳光,空气新鲜。

(2) 饮食应易消化,有营养、多饮水。

(3) 患儿高烧应适当降温。

(4) 护理者戴口罩,护理患儿后洗手。

(5) 患者应立即与健康者隔离,做好空气消毒和食具消毒工作。

(6) 平时注重体格锻炼,加强营养。

命题点13：水痘

1. 病因及传染途径

水痘是由病毒引起的呼吸道传染病。病毒存在于病人的鼻咽分泌物及水痘的浆液中。从病人发病日起到皮疹全部干燥结痂,都有传染性。病初,主要经飞沫传染。皮肤疱疹破溃后,可经衣物,用具等间接传染。以6个月至3岁的小儿发病率最高。多发生于冬春季。

2. 症状

发热,皮疹为红色斑疹,数小时后变为深红色丘疹,再数小时后变为疱疹,病程一般7天。

3. 预防及护理

(1) 水痘患儿应与家庭隔离,病情较重或有并发症者须住院隔离,直至皮疹全部干燥结痂为止。

(2) 发病期间应卧床休息,给予充足的水分和易消化的饮食。

(3) 室内保持空气清新,吃容易消化的食物,多喝开水。

(4) 衣服被褥要清洁,衣服要宽大,柔软,经常更换。

(5) 保持手、皮肤及口腔的清洁,修剪指甲。

(6) 疱疹破裂者,局部可涂2%龙胆紫。

命题点 14：手足口病

1. 病因及传染途径

是由柯萨奇病毒引起的具有小流行性的皮肤黏膜病。本病是在手掌、足底及口腔内发生以小水疱为特征的一种病毒性传染病，主要发生在儿童，多在夏季流行。

2. 症状

常有 1~3 天的持续低烧，口腔和咽喉部疼痛，或有上呼吸道感染的特征。皮疹多在第 2 天出现，呈离心性分布，多见于手指、足趾背面及指甲周围，也可见于手掌、足底、会阴及臀部。开始时为玫红色斑丘疹。1 天后形成半透明的小水疱，如不破溃感染，常在 2~4 天吸收干燥，呈深褐色薄痂，脱落后无瘢痕。

3. 预防和护理

该病传染性较强，对小儿应隔离，并注意饮食卫生及口腔卫生，故发现疫情和隔离患者是控制本病的主要措施。托幼园所应注意观察体温、双手和口腔，发现病儿应隔离 1 周，同时注意日用品、食具和玩具、便器的消毒。

命题点 15：百日咳

1. 病因及传染途径

为百日咳杆菌引起的呼吸道传染病，主要经飞沫传染。

2. 症状

初起打喷嚏、流涕、流泪，有低热或中度发热，类似感冒症状。3~4 天后症状消失，热退，但咳嗽逐渐加重，尤以夜间为重。此期传染性最强，可持续 7~10 天，若及时治疗，能有效地控制本病的发展。如未能控制，患者出现阵发性痉挛性咳嗽，其特点是频繁不间断的短咳 10 余声。

3. 预防和护理

（1）接种百白破疫苗；

（2）保持室内通风，衣物在阳光下曝晒，对痰液及口鼻分泌物则应进行消毒处理；

（3）加强体育锻炼，提高免疫力；

（4）膳食营养均衡，少食多餐，多喝水。

命题点 16：猩红热

1. 病因及传染途径

为乙型溶血性链球菌引起的呼吸道传染病，通过空气飞沫传染，多见于冬春季节。

2. 症状

发热、咽峡炎、全身弥漫性鲜红色皮疹和疹退后明显的脱屑，发疹同时，可出现"草莓舌"。少数患者患病后由于变态反应而出现心、肾、关节的损害。

3. 预防及护理

（1）注意休息及口腔清洁卫生；

（2）膳食营养均衡，饮食清淡，少食多餐，多喝水；

（3）疹退后皮肤脱屑，不要用手撕剥，防止感染；

（4）于病后 2~3 周检查尿，检查是否发生急性肾炎。

命题点 17：流行性腮腺炎

1. 病因及传染途径

由病毒引起的呼吸道传染病。病人腮腺肿大期间，唾液中有病毒，可经飞沫传染。

2. 症状

（1）起病急，可有发热、畏寒、头痛、食欲不振等症状。

（2）1~2 天后腮腺肿大，肿大以耳垂为中心，边缘不清楚，有轻度压痛。张口或咀嚼时感到腮腺部位胀痛，尤以吃硬的或酸的食物时疼痛加剧。

3. 预防及护理

（1）对患儿进行隔离护理；

（2）注意休息，保持室内空气清新；

(3)给予充足的水分和流质、半流质的饮食;
(4)注意口腔的清洁卫生。

【本节考点知识点小结】

本节知识点比较多、分散,考生在复习时要了解、掌握如下知识点:
(1)婴幼儿常见病(上呼吸道感染、佝偻病、缺铁性贫血、龋齿、腹泻、肥胖症、斜视、弱视、中耳炎)的病因、临床表现及预防措施。
(2)有关传染病的基础知识(传染病定义、传染病特性、传染病的流行过程)。
(3)婴幼儿常见传染病(麻疹、水痘、流行性感冒、百日咳、手足口病、腮腺炎、猩红热)病因、传染途径、临床表现及预防措施。

【本节过关自测】

一、单项选择题

1. 一患儿有如下皮疹特点:自面部→躯干→四肢,一天内出齐,手掌、足底也可见皮疹。2~4天消退无疹痕。该患儿属于(   )。
   A．麻疹   B．风疹   C．猩红热   D．水痘

2. 儿童被褥日常主要通过(   )消毒。
   A．开窗通风   B．洗涤   C．煮沸   D．日晒

3. 腮腺炎的主要传播途径是(   )。
   A．空气飞沫   B．饮食   C．土壤   D．水源

4. 实行"一人一针一筒"是为了预防(   )。
   A．乙型脑膜炎   B．病毒性甲型肝炎   C．病毒性乙型肝炎   D．流行性脑脊髓膜炎

5. (   )是最主要的传染源。
   A．病后病原携带者   B．健康病原携带者   C．病人   D．受感染的动物

6. 预防呼吸道传染病,简便有效的措施是(   )。
   A．用具消毒   B．保持空气流通   C．保护水源   D．管理好粪便

7. 假如小儿未见流鼻血,大便呈柏油样,则表明可能发生了(   )。
   A．肛门裂   B．细菌性痢疾   C．肠套叠   D．消化道出血

8. 儿童时期因(   )所致的贫血最常见。
   A．失血   B．缺乏造血物质   C．缺乏溶血物质   D．其他原因

9. 食欲不振,伴有恶心、呕吐、怕油腻的,常是(   )的表现。
   A．贫血   B．传染性肝炎   C．维生素D中毒   D．维生素A中毒

10. 肝炎病毒要煮沸(   )分钟方能灭活。
    A．1~2   B．5~10   C．10~15   D．15~30

11. 对传染病接触者的观察期限,常依据该传染病的(   )而定。
    A．一般潜伏期   B．最短潜伏期   C．最长潜伏期   D．前驱期

12. 肥胖症是指因脂肪储存,使体重超过正常值的(   )以上的营养性过剩性疾病。
    A．10%   B．20%   C．30%   D．50%

13. 冬春季节,李艳小朋友突发高烧,但精神还好,高烧3~4天后,体温骤然下降,同时面部及身上出现红色疹子,经1~2天皮疹全部退尽。李艳可能得的是(   )。
    A．麻疹   B．水痘   C．风疹   D．幼儿急疹

14. 红色尿,尿像洗肉水,同时眼皮浮肿,可见于(   )。
    A．过多服用维生素B2 B．肝、胆疾病   C．急性肾炎   D．泌尿系统感染

15. 婴幼儿多喝白开水可减少(   )。
    A．皮肤病的发生   B．泌尿道感染   C．感冒病的发生   D．消耗能量

二、材料分析题

小一班毛毛同学午睡起床后,老师在帮他穿衣裤的时候发现他的手心和脚心都散状分布着红色疹子,在吃午点的时候,毛毛突然大哭起来,告诉老师说,不愿意进食,因为咀嚼东西嘴巴很疼,于是老师检查毛毛的口腔,口腔黏膜分布着几个红疹,这时老师考虑到孩子有可能感染了传染病。请问,结合老师对于毛毛的观察,你考虑毛毛患的是什么传染病?当毛毛被家长送到医院确诊为传染病后,家长及时打电话告知了老师,那么为了保护其他幼儿尽可能不被传染,老师应该做些什么?

【本节过关自测】参考答案

一、单项选择题

【考点解析】 1. 答案是 A。风疹一般手掌、足底无皮疹;猩红热的临床表现为全身皮肤呈猩红色,出现帕氏线、杨梅舌等;水痘的皮疹分批出现,在皮肤在可见三种类型的皮疹,皮疹发展过程为:丘疹→水疱→结痂。

【考点解析】 2. 答案是 D。物理消毒法是最简便易行、较为有效的消毒法,它又分为机械法、煮沸法、日晒法三种。日晒法即是利用紫外线消毒霉菌,一般附着在衣服、被褥等物品表面的病原体,在阳光暴晒3～6小时就可灭活。

【考点解析】 3. 答案是 A。病人腮腺肿大期间,唾液中有病毒,可经飞沫传染。

【考点解析】 4. 答案是 C。乙型脑炎的传染途径是虫媒;流行性脑脊髓膜炎的传染途径是空气飞沫;病毒性甲型肝炎的传染途径是经食物传播。

【考点解析】 5. 答案是 C。就大多数传染病来说,病人是最主要的传染源。

【考点解析】 6. 答案是 B。空气飞沫是呼吸道传染病的主要传播途径。实行湿式打扫,防止灰尘飞扬,加强通风换气,采用紫外线照射消毒等,可有效地切断此传播途径。

【考点解析】 7. 答案是 D。粪便表面有鲜血,血与粪便不混在一起,排便时会疼痛,可能是肛门裂;脓血便是细菌性痢疾的表现;"红色果酱样大便"是肠套叠的表现;大便呈柏油样,则表明可能发生了消化道出血。

【考点解析】 8. 答案是 B。因体内缺乏铁,影响血红蛋白的合成,导致缺铁性贫血,是小儿贫血中最常见的一种,3岁以下发病率较高。

【考点解析】 9. 答案是 B。食欲不振,伴有恶心、呕吐、怕油腻的,常是传染性肝炎的表现。

【考点解析】 10. 答案是 D。肝炎病毒要煮沸15～30分钟方能灭活。

【考点解析】 11. 答案是 C。多数传染病的潜伏期比较恒定,这就为确定某种传染病的检疫期提供了依据。一般参考某种传染病的最长潜伏期决定该传染病的检疫期限。

【考点解析】 12. 答案是 B。肥胖症是一种热能代谢障碍疾病,一般体重超过标准体重20%以上即为肥胖症。

【考点解析】 13. 答案是 D。麻疹的典型表现是:眼畏光;费-科氏斑;手、脚心出疹;疹间可见正常皮肤。水痘的皮疹分批出现,在皮肤在可见三种类型的皮疹。皮疹发展过程丘疹→水疱→结痂。风疹的典型表现有:手、脚心无疹;耳后及枕部淋巴结肿大。幼儿急疹表现为:突发高热,40度以上;精神尚可;三四天后体温骤降,出现皮疹。

【考点解析】 14. 答案是 C。红色尿,尿像洗肉水,同时眼皮浮肿,可见于急性肾炎。

【考点解析】 15. 答案是 B。每天饮水充足,尿液形成后从上到下流动,对输尿管、膀胱、尿道起着冲刷的作用,可以减少泌尿道感染。

二、材料分析题

【考点解析】 此题考查的是传染病这个考点。

【答案解析】 答:考虑是否感染了手足口病。应该立即报告给园长,其他班级的老师对班级孩子进行认真的检查。对那些和毛毛有过密切接触玩耍的孩子在家进行隔离,将教室进行通风透气,并用消毒水进行室内消毒,将毛毛玩过的玩具及用过的餐具、寝具进行消毒。注重饮食营养,平时多开展体育活动加强锻炼,提高孩子的免疫力。

第三节 幼儿营养

【本节考纲考点】

了解幼儿营养等方面的基本知识。

【历年真题再现】

【2013 上】7. 由于幼儿的肌肉中水分多,蛋白质及糖元少,不适合他们的运动项目是( )。
A．长跑　　　　　　B．投掷　　　　　　C．跳绳　　　　　　D．拍球
考题解析：幼儿营养

【2014 上】9. 婴幼儿应多吃鸡蛋、奶等食物,保证维生素 D 的摄入,以防止因维生素 D 缺乏而引起( )。
A．呆小症　　　　　B．异食癖　　　　　C．佝偻病　　　　　D．坏血病
考题解析：佝偻病的原因

【本节备考指导】

本节重要知识点是了解各种营养素及热能对学前儿童生长发育的重要性,理解《中国居民膳食指南》对学前儿童膳食的指导意义,难点是理解六大营养素的主要生理功能、食物来源、过多或缺乏症,学生需要掌握幼儿营养等方面的基本知识。另外,历年考试中未出现膳食安排这部分内容的考题,但这些内容也在考纲范围内,可能会以选择题的形式考查。

【命题考点精讲】

命题点 1：营养素

1. 营养素定义

营养素是指食物中可给人体提供能量、机体构成成分和组织修复以及生理调节功能的化学成分。凡是能维持人体健康以及提供生长、发育和劳动所需要的各种物质均称为营养素。

2. 营养素分类

（1）产能营养素：蛋白质、脂类、碳水化合物。
（2）非产能营养素：矿物质（包括常量元素和微量元素）、维生素（包括脂溶性维生素和水溶性维生素）、水。

命题点 2：蛋白质的生理功能

1. 生理功能

（1）构造新细胞、新组织；
（2）修补组织；
（3）调节生理功能；
（4）供给能量。

2. 必需氨基酸

必需氨基酸指的是人体自身不能合成或合成速度不能满足人体需要,必须从食物中摄取的氨基酸。对成人来讲,必需氨基酸共有 8 种,儿童多一种,为 9 种必需氨基酸。

3. 蛋白质的组件——氨基酸

无论哪种蛋白质,分解后的最终产物都是氨基酸。

4. 蛋白质的营养价值

衡量蛋白质营养价值的高低是以所含必需氨基酸的种类、数量及比例来作为判断依据的。由于动物性蛋白质所含有的必需氨基酸的种类和比例与人体需要相近,故其营养价值较植物蛋白质为高。在植物蛋白质中,豆类,尤其是黄豆,蛋白质的营养价值较高。

5. 提高蛋白质的营养价值的措施

（1）蛋白质的互补作用：将谷类与豆类或其他食物混食后，使必需氨基酸得以互相补充，从而提高食物蛋白质的营养价值，称为蛋白质的互补作用。

（2）提高豆类的消化率：将豆类适当地加工、烹调，可以提高其消化利用率。

（3）氨基酸强化食品：食品中补充某些缺乏或特别需要的营养素，称为强化食品。

6. 膳食中的蛋白质的来源

瘦肉、鱼类、奶类、蛋类是动物性蛋白质的主要来源；豆类、硬果类和谷类是植物性蛋白质的主要来源。

命题点3：脂类的生理功能

脂类是脂肪和类脂的总称。

1. 脂类的生理功能

（1）贮存能量，供给热量。

（2）构成人体组织。

（3）提供必需脂肪酸。

（4）提供脂溶性维生素，并促进脂溶性维生素的吸收。脂肪是良好的溶剂，维生素A、D、E、K等不溶于水而溶于脂肪。膳食中有适量脂肪存在，有利于脂溶性维生素的吸收。

（5）保护机体。

（6）增进食欲。

2. 必需脂肪酸

是指体内不能合成，必须由食物提供的不饱和脂肪酸，如亚油酸。

3. 脂肪的供给量和来源

脂肪可从动物性食物和植物性食物中获得。在动物性食物中，如猪油、牛油、肥肉及乳类、蛋黄等。在植物性食物中，主要来源于豆油、玉米、花生油、菜籽油等。

命题点4：碳水化合物的生理功能

1. 碳水化合物的组成

（1）可被吸收的糖类：包括单糖、双糖及多糖。

（2）不能被吸收的糖类：包括粗纤维、果胶等，总称"膳食纤维"。

2. 碳水化合物的主要生理功能

（1）提供热能。人体所需能量的50%～70%来自于碳水化合物，是人体最经济、最主要的热能来源。神经系统所需的能量，则完全由碳水化合物的代谢产物——葡萄糖来提供。

（2）解毒作用。

（3）构成组织和细胞。

（4）膳食纤维的生理功能。有利的作用：

① 纤维素可吸收和保留水分，有助于通便。

② 果胶，具有降低血浆胆固醇的作用，调节脂类代谢，有助于降低动脉硬化的发病率。

③ 膳食纤维有助于降低直肠癌的发病率。

④ 膳食纤维能延缓糖的吸收入，具有降低血糖、减少机体对胰岛素需要的功能。

⑤ 由于膳食纤维体积大，对控制肥胖有积极意义。

不利的作用：

① 摄入过多的膳食纤维引起肠胀气，使粪便中排出的脂肪增多。

② 摄入过多的膳食纤维可影响某些矿物质如钙、锌的吸收利用，也可影响铁和叶酸的吸收利用。

2. 碳水化合物的食物来源

人类膳食中碳水化合物的主要来源是谷类和根茎类食品。

命题点5：维持生命的要素——维生素

1. 维生素定义

维生素是一系列有机化合物的统称。它们是生物体所需要的微量营养成分，而一般又无法由生物体自己生成,需要通过饮食等手段获得。

2. 维生素分类

根据维生素的溶解性,可将其分为水溶性维生素(维生素B族、维生素C)和脂溶性维生素(维生素A、D、E、K)两大类。

3. 儿童较易缺乏的维生素

(1) 维生素A

① 维生素A的生理功能:

a. 与正常视觉有密切关系;

b. 与上皮细胞的正常形成有关;

c. 能促进正常的生长发育,提高机体免疫力。

② 维生素A的食物来源:

人体从食物中获得维生素A主要有两个来源。一类主要来源于动物性食品,如各种动物的肝、蛋黄、乳类等;另一类在植物性食品中,深绿色、红色、黄色的蔬菜水果含有较多的胡萝卜素,如菠菜、胡萝卜、红心甜薯等。

③ 维生素A缺乏症:夜盲症,角膜干燥症,皮肤干燥,脱屑。

④ 维生素A中毒:食欲减退、烦躁、呕吐、前囟隆起、四肢疼痛、头发稀疏等。

(2) 维生素B_1

① 维生素B_1的生理功能:

a. 参与糖类的代谢;

b. 参与部分氨基酸和脂肪酸的代谢过程;

c. 对维持神经系统正常的功能起着重要作用;

d. 对儿童的生长发育,对增进食欲也都有重要作用。

② 维生素B_1缺乏症:患脚气病最初的症状是乏力,腿无力。病情进一步发展,可出现肢体麻木、水肿、感觉迟钝,严重时因心力衰竭而死亡。

③ 维生素B_1的食物来源:维生素B_1广泛分布于天然食品中。含量丰富的有肉类、动物内脏、蛋类、豆类、酵母等。粮谷类也是维生素B_1的主要来源。

(3) 维生素B_2(核黄素)

① 生理功能:

a. 是酶的重要组成部分;

b. 参与细胞的氧化还原反应;

c. 参与蛋白质、脂肪、糖代谢;

d. 维持正常视觉功能,促进生长发育。

② 食物来源:乳类、肝、肉、蛋、鱼、绿叶蔬菜、豆类、粗粮等含较丰富的维生素B_2。

(4) 维生素C(抗坏血酸)

① 生理功能:

a. 能促进骨胶原的形成,增进组织生长,促使伤口愈合、止血;

b. 增强免疫力,有解毒作用;

c. 是水溶性抗氧化剂,脂溶性维生素的保护剂;

d. 预防和治疗坏血病。

② 维生素C缺乏症:维生素C缺乏症是一种以多处出血为特征的疾病。除可引起皮下出血(出现瘀斑)、牙龈出血等多处出血外,还可引起骨膜下出血,以致肢体在出血局部疼痛、肿胀。

③ 预防:

a. 乳母有丰富的含维生素C的膳食,乳儿可获得足够的维生素C。

b. 人工喂养儿须早添加富含维生素C的橘汁、番茄汁、菜水等,以预防维生素C缺乏症。

c. 幼儿多吃新鲜蔬菜和水果,可获得足量的维生素C。

(5) 维生素 D(抗佝偻病维生素)

① 维生素 D 的生理功能：维生素 D 具有抗佝偻病的作用，故又称为抗佝偻病维生素。

② 维生素 D 缺乏：婴幼儿缺乏维生素 D 可患佝偻病。

③ 维生素 D 中毒的表现：最主要的表现为精神方面的改变，烦躁、睡眠不安，同时食欲减退，继而出现恶心、呕吐、烦渴、多汗等。严重时可损害心、肾功能。

④ 维生素 D 的来源：动物肝脏、鱼肝油、禽蛋类含维生素 D_3 丰富；奶类含量不高，吃奶的婴儿需要补充适量的鱼肝油。晒太阳是最方便、最经济的维生素 D 来源。

命题点 6：矿物质

存在于人体的各种元素，除碳、氢、氧和氮主要以有机物的形式出现外，其余各种元素，统称为矿物质（又称无机盐）。儿童较易缺乏的矿物质有钙、铁、锌、碘。

1. 钙

(1) 生理功能：人体中的钙 99% 存在于骨骼、牙齿之中，骨骼以外的钙虽然仅占 1% 左右。

(2) 钙的食物来源：以牛奶为最佳，另外海产品中，虾皮、小鱼干、紫菜、海带等均是富含钙的食物。

2. 铁

(1) 生理功能：铁是合成血红蛋白的重要原料，参与体内氧的运输和利用。

(2) 铁的食物来源：含铁丰富且吸收率高的主要为动物性食品，如猪肝、猪血、瘦肉、鱼类。植物性食品中含铁量高的有黑木耳、海带、芝麻酱等。

3. 锌

(1) 生理功能：

a. 参与体内多种酶的合成，对维持机体正常代谢具有重要作用。

b. 与生长发育密切相关。

c. 对维持头发、皮肤的健康有重要作用。

d. 对促进儿童生长、保持正常味觉，促进创伤愈合以及提高机体免疫功能均有重要作用。

(2) 锌的食物来源：锌的食物来源主要是动物性食品，如肉、鱼、奶、蛋等，尤以瘦肉、鱼及牡蛎含锌量较高。

(3) 锌缺乏症：锌缺乏症的主要表现：异食癖、生长迟缓、皮肤发炎、脱发等。

4. 碘

(1) 生理功能：碘是构成甲状腺素的原料。碘的生理功能是通过甲状腺素来实现的。甲状腺素在细胞正常代谢的调节上具有重要作用，对机体的正常生长发育有直接影响。

(2) 碘缺乏症：在某些山区，人们因水土缺碘而患上了"地方性甲状腺肿大"。缺碘，最大的受害者是儿童，最严重的后果是智残，患儿表现为：聋、哑、矮、傻，也就是"克汀病"，又叫"呆小症"。

(3) 碘的食物来源：食物中以海产品含碘最丰富。碘盐是在食盐中加入一定量的碘化钾，食用碘盐也是摄入碘的重要途径。

命题点 7：水

1. 水的生理功能

(1) 构成细胞的必要成分。

(2) 代谢的媒介。

(3) 调节体温。

(4) 水是载体。

(6) 具有润滑作用。

2. 儿童对水的需要量

人是一个水的生命体，年龄越小体内水分所占的比例越高：新生儿占体重的 80%，婴儿 70%，幼儿 65%，成人 60%。

年龄越小水的相对需要量越多。此外，水的需要量与小儿的活动量、气温和食物的种类有关。

命题点 8：为学前儿童提供合理膳食

1. 合理膳食

合理膳食是指一日三餐所提供的营养必须满足人体的生长、发育和各种生理、体力活动的需要。

2. 合理的膳食制度的基本要求

(1) 饮食次数和间隔时间。两餐之间的间隔以 4 小时为宜。儿童每日宜进食 4 次，三餐及午后一次点心。

(2) 食物数量的分配。各餐热能分配可按早餐占 20%～25%，午餐占 30%～35%，午后点心占 10%～15%，晚餐占 25%～30%来配备食物。

3. 平衡膳食的要求

(1) 三餐的热能分配要合理，供给要充足。

(2) 合理搭配产热营养素。

(3) 科学搭配食品，提高膳食的营养效益。

(4) 膳食的酸碱要平衡。

(5) 科学地进行食品加工和掌握烹调方法。

命题点 9：制订科学的膳食计划

1. 幼儿膳食计划的步骤

(1)选择食品的种类；(2)计算数量；(3)编制食谱；(4)合理烹调。

2. 选择食物的种类

包括四大类食物：(1)含优质蛋白质的食物；(2)富含维生素；(3)供热能食物；(4)调味品。

3. 计算数量

各营养素之间有合理的比值，蛋白质、脂肪、碳水化合物所提供的热能各占总热量的 12%～15%、20%～30%、50%～60%。动物蛋白及豆类蛋白不少于总蛋白质的 50%。

4. 制定食谱的原则

(1) 执行膳食计划所拟定的食品种类和数量。

(2) 注意季节变化，冬季多用高热能食物，夏季可多食清淡的食物。但要保证各种营养素的搭配合理，营养充足。

(3) 食谱所列的烹调方法和食物应适合儿童的消化能力。

(4) 一日三餐食物品种多样化，并能促进食欲。

(5) 注意观察儿童接受食物的情况，必要时作调整。

(6) 每周更换食谱。

【本节考点知识点小结】

凡是能维持人体健康以及提供生长、发育和劳动所需要的各种物质均称为营养素。

营养素分类：产能营养素（蛋白质、脂类、碳水化合物）；非产能营养素（矿物质、维生素、水）。

蛋白质生理功能：(1)构造新细胞、新组织；(2)修补组织；(3)调节生理功能；(4)供给能量。

脂类的生理功能：(1)贮存能量，供给热量；(2)构成人体组织；(3)提供必需脂肪酸；(4)提供脂溶性维生素，并促进脂溶性维生素的吸收；(5)保护机体；(6)增进食欲。

碳水化合物的主要生理功能：(1)提供热能；(2)解毒作用；(3)构成组织和细胞；(4)膳食纤维的生理功能。

合理膳食是指一日三餐所提供的营养必须满足人体的生长、发育和各种生理、体力活动的需要。两餐之间的间隔以 4 小时为宜。儿童每日宜进食 4 次，即三餐及午后一次点心。各餐热能分配可按早餐占 20%～25%，午餐占 30%～35%，午后点心占 10%～15%，晚餐占 25%～30%来配备食物。

【本节过关自测】

一、单项选择题

1. 中枢神经系统所需要的能量，由（   ）来提供。

A．蛋白质　　　　　　B．脂肪　　　　　　C．膳食纤维　　　　　　D．葡萄糖

2．膳食纤维的作用主要是（　　）。

A．吃得越多，长得越胖　　　　　　　　B．膳食纤维可以吸收和保留水分，并刺激肠蠕动
C．膳食纤维可使血浆胆固醇的含量升高　　D．膳食纤维有利于人体对钙、锌等矿物质的吸收

3．以下食品中含铁量最少的是（　　）。

A．紫菜　　　　　　B．牛奶　　　　　　C．黑木耳　　　　　　D．鸡肉

4．可能引起异食癖的原因有（　　）。

A．缺钙　　　　　　B．缺铁　　　　　　C．缺锌　　　　　　D．缺维生素 B1

5．（　　）缺乏会造成维生素 A、D、E、K 的缺乏症。

A．蛋白质　　　　　　B．脂肪　　　　　　C．碳水化合物　　　　　　D．无机盐

6．婴幼儿膳食中碳水化合物供给的热能，应占总热能的（　　）。

A．12%～14%　　　　B．25%～30%　　　　C．35%～50%　　　　D．55%～60%

7．对婴儿来说，共有（　　）种氨基酸不能在体内合成，必须由膳食蛋白质供给。

A．8　　　　　　B．9　　　　　　C．12　　　　　　D．14

8．下列哪种维生素缺乏，可以导致脚气病（　　）。

A．维生素 A　　　　B．维生素 B1　　　　C．维生素 C　　　　D．维生素 D

9．（　　）是生命的物质基础。

A．脂肪　　　　　　B．蛋白质　　　　　　C．碳水化合物　　　　　　D．维生素

10．被称为三大产热营养素的是（　　）。

A．蛋白质、脂类与碳水化合物　　　　　B．矿物质、脂类与碳水化合物
C．蛋白质、糖类与碳水化合物　　　　　D．维生素、脂类与碳水化合物

11．钙的食物来源以（　　）为最佳。

A．牛奶　　　　　　B．胡萝卜　　　　　　C．黑木耳　　　　　　D．鸡肉

12．维生素 D 又叫（　　）。

A．抗坏血酸　　　　B．抗佝偻病维生素　　　　C．核黄素　　　　D．硫胺素

13．构成甲状腺素的主要原料是（　　）。

A．铁　　　　　　B．锌　　　　　　C．碘　　　　　　D．钙

14．下列哪种营养素不能被人体吸收（　　）。

A．纤维素　　　　　B．乳糖　　　　　C．果糖　　　　　D．糊精

15．99%存在于骨骼和牙齿中，其余的1%存在于血液和细胞外液中的无机盐是（　　）。

A．钙　　　　　　B．铁　　　　　　C．碘　　　　　　D．锌

二、简答题

1．简述碳水化合物的生理功能。

【本节过关自测】参考答案

一、单项选择题

【考点解析】1．答案是 D。神经系统所需的能量，则完全由碳水化合物的代谢产物——葡萄糖来提供。

【考点解析】2．答案是 B。膳食纤维具有通便、降低血浆胆固醇、调节脂类代谢的作用，可降低直肠癌的发病率；另外，膳食纤维能延缓糖的吸收入，具有降低血糖、减少机体对胰岛素需要的功能；由于膳食纤维体积大，对控制肥胖有积极意义。但食入过多的膳食纤维引起肠胀气，使粪便中排出的脂肪增多；可影响某些矿物质如钙、锌的吸收利用，也可影响铁和叶酸的吸收利用。

【考点解析】3．答案是 B。含铁丰富且吸收率高的主要为动物性食品，如猪肝、猪血、瘦肉、鱼类。植物性食品中含铁量高的有黑木耳、海带、芝麻酱等。

【考点解析】4．答案是 C。锌缺乏症的主要表现：异食癖、生长迟缓、皮肤发炎、脱发等。

【考点解析】5. 答案是 B。根据维生素的溶解性,可将其分为水溶性维生素(维生素 B 族、维生素 C)和脂溶性维生素(维生素 A、D、E、K)两大类。脂溶性维生素,它们能溶解在脂肪中,伴随脂肪进入人体;水溶性维生素,它们能溶解在水里,伴随水分进入人体。

【考点解析】6. 答案是 D。各营养素之间有合理的比值,蛋白质、脂肪、碳水化合物所提供的热能各占总热量的 12%～15%、20%～30%、50%～60%。

【考点解析】7. 答案是 B。必需氨基酸指的是人体自身不能合成或合成速度不能满足人体需要,必须从食物中摄取的氨基酸。对成人来讲必需氨基酸共有 8 种,儿童多一种,为 9 种必需氨基酸。

【考点解析】8. 答案是 B。患脚气病最初的症状是乏力,腿无力。病情进一步发展,可出现肢体麻木、水肿、感觉迟钝,严重时因心力衰竭而死亡。

【考点解析】9. 答案是 B。蛋白质是生命的物质基础,它构造新细胞、新组织。

【考点解析】10. 答案是 A。产能营养素包括:蛋白质、脂类、碳水化合物三类。

【考点解析】11. 答案是 A。钙的食物来源以牛奶为最佳,另外海产品中,虾皮、小鱼干、紫菜、海带等均是富含钙的食物。

【考点解析】12. 答案是 B。维生素 C 又叫抗坏血酸;维生素 B_2 又叫核黄素;维生素 B_1 又叫硫胺素;维生素 D 又叫抗佝偻病维生素。

【考点解析】13. 答案是 C。碘是构成甲状腺素的原料,碘的生理功能是通过甲状腺素来实现的。

【考点解析】14. 答案是 A。不能被吸收的糖类:包括粗纤维、果胶等,总称"膳食纤维。"

【考点解析】15. 答案是 A。人体中的钙 99% 存在于骨骼、牙齿之中,骨骼以外的仅占 1% 左右。

二、简答题

1.【考点解析】此题考查的是营养知识这个考点。

【答题要点】(1)提供热能;(2)构成组织;(3)维持神经系统的生理功能;(4)合成肝糖原和肌糖原;(5)有抗生酮作用;(6)减少蛋白质的消耗。

第四章 幼儿安全教育

【本章考试大纲】

了解幼儿园常见的安全问题和处理方法,了解突发事件如火灾、地震等的应急处理方法。

第一节 幼儿园常见的安全问题和处理方法

【本节考纲考点】

1. 幼儿园的安全教育。
2. 预防幼儿园安全事故的方法。
3. 幼儿园常见的安全问题和处理办法。

【历年真题再现】

一、选择题

【2014 下】10. 幼儿鼻中隔为易出血区,该处出血后正确的处理方法是( )。

A. 鼻根部涂紫药水然后安静休息　　B. 让幼儿略低头冷敷前额鼻部
C. 止血后半小时内部剧烈运动　　　D. 让儿童仰卧休息

考点解析:常见安全问题的处理(鼻出血)

【2015 上】10. 被黄蜂蛰伤后,正确的处理方法是( )。

A．涂肥皂水　　　　B．用温水冲洗　　　　C．涂食用醋　　　　D．冷敷

考点解析：常见安全问题的处理（蜇伤）

【2015下】8. 幼儿在户外活动中扭伤，出现充血、肿胀和疼痛，教师应对幼儿采取的措施是（　　）。

A．停止活动，冷敷扭伤处　　　　　　　B．停止活动，热敷扭伤处

C．按摩扭伤处，继续活动　　　　　　　D．清洁扭伤处，继续活动

考点解析：常见安全问题的处理（扭伤）

【2016上】6. 幼儿突然出现剧烈呛咳，伴有呼吸目难，面色青紫，这种情况可能是（　　）。

A．急性肠胃炎　　　B．异物落入气管　　　C．急性喉炎　　　D．支气管哮喘

考点解析：常见安全问题的处理（异物入体）

二、论述题

【2014下】11. 老师在户外体育活动中如何保障幼儿安全？

考点解析：幼儿的安全教育

【本节备考指导】

本节作为考纲的重要内容，是经常出现的考点。主要内容涉及幼儿常见安全问题的处理。历年出过选择题和论述题，平常复习以选择题为主，同时要注意论述题或材料分析题。

【命题考点精讲】

幼儿是一个特殊群体，幼儿天性好奇，喜欢探索。但是，幼儿年龄小，动作不够协调，反应不够灵敏，缺乏生活经验，容易发生意外事故。近几年以来，幼儿园里幼儿意外伤害事故也日益成为人们关注的焦点，《幼儿园教育指导纲要（试行）》指出："幼儿园必须把保护幼儿的生命和促进幼儿的健康放在工作的首位。"这指明了安全保护在幼儿园工作中的位置。这就要求教师和保育员应该有高度的责任心，严格遵守安全制度，对幼儿进行安全教育，使幼儿能够健康、快乐地成长。

命题点1：幼儿安全教育

概括起来包括三个方面，一是幼儿自我保护和安全意识的培养；二是安全知识与技能的教育；三是养成遵守安全规则的习惯。

1. 幼儿自我保护和安全意识的培养

幼儿好动，好奇心强，容易发生各种意外伤害或事故。幼儿园可以采取的措施：(1)提高安全意识，健全规章制度。安全意识一般通过安全教育活动，特别是通过游戏，使他们产生安全意识，自己遵守安全规则。也可通过宣传报道、生活中的经历对幼儿进行安全教育，培养他们安全意识、自我保护意识。幼儿安全意识教育主要包括自我保护、不伤害他人、遵守安全规则等。(2)消除隐患。将幼儿园可能产生安全问题或事故的各种隐患予以消除。(3)注意一日活动各环节的安全。(4)进行专门的安全教育，包括集中教育活动、随机教育，也包括安全教育演练等。

2. 幼儿安全知识与技能教育的内容

"授之以鱼，不如授之以渔。"我们一味地保护幼儿，不如积极地教给孩子避免伤害的知识和方法，增强孩子的自我保护能力。具体是：

(1)知道玩电、玩火、玩水的危害性。不玩弄电源插座、插头、电线；不玩火柴、打火机；不在水池边玩耍，不私自下水游泳；不摸开水和煮开的汤；雷雨天不在室内看电视，不站在树下，防止雷击。学习触电、起火、落水时自救的简单技能。

(2)养成不随便将东西放入口中的习惯。不捡地上的东西吃，不吞吃非食物的东西，不把钱币、玻璃球等小东西含在嘴里，不乱吃药。

(3)不携带危险物品，如小刀、针等锐利的器具。

(4)外出活动时注意安全。要整理好衣着，穿好鞋子，系好鞋带，以免活动时绊倒发生危险；不随意离开集体，不随便采摘花果、抓捕昆虫，以免中毒或被咬伤，等等。

(5)遵守运动和游戏规则。运动和游戏时，应按一定顺序进行，避免碰撞；掌握使用运动器械的正确

方法,遵循安全规则,不做危险动作,不相互推拉,走路奔跑时要注意四周是否有障碍物等。

(6) 防拐骗。不吃陌生人的东西,不要陌生人的钱物,不听陌生人的话,不跟陌生人走。不擅自离园出走,不单独外出,人多拥挤处要与大人携手同行。学会遇到坏人和走失时求救的方法。

(7) 学习认识交通标识,遵守交通规则。过马路走人行横道,横穿马路不慌张,注意看清左右有无来车;不在街上乱跑;乘车时,不可将头、手伸出车外,要扶好车上的把手或系好安全带。

(8) 养成良好的饮食习惯。包括不吃腐败变质、不干净的食物,吃饭时细嚼慢咽、不打闹奔跑。

(9) 学会打求救电话。包括119火警电话、110报警电话、120医疗急救电话。

命题点2:预防幼儿园安全事故的方法

1. 创设安全的环境

(1) 活动场所。室内地面要防滑,最好采用木地板,户外活动场地要平整。椅角、桌角、墙角以圆角为宜,以免跌伤和发生碰伤。幼儿出入的门应向外开,不宜装弹簧,在门缝处加塑料或橡皮垫,以免夹伤手指、脚趾。窗户、阳台、楼梯应有栏杆,栏杆应采用直栏,高度不低于1.1米,栅栏间距不大于11厘米,中间不设横向栏杆,以免幼儿攀登。活动场所应有安全通道和出入口,应有消防灭火装置和报警装置。幼儿园房舍应远离马路、江河、危险品仓库、加油站等,以免发生车祸、溺水等。水池、地下水管道、水沟的地面出口均应加盖,以免幼儿失足落入。

(2) 生活用品。幼儿用床应有床栏。热水瓶、热锅、家用电器、火柴、打火机、剪刀等应放到幼儿够不到的地方,以免发生烫伤、触电、割伤。冬天安装烤火炉应具有安全设施,如烟囱、通风窗等,同时注意烟囱接头是否漏气,并定期清扫,以防堵塞而引起煤气中毒。炉子旁应有护栏,暖气应加防护罩,以免烫伤幼儿。室内电器插座应安装在幼儿摸不到的地方(要放在1.7米以上的地方),使用拉线开关或用插座绝缘保护罩,电线应用暗线,以免幼儿接触。要经常检查电器、电线是否漏电。

(3) 玩具。给幼儿选择玩具除了根据年龄特点,还应符合安全要求。不给幼儿体积小、锐利、有毒的玩具及物品,如珠子、扣子、别针、图钉、硬币、小刀、剪子等,以免让幼儿塞入耳、鼻、口中,造成耳、鼻、气管及食管异物,或引起刺伤、割伤及中毒等。

(4) 药物。药物用量、用法、存放不当,以及家长、医务人员粗心大意,是造成药物中毒的主要原因。医务人员必须合理用药,认真计算用药剂量,严格执行核对制度。剧毒药品必须按规定保管及使用。家长切勿擅自给小儿用药,更不能将成人药随便给小儿服用,喂药前要认真核对药瓶标签、用量及服法,对变质、标签不清的药物切勿服用。特别注意勿将外用药误当内服药给小儿服用。家庭一切药品均应妥善存放,不让小儿随便取到,当作糖丸误服。内服药于外用药分别存放,日常用的灭虫、灭蚊、灭鼠等剧毒药品,更要妥善保管,以免小儿接触。

(5) 食物。为防止发生食物中毒,应确实加强食品卫生管理。幼儿食品应严格选择,保证新鲜无毒。有毒、腐败变质以及过期的食品不能食用。食物在运输、加工、储存、烹调时应严防污染变质。

2. 建立健全安全制度

幼儿园应当建立和健全门卫制度、接送制度、交接班制度、房屋设备管理制度等安全制度。

3. 开展保教人员安全教育

(1) 加强保教人员的安全意识教育。幼儿园全体工作人员应该将幼儿安全问题置于头等重要地位,加强责任感,强化安全意识,认真细致地做好工作,避免意外事故的发生。

(2) 安全常识教育。保教人员应懂得生活安全常识、交通安全常识、防火安全常识等一般的安全常识,学习识别周围环境中的安全隐患,掌握意外伤害急救的知识和处理方法。

(3) 对活动设计和组织也要首先从幼儿安全的角度进行考虑。特别是外出春游、秋游,保教人员应从交通、场地安全、活动组织、急救药物和器械准备、工作人员配备、医护人员安排等,防止意外事故发生,确保幼儿安全。

命题点3:幼儿园常见安全问题及处理方法

由于幼儿的生理和心理特点,容易发生意外事故,这就需要家长和幼儿园老师必须具备一些急救知识和技巧,在日常生活中,遇到幼儿烫伤、骨折等意外伤害就能及时进行救护,以挽救生命、防止残疾、减少痛苦。

1. 小外伤

（1）切割伤。常见切割伤：幼儿玩耍小刀、剪刀等锋利物品造成的皮肤断裂、出血。如某幼儿拿着水果刀玩耍，不小心在手指上划了一道口子，伤口处开始渗出血珠。

急救方法：

对于较小、较浅的切割伤可采用直接压迫止血法；也可以先清洁伤口周围，用冷开水冲洗伤口处，特别是将异物冲洗干净，再用双氧水由里向外消毒，然后涂搽红药水或紫药水。伤口较大，出血较多，必须先止血，将伤处抬高，立即送医院，请医生处理。

（2）刺伤。常见刺伤：常见于玻璃、竹刺、铁钉、木屑等锐利物刺入皮肤，伤口深而狭窄，容易感染。如某幼儿在自由活动后告诉老师手指疼痛，老师检查发现，该幼儿食指尖有竹刺刺入，伤处周围皮肤又红又肿，按压疼痛。

急救方法：

（1）用生理盐水或冷开水清洗伤口。

（2）检查伤口是否留有异物，如果有，用消毒针顺着刺的方向将其拔除。

（3）确认伤口无异物后，用碘酒或酒精涂搽伤口周围，伤口涂红药水。

（3）扭伤。常见扭伤：多发生在幼儿运动、游戏等活动中，多为关节处软组织受伤，伤处肿痛，运动不灵活，颜色发青。如某幼儿穿上了妈妈给她买的新皮靴，鞋跟和鞋帮都较高，该幼儿在奔跑中不小心把脚扭了，孩子感到剧烈疼痛，脚的活动不方便，老师发现幼儿的脚踝又肿又青。

急救方法：

（1）检查是否骨折。

（2）如果没有骨折，立即对伤处冷敷，使血管收缩止血，并达到止痛的目的。

（3）一天之后，对伤处热敷，改善血液循环，减轻肿胀。

预防：

（1）定期检查和维修幼儿园的滑梯、攀登架等游乐设施。

（2）幼儿在户外游戏、活动时，注意观察、提醒幼儿。

（3）遇到不安全的情况及时给予幼儿适当的指导、帮助。

（4）教育幼儿不打架、不拥挤，遵守活动规则，培养团结友爱的精神和守秩序的习惯。

2. 骨折

（1）常见骨折。因外伤破坏了骨的完整性，称为骨折。分为闭合性和开放性两种。闭合性骨折，骨折处皮肤不破裂，与外界不相通；开放性骨折，骨折处皮肤破裂，与外界相通。幼儿常发生这几种情况的骨折：重物打击，可能导致骨折；手被弹簧门挤压，可能导致骨折；伸手玩弄电扇，可能因扭转而发生骨折；在车上挤压、跌倒等，也都可能造成骨折。

（2）骨折的症状：剧烈疼痛，特别是活动伤肢或按压骨折的部位时。疼痛更明显；骨折的肢体失去正常功能，如下肢骨折不能走路，上臂骨折不能抬高；骨折的部位出现变形。

小儿骨骼的成分和成人相比较，有机物相对比无机物多，所以小儿的骨骼韧性强、硬度小。容易发生变形，一旦发生骨折，还可能出现折而不断的现象，称为"青枝骨折"，伤肢还可以做动作，因此，小儿骨折容易被忽略，如不及时送医院治疗，伤肢将出现畸形，影响肢体的正常功能。所以，小儿一旦发生肢体伤害，应及时送医院检查是否发生了骨折。

（3）急救方法是：

第一步，在未急救包扎前，不轻易移动伤者。如果轻易移动，可能引起骨折移位，严重的还可能引起休克和血管、神经损伤，甚至由闭合性骨折变为开放性骨折，加重伤势。

第二步，止血。幼儿发生骨折后，观察幼儿全身状况，如果是开放性骨折并伴有大出血，先要在伤口处覆盖敷料，包扎止血。再处理骨折。

第三步，处理骨折的基本方法是：使断骨不再刺伤周围组织，限制受伤肢体的活动，使骨折不再加重，这种急救方法叫"固定"。具体的固定方法是：

① 四肢骨折：幼儿四肢骨折后，观察骨折处是否有皮肤破损及断骨暴露，如果有断骨暴露在外，不要

强行还纳回去。可盖上干净纱布，简单固定，迅速送医院进一步治疗。

如果骨折处没有上述情况，应立即用夹板固定。夹板一般选用薄木板，在紧急情况下也可用木棒、硬纸板、竹片等代替，甚至还可将伤肢固定于健肢。固定时，给伤肢垫上棉花或布，夹板的长度应超过伤处的上下两个关节，用绷带把伤肢的上下两个关节都固定住，露出幼儿手指或脚趾，以便观察肢体的血液循环，松紧以手指和脚趾尖不出现苍白、发凉、青紫为度。

② 颈椎骨折：将患儿平放，头部垫高。为避免震动，可在头部两侧放上沙袋或硬枕头，使头部固定。

③ 肋骨骨折：判断断骨是否伤及肺部，如果断骨刺伤肺，患儿呼吸困难，应尽快送医院急救。反之，可让患儿深呼吸，用宽布带缠绕胸部断肋处，减少胸廓运动。

④ 腰椎骨折：处理这种骨折，稍有不慎，即会产生严重后果。患儿发生腰椎骨折以后，应严禁腰部有活动，否则会加重脊髓的损伤。不能让患儿走动、弯腰，救护者也不能搀扶、抱持患儿。不可用软担架抬患儿，可用木板、门板等作为搬运工具，多个救护者动作一致地将患儿抬到硬担架上，让患儿俯卧，用宽布将身体固定在担架上，尽量平稳地将患儿送到医院。

第四步，及时送医院，争取在骨折后 2~3 小时内送到医院进行复位处理。

(4) 预防：

① 保教人员要加强责任心，防止发生伤害事故，引起骨折。

② 幼儿进出的门不安装弹簧，以免夹伤幼儿，引起指、趾骨的骨折。

③ 教育幼儿不做危险动作。

3. 出血

出血是儿童时期常发生的一种外伤现象，少量出血容易止住。严重损伤引起的大出血，可能危及患儿生命，应立即采取止血措施。

(1) 常见的幼儿出血有：

① 动脉出血：血色鲜红，血流量大，短时间内会大量失血，必须立即止血。

② 静脉出血：血色暗红，血液均匀流出。

③ 毛细血管出血：血液像水珠样渗出，可自己凝固。

(2) 急救方法是：

动脉出血：采用指压止血法，这是动脉止血最快速、最有效的一种临时止血方法。即用单个或多个手指压住血管的上端(更靠近心脏)，压闭血管，阻断血流，急送医院处理。

① 面部出血：压迫两侧下颌骨。救护者可用拇指在伤口同侧下颌骨前方 2 厘米处触及动脉搏动，按向下颌骨，使面动脉被压闭而止血。

② 前臂出血：压迫肘窝(偏内侧)动脉跳动处。

③ 手掌、手背出血：压迫腕动脉跳动处。

④ 手指出血：将手指屈入掌内，成握拳状。

⑤ 大腿出血：屈曲大腿，压迫大腿根腹股沟动脉跳动处。

⑥ 脚部出血：压迫脚背动脉跳动处。

小伤口：由于小伤口引起小的静脉或毛细血管出血可用一般止血法，用干净的纱布、棉花垫在伤口上，用绷带包扎，即可止血。

较大伤口：由于较大的伤口引起的出血，可将敷料(可用干净的棉花、纱布)盖在伤口上，用绷带包扎止血。

(3) 预防的方法是：

① 将小刀等锐器放在幼儿拿不到的地方；

② 经常检查幼儿口袋，如有危险的东西，要交老师妥善保管；

③ 教育幼儿不用带尖带刺的东西做玩具、不挖鼻孔；

④ 注意幼儿活动中的安全。

4. 烧、烫伤

烧、烫伤是由火焰、蒸汽、热液体、电流、化学物质等作用于人体引起的损伤。幼儿皮肤的角质层薄，保护能力差,因开水、热汤、化学药品、火焰、电器等导致的烧、烫伤事故较多。按烧伤的程度不同可分为三度烧伤。

一度烧伤:仅表皮受损。表现为皮肤轻度红、肿、热、痛,没有水疱。

二度烧伤:伤及真皮。表现为伤处皮肤疼痛剧烈,有水疱。

三度烧伤:伤及皮下组织、肌肉。表现为受伤处皮肤感觉消失,无弹性、干燥,无水疱,皮肤颜色蜡白或焦黄。

烧、烫伤的急救原则是消除烧、烫伤的原因,保护创面,设法使伤员安静止痛。具体是:

(1) 消除烧、烫伤的原因。根据不同的情况采用不同的方法,如果是火焰,应设法将余火扑灭;如果是热的液体,应立即将烫伤部位的衣服脱掉;如果是触电烧伤,应立即切断电源。

(2) 保护创面。一度烧伤可在局部涂擦獾油、烫伤膏等,一般在3~5天内可好转。二度、三度烧伤应用清洁的被单、纱布、毛巾等物覆盖创面,不要弄破水疱,也不要在创面上涂抹任何治疗烧伤的药品,避免加重感染和损伤,速送医院处理。

(3) 设法使伤员安静止痛。若烧、烫伤面积大,病人烦躁口渴,可少量多次给予淡盐糖开水饮用。

注意事项:如被腐蚀性药品烧伤,应立即用大量清水冲洗创面;如被生石灰烧伤,应将石灰颗粒掐去,再用水清洗,否则,生石灰遇水产热,会加重伤势。

烧、烫伤的预防方法是:

(1) 成人端着热水或开水壶时要注意避开幼儿。
(2) 开水、烫饭菜、化学药品、电器等应放在幼儿手够不着的地方。
(3) 刚烧好的饭菜应放置一段时间,待不烫时才让幼儿进食。
(4) 给幼儿洗头、洗澡时应先开冷水后开热水。
(5) 教育幼儿不玩火、不触摸电器等物品。

5. 煤气中毒

煤气中毒大多是由于冬季用火、洗浴、用煤炉取暖,如果居室无通风设备、风倒灌、烟筒漏气,常发生煤气中毒。过量的一氧化碳进入人体,与血红蛋白的亲和力远大于氧气,血红蛋白失去携带氧的能力和作用,使人体缺氧而窒息。

幼儿一氧化碳中毒,轻者头痛、恶心、呕吐、乏力,重者呼吸困难、昏迷、惊厥,皮肤出现樱桃般的红色等症状。

煤气中毒的急救方法是:

(1) 救护者匍匐进入现场,立即打开门窗通风。
(2) 迅速把病人抬离中毒的现场,转移到通风保暖处平卧,松开衣领、腰带。
(3) 给病人保暖,中毒严重者速送医院急救。
(4) 如呼吸、心跳已停止,立即进行口对口呼吸和胸外心脏挤压急救。

注意事项:给病人灌醋、喝酸菜汤都不能解除煤气中毒,反而拖延了时间。让病人受冻也不能解除煤气中毒,反而容易使其受凉,加重病情。

煤气中毒的预防方法是:

(1) 冬季不得在室内使用没有通风设施的煤炉取暖;洗浴时一定要有安全设施。
(2) 冬季注意提醒家长们,千万不能将孩子单独放在,甚至锁闭在用煤炉或煤气取暖的房间里。
(3) 养成使用完煤气即关闭阀门和总阀门的习惯。
(4) 幼儿园定期检查煤气管道有无泄漏之处,如有,当立即修理。

6. 误服毒物

常见误服毒物就是在日常生活中,由于常备药片、药水、有毒物品管理不善,导致幼儿当作食物误食而中毒。如某个3岁的幼儿在与小朋友一起玩耍时,发现了喇叭花种子,该幼儿很好奇,把喇叭花种子吃了下去,引起中毒。

误服毒物的急救方法有:

(1) 催吐。如果是2岁以下的小儿,可一手抱着,另一手伸入小儿口内刺激其咽部,使其将毒物呕吐出。若是2岁以上的小儿,先给清水饮下,让孩子张大嘴,再用筷子或手指等物给予小儿咽部机械刺激使其呕吐,可反复让小儿喝水、催吐,直到吐出的水全为清水。

(2) 解毒。对于误服强酸强碱等化学液体的患儿,为保护其食道、胃的黏膜,可用牛奶、面糊、蛋清等作为洗胃剂,既可达到洗胃的目的,又能保护胃黏膜。若是误服有机磷农药中毒的幼儿,在患儿的呼气中能闻到大蒜味,可让其喝下肥皂水解毒,同时,立即送医院急救。

(3) 对于吃进毒物时间较长的患儿,如超过4小时,毒物已进入肠道,应立即送医院急救。

(4) 急救的同时,要搜集患儿吃剩的东西、呕吐物,以及可能在患儿口袋内残留的有毒物质,以供医生检验毒物的性质,为治疗提供依据。

误服毒物的预防措施有:

(1) 家庭和幼儿园对常备药品应加强管理,标签鲜明,放在小孩不易拿到的地方,不能与食物放在一起。

(2) 给孩子服药要看清楚标签上的姓名、药品名称等。

(3) 教育幼儿不随便吃东西。

7. 异物入体

(1) 呼吸道异物。喉部、气管或支气管内误吸入异物,统称为呼吸道异物。常见呼吸道异物小儿的咳嗽反射差,玩耍、嬉戏时口内含有异物,一不小心,可能让异物进入呼吸道;或进食时大声叫喊、哭闹,也可能将食物呛入呼吸道。吸入的异物,以蚕豆、花生、瓜子为多见。异物进入喉、气管,刺激黏膜引起剧烈呛咳、气急等症状,继而出现喉鸣、吸气困难、声嘶等症状。如妈妈催促正在吃果冻的孩子上幼儿园,孩子一着急,果冻一下吸入了气管,顿时,面色憋得通红,呼吸困难。

急救方法是:

① 抓住小儿双脚使其倒置,并大力拍击其背部,使异物从喉部落出,如果此法无效,速送医院急救。

② 让小儿坐在抢救者的腿上,面朝外,用两手的食指和中指形成一个"垫",按在患儿的上腹部,快而轻地向后上方挤压,随后放松,使膈肌压缩肺,产生气流,将气管中的异物冲出,如此法无效,速送医院急救。

(2) 消化道异物。幼儿有时会玩弄棋子、纽扣、回形针、骨头等物,还可能含在口中,一不小心就可能掉进食道。这些异物有时会卡在食道里,有时会顺利进入胃里。这种情况称为消化道异物。

食道有异物,表现为疼痛,吞咽困难。大的异物会引起呛咳和呼吸困难,并发食道炎症,可有发热等其他症状。如某个4岁的孩子有一个习惯,老爱咬自己的衣服纽扣。这天在离园的时候老师和家长发现孩子的衣服纽扣少了一颗,一问才知道,孩子吞了一个纽扣到肚子里。

消化道异物的急救方法是:

如果幼儿吞食的异物是光滑的,幼儿无明显症状,可进食富含纤维素的食物,如韭菜、芹菜等,促使异物随大便排出。可密切观察幼儿大便,直到异物排出体外。若长时间未排出,应去医院治疗。

若幼儿吞食的是尖利的异物,应立即送医院急救。

(3) 鼻腔异物。常见鼻腔异物如幼儿玩耍中,无意间将小物件塞入鼻孔,以花生米、豆子、果核为多见。幼儿鼻腔异物可能引起长时间鼻堵、鼻涕带血丝。例如,午睡的时候,某幼儿发现一颗豆子,就塞到鼻孔里玩,结果取不出来了。

急救方法有:

① 不可用镊子去夹异物,特别是圆形的异物,可能使异物深陷,落入气管,非常危险。

② 可让幼儿按住无异物的鼻孔,用力擤鼻,使异物排出;也可用棉花捻或纸捻刺激幼儿的鼻黏膜,使其打喷嚏,将异物排出。

③ 如上述方法无效,应送医院处理。

(4) 异物入耳。常见异物入耳就是幼儿将小物件(豆、米、小珠子等)塞入耳中,或有昆虫爬入耳道造成外耳道异物。

急救方法有:

① 昆虫入耳,可把耳朵对着灯光,利用昆虫的趋光性,引诱昆虫爬出;也可将食用油、甘油等倒入耳

内,再让患儿将这只耳朵侧向上静停几分钟,然后将这只耳朵侧向下,被淹死了的昆虫可随油一同流出。

② 小物件入耳,可嘱咐患儿头偏向异物一侧,用单脚跳,异物可能会掉出。

③ 难以排出的异物应去医院处理。因为在没有良好的照明条件、专用工具和技术不熟练的情况下操作,可能会加重损伤,后果严重。

(5) 眼部异物。常见眼部异物多见于飞尘、小虫、沙粒入眼,引起灼痛、畏光。

急救方法有：

沙子、小虫入眼附于眼球表面,可用干净的棉签轻轻擦去。若异物嵌入眼睑结膜,需翻开眼皮,再擦去。翻眼皮的方法是,让小儿眼向下看,用拇指和食指捏住其眼皮,轻轻向上翻转则可。

如异物嵌于角膜组织内,或上述方法无效,应迅速送医院处理。

(6) 异物入体的预防有以下方法：

① 幼儿进餐时不惊吓、逗乐幼儿；

② 幼儿能吸入或吞入的物品不应作为玩具使用；

③ 幼儿臼齿未长出时,应避免食用花生米、瓜子及带核、带骨、带刺的食物；

④ 培养幼儿良好的就餐习惯,进餐时不嬉戏、打闹；

⑤ 教育幼儿不要把别针、豆子、玻璃珠等小物件塞进嘴、鼻孔、耳朵里。

8. 溺水

溺水者因吸入大量的水,阻塞呼吸道,引起窒息。一旦发现溺水者要迅速施救。溺水的急救方法是：

(1) 水上救护。救助者如不会游泳就不要贸然下水,可将救生圈、木块等漂浮物和绳索抛给落水儿童,同时,迅速呼救。会游泳的救助者应迅速从落水儿童的后方接近他,乘其不备突然抓住他并控制牢；再使落水儿童的头部浮出水面,采取仰泳姿势,救其上岸。

(2) 倒水。清除溺水儿童口、鼻内的污泥、杂草等异物,同时解开其衣裤；救护者一腿跪地,一腿屈膝,将溺水儿童置于屈膝的大腿上,头朝下,拍其背部,使其呼吸道和胃里的水倒出来。

(3) 进行口对口吹气和胸外心脏按摩。检查溺水儿童的呼吸和心跳情况,如呼吸和心跳停止,迅速实施口对口吹气和胸外心脏按摩,然后急速转送医院。

溺水的预防措施有：

(1) 幼儿园不能建在河边和粪池、池塘附近,以免幼儿失足淹溺。

(2) 教育幼儿不能自己去河边、池塘边玩水。

(3) 幼儿游泳,要有成人看护。教育幼儿不在不明水情的地方游泳。

9. 触电

触电事故常见于：儿童玩弄电源插座、电器、开关等引起触电；户外电线落地,幼儿随手拾取,或在附近玩耍也可能触电；雷雨天气,在大树下避雨也可能导致触电事故。轻度电击,表现为面色苍白、呆滞,对周围失去反应,全身无力；重者可出现昏迷、呼吸、心跳停止而死亡。

急救方法是：

(1) 脱离电源。用最快的方式让伤者脱离电源。如幼儿摆弄电器开关、插座等触电,可迅速拔去电源插座或关闭开关、拉开电源总闸切断电流,如果幼儿触及了室外断落的电线而触电,救护者可站在干燥的木板或塑料等绝缘物上,用干燥的木棒、扁担、竹竿等绝缘物将接触幼儿身体的电线挑开；如果幼儿手部与电线连接紧密,无法挑开,可用大的干燥木棒将触电者拨离触电处。

(2) 口对口吹气和胸外心脏挤压。触电者脱离电源后,检查触电者的呼吸、心跳,对呼吸、心跳微弱或停止者,立即进行口对口吹气和胸外心脏挤压。

(3) 保护创面。在急救的同时,对灼伤部位,先洗净,然后用消毒敷料包扎。

预防措施有：

(1) 经常检查电器、电线是否符合安全标准,电器、电线是否漏电,特别是雷雨天气应更加注意。

(2) 电插座、电器等应置于幼儿手摸不到的地方。

(3) 教育幼儿不要用湿手插接电源,不玩弄电器,不要在供电线和高压线附近玩耍。

(4) 教育幼儿雷雨天气不要在大树、电线杆、高大建筑物下避雨,要蹲伏在地势较低的地方。雷雨天气不看电视。

10. 中暑

幼儿长时间受到强烈阳光照射或停留在闷热潮湿的环境里,以及在炎热天气长途行走或过度疲劳等,均易导致中暑。其表现为大量出汗、口渴、头晕、胸闷、恶心、全身乏力等。

中暑后,应采取以下急救方法:

(1) 将患儿迅速转移到阴凉通风处,解开其衣扣,扇风,用冷水或冰块冷敷,帮助散热。

(2) 让患儿多喝清凉饮料,也可口服人丹、十滴水或藿香正气水等清热解暑药。

(3) 如中暑严重,患儿昏迷不醒,应速送医院。

预防中暑的措施有:

(1) 炎热的季节,避免幼儿长时间的户外活动。

(2) 幼儿园老师应采用一些防暑、降温措施。

(3) 教育幼儿感到不舒服时主动向老师说。

11. 冻伤

冻伤是人体遭受低温侵袭后发生的损伤。幼儿冬季落水、衣着不暖,在气温低、湿度大或大风的情况下停留,都可发生全身冻伤。幼儿手、脚、耳等供血不足的部位容易发生局部冻伤,表现为发红或发紫、肿胀、发痒或刺痛,有些可起水疱,之后糜烂或结痂。

急救方法是:

(1) 全身冻伤:让患儿离开寒冷环境,搬动时,动作要轻柔,以免用力不当造成患儿肢体扭伤或骨折。用暖和的衣服、热水袋等温暖患儿身体,给予患儿温热的饮料,如牛奶、姜汤等,以加速其血液循环。

(2) 局部冻伤:多发生在耳、手、脚等部位,可在局部涂抹冻疮膏。

预防措施有:

(1) 冬季应加强保暖措施,注意幼儿的服装、鞋袜松紧要合适,对暴露在外的皮肤可使用保暖用具。

(2) 注意防潮,保持幼儿服装、鞋袜的干燥,被汗水浸湿的衣服应及时更换。

(3) 寒冷的冬季,多组织幼儿户外活动,加强血液循环。

12. 虫、蛇咬伤

蚊子、臭虫等咬伤的急救方法:用酒精涂搽患处,严重者可搽氨水或清凉油。

黄蜂蜇伤的急救方法:黄蜂毒液呈碱性,伤口可涂搽弱酸性液体,如食醋。

蜜蜂蜇伤的急救方法:蜜蜂的毒液呈酸性,伤口可涂搽弱碱性液体,如淡碱水、肥皂水等。

蛇咬伤的急救方法:

(1) 防止毒液扩散和吸收。被蛇咬后,迅速躺下,用鞋带、裤带之类的绳子紧紧地捆扎伤口上方(靠近心脏一端),防止蛇毒扩散。

(2) 迅速排除毒液。立即用凉开水、泉水、肥皂水等冲洗伤口及附近皮肤。用小刀或刀片以蛇咬牙痕为中心作十字形切开,用力挤压伤口,使毒液排出,同时,用清水反复冲洗伤口。

(3) 立即服用蛇药,对伤口进行湿敷,速送医院。

预防是:

(1) 不要带孩子们到潮湿、阴暗、杂草丛生的地方活动,并且教育孩子自觉地不到这样的地方去玩耍。

(2) 平时可置备一些蛇药。

13. 晕厥

晕厥多由于疼痛、闷热、站立时间过长、精神紧张等原因,造成幼儿短时间的大脑供血不足,而失去知觉、晕倒。表现为晕厥发生前头晕、恶心、心慌等症状,晕倒后,患儿面色苍白、出冷汗等。

晕厥的急救方法是:

首先让患儿平卧,头部放低、脚部略抬高,以改善头部血液循环;然后解开患儿的衣领、裤带。患儿安静地休息后,喝些热饮料,一般可好转。

14. 鼻出血

常见鼻出血的情况是:

(1) 鼻外伤：儿童跌倒撞伤鼻部引起出血，挖鼻孔造成鼻前庭糜烂引起出血。
(2) 鼻腔异物：幼儿玩耍中把小物件塞入鼻腔引起出血。
(3) 发热：上呼吸道感染，发热时鼻腔充血、水肿，引起鼻内血管破裂出血。
(4) 偏食：幼儿不爱吃蔬菜，缺乏维生素，容易引起鼻出血。
(5) 鼻腔炎症：炎症引起鼻痒，儿童经常用手挖鼻腔引起出血。

鼻出血的急救方法有：
(1) 安慰幼儿不要紧张，安静地坐着。
(2) 紧捏幼儿双鼻翼，压迫止血。
(3) 头部、鼻部、后颈窝可用冷毛巾或冰袋冷敷。
(4) 如出血量大，可用一般滴鼻液浸湿棉花团塞入鼻腔止血。
(5) 止血后，2～3小时内不做剧烈运动。
(6) 如上述方法对止血无效，应立即送患儿去医院处理。

【本节考点知识点小结】

本节知识点比较多，小点很多。幼儿安全教育概括起来包括三个方面：一是幼儿自我保护和安全意识的培养；二是安全知识与技能的教育；三是养成遵守安全规则的习惯。预防幼儿园安全事故的方法主要有：第一，创设安全的环境。第二，建立健全安全制度。第三，开展安全教育，等等。前面列出的14大项安全事故及阐述的具体方法可以多看看。

【本节过关自测】

一、单项选择题

1. 幼儿安全教育的任务主要有（　　）。
① 帮助幼儿树立有关安全的意识　② 引导幼儿学习必要的安全常识　③ 培养幼儿良好的行为习惯　④ 激发幼儿参加体育活动的兴趣
　A．①②③　　　　　B．②③④　　　　　C．①②④　　　　　D．①②③④

2. 小明在滑梯上突然被小朋友从后面推了一下，飞快地滑了下来，吓得大声哭叫，下列哪种处理方式最为合理？（　　）
　A．立刻制止小明哭叫，力图尽快恢复秩序
　B．察看小明是否受伤，同时不制止他哭，让他把内心的恐惧发泄一下
　C．马上寻找闯祸的小朋友，批评他，以安慰小明
　D．旁观

3. 通过角色游戏，模拟发生地震的情景，让幼儿掌握自救的动作、方法和技能。这是（　　）。
　A．游戏模拟法　　B．对照比较法　　C．实例分析法　　D．环境陶冶法

4.《中小学、幼儿园安全管理办法》规定，小学、幼儿园应当建立（　　）制度，不得将晚离学校的低年级学生、幼儿交给无关人员。
　A．低年级学生、幼儿上下学时接送的交接　　B．低年级学生、幼儿上下学时教师护送
　C．低年级学生、幼儿上下学时集体回家　　　D．低年级学生、幼儿上下学时必须乘坐校车

5. 预防幼儿异物入体，以下哪种说法是不妥当的？（　　）
　A．幼儿进餐时不惊吓、逗乐幼儿
　B．幼儿能吸入或吞入的物品不应作为玩具使用
　C．为锻炼幼儿的咀嚼能力，让孩子多食用花生米、瓜子及带核、带骨、带刺的食物
　D．教育幼儿不要把别针、豆子、玻璃珠等小物件塞进嘴、鼻孔、耳朵里

6. 降温的方法有两种：物理降温和药物降温。对学前儿童来说，若体温不是特别高，应尽量采取（　　）的方法。
　A．药物降温　　　B．物理降温　　　C．冷敷　　　D．酒精擦拭

二、材料分析题

1. 阅读下列材料,回答问题。

贝贝穿了一件粉红色的外套,上面有很多由小的珠珠和亮片组成的图案,她没事做的时候就用手剥,我发现后阻止了好几次,怕有意外发生,所以特别关注她。可是意想不到的事情还是发生了,吃过午饭后,先吃完的孩子们开始了自由活动,当我正忙于帮助几个吃饭慢的孩子时,突然有个小朋友告诉我:"老师,贝贝把一个珠珠塞到鼻子里了。"我赶忙让生活老师照顾几个没吃完饭的孩子,马上跑过去。这时的贝贝神情有些紧张,嘴巴张开在呼吸,从她的眼神里看出孩子很害怕,急于求助。

问题:教师遇到上述情况应采取哪些措施?

【本节过关自测】参考答案

一、单项选择题

【考点解析】1. 答案是 D。以上都是幼儿安全教育的任务。

【考点解析】2. 答案是 B。儿童在与外界环境相互作用中产生挫折、压抑或是失败时,应该帮助儿童发泄出来,否则可能会导致儿童的失常行为,哭泣可以将内心的恐惧或委屈发泄出来。

【考点解析】3. 答案是 A。游戏模拟法是教师通过游戏的形式模拟各种意外事故发生的场景,让幼儿学会在特定情况下的操作动作,培养其安全意识和自我保护能力。

【考点解析】4. 答案是 A。《中小学、幼儿园安全管理办法》第 31 条规定,小学、幼儿园应当建立低年级学生、幼儿上下学时接送的交接制度,不得将晚离学校的低年级学生、幼儿交给无关人员。

【考点解析】5. 答案是 C。本题考查对预防幼儿异物人体方法的掌握。幼儿白齿未长出时,应避免食用花生米、瓜子及带核、带骨、带刺的食物,否则容易出意外。

【考点解析】6. 答案是 B。对学前儿童来说,若体温不是特别高,应尽量采取物理降温的方法。这样做更安全,能减少药物对幼儿肌体的伤害。冷敷和酒精擦拭都属于物理降温的方法。

二、材料分析题

1.【考点分析】幼儿园常见的安全问题与处理办法。

【参考答案】

幼儿的安全问题是幼儿教师工作的重中之重,发生案例中所述情况以及同类情况可采取以下措施:

(1) 如果发生幼儿鼻腔异物时,要让孩子改用口腔呼吸,面向有光亮的地方,令其抬起头并用手指将鼻尖向上推起,用手电筒照射即可看到异物,此时不可立即拿镊子钳夹,以防异物被推向鼻腔深处,对于年龄稍大而又听话的孩子,可用手指压住未堵鼻孔,令其低头并做擤鼻涕的动作,异物即可随气流冲出鼻孔,或是部分露出鼻腔,露出鼻腔的异物属圆形且表面光滑,可用大拇指压迫侧鼻翼,将异物挤出鼻腔。

(2) 如鼻腔的异物属纸团、钮扣等不规则物体,可用镊子将其夹出。也可以让患儿闻胡椒粉等刺激性气味,促使患儿打喷嚏,将异物喷出。

(3) 对于无法取出的鼻腔异物,老师不要强行取,以免损伤鼻腔或形成呼吸道异物,而是应设法劝儿童停止哭闹,改用口腔呼吸,然后迅速抱送医院治疗。

第二节 突发事件的应急处理方法

【本节考纲考点】

1. 幼儿园主要的突发事件。
2. 幼儿园突发事件的应急处理方法。

【历年真题再现】

这一部分尚未出现过真题。

【本节备考指导】

由于本节以突发事件为主要内容,这个在幼儿园出现的概率很少,所以,这几年还没出过真题。考生可以适当留意下大的要点或章节标题。

【命题考点精讲】

命题点1:意外伤害

幼儿意外伤害是指突发事件、意外事故对儿童健康和生命造成的损害,包括物理、化学、生物等因素。

命题点2:突发事件的应急处理办法

1. 火灾应急处理

(1) 发现火灾后,必须立即拨打119报警。在报警电话中,要说明这些情况:起火单位、位置、着火物、火势大小、火场内有无化学物品及类型、着火部位、报警人姓名、单位及所用电话等,并派人员在醒目处等候接车。

(2) 报警同时,开启消防电源。打开应急照明设施和安全疏散标志。

(3) 在消防人员到达前,由灭火行动组尽力控制火势蔓延。

(4) 若火场内有人员,则应用灭火器具减弱火势对人员的威胁,全力疏散、抢救人员脱险逃生。

(5) 对可能造成人员伤亡、发生爆炸事故、烧毁重要物资、形成大面积燃烧等影响全局的情况,应列为主要方面予以处理。

(6) 灭火行动组应分秒必争,迅速行动,找准着火点,果断扑救,抓住时机,不等不靠,为继续开展全面深入的扑救工作打下良好基础。

(7) 无关人员要远离火场,保持道路畅通,便于消防车辆驶入。

(8) 扑救固体物品火灾,使用灭火器;扑救液体物品火灾,使用灭火器、沙土、湿的棉被等,不可用水。

(9) 不得组织幼儿灭火。

(10) 及时报告主管单位领导。

2. 地震应急处理

为了保证发生地震时,幼儿园能快速、有序、安全地应急疏散师生,保护师生的生命安全。

如发生轻度地震,处理如下:

地震时如果幼儿在教室,当班教师教育幼儿不能慌张、哭闹或随意乱跑,要听从教师的指挥,马上组织幼儿有序疏散,疏散路线如下:大班、中班,幼儿从教室门跑步到操场。小班、小小班:依次按顺序下楼,跑步到操场。如发生地震时在室外,立即组织全部幼儿蹲下,并注意避开电线,大树等危险物品。

如发生震动较大破坏性地震,处理如下:

(1) 如果幼儿在室内,不要试图跑出楼外,因为震动特大,时间来不及。最安全、最有效的方法是,立即组织幼儿躲到两个承重墙之间最小的房间,如洗手间、厕所等;也可以躲在桌子、柜子等下面以及教室内侧的墙角,并且注意保护好头部;趴下时,头靠墙,使鼻子上方双眼之间的凹部枕在横着的双臂上面。闭上眼和嘴,用鼻子呼吸;千万不要去窗下躲避;待地震减轻时,立即按疏散线将全部幼儿疏散到一楼操场。

(2) 地震时如果幼儿正在睡觉,要立即叫醒幼儿,在震动激烈时,有序组织幼儿趴在午睡室通道上、躲在桌子下或墙脚下,待震动减轻时立即组织幼儿疏散到一楼操场,疏散路线及要求同上。

(3) 如果正在室外活动,教师马上将幼儿集中到操场中间空旷场地蹲下,注意避开高大物体或建筑物,疏散幼儿到安全地方。

(4) 如果地震发生后因不能迅速撤离而困于室内,或被建筑物挤压等千万不要惊慌,要就近检查幼儿身体状况,并尽量为幼儿找到饮食,同时不能盲目采取措施,要懂得发送报险信号,等待救援。

(5) 时刻与幼儿在一起消除幼儿的恐惧心理。

(6) 做好地震后房舍安全检查及加固维修、环境物品消毒等复课准备工作。

3. 急救方法

(1) 口对口吹气。呼吸是人生命存在的象征。当患儿发生意外伤害,呼吸困难甚至停止时,应立即施行人工呼吸，否则，呼吸停止后 2~4 分钟内就濒临死亡。人工呼吸就是用人为的力量来帮助伤员进行呼吸，最后使其恢复自主呼吸的一种急救方法。这里介绍常用的口对口吹气法。

① 施救方法是：

第一步：检查患儿的伤情和呼吸情况，如呼吸微弱或停止，应马上施行对口吹气法。

第二步：畅通呼吸道：使患儿仰卧，松开其衣领，解开其衣服；颈部垫高，使其头尽量后仰，必要时将舌拉出来，以免舌根后坠阻塞呼吸道；检查患儿口、鼻有无泥沙、杂草、痰涕和其他分泌物并予以清除，以保持呼吸道通畅。

第三步：吹气。

对小乳儿：

救护者深吸一口气，用嘴衔住乳儿的口鼻，往里吹气，每隔 2~3 秒钟吹一次。吹气时不要太用力，以其胸部隆起为度；吹完一次，把嘴松开，再压其胸，帮助呼气。

这样有节奏地进行，直到患儿恢复呼吸或将其送到医院。若不见胸部隆起，可能呼吸道不通畅或吹气方法存在问题。

对较大的儿童：

救护者深吸一口气，捏住患儿的鼻孔以免漏气，将口紧贴患儿的口，向口内均匀吹气。吹气量不能太大，也不能太小。吹气量太大，会将患儿肺泡吹破；若吹气量太小，起不到作用。以患儿胸部隆起为度。吹完一口气，嘴离开，放开患儿鼻孔，轻压其胸，帮助呼气。这样有节奏地进行，每 3~4 秒钟吹一次，直到患儿恢复呼吸或将患儿送到医院。如果患儿牙关紧闭，可对着鼻孔吹气，方法同上。

② 注意事项是：

保持患儿呼吸道通畅。

防止用力过猛。如有胸肋骨骨折或其他情况不宜做人工呼吸时，应立即采取其他急救措施。

如果患儿呼吸、心跳均停止时，应同时进行心脏按摩术。

(2) 胸外心脏挤压法。儿童在生活中发生意外，心跳微弱或停止，可立即施行胸外心脏挤压法。胸外心脏挤压法是发生心跳骤停时，借助外力挤压心脏和胸腔，输送血液，以形成暂时的人工循环的方法。

急救方法有：

① 检查患儿的伤情和心跳的情况。如脉搏微弱或停止，马上施行胸外心脏挤压。

② 让患儿仰卧，背部用硬物支撑，松开其衣服、腰带。让患儿仰卧于坚硬的木板或水泥地面上，绝不可在柔软有弹性的床上进行胸外心脏挤压，以免影响急救效果。

③ 进行胸外心脏挤压。分新生儿、1 岁以内的婴儿、1~8 岁小儿三种情况：

新生儿：手握患儿的胸，用两拇指按压其胸骨（在两乳头连线的中央），用力以压迫胸骨下陷 1 厘米左右为度，每分钟 120 次左右。

1 岁以内的婴儿：左手托住婴儿的背部，右手的食指和中指按压胸骨偏下方，手指保持垂直。每分钟 80~100 次左右。

1~8 岁小儿：救护者把右手掌放在患儿胸骨偏下方，左手压在右手上，两手交叉重叠按压，使其胸骨下陷约 2 厘米左右，每分钟按压 60~80 次左右。

注意事项是：

① 患儿背部应有硬物支撑，否则，将影响胸外心脏挤压的效果。

② 挤压部位要正确。不能挤压左胸乳头处，该处为坚硬的肋骨，不仅起不到挤压心脏的作用，还可能导致骨折，伤及肺脏，加重伤情。

③ 用力要适度。按压应平稳，用力要均匀，有规律地垂直按压，不能间断。如果患儿的呼吸、心跳同时停止，应同时施行口对口吹气和胸外心脏挤压。可吹一次气，做心脏挤压 4~5 次。

幼儿年小幼稚，天性好奇，对各种事物都充满极大的兴趣，喜欢摸、探、尝尝、动动，缺乏自我保护能力，故易发伤害性事故。因此，保教人员除对幼儿进行安全教育和采取有效的安全措施外，还应掌握常用急救技术，以便对意外伤害进行快速而正确的处理。

【本节考点知识点小结】

本节知识点少,目前还没考过选择题。另外,活动设计可以写出活动计划或活动方案。(本章活动设计也不多。)

【本节过关自测】

一、单项选择题

1. (　　)是指社会生活中一类事前难以预测、作用范围广泛且对社会造成严重威胁和危害的公共事件。

　　A．临时事件　　　　B．突发事件　　　　C．重大事件　　　　D．较大事件

2. 地震发生时,以下哪种做法是错误的?(　　)

　　A．组织幼儿选择好躲避处避险　　　　B．不要让幼儿跳楼

　　C．用湿毛巾捂住口、鼻　　　　　　　D．大难临头,各自逃命

二、材料分析题

1. 阅读下列材料,回答问题。

2011年11月的一天,300多个孩子都在熟睡,幼儿园突然传来几声爆炸声,紧接着浓烟就进了孩子们的卧室。这惊险的一幕发生在杭州某幼儿园,好在疏散及时,孩子们平安无事。

问题:请你谈谈幼儿园发生火灾的应急处理办法。

【本节过关自测】参考答案

一、单项选择题

【考点解析】1. 答案是B。题干是对突发事件含义的阐述,幼儿园要做好突发事件的应急工作。

【考点解析】2. 答案是D。地震发生时,教师要积极组织幼儿避险,D项违背了幼儿教师的职业道德。

二、材料分析题

1.【考点分析】幼儿园常见的安全问题与处理办法。

【参考答案】

(1) 火灾初起时,立即切断电源,尽快到相应地点取下灭火器进行扑救。

(2) 当火灾发生时,立即安排相关教师组织指挥幼儿按预设的次序和通道有序、迅速、安全撤离火灾现场。

(3) 发现火灾的人员应立即报警,先报119救火,再报110维持校外秩序,根据人员受伤害情况报120。

模块四 环境创设

【模块考试大纲】

1. 熟悉幼儿园环境创设的原则和基本方法。
2. 了解常见活动区的功能,能运用有关知识对活动区设置进行分析,并提出改进建议。
3. 了解心理环境对幼儿发展的影响,理解教师的态度、言行在幼儿心理环境形成中的重要作用。
4. 理解协调家庭、社区等各种教育力量的重要性,了解与家长沟通和交流的基本方法。

第一章 幼儿园环境创设的原则和基本方法

【本章考试大纲】

熟悉幼儿园环境创设的原则和基本方法。

第一节 幼儿园环境创设的意义与原则

【本节考纲考点】

1. 知道幼儿园环境创设的内涵及意义。
2. 熟悉幼儿园环境创设的原则。

【历年真题再现】

【2012 上】7. 幼儿园环境分为物质环境和(　　)。

A. 社会环境　　　　B. 精神环境　　　　C. 城市环境　　　　D. 局部环境

【考点】幼儿园环境的分类

【2012 上】2. 简述幼儿园环境创设的原则。

【考点】幼儿园环境创设的原则

【2014 上】14. 阅读下面材料,回答问题。

幼儿园大一班开展识字比赛,教师为此创设了班级墙面环境

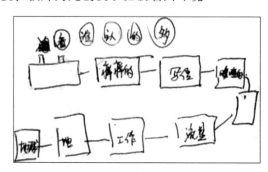

14. 识字比赛墙面环境

问题：请根据创设环境的基本原则，对材料中教师为识字比赛所创设的环境进行评析。
【考点】结合实际分析幼儿园环境创设的基本原则

【本节备考指导】

本节要求掌握环境创设的内涵、分类、特点及重要性，创设的基本原则。其中，幼儿园环境创设的内涵和重要性是难点，创设的基本原则是重点，本节考查题型通常为单项选择题、简答题和材料分析题。

【命题考点精讲】

命题点1：幼儿园环境创设的含义

广义的幼儿园环境是指学前教育赖以进行的一切条件的总和。它包括幼儿园内部小环境，又包括家庭、社会、自然、文化等大环境。狭义的幼儿园环境是指幼儿园内影响幼儿身心发展的一切因素，它是幼儿园中对儿童身心发展产生影响的物质和精神要素的总和。幼儿园环境按性质可分为物质环境和精神环境两大类。

狭义的物质环境是指幼儿园内对儿童发展有影响作用的各种物质要素的总和，包括幼儿园的活动室、室外活动场地、各种设备和活动材料、空间结构与环境布置等。狭义的幼儿园精神环境主要包括教师的教育观念与行为、幼儿园人际关系、幼儿园文化氛围等。

幼儿园物质环境创设目标的实现，在很大程度上取决于幼儿园精神环境的状况，取决于幼儿与教师、幼儿与幼儿之间相互作用的方式及关系。一所幼儿园能否成为真正的儿童乐园，主要取决于幼儿园的精神环境。

命题点2：幼儿园环境创设的特点

环境的教育性和可控性是幼儿园环境的特点。幼儿园环境具有可控性表现在两个方面：一方面，社会上的精神、文化产品，各种儿童用品等在进入幼儿园时，教师必须经过精心的筛选甄别；另一方面，教师根据教育的要求及幼儿的特点，有效地调控环境中的要素，维护环境的动态平衡，使之始终保持在最适合幼儿发展的状态。

命题点3：幼儿园环境创设的重要性

幼儿园环境的教育价值主要有：启发幼儿智力、提高审美能力、促进幼儿社会性发展。良好的幼儿园环境是"幼儿不会说话的老师"，潜移默化地影响着学前儿童的发展。"近朱者赤近墨者黑"，"孟母三迁"都强调了环境对人的重要作用。具体是：

（1）良好的物质环境能陶冶学前儿童的性情，激发学前儿童好奇心，鼓励其探索行为，使学前儿童在操作和摆弄各种材料的过程中学习知识，获得各种社会行为，实现个人的发展。

（2）良好的精神环境有利于学前儿童的发展，不良的精神环境如大众传媒中不宜儿童收听、收看的内容，成人不正确的教养态度等会对学前儿童产生负面影响，因此，幼儿园教师要善于创设与利用各种有利的精神环境，控制各种不利因素，保证学前儿童顺利、健康地发展。

命题点4：幼儿园环境创设原则

幼儿园环境的创设应该体现既以实现幼儿全面发展的教育目标为出发点，又为实现教育目标而服务的教育思想，使幼儿园成为既适应于儿童发展水平又促进儿童全面发展的儿童乐园。

1. 环境与教育目标的一致性原则

环境与教育目标的一致性原则是指环境的创设要体现环境的教育性，即环境设计的目标要符合幼儿全面发展的需要，与幼儿园教育目标相一致。创设幼儿园环境时，目标是依据，应把教育目标落实到月计划、周计划、日计划以及每一项具体的活动中。

2. 发展适宜性原则

发展适宜性原则是指幼儿园环境创设要符合幼儿的年龄特点及身心健康发展的需要，促进每个幼儿全面、和谐的发展。发展适宜性原则是美国幼儿教育协会针对美国幼教界普遍出现的幼儿教育"小学化"等倾向而提出来的。教师要根据幼儿不同的年龄特征为其提供适宜的发展环境。

3. 幼儿参与性原则

幼儿参与性原则是指环境的创设过程是幼儿与教师共同合作、共同参与的过程。环境创设过程的教育意义主要体现在：培养幼儿的主体精神，发展幼儿的主体意识，培养幼儿的责任感，培养幼儿的合作精神。

4. 开放性原则

开放性原则是指创设幼儿园环境时应把大、小环境有机结合。通过大小环境的配合，主要是与家庭、社区的合作，取长补短。在一个开放的系统中，培养适合新时代要求的幼儿。

5. 经济性原则

经济性原则是指创设幼儿园环境应考虑实际情况，做到因地制宜、就地取材、废物利用、一物多用、不浪费资源、不盲目攀比。

【本节考点知识点小结】

广义的幼儿园环境是指学前教育赖以进行的一切条件的总和，狭义的幼儿园环境是指幼儿园内影响幼儿身心发展的一切因素，分为物质环境和精神环境两大类。这里指的是狭义的幼儿园环境，其中，良好精神环境的营造是关键要素。环境的教育性和可控性是幼儿园环境的特点，良好的幼儿园环境是"幼儿不会说话的老师"，对幼儿起着潜移默化的影响，能启发幼儿智力、提高审美能力、促进幼儿社会性发展。良好的幼儿园环境的创设应遵循环境与教育目标的一致性、发展适宜性、幼儿参与性、开放性、经济性等五大原则，营造以利于幼儿身心健康发展的环境。

【本节过关自测】

一、单项选择题

1. 在具备了基本的物质条件后，对学前儿童发展起决定作用的是（　　）。
   A. 社会环境　　　　B. 物质条件　　　　C. 精神环境　　　　D. 幼儿园制度
2. 幼儿园的环境创设主要指（　　）。
   A. 购买大型户外器具　　　　　　　　B. 选择安全清净的环境
   C. 创设漂亮的花园、草坪　　　　　　D. 合格的物质环境和良好的精神环境
3. 贯彻幼儿参与性原则的根本保证是（　　）。
   A. 教师要树立正确的观念　　　　　　B. 教师的指导
   C. 教师要控制幼儿　　　　　　　　　D. 创设优美的环境
4. 幼儿园环境创设中要把大小环境有机结合在一起，实现学校和家庭、社区的合作，这体现了（　　）原则。
   A. 经济性原则念　　B. 参与性原则　　　C. 发展适宜性原则　　D. 开放性原则
5. 幼儿园环境创设要符合幼儿的年龄特征及身心健康发展的需要，促进每个幼儿园全面、和谐的发展。这主要体现了幼儿园环境创设的（　　）。
   A. 环境与教育目标的一致性原则　　　B. 发展适宜性原则
   C. 幼儿参与性原则　　　　　　　　　D. 开放性原则
6. 从狭义上理解，幼儿园环境是指（　　）。
   A. 生活环境　　　　　　　　　　　　B. 心理环境
   C. 幼儿园教育的一切外部条件　　　　D. 幼儿园内一切影响幼儿发展的因素
7. 幼儿园环境育人的特点不包括（　　）。
   A. 设置的目的性　　　　　　　　　　B. 范围的弥散性和时间的持续性
   C. 影响的渗透性　　　　　　　　　　D. 影响的既定性

二、简答题

1. 简述环境对学前儿童成长的意义。
2. 幼儿园环境创设应该遵循哪些基本原则？

【本节过关自测】参考答案

一、单项选择题

【考点解析】1. 答案是C。此题考的是幼儿园环境创设的意义。往年考试中,会考查考生对物质环境和精神环境对学前儿童成长意义的理解。

【考点解析】2. 答案是D。此题考的是幼儿园环境创设按照性质不同的分类。环境创设的分类是一个高频考点。

【考点解析】3. 答案是A。此题考的是幼儿园环境创设的基本原则。往年考试中,会考查考生对幼儿园环境创设基本原则的具体了解或掌握程度。

【考点解析】4. 答案是D。此题考的是幼儿园环境创设的基本原则。往年考试中,会考查考生对幼儿园环境创设基本原则的具体了解或掌握程度。

【考点解析】5. 答案是C。此题考的是幼儿园环境创设的基本原则。往年考试中,会考查考生对幼儿园环境创设基本原则的具体了解或掌握程度。

【考点解析】6. 答案是D。此题考的是幼儿园环境创设的含义。对幼儿园环境创设内涵的理解是一个高频考点。

【考点解析】7. 答案是D。此题考的是幼儿园环境创设的基本特点,往年考试中,会考查考生对幼儿园环境创设的了解或熟悉程度。

二、简答题

1.【考点解析】此题考的是考生对环境创设作用的理解。

【答题要点】良好的幼儿园环境是"幼儿不会说话的老师",潜移默化的影响着学前儿童的发展。"近朱者赤,近墨者黑","孟母三迁"都强调了环境对人的重要作用。

(1) 良好的物质环境能陶冶学前儿童的性情,激发学前儿童好奇心,鼓励其探索行为,使学前儿童在操作和摆弄各种材料的过程中学习知识、获得各种社会行为,实现个人的发展。

(2) 良好的精神环境有利于学前儿童的发展,不良的精神环境如大众传媒中不宜儿童收听、收看的内容,成人不正确的教养态度等会对学前儿童产生负面影响,因此,幼儿园教师要善于创设与利用各种有利的精神环境,控制各种不利因素,保证学前儿童顺利、健康地发展。

2.【考点解析】此题考的是考生对环境创设基本原则的理解和熟悉程度。

【答题要点】

(1) 环境与教育目标的一致性原则是指环境的创设要体现环境的教育性,即环境设计的目标要符合幼儿全面发展的需要,与幼儿园教育目标相一致。

(2) 发展适宜性原则是指幼儿园环境创设要符合幼儿的年龄特点及身心健康发展的需要,促进每个幼儿全面、和谐地发展。

(3) 幼儿参与性原则是指环境的创设过程是幼儿与教师共同合作、共同参与的过程。环境创设过程的教育意义主要体现在:培养幼儿的主体精神,发展幼儿的主体意识,培养幼儿的责任感,培养幼儿的合作精神。

(4) 开放性原则是指创设幼儿园环境时应把大、小环境有机结合,主要是与家庭、社区的合作,在一个开放的系统中,培养适合新时代要求的幼儿。

(5) 经济性原则是指创设幼儿园环境应考虑实际情况,做到因地制宜、就地取材、废物利用、一物多用、不浪费资源、不盲目攀比。

第二节　幼儿园环境创设的基本方法

【本节考纲考点】

熟悉并掌握幼儿园环境创设的基本方法。

【历年真题再现】

【2015下】13. 论述积极师幼关系的意义，并联系实际谈谈教师应如何建立积极的师幼关系。（20分）

【考点】幼儿园精神环境创设的核心点及基本方法

【本节备考指导】

本节要求掌握幼儿园物质和精神环境创设的基本方法。其中精神环境中良好的师幼关系的构建是重点，难点是物质环境的创设基本要求和具体方法。本节考查题型通常为选择题、论述题和材料分析题。

【命题考点精讲】

命题点1：幼儿园物质环境创设的方法

物质环境的创设主要指幼儿园空间的设计和利用，幼儿使用的设备，活动区活动材料的数量、种类及其选择与搭配等方面的创设。

幼儿园室内空间的设计和利用主要指活动室、班级设备和班级活动区的设计利用。活动室是幼儿一日生活中的主要活动场所，要有一个宽敞的区域供幼儿活动，要求相对固定的位置摆放桌椅，幼儿园的桌椅等班级设备的配备要注重实用性、安全性及童真童趣等要求；墙面布置要考虑幼儿的年龄特征和主动参与原则，睡眠室要充分考虑在墙饰和窗帘的色彩等方面上温馨、安静的氛围营造，盥洗室要求相应的幼儿良好的卫生习惯的宣传引导图示，走廊可以充分考虑家园互动的内容，全园统一布置。活动区主要按照教育目标要求、幼儿年龄特点、是否促进幼儿全面发展来设置种类，并在材料的投放上考虑一定的动态性和可变性。

幼儿园环境物质创设常见的表现形式和手段主要有绘画、手工及二者相结合的运用等。我国幼儿园户外环境一般可以划分为三大区域：集体活动区、器械设备区、种植养殖区。集体活动区主要供幼儿集体做操、上体育课，进行各种体育游戏，要求场地宽阔平整。器械设备区要能放置各种大、中型体育活动器械与设备，如滑梯、秋千、平衡木、爬网、跷板、攀登架等，以供幼儿练习与发展基本动作，锻炼身体活动能力。种植养殖区供幼儿种植蔬菜、花草，喂养一些小动物。

命题点2：幼儿园精神环境的创设方法

在幼儿园精神环境的创设中，师幼关系和幼儿同伴关系应引起足够的重视。

（1）建立良好的师幼关系是影响教育质量最重要的因素，要做好以下两个方面：一是正确理解教师和幼儿的平等关系，教师是幼儿合法权益的保护者；二是建立师幼之间良好的情感关系，教师要爱护、尊重、信任幼儿，与幼儿平等协商对话，关注幼儿活动，了解幼儿兴趣和需求，理解和宽容幼儿的错误，让幼儿对老师产生亲近和依恋感。

（2）帮助幼儿建立良好的同伴关系。

（3）尊重幼儿，让幼儿主动发展。

（4）建立团结友爱的班集体，充分利用幼儿集体的教育力。

（5）加强教师自身修养，以身示范。

【本节考点知识点小结】

蒙台梭利曾说："在教育上，环境所扮演的角色相当重要，因为孩子从环境中所吸取的东西，并将其融入自己的生命之中。从这个意义上说，幼儿园环境是孩子的第三任老师。"创设良好的幼儿园环境是幼儿园老师的重要责任。幼儿园物质环境的创设主要指幼儿园空间的设计和利用，幼儿使用的设备，活动区活动材料的数量种类及其选择与搭配等方面的创设。要充分满足创设的实用性、安全性及童真童趣等要求，同时要考虑教育目标要求、幼儿年龄特点、是否促进幼儿全面发展来设置种类，并在材料的投放上考虑一定的动态性和可变性。

一所幼儿园能否成为真正的儿童乐园，主要取决于幼儿园的精神环境。在幼儿园精神环境的创设中，师幼关系和幼儿同伴关系应引起足够的重视。建立良好的师幼关系是影响教育质量最重要的因素,同时,教师不仅要加强教师自身修养,以身示范,更要尊重幼儿,让幼儿主动发展;建立团结友爱的班集体,充分利用幼儿集体的教育力;帮助幼儿建立良好的同伴关系,营造一个温馨和谐、平等、民主互助的精神环境。

【本节过关自测】

一、单项选择题

1. 活动室墙饰的高度首先要适合(　　)。
 A．幼儿的身高　　　　B．教师的身高　　　　C．家具的高度　　　　D．房屋的高度
2. 幼儿园户外环境创设要求(　　)。
 A．根据当地气候特点创设良好的户外活动条件
 B．幼儿的活动场地可大可小
 C．绿化、美化和自然化至上
 D．尽可能购买大量高档材料
3. 创设幼儿园物质环境在强调安全和卫生的前提下,应当力求做到(　　)。
 A．儿童化、教育化、绿化和美化　　　　B．年轻化、知识化、绿化和美化
 C．儿童化、知识化、绿化和美化　　　　D．年轻化、教育化、绿化和美化
4. 幼儿园园舍内部建筑设计中采光应遵循(　　)。
 A．窗户的面积越大越好　　　　B．避免产生眩光、阴影和直射光
 C．尽量使用人工采光　　　　D．窗户的玻璃应尽可能色彩丰富一些

二、简答题

1. 简述积极的师幼关系对学前儿童成长的意义及策略。
2. 简述幼儿园良好精神环境创设的方法。

【本节过关自测】参考答案

一、单项选择题

【考点解析】1. 答案是A。此题考的是幼儿园活动室墙饰设计要点。往年考试中,会考查考生对活动室创设是否体现以幼儿为本的理念。

【考点解析】2. 答案是A。此题考的是幼儿园户外环境创设的基本要求,往年考试中,会考查考生对物质环境创设的基本要求。

【考点解析】3. 答案是A。此题考的是幼儿园物质环境创设的基本要求和方法,这是一个高频考点。

【考点解析】4. 答案是B。此题考的是幼儿园物质环境创设基本要求,往年考试中,会考查考生对幼儿园物质环境创设基本理念的熟悉和掌握程度。

二、简答题

1. 【考点解析】此题考的是考生对精神环境创设的核心点的理解和掌握。

【答题要点】

(1) 积极的师幼关系指的是民主、平等的师幼关系,是幼儿在幼儿园中的主要人际关系之一。积极师幼关系对幼儿及教师发展的意义主要体现在以下几个方面:

① 良好的师幼关系有助于幼儿获得关爱;
② 良好的师幼关系有助于幼儿获得安全感;
③ 良好的师幼关系有助于幼儿之间建立同伴关系;
④ 良好的师幼关系有助于教师的专业成长和发展。

(2) 建构良好师幼关系的策略:

① 幼儿园教师要树立正确的教育观和儿童观;
② 教师对幼儿要持支持、尊重、接受的情感态度和行为;
③ 教师对待幼儿应善于疏导而不是压制;

④ 教师对幼儿要尽量使用多种适宜的身体语言动作进行教育。

2.【考点解析】此题考的是考生对精神环境创设意义和方法的理解和掌握。

【答题要点】

一所幼儿园能否成为真正的儿童乐园,主要取决于幼儿园的精神环境。在幼儿园精神环境的创设中,师幼关系和幼儿同伴关系应引起足够的重视。

(1) 建立良好的师幼关系是影响教育质量最重要的因素,要做好以下两个方面:一是正确理解教师和幼儿的平等关系,教师是幼儿合法权益的保护者;二是建立师幼之间良好的情感关系,教师要爱护、尊重、信任幼儿,与幼儿平等协商对话,关注幼儿活动,了解幼儿兴趣和需求,理解和宽容幼儿的错误,让幼儿对老师产生亲近和依恋感。

(2) 帮助幼儿建立良好的同伴关系。

(3) 尊重幼儿,让幼儿主动发展。

(4) 建立团结友爱的班集体,充分利用幼儿集体的教育力。

(5) 加强教师自身修养,以身示范。

第二章　幼儿园的活动区

【本章考试大纲】

了解常见活动区的功能,能运用有关知识对活动区设置进行分析,并提出改进建议。

第一节　幼儿园常见活动区的功能

【本节考纲考点】

1. 了解常见活动区种类。
2. 熟悉常见活动区的功能。

【历年真题再现】

这一部分尚未出现过真题。

【本节备考指导】

本节知识点是关于活动区的概述,即活动区的定义、意义、特点及常见种类和功能。要求考生在理解活动区基本特征的基础上重点掌握概念和具体种类,主要会以单选题、论述题及材料分析题形式考试。

【命题考点精讲】

命题点1:活动区的内涵及意义

(1) 定义:活动区就是活动室、睡眠室、走廊、门厅及室外场地,提供、投放相应的设施和材料,为幼儿创设的分区活动的场所。

(2) 意义:进行区角活动可以促进幼儿自主参与活动,自发地学习;增进交流,培养幼儿交往能力,锻炼幼儿动手操作能力;培养幼儿好奇好问的能力;增强幼儿的表现力,促进幼儿社会性良好发展等。

命题点2:什么是幼儿园区域活动?

幼儿园区域活动是指幼儿园教师根据幼儿的兴趣和发展需求,融合教育目标和正在进行的各项教育活动要求,选取儿童感兴趣的活动材料和活动类型,设置相应区域,吸引幼儿自主选择区域并通过与材料、环境、同伴的充分互动的个性化学习而获得发展的一种教育活动。

命题点3：幼儿园活动区活动的特点

幼儿园区域活动是一种学前儿童的自主性探索活动,玩什么游戏,跟谁玩,怎样玩,都由儿童自己做主,他们通过自选活动内容,以小组或个体的形式来开展区域活动,相对其他形式的教育活动,区域活动具有以下几个特点。

(1) 是极具个别化的选择性学习;
(2) 是学前儿童的自主性学习;
(3) 是一种操作性学习活动;
(4) 有友好互动性学习环境;
(5) 有宽松自由的创造性学习氛围;
(6) 是学前儿童喜欢的活动,极具趣味性。

命题点4：幼儿园常见活动区种类

常见活动区有图书区(语言区)、角色区、积木区、科学区(操作、探索区)、美工区、益智区、音乐表演区等,室外建构区、玩沙区、玩水区、种植区、饲养区等。一般要求区域活动要注意简易性、舒适性、感官性、刺激性、稳定性、安全性和卫生。

命题点5：常见的幼儿园活动区的功能

幼儿园活动区的创设,主要满足以下功能:(1)为幼儿创设互动的学习环境;(2)为幼儿提供个别化的学习机会;(3)为幼儿提供静态和动态相平衡的课程。

1. 语言区功能

语言区以图书阅读为主,配有一些语言游戏,如接龙游戏,编故事、讨论等。其功能为:

(1) 帮助学前儿童练习听说读写的基本技能,养成听说读写的良好态度和习惯;
(2) 培养幼儿阅读兴趣,掌握正确的阅读方法,形成良好的阅读习惯;
(3) 在听读和游戏过程中,通过对图书故事中的感受、模仿、学习和欣赏,培养学前儿童的语言表达能力和审美能力;
(4) 促进学前儿童学习运用语言表达个人的情感、需求、意愿和观点,提升口语交际能力和沟通水平。

2. 美工区功能

美工区的活动要有平面、立体造型,自然材料造型,利用废旧材料制作玩具等。其功能有:

(1) 促使学前儿童学习、观察和感受周围事物,并用美工材料表达情感和思想;
(2) 为学前儿童提供接触各种材料的机会,使其了解各种材料的特性,学习利用工具进行立体造型活动;
(3) 发展学前儿童的创造性,想象力和表现力,使其体验成功的快感;
(4) 锻炼学前儿童的小肌肉,增强手眼协调能力,以及解决问题的能力。

3. 科学区的功能

科学区的活动内容较为广泛,探究声、光、电、磁、力、水、空气等的活动。其功能有:

(1) 激发学前儿童对科学现象的兴趣,使其运用多种感官感知事物,发展观察力;
(2) 活跃学前儿童思维,培养其分析、判断和推理能力;
(3) 提供尝试、探究和实验的机会,让幼儿通过实地操作,认真解决问题,获取知识,形成概念。

4. 建构区的功能

建构区让学前儿童利用不同材料积极建构高楼大厦、立交桥、公园等,进行感兴趣的建筑结构的活动。其功能是:

(1) 发展学前儿童的建构能力,学习建构技法;
(2) 发展学前儿童的空间知觉,认识基本形状、数量关系;
(3) 通过尝试各种不同的建构材料、方法、设计,激发学前儿童创造力、想象力;
(4) 引导学前儿童分工合作,共同设计、建构;
(5) 培养学前儿童的社会性,发展其交流、表达的能力,学习自我自行解决问题的方法。

5. 益智区

学前儿童在益智区的活动主要有计数、计算、分类等数学内容,也有棋类等活动。主要功能是:

(1) 在操作摆弄游戏材料中发展学前儿童的感知觉,促使学前儿童充分运用感官进行观察比较,感受物体颜色,比较物体大小、长短、高矮、粗细,理解形体的等分等。

(2) 在棋类游戏中发展学前儿童的分析、综合、推理、概括能力等。

(3) 激发学前儿童的求知欲望,培养其细心、专注以及解决问题的能力。

6. 角色游戏区的功能

娃娃家是任何年龄班角色游戏的中心主题,学前儿童在角色区从熟悉的家庭开始,逐步扩展到以反映社会生活为主题的活动,如超市购物、餐厅就餐、医院看病等。其功能主要是扩展学前儿童社会认知,了解人际关系,通过扮演不同角色发展幼儿的社会性,具体是:

(1) 帮助学前儿童学会友好交往基本技能:轮流、分享、协商、互助、合作等。

(2) 培养学前儿童大胆表达个人意愿、情感、见解的能力,以及沟通、交流能力。

(3) 帮助学前儿童学习适度表达个人情绪,了解他人情感,能自我控制,调整伙伴间的相互关系。

7. 表演区

表演区的活动内容丰富多样,可以有歌舞表演、音乐游戏、打击乐演奏、故事表等。其功能为:

(1) 学前儿童可学习用动作来表现音乐,按照音乐的内容、节拍进行有趣的游戏,加深对音乐的理解和感受力。

(2) 增强学前儿童的音乐素养,锻炼辨别声音的高低、强弱、快慢等,增强倾听并跟从节奏指令的能力。

(3) 发展学前儿童的表演才能,使其表现动作准确、优美、富有节奏感和表现力。

(4) 陶冶学前儿童性情,培养活泼开朗、大方自信的性格,发展其表现力、审美力、创造力等。

【本节考点知识点小结】

活动区就是在活动室、睡眠室、走廊、门厅及室外场地,提供、投放相应的设施和材料,为幼儿创设的分区活动的场所。进行区角活动可以促进幼儿自主参与活动,自发地学习;增进交流,培养幼儿交往能力,锻炼幼儿动手操作能力;培养幼儿好奇好问的能力;增强幼儿的表现力,促进幼儿社会性良好发展。幼儿园区域活动是指幼儿园教师根据幼儿的兴趣和发展需求,融合教育目标和正在进行的各项教育活动要求,选取儿童感兴趣的活动材料和活动类型,设置相应区域,吸引幼儿自主选择区域并通过与材料、环境、同伴的充分互动的个性化学习而获得发展的一种教育活动。幼儿园常见的活动区有图书区(语言区)、角色区、积木区、科学区(操作、探索)、美工区、益智区、音乐表演区等,室外建构区、玩沙区、玩水区、种植区、饲养区等。教师在为幼儿创设相应的活动区时,要在充分体现其活动区功能基础上,注意满足活动区的简易性、舒适性、感官性、刺激性、稳定性、安全性和卫生。

【本节过关自测】

一、单项选择题

1. 活动区的功能主要有( )。

① 为幼儿创设互动的学习环境 ② 为幼儿提供个别化的学习机会 ③ 为幼儿提供静态和动态相平衡的课程

　　A. ①② 　　　　　　B. ②③ 　　　　　　C. ①③ 　　　　　　D. ①②③

2. 颜料、蜡笔、橡皮泥、剪刀、纸张等材料应该投放到( )。

　　A. 美工区 　　　　　B. 图书区 　　　　　C. 沙水区 　　　　　D. 建构区

3. 在( ),幼儿可以画画、涂色、搅拌、折纸、创作贝壳项链、制作图书、贺年卡等。

　　A. 美工区 　　　　　B. 积木区 　　　　　C. 角色扮演区 　　　D. 数学区

4. 包含餐厅、超市、医院、邮局、车站、建筑工地、娃娃家等场景的是( )。

　　A. 美工区 　　　　　B. 积木区 　　　　　C. 角色扮演区 　　　D. 数学区

5. 数学区属于常见活动区的(　　)。
   A．生活劳动区　　　B．语言区　　　C．科学区　　　D．美工区
6. 各地民俗风情、服饰与语言、交通工具、人种与肤色、四大洲五大洋、不同的国旗、环保与卫生等属于(　　)。
   A．文化区　　　B．建构区　　　C．装扮区　　　D．大运动区
7. 幼儿用木头、螺丝钉等材料,通过铁锤、钳子等,制作一些小的物品,如小盒子、小架子等的活动区是(　　)。
   A．积木区　　　B．木工区　　　C．科学区　　　D．美工区
8. 美美想做电子琴表演的活动,她应该去活动区的(　　)。
   A．表演区　　　B．音乐区　　　C．美工区　　　D．语言区
9. 幼儿可以堆砌堡垒、围栅栏、在沙地上写字,发挥其创造力和想象力的活动区域是(　　)。
   A．沙水区　　　B．益智区　　　C．积木区　　　D．科学区
10. 小型积木、拼图、飞行棋、象棋、魔方、乐高玩具等器材应该投放在(　　)。
    A．积木区　　　B．木工区　　　C．角色扮演区　　　D．益智区
11. 幼儿可以进行阅读、听故事、朗诵、演讲等活动的区域是(　　)。
    A．语言区　　　B．角色扮演区　　　C．数学区　　　D．科学区
12. (　　)是幼儿在活动区活动的物质支柱。
    A．空间　　　B．氛围　　　C．环境　　　D．材料

【本节过关自测】参考答案

一、单项选择题

【考点解析】1. 答案是D。此题考的是幼儿园活动区的功能。
【考点解析】2. 答案是A。此题考的是幼儿园活动区种类和材料的提供特点。
【考点解析】3. 答案是A。此题考的是幼儿园活动区种类和具体功能。
【考点解析】4. 答案是C。此题考的是幼儿园活动区种类及基本内容。
【考点解析】5. 答案是C。此题考的是幼儿园活动区种类及基本内容。
【考点解析】6. 答案是A。此题考的是幼儿园活动区种类及基本内容。
【考点解析】7. 答案是B。此题考的是幼儿园活动区种类及基本内容。
【考点解析】8. 答案是B。此题考的是幼儿园活动区种类及基本内容。
【考点解析】9. 答案是A。此题考的是幼儿园活动区种类及基本内容。
【考点解析】10. 答案是D。此题考的是幼儿园活动区种类及基本内容。
【考点解析】11. 答案是A。此题考的是幼儿园活动区种类及基本内容。
【考点解析】12. 答案是D。此题考的是幼儿园活动区创设的核心元素。

第二节　幼儿园活动区的设置

【本节考纲考点】

1. 会创设与幼儿发展适宜的活动区。
2. 能运用有关知识对活动区设置进行分析,并提出改进建议。

【历年真题再现】

【2012上】3. 关于幼儿游戏活动区的布置,正确的说法是(　　)。
　A．以阅读为主的图书区可与娃娃家放在一起
　B．自选游戏环境的创设是由教师进行的

C．可在积木区提供一些人偶、小动物、交通工具模型等辅助材料

D．娃娃家应该是完全敞开式,让每个人都能看到里面有什么

【考点】幼儿园活动区设置的基本要点

【2013 上】4．某教师针对不同发展水平的幼儿提供了不同难度的操作材料,这遵循了（　　）。

A．活动性原则　　　　B．直观性原则　　　　C．整体性原则　　　　D．因材施教原则

【考点】考点是幼儿园活动区材料提供应遵循的原则

【2013 上】15．某图是大班美工区的一个墙面环境设计,请分析它对促进幼儿学习的积极作用。（图略。）

【考点】此题是考察学生对幼儿园活动区的教育功能理解

【本节备考指导】

本节要求考生不仅能创设与幼儿发展适宜的活动区,而且能运用有关知识对活动区设置进行分析,并提出改进建议。因此,会创设适宜的活动区是本节重点内容,运用相关创设知识对活动区设置进行评析是难点。本节考查题型通常为选择题和材料分析题。

【命题考点精讲】

命题点 1：幼儿园活动区设置的基本方法

（1）活动区的设置首先应考虑教育目标,做到目标性和计划性一致。幼儿园区角创设应紧密结合教育内容和目标,要与教育同步,把创设区角的过程变成教育教学的过程。

（2）合理有序地利用空间,充分挖掘空间的实用价值。区角空间设置要求安全、适用、合理、美观。充分利用活动室地面、墙壁、窗户、走廊、转角,甚至寝室等可利用的资源,最大限度地利用活动室空间。

（3）活动区的设置应考虑幼儿的年龄特点,教师应根据幼儿的年龄特点创设适宜的活动区角。如小班幼儿感知事物的经验少,动手能力较弱,多数幼儿不能单独活动,因此,活动区数量不宜设置太多,也不宜太复杂。

（4）活动区的设置还应考虑促进幼儿的全面发展。在不同年龄班尽量设置各种适龄的区角,以促进幼儿的全面发展。

（5）活动区的设置和材料的投放要具有一定的动态性和可变性。要根据幼儿的兴趣和关注点发展水平及时调整活动区设置的种类或者投放材料的更换等。

（6）活动区的设置应注意区域的分割与开放。具体是：

各个活动区应有明显的界限,保证幼儿能清楚地知道每个区域的活动,活动区之间的界限主要有平面界限、立体界限、挂饰界限三种。平面界限的划分,就是教师通过地面的质地、图案或不同颜色划分成的不同区域。立体界限的划分,就是教师运用架子、柜子、钢琴或其他物体进行隔离所划出的不同区域,形成的封闭或开放的空间,分界物的高度要适合幼儿的视线,体现动静布局。

命题点 2：幼儿园活动区设置的基本原则

（1）教育性原则：幼儿园区域游戏环境创设是幼儿课程的一部分,在创设幼儿园区域游戏环境时,要考虑它的教育性,应使区域游戏环境创设的目标与幼儿园教育目标相一致。

（2）发展性原则：活动区的设计与指导应促进每个幼儿在原有基础上得到最大限度的发展,包括知识水平、体力、智力、情感、道德、个性等方面的发展。

（3）整体性原则：是指将整个活动室的游戏环境作为一个动态系统,发挥整体优化功能。区域活动的教育功能主要是通过活动材料来实现,材料直接影响幼儿活动的质量。投放的材料要既有利于各区角间的联系,体现整合观念,又有利于幼儿各方面能力的整合性提高。

（4）动态性原则：指投放活动材料时要根据教育目标和幼儿的发展需求,定期或不定期地进行调整、更换和补充,特别是主题区域活动,更要随着主题的变化而创设适宜的活动区域。

（5）动静分开原则。在划分区域时,要注意各活动区间的间距,安静的区域和活跃的区域不要距离太近（如表演区和图书区）,安静的区域可以用玩具柜分割,以免活动时受到干扰。

命题点 3：幼儿园活动区设置的注意事项

（1）美工区设置常常需要用水，所以需设置在靠近水源的位置。

（2）在建构区、表演区，幼儿肢体活动量较大，且相对噪音大，故需要较宽敞的活动空间，且远离需要安静的活动区。

（3）自然观察区最需要自然采光，应设置在靠近窗户的位置，而且需要延伸到户外活动区。

（4）阅读区、益智区需要设置在光线好，隐秘的角落，利于幼儿安静阅读、专注阅读。

（5）区域间的界限应力求明显，让各区在进行活动时彼此干扰减至最低程度，以避免不必要的争端。

（6）来往各区域的交通路线力求畅通，避免幼儿发生冲撞、推挤现象。

（7）提供操作台、工作毯、展示台，便于幼儿操作和管理材料。

（8）各区域所需要的材料应随手可得，避免让幼儿横穿教室取拿物品。

（9）分层提供活动材料，以满足不同发展水平幼儿的需要。

（10）充分考虑活动区的光线、色彩、温度、数量、人数等因素，综合考虑，合理布置。

命题点 4：活动区材料投放原则

区域活动的教育功能主要通过材料来表现，皮亚杰提出："儿童的智慧源于材料。"投放区域材料要遵循以下原则：

1. 材料的安全性和艺术性

安全性：为幼儿提供活动材料时，应选择无毒、无味、对幼儿无伤害隐患的制作原料，制作前进行彻底的清洁消毒。

艺术性：注意操作材料色彩搭配漂亮、造型美观和便于操作，以吸引幼儿对活动材料充满兴趣，积极投入地参与到活动中来，利于区域活动的顺利开展。

2. 材料的针对性和计划性

幼儿的年龄特点决定幼儿的身心发展水平。活动区域中应根据不同年龄段幼儿的身心特点投放不同层次的活动材料，做到有的放矢，具有针对性和计划性。

3. 材料的目标性和探究性

目标性：孩子的发展目标与区域活动材料的教育功能是一致的，因此投放区域活动材料一定要有目的性。应以各年龄班的培养目标为依据，有针对性地选择、投放那些与主题相关的操作材料，并且充分挖掘材料在不同区域内的多种教育作用。一个目标可以通过若干材料的共同作用来实现，一种材料也能为达到多项目标服务。

探究性：材料的探究性能引发幼儿动手、动脑，支持幼儿与活动环境的积极互动，引导幼儿根据自己的兴趣爱好对客观事物进行动手操作和动脑思考。在区角活动中，幼儿开动脑筋思考，动手操作各种材料就是一种探究活动。

4. 材料的层次性和动态性

层次性：材料投放的层次性是指教师在选择、投放操作材料时，能够预先作好思考、规划和设计，按照预定的目标，按照由浅入深、从易到难的要求，分解出若干个能够与幼儿的认知发展相吻合的操作层次，使材料"细化"。材料投放的层次性能使不同发展阶段的幼儿都能通过与适宜材料之间的互动来获得相应的发展。

5. 材料的丰富性和趣味性

丰富性：区角活动材料的丰富性主要包括品种多样、形式多样、功能多样。品种多样：就是种类要多。形式多样：就是材料的形式要多种多样。功能多样：实际就是一物多玩，在挖掘材料的功能上多下功夫。

趣味性：有趣的材料能够引起幼儿参与活动的兴趣，提高目标的达成度。过难或过于简单的材料投放，都不利于幼儿活动兴趣和发展水平的提高。

命题点 5：制定活动区计划要点

（1）制定区域活动目标：教师应根据学前儿童的发展需要和水平，围绕课程总目标、阶段（月、周）目标和本班特点事先制定区域活动的目标。

（2）确定区域活动的内容：区域活动的内容依附于区域活动的材料，只要选择了适宜的材料，活动内容随即诞生了。教师要根据主题或领域活动开展的情况,关注儿童的兴趣点,及时调整区域活动的内容。

(3)制定区域活动方案:区域活动的设计可以用文字式和表格式两种形式,文字式按照标题—目标—活动准备—过程格式写,并结合到周、日活动计划来写;表格式就按照区域名称、目标、材料投放、指导要点、备注等项目来列表,文字式便于清楚详细阐述,表格式简洁规范,一目了然。

区域活动方案要重点突出两点:一是材料的具体投放;二是教师的指导要点,既要体现教师的预设,更要关注儿童在区域互动中的自主活动。

命题点6:活动区活动指导要点

区域活动是学前儿童自由活动、自主学习的场所,教师对学前儿童在活动区活动给予细心观察、积极支持、悉心指导,才能使其教育功能最大限度发挥出来,具体而言,教师要做好以下几个方面的指导工作:

(1)在创设区域活动初期老师要给幼儿介绍和开放活动区,组织幼儿制定活动区规则。

(2)在幼儿自主活动阶段,老师要认真观察、仔细分析幼儿的活动,做好观察记录表,对活动区设置和材料投放及时调整;对幼儿的活动情况和发展水平做好记录和分析,及时调整和指导。

(3)教师注意指导方法,适时地以适当的方式介入幼儿的活动。尽量让幼儿自己去探索、发现、思考,不急于提供答案。

(4)要充分保障幼儿在区域活动的时间和空间,及时做好评价和调整。

(5)教师在创设和指导区域活动时,要注意加强活动区间的配合、渗透,加强横向联系,注重整合性。

【本节考点知识点小结】

幼儿园活动区设置要遵循教育性、发展性、整体性、动态性、动静分开等原则。活动区的设置基本方法应首先应考虑教育目标,做到目标性和计划性一致;其次是合理有序地利用空间,充分挖掘空间的实用价值,考虑幼儿的年龄特点,教师应根据幼儿的年龄特点创设适宜的活动区角;还应考虑促进幼儿的全面发展,应注意区域的分割与开放,活动区的设置和材料的投放要具有一定的动态性和可变性等。各活动区在具体创设时要充分考虑每个区域种类特征,满足相应的要求,如美工区设置常常需要用水,所以需设置在靠近水源的位置。同时,区域活动的教育功能主要通过材料来表现,所以在材料投放方面要体现安全性和艺术性、针对性和计划性、目标性和探究性、层次性和动态性、丰富性和趣味性等原则。教师在开展幼儿园区域活动时应制定详细规范的活动区计划,要有明确的活动目标、内容及具体每一个区域开展的活动方案。在活动区活动中,教师应对学前儿童在活动区活动给予细心观察、积极支持、悉心指导,才能使其教育功能最大限度发挥出来,达到区域活动让学前儿童自由活动、自主学习,充分体验成长的快乐的目的。

【本节过关自测】

一、单项选择题

1. 教师要以教育目标和本班幼儿的实际发展水平为依据,有目的、有计划地选择合适的内容和主题,创设合适的活动环境。这是活动区创设的( )原则。
   A. 整体性　　　　B. 教育性　　　　C. 共同发展　　　　D. 动态性

2. 教师要随着活动的进展和幼儿的发展,不断给予幼儿大量生动、形象的刺激物,不断更新材料,从而保持幼儿的兴趣,促使幼儿获得持久的发展。这是活动区创设的( )原则。
   A. 教育性　　　　B. 共同发展　　　　C. 动态性　　　　D. 整体性

3. 某幼儿园的活动区设计包含健康、语言、社会、科学、艺术五个领域的内容,从不同的角度促进幼儿情感、态度、知识、技能等方面的发展,这体现了活动区创设的( )原则。
   A. 教育性　　　　B. 整体性　　　　C. 共同发展　　　　D. 动态性

4. 幼儿园活动区创设原则有:教育性原则、整体性原则、动态性原则和( )。
   A. 共生性原则　　　B. 发展性原则　　　C. 经济性原则　　　D. 审美性原则

5. 某幼儿园中班在"我爱春天"主题活动中投放了春天的各种图片、各种画笔、歌唱春天的各种音频或视频、道具等材料,这体现了( )的要求。
   A. 按主题投放材料　　　　　　　　　　B. 按目标投放材料

C．投放不同层次的材料　　　　　　　　D．分期分批投放材料

6．活动区的设置具有开放性、可操作性、灵活性、（　　）等特点,有利于幼儿进行个别活动和自由探索,有利于个体的主体性发展。

A．个性化　　　　B．可利用性　　　　C．选择性　　　　D．发展性

7．下列不属于活动区的材料投放的具体要求的是（　　）。

A．按目标投放材料　　　　　　　　　　B．按不同层次投放材料

C．按需要投放材料　　　　　　　　　　D．有些材料需随时投放

二、材料分析题

1．阅读下列材料,回答问题。

区域活动开始了,孩子们根据自己的喜好自由地选择了不同的区域开始玩游戏,教师发现创想区一个人也没有。于是说:"创想区谁愿意去玩啊?"可是没有人理睬。教师耐心地再次提高了嗓门:"今天谁愿意去玩纸箱啊?"这时,有一个幼儿举手说:"我去吧。"接着几个幼儿也陆续地响应去创想区玩。可是没一会儿创想区的游戏就结束了。见此情况教师就从头到尾把整个游戏的过程和玩法讲给了他们听,并给他们几个人分配了不同的角色,在教师的指导下创想区里的"纸箱加工厂"总算顺利地开展起来了。在区域活动进行到一半的时候,教师发现创想区里乱成一团,跑过去一看,孩子们正在玩"开小汽车"的游戏呢。看到教师来又赶紧玩起了纸箱,嘴里却不停地说"一点儿都不好玩"。

问题：请根据孩子们的反应对这位教师的游戏区设置是否合理进行分析,并提出建议。

【本节过关自测】参考答案

一、单项选择题

【考点解析】1．答案是 B。此题考的是幼儿园活动区创设必须遵循的教育性原则。

【考点解析】2．答案是 C。此题考的是幼儿园活动区创设必须遵循的动态性原则。

【考点解析】3．答案是 B。此题考的是幼儿园活动区创设必须遵循的整体性原则。

【考点解析】4．答案是 B。此题考的是幼儿园活动区创设必须遵循的发展性原则。

【考点解析】5．答案是 A。此题考的是幼儿园活动区创设材料投放的基本要求。

【考点解析】6．答案是 A。此题考的是幼儿园活动区设置的特点。

【考点解析】7．答案是 C。此题考的是幼儿园活动区材料投放的具体要求。

二、材料分析题

1．【考点解析】此题考的是考生对幼儿园活动区设置要求和材料投放要点的掌握。

【答题要点】

区域活动本身具有自由、自选、独立而协作的优势,可今天创想区在没有人的情况下,是老师介入,和幼儿商讨后幼儿才去游戏的。出现如此情况的原因如下:

(1) 投放的材料的问题:

① 在投放材料的过程中,发现幼儿的兴趣已经不高了,但没有及时地调整材料,材料比较单一。

② 投放材料时没有考虑到个体差异。

(2) 教师的指导在区域活动中,教师是观察者、引导者。我们支持、鼓励幼儿自发地探索和操作材料,根据幼儿在区域中的表现,随时给予一定的帮助、指导。

针对材料中的问题,提出以下建议：

(1) 对材料重新进行调整,调整策略为:

① 材料太单一,而且没有层次性,要观察、评估每个幼儿的发展状况,根据教育目标为不同发展水平的幼儿提供不同层次的材料,让幼儿在与材料的"互动"中积累各种经验。

② 针对幼儿的兴趣投放材料。随着幼儿游戏水平的提高,要及时进行补充、调整,根据幼儿的兴趣和需要,改进或摒弃不适合的材料,开发挖掘新材料,使投放的材料更具有针对性,更符合幼儿的发展水平。

(2) 在活动中发挥孩子的创造性。在区域活动中,我们要注意为幼儿提供丰富多彩的、具有启发性的活动材料,从而解放幼儿的头脑和手脚,给予幼儿足够的自由度,使幼儿充分地表现自我,勇于创新。

(3) 指导要得当、适时、有针对性。在观察指导的时候,要给幼儿一定的空间去发挥,给他们宽松的环境去讲述他们的需求、困难等。要仔细倾听幼儿的"秘密",要站在孩子的视角去想、看问题,这样才能更有效地推进幼儿游戏。

第三章　幼儿园的心理环境

【本章考试大纲】

了解心理环境对幼儿发展的影响,理解教师的态度、言行在幼儿心理环境形成中的重要作用。

第一节　心理环境对幼儿发展的影响

【本节考纲考点】

理解幼儿园心理环境的含义及其构成、心理环境对幼儿发展的影响。

【历年真题再现】

【2012上】7. 幼儿园环境分为物质环境和( )。
　A．社会环境　　　　B．精神环境　　　　C．城市环境　　　　D．局部环境
【考点】环境的构成

【本节备考指导】

本节考查的重点是幼儿园心理环境的含义及其构成、心理环境对幼儿发展的影响。在历年的考题中,主要以选择题的形式出现。

考生需要掌握心理环境的构成因素,知道心理环境的核心是人际关系。本节的难点是心理环境对幼儿发展的影响,考生需要在理解对影响幼儿发展的各方面的前提下,结合幼儿的年龄特点,进行分析。

【命题考点精讲】

命题点1：幼儿园心理环境及其构成要素

幼儿园心理环境是指存在于幼儿周围并对幼儿心理发生影响的环境。由以下要素构成：

(1) 心理氛围,如压制还是民主,积极还是消极,自由还是束缚,接纳还是拒绝,热情还是冷漠等。

(2) 人际关系,包括师幼关系、同伴关系、同事关系、干群关系及家园关系等。

(3) 幼儿园文化,即幼儿园长期形成的共同的价值观念和行为方式,存在于幼儿园教职工的观念及行为中,物化于幼儿园的物质环境中。

其中人际关系是核心。

命题点2：心理环境对幼儿发展的影响

1. 影响幼儿自我意识的发展

幼儿期是自我意识发展的关键期。自我意识是对自己的认识和评价,是个性的核心,也是个人发展和健康与否的关键。

2. 影响幼儿人格的形成和发展

压抑的心理环境会导致幼儿的被动冷漠的个性;训斥紧张的心理环境会导致幼儿的自卑和焦虑;讽刺挖苦等心理环境还会留下程度不同的心理阴影,影响个性的健全发展;如果幼儿园的心理环境是欣赏的、鼓励的、接纳的,幼儿会形成乐观、积极、开朗、热情、主动等健全的个性品质。

3. 影响幼儿情绪情感的发展

幼儿园的心理环境影响着幼儿现在的情绪情感,如快乐、积极、热情抑或悲伤、消极、冷漠等。幼儿园的心理环境还会影响到幼儿未来的情绪和情感,决定着幼儿在未来是一个积极热情感情丰富乐群的人,还是一个消极、冷漠感情贫乏孤僻的人。

4. 影响幼儿的认知和创造

愉悦、鼓励、自主的心理环境激发幼儿的自主性和创造性,促进幼儿的发展;压抑、指责、被动的心理环境扼杀幼儿的自主性和创造性,从而遏制幼儿的认知能力和创造能力的发展。

5. 影响幼儿社会关系的建立

幼儿园心理环境影响着当前幼儿社会关系的建立,还会影响幼儿未来社会关系的建立。

【本节考点知识点小结】

幼儿园心理环境是存在于幼儿周围并对幼儿心理发生影响的环境,由心理氛围、人际关系和幼儿园环境构成,其中人际关系是核心。心理环境会影响幼儿的自我意识、人格、情绪情感、认知和创造以及社会关系。

【本节过关自测】

一、单项选择题

1. 心理环境又叫精神环境,幼儿园心理环境的核心是(　　)。
   A. 人际关系　　　　B. 规章制度　　　　C. 园所文化　　　　D. 家长支持
2. "心理环境"这一概念最早是由美国心理学家(　　)所提出。
   A. 洛克　　　　　　B. 勒温　　　　　　C. 福禄贝尔　　　　D. 皮亚杰
3. 幼儿园能否成为真正的儿童所喜爱的地方,主要取决于幼儿园的(　　)。
   A. 物质环境　　　　B. 精神环境　　　　C. 保育环境　　　　D. 教育环境
4. 教师的教育理念、教育行风、人际关系和情感氛围属于环境中的(　　)。
   A. 广义环境　　　　B. 物质环境　　　　C. 精神环境　　　　D. 教育环境
5. 幼儿园心理环境的特点是(　　)。
   A. 内隐性和基础性　B. 潜在性和简单性　C. 隐蔽性和复杂性　D. 开放性和全面性

【本节过关自测】参考答案

一、单项选择题

【考点解析】1. 答案是A。此题考的是幼儿园心理环境的构成。幼儿园的心理环境以人际关系、制度文化为基本内容,其中人际关系是核心。

【考点解析】2. 答案是B。"心理环境"这一概念最早是由美国心理学家勒温提出的。幼儿园心理环境是指幼儿园内对幼儿发展产生影响的一切心理因素的总和,主要包括人际关系、精神氛围、保教人员的教育观念与行为等。

【考点解析】3. 答案是B。幼儿园物质环境创设目标的实现,在很大程度上取决于幼儿园精神环境的状况,取决于幼儿与教师、幼儿与幼儿之间相互作用的方式及关系。一所幼儿园能否成为真正的儿童乐园,主要取决于幼儿园的精神环境。

【考点解析】4. 答案是C。对幼儿教育而言,幼儿园环境有广义与狭义之分。广义的幼儿园环境是指幼儿园教育赖以进行的一切条件的总和;狭义的幼儿园环境是指幼儿园内影响幼儿身心发展的一切外部条件,它包括物质环境和精神环境。一般来说,物质环境是指幼儿生活、游戏和学习所需要的物质条件,包括园舍、家具设备、玩具材料、游戏空间、图书、室内外装修和布置等一切物质性的东西。精神环境主要包括教师的教育理念、教育行风、人际关系和情感氛围等。

【考点解析】5. 答案是C。幼儿园心理环境具有教育性、可控性、隐蔽性和复杂性的特点。

第二节　幼儿心理环境的创设

【本节考纲考点】

1. 幼儿园心理环境创设的意义、原则及要求。
2. 教师在幼儿心理环境形成中的重要作用。

【历年真题再现】

【2011下】2. 简述幼儿园心理环境创设的重要意义。
【考点】幼儿园心理环境创设的意义

【本节备考指导】

本节是本章的重点考查内容,在历年的考题中,虽然只出现过一道简答题,但是在今后的考题中,不排除会有选择题和材料分析题的可能。考生通过对幼儿园心理环境创设的意义、原则和要求的理解,充分把握教师在创设心理环境中的重要作用,包括其表现和教师言行与态度的作用。

【命题考点精讲】

命题点1：幼儿园心理环境创设的意义

1. 有利于幼儿适应幼儿园生活

幼儿进入幼儿园后,往往根据教师对自己的言行来判断在幼儿园是否安全、是否可以信赖。只有当他们感到被关心、有保障时才有信心进行学习和探索。

2. 有利于幼儿形成良好个性,适应社会生活

幼儿园是幼儿感受到的第一个社会心理环境,这一社会心理环境的品质和特点决定了幼儿对社会及他人的看法,也塑造着自己的个性。

3. 有利于幼儿园员工的成长与发展

(1) 和谐的人际关系是教师专业发展的基本条件;
(2) 明确而有效的制度规范引导教师的专业发展方向;
(3) 健康向上的园所文化推动教师的主动发展。

命题点2：幼儿园心理环境创设的原则

1. 科学性原则

科学性原则主要指树立科学的儿童观和教育观。树立科学的儿童观和教育观,就是要对幼儿有真挚的爱,与幼儿有良好的沟通,知道幼儿的需要和想法,并让幼儿理解保教人员的要求及标准,使幼儿获得最佳的发展。

2. 发展性原则

发展性原则是指幼儿园心理环境的创设要符合幼儿的年龄特征及身心健康发展的需要,促进每名幼儿全面、和谐的发展。保教人员要根据不同的年龄特征提供相应的发展环境。

3. 参与性原则

参与性原则强调幼儿园心理环境的设计过程是幼儿与保教人员共同合作、共同参与的过程。共同创设过程中应注意避免教师中心主义,培养幼儿的主体意识。

4. 开放性原则

开放性原则包含两方面的意义:
(1) 保教人员在设计幼儿园心理环境时要具有开放的心态;
(2) 设计幼儿园心理环境时应把大、小环境有机结合,形成开放的环境系统。

命题点3：幼儿园心理环境创设的要求

1. 热爱幼儿，建立良好的师幼关系

建立良好师幼关系的四大要素：关爱、平等、倾听和欣赏。

2. 尊重幼儿，让幼儿主动发展

幼儿教师要尊重幼儿，经常与幼儿情感交流，尊重幼儿的情感体验，促进幼儿人格和谐发展。

3. 建立团结友爱的班集体，充分利用幼儿集体的教育力量

教师不仅要掌握幼儿的身心发展的规律，还要研究幼儿的群体问题，建立良好的幼儿群体，是幼儿园心理环境的重要内容，它能促进幼儿个体心理的发展，教师要努力使班集体对每个幼儿的心理和行为产生积极的影响。

4. 形成良好风气，影响全体人员

良好的幼儿园风气，是指园内所有成员在工作、学习、生活和行为方面比较一致的、富有个性特点的、稳定的集中表现。它要靠全体教职员工经过长期培养才能逐渐形成，而一旦形成，则对全体成员具有潜移默化的影响作用。

命题点4：教师在幼儿心理环境创设中的重要作用

1. 教师在幼儿园心理环境创设中作用的表现

教师是幼儿园环境创设中重要的人的要素，在环境创设中发挥着重要的作用，这主要表现在以下几个方面：

（1）准备环境。准备一个与教育相适宜的环境是教师的职责。教师在准备环境时的作用主要表现在：①让环境蕴含目标。②让幼儿感兴趣，更使其增加兴趣。③尽可能让幼儿感受到环境是由自己而不是教师决定的。

（2）控制环境。教师控制环境的作用是指教师能利用环境来激发和保持幼儿的活动积极性，能帮助幼儿利用环境的条件来发展自己。教师控制环境的作用，大致有以下几个环节：诱导幼儿进入活动；帮助幼儿展开活动；指导幼儿解决纷争、困难或情绪问题；帮助幼儿结束活动。

（3）调整环境。经常调整环境，使它保持适合幼儿发展的最佳状态，是教师的重要任务。教师要对环境与幼儿的相互作用保持高度的敏感，最好每一天甚至每次活动后都重新审视一下环境，及时通过调整来保持环境的发展性、教育性。

2. 教师态度与言行在幼儿心理环境形成中的重要作用

良好的心理环境是幼儿积极活动的基础，教师是幼儿心理环境的重要创设者，教师的态度与言行是其儿童观、教育观和教育素养的反映。

（1）教师的态度与言行是幼儿安全感的保障。

幼儿从家庭走向幼儿园，人际关系中最基本的依恋对象也将从父母转移到教师，教师必须像父母一样爱护和关心、关注每一个孩子，孩子的安全感才能得到保障。

（2）教师的态度与言行是幼儿自我价值感形成的前提。

幼儿自我意识产生后，对自我的认知和评价的主要依据是在心中有权威的成人，其中以父母和幼儿园的教师为主，因此，教师的态度与言行会影响到幼儿积极情绪情感的发展和自我价值感的形成。

（3）教师的态度与言行是幼儿独立人格形成的条件之一。

教师要尊重和保护幼儿的权利，把幼儿看作一个独立的人，满足幼儿的基本需求，鼓励幼儿主动探索，让幼儿的自主性、独立性得到发展。

【本节考点知识点小结】

幼儿园心理环境创设对于幼儿适应幼儿园生活、形成良好个性、适应社会生活以及对于幼儿园员工成长与发展有着重要的意义。幼儿园心理环境创设的原则包括科学性原则、发展性原则、参与性原则和开放性原则。幼儿园心理环境的创设要热爱幼儿、尊重幼儿、建立团结友爱的班集体以及良好的风气，这是对幼儿园所有的管理人员和老师的基本要求。人际关系是幼儿园心理环境构成的核心，教师是核心的关键。所以，在心理环境的创设中，教师有准备环境、控制环境、调整环境的作用，并且教师的态度与言行对幼心理环境的形成也有重要作用。

【本节过关自测】

一、单项选择题

1. 指导幼儿解决纠纷、困难或情绪问题是教师在（   ）中起到的作用。
   A．准备环境   B．控制环境   C．调整环境   D．变换环境
2. 幼儿园心理环境的创设原则有（   ）。
   A．科学性、发展性、参与性、开放性   B．基础化、教育性、参与性、开放性
   C．全面性、发展性、参与性、教育性   D．教育性、发展性、参与性、开放性
3. 幼儿园心理环境的创设要求有（   ）。
   ① 建立良好的师幼关系   ② 让幼儿主动发展   ③ 建立团结友爱的班集体   ④ 形成良好风气
   A．①②③   B．②③④   C．①③④   D．①②③④
4. 教师与幼儿的沟通与交流，主要的方式有语言和（   ）两种。
   A．手势   B．身体姿动作   C．非语言   D．态度
5. （   ）是沟通交流的输入环节，是决定沟通成败的关键。
   A．注意   B．倾听   C．扩展谈话   D．针对性的谈话
6. 教师在创设幼儿园环境中的重要作用是（   ）。
   A．指导者、引导者   B．控制者
   C．组织幼儿参与环境创设   D．准备环境、控制环境、调整环境

二、材料分析题

1. 阅读下列材料，回答问题。

一个幼儿问："张老师，为什么大蒜还没有发芽？"经她一说，其余的幼儿也表现得很有兴趣，便纷纷议论起来。另一个幼儿说："已经过了日子了，为什么我的大蒜子还是没有发芽？"原来每个幼儿都在教室的植物角种上了大蒜子，张老师曾说过大约过两个星期大蒜子就能发芽。幼儿在日历上把预定的日期画上记号，但预定的日期已经过了一个星期，班上小朋友的大蒜子仍看不到有什么变化。其中一个幼儿问教师："张老师，你是不是说错了？"

问题：如果你是那位张老师，当幼儿对你说的话提出疑问时，你会怎样去处理？请用教师在幼儿园心理环境创设中作用进行分析。

【本节过关自测】参考答案

一、单项选择题

【考点解析】1. 答案是 B。题干描述的是教师在控制环境中起到的作用。

【考点解析】2. 答案是 A。科学性原则、发展性原则、参与性原则、开放性原则是幼儿园心理环境的创设原则。

【考点解析】3. 答案是 D。幼儿园心理的环境创设要求包括热爱幼儿，建立良好的师幼关系；尊重幼儿，让幼儿主动发展；建立团结友爱的班集体，充分利用幼儿集体的教育力量；形成良好风气，影响全体人员。

【考点解析】4. 答案是 C。教师和幼儿主要的沟通方式有语言和非语言两种。

【考点解析】5. 答案是 B。教师与幼儿沟通交流时，要耐心倾听幼儿说话，倾听不仅是用耳朵听，眼神对视、面部表情都是在传达"我在听"的重要技巧。

【考点解析】6. 答案是 D。准备一个与教育相适宜的环境是教师的职责。环境能否按预期的计划运转，幼儿能否充分利用环境的条件，能否在活动中真正得到发展，还要看教师能否营造环境的气氛、有效的控制环境。经常调整环境，使它保持适合幼儿发展的最佳状态，是教师的重要作用。所以，准备环境、控制环境、调整环境是教师在幼儿园环境创设中的重要作用。

二、材料分析题

1.【考点解析】幼儿园的环境创设。

【答题要点】

（1）教师是幼儿园环境创设中重要的人的要素，准备环境、控制环境、调整环境是教师在幼儿园环境创设中重要作用的表现。

（2）教师的态度与言行是其儿童观、教育观和教育素养的反映。教师的态度与言行是幼儿安全感的保障；教师的态度与言行是幼儿自我价值感形成的前提；教师的态度与言行是幼儿独立人格形成的条件之一。

（3）如果教师过分看重自己的权威，当面临幼儿质疑时，设法加以辩护，甚至对孩子表现出不好的态度，就会不利于孩子的探索，也不利于和谐精神环境的创设。生活在温暖、支持气氛中的幼儿，容易形成积极的个性特征、良好的交往技能和学习成绩，这种精神环境也是幼儿创造性、道德、自尊心、社会行为以及使用工具的能力等方面发展的关键变量。因此，教师要肯定幼儿的想法，在表扬他们善于观察的同时，对幼儿做出适当的引导，引导他们寻找大蒜子还没有发芽，如会不会跟天气、季节有关等，以帮助幼儿学会对事物的质疑与探究，努力找出答案。

第四章　幼儿园与家庭、社区的共育

【本章考试大纲】

1. 理解协调家庭、社区等各种教育力量的重要性。
2. 了解与家长沟通和交流的基本方法。

第一节　幼儿园与家庭、社区的共育的重要性

【本节考纲考点】

1. 理解幼儿园与家庭、社区共育的重要性。
2. 了解幼儿园与家庭、社区共育的基本方法。

【历年真题再现】

一、单项选择题

【2011下】20. 幼儿教师了解幼儿最好的信息来源是（　　）。

A．同龄人　　　　　B．社区人士　　　　　C．家长　　　　　D．教养员

【考点】家庭对幼儿教育的重要性

三、论述题

【2012上】1. 星期一，A老师埋怨地说："孩子在家过了一个双休日，再回到幼儿园后，许多良好的行为习惯就退步了，不认真吃饭，乱扔东西，活动时喜欢说话，真不知孩子在家时，家长是怎么教育的！"站在一旁的B老师颇有同感地说："是啊，如果家长都能按我们的要求去教育孩子，我们的工作就好做多了！"A老师接着说："可这些家长不按我们的要求去做倒也罢了，还经常给我们提这样那样的意见，好像我们当老师的还不如他们懂得多，真拿这些家长没有办法……"请你运用幼儿园与家庭相互配合的有关理论，分析和评论A、B老师的教育观点，并具体谈谈家园合作对幼儿发展的重要意义与目前存在的误区。

【考点】家园合作的意义及存在的问题

【本节备考指导】

本节虽然考试大纲没有涉及这个考点，但这个知识点曾经考过，有选择题还有论述题。本节的备考重

点是幼儿园与家庭、社区共育的重要性及基本方法,考题常见于选择题、简答题和案例分析题。在案例分析题中,考生要将知识点结合案例中的实际情况进行分析展开,即可得分;切不可只罗列知识点,不针对案例进行分析。

【命题考点精讲】

命题点1：幼儿园与家庭合作的意义

幼儿的教育离不开家庭。

(1)家庭是幼儿成长最自然的生态环境。家庭是社会最基本的单元,也是幼儿成长最自然的生态环境,担负着养育幼儿的重大责任。对于幼儿来说,与父母共同生活是最重要的需要。家庭这个以血缘关系组成的、人一出生就生活在其中的社会群体是幼儿最重要的安全基地,幼儿的成长不能缺少家庭天伦之乐的生活气氛。

(2)家庭是幼儿的第一所学校。父母对孩子的态度给幼儿以后对社会的态度奠定了基础。在个性、社会性、智力发展和文化特征方面,父母是孩子的第一个和最重要的环境影响因素。每个幼儿都从自己家庭的生活中获得不同于他人的经验、形成自己的行为习惯、发展待人处事的能力以及语言等。这一切在幼儿入园后,仍然极大地影响和制约着幼儿园教育,幼儿园教育只能在幼儿原有的基础上展开,否则教育效果不佳。

(3)家长是幼儿园重要的教育力量。家长与幼儿天然的联系使家长具有别人难以替代的优势,一旦家长与教师为着一个共同的目的携起手来,教育效果就将倍增。家长作为重要的教育力量表现在：家长的参与极有利于幼儿的发展；家长是教师最好的合作者；家长的配合利于教育教学活动的顺利实施；家长本身是幼儿园宝贵的教育资源。

命题点2：幼儿园与社区合作的意义

幼儿园教育需要社区的配合(社区是指比较完善的社会生活小区)。幼儿园与社区合作的意思是,幼儿园与其所处的社区、与幼儿家庭所处的社区密切结合,共同为幼儿的健康成长服务。社区是社会大环境中与幼儿园关系最密切、对幼儿影响最大的那一部分。

1. 是社会发展的要求和幼儿教育发展的必然

对幼儿来说,大众传播媒介(特别是电视、互联网的普及),家庭文化水准的提高,社会人际交往的发展,给他们增加了许多学习途径。媒介成了幼儿一个主要的学习促进者,幼儿园已经不是幼儿学习的唯一地方,教师也已经不是幼儿信息唯一的源泉,甚至不是主要的源泉。幼儿园必须在与社会的合作中去完成自身的教育任务,发挥教育在幼儿成长中的导向作用。无视外部的强大冲击,封闭在幼儿园围墙之中的教育是没有生命力的。此外,社会的发展对人的素质提出了前所未有的要求,这对包括幼儿园教育在内的基础教育的目标产生了很大影响,也对基础教育的办学模式提出了挑战。

2. 社区对幼儿园教育的意义

(1)幼儿园周围的社区是幼儿十分熟悉的地方。社区的自然环境和人文环境在幼儿的成长,特别是精神的成长中有着特殊的意义。幼儿园教育扩展到社区的大背景下进行,充分利用社会环境中富有教育意义的自然和人文景观、革命历史文物、遗迹等,不仅扩大教育的空间,更使教育内容丰富和深化。

(2)社区资源对幼儿园教育的意义。社区作为一个生产功能、生活功能、文化功能兼备的社会小区,能为幼儿园提供教育所需要的人力、物力、财力、教育场所等多方面的支持。不仅幼儿教育事业的发展需要广泛动员社会各方面的力量,幼儿园教育本身的发展也离不开社会力量的支持。社区的积极参与将使幼儿园教育变得更生动、更富有时代气息。

(3)社区文化对幼儿园教育的意义。社区文化无形地影响着幼儿园的教育,优秀的社区文化更是幼儿园教育的宝贵资源。一般来说,文化和文明程度较高的社区,幼儿园的园风相对较好,教育质量也相对较高,其中,社区的影响无疑是一个重要因素。

命题点3：幼儿园与家庭合作的方法

1. 家园形成教育合力

家长与幼儿园教育之间合力的大小取决于二者之间的关系,二者完全一致时合力最大。幼儿园是专门的教育机构,按《幼儿园工作规程》的规定,负有"主动与幼儿家庭配合"、"建立幼儿园与家长联系的制度"的责任。

2. 家园合作的主要内容

(1) 鼓励和引导家长直接或间接地参与幼儿园教育,同心协力培养幼儿。家长直接参与指家长参与到幼儿园教育过程中,如共同商议教育计划、参与课程设置、加入幼儿活动、深入具体教育环节或与教师联手配合(共同组织或分工合作)、被邀请主持一些教育活动等。家长间接参与指家长为幼儿园提供人力、物力支持,或将有关意见反映给幼儿园和教师,如通过家长会、家长联系簿等,而自己不直接参与幼儿园教育各层次的决策和活动。一般的家园联系大多属于这一类。

(2) 幼儿园帮助家长树立正确的教育观念和教育方法。调查表明,我国城乡家长在孩子的教育上还存在不少错误观念,如偏重智力、技能的培养,轻视社会性发展,把幼儿的自我表达、与同伴交往、自我评价等都列为最不重要的项目。家庭教育的方法一般比较简单、盲目,过分溺爱、娇惯孩子的现象十分普遍。

在家园合作中,上述两方面的内容是相互促进、相互结合、可同时进行的。

3. 家园合作的问题

在家园合作中,有两个问题是较普遍的,需要引起注意。

一是家园合作尚不够深入,较多地停留在表面,表现为"三多和三少",即家长虽然进入了幼儿园,但参观的多、参与的少;间接参与较多、直接参与较少,家长很少深入到幼儿园教育过程深层次的环节中;一次性的直接参与多,经常性的直接参与少。

二是家庭和幼儿园的教育内容脱节,表现在家长来园参与活动往往是和幼儿一起游戏,而回家后不大可能把这些和家庭教育联系起来。家长学校也常常是在家长看不到幼儿活动的情况下进行,因此难以产生有针对性的效果。

针对这些问题,幼儿园应当进一步开拓合作的广度和深度,让家园合作在幼儿园教育中发挥更大的作用。

命题点4:幼儿园与社区合作的内容与方法

1. 注重社区资源的开发与整合,争取社区多方面力量的支持

幼儿园教育也要充分利用社区的资源,调动社区对幼儿园教育的支持和帮助,共同协作办好教育。社区作为一个生产功能、生活功能、文化功能兼备的社会区域,能够为幼儿园提供教育所需的人力、物力、财力等多方面的支持。此外,争取社区对幼儿园教育的积极参与也是当前幼儿教育改革与发展的趋向。例如,幼儿园教师带领孩子走出园门到社区内的博物馆参观,扩大知识范围,开阔眼界,利用社区的教育资源进行教育。又如,请社区有关人员到幼儿园来,给幼儿讲解有关知识、组织开展一些活动等。这些做法打破了幼儿园封闭的教育模式,变封闭式为开放式的办学、办园,让幼儿真正接触社会,也让社区融入教育孩子的行列,共同促进孩子的健康成长。

2. 幼儿园以自身的教育优势服务社区

与非正规的社区学前教育相比,幼儿园具有许多教育优势,包括完备的硬件设施和环境,专业的师资力量,有计划、有组织的教育内容和活动组织等。因此,幼儿园在社区教育中处于核心地位,通过其示范性的教育工作带动整个社区学前教育的发展。

(1) 实现幼儿园教育资源的社区共享。幼儿园要改变以往关门办幼儿园的思想,而要将教育资源看作社区资源的一部分,实现资源共享,为社区居民提供更多的教育服务。

(2) 参与社区教育工作,开办多种社区活动。幼儿园支持并参与社区有益的文化教育活动,使幼儿园成为教育和文化宣传的阵地,推动整个社区文化教育素质的提高。

3. 幼儿园与社区结合的问题

幼儿园与社区的结合是一个新的课题,如何结合还缺乏经验。在结合过程中主要的问题是:较多流于形式,实质性的教育效果不大;打乱了幼儿园的生活常规,加重了教师和幼儿的负担;将与社区结合的活动和幼儿园教育活动分离开来,不能有效地利用社区环境来深化幼儿园教育。另外,对与社区的结合还存在一些不正确的认识,如认为幼儿园周围的社区环境不好,所以不能合作等。

【本节考点知识点小结】

家园共育具有重要的意义。幼儿教育离不开家庭,家庭是幼儿的第一所学校,家长是幼儿园重要的教育力量。幼儿园应当主动与幼儿家庭沟通合作,为家长提供科学育儿宣传指导,帮助家长创设良好的家庭教育环境,共同担负教育幼儿的任务。

幼儿园与社区的合作具有重要的意义。幼儿园周围的社区是幼儿十分熟悉的地方,社区资源是幼儿园重要的教育资源,社区文化无形地影响着幼儿园的教育。幼儿园应当加强与社区的联系与合作,面向社区宣传科学育儿知识,开展灵活多样的公益性早期教育服务,争取社区对幼儿园的多方面支持。

【本节过关自测】

一、单项选择题

1. 对儿童发展的影响最为直接、强烈和持久的是(　　)。
   A. 家庭　　　　　B. 学校　　　　　C. 社区　　　　　D. 同伴

2. (　　)是儿童的第一任教师,也是终身教育者。
   A. 幼儿教师　　　B. 小学教师　　　C. 同学　　　　　D. 家长

3. 某独生子女家庭在教育孩子时,经常出现:爸爸打,妈妈护,爷爷奶奶打掩护现象。这种做法主要违反了(　　)育儿守则。
   A. 做好榜样　　　B. 理智的爱　　　C. 步调一致　　　D. 规矩明确

4. 家庭教育相对幼儿园的教育具有(　　)特点。
   A. 计划性　　　　B. 组织性　　　　C. 稳定性　　　　D. 随意性

5. 我国社区教育活动一般在(　　)的基层社会中进行。
   A. 街道　　　　　B. 区　　　　　　C. 市　　　　　　D. 县

6. 关于社区教育的特点,错误的说法是(　　)。
   A. 是地方与民众办教育的一种新的教育管理制度
   B. 适应社区需要,服务社区
   C. 社区教育形式多样
   D. 社区教育只面向该社区内的青少年及儿童

二、简答题

1. 结合教育实际,简述家园合作共育的内容及其注意事项。
2. 幼儿园与社区合作的内容与方法有哪些?

三、案例分析题

1. 在意大利瑞吉欧地区的尔内思多·巴度奇幼儿园内,一群4～5岁的幼儿进行了一项"超级市场"的主题活动。首先,幼儿多次前往社区超市参观,包括有一次去参观时,超市没有开门营业。经过多次参观,幼儿能够看见超级市场的多种面貌,并可简单描绘出令他们印象深刻的众多商品与周遭环境。而在没有受到超市其他购物者的干扰之下,孩子们跑上跑下,注意并记下有趣的设施和发现,包括在这样一个大的封闭空间内,幼儿自己的声音所造成的效果。

请你运用幼儿园与社区合作的有关理论,结合上述案例,具体谈谈幼儿园与社区合作对幼儿发展的重要意义以及幼儿园与社区合作的方法。

【本节过关自测】参考答案

一、单项选择题

【考点解析】1. 答案是 A。此题考的是家庭对幼儿教育的重要性。
【考点解析】2. 答案是 D。家长是儿童的第一任教师。
【考点解析】3. 答案是 C。家庭成员对儿童的教育态度和行为要一致。
【考点解析】4. 答案是 D。家庭教育相对幼儿教育具有随意性。

【考点解析】5. 答案是 A。我国主要以街道为社区教育基地。

【考点解析】6. 答案是 D。社区教育的对象也包括成年人。

二、简答题

1.【考点解析】此题考查家园合作共育的内容。

【参考答案】家园共育：即家长与幼儿园共同完成孩子的教育，在孩子的教育过程中并不是家庭抑或是幼儿园单方面的进行教育工作。

家园共育的内容：(1)定期召开幼儿家长会；(2)定期举行家长开放日；(3)亲子活动；(4)做好家访、家长问卷调查工作；(5)利用家园联系栏和网站等实现家园互动，等等。

家园共育注意事项：从幼儿园教师、家长的观念及责任，与家长沟通的技巧等方面展开，言之有理即可。

2.【考点解析】此题考查幼儿园与社区合作的方法。

【参考答案】(1) 注重社区资源的开发与整合，争取社区多方面力量的支持。

幼儿园教育要充分利用社区的资源，调动社区对幼儿园教育的支持和帮助，共同协作办好教育。社区作为一个生产功能、生活功能、文化功能兼备的社会区域，能够为幼儿园提供教育所需的人力、物力、财力等多方面的支持。此外，争取社区对幼儿园教育的积极参与也是当前幼儿教育改革与发展的趋势。

(2) 幼儿园以自身的教育优势服务社区。

与非正规的社区学前教育相比，幼儿园具有许多教育优势，包括完备的硬件设施和环境、专业的师资力量、有计划有组织的教育内容和活动组织等。因此，幼儿园在社区教育中处于核心地位，通过其示范性的教育工作带动整个社区学前教育的发展。具体是：

其一，实现幼儿园教育资源的社区共享。幼儿园要改变以往关门办幼儿园的思想，将教育资源看作社区资源的一部分，实现资源共享，为社区居民提供更多的教育服务。

其二，参与社区教育工作，开办多种社区活动。幼儿园支持并参与社区有益的文化教育活动，使幼儿园成为教育和文化宣传的阵地，推动整个社区文化教育素质的提高。

三、案例分析题

【考点解析】此题考查了幼儿园与社区合作的意义和方法。

【参考答案】1. 幼儿园与社区合作的意义是：

(1) 社区是幼儿园所依赖的外部环境。社区是社会大环境中与幼儿园关系最密切、对幼儿影响最大的那一部分。幼儿园教育扩展到社区的大背景下进行，不仅扩大教育的空间，更使教育内容丰富和深化。案例中幼儿园教育扩展到了社区的超市中。

(2) 幼儿园教育与社区资源密不可分。社区能为幼儿园提供教育所需要的人力、物力、财力、教育场所等多方面的支持。案例中幼儿园充分利用了社区的超市资源，为幼儿提供了富有探索性的学习环境。

2. 幼儿园与社区合作的方法有：

(1) 利用社区资源，争取社区对幼儿工作的参与和支持。幼儿园要从实际出发，依靠社区，因地制宜地运用社区的教育资源，扩展幼儿生活和学习的空间。幼儿园教师应协助幼儿园与社区建立合作互助的良好关系。超市只是社区资源的一小部分，幼儿园还可以充分利用社区中丰富的生活设施和场所、富有教育意义的自然和人文景观、革命历史文物、遗迹等丰富幼儿的教育活动。

(2) 利用自身的教育优势为社区服务。幼儿园密切同社区的联系与合作、宣传幼儿教育的知识，支持社区开展有益的文化教育活动。

第二节　与家长沟通和交流的基本方法

【本节考纲考点】

了解与家长沟通和交流的基本方法。

【历年真题再现】

【2011下】7. ( )是指家长通过不同的形式,参与幼儿园的一些教育教学活动,协助教师的工作,以丰富幼儿的学习经验,达到家庭与幼儿园的相互配合与协调一致。

A. 家长学校　　　　B. 家长参与　　　　C. 家长会　　　　D. 家访

【考点】家长参与的含义

【本节备考指导】

本节虽然考试大纲没有涉及的考点,但是该节的知识点曾经考过。本节的重点是幼儿园与家长沟通交流的基本方法,命题点较少。考试题型常见于选择题和简答题,因此考生要注意理解这些方法的含义和特征。

【命题考点精讲】

命题点1:与家长沟通和交流的方法

1. 口语交流法

(1)家访。家访是保教人员到幼儿家里进行的调查访问。家访分为幼儿入园(所)前家访和幼儿入园(所)后家访两种。每次家访之前,保教人员应做好充分的准备。要拟好家访的计划,确定家访的目的、内容、谈话方式,预设家长的反应态度和可能提出的问题,并事先与家长约定时间。家访结束之后,保教人员应写家访记录,记录家访的印象和感受,并作出总结分析。

(2)家长会。家长会是将全园(所)、全班或某一类型的家长召集在一起开会的家长工作形式。家长会可定期召开。

(3)家长学校(家庭教育知识讲座)。家长学校或家庭教育知识讲座是向家长系统介绍家庭教育知识的一种形式。家长学校经常开设系列讲座。充实家长的保教知识。

(4)家庭教育咨询。家庭教育咨询即家长就家庭教育问题来园咨询、寻求良策的一种活动形式。咨询活动开展之前,应向家长通报咨询时间、地点、参加咨询的人员等,以便家长有选择地来园(所)咨询。咨询时,咨询人员应热情真诚,富有耐心和同情心,能仔细倾听家长的倾诉,并作适当的开导。

(5)家庭教育经验交流会。家庭教育经验交流会是组织幼儿家长相互交流家庭教育经验的活动。家庭教育经验交流会可以由全园(所)或各班组织,也可以打破班级界限,按居住地或兴趣爱好分组进行。保教人员可以选优秀的家长给大家作报告,介绍自己的教子经验和感受;也可以组织家长讨论,相互交流教子经验和困难。

(6)交谈。交谈包括保教人员同幼儿家长当面的直接交谈,也包括两者的电话交谈。保教人员与家长谈话时应采用日常用语。保教人员同幼儿家长谈话之前,首先应对幼儿家长的个性有所了解。观察幼儿与其家长的关系,做到胸有成竹。另外,应注意谈话的技巧。可先拉家常,后入主题,且语言简洁、意思明确。保教人员应积极引导家长讲实话,深入地了解幼儿家庭,并善于委婉地向家长提出合理建议。

2. 文字法

(1)问卷调查。为了解幼儿在家的表现和幼儿家长的观念与态度,保教人员可设计多种问卷进行调查。可设计综合问卷,详细调查幼儿在家的各种表现和家庭教育各方面情况;也可以设计专题问卷,专门调查幼儿的责任心、人际关系、自理能力、家长的教育观念、家庭亲子关系等内容。一般综合调查设在新生入园(所)之前,而专题调查设在制定幼儿个别教育计划或专项教育计划之前。设计的问卷应注意条理清晰、语意清楚,尽量避免家长产生误解。

(2)家园(所)联系本。对不能经常见面的家长,特别是寄宿制托幼机构的家长来说,家园(所)联系本是一种很好的联络手段。保教人员可以从联系本中了解幼儿在家的各种表现,随时知道家长对托幼机构的希望、建议等。幼儿家长也能从联系本中了解孩子在园(所)的表现,了解教师对孩子的看法,从而能主动配合幼儿教育。联系本应定期往还、互送信息。

(3)宣传栏。宣传栏是托幼机构普遍采用的一种形式。宣传栏的内容主要包括以下三个方面:

① 介绍全园（所）或本班的工作计划和教育活动内容，如本月、本周的大型活动、课程、食谱等。

② 展览幼儿的作品，如幼儿的书画、手工作品。

③ 宣传科学育儿的知识和技巧。

条件较好的托幼机构还可以向家长发放宣传资料，创办家园（所）通讯、家长报等。无论是宣传栏，还是宣传资料，都应注意语言通俗易懂、内容科学、排版清新活泼，并要定期更换。

3. 活动法

活动法是指幼儿家长参与托幼机构的教育活动与管理的一种方法。依据家长参与活动的目的，活动法可分为观摩、庆祝、服务和管理四种。

（1）观摩。观摩法是通过组织家长参观托幼机构的教育活动，对活动进行实例分析，从而增进其对托幼机构了解的一种方法。每次观摩活动之前，保教人员应做好组织准备工作；观摩过程中应主动向家长解释说明各种情况，但不能作假；观摩之后，应引导家长讨论分析，提出问题和建议。

（2）庆祝。遇重大节假日、游艺活动，教师应邀请家长参与。

（3）服务。鼓励幼儿家长自愿为托幼机构从事义务劳动。服务可以定期进行，托幼机构可建立家长值日制度，让家长轮流来园（所）服务，也可以不定期地进行。

（4）管理。幼儿家长参与托幼机构管理的主要形式是家长委员会。家长委员会的主要任务是：对幼儿园重要决策和事关幼儿切身利益的事项提出意见和建议；发挥家长的专业和资源优势，支持幼儿园保育教育工作；帮助家长了解幼儿园工作计划和要求，协助幼儿园开展家庭教育指导和交流。家长委员会在幼儿园园长指导下工作。家长委员会的成员应是关心幼儿教育、热心为幼儿教育服务、能密切联系教师、有一定的组织能力且善于进行家庭教育的家长。

【本节考点知识点小结】

幼儿教师可以采取多种方式与家长沟通和交流，要注意沟通和交流的技巧。幼儿园教师与家长沟通和交流的基本方法分为口语法、书面法和活动法。其中口语法包括交谈（包括当面交谈和电话交流，是一种最直接方便的交流方式）、家访、家长会、家长学校（是向家长系统介绍家庭教育知识的一种形式）、家庭教育咨询、家庭教育经验交流会等。文字法包括问卷调查、家园（所）联系本和宣传栏等；活动法可分为观摩（通常采用家长开放日的形式）、庆祝、服务和管理四种。幼儿家长参与托幼机构管理的主要形式是家长委员会。

【本节过关自测】

一、单项选择题

1. 园所设立家长学校的主要目的是（　　）。
   A. 了解家长的教养态度　　　　　　B. 听取家长的意见和建议
   C. 向家长讲授育儿方法　　　　　　D. 让家长为园所提供方便

2. 家园联系中最快捷也是最灵活的一种方式是（　　）。
   A. 电话联系　　　B. 家长学校　　　C. 咨询活动　　　D. 家长委员会

3. （　　）是指学前教育机构邀请家长直接观看和参与儿童的教育活动，让家长了解儿童在园的学习和生活情况。
   A. 家园联系手册　　B. 家长会　　C. 开放日　　D. 家长委员会

二、简答题

1. 幼儿园与家长沟通的方式有哪些？请至少列举5种。

【本节过关自测】参考答案

一、单项选择题

【考点解析】1. 答案是C。家长学校的主要目的是向家长传授科学的育儿观念和方法。

【考点解析】2. 答案是A。电话联系是家园联系中最快捷、最方便的方法。

【考点解析】3. 答案是C。此题考查了家长开放日的含义。

二、简答题

1.【考点解析】此题考查了幼儿园与家长沟通的方式。

【参考答案】(1) 家访。家访是保教人员到幼儿家里进行的调查访问。

(2) 家长会。家长会是将全园(所)、全班或某一类型的家长召集在一起开会的家长工作形式。

(3) 家长学校。家长学校或家庭教育知识讲座是向家长系统介绍家庭教育知识的一种形式。家长学校经常开设系列讲座。充实家长的保教知识。

(4) 与家长进行交谈。交谈包括保教人员同幼儿家长当面的直接交谈。

(5) 家园(所)联系本。保教人员可以从联系本中了解幼儿在家的各种表现，随时知道家长对托幼机构的希望、建议等。幼儿家长也能从联系本中了解孩子在园(所)的表现，了解教师对孩子的看法，从而能主动配合幼儿教育。

(6) 家长委员会。幼儿园应当成立家长委员会。家长委员会的主要任务是：对幼儿园重要决策和事关幼儿切身利益的事项提出意见和建议；发挥家长的专业和资源优势，支持幼儿园保育教育工作；帮助家长了解幼儿园工作计划和要求，协助幼儿园开展家庭教育指导和交流。家长委员会在幼儿园园长指导下工作。

(任意写出5种方法即可得分。)

第三节　幼儿园与小学的衔接

【本节考纲考点】

1. 理解幼儿园教育与小学教育的区别。
2. 掌握幼小衔接工作的内容和方法。

【历年真题再现】

一、单项选择题

【2013 下】10. 下列有关幼小衔接的说法，正确的是(　　)。

A. 幼儿入学适应困难，是因为幼儿园教育过于游戏化

B. 幼小衔接完全是幼儿园的责任

C. 幼儿园的幼小衔接工作不仅仅在大班，小中班也应该开展

D. 幼小衔接主要是教幼儿拼音、认字等内容

【考点】对幼小衔接的理解

二、简答题

【2013 上】12. 简述幼儿教育与小学教育的区别。

【考点】幼儿教育与小学教育的区别

三、论述题

【2015 上】13. 幼儿园为什么要为幼儿入小学做准备？应做哪些准备？

【考点】幼小衔接工作的重要性和内容

【本节备考指导】

虽然这节从考试大纲来看没有涉及，但这节内容很重要。从历年真题来看，考的次数还不少，分数也比较多。本节复习重点是幼儿园教育与小学教育的区别，以及幼小衔接工作的内容与方法，考题常见于选择题、简答题和材料分析题。

2016年新版的《幼儿园工作规程》中特别增加了"幼儿园不得提前教授小学教育内容，不得开展任何违背幼儿身心发展规律的活动"的规定。

我国幼儿园的小学化的倾向较为严重,本节复习的难点是结合实际或案例分析幼儿园小学化的原因、危害和矫正措施,考试题型常见于论述题和材料分析题。

【命题考点精讲】

命题点1：幼儿园教育与小学教育的区别

1. 主导活动方面

学前阶段的主导活动是各种各样、丰富多彩的游戏,以幼儿动手操作的多种活动为主要教学形式。幼儿在玩中学,教师指导方法比较直观、灵活、多样,没有家庭作业及考试。小学阶段的主导活动是各种学科文化知识的学习,以上课为主要的教学形式,教学方法相对固定、单一,有一定的家庭作业及必要的考试,学习成为一种必须完成的任务。

2. 作息制度及生活管理

学前阶段的生活节奏是宽松的；一日生活中游戏活动时间较多,生活管理不带强制性,没有出勤要求；教师对幼儿在生活上的照顾比较周到和细致；小学阶段的生活节奏快速、紧张,作息制度非常严格,每天上课时间较长,纪律及行为规范带有强制性,教师对儿童在生活上的照料明显减少,生活主要靠儿童自理。

3. 师生关系

学前阶段教师与幼儿个别接触机会多,时间长,涉及面广,关系密切、具体；小学阶段师生接触主要是在课堂上,个别接触少,涉及面较窄。

4. 环境设备的选择与布置

学前阶段教室的环境布置生动活泼,有许多活动区域,在其中有丰富的活动玩具和材料供幼儿动手操作、摆弄,幼儿可以自由选择游戏及进行同伴交往；小学阶段教室的环境布置相对严肃,成套的课桌椅排列固定,教室内没有玩具,学生自由选择活动的余地较少。

5. 社会及成人对儿童的要求和期望

社会及成人对幼儿的要求相对宽松,给幼儿一个快乐的童年已成为全社会基本的共识,幼儿的学习压力小,自由多,没有非完成不可的社会任务；社会及成人对小学生的要求相对严格、具体,家长对小学生具有很高的期望,因此,学习压力大,自由少,要负担一定的社会责任。

命题点2：幼小衔接工作的主要内容与方法

1. 培养幼儿对小学生活的热爱和向往

幼儿对小学生活的态度、看法、情绪状态等,与入学后的适应关系很大。因此,幼儿园阶段应注意培养幼儿愿意上学,对小学的生活怀着兴趣和向往,为做一名小学生感到自豪的积极态度,并让幼儿有机会获得对小学生活的积极情感体验。为此,幼儿园应当通过多种教育活动,特别是加强与家长、小学的合作,来让幼儿逐步了解小学,喜欢小学,渴望上小学,最后愉快、自信地跨进小学。

2. 培养幼儿对小学生活的适应性

幼儿入学后,是否适应小学的新环境,适应新的人际关系,对其身心健康影响很大。培养幼儿的社会适应性,特别是主动性、独立性、人际交往能力等,不仅关系着幼儿入学后的生活质量,也关系他们在小学的学习质量,是幼小衔接的重要内容。

（1）培养幼儿的主动性。培养主动性就是要在幼儿园教育中,培养幼儿的自信心、对周围的人和事物的积极态度,激发幼儿对活动的参与欲望和兴趣,给他们提供自己选择、自己计划、自己决定的机会和条件,鼓励他们去探索、去尝试,并使他们尽量获得成功的体验。

（2）培养独立性。幼儿的独立性、生活自理能力对入学后的适应关系很大,很多幼儿因为不能自己管理好自己的学习用具和生活用品、不能自己按情况穿脱衣服、不能记住喝水或害怕独自上厕所等,而影响身体和学习,在小学生活感到困难。

（3）发展人际交往能力。幼儿人际交往能力的重要性表现在入学后对新的人际环境的适应上。适应能力差的幼儿胆小,不能主动地与同伴交往,或与同伴不能友好相处,遇到问题也不敢去找老师反映或寻求帮助等,结果没有新朋友,他们感到孤独,心情沮丧,学习的兴趣大大降低,学校的吸引力也随之减弱。

（4）培养幼儿的规则意识和任务意识。幼儿园应当注意培养幼儿的规则和任务意识,特别在大班阶段。可以通过开展规则游戏或其他活动,让幼儿逐步懂得生活、学习、游戏等都是有规则的,并让他们有机会体验到,如果不遵守规则会造成怎样的后果,有意识地发展他们的自我控制能力。同时,幼儿园可在生活制度、作业课纪律等方面有所改变,让幼儿逐步养成遵守规则的习惯,以有利于缩短入学后适应小学规则的时间。

3. 帮助幼儿做好入学前的学习准备

幼儿园在帮助幼儿做好学习准备方面需要做好以下工作:

(1) 培养良好的学习习惯。从小养成好的学习习惯,将使幼儿终身受益,如爱看书的习惯、做事认真的习惯、注意力集中地听老师讲话的习惯、保持文具和书本整洁的习惯等。

(2) 培养良好的非智力品质。非智力品质指影响智力活动的各种个性品质,主要是认识兴趣、学习积极性、意志、自信心等。应当培养幼儿的好奇心、对外部世界的兴趣和探索积极性,培养他们做事坚持到底、不怕困难的意志品质。

(3) 发展思维能力和基础能力。不少家长想让孩子上学后学习好,就在入学前教孩子拼音、认字、做算术,甚至用小学一年级的课本来"系统"地教。这一现象在一些幼儿园也不同程度地存在。幼儿园应当坚决地反对这种舍本求末的做法,从根本上发展幼儿的智力,特别是智力的核心——思维能力。

【本节考点知识点小结】

幼儿园教育与小学教育具有较大的差异,幼儿园的主导活动是游戏,生活作息较为宽松,师生关系密切,教室布置活泼,多为活动区,没有学习压力;而小学的主导活动是上课、生活作息较为严格,师生个别联系较少,教室课桌椅固定,没有游戏区,需要完成一定的学习任务。因此,从幼儿园过渡到小学需要提高儿童的适应性。幼儿园和小学应当密切联系,互相配合,注意两个阶段教育的相互衔接。幼儿园教育要注意培养幼儿对小学生活的热爱和向往,培养幼儿对小学生活的适应性,帮助幼儿做好入学前的学习准备。幼儿园不得提前教授小学教育内容,不得开展任何违背幼儿身心发展规律的活动。

【本节过关自测】

一、单项选择题

1. 幼儿园向小学过渡时期,集体授课时间可在(   )。
   A. 10～15分钟　　　B. 15～20分钟　　　C. 20～25分钟　　　D. 25～30分钟
2. 幼儿学习适应困难主要表现在(   )。
   A. 智力　　　　　　B. 知识　　　　　　C. 非智力因素　　　D. 注意力
3. 掌握正确的握笔姿势和正确的使用方法是从(   )开始的。
   A. 小班　　　　　　B. 中班　　　　　　C. 大班　　　　　　D. 学龄期
4. 有的教师一谈到幼小衔接,马上就想到让幼儿认汉字、学拼音、做算术题,而对于体、智、德、美各方面的全面准备重视不够,这忽视了(   )指导思想。
   A. 长期性而非突击性　　　　　　　　　B. 整体性而非单项性
   C. 多样性　　　　　　　　　　　　　　D. 均衡化
5. 下列不属于幼儿教育园小学化倾向的原因是(   )。
   A. 家长望子成龙的心态　　　　　　　　B. 幼儿的兴趣
   C. 师资力量薄弱　　　　　　　　　　　D. 办学条件差
6. 在幼儿园阶段,教师提前让幼儿学习小学的教材,如提前学习汉语拼音和书写汉字、提前学习小学的数学知识等,这使得幼小衔接工作中出现(   )现象。
   A. 提前为幼儿进小学打好基础　　　　　B. 促进幼儿极大地发展
   C. 小学化倾向　　　　　　　　　　　　D. 小学教育学前化
7. 在幼儿入小学后,有的新生在老师询问作业时,很轻松地说,"我不喜欢做","昨天,爸爸带我去姥姥家了,所以我没写"。这种现象要求在幼小衔接工作中要(   )。
   A. 帮助幼儿做好入学前的学习准备　　　B. 培养幼儿的规则意识和任务意识

C．培养幼儿的主动性　　　　　　D．培养幼儿的独立性

二、简答题

1．在我国，幼儿园教育和小学教育的差异主要表现在哪些方面？
2．幼小衔接工作的主要内容有哪些？
3．试分析学前班教育小学化倾向的危害以及原因。

三、材料分析题

1．新学期开始，小李和小张担任幼儿园大班教师，她们认为大班幼儿马上就要进入小学学习了，为了做好幼小衔接工作，让学前儿童尽快适应小学生活，她们采取了小学化的教育模式。

请你运用所学的知识，对这一现象进行分析，并说一说如果你是大班教师，你会如何做。

【本节过关自测】参考答案

一、单项选择题

【考点解析】1．答案是D。幼儿园向小学过渡时期，集体授课时间要适当延长，趋近小学上课的时间。

【考点解析】2．答案是C。非智力因素包括情感、意志、兴趣、性格、动机等。

【考点解析】3．答案是C。大班幼儿需要掌握正确的握笔姿势和正确的使用方法。

【考点解析】4．答案是B。幼小衔接应该遵循整体性的原则，促进儿童的全面发展。

【考点解析】5．答案是B。幼儿的兴趣不属于幼儿教育园小学化倾向的原因。

【考点解析】6．答案是C。我国《幼儿园工作规程》中明确规定："幼儿园不得提前教授小学教育内容，不得开展任何违背幼儿身心发展规律的活动。"

【考点解析】7．答案是B。培养幼儿的规则意识和任务意识是幼小衔接的任务之一。

二、简答题

1．【考点解析】此题考查了幼儿园教育与小学教育的区别。

【参考答案】（1）主导活动方面不同。学前阶段的主导活动是各种各样、丰富多彩的游戏；小学阶段的主导活动是各种学科文化知识的学习，以上课为主要的教学形式。

（2）作息制度及生活管理不同。学前阶段的生活节奏是宽松的；小学阶段的生活节奏快速、紧张，作息制度非常严格。

（3）师生关系不同。学前阶段教师与幼儿个别接触机会多，时间长，涉及面广，关系密切、具体；小学阶段师生接触主要是在课堂上，个别接触少，涉及面较窄。

（4）环境设备的选择与布置不同。学前阶段教室的环境布置生动活泼，有许多活动区域；小学阶段教室的环境布置相对严肃，成套的课桌椅排列固定，教室内没有玩具，学生自由选择活动的余地较少。

（5）社会及成人对儿童的要求和期望不同。幼儿的学习压力小，自由多，没有非完成不可的社会任务；社会及成人对小学生的要求相对严格，要负担一定的社会责任。

2．【考点解析】此题考查了幼小衔接工作的主要内容。

【参考答案】在幼儿园教育阶段，可以从以下几个方面做好工作：

（1）培养幼儿对小学生活的热爱和向往，幼儿园阶段应注意培养幼儿愿意上学，对小学的生活怀着兴趣和向往，为做一名小学生感到自豪的积极态度，并让幼儿有机会获得对小学生活的积极情感体验。

（2）培养幼儿对小学生活的适应性：①培养幼儿的主动性；②培养独立性；③发展人际交往能力；④培养幼儿的规则意识和任务意识。

（3）帮助幼儿做好入学前的学习准备：①培养良好的学习习惯；②培养良好的非智力品质；③发展思维能力和基础能力。

3．【考点解析】此题考查了幼儿园教育小学化倾向的危害以及原因。

【参考答案】学前班教育小学化倾向的危害：

（1）影响幼儿身体的正常发育；（2）制约幼儿智力的发展；（3）压制幼儿良好个性的形成；（4）不利于幼儿入学后良好学习习惯的养成。

学前班教育小学化倾向的原因：

(1)迎合了家长"望子成龙"的心态;(2)师资力量薄弱;(3)办学条件差。

三、材料分析题

1.【考点解析】此题综合考查了幼儿园与小学衔接的相关知识。

【参考答案】(只要言之有理,即可酌情给分)

分析学前儿童从幼儿园进入小学所面临的问题：社会要求的提高;生活制度的变化;师生关系的不同;生活环境的变化;教育内容的加深;教学方法的改变。

幼小衔接的相关原则：长期性而非突击性;整体性而非单项性的衔接;与小学的适应性而非小学化;家、园、校的一致性而非孤立化。

幼小衔接的有关途径：培养学前儿童对小学生活的热爱和向往;培养学前儿童对小学生活的适应性;帮助学前儿童做好入学前的学习准备。

模块五　游戏活动的指导

【模块考试大纲】

1. 熟悉幼儿游戏的类型以及各类游戏的特点和主要功能。
2. 了解各年龄阶段幼儿的游戏特点,并能提供相应材料支持幼儿的游戏,根据需要进行必要的指导。

第一章　幼儿游戏概述

【本章考试大纲】

熟悉幼儿游戏的类型以及各类游戏的特点和主要功能。

第一节　幼儿游戏的基本特征与分类

【本节考纲考点】

1. 了解游戏的含义及在幼儿园的地位。
2. 熟悉游戏的类型及特征,影响因素。
3. 懂得游戏对学前儿童的作用。

【历年真题再现】

一、单项选择题

【2012 上】1. 幼儿园的"娃娃家"游戏属于(　　)。
A. 结构游戏　　　　B. 表演游戏　　　　C. 角色游戏　　　　D. 智力游戏
【考点】游戏的类型

【2014 上】7. 幼儿反复敲打桌子,在房间里跑来跑去,在椅子上摇来摇去,这类游戏属于(　　)。
A. 结构游戏　　　　B. 象征性游戏　　　C. 规则游戏　　　　D. 机能性游戏
【考点】游戏的类型

【2014 下】8. 儿童拿一竹竿当马骑,竹竿在游戏中属于(　　)。
A. 表演性符号　　　B. 工具性符号　　　C. 象征性符号　　　D. 规则性符号
【考点】游戏的含义理解

【2015 上】6. 儿童最早玩的游戏类型是(　　)。
A. 练习游戏　　　　B. 规则游戏　　　　C. 象征性游戏　　　D. 建构游戏
【考点】各类游戏的类型

【2015 下】10. 幼儿以积木、沙、雪等材料为道具来模仿周围现实生活的游戏是(　　)。
A. 表演游戏　　　　B. 结构游戏　　　　C. 角色游戏　　　　D. 规则游戏
【考点】各类游戏的含义

【2012下】3. 认为"游戏是为未来生活做准备"的游戏理论是(　　)。
A．预演说　　　　　B．剩余精力说　　　　C．复演说　　　　D．松弛消遣
【考点】游戏的理论

二、简答题
【2011下】1. 简述幼儿游戏的基本特征。
【考点】游戏的基本特征
【2012上】1. 游戏满足了幼儿身心发展的哪些需要？
【考点】游戏的功能
【2013下】11. 影响学前儿童游戏的个体因素主要有哪些？
【考点】影响游戏的因素

三、分析题
【2013上】13. 李老师设计了一个"三只蝴蝶"做游戏活动,她选了三位幼儿扮演蝴蝶,又选了若干幼儿扮演花朵。结果幼儿兴趣不高,表现被动,还没等游戏结束,一个幼儿就问李老师："老师。游戏完了吗？我们可以自己玩了吧？"
对这种现象,请从幼儿游戏特征和游戏指导的角度进行阐述。
【考点】游戏的特征和指导要点

【本节备考指导】

本节重要知识点是有关游戏的特性及分类,难点是游戏论述的相关理论和作用,及对游戏在幼儿园的地位的理解。本节重要的知识点就是考生从各种角度认识学前儿童游戏,理解并掌握游戏的性质：即"学前儿童游戏是幼儿园的基本活动,是幼儿全面发展的重要形式。纵观近年考点,在游戏类型辨别上选择题多,关于其特性及作用以简答题出现,而对于幼儿园游戏的价值和地位的认识则是论述题形式。

【命题考点精讲】

命题点1：游戏的含义

定义：游戏是幼儿的基本活动,它是幼儿喜爱的、主动的活动,是幼儿通过模仿和想象,有目的地、有意识地、创造性地反映现实生活的一种活动,它是人的社会活动的初级形式。

对幼儿游戏的理解：
(1) 游戏是幼儿最喜爱的活动,是幼儿生活的主要内容；
(2) 幼儿喜欢游戏并且以游戏为基本活动,是由幼儿身心发展特点决定的；
(3) 游戏是幼儿自发的学习,是幼儿期独特的学习方式。

命题点2：游戏的基本特征

(1) 主动性：游戏是幼儿自主自愿的活动,自主性是游戏的主要特点。在游戏中,要充分体现游戏是幼儿自发的,在游戏中是自由的、自主的"三自"原则。
(2) 趣味愉悦性：幼儿在游戏中通过生动活泼、富有趣味的活动形式,充分享受游戏的快乐,适合儿童心理和年龄特征,具有兴趣性和娱乐性。
(3) 虚构性：幼儿游戏是在假想的条件下完成的一种反映现实的活动,其情节和角色的扮演、活动方式、代替物的使用,是象征性的。
(4) 创造性：游戏是一种充满创造性的活动,幼儿游戏是对实生活的创造性反映。
(5) 规则性(有序性)：幼儿游戏都有一定规则或者秩序性。
(6) 具体性：幼儿游戏有具体的内容、情节、角色、动作、语言、活动、玩具和游戏材料。
(7) 社会性：幼儿游戏是社会生活的反映,周围的现实生活是儿童游戏的基本源泉,借助游戏,儿童学习成人社会生活经验,从中看到未来生活的前景。
(8) 无功利性：幼儿游戏没有社会的实用价值,没有强制性的社会义务,不直接创造财富。

命题点 3：有关游戏的经典理论

游戏的经典理论均产生于第一次世界大战之前，主要解释游戏为何存在以及具有哪些目的。具体有以下五种理论：

（1）精力过剩说：主要代表人物是德国诗人席勒和英国哲学家斯宾塞。主要观点：游戏是儿童对剩余精力的发泄，是一种无目的的消耗。

（2）松弛消遣说：与精力过剩说恰恰相反，松弛消遣说认为游戏的目的是为了恢复工作所消耗的能量。其创始人是德国诗人拉扎鲁斯，他认为工作会消耗能量而使其亏空，但能量可以通过睡眠或参与完全不同于致使能量不足的工作的活动得以恢复。游戏与工作是不同的，因此是一种恢复能量的理想方式。

（3）复演说：代表人物美国心理学家霍尔，他认为游戏是人类遗传的结果，儿童游戏是重现祖先生物进化的进程。

（4）预演说：代表人物德国哲学家格罗斯，认为游戏是对未来生活的准备。

（5）生长说：代表人物是阿普利登，主要观点是认为游戏是幼儿能力发展的一种模式和途径，是技能练习的重要手段，幼儿通过游戏可以逐渐成长。

命题点 4：游戏的分类

1. 依据学前儿童社会性发展分

美国学者帕顿从儿童社会行为发展的角度，把游戏分为以下六种：

（1）偶然的行为（或称无所事事）。儿童独自发呆，或摆弄自己的身体，或碰到什么东西随手玩弄几下。

（2）袖手旁观的行为。儿童在近处观看同伴的活动，但不主动参与游戏。

（3）单独的游戏。儿童独自玩自己的玩具，不注意也不关心别人的存在。

（4）平行的游戏。儿童可能会玩相同的玩具，相似的游戏，也会有相互模仿的现象和少量的交谈，但他们仍然是在独自游戏，相互间没有合作。

（5）联合游戏。儿童仍以自己的兴趣为中心，但在一起游戏，有交流和分享行为。

（6）合作游戏。儿童以集体共同目标为中心，在游戏中相互合作并努力达到目的。游戏中有明确的分工、合作及规则意识，有一到两个游戏的领导者。

2. 依据儿童认知发展分

皮亚杰认为游戏是随认知发展而变化的，他根据儿童认知发展的阶段，把儿童游戏分为感觉运动游戏、象征性游戏、结构游戏和规则游戏等四类。美国学者帕特从儿童社会行为发展的角度，把游戏情况分为六种情形，形成了广为使用的帕特-皮亚杰游戏观察、评价量表。

（1）感觉运动游戏（练习性游戏）。感觉运动游戏是儿童最早出现的一种游戏形式，一般处于从儿童出生到2岁这一阶段。儿童主要是通过感知和动作来认识环境、与人交往的，该游戏的主要表现形式为徒手游戏或重复的操作物体的游戏。

（2）象征性游戏。象征性游戏是2～7岁学前儿童最典型的游戏形式。象征即用具体的事物表现某种特殊意义，即"以物代物"、"以人代人"，是象征的表现形式。游戏中的主要特征是模仿和想象，角色游戏是其主要的表现形式。

（3）结构游戏。结构游戏是儿童利用各种不同的结构材料来建构、反映现实生活中的物体的活动。它是游戏活动向非游戏活动的过渡，前期带有象征性，后期逐渐成为一种智力活动。

（4）规则游戏。规则游戏是7～11岁的儿童按照一定的规则进行的、带有竞赛性质的游戏，参加游戏的儿童必须在两人以上。

3. 根据学前儿童游戏的关键性和教育作用分

一是创造性游戏，包括角色游戏、结构游戏、表演游戏等，这类游戏较多地体现了学前儿童主动、创造的主题特征，突出表现是学前儿童自主自愿的创造性活动。

二是有规则游戏，包括智力游戏、音乐游戏、体育游戏等，这类游戏是学前儿童在教师的指导下进行，且更加关注学前儿童对规则的遵守。依据教师指导可以把学前儿童游戏分为幼儿自发游戏和规则游戏。

4. 根据教师指导分

分为幼儿自发游戏和规则游戏。幼儿自发游戏是指儿童自己想出来自己发起的游戏,这类游戏是幼儿最喜爱最愿意玩的游戏,利于培养儿童的自主性、独立性和创造性。规则游戏是指为实现预定的教育教学目的而专门编制的以规则为中心的游戏。

命题点5:学前儿童游戏的影响因素

影响学前儿童游戏的因素分为主观因素和客观因素:

(1)主观因素:每个儿童年龄、性别、个性、健康和情绪的差异,他们的游戏也具有自己独特的风格。年龄特征反映儿童身心发展水平,从而影响儿童的游戏水平;性别差异对儿童游戏的影响主要表现在对游戏同伴、玩具和材料、游戏类型和游戏主题等的偏好上。

(2)客观因素:主要有物理环境因素和社会环境因素。物理环境因素主要有游戏场地、游戏材料及游戏时间。影响儿童游戏的社会环境因素主要包括家庭、伙伴、幼儿园课程、师幼关系、大众传媒等。

命题点6:学前儿童游戏的作用

游戏是幼儿园的基本活动,是对幼儿进行全面发展教育的重要形式。游戏可以促进学前儿童以下几个方面的发展:

(1)丰富认知:游戏可以丰富和巩固学前儿童的知识,促进智力发展,有利于语言能力的发展等。

(2)促进社会性发展:游戏促进学前儿童自我意识发展、社会交往能力提升、自控能力加强等。

(3)丰富情感体验:游戏是学前儿童表达情绪情感的一种最安全有效的方式,对满足和稳定儿童情感具有重要价值。游戏利于学前儿童成就感、美感等积极的情绪体验,可以消除愤怒、厌烦、紧张等消极情感。

(4)促进身体发展:游戏可以保障学前儿童身体的生长发育,提高体能,增强机体的适应能力等。

【本节考点知识点小结】

游戏是幼儿最喜爱的活动,是幼儿生活的主要内容和主要学习方式。它是幼儿的基本活动,是幼儿喜爱的、主动的活动,是幼儿通过模仿和想象,有目的地、有意识地、创造性地反映现实生活的一种活动。游戏是人的社会活动的初级形式。幼儿游戏具有主动性、趣味愉悦性、虚构性、创造性、规则性、具体性、社会性、无功利性的八大特征。精力过剩说、松弛消遣说、复演说、预演说、生长说是关于解释游戏为何存在以及具有哪些目的的经典游戏理论。根据不同的分类标准,可以把游戏作不同分类。从儿童社会行为发展的角度,把游戏分为偶然的行为、袖手旁观的行为、单独的游戏、平行的游戏、联合游戏、合作游戏六种;依据儿童认知发展可以分为感觉运动游戏(练习性游戏)、象征性游戏、结构游戏、规则游戏四种;根据学前儿童游戏的关键性和教育作用可以分为创造性游戏和有规则游戏两大类;根据教师指导可以分为幼儿自发游戏和规则游戏。影响学前儿童游戏的因素分为主观因素和客观因素,主观因素包括每个儿童年龄、性别、个性、健康和情绪的差异,他们的游戏也具有自己独特的风格。客观因素主要有物理环境因素和社会环境因素。物理环境因素主要有游戏场地、游戏材料及游戏时间。影响儿童游戏的社会环境因素主要包括家庭、伙伴、幼儿园课程、师幼关系、大众传媒等。总之,游戏是幼儿园的基本活动,是对幼儿进行全面发展教育的重要形式。游戏可以丰富幼儿认知,促进社会性发展,丰富情感体验,促进身体发展。

【本节过关自测】

一、单项选择题

1. 下列哪一项不能体现幼儿游戏自主性含义?(　　)

A. 幼儿游戏是"我要玩"而不是"要我玩"

B. 游戏活动体现了幼儿的直接需要

C. 教师可以选择和决定幼儿做什么游戏以及怎样做

D. 游戏中幼儿心理需要不受游戏之外的因素支配

2. 幼儿可随自己的兴趣和力量进行游戏、停止游戏或变换游戏,这是因为游戏具有(　　)的特点。
   A．自由性　　　　B．趣味性　　　　C．虚构性　　　　D．社会性
3. 提出游戏的"精力剩余说"理论的是(　　)。
   A．格鲁斯　　　　B．霍尔　　　　　C．埃里克森　　　D．斯宾塞
4. 游戏的社会性本质观认为,游戏是儿童的(　　)。
   A．非社会性活动　B．本能性活动　　C．社会性活动　　D．非本能性活动
5. 以下不属于有规则游戏的是(　　)。
   A．语言游戏　　　B．音乐游戏　　　C．体育游戏　　　D．玩水游戏
6. 幼儿玩沙雕属于(　　)。
   A．象征性游戏　　B．感觉运动游戏　C．结构游戏　　　D．规则游戏
7. 评价游戏是否成功的根本因素是(　　)。
   A．儿童是否是游戏的参与者　　　　B．教师是否是游戏的参与者
   C．教师是否是游戏的指导者　　　　D．幼儿是否是游戏的主人
8. 保证儿童游戏的权利得以游戏是否成功的根本因素是(　　)。
   A．足够的游戏空间　　　　　　　　B．充足的游戏时间
   C．适当的游戏人数　　　　　　　　D．合理的游戏规划
9. 学前儿童的基本活动是(　　)。
   A．日常生活活动　B．集中教学活动　C．游戏　　　　　D．户外活动
10. 下列几种游戏中,幼儿社会性程度最高的是(　　)。
    A．平行游戏　　　B．独自游戏　　　C．联合游戏　　　D．合作游戏
11. "郎骑竹马来,绕床弄青梅",其中,竹马属于什么游戏(　　)。
    A．结构游戏　　　B．感觉运动游戏　C．规则游戏　　　D．象征性游戏
12. 学前儿童游戏中最引人关注的是(　　)。
    A．表情　　　　　B．言语　　　　　C．动作　　　　　D．角色扮演

二、简答题

1. 如何理解游戏在幼儿园的地位?
2. 简述幼儿游戏的基本特征。

三、论述题

谈谈你对《幼儿园工作规程》中对游戏的表述:"游戏是幼儿园的基本活动,是对幼儿进行全面发展教育的重要形式"的理解。

【本节过关自测】参考答案

一、单项选择题

【考点解析】1. 答案是C。此题考的是幼儿游戏自主性的含义。往年考试中,会考查考生对某些基本概念的了解或熟悉程度。

【考点解析】2. 答案是A。此题考的是幼儿游戏的特点。游戏特点是一个高频考点。

【考点解析】3. 答案是D。此题考的是幼儿游戏的经典理论,是一个高频考点。

【考点解析】4. 答案是C。此题考的是幼儿游戏的特点。考查考生对游戏特点了解或熟悉程度。

【考点解析】5. 答案是D。此题考的是幼儿游戏的分类。游戏分类是一个高频考点。

【考点解析】6. 答案是C。此题考的是幼儿游戏的分类。往年考试中,会考查考生对某些游戏概念的了解或熟悉程度。

【考点解析】7. 答案是D。此题考的是幼儿游戏本质属性的理解。往年考试中,会考查考生对某些基本概念的了解或熟悉程度。

【考点解析】8. 答案是A。此题考的是幼儿游戏构成要素的理解。

【考点解析】9. 答案是C。此题考的是幼儿游戏基本属性,往年考试中,会从不同角度考察考生对幼

儿游戏属性的认知。

【考点解析】10.答案是D。此题考的是幼儿游戏的分类。游戏分类是一个高频考点,近年来关于游戏促进儿童社会性发展的关注越来越多。

【考点解析】11.答案是D。此题考的是幼儿游戏的分类。象征性游戏是一个高频考点。

【考点解析】12.答案是C。此题考的是幼儿游戏的组成要素,考察考生对游戏特征的全面把握。

二、简答题

1.【考点解析】此题考查考生对游戏地位重要性的理解。

【答题要点】(1)游戏是幼儿园的基本活动;(2)游戏是学前儿童课程的灵魂。

2.【考点解析】此题考的是幼儿游戏的特点或基本特征。游戏特点特征是一个高频考点。

【答题要点】(1)主动性;(2)趣味愉悦性;(3)虚构性;(4)创造性;(5)规则性;(6)具体性;(7)社会性;(8)无功利性。

三、论述题

【考点解析】此题考查考生对游戏地位重要性的理解。

【答题要点】

1. 理解

(1) 游戏是幼儿最喜爱的活动,是幼儿生活的主要内容。

(2) 游戏是幼儿对生长的适应,符合幼儿身心发展的特点。

(3) 游戏是幼儿的自发学习。

2. 贯彻要点

(1) 重视儿童的自发游戏,应保证儿童一日活动中有充分的自主游戏时间。

(2) 给儿童均等的游戏机会,让每个儿童都有选择、体验游戏的可能,满足儿童对多种游戏的需要。

(3) 为儿童创设的环境应包含游戏的空间、开放的游戏区域,使儿童能随时随地地进行自发游戏。

(4) 要充分利用游戏组织幼儿园各类教育活动,幼儿园的教学活动要体现游戏化的精神。

第二节 各类幼儿游戏的特点与主要功能

【本节考纲考点】

1. 了解各年龄班游戏特点。
2. 知晓各类常见的幼儿游戏的特点及功能。

【历年真题再现】

一、单项选择题

【2015上】6.儿童最早玩的游戏类型是( )。

A.练习游戏　　　B.规则游戏　　　C.象征性游戏　　　D.建构游戏

【考点】各年龄阶段幼儿游戏的特点

二、材料分析题

【2016上】15.材料:

角色游戏中,大二班在教室里开展理发店主题游戏,教师为了提升幼儿的游戏水平,主动为幼儿制作了理发店的价目表(见图1)。

问题:请结合你对角色游戏的理解,分析教师提供价目表这一做法是否适宜,并提出建议。(20分)

【考点】幼儿游戏特点与功能

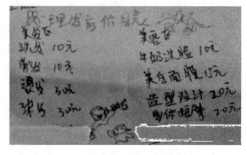

图1

【本节备考指导】

本节主要知识点是幼儿园各类常见的幼儿游戏的创设要点、特点及功能,各游戏的年龄班特点。重点是各游戏的特点,难点是各游戏对幼儿成长的意义。本节考查题型通常为选择题、简答题和材料分析题。

【命题考点精讲】

命题点1:各年龄班游戏的特点

小班幼儿游戏特点:目的性不强,兴趣易转移,持续时间短,重内容轻规则。

中班幼儿游戏特点:游戏水平较小班有所提升,需要不断拓展游戏空间;中班幼儿游戏的自主和主动性进一步发展,需要宽松、安全的探索环境;想象的有意性水平提高,需要更大的表达和创造的空间;具体形象思维比小班发展更好,需要具体的活动情景和形式;同伴交往需求与能力进一步发展,需要良好的社会性发展氛围。

大班:大班幼儿的合作意识逐渐增强,规则意识初步形成,动作更灵活,控制能力明显增强,游戏的自我评价能力逐步提升。

命题点2:感知觉游戏的特点、功能

1. 定义

感知觉游戏是指以刺激、训练婴幼儿感觉器官为目的的游戏种类。感觉包括视觉、嗅觉、触觉、味觉、听觉等外部感觉和机体觉、运动觉、平衡觉等内部感觉;知觉包括对物体的知觉,如空间、时间、运动和人的知觉。

2. 特点

阶段性、顺序性:婴幼儿年龄特点是开展感觉游戏的重要依据。年龄越小,孩子生理、心理生长发育越显著,教师组织游戏时要注意根据孩子身体发育的顺序开展一致的活动。

个别性:婴幼儿的个体差异是组织开展感觉游戏的主要依据,应充分考虑孩子的个体差异,在游戏的内容、难度、强度、时间等方面体现差别,让每个孩子在游戏中都体验到成功。

生活性、情境性:生活性、情境性是感觉游戏的重要特征和组织原则。将感觉游戏渗透在幼儿的一日生活中,如在进餐和点心环节,可以进行视觉、嗅觉、触觉等活动。

3. 功能

学前儿童通过感觉才可以进行复杂的知觉、记忆和思维等活动,从而更好地反映客观事物,而知觉是学前儿童以感觉信息为基础,在感觉的同时进行整合、加工,从而得出更理性的认识,学前儿童是通过感知觉来认识和了解一切事物的,感知觉在儿童心理发展中有着非常重要的意义。0~3岁是对孩子进行感知觉训练的关键时期,家长要注意对孩子的六感(视、听、嗅、味、触、重力感)方面的训练。促进孩子感觉统合能力的发展,进而达到注意力、思维能力等高级心理活动能力的发展。

命题点3:角色游戏的特点及功能

1. 定义

角色游戏,就是指幼儿通过扮演角色,运用模仿和想象,创造性地反映个人生活印象的一种游戏。

2. 特点

印象性:幼儿对社会现实生活的印象是角色游戏的源泉。角色游戏是幼儿对现实生活的一种积极主动的再现活动,游戏的主题、角色、情节、使用的材料均与社会生活有关。幼儿根据自己在社会生活中获得的种种印象,对游戏的情节进行设计和安排,并按照自己的意愿、兴趣和能力来进行游戏。幼儿个人的生活经验愈丰富,角色游戏的水平也就愈高,因此教师应当注意丰富幼儿的生活印象。

自主性:角色游戏是幼儿独立自主的活动。幼儿玩什么主题、有多少个角色、情节如何进行、使用什么玩具等,均由幼儿自行设计编定,作为教师不要过多地干涉和影响幼儿的游戏。

创造想象性:想象活动是角色游戏的支柱。角色游戏的过程是创造性想象活动的过程,有想象活动参与的角色游戏,既富有假想性,又富有真实性,是虚构性与真实性的巧妙结合。

3. 功能

角色游戏可以增进学前儿童社会认知,学习社会性行为,发展交往能力,有助于培养幼儿的主动性、独立性和创造性;角色游戏能培养幼儿的意志品质、情感和性格等。

命题点 4:结构游戏的特点及功能

1. 定义

结构游戏又称"建构游戏",是指幼儿按自己的兴趣、需要,利用各种不同的材料,通过想象、建构、创造性地构造物体的游戏。结构游戏是幼儿园常见游戏之一。常见的游戏材料:积木、积塑、胶粒、雪花、沙、石、水、土、雪以及瓶子、挂历、纸盒等。

2. 特点

材料多样性:多种多样的结构材料是游戏的基础;造型性:幼儿对材料的操作和造型是游戏的支柱。

3. 功能

结构游戏对发展幼儿想象力,增强体智,促进幼儿全面发展有着重要的作用。结构游戏活动性、操作性强,能满足幼儿积极活动的要求,有利于幼儿动作的准确性和手眼协调能力、想象力、创造力的发展;学前儿童在操作过程中获得有关结构材料的大小、颜色、性质、形状和重量等方面的知识,并获得一些空间概念(上下、前后、左右)和数量概念,发展幼儿的数理逻辑智能。结构游戏以合作的形式开展,可以练习学前儿童社会性交往,形成认真负责、坚持耐心、克服困难、团结友爱等良好品质;结构游戏既是一个认知构造的过程,又是一个艺术成型的过程,利于学前儿童审美能力、健全人格的发展。

命题点 5:表演游戏的特点及功能

1. 定义

表演游戏是幼儿根据文艺作品中的情节、内容和角色,通过语言、表情和动作进行表现的一种游戏,是幼儿喜爱的游戏之一。

2. 特点

表演性:表演游戏是幼儿根据文艺作品的内容进行表演的游戏,扮演的角色是文艺作品中的角色,游戏的情节内容也是反映文艺作品的情节内容。

自娱性:表演游戏是为游戏自娱而进行的,是幼儿自娱自乐的一种游戏活动。即使没有人看,幼儿也会饶有兴趣地进行表演。

自创性:表演游戏是以文艺作品为依据的幼儿自创表演。

3. 功能

表演游戏可以加深幼儿对文学作品的理解和记忆,养成具有对周围事物的正确态度和良好的行为习惯,同时促进幼儿语言、想象力的发展;表演游戏可促进幼儿集体观念的形成,同时,还有利于他们自信心和独立性的培养。

命题点 6:规则游戏的特点及功能

1. 定义

规则游戏是成人为发展幼儿各种能力而编制的、有明确规则的游戏。幼儿园常用的规则游戏包括智力游戏、体育游戏、音乐游戏等。

2. 特点

规则游戏由游戏的目的、玩法、规则和游戏的结果四要素构成,其中,规则是游戏的中心,规则不明确或不遵守规则,游戏就无法进行。因此,规则游戏具有"规定性、竞赛性、文化传承性"等特点,是儿童游戏的高级形式。

3. 功能

规则游戏不仅可以在游戏中完成传授知识、培养技能、发展动作和智力的任务,还可以让学前儿童懂得各种规则的重要性,利于良好行为养成以及自控能力的发展,更利于幼儿纪律意识、集体意识等的养成教育。

【本节考点知识点小结】

不同年龄阶段幼儿具有不同的游戏特点,小班幼儿游戏的目的性不强,兴趣易转移,持续时间短,重内容轻规则；中班幼儿游戏水平较小班提升，自主和主动性进一步发展，想象的有意性水平提高，具体形象思维比小班发展更好，同伴交往需求与能力进一步发展，需要良好的社会性发展氛围。大班幼儿的合作意识逐渐增强，规则意识初步形成，动作更灵活，控制能力明显增强，游戏的自我评价能力逐步提升。

感知觉游戏是指以刺激、训练婴幼儿感觉器官为目的的游戏。它具有阶段性、顺序性、个别性、生活性、情境性等特征，感知觉游戏可以促进孩子感觉统合能力的发展，进而达到注意力、思维能力等高级心理活动能力的发展。

角色游戏，就是指幼儿通过扮演角色，运用模仿和想象，创造性地反映个人生活印象的一种游戏。它具有印象性、自主性、创造想象性等特征。角色游戏可以增进学前儿童社会认知，学习社会性行为，发展交往能力，有助于培养幼儿的主动性、独立性和创造性；角色游戏能培养幼儿的意志品质、情感和性格等。

结构游戏又称"建构游戏"，是指幼儿按自己的兴趣、需要，利用各种不同的材料，通过想象、建构、创造性地构造物体的游戏。它具有材料多样性和造型性等特征，活动性、操作性强，能满足幼儿积极活动的要求，有利于幼儿动作的准确性和手眼协调能力、想象力、创造力的发展，增强体智，对促进幼儿全面发展有着重要的作用。

表演游戏是幼儿根据文艺作品中的情节、内容和角色，通过语言、表情和动作进行表现的一种游戏，具有表演性、自娱性、自创性等特点，表演游戏可以加深幼儿对文学作品的理解和记忆，养成具有对周围事物的正确态度和良好的行为习惯，同时促进幼儿语言、想象力、表演能力的发展，集体观念的形成，还有利于幼儿自信心和独立性的培养。

规则游戏是成人为发展幼儿各种能力而编制的、有明确规则的游戏。幼儿园常用的规则游戏包括智力游戏、体育游戏、音乐游戏等。规则游戏由游戏的目的、玩法、规则和游戏的结果四要素构成。规则游戏具有"规定性、竞赛性、文化传承性"等特点，是儿童游戏的高级形式。规则游戏不仅可以在游戏中完成传授知识、培养技能、发展动作和智力的任务，还可以让学前儿童懂得各种规则的重要性，利于良好行为养成以及自控能力的发展，更利于幼儿纪律意识、集体意识等的养成教育。

【本节过关自测】

一、单项选择题

1. （　　）儿童能根据角色的特点制定并遵守规则，也能互相观摩和评议。
   A．小班　　　　　B．中班　　　　　C．大班　　　　　D．小小班

2. （　　）是幼儿游戏的基础和源泉。
   A．家长的影响　　B．教师的指导　　C．同伴的经验　　D．幼儿的生活经验

3. 规则游戏的中心是（　　）。
   A．目的　　　　　B．玩法　　　　　C．规则　　　　　D．结果

4. 儿童游戏的高级形式是（　　）。
   A．角色游戏　　　B．结构游戏　　　C．表演游戏　　　D．体育游戏

5. 中班游戏的游戏类型一般是（　　）。
   A．独自游戏　　　B．平行游戏　　　C．联合游戏　　　D．合作游戏

6. （　　）幼儿的游戏在很大程度上受周围事物，如玩具、材料等的直接支配。
   A．小班　　　　　B．中班　　　　　C．大班　　　　　D．学前班

7. （　　）是进行角色游戏的前提。
   A．准备游戏场地　B．准备游戏道具　C．扮演他人的角色　D．揣摩角色特点

8. 孩子进行角色扮演时，需要以孩子以往的（　　）为基础。
   A．知识与经验　　B．成熟与行为　　C．环境与经验　　D．知识与行为

9. 下列说法错误的是（　　）。
   A．小班幼儿容易理解和完成比较简单的智力游戏
   B．中班幼儿能够独立进行角色分配，但是进入游戏过程比较慢
   C．幼儿在表演游戏中，往往以有无观众为表演条件

D．幼儿表演游戏是幼儿对周围客观世界的一种创造性反映活动

10．关于各年龄段儿童建构游戏的特点，下列说法不正确的是（　　）。

A．小班幼儿有建构主题，易变化　　　　B．中班幼儿建构技能以"架空"为主

C．中班幼儿能独立地整理玩具　　　　　D．大班幼儿建构技能日趋成熟

二、简答题

1．简述结构游戏的教育作用。

2．角色游戏和表演游戏的区别。

3．简述角色游戏各年龄班的特点。

4．为什么在游戏中要重视对儿童游戏的观察？

三、材料分析题

大班语言游戏"三字猫"：猫抓老鼠，追赶中，只要老鼠任意说出三个字即可站住，猫也不能抓。游戏中，孩子们你追我赶很兴奋，但不能很好地说出三个字，跑得十分疲累。见此情况，老师把小朋友集中在一起，告诉他们，只要老鼠能用三个字说出一种喜爱的食物，如"红苹果""弯香蕉""小虫子""棒棒糖"即可。游戏重新开始，孩子们不仅热烈追赶，也能在必要时准确说出三个字。

（1）什么是规则游戏？规则游戏有哪些特点？

（2）规则游戏的四个构成要素是什么？

（3）请问从该案例中你得到什么启示？

【本节过关自测】参考答案

一、单项选择题

【考点解析】1．答案是 C。此题考的是幼儿各年龄阶段的游戏水平。

【考点解析】2．答案是 D。此题考的是幼儿游戏生活化的特点。

【考点解析】3．答案是 C。此题考的是规则游戏的特点。

【考点解析】4．答案是 D。此题考的是规则游戏的特性。

【考点解析】5．答案是 C。此题考的是幼儿游戏年龄班特征。中班幼儿的特点是有初步的计划性，喜欢扮演角色，游戏类型一般是联合游戏。

【考点解析】6．答案是 A。此题考的是幼儿游戏年龄班特征。小班幼儿由于认知、情感的发展处在较为低级的阶段，所以其游戏在很大程度上受周围事物，如玩具、材料等的直接支配，幼儿往往是眼前有什么玩具就玩什么玩具。

【考点解析】7．答案是 C。此题考的是角色游戏的基本要素。扮演他人的角色是进行角色游戏的前提。在角色游戏中每个孩子都能按自己的意愿选择自己所喜爱的角色扮演。

【考点解析】8．答案是 A。此题考的是对角色游戏的内涵及基本要素的理解。角色扮演法是教师创设现实社会中的特定环境，让幼儿扮演一定的社会角色，使幼儿表现出与这一角色一致的且符合这一角色规范的社会行为，需要知识与经验。

【考点解析】9．答案是 C。此题考的是对表演游戏的内涵及基本要素的理解。幼儿在表演游戏中，往往以参加表演为满足，不以有无观众为表演条件。

【考点解析】10．答案是 A。此题考的是结构游戏的内涵及基本要素的理解。小班幼儿在建构游戏中无主题建构计划，在教师的指导和示范下才能初步完成作品。

二、简答题

1．【考点解析】此题考查考生对结构游戏特点及作用掌握。

【答题要点】结构游戏的特点是：

(1)多种多样的结构材料是游戏的物质基础；(2)幼儿对材料的操作与造型是游戏的支柱；(3)建构过程具有创造性；(4)结构成品具有艺术性。

教育作用是：

(1)结构游戏能发展幼儿空间想象力，增强体质，启发智能，促进幼儿全面发展。

(2)结构游戏以合作的形式开展,利于学前儿童社会性发展。

(3)结构游戏既是一个认知构造的过程,又是一个艺术成型的过程,利于学前儿童审美能力、健全人格的发展。

2.【考点解析】此题考查考生对角色游戏和表演游戏内涵和特点的基本掌握。

【答题要点】角色游戏是幼儿按照自己的意愿,以模仿和想象,借助真实或替代的材料,通过扮演角色,用语言、动作、表情等,创造性地再现周围社会生活的游戏。表演游戏是幼儿根据文艺作品中的情节、内容和角色,通过语言、表情和动作进行表现的一种游戏,是幼儿喜爱的游戏之一。

他们具有相同点和不同点。(1)相同点:表演游戏和角色游戏很相似,都以扮演角色为手段,来反映现实生活。

(2)不同点。① 定义的不同:角色游戏是幼儿通过模仿和想象,扮演各种角色,创造性地反映现实生活的游戏;表演游戏是根据故事、童话等的内容,通过动作、表情、语言、扮演角色等进行创造性表演的游戏。

② 特点的不同。角色游戏的特点:幼儿的社会现实生活经验是角色游戏的源泉;角色游戏是幼儿的一种创造性想象活动。表演游戏的特点:表演游戏是幼儿的一种戏剧艺术活动;表演游戏重"游戏性",轻"表演性"。

③ 表现形式的不同。角色游戏中幼儿扮演的角色是现实生活中的各种人物,反映的是幼儿的生活印象。而在表演游戏中,幼儿扮演的是文艺作品中的角色,游戏的情节内容也是反映文艺作品的情节内容。表演游戏是一种具有特定内容的角色游戏,与成人演戏一样,是一种戏剧艺术活动。

3.【考点解析】此题考查考生对角色游戏各年龄班特点的基本掌握。

【答题要点】小班幼儿角色游戏的特点有:第一,小班幼儿的角色游戏只依赖主题形象玩具。他们有什么玩具就玩什么游戏,离开玩具,游戏也就停止。第二,他们的角色游戏以不断摆弄玩具为主,他们喜欢反映熟悉角色中的个别行为,但对角色和规则的理解较差。第三,小班角色游戏的主题和角色均带有不稳定的特点。常表现为看到别人玩什么,自己就模仿玩什么。第四,小班角色游戏以个人独立游戏、并列游戏为主,他们还不会彼此交往,因而常发生冲突,并表现为大喊大叫,不会解决矛盾。

中班角色游戏的特点有:第一,游戏主题较小班扩展,仍以日常生活为主,能反映社会生活中的广泛内容,但情节仍较简单。第二,幼儿对角色扮演积极性提高,并能初步按所理解的角色职责行动。第三,出现游戏前商讨计划、分配角色、商定游戏情节的行为。第四,幼儿喜欢对游戏进行评议,评议中争论较多。

大班角色游戏的特点:第一,游戏的主题广泛、丰富,能反映所能理解的社会生活中各种事物与现象。第二,游戏中有明显的目的性、计划性、独立性与集体性。第三,角色扮演逼真,能反映角色的主要职责及角色之间的关系。第四,对游戏规则有足够的认识。第五,会自制玩具,充分运用玩具开展游戏。第六,会评价自己与别人的游戏行为,对评议游戏表现积极。

4.【考点解析】此题考查考生对幼儿游戏观察要点的基本掌握。

【答题要点】因为在观察中教师可以及时掌握儿童游戏的特点,加以指导和教育,对自己的教育教学有很大的帮助。具体是:

(1)可真实地了解儿童;(2)可准确地预设游戏;(3)可有效地指导游戏;(4)可及时有效地评价游戏。

四、材料分析题

【考点解析】此题考查考生对幼儿规则游戏的基本掌握。

【答题要点】规则游戏是指两个以上的游戏者,按照一定的规则进行的一种游戏,是儿童游戏的高级发展阶段。一般具有有目的性和教育性、规则性、竞争性和由成人编制和指导等特点。

规则游戏一般应包括游戏的目的、玩法、规则和结果四个部分。游戏的目的,是在游戏中完成增加知识、培养技能、发展动作和智力的具体任务;游戏的玩法,是为了实现游戏的目的,对幼儿动作和活动提出的要求;游戏的规则,是活动中必须遵守的规定,以确保游戏按要求进行;游戏的结果,是参加游戏的幼儿经过努力最后达到的目的。其中,规则是游戏的中心,规则不明确或不遵守规则,游戏就无法进行。

第二章 幼儿游戏指导

【本章考试大纲】

了解各年龄阶段幼儿的游戏特点,并能提供相应材料支持幼儿的游戏,根据需要进行必要的指导。

第一节 各年龄阶段幼儿的游戏特点

【本节考纲考点】

1. 各年龄段幼儿游戏的特征。
2. 对不同年龄儿童游戏的预设。

【历年真题再现】

这一部分尚未出现过真题。

【本节备考指导】

本节考点是幼儿游戏的各年龄段特点和游戏预设。在各年龄段游戏特点上出现选择题的几率大,关于游戏预设出现简答题的可能性更大。

【命题考点精讲】

命题点1:3岁前儿童游戏的发展水平及游戏预设

1. 游戏水平

此阶段儿童主要以感觉运动性游戏为主,如大运动类游戏、用手的游戏、感觉游戏等,伴有象征性游戏的萌芽,属于独自游戏和平行游戏阶段。亲子游戏是2岁前儿童游戏的主要形式,在儿童游戏的发生、发展过程中占有重要地位。随着儿童对同龄伙伴的意识的发生,儿童的伙伴游戏也逐渐发生发展。

2. 游戏预设

3岁前是孩子接触社会的最初阶段,父母与孩子的关系至关重要,应经常对孩子说话、讲故事、唱歌。给他们听柔和的音乐、玩色彩鲜艳的玩具,为他们创设一个安全、温馨、幸福、和谐的物质环境和心理环境。在保证安全的情况下,鼓励儿童大胆的探索行为,引导他们参与到游戏当中来,使之在轻松愉快的气氛中变得自信、主动、大胆,为今后的全面发展奠定良好基础。

命题点2:幼儿初期儿童游戏的发展水平及游戏预设

1. 游戏水平

幼儿初期的儿童处于象征性游戏初期,游戏内容和情节都比较简单,常常重复同一动作,而且游戏主题不稳定,常随外部条件和自己情绪的变化而改变。受思维水平的限制,他们对游戏规则的理解较差,自我控制的水平较低。此阶段儿童所进行的角色游戏比较简单,角色的种类不多,大都是独自充当角色或平行充当同一角色。这个时期幼儿游戏的一个明显特点是由独自游戏向联合游戏过渡。他们不再喜欢独自玩耍,而是喜欢和同伴们一起玩。在同其他儿童共同游戏的过程中,儿童的思维、想象和各种社会性交往能力都能得到了一定的发展,在游戏活动中,儿童逐渐认识到自我的存在。因此,在这个阶段更多为幼儿创造与同伴接触的机会,将对他们的全面发展起到十分重要的作用。

2. 游戏预设

幼儿初期是儿童在幼儿园生活的初始阶段,教师应注意为儿童创设温馨的心理环境和物质环境。真正让幼儿感到"幼儿园像我家,老师爱我,我爱她(他)"。在室内功能区的设置上,要以角色区为主。室外设置运动区、玩沙玩水区等。值得一提的是,由于幼儿初期的儿童处在象征游戏初期,在游戏中经常独自充当角色或平行充当角色,故在游戏区投放玩具时应做到同种玩具提供多份,以满足儿童的需求。

命题点 3：幼儿中期儿童游戏的发展水平及游戏预设

1. 游戏水平

幼儿中期是儿童象征游戏的高峰期,儿童游戏内容逐渐扩展,同时游戏的水平也提高了。游戏情节丰富、内容多样化,游戏兴趣明显增加。他们能够自己选择主题,设计组织游戏,自行分工,扮演角色等。由于表征水平的明显提高,还出现了用替代物进行游戏的行为,如他们会用小木棍代替体温计、用纸片代替钞票等。儿童的游戏不仅模仿、反映日常生活情景,还经常创造性地反映日常生活。建构游戏的水平也逐渐提高,能进行主题构造活动,还喜欢看图构造,对规则游戏产生了兴趣。

2. 游戏预设

幼儿中期的儿童玩的最多的就是象征性游戏,要为他们创设一个宽松的心理环境。鼓励孩子积极思考、大胆想象、不断创新。在环境的创设中,以象征性游戏和结构游戏环境为主,适当增加低结构材料的种类和数量,以满足儿童想象和创造的愿望。

命题点 4：幼儿晚期儿童游戏的发展水平及游戏预设

1. 游戏水平

幼儿晚期的儿童处于象征游戏的高水平阶段,儿童已摆脱了实物直观相似性的束缚,语言描述和动作表象起主导作用,可以用语言、动作替代实物进行游戏。此阶段儿童会自行策划游戏,讨论游戏主题、构思情节、分配角色、创设环境,积极主动地进行游戏。合作游戏的特征突出,幼儿喜欢有一定难度的棋牌类和富有挑战性的体育竞赛类的规则游戏。

2. 游戏预设

在游戏环境的规划方面,为幼儿晚期的儿童创设的功能游戏区,应以游戏类别进行整体划分,玩具及材料应按类摆放。室外要有平坦、开阔的运动区,场地上的玩具材料摆放要安全、科学、合理,以促进儿童的全面和谐发展。

命题点 5：儿童游戏预设的基本方法

(1) 观察儿童游戏情况,分析其游戏水平。

(2) 为儿童创设适宜的游戏环境。

(3) 通过多种途径,丰富儿童生活经验。

(4) 在游戏过程中适时介入幼儿游戏。

(5) 游戏结束时与幼儿谈论游戏,总结经验,提出建议。

【本节考点知识点小结】

本节重要知识点是幼儿游戏各年龄特点和游戏预设,儿童游戏预设的方法主要通过观察幼儿游戏情况、创设游戏环境、丰富游戏经验、介入游戏、总结提升等进行。各年龄幼儿游戏特点也是重要的知识点,主要要求考生掌握 3 岁前儿童主要的游戏形式是亲子游戏,游戏内容以感知觉游戏为主;此外,幼儿初期、中期、晚期的游戏水平和预设方法亦是重要的知识考点,需要考生重视。

【本节过关自测】

一、单项选择题

1. 在出生后头两年,(　　)是婴儿游戏的主要形式。

A. 同伴游戏　　　　B. 亲子游戏　　　　C. 象征游戏　　　　D. 角色游戏

2. 幼儿中期处于(　　)的高峰期。

A. 象征性游戏　　　B. 身体运动游戏　　C. 感知觉游戏　　　D. 规则游戏

3. 幼儿晚期,伙伴游戏中的(　　)的特征十分突出。

A. 独自游戏　　　　B. 平行游戏　　　　C. 联合游戏　　　　D. 合作游戏

4. 学前儿童典型的游戏形式是(　　)。

A．感觉运动游戏　　　B．结构游戏　　　　C．规则游戏　　　　D．角色游戏

5．0～2岁婴儿处于感知运动阶段，因此婴儿游戏以（　　）为主。

A．练习性游戏　　　　B．结构游戏　　　　C．规则游戏　　　　D．象征性游戏

6．帕顿将幼儿游戏行为分为独自游戏、平行游戏、联合游戏、协作游戏等类型，是根据幼儿游戏的（　　）来划分的。

A．社会参与水平　　　B．动作发展水平　　　C．年龄特点　　　　D．认知发展水平

二、简答题

1．简述预设儿童游戏的方法。

2．简述对不同年龄阶段儿童游戏的预设。

【本节过关自测】参考答案

一、单项选择题

【考点解析】1．答案是 B。此题考的是婴儿游戏的特点。

【考点解析】2．答案是 A。此题考的是幼儿中期游戏的特点。

【考点解析】3．答案是 D。此题考的是幼儿晚期游戏的特点。

【考点解析】4．答案是 D。此题考的是学前阶段幼儿游戏的典型特点，是个高频考点。

【考点解析】5．答案是 A。此题考的是婴儿游戏的特点。

【考点解析】6．答案是 A。此题考的是帕顿对幼儿游戏的分类。

二、简答题

1．【考点解析】此题考查考生对儿童游戏预设方法的理解。

【答题要点】细心观察幼儿游戏状态，发现幼儿感兴趣的、有价值的游戏；丰富游戏经验，并为幼儿创设更加适宜的环境，为进一步开展游戏做准备；在幼儿游戏时，尊重幼儿游戏意愿，并适时、灵活介入幼儿游戏，提高游戏水平后组织幼儿交流讨论，总结提升。

2．【考点解析】此题考查考生对各阶段儿童游戏预设的理解。

【答题要点】分3岁前、幼儿初期、幼儿中期、幼儿晚期各年龄阶段游戏预设。（具体内容请参考命题考点精讲相关内容。）

第二节　各类游戏的指导

【本节考纲考点】

1．教师介入儿童游戏的策略。

2．各类游戏的指导。

【历年真题再现】

材料分析题

【2012上】2．小班幼儿在角色游戏区活动，文文在邮局里无所事事，摆弄一个称重器。在此之前，孩子们没有"邮局"这个角色游戏的经验。教师看到这种情况，拿了一个盒子走过去，对文文说："我想把这个寄到超市去（旁边有超市游戏区），你能帮我称一下吗？"文文马上接过盒子，放在称重器上，看了一下，说："100克！"教师问："多少钱？""10块钱。"教师假装付了钱，文文立刻把盒子送到了隔壁的超市。接着，有几个小朋友也学着教师的样子将一些东西寄到旁边的医院、美容院、娃娃家，邮局变得热闹起来。

请分析在这个案例中，教师是如何干预幼儿游戏的。

【考点】教师游戏介入时间和方式

【2012下】15．李老师发现大班"理发店"的顾客很少。"顾客"对理发店不感兴趣。于是李老师带幼儿到理发店参观，看理发店的设施，鼓励幼儿向理发师咨询问题，记录幼儿的问题，还拍下照片，幼儿在理

发店看到顾客躺着洗头,梳理发型。回到幼儿园,李老师组织幼儿讨论"如何开好理发店",并把照片给孩子回顾,有的幼儿反映没有躺椅,有的反映没有发型梳,李老师则启发幼儿自己用积木做躺椅。自己画发型,之后。"理发店"生意又红火起来。

请分析案例中教师采用了哪些策略来支持幼儿的游戏活动。

【考点】老师介入儿童游戏的方法

【2013 上】13. 李老师设计了一个"三只蝴蝶"做游戏活动,她选了三位幼儿扮演蝴蝶。又选了若干幼儿扮演花朵,结果幼儿兴趣不高,表现被动,还没等游戏结束,一个幼儿就问李老师:"老师。游戏完了吗?我们可以自己玩了吧?"

对这种现象,请从幼儿游戏特征和游戏指导的角度进行阐述。

【考点】幼儿游戏自主性特征和教师在幼儿游戏中的角色

【2015 上】15. 材料:大班幼儿在玩积木时,出现了自发探究行为,其探究过程与结果如下图所示。

图1　　　　　　　　　　　图2

(1) 图中的幼儿在搭建中可能会遇到什么问题?(4 分)
(2) 在解决问题的过程中幼儿能获得哪些学习经验?(10 分)
(3) 该游戏中的材料有什么特点(3 分)?这些特点对幼儿的学习活动有什么影响?(3 分)

【考点】结构游戏的作用,大班幼儿结构游戏的特点

【2016 上】15. 材料:角色游戏中,大二班在教室里开展理发店主题游戏,教师为了提升幼儿的游戏水平,主动为幼儿制作了理发店的价目表(见图1)。

问题:请结合你对角色游戏的理解,分析教师提供价目表这一做法是否适宜,并提出建议。(20 分)

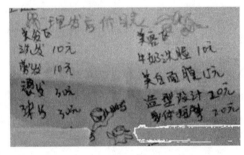

图1

【考点】幼儿园大班角色游戏的指导

【本节备考指导】

本节内容主要要求考生掌握幼儿园各类游戏的特点和指导,其中,不同年龄阶段各类游戏的指导是重点,也是难点,必须结合幼儿各年龄阶段游戏特点进行指导,既可能出现简答题,更可能要求考生分析游戏案例。

【命题考点精讲】

命题点1:教师介入游戏的策略

(1) 教师通过担任适宜的游戏角色:教师通过担任游戏环境的创设者、游戏过程的观察者、游戏进程的支持者、游戏伙伴等角色影响游戏。

(2) 选择适宜的介入时机。

(3) 采取恰当的介入方式。

命题点2：教师介入游戏的方法

（1）平行式。指教师在幼儿附近，和幼儿玩相同或不同材料的游戏，目的在于引导幼儿模仿，教师起着暗示指导的作用。这种指导是隐性的。当幼儿对教师新提供的材料不感兴趣或者不会玩，不喜欢玩，只会一种玩法时，教师可用这种方式介入进行指导。

（2）交叉式。是指当幼儿有教师参与的需要或教师认为有指导的必要时，由幼儿邀请教师作为游戏中的某一角色或教师自己扮演一个角色进入幼儿的游戏，通过教师与幼儿角色间的互动，起到指导幼儿游戏的作用。当幼儿处于主动地位时，教师可扮演配角。

（3）垂直式。是指幼儿游戏出现严重违反规则或攻击性等危险行为时，教师直接介入游戏，对幼儿的行为进行直接干预，这时教师的指导是显性的。

命题点3：教师指导幼儿游戏的方法

1. 语言指导

（1）发问。主要是用于了解幼儿游戏的现状及幼儿的具体想法或进行启发引导等，宜用亲切平和的询问，以了解孩子的真实想法。如"你想做什么呀""你要做什么呀"等，目的是引起幼儿的思考，逐渐学会辨别是非，作出明确的行为判断。

（2）提示。主要是当幼儿遇到困难或不知所措、缺乏目的时，教师用一两句简单的建议性提示，帮助幼儿明确想法，促进游戏顺利开展。

（3）鼓励与赞扬。主要是就游戏中幼儿表现出的创造性及正向的游戏行为加以肯定并提出希望。对幼儿在游戏中能自觉遵守规则，克服困难，坚持游戏等良好的意志品质给予赞扬，以强化幼儿正向行为的出现。

2. 行为指导

（1）身体语言。教师在指导游戏时，利用动作、表情、眼神等对幼儿游戏行为作出反馈。

（2）提供材料。为幼儿提供丰富的材料，让他们在自由选择的条件下进行游戏，能促进其社会性的发展。教师一方面要提供丰富的材料，另一方面还要根据情况及时添置新的材料。

（3）场地布置。教师期望幼儿产生什么行为，朝着什么方向发展，可以通过场地布置的影响来达到目的。

（4）动作示范。游戏中的玩法、规则、动作技巧，必须在学会后才能玩，因此，教师要给幼儿作适当的示范、讲解。

命题点4：感知觉游戏的指导原则

（1）幼儿主体性原则。充分发挥幼儿的积极性和主动性，根据幼儿的能力、兴趣、需要进行游戏。

（2）整合性原则。目标整合，着眼于幼儿的全面发展；将感知觉游戏与各领域教育相融合；将感觉知觉游戏与幼儿的一日生活紧密结合；整合各种教育资源。

（3）渐进性原则。遵循"循序渐进"的原则，由浅入深，增加游戏的难度和情节。

命题点5：幼儿园角色游戏的特点

（1）印象性。幼儿对现实生活的印象是角色游戏的源泉。

（2）自主性。角色游戏是幼儿独立自主的活动。

（3）想象性。想象活动是角色游戏的支柱。

命题点6：幼儿园角色游戏的指导

（1）为开展角色游戏做好准备工作。①保证幼儿游戏时间。②丰富幼儿的知识和生活经验。③准备游戏材料，引发游戏。

（2）以间接指导为主，帮助幼儿组织开展游戏。

（3）针对不同的年龄特征指导游戏：

小班：角色游戏以日常生活的主题为主，为幼儿提供种类少、数量多且形状相似的成型玩具，主要以平行游戏法指导幼儿游戏，游戏中注意培养幼儿的规则意识。

中班：鼓励幼儿开展多种主题的游戏，根据幼儿需要提供丰富的游戏材料，以平行游戏法和合作游戏的方式指导幼儿游戏，注意帮助幼儿掌握游戏中的交往技能和相应的规则。

大班：为幼儿提供丰富的游戏材料，多观察幼儿游戏，鼓励幼儿相互合作、交往，多与幼儿分享游戏经验,注意培养幼儿游戏的独立性。

(4) 愉快结束游戏。结束时,鼓励幼儿收拾、整理场地和材料,评价游戏情况。

命题点7：幼儿园结构游戏指导

(1) 做好游戏准备：

① 营造平等、宽松、自由的心理环境。

② 丰富和加深幼儿对物体、建筑物的印象。

③ 提供适合幼儿年龄特点的游戏材料。

④ 保证充足的游戏时间。

(2) 针对不同年龄的特点指导游戏。

小班：

① 小班应侧重认识结构材料。为幼儿提供简单、鲜艳、易拼插的中大型建构材料,认识材料,叫出名称,并认识建造材料的大小、颜色和形状。

② 准备足够的结构玩具,自己玩自己的一份。

③ 学习初步的结构技能,学会延长、铺平、盖顶、拼插、围合、垒高,能有兴趣地运用它们建造物体。

④ 稳定结构主题。

⑤ 建立结构游戏的规则,学会整理和保管玩具材料的最简单方法,养成爱护玩具材料的好习惯。

中班：

① 进一步掌握结构技能。选择和利用建构材料,运用组合、拼插、排序、对称等结构技能及平衡、配色等结构知识进行建构。

② 启发幼儿联系已有的印象,充分利用建造材料,有目的、有计划地进行建造。

③ 在建构中,鼓励幼儿大胆想象,共同构造,并能相互评议结构成果。

大班：

① 引导幼儿开展人数多、持续时间长的大型结构游戏,共同设计方案、分工合作。

② 适度借助辅助材料进行主题建构,灵活运用辅助材料参与搭建,增强建构的目的性,并引导幼儿进一步美化自己的结构物。

③ 鼓励创新,给幼儿充足的时间建构独特的作品,建议幼儿把搭建出来的东西画下来加以保存。

④ 鼓励幼儿与教师一起参与游戏材料的清洁工作。

(3) 建立适当的游戏规则,培养幼儿良好的游戏习惯。

命题点8：幼儿园表演游戏指导

1. 游戏准备

(1) 选择内容健康、适合幼儿表演的文艺作品。

(2) 帮助幼儿熟悉文艺作品,充分理解作品内容。

(3) 为幼儿提供表演游戏的物质材料和场地。

(4) 提供充足的游戏时间。

2. 针对不同年龄的特点指导游戏

小班：注意培养幼儿游戏的兴趣,选择简单有趣的故事,提供简单、方便操作的材料让幼儿游戏;时常提醒幼儿自己扮演的角色;耐心讲解、示范,提高幼儿表演能力。

中班：注重幼儿表演动作和语言的指导,鼓励幼儿创造合适的情节,能大胆、生动表演。

大班：为幼儿提供种类丰富的表演材料,鼓励和支持幼儿表演;关注表演细节,引导幼儿运用语言、动作、表情生动表演;提高游戏的目的性和坚持性。

命题点9：幼儿园规则游戏的类型

(1)智力游戏;(2)体育游戏;(3)音乐游戏。

命题点10：幼儿园规则游戏的指导

(1) 做好游戏准备：

① 选编适合幼儿年龄和水平的游戏。

② 教师熟悉游戏玩法。
③ 准备好游戏的材料和场地。
(2) 灵活讲解并示范游戏。
(3) 针对不同年龄的特点指导游戏。

小班：小班幼儿对"过程"更感兴趣，因此要为幼儿选编玩法简单的游戏；结合示范讲解规则，力求生动、形象，在游戏中提醒幼儿遵守规则；注重体验游戏过程的快乐。

中班：中班幼儿规则意识增强，可开展规则简单的竞赛游戏，在游戏中着重检查游戏玩法的掌握情况及规则的执行情况，并鼓励幼儿争取好的比赛结果。

大班：可为幼儿选择有一定难度的规则游戏，严格执行规则，争取好的比赛结果，引导幼儿评价游戏，能正确看待输赢。

【本节考点知识点小结】

本节知识点是幼儿各年龄阶段游戏特点和幼儿园各类游戏的指导。考生应在深入理解幼儿各年龄游戏特点、儿童游戏预设的方法、教师介入游戏的策略和方式的基础上，重点掌握角色游戏、结构游戏、表演游戏、规则游戏等指导要点，并能针对各年龄阶段的幼儿进行有效指导。考生还应结合幼儿园各类游戏开展的实际情况，观察幼儿游戏的情况，分析老师指导幼儿游戏的行为，并能提出合理建议。

【本节过关自测】

一、单项选择题

1. 保证儿童游戏权利得以实现的决定性条件是（　　）。
   A. 游戏场地　　　　B. 游戏材料　　　　C. 同伴　　　　D. 充足的游戏时间
2. 规则游戏的中心是（　　）。
   A. 游戏规则　　　　B. 游戏目的　　　　C. 游戏玩法　　　　D. 游戏结果
3. 指导小班幼儿适合采用（　　）方式。
   A. 平行游戏　　　　B. 合作游戏　　　　C. 指导游戏　　　　D. 垂直介入
4. 以下角色中，属于教师在幼儿游戏中的消极、不利角色是（　　）。
   A. 游戏环境的创设者　　　　　　　　B. 游戏过程的观察者
   C. 游戏进程的支持者　　　　　　　　D. 游戏情节的导演
5. 儿童游戏的高级形式是（　　）。
   A. 结构游戏　　　　B. 角色游戏　　　　C. 规则游戏　　　　D. 表演游戏

二、简答题

1. 简述教师介入和推动儿童游戏的方法。
2. 如何有效指导幼儿角色游戏？
3. 如何有效指导大班幼儿结构游戏？

三、材料分析题

1. 阅读以下材料，思考教师指导游戏存在哪些不当。

区域活动开始了，我发现外面的表演角一个人也没有。于是，我暗示到："外面的表演角谁愿意去玩啊？"可是没有人理睬，于是我耐心地提高了嗓门："小茹、雅雅，玲玲今天你们当小演员好吗？"几个幼儿点头，陆续去了表演角玩。表演角的游戏开始了，从窗口望去，几名幼儿都在扮呀演呀，可是一会儿表演就结束了，我就到走廊上了热情的问："玲玲，你来走个秀，让我欣赏一下。"于是她拿了不同的物品开始装扮自己，表演一个时装秀。"哦，真棒，大家也来试试！"旁边的幼儿看到玲玲的表演也都参与进来了。在我的辅导下表演角的活动总算顺利地开展起来了。在区域活动进行到一半的时候，我发现表演角的音乐停了，跑过去一看，她们正在玩"小汽车嘀嘀嘀"，看到我来又赶紧装扮表演。

2. 阅读下面材料，回答问题。

娃娃家里今天又很热闹，妈妈烧菜，爸爸在陪孩子玩，奶奶在给娃娃晒衣服……爸爸陪孩子玩游戏时，把家里弄得乱七八糟的,当我进去时,家里已经凌乱不堪。于是我就扮演客人来参观娃娃家,当我进去时,看到满地都是玩具,就对爸爸妈妈说:"你们家太乱了,收好了客人才来!"爸爸和孩子听到我这样说,立刻开始整理起来,边整理还边说:"好的,等我们整理好了,你再来我们家玩吧!"等他们整理得差不多了,我又去娃娃家,这次看到的是一个不一样的场景,家里整理好了。我开心地对着爸爸妈妈说:"你们家真干净、真整洁,我以后还愿意来做客。"爸爸妈妈、孩子们开心地笑了。

问题:请结合所学知识,分析材料中老师的做法。

3. 阅读下面材料,回答问题。

中一班的工具区里有石磨、石臼、玉米粒、米粒等等。一段时间以来,在这个游戏区域的活动一直比较平淡。这天,星星和兰兰跑到了工具区。一人推磨,一人舂米,一边倒腾一边喊道:"我磨得细!""我舂得细!"可没有多久,就觉得无趣了,跑出了这个活动区。

问题:请根据上述材料,分析该区角的问题,如果你是教师,你会怎么办?

【本节过关自测】参考答案

一、单项选择题

【考点解析】1. 答案是 D。此题考的是游戏时间的重要性。

【考点解析】2. 答案是 A。此题考的是规则游戏的构成。

【考点解析】3. 答案是 A。此题考的是小班游戏特点和指导方式。

【考点解析】4. 答案是 D。此题考的是教师在幼儿游戏中的不同角色对游戏的影响。

【考点解析】5. 答案是 C。此题考的是游戏的发展水平。

二、简答题

1.【考点解析】此题考教师介入游戏的方法。

【答题要点】

(1) 平行式。指教师在幼儿附近,和幼儿玩相同或不同材料的游戏,目的在于引导幼儿模仿,教师起着暗示指导的作用。

(2) 交叉式。是指游戏中教师扮演一个角色进入幼儿的游戏,通过教师与幼儿角色间的互动,起到指导幼儿游戏的作用。

(3) 垂直式。是指幼儿游戏出现严重违反规则或攻击性等危险行为时,教师直接介入游戏,对幼儿的行为进行直接干预,这时教师的指导显性的。

2.【考点解析】考核各年龄段幼儿角色游戏的有效指导。

【答题要点】

(1) 为开展角色游戏做好准备工作。

保证幼儿游戏时间;丰富幼儿的知识和生活经验;准备游戏材料,引发游戏。

(2) 以间接指导为主,帮助幼儿组织开展游戏。

(3) 针对不同的年龄特征指导游戏。

小班:角色游戏以日常生活的主题为主,为幼儿提供种类少、数量多且形状相似的成型玩具,主要以平行游戏法指导幼儿游戏,游戏中注意培养幼儿的规则意识。

中班:鼓励幼儿开展多种主题的游戏,根据幼儿需要提供丰富的游戏材料,以平行游戏法和合作游戏的方式指导幼儿游戏,注意帮助幼儿掌握游戏中的交往技能和相应的规则。

大班:为幼儿提供丰富的游戏材料,多观察幼儿游戏,鼓励幼儿相互合作、交往,多与幼儿分享游戏经验,注意培养幼儿游戏的独立性。

(4) 愉快结束游戏。结束时,鼓励幼儿收拾、整理场地和材料,评价游戏情况。

3.【考点解析】考核教师对游戏的观察和指导。

【答题要点】

(1) 引导幼儿开展人数多、持续时间长的大型结构游戏,共同设计方案、分工合作、明确规则。

(2) 适度借助辅助材料进行主题建构,灵活运用辅助材料参与搭建,增强建构的目的性,并引导幼儿进一步美化自己的结构物。

（3）鼓励幼儿的创新精神。给幼儿充足的时间建构独特的作品，以此增进幼儿在视觉艺术上的能力。建议幼儿把搭建出来的东西画下来加以保存。

（4）鼓励幼儿与教师同时参与积木等游戏材料的清洁工作。

三、材料分析题

1.【考点解析】考查教师对儿童游戏主体性的尊重和对表演游戏的指导。

【答题要点】

（1）为幼儿创设适合其年龄和兴趣的游戏环境，提供适宜的材料，吸引幼儿参与游戏。

（2）教师扮演好自己的角色，尊重幼儿游戏意愿，支持幼儿自主游戏，不去导演幼儿的游戏。

（3）教师应分析幼儿不愿表演的真正原因，而不是一味鼓励幼儿勉强表演。

2.【考点解析】考核教师对儿童角色游戏的指导。

【答题要点】

教师在幼儿角色游戏中的定位是支持者和参与者，游戏的主人是幼儿，只有幼儿主动、自愿地游戏，才能促进幼儿更好地开展游戏。教师在指导时，要以间接的指导方式为主。在游戏中，教师可参加到游戏中并担任角色，以角色的身份通过语言或动作示范促进游戏的开展。

在幼儿进行角色游戏时，可以通过这个窗口来观察孩子，分析孩子的游戏，只有观察得仔细，教师才能对症下药，从而让他们玩得自由开心，并能遵守规则。需要注意的是，教育作用在游戏中的实现也不是自然而然的。例如，针对小班幼儿，应着重增强他们的角色意识，同时还需要教师的正确指导，只有这样，幼儿游戏的水平才会提高。

3.【考点解析】考查教师对儿童角色游戏的指导。

【答题要点】幼儿对该工具区的游戏材料、游戏内容已经不感兴趣了。如果我是教师，我会设法丰富游戏材料，发展游戏情节，如再提供一些工具，让幼儿煮米糊、米浆等，还可以结合角色游戏，开展招待客人、开店等，保持幼儿对该区角的兴趣。

模块六　教育活动的组织与实施

【模块考试大纲】

1. 能根据教育目标和幼儿的兴趣需要和年龄特点选择教育内容,确定活动目标,设计教育活动方案。
2. 掌握幼儿健康、语言、社会、科学、艺术等领域教育的基本知识和相应教育方法。
3. 理解整合各领域教育的意义和方法,能够综合地设计并开展教育活动。
4. 能根据活动中幼儿的需要,选择相应的互动方式,调动幼儿参与活动的积极性。
5. 在活动中能根据幼儿的个体差异进行指导。

第一章　幼儿园教育活动方案的设计

【本章考试大纲】

能根据教育目标和幼儿的兴趣需要和年龄特点选择教育内容,确定活动目标,设计教育活动方案。

第一节　幼儿园教育内容的选择

【本节考纲考点】

1. 知道幼儿园五大领域的教育内容。
2. 熟悉幼儿园教育活动内容选择的依据。
3. 掌握幼儿园教育活动内容选择的三种取向。
4. 理解幼儿园教育活动内容选择的基本要求。
5. 掌握幼儿园教育活动内容选择的三大原则。

【历年真题再现】

【2014上】2. 幼儿教师选择教育教学内容最主要的依据是(　　)。
A. 幼儿发展　　　　B. 社会需求　　　　C. 学科知识　　　　D. 教师特长
【考点】选择教育内容的依据

【命题考点精讲】

命题点1:幼儿园五大领域教育内容

五大领域:健康、语言、社会、科学、艺术。

命题点2:幼儿园教育活动内容选择的依据

内容选择的依据:幼儿的发展、社会的需求、学科知识的特性三个方面,其中幼儿园教育活动内容选择的主要依据是幼儿的发展。

命题点 3：幼儿园教育活动内容选择的取向

幼儿园教育活动内容的选择存在三种不同的取向，可以以不同的方式选择和组织与活动内容、形式以及活动目标相一致的教育活动，用于组成幼儿园课程。三种取向主要体现在：

(1) 教育活动内容即教师教学的材料。
(2) 教育活动内容即幼儿的学习活动。
(3) 教育活动内容即幼儿的学习经验。

命题点 4：幼儿园教育活动内容选择的基本要求

(1) 能够对应教育活动目标的要求。
(2) 能够符合幼儿的年龄特点，配合幼儿的生活经验和认知水平。
(3) 能够激发和满足幼儿的兴趣和需要。
(4) 能够反映时代发展特征，有利于幼儿的后续学习和长远发展。
(5) 能够考虑季节、节日以及周边环境资源等因素。
(6) 能体现科学精神和人文精神的融合。

命题点 5：幼儿园教育活动内容选择应体现的三大原则

(1) 既适合幼儿的现有水平，又有一定的挑战性。
(2) 既符合幼儿的现实需要，又有利于其长远发展。
(3) 既贴近幼儿的生活来选择幼儿感兴趣的事物和问题，又有助于拓展幼儿的经验和视野。

【本节备考指导】

本节考点不多，重点掌握内容较少，考生在了解幼儿园教育活动内容、选择的依据、价值取向、选择的基本要求的基础上，重点掌握内容选择应该体现的三大原则，本节考试多为选择题和简答题。

【本节考点知识点小结】

在学习这部分内容时，考生要关注《纲要》等里面相关内容。知道幼儿园的教育活动内容在幼儿园课程的编制中可以相互兼容、取长补短，为本章的重点内容（教育活动方案设计）中内容的选择奠定基础。本节知识点重点掌握如何选择幼儿园教育活动内容的依据和基本要求及内容选择的三大原则并能够根据所学理论知识在设计活动案例时选择合适的教育内容。

【本节过关自测】

一、单项选择题

1. 下列不属于幼儿园教育内容选择取向的是（   ）。
   A．教师教学的材料　　　　　　　　B．幼儿的学习活动
   C．幼儿的学习经验　　　　　　　　D．教师的生活经验

2. 关于幼儿园五大领域正确的表述是（   ）。
   A．体育、语言、社会、科学、艺术
   B．健康、语言、社会、数学、艺术
   C．健康、语言、社会、科学、艺术
   D．健康、语言、常识、科学、艺术

3. 下列不属于幼儿园教育内容选择依据的是（   ）。
   A．幼儿的发展　　　　　　　　　　B．社会的需求
   C．学科知识的特性　　　　　　　　D．教师的知识水平

二、简答题

1. 简述幼儿园教育活动内容选择的基本要求。
2. 简述幼儿园教育活动内容选择的三大原则。

【本节过关自测】答考答案

一、单项选择题

【考点解析】1. 答案是D。本题的主要考点是关于教育内容选择的取向问题,考查对教育内容选择的掌握。

【考点解析】2. 答案是C。本题的主要考点是考生对五大领域的名称熟悉程度,这也是现阶段幼儿园的教育内容。

【考点解析】3. 答案是D。本题的主要考点是考生对教育内容选择依据的掌握,是教育者在设计教学活动时选择教育内容的参考依据。

二、简答题

1.【考点解析】此题主要考查考生对选择教育活动内容的理解,能够根据要求选择适宜的教育内容。

【答题要点】
(1)能够对应教育活动目标的要求。
(2)能够符合幼儿的年龄特点,配合幼儿的生活经验和认知水平。
(3)能够激发和满足幼儿的兴趣和需要。
(4)能够反映时代发展特征,有利于幼儿的后续学习和长远发展。
(5)能够考虑季节、节日以及周边环境资源等因素。
(6)能体现科学精神和人文精神的融合。

2.【考点解析】此题主要考查考生对选择教育活动内容原则的掌握。

【答题要点】既适合幼儿的现有水平,又有一定的挑战性;既符合幼儿的现实需要,又有利于其长远发展;既贴近幼儿的生活来选择幼儿感兴趣的事物和问题,有助于拓展幼儿的经验和视野。

第二节 幼儿园教育活动目标的确定

【本节考纲考点】

1. 掌握幼儿园教育活动目标的结构。
2. 理解制定幼儿园教育活动目标的依据。
3. 理解幼儿园教育活动目标表述的要求。
4. 知道幼儿园教育活动目标体系的层次。
5. 学会制定幼儿园教育活动目标。

【历年真题再现】

一、单项选择题

【2015下】7.《幼儿园教育指导纲要(试行)》中的教育目标较多使用"体验""感受""喜欢""乐意"等词汇,这表明幼儿园教育强调(　　)。

A. 知识取向　　　　　　　　　B. 情感态度取向
C. 能力取向　　　　　　　　　D. 技能取向

【考点】幼儿园教育活动目标的结构

【本节备考指导】

本节考点不多,重点掌握内容较少,考生主要了解关于幼儿园教育活动目标的结构、制定活动目标的要求。理解制定幼儿园教育活动目标的依据,重点掌握如何制定和表述适宜的教育活动目标。本次考试多为选择题和教育活动目标的设计题。

【命题考点精讲】

命题点1：幼儿园教育活动目标的结构

三个方面：情感态度目标、知识目标、操作能力目标。

命题点2：制定幼儿园教育活动目标的依据

(1)依照相关的政策法规；(2)反映社会的要求；(3)遵循教育的总目标；(4)符合幼儿生理、心理发展的需要。

命题点3：幼儿园教育活动目标的表述要求

(1)具有可操作性；(2)要清晰准确且可检测；(3)从统一角度表述目标；(4)一个目标通过多种活动实现，一个活动指向多种目标。

命题点4：幼儿园教育活动目标体系的层次

(1)幼儿园教育总目标；(2)幼儿园各领域教育目标；(3)幼儿园各年龄班教育目标；(4)幼儿园各年龄班学期目标；(5)幼儿园教育活动目标。

命题点5：幼儿园教育活动目标的制定

此命题一般会出现在综合活动设计中作为其中的一个部分要求考生进行设计，在设计制定活动目标时需要依据命题点2中关于目标表述的要求来进行。

【本节考点知识点小结】

在学习这部分内容时，考生要关注《纲要》和《指南》里面关于制定教育活动目标的相关内容，知道在制定幼儿园教育活动目标时树立以幼儿为本的理念，根据《纲要》和《指南》中关于幼儿园教育总目标和各领域、各年龄阶段目标的解读，结合自身实际设立具体教育活动目标。本节知识点有幼儿园教育活动目标体系的层次，重点掌握如何制定幼儿园教育活动目标的依据和基本要求，根据目标的三大结构，结合所学理论知识在设计活动方案时能够制定适宜的具体教育活动目标。

【本节过关自测】

一、单项选择题

1. 下列不属于幼儿园教育目标结构内容的是（　　）。
   A．情感态度目标　　B．知识目标　　C．经验目标　　D．操作能力目标
2. 教育活动目标阐述中使用："体验……，学会……，理解……"体现了（　　）。
   A．从教师角度出发　B．从幼儿角度出发　C．从社会角度出发　D．从家长角度出发

二、简答题

1. 简述幼儿园教育活动目标的表述要求。
2. 简述制定幼儿园教育活动目标的依据。

三、设计题

1. 请以《家乡的土特产》为题设计中班社会教育活动目标。

【本节过关自测】参考答案

一、单项选择题

【考点解析】1. 答案是C。本题的主要考点是关于学生对幼儿园教育活动目标三个方面的掌握。

【考点解析】2. 答案是B。本题的主要考点是考生制定教育活动目标时的理解，能够掌握活动目标表述的统一性。

二、简答题

1.【考点解析】此题主要考查在制定教育活动目标时的表述要求。

【答题要点】(1)具有可操作性；(2)要清晰准确且可检测；(3)从统一角度表述目标；(4)一个目标通过多种活动实现，一个活动指向多种目标。

2．【考点解析】此题主要考查考生对制定教育活动目标依据的理解。
【答题要点】（1）依照相关的政策法规；（2）反映社会的要求；（3）遵循教育的总目标；（4）符合幼儿生理、心理发展的需要。

三、设计题

1．【考点解析】此题主要考查考生设计具体教育活动目标的能力。
【答题要点】
（1）了解常见的家乡土特产，尝试给土特产分类。
（2）知道家乡物产很丰富，产生作为家乡人的自豪感。

第三节　幼儿园教育活动方案的设计

【本节考纲考点】

1．掌握幼儿园教育活动方案设计的几个环节。
2．能够独立设计教育活动方案。

【历年真题再现】

一、具体活动设计

这个部分的真题近几年考的次数比较多，从年份来看，2011下半年、2012年上半年、2013年上半年、2014年上半年、2015年上半年、2015年下半年、2016年上半年，这些年份出的活动设计内容是具体领域活动设计，其中涉及科学领域（包括数学）的有4次、健康领域有2次。具体真题详见有关领域内容里面的真题再现，此处不再重复。

二、教育方案分析设计

截至2016年上半年，共出现过4次综合教育活动方案，领域基本以健康领域为主。如下面真题：

【2012下】16．新入园的小班幼儿在洗手时出现许多问题，有的把袖子弄湿、不洗手背、冲不净皂液，有的争抢或拥挤、玩水忘记洗手、擦手后毛巾乱放在架子上，有的握不住大块肥皂，有的因毛巾离水池远，一路甩水把地面弄得很湿……

请针对上述问题，设计一份改进洗手环节的工作方案，要求写出：对问题的分析，工作目标，解决各类问题的方法。

【2013上】16．小班赵老师发现幼儿进餐时存在各种问题：有的幼儿情绪不稳定，吃饭时哭着要妈妈；有的幼儿不会自己吃，一定要老师喂；有的幼儿挑食，不吃这个，不吃那个；还有的幼儿吃一会，玩一会，饭凉了都还没吃完……

请设计一份解决上述问题的教育方案，要求写出对问题的分析、教育目标、解决问题的主要方法。

【2013下】16．中二班幼儿在娃娃家游戏中，接待"客人"主动热情，与长辈交往很有礼貌，可家长却说孩子在家不是这样的，有客人来了很少打招呼，还经常对爷爷奶奶发脾气。

请针对上述幼儿行为的反差，设计解决这一问题的方法。
(1)写出问题的原因分析。(2)教学目标。(3)教育指导内容、方法。

【2014上】16．根据下面案例，设计一份亲子运动会方案，要求写出亲子运动会的设计意图，2个运动项目（须写出运动项目的名称、材料和玩法），家长工作要点以及实施注意事项。

在与本班家长沟通时，大三班教师发现，不少家长平时很少和孩子一起运动，因为不知道可以和孩子玩什么，为此，教师准备举行一场亲子运动会，让家长体验到生活中随手可得的一些废旧材料，可以用来开展有趣的运动游戏，从而促进幼儿发展。

【本节备考指导】

本节重要知识点和难点是有关幼儿园教育活动方案设计分析，纵观近年考点，基本上都是围绕某一领域、某一方面、某一年龄阶段或者某一问题进行的。主要考察学生的综合设计能力,也是分值较高的一个环节,考生要在全面了解幼儿园活动设计方法、原则、内容等方面的基础上,理论与实践相结合进行地案例活动设计。本节考试题型为设计题,而且属于必考内容。主要考查学生的综合运用能力。

【命题考点精讲】

命题点1:幼儿园教育活动设计

幼儿园教育活动设计根据《纲要》划分为五大领域活动:健康领域活动、语言领域活动、社会领域活动、科学领域活动、艺术领域活动。要求考生独立设计某一个领域的教育活动。

要求:(1)要有符合教育活动的几个环节;(2)活动设计符合《指南》要求;(3)活动设计具有可操作性;(4)活动内容要清晰准确且可检测。

此命题是本节重点内容,也是考试必考环节,分值所占比例较高。主要考察学生对活动的综合设计和运用能力。

命题点2:教育方案分析设计

根据幼儿在幼儿园日常活动中表现出来的现象、问题进行分析,设计相关领域的活动。

要求:(1)正确分析问题产生的原因;(2)根据分析设计相关活动;(3)在活动中解决问题;(4)活动设计要求参照命题点1。

【本节考点知识点小结】

考生在本章节学习中通过对幼儿园教育活动案例的学习,充分把握如何根据幼儿年龄特点等因素选择教育内容,制定教学目标,设计教学过程。考生要运用综合渗透的理念,结合所学理论知识来分析问题、设计活动案例。

【本节过关自测】

一、单个教育活动设计

1. 以"树叶"为内容设计一个小班活动方案。
2. 以"钟表"为题设计一个大班数学教育活动。
3. 以"我的家人"为内容设计一个中班语言教育活动。

二、主题教育活动设计

1. 春回大地、万物复苏,随着气温的回升,孩子们身上厚重的衣物逐渐褪去,正是孩子们欣赏美景、运动锻炼的好季节。幼儿园也会相应地设计系列活动。请以"春天真美丽"为主题设计系列活动。

要求写出:主题目标、子活动名称、目标及主要环节(要求子活动不少于3个)。

三、综合教育方案设计

1. 新入园的小班幼儿在吃饭和喝奶后经常不漱口,影响口腔卫生……

请针对上述问题,设计一份养成漱口习惯的工作方案,要求写出:对问题的分析、工作目标、解决问题的方法。

【本节过关自测】参考答案

一、单个教育活动设计

【考点解析】每个活动设计都要具有四大环节:活动名称、活动目标、活动准备、活动过程。

(1)活动名称:幼儿园活动名称分为生活化命名和科学化命名两种,但在幼儿园活动中多以生活化命名为主。

(2)活动目标:要从情感目标、知识目标和能力目标三方面进行设计,活动目标的设计要符合要求(具体要求见活动目标设计要求)。

(3)活动准备:活动准备包括物质材料准备和知识经验的准备。

(4)活动过程:活动过程主要从三个方面(导入、活动展开、活动结束)进行设计。活动过程是主要环节。活动设计要符合幼儿年龄特征,注意各环节之间的相互衔接,导入要自然,展开要实现教学目标。

除上述几点外,在设计各教育活动时要根据考点给定的题目,考虑其所在的领域,选择相应内容进行设计。

二、主题教育活动设计

1.【考点解析】综合活动设计要先确定主题,根据主题选择相应的一系列活动,这些活动可以涵盖幼儿园一日活动的各个环节及五大领域教学活动。考生在设计时要综合考虑主题目标,根据主题在各个方面设计的目标,选择相应的子活动实施,子活动的目标及主要环节设计参照具体活动设计。

【参考答案】

主题活动:春天真美丽

主题目标:

(1)初步感受春天的美好,能关注自己身边的美丽景色,产生积极的情绪体验。

(2)初步感受大自然的神奇,亲近和喜爱大自然。

(3)学习观察事物的基本方法,积极地用自己喜欢的方式表达对事物的认识。

(4)能在文学作品的基础上展开想象,并能仿编诗歌或者散文。

子活动:

(1)《欣赏春天》音乐活动

(2)《我心中的春天》美术活动

(3)《动物醒来》语言活动

(4)《去春游》春游活动

三、综合教育方案设计

1.【考点解析】此题考查考生综合教育活动方案的设计。

【参考解析】

问题分析:新入园的幼儿在日常生活中的习惯还没有养成,教师除了在日常生活中帮助幼儿养成良好的习惯之外,还要借助于教育活动影响幼儿。

幼儿园综合教育活动方案分析设计考点,主要来源于幼儿在生活中的问题和现象以及相关活动。教师通过设计综合教育活动方案,整合五大领域教育内容,实现教育目标。

工作目标:引起幼儿饭后和喝奶后主动漱口的意识、学会漱口的正确方法、养成保护口腔卫生的好习惯。

解决问题的方法:

(1)在一日生活中,每次饭后和喝奶后教师要及时提醒和监督幼儿进行漱口。

(2)通过集体教育活动或者游戏活动让幼儿学会漱口的正确方法。

(3)家园沟通,将幼儿的良好卫生习惯保持在家庭生活中。

集体教育活动如下示例:

儿歌《漱口》(语言、健康)

【活动目标】

(1)学会念儿歌,培养幼儿对诗歌的兴趣。

(2)在有趣的教学活动中学习词汇:拿、喝、抬等词,注意漱、咕噜等词的发音。

(3)知道漱口可以保护牙齿,养成饭后漱口的好习惯。

【活动准备】

幼儿喝水的小花茶杯数目和幼儿人数相等。

【活动过程】

1.教师表演儿歌内容,激发幼儿学儿歌的兴趣。

(1)教师手拿小花茶杯,做漱口的动作,引起幼儿的注意。

(2) 教师:"刚才你们看到老师在干什么?"(幼儿:注意"漱口"发音)
(3) 教师边动作边示范朗读儿歌。手拿花花杯,喝口清清水,抬起头,闭着嘴,咕噜咕噜吐出水。
2. 提出儿歌的名称,提问儿歌的内容。
(1) 教师:刚才老师在漱口,还念了一首儿歌,儿歌的名字叫《漱口》。
(2) 提问儿歌的名称,练习发"漱"的音。
(3) 幼儿再次观看并注意听,教师边动作边念儿歌。
3. 提问:
(1) "教师手里拿着什么?"(引导幼儿说出手拿花花杯,学习字的读音:拿。)
(2) "喝口什么?"(引导幼儿说出喝口清清水,学习字的读音:喝。注意"清"的发音。)
(3) "然后头怎样,嘴怎样?"(引导幼儿说出抬着头,闭着嘴,学习字的读音:抬,闭,注意"嘴"的发音。)
(4) "水吐出来发出什么样的声音呢?"(引导幼儿说出"咕噜咕噜吐出水",学习词的读音:咕噜。)
4. 集体学习儿歌。
(1) 全体幼儿和教师一起念儿歌1~2遍。
(2) 幼儿每人一只小花茶杯(不放水),边动作边念儿歌1~2遍。
5. 活动结束。

第二章 幼儿园领域教育的基本知识与方法

第一节 幼儿健康教育

【本节考纲考点】

1. 熟悉幼儿健康教育的方法和主要途径。
2. 掌握幼儿体育活动的基本内容和基本组织形式。
3. 掌握典型健康教育活动类型的设计与指导。

【历年真题再现】

一、选择题

【2012 上】15. 幼儿体育过程中最主要的环节是( )。
A. 激发幼儿活动兴趣阶段　　B. 身体准备阶段
C. 掌握动作技能阶段　　　　D. 结束阶段
【考点】集体体育教学活动的组织

二、简答题

【2016 上】12. 从儿童发展角度,简述幼儿户外运动的价值。
【考点】幼儿体育活动的组织与指导

三、具体活动设计

【2014 下】16. 根据一组图设计一个大班安全防火教育活动,要求写出活动名称、目标、准备、过程及延伸。(4 副图内容:(1)119 电话;(2)在易燃物存放处点火玩;(3)玩消防设备;(4)着火乘电梯。图略。)
【考点】安全生活教育活动的设计与组织

【2015 下】16. 大一班自由活动时间,个别幼儿用泡沫板(30 cm×30 cm)当滑板玩(如下图),许多孩子也想玩,但有的幼儿滑不起来,有的只能滑一点点。请根据幼儿利用泡沫拼板滑行的兴趣,为大班幼儿设计一个体育活动。要求写出活动名称、活动目标、活动准备、活动过程和活动延伸。

图一　儿童双脚踩一块拼板滑行　　　图二　儿童坐在一块拼板上滑行

【考点】集体体育教学活动的设计与组织

四、教育方案设计

【2012下】新入园的小班幼儿在洗手时出现许多问题,有的把袖子弄湿、不洗手背、冲不净皂液;有的争抢或拥挤、玩水忘记洗手、擦手后毛巾乱放在架子上;有的握不住大块肥皂;有的因毛巾离水池远,一路甩水把地面弄得很湿……

请针对上述问题,设计一份改进洗手环节的工作方案,要求写出:对问题的分析,工作目标,解决各类问题的方法。

【考点】生活常规教育工作方案的设计

【2013上】小班赵老师发现幼儿进餐时存在各种问题:有的幼儿情绪不稳定,吃饭时哭着找妈妈;有的幼儿不会拿勺子吃,一定要老师喂;有的幼儿挑食,不吃这个,不吃那个;还有的幼儿吃一会儿,玩一会,饭凉了都还没吃完……

请设计一份解决上述问题的教育方案。要求写出:对问题的分析、教育目标和解决问题的主要方法。

【考点】生活常规教育方案的设计

【2014上】在与本班家长的沟通中,大三班教师发现:不少家长平时很少和孩子一起运动,因为不知道可以和孩子玩什么,为此,教师准备举行一场亲子运动会,让家长体验到生活中随手可得的一些废旧材料,可以用来开展有趣的运动游戏,从而促进幼儿发展。

根据以上案例,设计一份亲子运动会方案,要求写出亲子运动会的设计意图,2个运动项目(须写出运动项目的名称,材料和玩法),家长工作要点以及实施注意事项。

【考点】幼儿体育活动(运动会)的方案设计

【本节备考指导】

本章重点是掌握幼儿健康领域教育的基本知识和相应的教育方法,涉及幼儿健康领域的目标、主要内容、教学方法、主要途径,以及典型活动类型的设计与指导。重要的知识点是幼儿健康教育的方法、幼儿体育活动的基本内容和组织形式,难点是幼儿健康教育活动的设计与指导。

纵观近年考点,幼儿园健康教育的内容是考点,考生要识记身体保健教育和体育教育的内容,易出单选题;重点掌握幼儿健康教育的方法,尤其是情景表演法、游戏法等,可以出单选题,也可结合材料进行分析。幼儿健康教育的途径是考点,多以材料分析题的形式出现。考生还应整合健康和其他领域的意义和方法,能够综合地设计并开展活动,此部分易出活动设计题。

【命题考点精讲】

命题点1:健康领域的目标解读

幼儿园健康教育是根据幼儿心理发展特点,以提高幼儿的健康认识,改善幼儿的健康态度,培养幼儿的健康行为,维护和促进幼儿的健康为最终目标而开展的有组织、有计划、有目的的一系列教育活动。

《幼儿园教育指导纲要(试行)》明确指出学前教育儿童健康教育的目标是:(1)身体健康,在集体生活中情绪安定、愉快;(2)生活、卫生习惯良好,有基本的生活自理能力;(3)知道必要的安全保健常识,学习保护自己;(4)喜欢参加体育活动,动作协调、灵活。

《3~6岁儿童学习与发展指南》将幼儿在健康领域中的学习与发展划分为"身心状况""动作发展""生活习惯与生活能力"三方面内容。"身心状况"包括幼儿身体和心理两方面的发展状况,这是正确健康观念的重要体现。其中,根据幼儿体态发育、情绪表现和适应能力三个维度提出了幼儿阶段需要学习和发展的具体目标,集中表现为幼儿在身体形态机能和心理发展方面的基本状况。"动作发展"包括身体大肌肉动作和手部小肌肉动作的发展目标,幼儿动作发展是身体机能状况的重要表现,同时也与幼儿心理的发展有内在联系,幼儿期是身体动作发展的重要时期,身体动作的发展是适应社会生活必备的基本能力。"生活习惯与生活能力"包括与幼儿健康成长密切关联的生活习惯、卫生习惯、生活自理能力和安全生活的能力,良好的生活与卫生习惯是维护和促进幼儿自身健康的重要保证。幼儿阶段正是良好行为和习惯养成的重要时期,幼儿需要从学习生活开始,为今后的独立生活打下基础,生活自理能力和安全生活能力也是幼儿适应社会生活必备的重要能力。

命题点 2：健康领域的主要内容模块

幼儿健康教育的内容以健康为核心,包括身体健康教育和心理健康教育两个大的方面,其中身体健康教育由身体生长发育教育、生活常规教育、饮食与营养教育、安全生活教育、学前儿童体育几部分内容组成。

1. 身体保健教育

身体生长发育教育就是帮助幼儿正确认识自己的身体,逐步理解身体由小到大,直到功能消失的自然规律,初步认识疾病对身体机体发育的消极影响,了解男女两性的基本差异,初步掌握身体保健技能和方法。

生活常规教育是让幼儿获得生活的基本知识规则和技能,形成乐观的生活态度,培养良好的生活习惯以及生活自理的初步意识和能力,形成健康的生活方式,从而提高生活质量,促进身心的健康发展。

饮食与营养教育是让幼儿获得饮食与营养的基本知识,掌握饮食的方法和技能,帮助儿童形成有关饮食与营养的正确观念,创建合理的饮食环境,培养良好的饮食习惯,促进幼儿营养的获得与吸收,保护和增进幼儿的身体健康。

安全生活教育是培养幼儿安全和自我保护的意识,使幼儿懂得安全与自我保护的知识和技能,消除不安全因素,防止意外事故的发生。

2. 幼儿体育

(1) 幼儿体育是遵循幼儿身体发育规律,以增强体质,提高健康水平,促进幼儿身心全面和谐发展为目的所进行的一系列教育活动。

(2) 幼儿体育活动的内容涉及：幼儿基本动作的练习、幼儿基本体操的练习、幼儿体育游戏、幼儿运动器械的练习。

基本动作练习一般包括走、跑、跳、投掷、平衡、钻爬和攀登等。

基本体操分为徒手操(包括模仿操)、轻器械操以及队列队形练习。

幼儿体育游戏是幼儿园体育活动中最重要的内容,它是以基本动作为主要内容,以游戏活动为形式,以增强幼儿体质为主要目的的一种活动。

器械练习指运用器械来进行身体锻炼活动,分为大型固定性运动器械、中小型可移动器械以及手持的小型运动器械。

(3) 幼儿园体育活动的基本活动形式：早操、体育教学活动、户外体育活动。

早操是幼儿园在早晨开展的、以基本体操为主要内容的一种体育活动的形式。

体育教学活动是一种有目的、有计划、有组织的体育活动,以身体练习为主要内容,注重幼儿身体的全面发展,有目的、有计划地提高幼儿的身体素质,发展幼儿的基本活动能力,增强幼儿的体质,促进幼儿智力和良好个性品质的发展。

《幼儿园工作规程》中明确规定,"幼儿园每日户外活动不得少于一小时",户外体育活动是幼儿园体育的重要组织形式之一,它具有活动内容丰富,活动时间灵活性大,幼儿自主性强等特点,有利于教师发挥主导作用和贯彻区别对待教学原则,有利于发挥幼儿的主动性、积极性,更好地培养他们的独立性和创造性,同时能充分利用空气阳光等自然力量进行体育锻炼。

3. 心理健康教育

幼儿心理健康教育是运用心理科学的原理和方法,根据幼儿的年龄特点,有目的、有计划地预防和矫治幼儿的行为偏异和心理障碍,培养健康心理品质的教育。心理健康教育的主要内容有:

(1)学习和表达调节自己的情绪等方法。第一,正确认识、理解、评价触发情绪反应的情境,明确只有合理的需要和目的才能得以满足或达成,而不合理的需求和目的必定受阻。第二,培养学前儿童控制与调节情绪的能力。学习用自我说服、诉说、注意转移、忘却、宽容的方法调节情绪;学习合理疏泄愤怒、畏惧、忧虑、委屈、厌恶等消极情绪;学习并表达成功后的愉快与欣喜的感受。

(2)培养社会交往能力。第一,学习感觉和理解他人的情感;第二,学习轮流分享合作互助的技能;第三,有初步的公平竞争的意识和行为;第四,正确认识评价和调节自我;第五,懂得基本的礼貌礼节。

(3)性教育。第一,性别认同和性角色;第二,科学简洁的性知识;第三,正确处理学前儿童的性游戏;第四,纠正玩弄生殖器和大腿摩擦的不良习惯。

(4)学前儿童心理障碍和行为异常的预防。

命题点3:健康领域涉及的主要教学方法

1. 幼儿身体保健教育常用的方法

(1)感知体验法。感知体验法是让幼儿凭借自身的感觉器官和实际行动来认识、判别事物,进而形成正确的健康态度并逐渐改善自己的健康行为。

(2)动作和行为练习法。动作和行为练习法是指让幼儿对已学过的生活技能、健康行为等进行反复练习,加深理解,形成稳定技能和良好行为习惯的方法。

(3)讲解演示法。讲解演示法是指教师边讲解边结合动作演示,或以实物模型演示,具体而形象地向幼儿传授有关健康的知识和技能,提高幼儿对健康的认识水平的方法。对幼儿不容易理解的健康教育内容,不便于掌握或需要经过系统练习的行为技能的需要通过讲解演示等方法来实现。

(4)情景表演法。情景表演法是指教师现场通过视频向幼儿展示生活情景,让幼儿观察和分析情景中所涉及的健康问题的方法。教师根据健康教育内容的需要为幼儿创设一定的环境和条件,事先对幼儿提出相应的要求,鼓励幼儿在环境中通过自己的活动和感受去获得体验,以加深对健康知识、概念的理解,培养幼儿的态度,形成健康的行为。

(5)讨论评议法。讨论评议法是指幼儿参与健康教育的过程当中,教师让他们提出问题,发表自己的意见和看法,最后得出结论、达成共识的方法。幼儿园教育实践中有部分教育内容不便于操作和演示,可以借助欣赏一些典型的文学作品来讨论、感知主人公的处境和内心体验。

2. 幼儿身体锻炼的教育方法

(1)讲解示范法。讲解是指教师用语言组织幼儿的活动,直到他们理解和掌握活动的名称及练习内容、领会动作的要领和做法的一种方法。示范是指教师以个体的动作为范例,使幼儿学到所有练习和掌握的动作技能的具体形象、结构和完成的先后顺序等的方法。

(2)练习法。练习法是通过讲解示范后,在幼儿初步建立与活动有关的表象或概念的基础上,让幼儿在教师的指导下进行各种身体练习,以实现身体锻炼活动目标的一种方法,他是体育活动中最基本的也是最重要的方法,幼儿常用的练习法包括重复练习法、条件练习法、循环练习法等。

重复练习法是指在固定不变的条件下反复练习的方法。

条件练习法是指设定设置一定的具体条件或者改变练习条件的情况下,要求幼儿按规定的条件进行练习的方法。

完整练习法是指将整个动作或活动过程完整地进行练习的方法。

分解练习法是指将整个动作或活动分解成几个部分,按部分主次进行练习,最后再组合成完整动作或活动全过程进行练习的方法。

(3)信号法。信号法是指用口令哨音、音乐、鼓声、拍手等声响来帮助和指导幼儿进行身体锻炼的方法。口令是身体锻炼活动中常用的信号,在组织幼儿排队和队列队形变换及做操时经常使用,使用时应做到洪亮、清晰、有节奏、有感情,并正确分析动令和预令。其他信号有助于发展幼儿动作的节奏感,活跃活动的气氛,培养幼儿分辨信息的能力,但在使用时应注意根据动作的特点和活动情境的变化而改变信号的节奏和速度。

(4)游戏法。游戏法是以游戏的形式组织锻炼的方法,这种方法能够将幼儿难以理解或枯燥无味的动作和身体素质的练习变成有趣的模仿活动或具体的游戏情节,提高幼儿的练习兴趣。

(5)比赛法。比赛法是指在比赛条件下进行练习的方法,一般在中大班采用,运用比赛法主要利用竞争因素,激发幼儿的练习热情,促使其最大限度地发挥机体能力,以达到提高教学质量的目的。

(6)领做法。领做法是指教师边示范讲解、边组织幼儿按教师要求进行练习的方法,有时也可由优秀的幼儿带领。这种教学方法适合于内容成套,技术动作多、节奏感强、动作与动作之间衔接紧凑,动作路线方向变化复杂的教学。

(7)语言提示法和具体帮助法。语言提示法是指幼儿进行身体练习时,教师用简短明确的语言提示和指导幼儿正确完成动作或进行活动。具体帮助法是教师直接而具体地帮助幼儿改正错误,实际掌握正确的练习要求和方法。这两种方法往往结合使用,多用于重复练习时防止和纠正错误,同时实施个别指导。

命题点4:健康领域实施的主要途径(或实施渠道)

1. 通过开展教育活动进行健康教育

(1)专门的健康教育活动。专门的健康教育活动是教师专门为幼儿设计并组织的以维护和促进幼儿身心健康为目的的教育活动。它既包含了专门的健康知识,也包含了需要通过系统训练而获得的健康行为的技能。专门的健康教育活动通常围绕某一个健康教育主题展开,内容涉及幼儿身体生长发育教育、生活常规教育、饮食与营养教育、安全生活教育、学前儿童体育、心理健康教育等方面。

(2)和其他领域的渗透与融合。幼儿园健康教育除了专门健康教育活动之外,还可以在幼儿园其他领域活动中得到渗透与融合。健康教育可以结合语言、科学、社会、艺术领域的课程对幼儿进行教育。为幼儿创设适宜的情境,培养幼儿良好的心理素质。

2. 渗透在日常生活中的健康教育

(1)借助一日生活环节进行教育。幼儿健康教育的出发点和归宿是培养其良好的健康习惯的行为,健康教育的内容涉及日常生活的全部范畴。

(2)创设健康的环境。幼儿总是生活在特定的环境中,环境是幼儿是否健康生活的不可忽视的影响因素,保教人员精心创设环境,有利于培养幼儿良好的品德和行为习惯。

3. 家园联合开展健康教育

家园联合开展健康教育主要体现为注重幼儿良好生活习惯的培养,创设健康、适宜的环境,并发挥成人的榜样示范作用。

命题点5:健康领域典型活动类型的设计与指导

1. 幼儿身体保健教育活动的组织与指导

(1)活动导入,激发兴趣。活动开始,教师要激发幼儿参与活动的兴趣。设计和组织这一环节常用的方式如下:

① 直观导入,即教师利用直观材料如图片、实物、模型等向幼儿提供与本活动有关的可视形象,启发他们的兴趣和经验。

② 作品导入,教师运用文艺作品如谜语、诗歌、故事、歌曲等引导要进入活动的方式。

③ 设疑导入,教师通过设置悬念、提问的方式引入活动。

(2)感觉体验,理解主题。导入活动后要马上切入活动主题,向幼儿呈现具体事件,充分感知体验理解"具体事件"。

第一环节:情景感知,根据身心保健教育活动的具体内容,可以选择以下几种感知方式:

① 现实性情景感知,教师充分利用自然的环境,引导幼儿对实际生活中的事物及人的行为态度进行实景、实情、实物观察。

② 问题性情景感知,教师根据活动需要和幼儿兴趣,有意识、有计划地通过一个问题、一张照片等构成问题情景,引发幼儿思考。

③ 表演性情景感知。教师通过木偶表演、故事表演等形式引导幼儿感知观察情景。

第二环节体验理解：在这一环节中教师的主要任务是引导学前儿童进一步探索、体验理解"具体事件"，主要采取以下几种常见的体验理解方式：

① 认知参与式理解，教师根据活动内容巧妙、适时地提出问题，引起幼儿思考，或对幼儿看法不一致的问题，组织幼儿展开讨论，引发幼儿积极思考、相互交流，使之产生共鸣。

② 层层递进式理解，教师根据幼儿的认识特点和教育内容的逻辑联系，由浅入深、由表及里地引导幼儿活动的方式。

③ 操作活动式理解，教师通过巧妙布置练习任务，让幼儿亲自做一做、玩一玩、动一动的方式，达到情感体验理解的目的。

第三环节方法学习：方法学习是指帮助学前儿童建立和形成有益于身心健康的行为和习惯，在这一环节中教师一般要分三个步骤来进行：一是要组织学前儿童讨论、交流某一情境中的行为要求，通过概括，让幼儿知道怎么样去行动；二是请部分幼儿根据教师创设的情境尝试正确的做法，其他幼儿观看台上幼儿的做法后评价，从而学习正确的行为方法；三教师小结，归纳概括。

(3) 活动结束，强化巩固。

2. 幼儿体育活动组织与指导

幼儿体育活动组织的原则：经常化原则；适量运动负荷原则；多样化原则；全面发展原则。

幼儿体育教学活动设计与组织的基本结构：

(1) 开始部分。本环节的目的是把幼儿组织起来，集中他们的注意力，引发他们参与学习和运动的积极性，同时克服身体器官组织的惰性，提高活动能力，为下面的活动做好适应性准备。主要内容有：排队集合，向幼儿说明活动的主要内容和要求，根据基本活动的需要做一些针对性的准备活动。

(2) 基本部分。本环节的目的是学习新的或较难的基本动作和活动内容，巩固和提高已学过的各类动作和游戏，通过幼儿自身的身体练习，增强他们的身体素质，提高机体运动能力和对活动的兴趣，培养幼儿良好的意志品质。主要内容有：通过教师对动作的讲解和示范，或者幼儿自身的探索，了解基本动作要领或者游戏内容；通过徒手或者带器械练习，初步掌握基本动作；通过有趣的游戏，在感兴趣的活动中进一步练习巩固动作，发展体能。

(3) 结束部分。本环节的目的在于组织引导幼儿，进行放松整理结束活动，使幼儿的身体情绪逐渐平静下来，使机体放松，逐渐恢复平静状态。这部分内容一般选择一些逐步降低运动负荷的练习，对本次活动进行合理的小结评价，组织幼儿收拾和整理活动器械等。

命题点6：其他相关的学科基本知识等

模块三"生活指导"部分中幼儿生活常规教育与习惯培养、幼儿身体保健基本知识、疾病预防、幼儿营养、幼儿安全教育等基本知识与此命题点相关。

【本节考点知识点小结】

幼儿园健康教育概述：目标：(1)身体健康，在集体生活中情绪安定、愉快；(2)生活、卫生习惯良好，有基本的生活自理能力；(3)知道必要的安全保健常识，学习保护自己；(4)喜欢参加体育活动，动作协调、灵活。内容：包括身体健康教育和心理健康教育两个大的方面，其中身体健康教育由身体生长发育教育、生活常规教育、饮食与营养教育、安全生活教育、学前儿童体育几部分内容组成。教育方法：感知体验法、动作和行为练习法、讲解演示法、情景表演法、讨论评议法。教育途径：通过开展教育活动进行健康教育、渗透在日常生活中的健康教育、家园联合开展健康教育。

幼儿体育活动的基本内容：(1)幼儿基本动作的练习；(2)幼儿基本体操的练习；(3)幼儿体育游戏；(4)幼儿运动器械的练习。

幼儿园体育活动的基本组织形式：(1)体操；(2)体育教学活动；(3)户外体育活动。

幼儿园健康教育活动设计与组织实施：幼儿身体保健教育活动的组织与指导、幼儿园体育活动的组织与指导。

【本节过关自测】

一、单项选择题

1. 健康是指人（　　）的健全状态。
   A．心理与社会适应　　　　　　　　　　B．心理适应
   C．身体、心理与社会适应　　　　　　　D．身体与心理适应

2. 下列哪个目标不是幼儿园健康领域的教育目标（　　）？
   A．身体健康，在集体生活中情绪安定、愉快　　B．生活、卫生习惯良好，有基本的生活自理能力
   C．知道必要的安全保健常识，学习保护自己　　D．掌握规范的体育锻炼技能

3. 幼儿园健康教育的出发点与归宿是（　　）。
   A．促进幼儿身心的健康发展　　　　　　B．养成幼儿规律的生活作息
   C．对幼儿进行思想道德教育　　　　　　D．培养幼儿良好的习惯、健康的行为

4. "引导幼儿认识身体的主要外部器官及功能，并知道为什么要保护它们"属于健康教育中的（　　）。
   A．身体生长发育教育　　　　　　　　　B．生活常规教育
   C．饮食与营养教育　　　　　　　　　　D．安全生活教育

5. 健康教育的（　　）是让幼儿获得生活的基本知识规则和技能，培养良好的生活习惯以及生活自理的初步意识和能力。
   A．身体生长发育教育　　　　　　　　　B．生活常规教育
   C．饮食与营养教育　　　　　　　　　　D．安全生活教育

6. 不属于基本体操内容的是（　　）。
   A．模仿操　　　B．轻器械操　　　C．体育游戏　　　D．队列队形练习

7. 下面不属于幼儿园体育活动中的基本动作练习内容的是（　　）。
   A．跑　　　　　B．速度　　　　　C．跳　　　　　　D．投掷

8. 让幼儿凭借自身的感觉器官和实际行动来认识、判别事物，进而形成正确的健康态度并逐渐改善自己的健康行为是（　　）。
   A．动作与行为练习法　　　　　　　　　B．讨论评议法
   C．感知体验法　　　　　　　　　　　　D．情景表演法

9. 老师想培养幼儿洗手的习惯，就召集幼儿到水龙头前，一边看老师怎样洗手，一边听老师讲解洗手的步骤。这种方法属于（　　）。
   A．行动操练法　　B．讲解演示法　　C．感知体验法　　D．情境表演法

10. 让幼儿对已学过的生活技能、健康行为等进行反复练习，加深理解，形成稳定技能和良好行为习惯的方法是（　　）。
    A．动作与行为练习法　　　　　　　　　B．感知体验法
    C．讨论评议法　　　　　　　　　　　　D．情景表演法

11. 将幼儿难以理解或枯燥无味的动作和身体素质的练习变成有趣的模仿活动或具体的游戏情节，提高他们的练习兴趣的方法是（　　）。
    A．练习法　　　B．比赛法　　　　C．信号法　　　　D．游戏法

12. 用口令哨音、音乐、鼓声、拍手等声响来帮助和指导幼儿进行身体锻炼的方法是（　　）。
    A．练习法　　　B．信号法　　　　C．领做法　　　　D．语言提示和具体帮助法

13. 不属于幼儿园体育活动的基本组织形式的是（　　）。
    A．早操　　　　B．体育教学活动　C．户外体育活动　D．基本动作练习

14. 要求教师在组织幼儿进行身体锻炼活动时，合理安排以及注意调节幼儿身体和心理所承受的负荷，从中体现的幼儿园健康教育的原则是（　　）。
    A．适量的运动负荷原则　　　　　　　　B．全面发展的原则
    C．经常化原则　　　　　　　　　　　　D．多样化原则

15. 学前儿童体育活动的主要内容和方式是(　　)。
  A．体育课　　　　B．体育游戏　　　　C．早操活动　　　　D．基本动作
16. 幼儿每日进行户外体育活动的时间不少于(　　)。
  A．半小时　　　　B．1小时　　　　C．2小时　　　　D．4小时
17. 下列不属于幼儿园健康教育活动内容的是(　　)。
  A．生活习惯与能力　　　　　　　　B．保护自身安全
  C．身体活动的知识和技能　　　　　D．能听懂并理解多种游戏规则
18. 下列选项不属于幼儿心理健康教育内容的是(　　)。
  A．学习表达和调节自己的情绪情感　　B．学会锻炼社会交往能力
  C．安全与自护教育　　　　　　　　　D．进行初步性教育
19. 幼儿心理健康的标志不包括(　　)。
  A．动作发展正常　　B．性格孤僻　　C．认知发展正常　　D．人际关系融洽
20. 幼儿徒手体操不包括(　　)。
  A．花操　　　　B．拍手操　　　　C．健美操　　　　D．韵律操

二、简答题

1. 简述幼儿园健康教育的总目标。
2. 简述幼儿园健康教育的主要途径。
3. 幼儿园体育活动的主要内容。

三、具体活动设计

1. 学前儿童中常有弱视、斜视或不爱护眼睛的问题出现,而成人后的各种视力问题也多由小时候的不良习惯所导致。请以"保护眼睛"为主题设计中班的活动计划。

每一活动设计都要包括:活动名称、目标要求、准备工作、活动过程。

2. 以《小兔跳圈》为活动名称设计一个小班幼儿体育活动,写出活动目标,并按体育教育活动的结构写出活动过程与要点。

3. 班级里刚好有一个小朋友生病了,没能来幼儿园,教师以此设计开展一节心理健康教育活动,让幼儿学习如何关心、帮助生病的同伴,体验生病的小朋友的情绪、情感。要求写出活动名称、活动目标、活动准备、活动过程。

四、综合教育方案设计

1. 对于新入园的幼儿,午睡是老师最头疼的问题之一,有好多小朋友第一次在园午睡时都是大哭大闹,不愿一个人入睡,就是愿意睡的,睡姿也各式各样。请以"培养儿童良好的睡眠习惯"为主题设计一份改进小班睡眠的工作方案。要求写出:对问题的分析、工作目标、解决各类问题的方法。

2. 目前保存食物的方法越来越多,如冷藏、冷冻、干燥、罐装等,但食物的保存都会借助食品袋来完成,那么通过食品袋上的生产日期和保质期,我们可以了解到该食物是否新鲜。请以"食品袋"为主题设计大班的活动计划。

【本节过关自测】参考答案

一、单项选择题

【考点解析】1. 答案是C。此题考的是健康的含义,健康不仅能指身体健康,还包括心理健康与社会适应,健康是一个整体概念。

【考点解析】2. 答案是D。此题考的是幼儿健康领域的基本目标。

【考点解析】3. 答案是D。此题考的是幼儿园健康教育的出发点与归宿是培养幼儿良好的习惯、健康的行为。

【考点解析】4. 答案是A。此题考的是幼儿园健康教育的内容。

【考点解析】5. 答案是B。此题考的是幼儿园健康教育的内容。

【考点解析】6. 答案是C。此题考的是幼儿园体育活动中基本体操的内容。

【考点解析】7. 答案是 B。此题考的是幼儿园体育活动中基本动作练习的内容。

【考点解析】8. 答案是 C。此题考的是幼儿园身体保健教育活动的方法。

【考点解析】9. 答案是 B。此题考的是幼儿园身体保健教育活动的方法。

【考点解析】10. 答案是 A。此题考的是幼儿园身体保健教育活动的方法。

【考点解析】11. 答案是 D。此题考的是幼儿园体育教育活动的方法。

【考点解析】12. 答案是 B。此题考的是幼儿园体育教育活动的方法。

【考点解析】13. 答案是 D。此题考的是幼儿园体育教育活动的组织形式。

【考点解析】14. 答案是 A。此题考的是幼儿体育活动组织的原则。

【考点解析】15. 答案是 B。此题考的是体育活动的内容,体育游戏活动不但是适合学前儿童特点的活动形式,而且也是促使学前儿童心理发展的最好活动形式。

【考点解析】16. 答案是 B。此题考的是体育活动的组织形式之一户外体育活动。

【考点解析】17. 答案是 D。此题考的是幼儿园健康教育活动内容。

【考点解析】18. 答案是 C。此题考的是幼儿园健康心理教育活动内容。

【考点解析】19. 答案是 B。此题考的是幼儿心理健康的标志。

【考点解析】20. 答案是 A。此题考的是幼儿园基本体操的类型。

二、简答题

1.【考点解析】此题考查考生对幼儿园健康教育的总目标的掌握情况。

【答题要点】(1)身体健康,在集体生活中情绪安定、愉快;(2)生活、卫生习惯良好,有基本的生活自理能力;(3)知道必要的安全保健常识,学习保护自己;(4)喜欢参加体育活动,动作协调、灵活。

2.【考点解析】此题考查考生对幼儿园健康教育主要途径的掌握情况。

【答题要点】要进行幼儿园健康教育,需要通过以下途径:

(1) 通过开展教育活动进行健康教育,包括专门的健康教育活动及与其他领域的渗透与融合两方面。

(2) 渗透在日常生活中的健康教育:①借助一日生活环节进行教育;②创设健康的环境。

(3) 家园联合开展健康教育。

3.【考点解析】此题考查考生对幼儿园体育活动内容的掌握情况。

【答案要点】幼儿园体育活动的内容包括幼儿基本动作的练习、幼儿基本体操的练习、幼儿体育游戏、幼儿运动器械的练习。其中:(1)基本动作练习一般包括走、跑、跳、投掷、平衡、钻爬和攀登等。(2)基本体操分为徒手操(包括模仿操)、轻器械操以及队列队形练习。(3)幼儿体育游戏是幼儿园体育活动中最重要的内容,它是以基本动作为主要内容,以游戏活动为形式,以增强幼儿体质为主要目的的一种活动。(4)器械练习指用运动器械来进行身体锻炼活动,分为大型固定性运动器械、中小型可移动器械以及手持的小型运动器械。

三、具体活动设计

1.【考点解析】此题考查考生对健康教育活动方案设计与指导的掌握情况。

【答题要点】

[活动名称] 中班健康活动:明亮的眼睛

[活动目标]

1. 初步了解眼睛的作用,知道眼睛的重要性。

2. 懂得保护眼睛的一些方法。

3. 逐步养成良好的用眼习惯

[活动准备]

1. 自制眼罩若干,幼儿熟识的玩具和图片若干。

2. 影响视力的图片一组。

[活动过程]

一、课件导入,激发兴趣

老师今天带来一张图片,是一个长在我们脸上的器官,我们一起来猜一猜。

二、认识眼睛,知道眼睛的作用

1. 分别认识瞳孔、虹膜、睫毛。

重点提问:

(1) 中间最黑的部分叫什么?(瞳孔)(鼓励幼儿在邻座幼儿的眼睛里找瞳孔。)

(2) 瞳孔外面一圈咖啡色的部分叫什么?(虹膜)(引导幼儿在同伴眼睛里找虹膜。)

(3) 我们的眼睛为什么要长睫毛?(启发幼儿简单说出睫毛的作用。)

(4) 你们的眼睛看到了些什么?

小结:原来眼睛所到之处,无所不见,知道吗?能够看见是一种幸福,要好好珍惜哦!

2. 小游戏,比较体会眼睛的重要性。

游戏一:找不同(找出两张图片的3个不同之处)。

游戏二:添五官(幼儿蒙眼添画五官)。

重点提问:

你们觉得这个游戏有难度吗?但是完成这个游戏有4点要求,谁看明白了?(以图文结合的方式,出示游戏规则,让幼儿交流讨论,解读游戏规则。)

第一,三人一组,找到黑板上和你身上一样的标志图,并且排好队。

第二,带好眼罩,不能偷看哦!

第三,每个小朋友画一个器官,画好以后回到座位上。

第四,做游戏的时候,不能提醒小朋友哦,不然就算是犯规了!

(幼儿分组游戏。)

三、共同讨论,体会眼睛的重要性

重点提问:

1. 咦!这么简单的图片你们为什么添画的这么奇怪呀?(引导幼儿说说蒙眼添画时的感受。)

2. 还有哪些事也需要眼睛的帮助呢?

小结:原本这么简单的一件事情,可是没有眼睛的帮忙也变得这么困难,闹了这么大的笑话!而且眼睛可以帮助我们做这么多事情,看来眼睛对我们真的很重要。

四、观看视频,共同探讨保护眼睛的方法

1. 自由讨论。(相邻位置的幼儿自由讨论。)

2. 播放视频:保健老师的话。(根据视频内容,贴出相应图片提示。)

重点提问:

(1) 那么怎么保护我们的眼睛呢?(引导幼儿与相邻位置的幼儿自由讨论。)

(2) 陆老师介绍了这么多好办法,有什么是你听不懂的吗?(采用生生互动、师生互动的问答方式。)

3. 眼球操,感受眼球操对眼睛的帮助作用。

我们一起来做眼球操吧!请你们将身上的标志图拿下来,面对自己套在右手的食指上,在做眼球操时,眼睛要一直看着这个小动物哦!

2.【考点解析】此题考查考生对体育活动方案设计与指导的掌握情况。

【答题要点】

[活动目标] 1. 愿意参加体育活动。

2. 知道双脚向前行进跳的要点。

3. 锻炼敏捷的反应能力及跳跃能力。

[活动准备] 1.兔妈妈胸饰;2.彩色圈若干(红、黄、绿);3.小白兔胸饰人手一个;4.欢快的律动音乐;5.胡萝卜、蘑菇、青菜若干。

[活动过程]

1. 开始部分

老师扮演兔子妈妈,幼儿扮演小兔子。兔妈妈带小兔到草地上去玩,双脚行进跳入场地。

热身活动:在场地的大圆圈内,幼儿随音乐跟着老师做律动:伸耳朵(上肢)、吃青草(下肢)、搬蘑菇

(体转)、蹦蹦跳跳(跳跃)等。

2. 交代正确的跳圈方法,学习动作要领

(1) 教师示范讲解动作要领

教师:宝宝们表现都非常的棒,今天兔妈妈带宝宝们来玩游戏之前,还带一样好玩的小东西。小眼睛闭上,亮出彩圈,问:这是什么啊?哦,这么漂亮的彩圈,能有什么玩法呢?

老师将彩圈放在地上,双手叉腰跳进去,然后跳出来。一边讲解动作要领一遍做示范(动作要领:两只脚并并拢,膝盖弯一弯,然后跳进圈内),连续多遍。

(2) 请部分小朋友上来做示范。

(3) 幼儿练习动作。把人手一份的彩圈发下去,指导幼儿跳入圈,跳出来,再跳进下一个圈。此基础锻炼可以多进行几遍,以便在后面的环节中熟练操作。

3. 游戏:小兔跳圈

教师:宝宝们,请到大圆圈上站好,妈妈和你们玩小兔跳彩圈的游戏,看谁是聪明的小兔?

(1) 教师讲解游戏规则。

游戏开始时,小兔子们排好队走圈,看见彩圈就跳进、跳出。

当"妈妈"高举彩色小旗时,"兔宝宝"们就快速地跳到与彩旗颜色相同的彩圈内,每个彩圈内只能跳进一只"小兔",以最先跳进的"小兔"为胜,并且它要告诉"妈妈"自己跳到了什么颜色的彩圈里,说对了的宝宝"妈妈"给予奖励。

(2) 教师引导幼儿进行游戏,着重指导幼儿双脚向前行进跳的动作。

(3) 增加游戏难度,组织幼儿进行游戏。"兔妈妈"同时举起两种颜色的彩旗,"兔宝宝"选择自己喜欢的一种跳到相应的彩圈内。

4. 放松活动

你们都有点累了,我们一起坐下来放松一下吧。大家一起来做做按摩:捏捏腿、锤锤双脚,甩甩手臂。也可以帮你的好朋友按摩按摩!

3.【考点解析】此题考查考生对学前儿童心理健康活动方案设计与指导的掌握情况。

【答题要点】

[活动名称]大班:关心生病的小朋友

[活动目标]1. 体验生病的小朋友的情绪、情感。

2. 学习用各种方式关心、帮助生病的同伴。

[活动准备]录音工具(如带录音功能的手机)、信笺、笔、制作礼品的材料等。

[活动过程]

1. 引出情境

(1) 用"点名"的方法让幼儿意识到某个小朋友缺席。

(2) 请幼儿猜测小朋友缺席的原因。

(3) 此时,事先安排好的一位教师来班告知小朋友因病请假一周的消息。

2. 启发提问

(1) 你生病是怎么样的?心里会感到怎么样?会想写什么?为什么?

(2) 现在小朋友生病在家,他心里会怎么样?

(3) 人在生病时最需要什么?

3. 分组讨论:怎样帮助生病的小朋友

按幼儿意愿选择"关心病人"的方式,参加相应的小组。

(1) 幼儿口述,教师代笔,共同给病人写一封问候信,送上大家的祝福。

(2) 把自己想与病人说的话录音,通过录音把问候和快乐传递给病人。

(3) 为病人制作一些有趣的小礼品,祝他早日康复。

4. 读信等

教师把写好的信读给幼儿听,并让幼儿听录音、看礼品,对孩子的每一种"关心"给予表扬和鼓励。

5. 活动结束

活动结束,推举一名幼儿代表随有关教师把信、录音、小礼品转送给生病的小朋友。

四、教育方案设计

1.【考点解析】此题考查考生对健康教育活动方案设计与指导的掌握情况。

【答题要点】

设计意图:幼儿良好行为习惯的培养非常重要,特别是针对小班幼儿尤为重要。这些小班新入园的幼儿,好多大哭大闹,来自各个不同的家庭,在家中养成了各种各样的睡眠习惯。通过观察,有的幼儿习惯比较好,有的幼儿习惯睡觉时吃奶嘴,有的幼儿睡觉时要妈妈或其他人搂着睡,有的幼儿晚上睡的晚、白天起得晚,还有的幼儿有特别睡眠习惯。针对这些现象,我们设计了这一活动,让幼儿明白养成良好的睡眠习惯非常重要,并了解正确的睡眠姿势和习惯。

[活动目标]

1. 明白养成良好的睡眠习惯非常重要。
2. 了解正确的睡眠姿势和习惯。

[活动准备]课件或小猪、大象、老虎、小狗、小鹿木偶各一个,幼儿每人一个玩具娃娃,摇篮曲音乐。

[活动过程]

1. 出示木偶,引起幼儿兴趣,教师讲述故事。
2. 大象裁判请小朋友帮助评选火炬手。(讨论。)提问:你认为谁是形象最美的火炬手?为什么?(提示:小鹿是黑眼圈、小老虎是翘嘴巴、小狗是青紫色的嘴唇。)讨论:(1)他们今天的形象是怎样的?(2)小鹿是黑眼圈、小老虎是翘嘴巴、小狗是青紫色的嘴唇是什么原因?(先请幼儿猜想,后请小动物自己分析、讲一讲。)
3. 小结:小鹿闹闹昨天睡得晚了,是黑眼圈不漂亮;小老虎皮皮睡觉爱要奶嘴是翘嘴巴不漂亮;小狗豆豆睡觉爱趴着是青紫色的嘴唇不漂亮。只有小猪睡觉姿势正确,还能做到早睡早起,形象最好、最漂亮,小猪白白就是这次森林运动会的火炬手了,大家鼓掌表示祝贺。
4. 讨论:睡觉应该注意什么。请小猪拜拜讲一讲正确的睡眠习惯。(睡觉时应右侧卧,并养成早睡早起的好习惯。)

请小朋友哄小宝宝睡觉。(小朋友要将小宝宝背对自己,举起小宝宝拿勺子的小手以区分左右。随着音乐唱起摇篮曲。)

【活动延伸】(游戏)请小朋友和小猪一起做火炬手传递火炬。

2.【考点解析】此题考查考生对健康教育活动方案设计与指导的掌握情况。

【答题要点】

[设计意图]人们生活水平的不断提高,各种包装的食品已成为生活中的主要食品。食品上的包装虽然很常见,但经常被我们所忽视。这节课就是让孩子们自主发现、了解包装袋上的秘密,学会如何正确选择适应健康的食品,提高饮食质量,促进身体健康成长。

[活动目标]

1. 初步了解食品袋的多样性,知道包装袋上的文字、图像及表示的含义。
2. 学会正确选择健康食品,知道新鲜食品有益健康。

[活动重点]了解食品袋上的秘密,知道新鲜食品有益健康。

[活动难点]知道包装袋上的文字、图案所表达的含义。

[活动准备]各种食品的包装袋若干;设计超市区域活动;彩笔、纸张若干。

[活动过程]

1. 出示各种食品的包装袋让幼儿观察。
(1) 猜猜里面装的是什么?
(2) 你是怎么知道这是××呢?通过文字、图案进行判断。
2. 组织幼儿讨论:你还吃过哪些食品,见过那些包装袋?
3. 引导幼儿观察食品袋,同伴之间互相交流:你发现了什么秘密?

(生产日期、保质期、储藏方法、生产厂家、地址、环保标志、条形码等文字及图案。)

4. 小结幼儿的发现,提问这些文字、标志有什么作用,分别表示什么意思?正确引导幼儿,学会识别不同的标志及文字。

5. 幼儿进入超市区域活动。

6. 教师简单小结幼儿活动情况,并作出正确评价,提醒幼儿去超市买食品时一定要注意合格、安全、健康。

7. 鼓励幼儿设计食品包装袋,交待有关注意事项。

8. 幼儿互相交流设计的包装袋,结束。

第二节 幼儿语言教育

【本节考纲考点】

1. 幼儿园语言教育的含义和作用。
2. 幼儿园语言教育的目标和内容。
3. 幼儿园各类语言教育活动的设计(文学活动、讲述活动、谈话活动、听说游戏、早期阅读)。

【历年真题再现】

一、单项选择题

【2012 上】9. 儿童学习语言的关键期是( )。
A. 0～1 岁　　　　B. 1～3 岁　　　　C. 3～6 岁　　　　D. 5～6 岁
【考点】0～3 岁是儿童学习语言的关键期

【2016 上】2. 1 岁半的儿童想给妈妈吃饼干时,会说:"妈妈""饼""吃"并把饼干递过去,这表明这阶段儿童语言发展的一个主要特点是( )。
A. 电报句　　　　B. 完整句　　　　C. 单词句　　　　D. 简单句
【考点】婴儿期语言婴儿言语的发展特点

【2016 上】3. 一名 4 岁幼儿听到教师说"一滴水,不起眼"结果他理解成了"一滴水,肚脐眼"这一现象主要说明幼儿( )。
A. 听觉辨别力弱　　　　　　　　B. 想象力非常丰富
C. 语言理解凭借自己的具体经验　　D. 理解语言具有随意性
【考点】4、5 岁儿童语言反映出思维具有具体形象的特点

【2015 上】4. 一名从未见过飞机的幼儿,看到蓝天上飞过的一架飞机说"看,一只很大的鸟!"从语言发展的角度来看,这一现象反映的特点是( )。
A. 过度规范化　　B. 扩展不足　　C. 过度泛化　　D. 电报句式
【考点】学前阶段幼儿"语言泛化现象"

【2013 下】9. 下列属于幼儿园语言教育目标的是( )。
A. 能认读拼音字母　　　　　　B. 能清楚地说出自己想说的事
C. 能认读一定量的汉字　　　　D. 能正确书写常用汉字
【考点】《幼儿园教育指导纲要(试行)》明确提出语言领域的教育目标

二、简答题

【2012 下】11. 简述《幼儿园教育指导纲要(试行)》中语言教育的指导要点。
【考点】语言教育的指导要点

【本节备考指导】

本节主要知识点是幼儿园语言活动指导,其中,语言教育目标和内容是重点,特别是专门性语言教育

活动,可出现多样的题型,要求学生既要掌握各知识点,又要能灵活运用,幼儿园教育活动设计题往往综合性强,应充分与其他领域联系,体现整合性、活动性的特点。

【命题考点精讲】

命题点1:幼儿园语言教育的基本观念

(1)完整语言教育观。完整的语言教育目标应该包括培养儿童语言的听、说、读、写四个方面的情感态度、认知和能力。

(2)整合的语言教育观念。意味着把儿童语言学习看成一个整合的系统,充分意识到儿童语言发展与其他智能、情感等方面发展是整合一体的关系。

(3)活动教育观。具体体现在教育过程之中,要求教师更多地提供幼儿充分操作语言的机会,鼓励儿童以多种方式操作语言和发挥儿童在操作语言过程中的主动性等几个方面。

命题点2:《纲要》提出的幼儿语言发展目标

(1)乐意与人交谈,讲话礼貌;

(2)注意倾听对方讲话,能理解日常用语;

(3)能清楚地说出自己想说的事;

(4)喜欢听故事、看图书;

(5)能听懂和会说普通话。

命题点3:《指南》提出的幼儿语言发展目标

1. 倾听与表达

(1)认真听并能听懂常用语言;

(2)愿意讲话并能清楚地表达;

(3)具有文明的语言习惯。

2. 阅读与书写准备

(1)喜欢听故事,看图书;

(2)具有初步的阅读理解能力;

(3)具有书面表达的愿望和初步技能。

命题点4:《纲要》提出的幼儿语言教育的内容与要求

(1)创造一个自由、宽松的语言交往环境,支持、鼓励、吸引幼儿与教师、同伴或其他人交谈,体验语言交流的乐趣,学习使用适当的、礼貌的语言交往。

(2)养成幼儿注意倾听的习惯,发展语言理解能力。

(3)鼓励幼儿大胆、清楚地表达自己的想法和感受,尝试说明、描述简单的事物或过程,发展语言表达能力和思维能力。

(4)引导幼儿接触优秀的儿童文学作品,使之感受语言的丰富和优美,并通过多种活动帮助幼儿加深对作品的体验和理解。

(5)培养幼儿对生活中常见的简单标记和文字符号的兴趣。

(6)利用图书、绘画和其他多种方式,引发幼儿对书籍、阅读和书写的兴趣,培养前阅读和前书写技能。

(7)提供普通话的语言环境,帮助幼儿熟悉、听懂并学说普通话。少数民族地区还应帮助幼儿学习本民族语言。

命题点5:《纲要》提出的幼儿园语言教育的指导要点

(1)语言能力是在运用的过程中发展起来的,发展幼儿语言的关键是创设一个能使他们想说、敢说、喜欢说、有机会说并能得到积极应答的环境。

(2)幼儿语言的发展与其情感、经验、思维、社会交往能力等其他方面的发展密切相关,因此,发展幼儿语言的重要途径是通过互相渗透的各领域的教育,在丰富多彩的活动中去扩展幼儿的经验,提供促进语言发展的条件。

(3) 幼儿的语言学习具有个别化的特点,教师与幼儿的个别交流、幼儿之间的自由交谈等,对幼儿语言发展具有特殊意义。

(4) 对有语言障碍的儿童要给予特别关注,要与家长和有关方面密切配合,积极地帮助他们提高语言能力。

命题点6:《指南》对培养幼儿倾听和表达的教育建议

1. 关于倾听的教育建议

(1) 多给幼儿提供倾听和交谈的机会。如:经常和幼儿一起谈论其感兴趣的话题,或一起看图书、讲故事。

(2) 引导幼儿学会认真倾听。

(3) 对幼儿讲话时,注意结合情境使用丰富的语言,便于幼儿理解。

2. 关于表达的教育建议

(1) 为幼儿创造说话的机会并体验语言交往的乐趣。

(2) 引导幼儿清楚地表达。

3. 关于语言习惯的教育建议

(1) 成人注意语言文明,为幼儿做出表率。

(2) 帮助幼儿养成良好的语言行为习惯。

命题点7:《指南》对培养幼儿阅读与书写准备的教育建议

1. 关于听故事、看图书的教育建议

(1) 为幼儿提供良好的阅读环境和条件。

(2) 激发幼儿的阅读兴趣,培养阅读习惯。

(3) 引导幼儿体会标识、文字符号的用途。

2. 关于阅读理解能力的教育建议

(1) 经常和幼儿一起阅读,引导他以自己的经验为基础理解图书的内容。

(2) 在阅读中发展幼儿的想象和创造能力。

(3) 引导幼儿感受文学作品的美。

3. 关于书面表达的教育建议

(1) 让幼儿在写写画画的过程中体验文字符号的功能,培养书写兴趣。

(2) 在绘画和游戏中做必要的书写准备。

命题点8:幼儿园语言教育的活动类型

(1) 幼儿园的语言教育的活动类型分为专门性语言教育活动和渗透性的语言教育活动两类。

(2) 专门的语言教育活动包括谈话活动、讲述活动、听说游戏、文学活动和早期阅读这五种基本的形式。

(3) 渗透的语言教育活动包括日常生活中的语言交往,自由游戏中的语言交往,其他领域活动的语言交往,还有随机渗透的日常生活环节中的语言交往。

命题点9:幼儿园谈话活动及其特点

幼儿园的谈话活动是帮助幼儿学习在一定范围内,运用语言与他人进行交流的活动。特点如下:

(1) 谈话活动拥有一个具体、有趣的中心话题。

(2) 谈话活动注重多方信息交流。

(3) 谈话活动拥有丰富的谈话素材。

(4) 谈话活动中教师起间接引导作用。

(5) 谈话活动的语境随意、宽松、自由,拥有一个宽松的交谈气氛。

命题点10:幼儿园讲述活动及其特点

讲述活动指教师为幼儿创设一个相对正式的语言运用场合,要求幼儿依据一定的凭借物,使用比较规范的语言来表达个人对某事、某物或者某人的认识,进行语言交流的活动。特点如下:

(1) 讲述中需要调动幼儿的多种能力。

(2) 讲述活动的语言是独白语言。

(3）讲述时的语言情境较为正式。
(4）讲述活动拥有一定的凭借物。

命题点11：幼儿园文学活动含义和特点

幼儿园的文学活动，是以文学作品为基本教育内容而设计组织的语言教育活动类型。特点是：
(1）幼儿园文学活动是一系列活动。
(2）幼儿园文学作品教育能发展儿童完整语言能力。
(3）文学作品学习活动应与其他教育活动有机地结合起来，帮助儿童更好地理解作品。
(4）幼儿园文学活动围绕文学作品展开活动，常用的文学作品包括故事、儿童诗歌、幼儿散文等。

命题点12：幼儿园听说游戏含义、种类和特点

定义：以游戏形式开展的，为培养幼儿倾听和表达能力而设计的语言教育活动，包括语音游戏、词汇游戏、句子游戏、描述性游戏、故事表演游戏等。

特点：(1)在游戏中包含语言教育目标；(2)在活动过程中逐步扩大游戏的成分；(3)将语言学习的重点内容转化为一定的游戏规则。

命题点13：幼儿早期阅读的含义和特点

定义：幼儿早期阅读是指以幼儿自身经验为基础，在适当的情景中，通过幼儿对文字、符号、标记、图片、影像等材料的认读、理解和运用，对幼儿身心所施加的一种有目的、有组织、有计划的影响活动。

特点：(1)符号性与多维感知；(2)理解性和多维体验；(3)活动性和创造实践。

命题点14：早期阅读活动的教育目标

(1）提高幼儿学习书面语言的兴趣。
(2）帮助儿童建立口头语言与书面语言对应关系。
(3）帮助儿童养成阅读的良好习惯。
(4）帮助儿童掌握早期阅读的有关技能。

命题点15：早期阅读活动设计与实施的基本结构

(1）儿童自由阅读。
(2）师生共同阅读。
(3）围绕阅读重点开展活动。
(4）归纳阅读内容。

【本节知识点小结】

幼儿园语言教育活动指导要求考生掌握幼儿园语言教育特点，特别是完整教育观、整合教育观、活动教育观的基本观点，熟悉幼儿园语言教育目标和内容，设计和组织幼儿园语言教育各类活动，重点掌握幼儿故事、诗歌活动、听说游戏、早期阅读活动等活动目的、活动特点、活动设计和组织要点。

主要掌握的知识点有：
(1）幼儿园语言教育概述：含义、意义、特点。
(2）幼儿园语言教育目标：《纲要》《指南》提出的幼儿语言教育发展目标；语言活动目标设计。
(3）幼儿园语言教育内容：《纲要》《指南》提出的幼儿园语言教育内容指导要点和教育建议。
(4）幼儿园语言教育活动常见类型：文学活动的特点和设计；谈话活动含义、话题选择、活动设计；听说游戏含义、特点及活动设计；讲述活动和早期阅读活动含义、意义、特点和设计。

【本节过关自测】

一、单项选择题

1. 阅读的本质是（　　）。
　A．理解　　　　　　B．感知　　　　　　C．阅读习惯　　　　D．阅读技能
2. （　　）为儿童语音发展的飞跃期。
　A．3～4岁　　　　　B．2～3岁　　　　　C．4～5岁　　　　　D．5～6岁

3. 所谓（　　），有一种相对固定的概念，是指儿童在语言发展过程中自发地玩弄和操练语音、语词的一种现象。

  A．游戏   B．听说游戏   C．语言游戏   D．活动游戏

4. （　　）是以一定的语言内容、语言形式以及语言运用方式表达和交流个人观点的行为，是幼儿语言学习和语言发展主要表现之一。

  A．倾听   B．表述   C．欣赏文学作品   D．早期阅读行为

5. （　　）主要为幼儿创设正式的口语表达情景，使幼儿有机会在集体面前表达自己对某一图片、实物或情景的认识、看法等，学习表述的方法和技能。

  A．谈话活动   B．讲述活动   C．听说游戏   D．文学活动

二、简答题

1. 简述《纲要》提出的幼儿园语言教育总目标。
2. 简述《纲要》提出的幼儿园语言教育的指导要点。
3. 幼儿园语言教育的内容包括哪些？
4. 简述幼儿园语言教育的基本观点。
5. 幼儿园故事教学活动如何提问？
6. 谈话活动的特点有哪些？
7. 简述幼儿园文学活动的特点。
8. 简述幼儿早期阅读活动的特点和目标。
9. 简述组织幼儿园文学活动的几个层次。

三、活动设计

1. 设计幼儿园小班诗歌活动《太阳和月亮》的活动目标。

诗歌：

太阳和月亮

  太阳出来了，小鸟醒来了，
  小兔醒来了，小朋友醒来了。
  白天真热闹。
  月亮出来了，小鸟睡着了，
  小兔睡着了，小朋友睡着了。
  夜晚静悄悄。

2. 设计幼儿园中班故事《小乌龟开店》教师的提问。

故事：

小乌龟开店

  小乌龟想开一家小店，开什么店好呢？他们去问大象。大象说："我开花店，可以用长鼻子给鲜花喷水。"他们去问河马。河马说："我开气球店，可以用大嘴巴吹出最大的气球。"袋鼠妈妈开什么店呢？袋鼠妈妈告诉他们："我开面包店，把面包装到大口袋里，走到哪里都能卖。"

  小乌龟很难过："我们没有长鼻子，也没有大嘴巴，更没有大口袋，怎么办呢？"后来，大家一起帮小乌龟想了个好主意：开一家烧饼店。

  小乌龟每天把自己的背壳烤烤热，再在背壳上摊上烧饼。烤呀烤，烤得烧饼香喷喷。小乌龟的烧饼又香又脆，上面还有好看的花纹，大家都来买了。

3. 请为大班谈话活动《长大了做什么？》创设谈话情景和设计拓展谈话话题。
4. 请为中班幼儿设计一个听说游戏，帮助幼儿掌握短句"我喜欢我自己，因为我……"。
5. 尝试设计幼儿园中班诗歌活动《如果我能飞》。

诗歌：

如果我能飞

如果我能飞　我要飞到蓝天上　变成一颗小星星,闪闪发光
如果我能飞　我要飞到大海上　变成一朵小浪花,随风舞蹈
如果我能飞　我要飞到森林里　变成一只鸟儿,快乐歌唱……

【本节过关自测】参考答案

一、单项选择题

【考点解析】1. 答案是 A。此题考的是阅读的本质。
【考点解析】2. 答案是 A。此题考的是儿童语言的发展。
【考点解析】3. 答案是 C。此题考的是对语言游戏概念理解。
【考点解析】4. 答案是 B。此题考的是对表述的内涵理解。
【考点解析】5. 答案是 B。此题考的是对讲述活动概念的理解。

二、简答题

1.【考点解析】此题考的是幼儿园语言教育总目标。

【答题要点】

(1) 乐意与人交谈,讲话礼貌;
(2) 注意倾听对方讲话,能理解日常用语;
(3) 能清楚地说出自己想说的事;
(4) 喜欢听故事、看图书;
(5) 能听懂和会说普通话。

2.【考点解析】此题考的是幼儿园语言教育指导要点。

【答题要点】

(1) 发展幼儿语言的关键是创设一个能使他们想说、敢说、喜欢说、有机会说并能得到积极应答的环境。

(2) 发展幼儿语言的重要途径是通过互相渗透的各领域的教育,在丰富多彩的活动中去扩展幼儿的经验,提供促进语言发展的条件。

(3) 幼儿的语言学习具有个别化的特点,教师与幼儿的个别交流、幼儿之间的自由交谈等,对幼儿语言发展具有特殊意义。

(4) 对有语言障碍的儿童要给予特别关注,要与家长和有关方面密切配合,积极地帮助他们提高语言能力。

3.【考点解析】此题考的是幼儿园语言教育内容。

【答题要点】

(1) 幼儿园的语言教育活动分为专门性语言教育活动和渗透性的语言教育活动两类。

(2) 专门的语言教育活动包括谈话活动、讲述活动、听说游戏、文学活动和早期阅读这五种基本的形式。

(3) 渗透的语言教育活动包括日常生活中的语言交往,自由游戏中的语言交往,其他领域活动的语言交往,还有随机渗透的日常生活环节中的语言交往。

4.【考点解析】此题考的是幼儿园语言教育三大观点。

【答题要点】

(1)完整语言教育观;(2)整合的语言教育观念;(3)活动教育观。(考生答题要适当展开。)

5.【考点解析】此题考的是故事活动的三种提问。

【答题要点】

(1)描述性提问;(2)思考性提问;(3)假设性提问。(考生答题要适当展开。)

6.【考点解析】此题考的是幼儿园谈话活动的特点。

【答题要点】

(1) 谈话活动拥有一个具体、有趣的中心话题。

(2)谈话活动注重多方信息交流。
(3)谈话活动拥有丰富的谈话素材。
(4)谈话活动中教师起间接引导作用。
(5)谈话活动的语境随意、宽松、自由,拥有一个宽松的交谈气氛。

7.【考点解析】此题考的是幼儿园文学活动特点。
【答题要点】
(1)幼儿园文学活动是一系列活动。
(2)幼儿园文学作品教育能发展儿童完整语言能力。
(3)文学作品学习活动应与其他教育活动有机地结合起来,帮助儿童更好地理解作品。
(4)幼儿园文学活动围绕文学作品展开活动,常用的文学作品包括故事、儿童诗歌、幼儿散文等。

8.【考点解析】此题考的是幼儿园早期阅读活动的特点和目标。
【答题要点】
特点:(1)符号性与多维感知;(2)理解性和多维体验;(3)活动性和创造实践。
目标:(1)提高幼儿学习书面语言的兴趣;(2)帮助儿童建立口头语言与书面语言对应关系;(3)帮助儿童养成阅读的良好习惯;(4)帮助儿童掌握早期阅读的有关技能。

9.【考点解析】此题考的是幼儿园文学活动的组织。
【答题要点】
(1)学习文学作品;(2)理解体验作品;(3)迁移作品经验;(4)创造性想象和语言表述。

三、活动设计

1.【考点解析】此题考诗歌教学活动目标设计。
【参考答案】
(1)理解儿歌内容及其描绘的画面,感受白天的热闹和的夜晚宁静,能根据自己的生活经验区分白天和黑夜。学习词"热闹""静悄悄"。
(2)体验诗歌所展示的"白天真热闹、夜晚静悄悄"的意境。尝试用合适的音调有表情地朗诵诗歌。
(3)尝试运用已有经验,替换诗歌中的动物,按照"××醒来了"、"××睡着了"的结构进行简单的仿编,体验创造的的快乐。

2.【考点解析】此题考故事活动提问设计。
【参考答案】
描述性提问:乌龟想开店,它去问了哪些朋友?大象开了什么店?大象为什么开花店?
河马开的是什么店呢?你觉得河马开气球店好不好?为什么?袋鼠妈妈开的是什么店呢?书报店是干什么的?为什么袋鼠妈妈开的是书报店呢?乌龟后来开了什么店?它是怎么做烧饼的?
思考性提问:这是一只怎样的乌龟?为什么这样说?
假设性提问:还有哪些动物可以开什么店?如果是你,你开什么店?为什么?

3.【考点解析】此题考谈话活动情境创设和拓展话题设计。
【参考答案】
实物情境:主题墙:"各行各业",幼儿绘画作品《长大的我》,名人照片,音乐《种太阳》。
语言情境:(播放音乐)小朋友,今天的教室有什么不一样?看看墙上的这些图片,你知道他们是做什么的?你还知道哪些职业?与小伙伴边看边轻声交流。
拓展话题:
(名人图片)小朋友,你认识这些人吗?他们是做什么的?有哪些伟大的成绩?
你长大了会是什么样子呢?要做什么呢?
现在该怎么做,才能实现自己的愿望?

4.【考点解析】此题考的是听说游戏方案设计。
【参考答案】
【游戏名称】击鼓传花夸自己

【游戏准备】铃鼓一个,绢花一个,拇指宣讲台及拇指贴;谈话幼儿对自己的优点有所了解,知道自己一两个较突出的优点。

【玩法】幼儿教师击鼓,幼儿按顺序传花,鼓声停,拿花的幼儿到宣讲台大声说:"我喜欢我自己,因为我会……",说得清楚、大方的幼儿得到一个拇指贴。游戏继续进行,待幼儿熟悉玩法后,可让幼儿击鼓,自主游戏。

【规则】要随着鼓声一个挨一个传花,不能将花拿在手里不传出去,鼓声停了,不能继续传。

5.【考点解析】此题考的是诗歌活动设计。

【参考答案】

中班诗歌活动:如果我能飞

一、活动目标

1. 理解诗歌内容,感受诗歌优美的语言和画面,学习词:闪闪发光、随风舞蹈、快乐歌唱。
2. 大胆想象和表达,尝试根据诗歌的结构进行仿编。
3. 体验大胆想象"如果我能飞"的乐趣。

二、重点难点

引导幼儿根据"如果我能飞"来进行思维想象、创新,发展幼儿的语言表达能力。

三、教学准备

1. 诗歌《如果我能飞》挂图。
2. 美丽的翅膀若干;太阳、月亮、小船等卡片。
3. 背景音乐《隐形的翅膀》。
4. 画笔、画纸若干。

四、活动过程

(一)谈话交流,导入主题

1. 师:小朋友,在我们的日常生活中,你发现了有什么会飞呀?你们知道它们为什么能飞行吗?如果你有一双翅膀也能飞翔,你最想做什么?
2. 请幼儿闭上眼睛想象飞行的乐趣。
3. 师:今天老师和小朋友们一起学习一首诗歌《如果我能飞》,请小朋友跟老师朗诵一遍诗歌《如果我能飞》。

(二)幼儿学习朗诵散文诗

1. 幼儿看挂图,完整地欣赏老师朗诵的诗歌《如果我能飞》。
2. 教师教幼儿朗诵诗歌,教师读一句,幼儿读一句。(教师领读2遍。)

(三)拓展想象

1. 师:"我"都飞到了哪里?变成了什么?
2. 师:小朋友,如果你能飞,也飞到了蓝天上,你最想变成什么?
3. 用同样的方法引导幼儿想象:如果自己也飞到大海上,飞到森林里,最想变成什么?

(四)幼儿仿编诗歌

1. 围绕仿编部分讨论:如果你会飞,你想飞到哪里去?去做什么?
2. 教师示范仿编:如果我能飞,我要飞进花园里,和小蝴蝶翩翩起舞。如果我能飞,我要飞到上海世博园里,变成可爱的海宝,为游人导游;如果我能飞,我要飞到首都北京,变成美丽的百灵鸟,祝福祖国妈妈;如果我能飞,我要飞到美丽的草原上,变成喜洋洋,战胜灰太狼……
3. 幼儿仿编:教师可以出示图片提示,如:天空、小鸟、飞船;森林、兔子、狐狸、老虎;大海、海鸟、帆船……
4. 串联和总结,展示仿编的诗歌:将幼儿仿编的诗句编进诗歌里有感情地朗诵。

(五)绘画:如果我能飞。引导幼儿把自己长上翅膀想到的画下来送给爸爸妈妈看。

第三节 幼儿社会教育

【本节考纲考点】

1. 掌握幼儿社会领域教育的基本知识。
2. 学会幼儿社会教育领域和相应教育方法。

【历年真题再现】

一、单项选择题

【2011下】6. 幼儿道德发展的核心问题是( )。
A．亲子关系的发展　　　　　　　　B．同伴关系的发展
C．性别角色的发展　　　　　　　　D．亲社会行为的发展
【考点】 幼儿社会性发展构成要素

【2011下】8. 最有利于儿童成长的依恋类型是( )。
A．回避型　　　B．安全型　　　C．反抗型　　　D．迟钝型
【考点】 幼儿社会情感发展特点

【2011下】10. 儿童有不知足、不安全、忧虑、退缩、怀疑、不喜欢与同伴交往等特点是在( )教养方式下形成的。
A．放纵型　　　B．专制型　　　C．民主型　　　D．自由型
【考点】 幼儿社会性的个性发展

【2011下】12. 婴儿寻求并企图保持与另一个人亲密的身体和情感联系的倾向被称为( )。
A．依恋　　　B．合作　　　C．移情　　　D．社会化
【考点】 婴幼儿社会情感发展

【2012下】2. 幼儿意识到自己和他人一样都有情感、有动机、有想法,这反映幼儿( )。
A．个性的发展　　B．情感的发展　　C．社会认知的发展　　D．感觉的发展
【考点】 幼儿社会性的发展

【2014上】3. 幼儿园促进幼儿社会性发展的主要途径是( )。
A．人际交往　　　B．操作练习　　　C．教师讲解　　　D．集体教学
【考点】 幼儿园促进幼儿社会性发展的主要途径

【2014上】5. 在婴儿表现出明显的分离焦虑对象时,表明婴儿已获得( )。
A．条件反射观念　　B．母亲观念　　C．积极情绪观念　　D．客体永久性观念
【考点】 幼儿社会情感发展特点

【2015上】3. 幼儿如果能够认识到他们的性别不会随着年龄的增长而发生改变,说明他已经具有( )。
A．性别倾向性　　　B．性别差异性　　　C．性别独特性　　　D．性别恒常性
【考点】 幼儿社会认知中自我意识的发展

【2015上】4. 让脸上抹有红点的婴儿站在镜子前,观察其行为表现,这个实验测试的是婴儿哪方面的发展？( )。
A．自我意识　　　B．防御意识　　　C．性别意识　　　D．道德意识
【考点】 幼儿社会认知中自我意识的发展

二、简答题

【2013上】1. 简述幼儿期自我评价发展的趋势并举例说明。
【考点】 考查学生对幼儿社会认知的自我评价知识点的理解和掌握

三、材料分析题

【2013 下】14. 材料：齐齐是幼儿园的一个孩子，胆子很小，上课从来都不主动回答问题，老师点名让他回答，他就脸红，声音很小，也不愿意和同伴交往，老师和同学让他一起来玩，他的头摇的跟拨浪鼓一样。

（1）造成齐齐性格胆小的可能原因有哪些？
（2）你认为该怎样帮助齐齐？

【考点】幼儿的个性形成的影响因素及教师积极构建良好师幼关系的策略

说明：此题内容与社会性领域相关，按内容既可归为儿童发展模块内容，也可考虑为社会领域内容，但考虑到同年的试卷当中还有个活动设计题目，这个设计题归为社会领域活动设计更为合理。

【2013 下】16. 中二班幼儿在娃娃家游戏中，接待"客人"主动热情，与长辈交往很有礼貌，可家长却说孩子在家不是这样的，有客人来了很少打招呼，还经常对爷爷奶奶发脾气。

请针对上述幼儿行为的反差，设计解决这一问题的方法。

（1）写出问题的原因分析。
（2）教学目标。
（3）教育指导内容，方法。

【考点】幼儿社会性形成的易反复、家园教育的一致性和连贯性等特点及教师具体的针对指导策略。考查培养幼儿社会交往能力的活动设计和引导能力

【本节备考指导】

本节要求在理解学前儿童社会性发展的内涵和意义的基础上，重点掌握目标、内容、途径和特殊教学方法和指导要点。主要考点是社会教育的目标和特殊教育方法，实施原则，考查形式以单项选择题和活动设计题为主。

【命题考点精讲】

命题点 1：幼儿社会性发展概述

（1）社会性是作为社会成员的个体，为适应社会生活所表现出的心理和行为特征，也就是人们为了适应社会生活所形成的符合社会传统习俗的行为方式。

（2）社会性与个性相比，个性强调的是独特性，是个人的行为方式，社会性强调的是人们在社会组织中符合社会传统习俗的共性的行为方式。

（3）社会性发展（有时也称幼儿的社会化）是指幼儿从一个生物人，到逐渐掌握社会的道德行为规范与社会行为技能，成长为一个社会人并逐渐步入社会的过程。它是在个体与社会群体、幼儿集体以及同伴的相互作用和相互影响的过程中实现的。

命题点 2：幼儿社会性发展的内容及意义

1. 幼儿社会性发展的内容

幼儿社会性发展的主要内容有：亲子关系、同伴关系、性别角色、亲社会行为、攻击性行为。

（1）亲子关系和同伴关系既是幼儿社会性发展的重要内容（人际关系），又是影响幼儿社会性发展的重要因素。

（2）性别角色是作为一个有特定性别的人在社会中适当行为的总和，是社会性的主要方面。在学龄前期，适当淡化儿童的性别角色的教育对儿童的智力发展和性格发展是有益的。

（3）亲社会行为和攻击性行为则属于儿童道德发展的范畴。

2. 幼儿社会性发展的意义

（1）社会性发展是幼儿健全发展的重要组成部分，促进幼儿社会性发展已经成为现代教育最重要的目标。

（2）培养身心健全的人是教育最根本的目标。社会性发展是幼儿身心健全发展的重要组成部分，它与体格发展、认知发展共同构成幼儿发展的三大方面。

（3）从现代教育观念看，让幼儿"学会做人"的教育远比知识和智能教育重要。重视社会性教育这一

主题,已经成为现代教育观念转变的一个主要标志。

(4)幼儿期是幼儿社会性发展的重要时期,幼儿社会性发展是幼儿未来发展的重要基础。

命题点3:幼儿园社会教育的概念和意义

1. 概念

学前儿童社会教育是指以发展学前儿童的社会性为目标,以促进学前儿童的社会认知,激发学前儿童的社会情感,培养学前儿童的社会行为为主要内容的教育。

社会化一般包括三方面:一是学前儿童必须学习适当的行为表现,这种行为表现必须是社会认可的、符合行为规范的。二是学前儿童必须学习扮演好其社会角色,学习其角色的职责。三是学前儿童必须发展其社会态度,能与他们建立良好的关系,能够与不同的人进行各种活动。

2. 意义

(1)社会领域是幼儿园课程的一个重要领域,对幼儿人格的发展具有重要意义。注重社会教育,是中华民族幼儿教育的历史传统,中国最早的蒙养院章程和最早的幼儿园办园宗旨都有对社会领域教育的规定。随后,陶行知、陈鹤琴、张宗麟等先生对幼儿园社会领域教育的目标、内容、实施原则与方法等都提出了自己的看法,初步形成了具有中国特色的社会领域课程。

(2)幼儿园社会领域教育是以发展幼儿的情感和社会性为目标,以增进幼儿的社会认知,激发幼儿的情感,培养幼儿的社会行为为主要内容的教育,其实质是做人的教育、人格的教育。

(3)幼儿园社会教育是学前儿童社会性情感及社会交往的需要。

(4)幼儿园社会教育促进学前儿童身体、心智的发展。

(5)幼儿园社会教育是满足学前儿童认知的需要。

命题点4:学前儿童社会教育目标解读

根据学前儿童身心发展特点和需要,结合国家的教育方针和社会发展需求,《幼儿园教育活动指导纲要(试行)》特制订以下社会领域总目标:

(1)能主动地参与各项活动,有自信心;

(2)乐意与人交往,学习互助、合作和分享,有同情心;

(3)理解并遵守日常生活中基本的社会行为规则;

(4)能努力做好力所能及的事,不怕困难,有初步的责任感;

(5)爱父母长辈、老师和同伴,爱集体、爱家乡、爱祖国。

目标解读:

一是以儿童为本的价值取向。从目标的表述看,是从儿童学习的角度来表述的,如能"主动参与"、"乐意与人交往";从目标内容的表述顺序看,主动与自信放在幼儿社会领域教育目标的第一条,这符合幼儿社会性发展的特点,也符合幼儿学习自主建构的特点。

二是以幼儿情感性发展为基础的目标取向。"能"字,表达了目标重在儿童的行为与态度意愿的培养;"乐意"与"同情"、"爱"都是情感词,这表明情感性目标在幼儿社会性发展目标中处于重要位置。

三是以社会关系建构为维度的内容取向。让儿童学会恰当的处理各类关系,是让儿童习得成长为一个"人"的基本能力与方式。学前儿童社会教育总目标的内容是从各类关系的维度展开的。

命题点5:学前儿童社会教育内容

从个体心理发展的角度看,学前儿童的社会性发展包括社会行为、社会情感和社会认知三个方面的内容;从个体与社会的关系看,学前儿童社会教育内容应包括人际交往、社会环境、社会规则和社会文化的认知等方面内容。因此,学前儿童社会教育的内容应包括养成积极良好的社会行为、情感、认知和个性等方面。

学前儿童社会认知分为对自我(自我意识)认知,对他人、对周围环境的认知,对文化生活的认知;社会情感是人们在社会活动中因自己的需要能否满足而产生的主观感受。学前儿童社会情感教育就是要引导其在社会认知过程中,形成积极的情感体验,学会认识、控制自己的情绪情感。社会行为是指人们在交往等社会活动中对周围环境中的人或事情做出的态度、言语和行为反应。根据动机和结果的不同,社会行为可分为亲社会行为和反社会行为。学前儿童社会教育就是要帮助幼儿形成积极的亲社会行为,避免形成消极的反社会行为。具体而言,就是引导学前儿童遵守各种社会规则,掌握交往技能,发展交往能力。

命题点6：学前儿童社会教育活动特点及原则

1. 学前儿童社会学习的特点

（1）随机性和无意性。学前儿童主要是在日常生活和游戏中通过观察和模仿潜移默化地发展的,教育要注意为幼儿提供值得模仿的环境。

（2）长期性和反复性。幼儿的社会性情感与行为是在活动和交往中通过反复的体验与练习而形成的,具有长期性与反复性的特点。教育者需要确立持久和耐心的教育态度。

（3）情感驱动性。情感是幼儿与这个世界产生联系的纽带,儿童常常是因为信任与爱这个世界才愿意参与和学习这世界中新奇的一切,因而,他们的学习具有明显的情感驱动性。从这一特点出发,教育要注意良好情感氛围的营造。

（4）实践性。社会学习的内容大多是情意性与操作性的知识,它们只有通过亲身体验与实践的知识才能成为真知。教育要为幼儿提供充分的实践学习的机会,才能使这些知识与态度内化为儿童自己的体验。

命题点7：学前儿童社会教育活动特点及原则

（1）目标原则：首先体现教育目的的培养目标,并且围绕培养目标制定出每种活动适度、明确、具体的目标。贯彻目标性原则,就是时刻要有目标意识,要围绕目标开展,学会层层分解目标。

（2）活动性原则：指社会教育活动要为学前儿童创设活动的机会和条件,引导儿童在各种活动中与人交往,积极主动地发展社会性。活动性原则,要为儿童创设活动的空间,要给儿童提供自主活动的机会和时间,激发儿童活动动机,提高儿童活动水平。

（3）实践性原则：活动和交往是幼儿社会学习的重要方式,教师既要对儿童进行社会认识观念和社会规则的教育,提高社会认识,又要指导儿童的实践,把提高儿童的社会认识和培养儿童的良好社会行为得到发展。

（4）强化原则：教师通过言语、动作或表情等方式,对儿童的行为给予肯定或否定的评价,使之增强、巩固或削弱、消除,以便形成良好的行为习惯。贯彻强化性原则,教师要采取明确的适宜的强化方式,强化激发儿童的内在动机；做到强化的及时性。

（5）一致性原则：是指教育者要尽力为幼儿的社会学习营造一个连续与统一的影响环境。这个环境既包括教育者自身影响的连续性与统一性,也包括各方面力量的连续性与统一性。教育者自身要做到言行一致,始终一贯,协调统一幼儿园内部的力量,协调统一幼儿园与家庭、社区之间的力量。

（6）正面教育原则：是一切教育最基本的原则,其核心是在尊重的前提下对学前儿童提出要求,在肯定的前提下对学前儿童的行为做出补充和修正,在维护学前儿童的自主性和完整性的前提下渗透课程的要求。教师应创设积极的环境,树立榜样,以鼓励表扬为主,以积极的方式对学前儿童提出要求等。

（7）生活教育原则：是指要把学前儿童还原到真实的生活中开展社会教育。社会教育是在日常生活中,借助于日常生活,并且为了日常生活而进行的。教师善于抓生活中的细节,并长期一贯地坚持。

（8）情感支持性原则：是指通过爱与关心来建立教师与学前儿童间的双向接纳关系,为学前儿童的社会性发展营造良好的情感氛围,促进学前儿童的社会性发展。教师要善于激发幼儿良好的社会情感,并投入积极的情感,营造良好的情感氛围。

命题点8：学前儿童社会教育的方法

1. 一般方法

（1）实践练习法：通过真实的生活事件和生活情境,培养幼儿的基本社会生活能力和技能,并增进幼儿的相关知识,激发幼儿的社会情感的方法。

（2）调查法：教师引导和启发幼儿针对社会环境、社会事物及社会现象的相关问题,通过多种途径和手段收集相关资料,并对材料进行思考、分析,从而发现社会现象存在的状态,或是社会问题的原因,或是社会现象之间的联系的方法。

（3）参观法：教师组织幼儿在园内或园外的场所,针对一两个社会事物或现象,以视觉为主要渠道对实际事物和现象的观察、思考而获得新的社会知识与社会规范的教育方法。

（4）表演法：教师有计划、有目的地引导幼儿通过神态动作、语言及表情去体验、感受一定角色的情感和行为，从而达到学前儿童社会性发展的方法。

（5）讲解法：是向幼儿说明一些简单的、基本的知识和道理，让幼儿了解规则及其意义，使幼儿知道一些基本的社会认知的一种重要方法。幼儿园社会教育中的讲解应该是感性的、生动的、具体的，关注幼儿兴趣和已有经验。

（6）谈话法：是教师与幼儿及幼儿之间围绕某个问题进行的思想和情感交流的一种方法。

（7）讨论法：是指教师和幼儿围绕某个论题进行的思想碰撞或思想发散的一种方法。

2. 特殊方法

（1）榜样示范法：是指在学前儿童社会教育中，教师用他人的好思想、好行动和英雄事迹去影响和教育儿童，形成良好社会品质的方法。

教师可以把伟人和英雄人物、教师本人、同伴作为榜样，其理论基础是强化学习法，利用儿童好模仿、具体、生动、直观的典型易于感染儿童的特点，常与情境表演法结合使用，如社会活动《我是爸妈的小帮手》、《尊敬老人的好娃娃》等。

（2）角色扮演法：创设现实社会中的某些情景，让学前儿童扮演一定的社会角色，从而掌握自己承担的角色所应遵循的社会行为规范和道德要求的方法。它的一般步骤是：创设情景—启发思考—讨论明理—学习表演。

运用角色扮演法的要求：①围绕教育目标创设情景，应力求真实、生动、有人有景；道具、化妆应简单、有代表性。②角色扮演要有针对性，教师创设的教育情境使儿童能够熟悉和喜爱，让儿童承担的角色必须为儿童所认知和理解。③要充分发挥儿童的主动性、积极性和创造性，尊重儿童自主地选择角色、变化角色和创造角色，幼儿自主选择角色，教师协调。④教育者尽量与儿童平等地去扮演角色，教师扮演的角色以正面角色为主，切忌让儿童反复扮演反面角色。⑤情节要简单，内容要短小、活泼，对话、动作要多，适合表演。

（3）移情训练法：是通过幼儿的现实生活事件或故事、情景表演等手段，引导幼儿理解和分享别人的情绪情感体验，使幼儿在日后生活中，对他人类似的情绪情感产生习惯性的理解并做出反应的方法。它主要通过讲故事、编故事、生活体验、情境表演等途径，让学前儿童设身处地地站在别人的位置考虑问题，使儿童理解和分享他人的情绪、情境体验，从而与之产生共鸣。

运用移情训练法要注意：

① 创设的情境应该是儿童熟悉的社会生活，或者是符合孩子的年龄特点，孩子能够理解的，这样才能产生移情。

② 移情要通过换位，让儿童去理解他人的情绪，并以自己本身的情感体验去感受、理解他人的情感需要，以唤起儿童情感共鸣。

③ 要不断地变换移情对象的身份，以训练他们对各种不同人物的移情，扩大移情对象。

④ 移情应与理解和分享结合，落实到行为技能的培养上。

⑤ 在移情训练中，教师要积极参与，与孩子一起移情、训练。

⑥ 应与角色扮演法、行为训练法等有机结合起来，才能取得良好的教育效果。

（4）观察学习法：是指学前儿童通过观察学习而获得相应社会行为的方法，观察的主要对象是现实的社会生活事件、影视作品、儿童的表演等。其步骤是注意—记忆—行为复出—强化或调节。

运用观察学习法要求是要根据学前儿童社会性发展水平和特点，设计容易引起学前儿童容易关注的行为模式；要给学前儿童记忆、思考的机会；提供让学前儿童观察到的行为模式，并能运用到实际生活中；引导学前儿童对良好行为给予积极的态度与评价，改变与消除不良行为。

（5）价值澄清法：是让学前儿童在活动中直接思考一些价值选择的途径，使他们对社会活动和周围人产生积极的态度，然后付诸外部行动的方法。澄清应答法、价值表决法和价值排队法是三种常用的具体的教育方法。其一般步骤是：列举选择途径—思考和想象后果—自由选择—情感体验—行为强化。

运用价值澄清法的要求是：围绕教育目标提供尽可能多的选择内容，让学前儿童自由选择并积极思考；让学前儿童公开表示自己的选择，求得大家的认可，并根据自己的选择去行动。

(6)陶冶教育法。陶冶教育法是利用环境条件、生活气氛及教师的言行举止,对幼儿进行积极感化、熏陶,发挥潜移默化影响作用的方法。环境陶冶法和艺术感染是两种常用的熏陶教育法。运用环境陶冶的要求是:根据教育目标设置教育环境,注重幼儿的感受与体验。运用艺术感染法的要求是:选择优秀、合适的艺术作品,引导幼儿体验作品的思想感情。

命题点9:学前儿童社会教育的途径

游戏活动、教学活动、劳动、生活活动和节日娱乐活动、参观游览是对学前儿童进行社会教育的常用途径。根据《指南》精神,人际交往和社会适应是幼儿社会学习的主要内容,也是其社会性发展的基本途径,因此,幼儿园的社会教育的主要途径,主要体现在以下三个方面:

(1)专门的教育活动:综合教育活动、游戏、区域活动、社区环境的利用。

(2)随机教育:幼儿社会性发展主要是在日常生活和游戏中通过观察和模仿潜移默化地发展起来的,具体表现在日常生活中和其他领域的随机教育中。

(3)家园合作。

命题点10:学前儿童社会教育指导要点

(1)幼儿的社会性主要在日常生活和游戏中通过观察和模仿潜移默化地发展起来的,幼儿社会态度和社会情感的培养尤应渗透在多种活动和一日生活的各个环节之中,要创设一个能使幼儿感受到接纳、关爱和支持的良好环境,避免单一呆板的言语说教。

(2)幼儿与成人、同伴之间的的共同生活、交往、探索、游戏等,是其社会学习的重要途径。应为幼儿提供人际间相互交往和共同活动的机会和条件,并加以指导。

(3)社会学习是一个漫长的积累过程,需要幼儿园、家庭和社会密切合作,协调一致,共同促进幼儿良好社会性品质的形成。

【本节考点知识点小结】

学前儿童社会领域教育活动在幼儿园日益受到关注,随着《3~6岁学前儿童学习与发展指南》颁布实施,幼儿园社会教育的地位和意义更加明确。学前儿童社会教育是指以发展学前儿童的社会性为目标,以促进学前儿童的社会认知,激发学前儿童的社会情感,培养学前儿童的社会行为为主要内容的教育。社会领域是幼儿园课程的一个重要领域,对幼儿人格的发展具有重要意义。它满足学前儿童认知的需要,是学前儿童社会性情感及社会交往的需要,促进学前儿童身体、心智的发展。

社会领域总目标是以儿童为本的价值取向,以幼儿情感性发展为基础的目标取向及以社会关系建构为维度的内容取向而制定的,其内容包括学前儿童社会行为、社会情感和社会认知三个方面,具体从人际交往、社会适应性、社会环境、社会规则和社会文化的认知等方面展开。因此,学前儿童社会教育的内容应包括养成积极良好的社会行为、情感、认知和个性等方面。学前儿童社会性的习得发展具有在生活中潜移默化、耳濡目染的特征,所以,学前儿童社会教育活动具有随机性和无意性、长期性和反复性、情感驱动性、实践性(练习性)等特点,组织学前儿童社会教育活动必须遵循目标原则、活动性原则、实践性原则、强化原则、一致性原则、正面教育原则、生活教育原则、情感支持性原则。幼儿园社会活动一般运用实践练习法、调查法、参观法、表演法、讲解法、谈话法、讨论法等方法。同时,结合社会领域课题的独特性,老师可以运用榜样示范法、角色扮演法、移情训练法、观察学习法、价值澄清法和陶冶教育法等社会领域特殊教育方法组织活动,通过游戏活动、教学活动、劳动、生活活动和节日娱乐活动、参观游览等常用途径开展社会教育。在专门的教育活动、随机教育、家园合作等途径中开展活动。对于学前儿童社会教育中教师指导,教师要把社会教育渗透在多种活动和一日生活的各个环节之中,要创设一个能使幼儿感受到接纳、关爱和支持的良好环境,避免单一呆板的言语说教,应为幼儿提供人际间相互交往和共同活动的机会和条件并积极指导。还要积极促进幼儿园、家庭和社会密切合作,协调一致,共同促进幼儿良好社会性品质的形成。

【本节过关自测】

一、单项选择题

1.能显著提高儿童的角色承担能力和亲社会行为水平的学前社会教育方法是(　　)。

A．角色扮演法　　　B．语言法　　　　C．移情训练法　　　D．讨论法
　　2．张老师发现班上有几个孩子的坚持性比较差，缺乏专注精神，于是聪明的她给这几个孩子玩起了"哨兵站岗"游戏，请这几个小朋友负责全班幼儿的"安全"，请问张老师的这种教育方法属于（　　）。
　　A．榜样示范法　　　B．动作练习法　　　C．移情训练法　　　D．角色扮演法
　　3．（　　）是儿童健全发展的重要组成部分，它与体格发展、认知发展共同构成儿童发展的三大方面。
　　A．亲社会行为的发展　B．同伴关系的发展　C．兴趣的发展　　　D．社会性的发展
　　4．（　　）不属于幼儿社会学习的特点。
　　A．随意性和目的性　B．随机性和无意性　C．长期性和反复性　D．实践性和情感性
　　5．以下（　　）不属于幼儿社会领域的教育内容。
　　A．社会规则　　　　B．人际交往　　　　C．社会适应　　　　D．文学作品
　　6．当幼儿与同伴发生发生矛盾或者冲突时，指导他尝试用（　　）等方式解决。
　　A．协商　　　　　　B．轮流　　　　　　C．交换　　　　　　D．合作
　　7．（　　）是幼儿重要的学习方式，是认识和态度形成的基础。
　　A．模仿　　　　　　B．观察　　　　　　C．体验　　　　　　D．同化
　　8．"孟母三迁"的故事说明，（　　）因素对幼儿社会性发展的影响。
　　A．父母家长　　　　B．社区环境　　　　C．家庭环境　　　　D．媒体环境
　　9．"有样学样"的现象说明（　　）因素对幼儿社会性发展的影响。
　　A．成人　　　　　　B．社区环境　　　　C．大众传媒　　　　D．网络资源
　　10．一个4岁幼儿说"我可勇敢了"，问他为什么，他说："老师说的。"这表明幼儿社会性发展的（　　）特点。
　　A．自我评价的依赖性和被动性　　　　　B．自我评价的表面性和局部性
　　C．自我评价的情绪性　　　　　　　　　D．自我评价的自主性和客观性
　　11．"知道人都有各自的优点和缺点，知道犯错误改正了就是好孩子。"这一具体教育内容属于（　　）的内容范围。
　　A．社会行为　　　　B．社会认知　　　　C．个性　　　　　　D．社会情感
　　12．成人要求幼儿做一件事，他不一定真正掌握了这件事情的意义，以后遇到类似的情境可能还是不会按照要求去做。只有当他自己在生活中主动做了，才能说他真正掌握了社会行为规范。比如吃饭前洗手、整理图书和玩具等等。这一现象表明幼儿社会学习具有（　　）的特点。
　　A．无意性　　　　　B．兴趣性　　　　　C．实践性　　　　　D．自主性
　　13．一位教师经常利用饭堂工人送饭菜的时机提示幼儿"饭堂师傅做出的饭菜真美味，我们要谢谢师傅"，这一做法体现出教师善于根据幼儿社会学习（　　）的特点来开展礼貌教育。
　　A．随机性和无意性　B．长期性和反复性　C．兴趣性和差异性　D．随意性和散漫性
　　14．有些幼儿会模仿电视节目上的男女交往的行为，如搂抱、亲嘴、说要和某某结婚等。如果你是老师，你的处理办法是（　　）。
　　A．一笑而过不了了之　　　　　　　　　B．驳然大怒批评禁止
　　C．保护好奇心，引导正确认识　　　　　D．不关注顺其自然
　　15．我国著名的儿童教育家陈鹤琴先生所言"积极的鼓励胜于消极的制裁"，这句话提示我们开展幼儿社会教育要注重遵循（　　）原则。
　　A．正面教育　　　　B．实践性　　　　　C．生活性　　　　　D．教育性

　　二、活动设计题
　　请为幼儿园小班设计一份"我爱妈妈"的活动方案。

【本节过关自测】参考答案

一、单项选择题

【考点解析】1．答案是A。此题考的是学前儿童社会教育活动的特殊方法。

【考点解析】2. 答案是 D。此题考的是对学前儿童社会教育活动角色扮演法作用的理解。
【考点解析】3. 答案是 D。此题考的是学前儿童社会性发展的意义。
【考点解析】4. 答案是 A。此题考的是学前儿童社会性习得特点。
【考点解析】5. 答案是 D。此题考的是学前儿童社会教育活动内容。
【考点解析】6. 答案是 A。此题考的是学前儿童亲社会行为形成指导。
【考点解析】7. 答案是 A。此题考的是学前儿童社会性习得特点。
【考点解析】8. 答案是 B。此题考的是影响学前儿童社会性发展因素。
【考点解析】9. 答案是 A。此题考的是影响学前儿童社会性发展因素。
【考点解析】10. 答案是 A。此题考的是影响学前儿童自我意识的自我评价发展阶段特点。
【考点解析】11. 答案是 B。此题考的是影响学前儿童社会性构成要素的具体内容。
【考点解析】12. 答案是 C。此题考的是影响学前儿童社会性习得特点。
【考点解析】13. 答案是 A。此题考的是影响学前儿童社会性习得特点。
【考点解析】14. 答案是 C。此题考的是教师对学前儿童社会性发展必须遵循生活性原则。
【考点解析】15. 答案是 A。此题考的是学前儿童社会性发展必须遵循的正面教育原则。

二、活动设计题

【考点】考查学生对社会领域活动设计能力
【参考答案】（设计案例举例）：

小班社会领域活动：我爱妈妈

[活动目标]
1. 了解自己的成长离不开妈妈的关怀，懂得去爱妈妈、爱周围的人。
2. 学会以正确方式表达对妈妈的爱。
3. 了解妈妈的辛苦，激发爱妈妈、爱家人及周围人的情感。
[活动方法] 口授法、电教法、讨论法、行为练习法、榜样示范法。
[活动准备]《我妈妈》绘本、PPT，各种视频。
[活动过程]

一、开始部分
1. 活动导入
（谈话导入。）
师：小朋友们，今天我们幼儿园来了一位小客人，小朋友们想见他吗？那老师就把他请出来。
角色语言：大家好，我是皮卡，很高兴见到大家，今天我想给大家说一说我的妈妈，小朋友们想听吗？

二、基础部分
1. 分享绘本《我妈妈》
（展示PPT《我妈妈》。）
师：皮卡的妈妈在皮卡的心目中是一个怎样的妈妈？都有些什么本领？皮卡是不是觉得他的妈妈很棒？皮卡说他的妈妈很爱他，那皮卡爱不爱他的妈妈呢？那你们爱你们的妈妈吗？
师：请小朋友们想想你们的妈妈是怎样的，不管我们的妈妈是什么样的妈妈，我们都要爱她，因为我们的妈妈真的真的很棒。
过渡语：老师想问问大家今天有哪些小朋友是妈妈送来幼儿园的？你们想不想知道妈妈每天送了你们来幼儿园以后在做什么事吗？我们一起来看看吧。
2. 播放妈妈每日劳动的视频
（看完视频后……）
师：小朋友们，你们在视频里都看到了什么？你们看完后有什么感受？妈妈每天都很辛苦对不对？妈妈每天这么辛苦都是为了谁呀？那你们爱她吗？

3. 说出日常生活中妈妈为自己做过的事

师：你们的妈妈也是因为很爱很爱你们，所以每天很辛苦却都从来不喊累。在生活中你们的妈妈还为你们做过些什么事？请你们讨论讨论，然后说给大家听。

师：哦，原来妈妈为自己做了那么多的事。这些呀都是妈妈对你们表达爱的方式。

师：那我们应该用什么方式来表达对妈妈的爱呢？

师：下面我们来看一看这位小哥哥是怎么做的。

4. 用正确的方式表达对别人的爱

（播放视频：《给妈妈洗脚》公益片。）

师：这位小哥哥是怎么做的？我们应不应该向他学习呀？那你们还能想到些什么表达爱的方法呢？（畅所欲言，说出自己所想到的表达爱的方法。）

幼儿讨论表达爱的方法并大胆说出来。

（给妈妈的一幅画。）

师：有的小朋友说到了给妈妈画一幅画来表达对妈妈的爱，老师觉得这个想法很不错，那我们就一起来画一画妈妈美丽的样子吧。画好后带回家给妈妈看。

5. 以母爱为支点，延伸到爱父亲，爱周围的人，爱同伴

（师生谈话：引导幼儿感受父爱并爱爸爸，爱周围的人。）

师：我们除了爱妈妈，我们还要爱谁呀？

师：对，我们还要爱爸爸。

师：还有我们也要爱自己的同伴，爱老师，爱周围的人。

三、结束部分

（教师总结。）

师：今天我们知道了妈妈的辛苦，也知道妈妈很爱我们，我们生活在一个有浓浓的爱的环境里。我们知道了爱别人，也学会了很多种表达爱的方法。小朋友们今天都表现得很棒。最后我们一起唱一首歌。

（以歌曲《爱我你就抱抱我》结束本次活动。）

[活动延伸]

表演区——给妈妈唱首歌。

美工区——做一做爱的礼物。

语言区——故事表演《我妈妈》。

第四节　幼儿科学教育

【本节考纲考点】

1. 能根据教育目标和幼儿的兴趣需要和年龄特点选择教育内容，确定活动目标，设计科学教育活动方案。
2. 掌握幼儿科学领域教育的基本知识和相应教育方法。
3. 理解整合各领域教育的意义和方法，能够综合地设计并开展科学教育活动。
4. 能根据活动中幼儿的需要，选择相应的互动方式，调动幼儿参与科学活动的积极性。
5. 在科学活动中能根据幼儿的个体差异进行指导。

【历年真题再现】

一、具体单次教育活动设计

【2011下】以把玩具送回家（实物归类）为题，设计一个小班的活动方案。

【考点分析】此题考查考生撰写具体的科学教育活动（数学教育）的设计能力

【2012上】以小动物与生气虫为题，设计一个中班的活动方案。

【考点分析】此题考查考生撰写具体的科学教育活动(动物)的设计能力

【2016上】16. 请根据下列素材设计一个大班科学活动,要求写出活动名称、活动目标、活动准备、活动过程。

大班的胡老师为幼儿提供了各种吹泡泡的工具,有吸管、铁丝绕成的圈,塑料吹泡泡棒等(下图),让幼儿在户外活动时自己吹泡泡玩。幼儿在吹泡泡的时候,有的能吹出很大的泡泡,有的只能吹出小泡泡,有的能一次吹出好多个泡泡,有的一次只能吹出一个泡泡……

结果有的幼儿得意,有的幼儿沮丧,针对上述现象,胡老师打算组织一个科学的教育活动,以引发幼儿深入探究的兴趣,并使幼儿了解不同吹泡泡工具与吹出的泡泡之间的关系。

【考点分析】此题考查考生撰写具体的科学教育活动(科学小实验)的设计能力

二、具体主题教育活动设计

【2015上】16. 某幼儿园的院子里有几种高大的树,也有一些比较低矮的灌木。请你结合院子里的这些资源,设计一个题为"幼儿园的树木"的中班主题活动方案(含3个子活动),要求写出总目标,每个子活动的名称、目的和主要环节。

【考点分析】此题考查考生撰写具体的科学教育活动(植物)的设计能力

【本节备考指导】

科学教育的目标和内容,这几年真题基本以活动设计为主,自然科学具体活动设计考了几次。大体可以分为两类:一类是单次的活动设计,从考点来看分别为2011年下半年的数学分类活动设计、2012年上半年的自然科学动植物活动设计、2014年下半年自然科学防火安全教育活动设计、2016年上半年的自然科学小实验活动设计;第二类是主题活动设计,如2015年上半年的自然科学动植物主题活动设计。

考生在复习时需要重点掌握科学教育的目标、方法、设计策略。从科学活动内容来看,自然科学部分重点是观察类、实验类、制作类科学活动,数学部分内容重点是数的组成和量这两个内容,当然其他部分内容都需要去复习。

【命题考点精讲】

命题点1:《纲要》中科学领域的目标与解读

1.《纲要》中科学领域的目标

(1) 对周围的事物、现象感兴趣,有好奇心和求知欲。

(2) 能运用各种感官,动手动脑,探究问题。

(3) 能用适当的方式表达、交流探索的过程和结果。

(4) 能从生活和游戏中感受事物的数量关系并体验到数学的重要和有趣。

(5) 爱护动植物,关心周围环境,亲近大自然,珍惜自然资源,有初步的环保意识。

2.《纲要》中科学领域的目标解读

按照一般教育目标分为知情能的角度来解读,科学领域的五条目标也可以从这几个方面来解读:

(1) 科学情感和态度目标强调以下四个方面:

① 发展儿童的好奇心、兴趣和求知欲。

② 培养学前儿童关爱环境的积极情感和态度。

③ 培养学前儿童尊重事实的科学态度。

④ 尊重他人,乐于合作、分享与交流。

(2) 科学方法和过程目标体现为能力方面的目标,强调也有四个方面:

① 观察发现问题。

② 动脑思考。

③ 动手操作。

④ 表达交流。

3. 科学知识目标解读

相对而言,《纲要》当中的科学领域目标没有列出具体科学知识目标。在学前儿童科学教育的三个目标中,情感态度和方法策略(偏向能力)目标应优先考虑。

命题点2:《指南》中科学领域的目标与解读

1.《指南》中科学领域的目标

(1) 科学探究。目标1:亲近自然,喜欢探究;目标2:具有初步的探究能力;目标3:在探究中认识周围事物和现象。

(2) 数学认知。目标1:初步感知生活中数学的有用和有趣;目标2:感知和理解数、量及数量关系;目标3:感知形状与空间关系。

2.《指南》中科学领域的目标解读

《指南》中科学领域的目标分为两个方面:科学探究、数学认知。《指南》中科学领域的目标,它是与《纲要》相一致的,并在此基础上进一步发展幼儿数概念和空间概念,体现幼儿学数学与用数学的统一。

在科学活动自然科学部分中,《指南》强调的是以探究为中心的科学教育,在教学中真正关注孩子,摆正教师的位置,使儿童的科学探究过程更加丰富,体现儿童是科学探究过程的亲历者,淡化结果,重视过程。《指南》中与纲要不同的是,科学活动数学方面的目标更具体,沿用了《纲要》中的生活教育理念。幼儿学习数学是"从实物操纵水平发展到表象水平,然后再发展到抽象水平"这一发展规律,了解了儿童学习数学路径,教师必须重视生活中的数学,重视幼儿个人建构,帮助孩子理解,实现抽象化,让每一个孩子真正喜欢数学,学自己的数学。

从《指南》目标来看,幼儿科学学习的特点表现在三个方面:探究、解决问题、尝试发现。探究既是幼儿科学学习的目的,也是幼儿科学学习的方法。幼儿科学学习的价值追求或者说幼儿科学学习的核心是:激发探究兴趣、体验探究过程、发展初步的探究能力,形成受益终身的学习态度和能力。科学领域学与教的方式表现为:直接感知、亲身体验、实际操作;做中学、生活中学、游戏中学。

命题点3:科学领域的内容

1.《纲要》中科学领域的内容与要求

《纲要》中科学领域的内容与要求是合在一起的,包含了六个方面的内容与要求。

(1) 引导幼儿对身边常见事物和现象的特点、变化规律产生兴趣和探究的欲望。

(2) 为幼儿的探究活动创造宽松的环境,让每个幼儿都有机会参与尝试,支持、鼓励他们大胆提出问题,发表不同的意见,学会尊重别人的观点和经验。

(3) 提供丰富的可操作性的材料,为每个幼儿都能运用多种感官、多种方式进行探索提供活动的条件。

(4) 通过引导幼儿积极参加小组讨论、探索等方式,培养幼儿合作学习的意识和能力,学习用多种方式表现、交流、分享探索的过程和结果。

(5) 从生活或媒体中幼儿熟悉的科技成果入手,引导幼儿感受科学技术对生活的影响,培养他们对科学的兴趣和对科学家的崇敬。

(6) 在幼儿生活经验的基础上,帮助幼儿了解自然、环境与人类生活的关系。从身边的小事入手,培养初步的环保意识和行为。

2. 科学领域的内容划分

科学领域的内容分类有很多种,例如,复旦大学出版社版相关教材将科学内容分为四个方面:

(1)关爱、探究身边的有生命物质、探索无生命物质与其环境与人们生活的关系。具体可以细分为动植物与环境、无生命物质、人体等,包括这些方面的基本内容以及与人、与自然环境的关系。

(2)关注、感受、探究身边的自然科学现象,如光、声音、冷热现象、力、磁、电、化学现象、季节、天文现象等。

(3)科学与数学有机结合,进而建构儿童初步的数概念,并学习简单的数学方法解决日常生活中的问题。如掌握物体分类的方法,探索"1"和"许多"及其关系,通过实物操作、比较、游戏等方法来学习十位或百位以内的数,认识常见的平面图形和立体图形,能用各种方法进行量的比较,初步理解量的相对性和量的守恒。在空间方位上,能分清上下、左右、前后、里外、远近等。时间上区分早晨、中午、晚上、白天、黑夜、今天、明天、昨天,知道星期、日、月、年及其关系。认识时钟,能判定整点、半点。

(4)感受现代科学技术对人们生活的便利。感受日常生活中的科技用品(家用电器、现代交通工具、现代通讯工具、现代农用工具、科技玩具)等,了解、熟悉著名的科学家,感受、体验科学家的探索、发明创造的过程,增强强儿童的环保意识,培养其环保行为。

命题点4:幼儿园科学教育内容选择的基本要求
1. 注重内容的科学性,教育的启蒙性
(1)对于0~3岁的婴儿,应该选择他们直接看到、感受的内容。
(2)对于3~6岁的儿童来说,要选择他们在日常生活中感兴趣的、最熟悉的、易于理解接受的、能够直接进行探索和发现的内容来进行,并将儿童难以理解的科学现象、科学知识寓于简单的现象之中。

2. 与时俱进,勿忘历史民族文化(时代性与民族性)
(1)要选择介绍科学技术发展过程的内容,具有时代性。
(2)积极引导学前儿童认识我国具有民族特色的代表性物产。

3. 注重内容的系统性和各领域教育内容的统整
(1)根据学前儿童的认知特点和规律选择内容。
(2)要灵活地选择科学教育的内容并和其他领域的内容相互配合。

4. 照顾科学教育内容的多样性与典型代表性(广泛性和代表性)
(1)要从广泛的内容中来选择。
(2)要客观地衡量所选内容的代表性。
(3)要全面、均衡地选择各部分内容。

5. 因地制宜,因季节而变(地方性和季节性)
(1)要根据当地的季节变化特点,选择本地区(或本幼儿园的)、具有教育价值的、有关自然或社会方面的内容。
(2)灵活地选择本地的事物充实到学前儿童科学教育的内容中来,并将离儿童较远的或难以搜集到的材料替换掉或向后推延。

此外,还要注意从身边取材(生活化),选择周围便于感知的事物和现象,具有操作性和可探究性,符合幼儿的年龄特点和水平(适宜性),体现人文特色。

命题点5:学前儿童科学教育的特点与分类
1. 学前儿童科学教育的特点
科学是知识,科学是过程(科学知识来源于科学探索过程。探索、解释、检验是科学过程的三个基本要素),科学是态度。科学素养由科学知识、科学方法、科学态度组成。科学教育的内涵包括科学情感与态度、科学方法和策略、科学知识和能力。学前儿童科学教育的特点是:
(1)教育目标以培养科学素养为核心。
(2)教育内容趋向生活化和生成性。
(3)教育过程强调基于问题的主动探究。
(4)教育组织形式、活动形式趋向多样而灵活。

2. 学前儿童科学教育的分类
学前儿童科学教育活动的类型大体可以分为四类活动,即观察类、实验类、制作类、交流类,前面三类是主要的科学教育活动。

命题点6：观察类科学教育活动的设计与指导

1. 观察类科学教育活动分类

（1）一般性观察：如认识桔子。

（2）比较性观察：如认识桔子和柚子。比较观察是幼儿学习分类的基础。

（3）长期系统性观察：如种植区、饲养动物。

2. 观察内容的选择

（1）特征典型、明显，便于观察并力求美观。

（2）变化明显，且变化周期短。

（3）容易选取和照顾，无安全隐患。

3. 观察类活动目标的设计

（1）观察技能：运用多种感官感知事物特征（小班或以上）；对不同对象进行比较观察、有顺序地观察（中班或以上）；对事物进行长期系统的观察（中班或以上）；观察事物的变化和现象的发生（小班或以上）。

（2）表达技能：运用语言大胆讲述自己在观察中的发现（小班）；运用完整的语言讲述并交流自己在观察中的发现（中班或以上）；用图画、数字等多种方式记录自己观察的结果（中班或以上）。

（3）有关观察对象的科学认识（知识）。认识观察对象的显著特征（小班）；认识到观察对象的多样性（小班或以上）；认识到各个观察对象的不同和相同（中班或以上）；探寻观察对象的变化规律（大班）。

4. 观察类科学教育活动的指导要点

（1）利用观察对象的显著特征激发儿童的观察兴趣。

（2）通过启发性问题引导幼儿观察。

（3）引导幼儿运用多种感官感知事物的特征。

（4）引导幼儿通过对观察对象的操作、摆弄，将观察和操作相结合，以全面地观察事物，并了解观察对象的变化。

（5）要鼓励幼儿用语言表达观察中的发现。

（6）指导幼儿学习用各种方法记录观察的结果。

命题点7：实验操作类科学教育活动的设计与指导

1. 科学实验类内容的选择

（1）具有可探究性（有探究的问题，有科学原理支持，科学现象明显）。

（2）具有可操作性（探究的问题或科学原理可以物化，材料可结构）。

（3）实验材料安全，取材方便，易于组织和操作。

2. 实验类活动的目标设计

（1）科学好奇心：注意到新异的事物或现象（小班或以上）；愿意探究新异的事物或现象（中班或以上）；对新异事物或现象提出问题并进行探究（大班）。

（2）科学探究能力：能通过自己的观察操作获取发现（小班或以上）；能对问题作出假设并用自己的经验来加以检验（中班或以上）；能根据已经获取的资料进行合理推理，得出结论（中班或以上）；能根据过去的经验或逻辑推断对现象进行解释和预测（大班）。

（3）表达技能（同观察类活动目标设计要求）。

（4）有关实验现象的科学认识（知识）。

核心目标是科学好奇心和科学探究能力。

3. 实验操作类科学教育活动的指导要点

（1）创设宽松、和谐的探究氛围，包容错误，允许失败。

（2）提供充足、多样的实验材料，以保证幼儿能反复操作、与材料互动，在亲历实验探究中探索、发现、判断，自己找出问题的答案。

(3)积极引导幼儿主动参与活动,自主探索、主动建构认知。

(4)引导幼儿仔细观察实验材料在操作中的变化、记录实验中的发现,必要时对幼儿的实验操作方法给予适当指导。

(5)组织幼儿就实验的现象和结果开展讨论、交流,引导幼儿分析实验中观察到的现象,鼓励幼儿解释实验结果。

(6)鼓励幼儿提出问题,但不要急于把问题的答案交给幼儿,以避免超越幼儿理解能力的灌输或变相灌输。

命题点8:技术制作类科学教育活动的设计与指导

1. 科学制作类活动目标设计

涉及情感态度、技术操作能力、知识经验,其中技术操作能力是该类科学活动的核心目标。具体目标表述可以参考观察类、实验类科学活动。

2. 科学制作类科学教育活动的指导要点

(1)提供适当的制作材料。

(2)明确制作的目标,探索制作的方法。

(3)加强制作过程重难点的个别指导与儿童间的互动。

(4)让制作的作品成为儿童的玩具、用品。

(5)加深儿童对科学现象的感知与理解。

命题点9:科学教育活动的具体设计技巧

1. 科学教育活动方案的要素

(1)活动名称。是对活动目标、活动内容的概括性反映,包括三个小要素:班级、领域范围、具体内容,如中班科学活动——空气的秘密,大班数学活动——自然测量。

(2)设计意图(设计思路)。指为什么要设计该活动,设计该活动有什么意义。包括三个方面:选题或选材解读;解读幼儿;解读活动组织或设计策略。例如:

"小熊水果店(感知3以内的数量)"中,设计活动思路是:小班幼儿的学习具有具体形象、注意力易转移的特点,从幼儿的实际水平及兴趣出发,以"运水果"、"买水果"等游戏情节贯穿其中,将数学内容融进游戏中,通过创设与生活有关的一些场景,选用幼儿熟悉的角色游戏玩具作为操作材料,让幼儿在游戏的过程中自主探索感知3的形成以及3的实际意义,从而发展幼儿初步的观察、计数及动手操作能力。

(3)活动目标。表述应具体化、行为化,体现可操作性,包含情感与态度、认知经验及技能或能力三方面。

例如,小班数学活动"小熊水果店(感知3以内的数量)"活动目标定为:

①情感目标:喜欢参与数学活动,体验数学活动带来的乐趣。

②认知目标:感知3以内的数量,理解数量"3"的形成及实际意义。

③能力目标:能手口一致点数数量3的物体,提高观察力、计数能力及动手操作能力、表达能力。

4. 活动准备

(1)知识经验准备;(2)物质准备。

5. 活动过程

是活动设计的中心环节,一般包括活动的基本流程、构成活动进程的主要教学事件和环节、活动采用的主要形式和方法以及每个活动环节的具体如何展开等。

(1)开始部分。

介绍活动内容,即用简明、形象、富有启发性语言,说明将要进行的活动。

(2)基本部分

①幼儿感知探究发现;②集中交流,表征梳理;③多形式练习巩固,同时注意联系生活经验解决生活中初浅的问题;④集中交流,总结梳理。

(3)结束部分。活动延伸,如到环境中寻找或延伸到区域活动。

命题点 10：幼儿数学教育的目标

目标 1：初步感知生活中数学的有用和有趣；

目标 2：感知和理解数、量及数量关系；

目标 3：感知形状与空间关系。

命题点 11：幼儿数学教育的内容与范围

内容领域是：集合、数、空间、时间与形体、量。一般分为：集合概念；数概念和运算能力；几何形体概念；量的概念；时间、空间概念。具体可以分为：(1)分类、排序与对应；(2)数、计数与数的运算；(3)几何图形；(4)量与计量；(5)空间；(6)时间。

主要教学内容是：感知集合教育、10 以内的数、10 以内的加减法、简单的几何形体知识、量的初步知识、空间方位初步知识、时间初步知识。

命题点 12：幼儿数学教育活动的类型

幼儿园数学教育活动的类型包括数学教育活动、区域数学活动、数学游戏活动、日常生活中的数学活动。

命题点 13：各年龄班幼儿数学教育的指导要点

1. 分类、多角度分类和层级分类指导要点

(1) 明确分类的种类及其特点；

(2) 运用分类标记支持幼儿的分类活动；

(3) 用语言表述分类的理由。

2. 计数活动的指导要点

(1) 按物点数，认识总数；

(2) 感官计数，强化总数；

(3) 进行各种寻找活动。

3. 数的守恒指导要点

(1) 用同颜色、同形状、同大小的物体，改变排列形式学习守恒。

(2) 用不同计数对象，相同对象的不同大小、不同颜色和不同排列方式等综合因素进行守恒练习。

4. 10 以内序数教育指导要点

(1)集中分两段教学；(2)结合教具讲解演示，帮助幼儿理解序数的含义，掌握序数词；(3)引导幼儿对基数和序数进行区分；(4)学习从不同方向确定物体的排列次序。

5. 数的组成教育指导要点

(1)启发幼儿理解数量关系；(2)理解数的实际意义。

6. 10 以内数的加减运算的指导要点

(1)根据实际安排教学形式；(2)从直观入手，理解加减法含义；(3)引导抽象，认识符号和式子，和减法同时教；(4)数的组成、加法、减法同时教；(5)帮助幼儿理解；(6)指导幼儿学习列式和运算的方法；(7)运用多种方式进行运算练习

7. 幼儿排序的种类

(1)按物体的外部特征排序；(2)按规则排序；(3)按物体量的差异排序；(4)按数量排序。

8. 按量的差异排序指导要点

(1)在比较的基础上指导幼儿操作；(2)引导幼儿掌握排序的方法；(3)向幼儿说明排序的基本要求；(4)启发幼儿探索并了解物体序列中的可逆性、双重性、传递性。

9. 自然测量的指导要点

(1)教师示范讲解测量的方法；(2)让幼儿动手测量；(3)使幼儿初步理解测量工具与测量结果之间的函数关系；(4)引导幼儿用自然测量解决生活中的问题。

10. 认识时钟的指导要点

(1)认识时钟及用途；(2)利用直观教具，认识钟面的主要结构运行方向和运转规律；(3)讲解演示，认识整点和半点；(4)利用多种形式巩固对整点或半点的认识。

命题点14：学前儿童数学教育的途径与方法

1. 途径

(1) 专门的数学教育活动：①教师预定的数学活动(正式的数学活动，集中教育活动为多)；②儿童自主选择的数学活动(如区角活动、自由活动)。

(2) 渗透的数学活动：指除专门的数学教育活动以外的、渗透于其他教育活动和儿童日常生活中的数学教育活动。

2. 方法

(1)操作法；(2)游戏法；(3)比较法；(4)讨论法；(5)发现法；(6)讲解演示法；(7)寻找法。

【本节考点知识点小结】

《指南》中科学领域的目标为：(1)科学探究方面包括三个子目标：亲近自然，喜欢探究；具有初步的探究能力；在探究中认识周围事物和现象。(2)数学认知方面包括三个子目标：初步感知生活中数学的有用和有趣；感知和理解数、量及数量关系；感知形状与空间关系。《纲要》中科学领域教育目标为五个方面：对周围的事物、现象感兴趣，有好奇心和求知欲；能运用各种感官，动手动脑，探究问题；能用适当的方式表达、交流探索的过程和结果；能从生活和游戏中感受事物的数量关系并体验到数学的重要和有趣；爱护动植物，关心周围环境，亲近大自然，珍惜自然资源，有初步的环保意识。在学前儿童科学教育的三个目标中，情感态度和方法策略目标应优先考虑。

幼儿科学教育内容选择的基本要求包括五个方面：注重内容的科学性，教育的启蒙性；与时俱进，勿忘历史民族文化(时代性与民族性)；注重内容的系统性和各领域教育内容的统整；照顾科学教育内容的多样性与典型代表性(广泛性和代表性)；因地制宜，因季节而变(地方性和季节性)。

科学教育的内涵包括科学情感与态度、科学方法和策略、科学知识和能力。学前儿童科学教育活动的类型大体可以分为四类活动，观察类、实验类、制作类、交流类科学活动，其中前面三种是主要的科学教育活动。

幼儿数学教育的内容与范围从关系角度来看，分为数量关系、空间关系、时间关系。内容领域：集合、数、空间、时间与形体、量。具体可分为：(1)分类、排序与对应；(2)数、计数与数的运算；(3)几何图形；(4)量与计量；(5)空间；(6)时间。幼儿园数学教育活动类型包括数学教育活动、区域数学活动、数学游戏活动、日常生活中的数学活动。学前儿童数学教育的途径包括专门的数学教育活动、渗透的数学活动。方法主要有：(1)操作法；(2)游戏法；(3)比较法；(4)讨论法；(5)发现法；(6)讲解演示法；(7)寻找法。

【本节过关自测】

一、单项选择题

1. 在"沉浮"的科学探索活动中，学前儿童在教师指导下主要要获得的科学探索结果是(　　)。
   A．物体沉浮的现象　　　　　　　　B．物体沉浮的原因
   C．浮力的概念　　　　　　　　　　D．比重的概念

2. 适合幼儿园种植的植物应是(　　)。
   A．儿童常见的、生长期长的植物　　B．儿童不常见的、生长期长的植物
   C．儿童常见的、生长期短的植物　　D．儿童不常见的、生长期短的植物

3. 在对探索内容与问题的选择上表现出较强的自我中心的是(　　)。
   A．小班　　　B．中班　　　C．大班　　　D．任一年龄班

4. 在观察与探索的过程中能有目的、有序地进行比较观察与探索的是(　　)。
   A．小班　　　B．中班　　　C．大班　　　D．任一年龄班

5. 在活动记录与表达方面具有较强的直观形象性与即时性的是(　　)。
   A．小班　　　B．中班　　　C．大班　　　D．任一年龄班

6. 目标"对周围的事物、现象感兴趣，有好奇心和求知欲"适合(　　)。

A．小班　　　　　　B．中班　　　　　　C．大班　　　　　　D．任一年龄班

7. 目标"尝试运用基本的科学方法探究问题,能大胆提出问题,发表不同的意见"适合（　　）。

A．小班　　　　　　B．中班　　　　　　C．大班　　　　　　D．任一年龄班

8. 学习不受物体的大小、形状和排列形式的影响,正确判断10以内物体数量。这是属于（　　）教育要求。

A．小班　　　　　　B．中班　　　　　　C．大班　　　　　　D．托班

9. 知道相邻3个数之间的数差关系,这是属于（　　）班的教育要求。

A．小班　　　　　　B．中班　　　　　　C．大班　　　　　　D．托班

10. （　　）岁是儿童数概念发展的转折点。

A．3～4岁　　　　　B．4～5岁　　　　　C．5～6岁　　　　　D．6～7岁

11. 会手口一致地点数5以内的实物,并能说出总数。这是属于（　　）班的教育要求。

A．小班　　　　　　B．中班　　　　　　C．大班　　　　　　D．托班

12. 标志着儿童概念发展水平的是（　　）。

A．计数能力的大小　　　　　　　　　　B．掌握数的组成

C．按群进行加减运算　　　　　　　　　D．数的守恒

13. （　　）是学前儿童掌握加减运算的工具和基础。

A．数的组成知识　　　　　　　　　　　B．口述应用题

C．抽象思维能力的发展　　　　　　　　D．表象

二、活动设计题

1. 设计一份大班科学活动计划

内容——科学实验活动：磁铁的奥秘。要求：写出活动目标、活动准备、活动过程、延伸活动。

2. 请设计一篇中班数学活动,内容为"感知5以内的序数",要求写出活动目标、活动准备、活动过程、延伸活动。

【本节过关自测】参考答案

一、单项选择题

【考点解析】1. A。此题考查的是科学教育活动的内容。

【考点解析】2. C。此题考查的是科学教育活动的内容。

【考点解析】3. A。此题考查的是不同年龄班的科学教育活动内容。

【考点解析】4. B。此题考查的是不同年龄班的科学教育活动内容。

【考点解析】5. A。此题考查的是不同年龄班的科学教育活动内容。

【考点解析】6. D。此题考查的是不同年龄班的科学教育活动内容。

【考点解析】7. C。此题考查的是不同年龄班的科学教育活动内容。

【考点解析】8. B。此题考查的是不同年龄班的科学教育活动内容。

【考点解析】9. C。此题考查的是不同年龄班的科学教育活动内容。

【考点解析】10. C。此题考查的是不同年龄班的科学教育活动内容。

【考点解析】11. A。此题考查的是科学（数学教育）内容的基本常识。

【考点解析】12. D。此题考查的是科学（数学教育）内容的基本常识。

【考点解析】13. B。此题考查的是科学（数学教育）内容的基本常识。

二、活动设计

1.【考点解析】科学实验活动类型设计。

【参考评分标准】

(1) 活动目标具体、明确；符合年龄班特点；具有可操作性。(6分)

(2) 活动和经验准备均有,准备充分,材料可满足不同发展水平幼儿的需要。(3分)

(3) 过程层次清楚,条理清晰,过渡自然,能针对活动内容提出启发性问题。(14分)

(4)延伸活动可行、适宜。(2分)

2.【考点解析】数学教育活动类型的设计

【参考答案】

一、活动目标

1. 初步理解序数的含义,感知左右等不同方位。

2. 能用序数词正确表示5以内物体排列的次序,以及从不同的方向积极探索周围环境中物体所处的位置。

3. 能主动参与数学活动,感受数学活动的有趣。

二、活动准备

1. 经验准备:已有基数的经验。

2. 材料准备:火车车厢卡片人手一张,练习卡,高矮不一的树,珠子,房子卡片,动物卡片若干。

3. 环境布置:在班级和走廊上布置数学区或数学主题墙。

三、活动过程

1. 利用故事导入,激发幼儿对序数的兴趣

教师自编一个故事"回不了家的小猫",说的是小猫弄不清自己家住几楼,连续走错到别的动物的家。

2. 学习5以内的序数

(1)师出示火车车厢卡片,引导幼儿观察这列火车有几节车厢,接着请小朋友邀请小动物坐上火车,并说说小动物坐第几节车厢。可以跟旁边的小朋友说也可以跟老师说。

(2)听指令的要求,邀请小动物坐火车,如请小动物坐第几节车厢或请第几节车厢的××小动物下火车等等。

3. 小组活动:巩固练习5以内的序数

(1)小树排队:提供5棵高矮不一的小树,用数字卡片标上序号为小树排队。

(2)串珠子:提供5粒不同颜色的珠子,幼儿串好珠子后根据箭头和数字的提示涂染珠子的颜色。

(3)送小动物住新房子:根据卡片上的上下箭号要求,把动物送回家。

(4)坐火车:请小动物按左右箭号上的提示坐上火车。

四、活动延伸

1. 区域活动:小组活动的材料继续投放在数学区中让感兴趣的幼儿或还不很理解的幼儿继续操作练习。

2. 在日常排队时引导幼儿从前往后或从后往前数数自己排在第几个。

第五节 幼儿艺术教育

【本节考纲考点】

1. 幼儿园艺术教育的目标。
2. 艺术教育的内容,包括音乐教育的内容和美术教育的内容。
3. 艺术教育的方法。
4. 幼儿园音乐教育活动和美术教育活动的设计与指导(教案撰写)。

【历年真题再现】

一、单项选择题

【2012上】2. 在歌唱活动中,帮助幼儿清晰准确地表现内容和富于感染力地表达情感的方法,主要是( )。

A. 倾听录音范唱   B. 欣赏录像带中的优秀表演
C. 倾听教师精湛的弹奏   D. 教师正确的范唱

【考点】歌唱活动常用的方法

【2016上】10.在"秋天的书"美术活动中,教师不适宜的做法是(　　)。
A.让幼儿按照教师的范画绘画　　B.组织幼儿观察幼儿的树
C.提供各种树的照片组织幼儿讨论　　D.引导幼儿观察有关书的名画

【考点】美术教育活动指导要点

二、设计题

【2015上】16.某幼儿园的院子里有几种高大的树,也有一些比较低矮的灌木。请你结合院子里的这些资源,设计一个题为"幼儿园的树木"的中班主题活动方案(含3个子活动),要求写出总目标,每个子活动的名称、目的和主要环节。

【考点】美术教育活动组织与指导要点,教案撰写的要求

【本节备考指导】

重点:艺术教育的目标和内容,容易考简答题。

难点:艺术教育的方法和活动设计,容易考分析题和设计题。

复习注意事项:美术教育和音乐教育有相通的地方,都强调幼儿的感受、创造。但是,美术教育作为视觉艺术,更强调幼儿的观察感知,自由创造。音乐教育作为听觉艺术,在节奏、音准等方面有章法可循。虽然在音乐教育中,不强调幼儿要完全模仿,但因为音乐教育的独特性,对于教师的示范还是有要求的。模仿学习的方法一直是幼儿园音乐教育实践过程中被普遍采用的方法之一。这一点,在复习的时候要予以重视。

经常考的考点:目标和内容。

容易出错的考点等:活动过程中的策略分析。回答这类问题的时候,一定要严格遵循理论知识点,千万不可以用自己的经验来胡乱答一通。

【命题考点精讲】

命题点1:幼儿园艺术教育的目标

可以用《幼儿园教育指导纲要(试行)》的表述,也可以用《3～6岁儿童学习与发展指南》的表述。

《幼儿园教育指导纲要(试行)》的表述为:
(1)能初步感受并喜爱环境、生活和艺术中的美。
(2)喜欢参加艺术活动,并能大胆地表现自己的情感和体验。
(3)能用自己喜欢的方式进行艺术表现活动。

《3～6岁儿童学习与发展指南》的表述为:
感受与欣赏:
目标1:喜欢自然界与生活中美的事物。
目标2:喜欢欣赏多种多样的艺术形式和作品。
表现与创造:
目标1:喜欢进行艺术活动并大胆表现。
目标2:具有初步的艺术表现与创造能力。

命题点2:幼儿园艺术教育的内容

1. 幼儿园音乐教育的内容

(1)专门的音乐教育活动。指由教师根据学前儿童音乐教育的目标和任务,有目的、有计划地安排专门的时间和空间场地,选择以音乐为主的课题内容和材料,组织全体儿童参加的活动。这类音乐活动按音乐教育内容的不同,可以具体地划分为歌唱活动、韵律活动(包括音乐游戏活动)、打击乐演奏活动和音乐欣赏活动四方面的内容。

① 歌唱活动。唱歌在幼儿音乐教育中居重要地位,是幼儿音乐教育的主要内容。
② 韵律活动。韵律活动包括律动、舞蹈、音乐游戏和其他节奏动作。其共同处是在音乐伴随下做动

作,要求动作符合音乐的情绪和节奏、力度、速度的变化,同时动作正确、协调,有表现力。韵律活动是音乐和动作相结合的活动,动作使音乐内容直观化、造型化,使音乐的速度、力度具体化,能够帮助幼儿准确把握音乐的内容,具体感觉到音乐的速度、力度、节奏、节拍等表现手段的表情作用。

③ 打击乐器演奏。打击乐活动是培养幼儿节奏感的重要途径。

④ 音乐欣赏活动。倾听是幼儿学习音乐的重要前提条件。幼儿能够感受、理解比他们学唱的教材的乐曲更为复杂的音乐作品。

专门的音乐教育活动不仅有丰富多变的活动内容和形式,而且有相对的活动时间上的要求:由于儿童的注意力和自我控制能力受年龄特点所限,一次音乐活动的时间不宜过长。一般说来,小班安排在15分钟左右,中班安排在20分钟左右,大班安排在30分钟左右。

(2) 渗透的音乐教育活动。指除专门的音乐教育活动以外,随机、灵活地蕴涵、渗透在儿童一日生活及其他教育活动之中的丰富而多样的、"隐性"的音乐教育活动。大致可以分为以下几类:

① 日常生活中的音乐活动。在日常生活的各个环节和活动中,时时可以随机而灵活地组织和安排一些与音乐有关的内容。

② 整合于主题中的音乐活动。整合于主题中的音乐活动是指渗透、统整在幼儿园的主题活动背景中的、集体性的音乐活动。这一类音乐活动往往是隐性的,且是自然地与语言、数学、科学、美术等学科领域交融于同一主题之中的。它呈现是以主题内容为线索,以与其他学科内容相结合为特点的。

③ 游戏活动中的音乐活动。游戏是儿童的主导活动,是幼儿园教育最主要的活动形式之一。在幼儿园形式丰富多样的各类游戏活动中,可以有机地渗透音乐教育的有关内容。

④ 节日活动中的音乐活动。节日活动中的音乐活动通常特指为庆祝节日而组织安排的各类音乐表演和娱乐性活动。在这类音乐活动中,由儿童自愿地担任表演的主持人,安排、确定表演的节目,鼓动全体儿童都来参与音乐的表演。在这种氛围的活动中,容易使儿童充分地体验到音乐活动的快乐,从而培养起对音乐稳定而持久的兴趣。

2. 幼儿园美术教育内容

可分为正规的美术教育活动和非正规的美术教育活动两类。幼儿园正规的美术教育活动,包括绘画、手工、美术欣赏三大内容。幼儿园中非正规的美术教育,主要是通过幼儿在活动区的自由活动、幼儿园美术环境的创设,以及教师对幼儿随机进行的集体的或个体的美术指导等方式进行。

命题点3:幼儿园艺术教育的方法

1. 以语言传递信息为主的方法

以语言传递信息为主的教学方法,是指教师以语言向幼儿传递信息和指导幼儿学习美术的教学方法,主要包括讲授法、谈话法、讨论法。教师在运用语言时,应力求精练、明确,将具体形象和幼儿的生活经验结合起来。

(1) 讲授法:是指教师通过语言描述、说明和解释,向幼儿传递信息,从而使幼儿获得美术知识与技能的教学方法,具体包括讲述、讲解等教学方式。

(2) 谈话法:是指教师根据幼儿已有的知识经验,向幼儿提出问题并要求幼儿回答,或是幼儿提出问题要求教师解答,并通过解答使幼儿获得新知识、提升经验的教学方法。

(3) 讨论法:是指幼儿在教师的指导下,为认识、解决、探究某个问题而进行讨论,通过讨论获得知识的方法。该方法较适合在中大班幼儿使用。

在音乐教育活动中,运用语言的方法包括:讲解、说明、提问、提示、谈话等。适当地运用语言能帮助幼儿感受和理解音乐表演,但语言在音乐教育活动中只起到辅助作用,不可替代音乐。

2. 以直接感知为主的方法

(1) 示范和演示法。

演示法:教师向幼儿展示直观教具,示范绘画、制作、演唱、动作表演等过程,以使幼儿获得对事物现象的感性认识的一种教学方式。演示用的教学媒体有实物、标本、挂图、投影、大屏幕投影等等。

示范法:教师演唱和演奏音乐作品应正确运用各种表现手段的表情作用。示范时感情要真挚、表情恰当,面对全体幼儿。特别注意的是,幼儿美术教育不提倡用示范法,应该鼓励幼儿的美术想象和创造。

模仿学习的方法：幼儿在音乐活动中通过教师提供的活动范例，在观察的基础上模仿并反复练习，最终达到记住并再现某一音乐作品或掌握某一音乐技能。模仿学习的方法一直是幼儿园音乐教育实践过程中被普遍采用的方法之一。

（2）观察法。启发幼儿观察物像的形状、颜色、结构以及事物间的空间位置、相互关系等，获得对事物的感性认识，是学前儿童美术教育活动的最基本方法。观察可以分为直接观察和间接观察。

3. 以指导练习为主的方法

练习法，就是幼儿在教师指导下，进行各种形式的绘画、制作等练习，从而熟练掌握各种美术知识与技能。

在音乐教育中，掌握音乐技能技巧离不开系统的练习。练习时，教师要注意要求明确，突出练习重点，积极提高幼儿练习的兴趣和主动性。同时，应把练习活动的过程组织得生动、丰富，不单调乏味，注意循序渐进。

4. 以欣赏活动为主的方法

以欣赏活动为主的教学方法，是让幼儿通过对美术作品、自然景物、社会生活中的美好事物的欣赏，获得美的感受，提高表现能力、审美能力的教学方法。

尤为重要的是，对话法是学前儿童美术欣赏的基本方法。对话法是指儿童美术欣赏活动中，教师、儿童就美术作品展开讨论、交流的一种方法。

5. 以引导探究为主的方法

探究法是在教师指导下，由幼儿自己发现问题、探索问题和解决问题的教学方法。探究法的主要特征是相关的美术技能不是直接教给幼儿，而是只提供有关范例，让幼儿通过尝试找到解决问题的方法。

（1）情境法。情境法是教师根据美术活动的需要为幼儿创设生动、形象的学习情境，使之产生身临其境的感觉，并引发相应的情感和态度，促进幼儿学习的教学方法。

（2）尝试法。尝试法是由教师设置一个情境，让幼儿对某一学习任务经过几次错误的尝试后找到正确答案的教学方法。

6. 整体感知和多感官参与的方法

整体感知法：提倡在音乐活动中把音乐的整体与部分，歌曲的曲调与歌词，韵律活动中的音乐与动作，音乐欣赏中的欣赏与表演、创作，音乐知识技能与音乐的感受力、表现力，以及音乐活动中教师的活动与幼儿的活动等视为一个和谐统一的整体并加以整合。

多感官参与法：在音乐活动中，调动幼儿的多种感官（如视觉、听觉、运动觉等）协同参与，以更好地丰富和强化幼儿对音乐的感受和理解，体验并享受音乐艺术的美。

命题点4：幼儿园音乐教育活动和美术教育活动的设计与指导（教案撰写）

1. 美术教育活动方案的撰写要求与格式

【活动名称】

写明活动形式（绘画、手工、欣赏或综合）与主题。

【设计意图】

根据幼儿园及班级幼儿的实际情况，结合活动内容，概述活动过程中拟实践的美术教育理念、原则、方法等，主要体现审美教育价值，有机整合相关领域的教育目标。

主要分析幼儿在活动前的兴趣、需要、现有经验等，确定活动重难点和解决方法。

立足审美教育，有机整合相关教育因素。

【活动目标】

教学目标要具体、明确、切实可行。（建议采用以幼儿为主体的行为目标表述方式。）

教学目标要凸显审美教育价值、有机整合，不要面面俱到。

教学目标具有一定的弹性，以适应个别幼儿的需要。

【活动准备】

教育教学活动正常进行所必须的知识经验与物质准备。（学前儿童美术教育活动必须特别关注富有情感的审美环境创设。）

【活动过程】

教学策略、教学方法和教学组织形式的选择注重幼儿审美活动过程的体验,体现自主、合作、探究学习方式的主要特征;较好地体现过程性评价对幼儿发展作用,体现教师有效的指导;突出教学内容重点,巧破难点,内容安排合理、有序,容量安排恰当,教学媒体使用适时、适量、适度,体现创新性和可操作性。

依据幼儿的兴趣、需要、知识经验以及活动内容、活动目标选择适宜的教学方法。（常见的方法有：观察分析法、讲解演示法、游戏练习法、情境激励法、形象比喻法、丰富联想法等。）

活动过程一般有以下环节组成：

（1）导入活动。主要是激发幼儿兴趣、吸引注意力,提出活动主题。可以采用教具导入、游戏导入、情境表演导入、谈话导入、谜语导入、故事导入方法。

（2）引导观察,讲解演示。引导观察：提问的设计要抓住审美对象的主要特征,注意年龄班特点,突出重难点,注意启发性;讲解演示（或启发讲解）：讲解语言设计要围绕重难点,做到精炼、生动而富有启发性,演示步骤要简明、清晰、突出重点、巧破难点。

（3）交代要求,幼儿操作,教师巡回指导。提出活动的具体要求：简洁明了,凸显重点,一次要求不宜太多;幼儿操作,教师巡回指导：根据幼儿实际情况,设计既全面又有重点、有层次性、针对性的指导要求。

（4）结束与欣赏。依据年龄班特点与活动形式、主题设计不同的结束方式,如欣赏作品结束、游戏结束、自然结束等,欣赏评价的设计不仅要注意关注幼儿作品的情况,还要关注幼儿的兴趣状况、努力程度与创作途径等因素。

2. 音乐教育活动方案的撰写要求与格式

和美术教育活动的格式类似,但在具体要求上不一样。以歌唱活动的组织和指导为例：

（1）教师在介绍歌曲时,要选用多种方法使幼儿对歌曲感兴趣,能够理解歌曲内容。

可根据歌曲特点和幼儿水平,灵活选择语言、教具等方法。教师的范唱决定着幼儿学唱的水平,应注意面对幼儿范唱;范唱要富有感情,精神饱满;用多种方式重复范唱;适当欣赏录音范唱。

（2）帮助幼儿熟悉、记忆歌词。

① 填充提问法。教师说歌词的前半句,请幼儿填说后半句。如果幼儿回答的具体词有误时,教师应把正确的歌词重复一遍,或让幼儿跟说一遍,以使其熟悉正确的歌词。填充提问法只适合部分歌词齐整的歌曲。

② 逻辑提问法。指教师按照歌曲内容的逻辑提问,也可以请幼儿自己讲述歌曲内容,然后由教师把幼儿讲述的内容根据歌词组织起来。

③ 直观教具提示法。教师可以选用与歌曲内容相关的图片、玩具、实物等直观教具,配合范唱。生动的教具可以提示、帮助幼儿记住歌词。

④ 节奏朗诵法。教师指导幼儿按照歌曲节奏朗诵歌词,有助于他们记忆歌词和旋律、节奏。配之有节奏的拍手动作,可以使歌词朗朗上口,充满节奏感。这种方式也是一种简单的韵律活动。例如,中班歌曲《颠倒歌》是一首活泼、有趣的歌曲,可以将歌词配上与旋律相应的朗诵节奏。

（3）教唱新歌。教唱新歌有两种方法：

① 整体教唱法。教师范唱后,幼儿从头至尾学唱整首歌曲。这种教唱方法使幼儿能够感受歌曲完整的艺术形象。运用这一方法,应注意多向幼儿提供欣赏歌曲的机会,在此基础上教师和幼儿一起唱。这种唱法要求幼儿的记忆、思维处于一种积极状态,以促进幼儿学唱的主动性。

② 分句教唱法。教师范唱一句,幼儿跟学一句。这种形式比较容易学唱,常用于歌曲中的重点和难点乐句。在实践中,两种形式的方法一般结合运用。其中小班幼儿的理解力较差,歌曲比较短小,故宜以整体教唱法为主。中、大班的幼儿学唱新歌时,教师可以综合运用两种方法,在分句教唱后,再将一首歌曲整体教给幼儿,以正确把握歌曲所表达的思想感情。

教给幼儿初步的唱歌技能也是教唱新歌必不可少的。教给幼儿初步的唱歌技能,就是让幼儿掌握一些初步的表现手法,使幼儿能有感情地唱歌,能理解、感受歌曲所表达的感情。具体是：

①呼吸。幼儿唱歌时有呼吸不正确的现象,该吸气的地方不吸气,气息不够时又任意中断词意换气,原因是未能感觉歌曲的结构（乐句、乐段）,教师要及时加以纠正。②音准。尤其是小班幼儿音准较差。纠

正的方法主要是多给幼儿听音高准确的范唱,也可以听准确的单音旋律,或者让幼儿跟着老师的范唱轻声唱。教师在指导时,可以加进手势动作来表示旋律进行高低变化,使幼儿对声音的高低有一种形象化的感受,帮助幼儿控制唱得高或低。此外,可以选用和创作一些短歌,让幼儿练习不同音高的音准。

(4) 复习歌曲。复习学习过的歌曲,目的是让幼儿牢固地掌握歌曲,提高幼儿在原唱歌水平上的表现力。复习歌曲的关键是坚持原有教学要求。实际上在教歌的过程中有着反复练习的成分,在复习歌曲的活动中有着继续学习、不断提高、增加新要求的成分。教师在复习过程中,应采用各种方式方法,使幼儿保持新鲜感和积极性。组织形式有全体唱、部分幼儿唱和单独唱。复习方法有表演唱、分组唱、分句接唱、边唱边打节奏等。教师要根据具体的复习要求和幼儿特点,综合运用多种方式方法,使复习活动取得良好的效果。

(5) 注意对幼儿创造能力的培养。在唱歌教学活动中,教师应尝试培养幼儿的创造能力。设计这一类活动时,要多采用小组活动和个别活动的形式,不必要求每个幼儿达到同一目标。实践表明,可以从下面两个方面展开对幼儿创造能力的培养。

① 幼儿自己为歌曲配动作。边唱边动作是幼儿的特点,他们喜欢在唱歌的同时,用动作来补充歌曲的内容和情感。而3岁的幼儿已经有了一定的生活经验,能够想出自己的动作表达对歌曲的理解。这些动作都带有幼儿的想象和创造。教师要多设计一些幼儿自编动作的活动,引导启发幼儿多观察、多思考,多观察教师和大年龄班幼儿的表演,学会为歌曲编配动作。

② 幼儿为歌曲增编歌词:让幼儿给部分歌曲增编新歌或改变部分歌词,既能提高幼儿唱歌的兴趣,发展唱歌能力,也利于对其创造力的培养。

另外,也可以采用多样化的设计与组织模式:

集体性歌唱:发声练习→新歌导入→教师范唱→幼儿学习新歌→练习歌曲(游戏的形式)→创造性演唱(自主创编、续编歌词,即兴表演等)。

歌唱区角活动:教师以同伴身份参与。

自发性歌唱活动:在安全自由的游戏中即兴玩唱。

(6) 歌唱活动的指导要点:① 做好活动之前的准备:经验、物质材料。

② 循序渐进地发展幼儿歌唱能力:正确的姿势、正确的发音位置和方法、培养良好的音准感(回声歌)。

③ 循序渐进地发展幼儿创造性的歌唱能力:为歌曲增编歌词;创编动作;创编丰富的演唱形式;创编曲调或即兴演唱。

④ 教给幼儿保护嗓音的意识与常识。

【本节考点知识点小结】

(1) 幼儿园艺术教育的目标,可以用《幼儿园教育指导纲要(试行)》的表述,也可以用《3～6岁儿童学习与发展指南》的表述。

(2) 幼儿园艺术教育的内容:幼儿园音乐教育和美术教育的内容。

幼儿园音乐教育的内容:分为专门的音乐教育活动和渗透的音乐教育活动。专门的音乐教育活动可以具体地划分为歌唱活动、韵律活动(包括音乐游戏活动)、打击乐演奏活动和音乐欣赏活动四方面的内容。渗透的音乐教育活动指除专门的音乐教育活动以外,随机、灵活地蕴涵、渗透在儿童一日生活及其他教育活动之中的丰富而多样的、"隐性"的音乐教育活动。大致可以分为以下几类:日常生活中的音乐活动,整合于主题中的音乐活动,游戏活动中的音乐活动,节日活动中的音乐活动。

幼儿园美术教育内容:可分为正规的美术教育活动和非正规的美术教育活动两类。幼儿园正规的美术教育活动,包括绘画、手工、美术欣赏三大内容。幼儿园中非正规的美术教育,主要是通过幼儿在活动区的自由活动、幼儿园美术环境的创设,以及教师对幼儿随机进行的集体的或个体的美术指导等方式进行。

(3) 幼儿园艺术教育的方法:美术教育的方法和音乐教育的方法大体相通,但也存在差别。

主要有:以语言传递信息为主的方法、以直接感知为主的方法、以指导练习为主的方法、以欣赏活动为主的方法、以引导探究为主的方法、整体感知和多感官参与的方法。

(4) 幼儿园音乐教育活动和美术教育活动的设计与指导：艺术教育活动方案的撰写要求与格式。

美术教育活动过程一般有以下环节组成：导入活动——引导观察；讲解演示——交代要求；幼儿操作，教师巡回指导——结束与欣赏。

音乐教育活动过程和美术教育活动过程有所区别，以歌唱活动的组织和指导为例：

介绍歌曲，理解歌曲内容——帮助幼儿熟悉、记忆歌词——教唱新歌——复习歌曲。

【本节过关自测】

一、单项选择题

1. 以下哪一个不是正规幼儿美术教育的内容（　　）。
   A．绘画　　　　　　B．手工　　　　　　C．美术欣赏　　　　D．环境创设
2. （　　）法是幼儿美术欣赏的基本方法。
   A．演示　　　　　　B．示范　　　　　　C．对话　　　　　　D．情景
3. 打击乐活动是培养幼儿（　　）的重要途径。
   A．动作　　　　　　B．节奏感　　　　　C．中班音准　　　　D．旋律
4. 整体教唱法使幼儿能够感受歌曲（　　）的艺术形象。
   A．完整　　　　　　B．动态　　　　　　C．规律　　　　　　D．生动
5. 小班幼儿（　　）较差。
   A．音准　　　　　　B．节奏　　　　　　C．旋律　　　　　　D．歌词理解

二、简答题

1. 简述幼儿园艺术教育的目标。
2. 简述幼儿园美术教育的主要内容。
3. 简述学前儿童音乐教育的主要内容。

三、材料分析题

1. 请分析下述幼儿园随乐运动中出现秩序障碍的原因，并尝试提出解决策略。

某中班老师准备让幼儿离开座椅一起玩一个刚刚学习的舞蹈。在幼儿已经离开座椅在教室内比较自由地走动同时又不明确活动要求的情况下，教师又想起来要交待一些事情。在教师"交待"那些活动要点的过程中，自由活动的幼儿越来越多，教室内的情况也越来越混乱……最后，忍无可忍的教师板起面孔用很"凶"的声音说："我生气了，都回到座位上！"

2. 分析以下活动目标，指出其中不当之处并说明理由，并重新制订合适的活动目标。

"中班泥塑活动：小兔跳跳跳"目标：

(1) 引导儿童参加泥塑活动，激发他们对泥塑的兴趣；

(2) 引导儿童学习团圆、压扁、搓条和分泥技能，塑造出小兔的各种动态。

四、设计题

1. 试以"神奇的面具"为题，设计一个幼儿园大班美术教育活动。

【本节过关自测】参考答案

一、单项选择题

【考点解析】1. 答案是D。幼儿园中正规的美术教育，主要包括绘画、手工、美术欣赏三大内容。

【考点解析】2. 答案是C。对话法是学前儿童美术欣赏的基本方法。

【考点解析】3. 答案是B。打击乐活动是培养幼儿节奏感的重要途径。

【考点解析】4. 答案是A。整体教唱法：教师范唱后，幼儿从头至尾学唱整首歌曲。这种教唱方法使幼儿能够感受歌曲完整的艺术形象。

【考点解析】5. 答案是A。小班幼儿音准较差。纠正的方法主要是多给幼儿听音高准确的范唱，也可以听准确的单音旋律，或者让幼儿跟着老师的范唱轻声唱。

二、简答题

1.【考点解析】对《幼儿园教育指导纲要(试行)》领域目标的掌握。

【答题要点】

(1) 能初步感受并喜爱环境、生活和艺术中的美。

(2) 喜欢参加艺术活动,并能大胆地表现自己的情感和体验。

(3) 能用自己喜欢的方式进行艺术表现活动。

(也可以按照《3～6岁儿童学习与发展指南》中的相关要求回答。)

2.【考点解析】美术教育的内容。

【答题要点】

幼儿园美术教育内容可分为正规的美术教育活动和非正规的美术教育活动两类。幼儿园正规的美术教育活动,包括绘画、手工、美术欣赏三大内容。幼儿园中非正规的美术教育,主要是通过幼儿在活动区的自由活动、幼儿园美术环境的创设,以及教师对幼儿随机进行的集体的或个体的美术指导等方式进行。

3.【考点解析】音乐教育的内容。

【答题要点】

(1) 专门的音乐教育活动:具体分为歌唱活动、韵律活动(包括音乐游戏活动)、打击乐演奏活动和音乐欣赏活动四方面的内容。

(2) 渗透的音乐教育活动:大致可以分为日常生活中的音乐活动、整合于主题中的音乐活动、游戏活动中的音乐活动、节日活动中的音乐活动几类。

三、材料分析

1.【考点解析】幼儿园音乐活动组织与指导策略。

【答题要点】原因分析:造成儿童上述混乱状态的主要原因有,教师规则提示的时机不当;教师的语言指令不够明确、细化,导致儿童不明确活动的要求与规则;事先考虑不周;经验不丰富等。

解决策略:对幼儿的活动要求应在幼儿站起活动之前、注意力比较集中的时候交代清楚;教师事先需周密考虑每个组织细节;如果幼儿已经混乱,则需要安静幼儿情绪再明确要求。

【考点解析】2. 教案撰写之目标撰写要求。

【答题要点】不当之处:

(1) 缺乏认知方面的目标。

(2) 从教师的角度表述目标,不利于促进幼儿的主动学习。

(3) 目标超出中班幼儿年龄水平,难度偏大,如"塑造出小兔的各种动态"。

重新制定目标:

(1) 喜欢参加泥塑活动,对泥塑有兴趣。

(2) 知道团圆、压扁、搓条和分泥的方法,并能用这些方法塑造小兔的基本形态。

四、设计题

1.【考点解析】艺术教育活动方案的撰写要求。

(1) 目标必须完整,包含认知、情感、技能能力。

(2) 目标必须可检测,具体可行。

(3) 准备充分、过程环节清晰

【参考教案】大班美术活动:神奇的面具

[活动目标]

1. 知道表情的含义,尝试表现滑稽的表情。

2. 有尝试独立设计并拼摆面具图样的愿望,体验并欣赏自己活动的表现。发挥幼儿的想象力与创造力。

[活动准备]

1. 知识经验准备:幼儿看见过面具和京剧脸谱,初步知道表情表达不同的心情。

2. 幼儿操作材料"谁的面具最有趣"人手一份。

[活动过程]

1. 介绍操作材料及活动规则。

(1) 出示面具,引起幼儿兴趣。教师:今天老师带来了两个新朋友,你们想不想看看他们是谁啊?你们觉得他们长的怎么样?引导幼儿说出滑稽、有趣等词。

那你们想不想和滑稽的面具娃娃做朋友,想不想自己来做一个滑稽的面具娃娃?

(2) 出示面具配件。教师:老师这里有很多小东西,我们来一起做一个面具娃娃好吗?

(3) 逐一出示各种配件,与幼儿讨论各自的用途,可以摆放在什么部位?例如:你看,这像什么,可以放在哪里?与幼儿一同完成一副面具。

(4) 改变配件。让幼儿体验只要改变一种配件就可以变换出不同的表情。

(5) 请个别幼儿表演面具上的表情。

你们觉得这几个面具娃娃有趣吗?那谁能把这个有趣的表情表演出来?

2. 幼儿拼摆各种面具。

(1) 请幼儿自己操作。

(2) 教师鼓励幼儿独立设计、拼摆出各种各样的滑稽人。对有困难的孩子可适当提供面具范例让他们模仿拼摆。

(3) 幼儿拼摆后,可让他们邀请同伴欣赏自己摆出的滑稽人。

3. 集体展示面具。

请幼儿展示自己的滑稽面具,说说他在干什么,并模仿他的表情。

第三章 幼儿园领域教育的整合

【本章考试大纲】

1. 理解整合各领域教育的意义和方法,能够综合地设计并开展教育活动。
2. 能根据活动中幼儿的需要,选择相应的互动方式,调动幼儿参与活动的积极性。
3. 在活动中能根据幼儿的个体差异进行指导。

第一节 整合各领域教育的意义和特点

【本节考纲考点】

1. 领域整合教育的意义和方法。
2. 综合性主题活动的意义。
3. 综合性主题活动的特点。
4. 区域活动的教育功能。
5. 区域活动的特点。

【历年真题再现】

一、单项选择题

【2015 上】7. 实施幼儿园德育最基本的途径是(　　)。

A. 教学活动　　　B. 亲子活动　　　C. 阅读活动　　　D. 日常生活

【考点】领域教育的方法

二、简答题

【2014 下】13. 在幼儿园领域教育活动中,为什么要关注幼儿学习与发展的整体性?请结合实例说明。

【考点】整合各领域教育的意义

【本节备考指导】

重点：主题活动和区域活动的特点，容易考简答题。

难点：主题活动和区域活动的教育功能，容易考分析题和论述题。

复习注意事项：学习这一节，要深刻领会《纲要》第三部分中的"教育活动内容的组织应充分考虑幼儿的学习特点和认识规律，各领域的内容要有机联系，相互渗透，注重综合性、趣味性、活动性，寓教育于生活、游戏之中"。而本节着重介绍的主题活动和区域活动，正好体现了幼儿园教育渗透的、整合的特点，寓教育于生活、游戏之中。不要拘泥于条条框框，要重在领悟、应用，能够在论述和分析这种大分值中游刃有余地运用所学的理论，才是最为重要的。

经常考的考点：主题活动和区域活动的特点。

容易出错的考点：分析教师的教育行为，回答这类问题的时候，一定要自觉参考理论知识点，可以稍作发挥，但是千万不可仅凭自己的经验来回答，那样很容易出错。

【命题考点精讲】

命题点1：领域整合教育的意义和方法

1. 注重领域教育内容的联系、渗透与整合，方能实现全面的和整体的教育

新《纲要》指出："各领域的内容相互渗透，从不同的角度促进儿童情感、态度、能力、知识、技能等方面的发展。"强调实施领域活动课程要加强领域与领域间的相互渗透，方能实现全面的和整体的教育。

一是要注重前后内容之间的联系，加强现有的学习内容与儿童已有经验的联系，即内容的纵向联系。二是不同的、相关内容之间的联系，即内容的横向联系、整合。横向联系和整合的方法形式很多，可以根据具体情况和儿童学习的需要而选择。还可以通过开展"主题"活动把各领域中有机联系的内容进行渗透和整合，使之通过教育的开展，使儿童获得生活化的整体性认识和全面发展。也就是，可以引进主题活动，使之与领域活动互补，增强教育的整体性。

2. 充分发挥一日活动的整体教育功能，提高各项活动的整体成效

儿童一日生活中的各项活动都对他们的发展有重要的价值，应有机地整合各项活动，努力提高各项活动的整体成效。教师可通过资源的充分发掘和利用、环境的创设、多样化的活动以及一日生活各环节教育作用的发挥，使各领域综合地、统整地呈现在儿童的生活和各种活动中。一日生活包括了游戏活动、生活活动和学习活动等多种多样的活动。这些活动在儿童的发展中都具有特殊的价值，起着特定的作用，要防止重教学活动轻生活活动，重有组织的活动轻儿童自由活动的倾向。如何把教育目标渗透到各种活动中，或者说，每个活动怎样围绕目标来展开，就成为实践中应当特别关注的问题。教师还要注意各类活动之间的有机联系，发挥这些活动的互补作用，做到在生活中学习，在游戏中学习，学习联系生活、利用生活，游戏反映生活、反映学习，使一日生活成为一个真正的教育整体。

3. 优化整合各种因素，综合影响和有效促进儿童发展

学前教育实践过程有很多因素，如教师、儿童、教育环境、方法和手段以及家长和社区，等等。教师在实施课程、组织教育活动时，应深入分析这些因素与儿童发展间的关系，充分发挥其有利的方面，互补与优化利用并使之有效地作用于儿童，使儿童在与之有效相互作用中获得充分发展。

命题点2：综合性主题活动的意义

学前儿童的思维是直觉、具体形象的，对身边的事物充满着好奇，有无穷的求知欲，想要探索、想要学习的内容是广泛而又互相关联的，而主题活动往往联系着多方面的学习内容。学前儿童又是通过生活及各种活动来学习的，这些活动尤其是生活活动，往往是综合性的，涉及多方面的学习内容，具有促进幼儿多方面发展的价值。主题活动正符合儿童学习的这一需要，其教育功能主要体现在以下几个方面。

1. 儿童所获得的知识经验是完整的，是实现各领域教育目标与内容整合的有效模式

由于主题活动顺应了幼儿经验的整体性特点，强调知识的横向联系，所以幼儿所获得的知识经验是比较完整的，而非割裂的。主题活动在一段时间内围绕一个问题展开许多活动，幼儿通过身体动作、语言、声音和空间色彩等符号,乃至数学符号去体验和感知主题内容,在教师的引导下,儿童学习了解有关问题的方方面面,知识是完整的,是实现各领域教育目标与内容整合的有效模式。

2. 能促使儿童在生活中主动学习

主动学习的儿童发展更全面更和谐,主题活动会促使儿童在生活中主动学习。

3. 提高了教师的专业化水平

教师的专业化体现在:教师能从长远把握儿童的发展,为儿童设计对发展有持久价值、生动而又能使他们难以忘记的活动。教师从整体协调幼儿园、家庭和社区的资源,为儿童创设宽松、平等、鼓励的开放式教育环境,就要注意观察儿童,并在一日生活中自然地利用各种契机开展教育。可见主题活动极大地锻炼教师的能力,促进其专业成长。

命题点3:综合性主题活动的特点

1. 系统性——强调知识的横向联系

主题活动打破了学科之间的界限,将各个方面的学习有机地联系起来,这样幼儿所获得的经验是完整的。因为主题活动的中心是幼儿生活中的一个具体的问题和事件,这些事物通常很自然地包含着多个学科领域。从幼儿的角度,幼儿也需要对问题有一个较整体的、生活化的认识,而不是虽然精深但却相互割裂的认识。

2. 整合性——整合各种教育资源

主题活动往往整合了幼儿园内外各种与教育内容紧密相关的资源。幼儿园、家庭及社区中有许多丰富的教育资源,都可被充分运用到主题活动中。

3. 生活化、游戏化的学习

主题活动中的许多活动都是和幼儿的生活相关的,有的教育目标要通过游戏去实现,这样才会符合幼儿的年龄发展特点。

4. 灵活性和生成性;富有弹性的计划

主题活动是建立在对幼儿充分了解的基础上而开展起来的。主题活动的计划不能是死板的,教师要细致考虑到与主题相关的各种可能性,教师要积极关注幼儿的学习兴趣、学习方式、学习特点,关注幼儿的生成课程。

在活动中及时捕捉幼儿活动的信息,并及时做出反应,调整计划,所以主题活动的方案是富有弹性的。

命题点4:区域活动的教育功能

1. 区域活动有利于发展幼儿主动性、实践性的人格

其一,区域活动是幼儿发挥主动性的重要活动形式。与教学活动相比,在区域活动中,幼儿的主体性增强,有更多的机会自己决定、主动参与、充分交往、探索,主动地沿着教师所铺设的教育轨道前进。其二,区域活动有利于幼儿自主探索性的发展。幼儿天生就具有好奇、冒险的本能,具有探索、探究的欲望,区域活动为幼儿营造了宽松、自由、和谐的环境氛围,激发幼儿的兴趣。

2. 区域活动有利于幼儿主体性、创造性的发展

(1)区域活动对幼儿主体性发展的作用:对幼儿来说,区域活动的开展确保了他们的主体地位,使他们的主动性得到进一步的发展。在宽松、民主、安静的环境里可以主动选择玩具和材料,主动运用各种感官学习探索,减少了心理压力,可以自主地和环境与材料相互作用,开展活动,加深体验、积累经验。

(2)对发展幼儿创造性的作用:在幼儿园创设丰富的区域活动有利于幼儿创造性的培养。

3. 区域活动有利于幼儿社会性的发展

在同一活动区活动的幼儿一般具有共同的或相似的兴趣和发展要求,可以说在活动中,每一个幼儿都在有意无意地关注同伴的一言一行,由于来自同伴的激励和启发性,往往比教师的说教更能激发幼儿求知和探索的欲望。活动的规则也有利于幼儿学习自律、尊重他人、认识体验并理解基本的社会行为规则。区域活动有助于幼儿形成健全人格和发展和谐的社会性特征,避免孤僻离群等不良社会性,培养合群友好品质,使其社会化程度更强。

4. 区域活动综合地促进儿童关键经验的形成与发展

在不同的区域中,儿童通过操作不同的材料会获得不同的"关键经验"。除了独特的"关键经验"之外,区域活动还能综合地促进儿童关键经验的形成与发展。

作为教师,首先必须对各个区域可能蕴涵的教育价值和功能进行分析,然后才能根据儿童的实际需要创设适宜儿童发展的区域。

命题点5：区域活动的特点

相对其他教育教学形式,区域活动有几个明显的特点：

(1) 幼儿自选活动内容：活动区的活动多为幼儿的自选活动,教师的直接干预较少。这样就为幼儿提供更多的按照自己的兴趣和能力进行活动的机会,满足幼儿的个别化的需要。

(2) 幼儿的自主性活动：自主性是个性的一个方面,主要是指一个人的独立性和主动性。教师要把握好过程中的指导,做到不过多干预、适度的介入,指导应留有余地,不要直接把答案告诉幼儿,尽量让幼儿自己去探索,自己去发现。总之,应使幼儿在随意自在的气氛中,使各个幼儿个性得到显现和张扬,充分调动和激发其自我潜能。

(3) 小组活动：活动区域多为小组活动,这就为幼儿提供更多地自由交往和自我表现的机会,增进同伴之间的相互了解,尤其是对同伴在集体活动中所不可能表现出来的才能和优点的了解。有时小组也是通过师生共同活动来实现的。

【本节考点知识点小结】

(1) 领域整合教育的意义和方法：注重领域教育内容的联系、渗透与整合,方能实现全面的和整体的教育。充分发挥一日活动的整体教育功能,提高各项活动的整体成效。优化整合各种因素,综合影响和有效促进儿童发展。

(2) 综合性主题活动的意义：儿童所获得的知识经验是完整的,是实现各领域教育目标与内容整合的有效模式；能促使儿童在生活中主动学习；提高了教师的专业化水平。

(3) 综合性主题活动的特点：强调知识的横向联系；整合各种教育资源；生活化、游戏化的学习；富有弹性的计划。

(4) 区域活动的教育功能：区域活动有利于发展幼儿主动性、实践性的人格；区域活动有利于幼儿主体性、创造性的发展；区域活动有利于幼儿社会性的发展；区域活动综合地促进儿童关键经验的形成与发展。

(5) 区域活动的特点：幼儿自选活动内容；幼儿的自主性活动；小组活动。

【本节过关自测】

一、单项选择题

1. 科学领域活动"认识菊花",教师在引导儿童观察菊花的同时,可以鼓励和引导儿童写生。儿童不仅要观察各种菊花的形态,还要用绘画表现出不同形态、颜色的菊花。这体现了领域教育的(　　)。
   A. 生活性　　　B. 整合性　　　C. 灵活性　　　D. 经验性

2. 在教育活动中及时捕捉幼儿活动的信息,并及时做出反应,调整计划,这体现了主题活动的(　　)。
   A. 强调知识的横向联系　　　B. 整合性
   C. 生活性　　　D. 弹性

3. 下列不属于区域活动特点的是(　　)。
   A. 小组活动　　　B. 自主性　　　C. 生活性　　　D. 自选活动内容

4. 强调区域活动的规则,目的是发展幼儿的(　　)。
   A. 社会性　　　B. 关键经验　　　C. 创造性　　　D. 主动性

5. 关于领域整合教育的说法,不正确的是(　　)。
   A. 要注重领域教育内容的联系、渗透与整合
   B. 要充分发挥一日活动的整体教育功能
   C. 只要发掘和综合利用幼儿园内部丰富的教育资源

D．要注意各类活动之间的有机联系，发挥这些活动的互补作用

6．综合主题式活动最大的特点是（　　）。

A．教学过程以教师为主导　　　　　B．各学科之间的自然的、有机的联系

C．学科知识的综合　　　　　　　　D．活动内容系统化

二、简答题

1．简述综合性主题活动的特点。

2．简述区域活动的特点。

三、材料分析题

1．阅读如下案例，分析该教师所采用的教育形式的教育功能。

大班张老师为主题活动"正月里"制定了如下目标：(1)了解自己的成长经历和某些趣事，体验成长的快乐。(2)了解我国浓郁的民间元宵特色活动：元宵灯会和猜谜活动，感受元宵节的喜庆氛围。(3)学习自我服务技能以及与同伴合作的愿望和行动，体验成功的喜悦。(4)感受大家在一起的快乐。(5)懂得大家在一起时应该遵守集体规则，学习合作、谦让、宽容、助人。

围绕目标开展了如下活动：(1)科学活动：今年是什么生肖年，快乐的元宵节，感知6、7的数量，认识数字7。(2)语言活动：大家新年好、元宵灯会、排队、投票。(3)健康活动：我又长高了、高人与矮人、掷骰子、学新操。(4)音乐活动：对不起没关系、我和小树来比赛。(5)美术活动：大家在一起、元宵灯会、大花园、微笑。(6)游戏活动：灯笼、过新年、鞭炮、做客。

2．阅读如下案例，分析该教师所采用的教育形式的特点。

墙上贴有一幅画：两只动物(小兔与小羊)，当中是一架电话机，每只动物的下面有八道算术题。教师和一个幼儿玩游戏："你做小兔，我做小羊，我们两个打电话，你的电话号码是……"教师把小兔下面的8道题的答数一一念出就是它家的电话号码，然后两人说说话。幼儿在与教师游戏中明白了怎样玩，就不断变着花样编自己的号码（出不同的算术题），让同伴猜，乐此不疲。

【本节过关自测】参考答案

一、单项选择题

【考点解析】1．答案是B。注重领域教育内容的联系、渗透与整合，方能实现全面的和整体的教育。

【考点解析】2．答案是D。主题活动的特点：富有弹性的计划。

【考点解析】3．答案是C。区域活动三个特点：小组活动、自主性、自选活动内容。

【考点解析】4．答案是A。活动的规则也有利于幼儿学习自律、尊重他人、认识体验并理解基本的社会行为规则。

【考点解析】5．答案是C。领域整合教育不仅要发掘和利用园内资源，更要发掘和综合利用幼儿园外部丰富的教育资源，如家庭和社区资源。

【考点解析】6．答案是B。主题活动最大的特点是强调知识的横向联系，即各学科之间的自然的、有机的联系。

二、简答题

1．【考点解析】考查对综合性主题活动的特点的完整把握。

【答题要点】答：(1)强调知识的横向联系；(2)整合各种教育资源；(3)生活化、游戏化的学习；(4)富有弹性的计划。(各要点适当展开。)

2．【考点解析】考查对区域活动的特点的完整把握。

【答题要点】答：(1)幼儿自选活动内容；(2)幼儿的自主性活动；(3)小组活动。(各要点适当展开。)

三、材料分析题

1．【考点解析】考查对综合性主题活动的意义的掌握。主题活动三个功能(意义)：儿童所获得的知识经验是完整的，是实现各领域教育目标与内容整合的有效模式；能促使儿童在生活中主动学习；提高了教师的专业化水平。

【答题要点】教师开展的是主题活动，它有着特殊的教育功能。

(1)幼儿所获得的知识经验是完整的。由于主题活动强调知识的横向联系,所以幼儿所获得的知识经验是比较完整的,而非割裂的。从活动内容来看,它涵盖了科学、语言、健康、艺术、社会等五个领域,这些活动几乎全是针对"正月"这样一个特定事件的,如通过"今年是什么生肖年"、"快乐的元宵节"等科学活动了解新年和正月;通过"大家新年好"、"元宵灯会"等语言活动体验猜谜和节日的乐趣;通过"我又长高了"、"高人与矮人"等健康活动体验成长的快乐……这些知识经验互相联系,全面完整而不精深,恰恰满足了孩子的好奇心,同时又实现了预设的教育目的。

(2)能促使幼儿在生活中主动学习。主动学习的幼儿发展更全面更和谐,主题活动会促使幼儿在生活中主动学习。如上述案例,幼儿的许多活动都是幼儿在生活中完成的,这些活动增强了幼儿学习的主动性。

(3)提高了教师的专业化水平。从上述案例,我们可以看出:如果教师能完全按照方案灵活实施,其专业化水平肯定会增加不少。教师却从"体验成长的快乐"、"体验成功的喜悦"、"培养助人的精神"、"感受大家在一起的快乐"等目标出发安排了丰富的活动,都是着眼于幼儿的长远发展而不是眼前发展。充分体现了教师整合家庭、社区资源的能力。

2.【考点解析】考查:(1)幼儿自选活动内容;(2)幼儿的自主性活动;(3)小组活动。

【答题要点】案例中,为防止幼儿不会玩,师生共同游戏,帮助幼儿学会玩,进而喜欢玩,创造性地玩,这种活动方式有利于教育要求与幼儿主体的积极性相结合,受到幼儿的喜爱,也达到了很好的教育效果。

活动区域多为小组活动,这就为幼儿提供更多的自由交往和自我表现的机会,增进同伴之间的相互了解,尤其是对同伴在集体活动中所不可能表现出来的才能和优点的了解。有时小组也是通过师生共同活动来实现的。幼儿在情境中合作、探索,有助于幼儿会在科学、语言、社会性方面获得综合的发展。

第二节 综合教育活动的设计与实施

【本节考纲考点】

1. 教育活动设计的类型。
2. 综合性教育活动的设计理念、原则和策略。
3. 综合主题教育活动的设计与实施要点。
4. 区域活动的设计与实施要点。

【历年真题再现】

【2015上】16. 某幼儿园的院子里有几种高大的树,也有一些比较低矮的灌木。请你结合院子里的这些资源,设计一个题为"幼儿园的树木"的中班主题活动方案(含3个子活动),要求写出总目标,每个子活动的名称、目的和主要环节。

【考点】幼儿园活动设计(主题活动)

【本节备考指导】

本节内容集中体现了《3~6岁儿童学习与发展指南》《幼儿园教育指导纲要(试行)》等新理念背景下的幼儿园课程改革的发展方向。一个十分关键的词汇就是"整合"。目前的教育重点不是分科教学,而是依据儿童的兴趣和需要、贴近幼儿的生活开展综合性、整合性的教育。其中,主题活动和区域活动是实现教育目标的两种非常有效的形式和途径。

学习本节,要在领会"领域整合教育的意义和方法""综合性主题活动的意义""综合性教育活动的设计理念、原则"的基础上,熟悉综合性主题活动和区域活动的特点、区域活动的教育功能、教育活动设计的类型,掌握综合性教育活动的设计的策略、综合主题教育活动和区域活动的设计与实施要点,并能够分析和设计适宜的综合主题教育活动和区域活动。

重点:综合性教育活动的设计理念、原则和策略,容易考简答题和选择题。

难点：主题教育活动和区域活动的设计与实施要点，容易考分析题和设计题。

复习注意事项：学习这一节，要深刻领会幼儿教育的"整合"性。而本节着重介绍的主题活动和区域活动设计，如果考设计题，应该是难度最大的题目，需要考生具有综合性教育活动设计的理念和能力。主题活动是围绕一个中心，在一段时间内开展的综合活动，重点需要时间的合理安排和分配；而区域活动是以空间分割为典型特征，通过材料的投放和幼儿的自主操作去实现整合性教育，重点需要考虑材料投放的适宜性和目的性等。理解两者之间的区别，能够在设计和分析中获得高分。

经常考的考点：主题活动和区域活动的设计。

容易出错的考点等：分析教师在主题活动和区域活动中的教育行为，回答这类问题的时候，一定要在参考理论知识点的基础上，根据整合性教育的特点和原则进行发挥，但千万不可在基本理念上出错。

【命题考点精讲】

命题点1：教育活动设计的类型

（1）分学科式教学活动：以学科为中心的课程，它把有价值的知识系统化，形成一定的科目或学科，将这些知识传授给学生，已达到教育目标的课程，如学校一般开设计算、语言、常识、音乐、体育、美术等学科。

（2）按领域分类的活动：是一种综合性的教育活动，是学科知识的综合，更是幼儿园一日生活的综合。《纲要》在"教育内容与要求"中明确规定："幼儿园的教育内容是全面的、启蒙性的，可以相对划分为健康、语言、社会、科学、艺术等五个领域，也可作其他划分。各领域的内容相互渗透，从不同的角度促进幼儿情感、态度、能力、知识、技能等方面的发展。"

（3）综合主题式活动：以某一主题为中心组织课程，打破学科或领域的界限，把学习内容融合成一种新的体系。特点是建立各学科之间的自然的、有机的联系。内容既可以是以某一学科知识为线索，渗透其他学科知识的知识体系，又可以是以幼儿兴趣为出发点的有益的系列活动内容。

命题点2：综合性教育活动的设计理念、原则和策略

1. 综合性教育活动的设计理念——幼儿教育整体观

儿童的身心发展的需要是整合的基础，幼儿的身心发展特点和学习特点决定了幼儿教育必须是整体性的教育。3～6岁的幼儿具有心理反应整体性强的特点，他们对外界的反应是"整个的"，思维是综合的，而不是分析式的。整合体现在几方面：教育观念的整合、教育目标的整合、教育内容的整合、教育资源的整合、教育方式与方法的整合、幼儿发展的整合。

（1）教育观念的整合。就是应关注多样化的观念，并注意这些观念之间的相互联系，避免机械地、片面地理解某些教育观念。

（2）教育目标的整合。教育目标是教育所要达到的最终结果。教育目标在表述时，可能会划分为不同方面。但是，教育目标的初始形态并不是割裂的，要使教育深入和具体化，有必要对教育目标进行适当的划分，但这种划分不应只是单一领域目标的细化和分解，还应是多领域的、有机的、整体的层层推进。

（3）教育内容的整合。教育内容的整合是幼儿教育整合的主要表现，也是一种最基本的整合。幼儿教育的整合最终总要体现在内容的整合上。课程内容的整合是以目标整合为前提的。教育内容整合的主要表现是使同一个领域的不同方面的内容、不同领域的内容之间产生有机的联系，甚至可以突破"领域"这一内容的组织形式。内容的整合最终应落实到具体的教育活动之中。内容的整合性影响到活动整合程度。

（4）教育资源的整合。教育资源的整合是与教育内容紧密相关的，教育资源中蕴涵了多种教育内容，对教育资源的整合，有利于教育内容的整合，有利于拓展幼儿教育的空间，丰富幼儿教育的方法、形式和手段。幼儿园、家庭及社区都有丰富的教育资源，应当充分加以利用，并进行有机的整合，使其真正协调一致并对幼儿的成长产生积极的、有效的影响。

（5）教育方式与方法的整合。方法、方式及手段的整合可以在课程设计过程中进行，也可以在教育活动展开的过程中进行，但较为重要的是在现实的教育活动中进行整合。方法、方式及手段的整合需要教育实践的经验，需要对幼儿活动水平的洞察能力，需要教育活动的组织应变能力。对教育活动方法、方式及手段的整合是确保教育整合取得应有成效的关键。方法、方式及手段的整合以提高教育成效为目的，要避免方法、方式及手段的单一和刻板。

(6) 幼儿发展的整合。幼儿发展的整合是幼儿教育整合中核心的整合,是其他各项整合的出发点和归宿,只有实现了发展的整合,才能促进幼儿整体的发展。幼儿教育中每一项整合都应关注幼儿发展的整合。发展整合的实现,是使整体性目标从可能转化为现实。

2. 综合性教育活动的设计原则

(1) 教育活动应与儿童的个体差异相适合。应为幼儿提供多种机会,允许儿童以不同的方式主动地与环境进行交互作用,允许儿童自主选择和主动生成,使他们在不同水平上得到发展。

(2) 教育活动应与群体儿童相适合。教育活动应与小组的群体儿童的发展水平相适合,使儿童能在与其他儿童一起学习的过程中通过合作、分享、商量、妥协等交互作用的方式得到发展。

(3) 教育活动应与文化差异相适合。在设计教育活动时应关注儿童的这些活动是否适合儿童所处的文化背景,使来自不同种族、不同经济状况和教育程度的家庭的儿童都能获得平等的教育机会,建立起自尊和自信,能从自己的文化以及其他文化中获得益处。

(4) 教育活动应将发展与学习连结一体。发展和学习不是同一的和相互平行的,儿童的发展不会追随儿童的学习,儿童的学习也不会反映儿童发展的实际进程。但是,教育活动若能将儿童发展与学习连结成一体,会使儿童的学习变得更有意义,也会在一定程度上促进儿童的发展。综合性课程中的教育活动有这方面的优势,应充分给予关注。

3. 综合性教育活动整合的策略

(1) 把一日生活看作是一个教育的整体。应关注幼儿一日生活中的各类活动,并注意各类活动之间的有机联系,发挥这些活动的互补作用,做到在生活中学习,在游戏中学习,学习联系生活、利用生活,使一日生活成为一个真正的教育整体。

(2) 注意教育内容之间的整合。内容整合涉及两个方面:一是课程中前后内容之间的联系,即内容的纵向联系;二是不同的、相关的内容之间的联系,即内容的横向联系、整合。课程内容联系和整合的形式很多,在此主要讨论领域内的教育内容、领域间的教育内容的整合和超领域的教育内容的整合。

① 领域内的整合。相对于学科而言,领域已经对教育内容进行了一定的整合。领域是在学科的基础上的一种内容组织体系,领域本身就是整合的结果。如在科学领域,有关于自然界、科技、数学的内容,这些内容有一定的独立性。

② 领域间的整合。不同领域的课程内容之间需要整合。领域是对课程内容的相对划分,领域划分,必然要割断不同领域间的某些固有联系。领域之间的整合有多种水平,有两个领域、多个领域之间的整合;有领域之间的零星联系、多点联系和密集联系。

③ 超领域的整合。在当前的幼儿教育实践中,有一些课程并不是以领域的形式加以组织的。这些课程对课程内容进行了高度的整合,已经超过了领域,在这些课程中,已经看不到特定领域的存在,不同领域的内容都围绕一个核心整合在一起。这种课程一般称为综合课程、整体课程或整体性课程。

(3) 在现实的、多样化的活动过程中实现整合。真正的教育整合应在现实的、多样化的活动中加以实现。要在各种现实的、具体的活动中实现整合,应关注以下两个方面:一是对活动的开发和创新;二是注重活动目标、内容和方法等的生成。

命题点3:综合主题教育活动的设计与实施要点

1. 主题的选择与开发

(1) 选择开发主题的依据。幼儿园课程应以自然和社会为中心。那么什么是主题活动的中心呢?当然要根据儿童的环境。儿童的环境不外乎两种:一种是自然环境,如动植物与自然现象等;一种是社会环境,如个人、家庭、集市等。可确定的中心如节日,包括中秋、重阳、元旦、端午等;自然界的植物包括秋菊、冬雪、春桃、夏荷等;社会性事件,包括纪念日、庆祝会等。自然和社会这两种环境是儿童天天接触到的,应当成为幼儿园课程的中心。

(2) 常见的主题开发与选择。主题可以由教师自行开发,也可以借鉴他人开发好的主题。一般来说,适合儿童的主题往往从儿童自身(生理、心理发展)和儿童的生活环境中发掘的。主题以"儿童"为中心,向外扩展,范围不断扩大。常见的主题选择和开发有以下几类:

一是围绕儿童自身开展的主题：生理方面——身体的特征与功能；身体的发展与变化；身体健康、安全和保护。心理方面——自己的爱好、兴趣、能力和情绪等，也可以和其他小朋友作比较。

二是围绕自然环境开展的主题：幼儿生活中的自然环境资源十分丰富，可以从中挖掘，产生相应的主题。

三是围绕社会环境与生活开展的主题：随着儿童生活圈的扩大，儿童的社会接触面以及各种人际关系会不断扩大，延展到社区、各种社会机构、不同的人物角色、不同的文化、不同地域的人等。

四是围绕人类与科学技术开展主题：科学的发展丰富了人类的生活，探索简单的科学原理，了解人和科学之间的关系。

五是围绕重大事件开展主题：教师要有敏锐的眼光，结合当前国内外发生的重大事件，根据儿童的年龄特点开展活动，培养儿童的社会意识与责任感，开发主题。

2. 主题活动的设计

和其他活动设计一样，主题活动在设计的时候也要全面考虑目标、内容、方法等。但由于主题活动的特殊性，使得它在设计上也有许多与众不同的地方。教师在设计主题活动的时候，就像一名"导演"，从主题网、目标体系到各个活动具体设计，都需要教师统筹兼顾。

（1）制作主题网。教育内容整合的主要表现是使同一个领域的不同方面的内容、不同领域的内容之间产生有机的联系，甚至可以突破领域这一内容组织形式，最终让这些整合的内容体现在网中。

（2）目标体系与各活动安排。一是制定主题活动的目标体系。教师要全面考虑主题网的活动涉及哪些领域，每个活动可能有助于实现哪些总目标。一个活动可能针对某一个目标，也可能针对几个目标；而某个目标则可能通过几个活动共同实现。如果总目标中的某些条目没有对应的活动，那么就需要考虑增加相应的内容。

二是考虑各具体活动及其之间的关系。首先要明确活动流程；其次要考虑目标的层层递进；最后要选择活动开展的形式。

（3）制作周计划表，明确周活动安排。确定了具体的活动之后，就要把这些活动体现在周计划表中。周计划表是一周每日活动的具体安排。周计划是由班级老师依据主题活动方案共同制定的，目的是将所确定的活动有节律地体现在一周的每日活动安排中，就像把散乱的"珠子"安放在有格子的盒中一样。必要的时候，可以逐日预设、动态形成，不必提前一周全部写在表格中，这样有利于教师即时将生成的内容体现在周计划中，让计划更具有弹性。

3. 主题活动的展开与指导

主题活动要以儿童自主的探究学习为主要方式，通过儿童对周围世界的深入观察、主动探索、尝试、体验、大胆创造等实践活动，促进自身的全面发展。

（1）主题活动的阶段。第一个阶段"活动的发起及准备阶段"：在这一阶段，教师一方面的任务是对主题做些经验上的准备，如制作"主题网"；另一方面的任务也是核心任务，即充分了解、调动儿童与主题相关的原有经验。对于儿童而言，这阶段的任务是充分地回忆、展现其关于主题的原有经验。

第二个阶段"活动的进行与发展阶段"：在这一阶段，孩子的主要活动是实际操作的、研究和探索的活动，以全面了解主题本身或发现其背后的规律，然后，根据观察所得的东西或活动结果进行各种形式的再表达。在这些活动中，儿童为获得第一手的新经验而进行的考察和调查研究是很重要的一步。

第三个阶段"活动的高潮与总结阶段"：在这一阶段强调的是学习上的沟通和互动。教师可以让个别孩子讲述自己整个活动的历程，也可以由儿童在教师及同伴的帮助下整理自己在这项活动过程中的材料、绘画、照片和建构的作品，将其中所获得的发现介绍给家长、客人、本班或别班的孩子，还可以由全班儿童集体办一个面向全园的作品展示会、表演等。反思和总结的过程实质上是给孩子以各种方式表现、展现其所获得的新知识和能力的机会。这种展现为孩子的交流、相互学习提供了可能，因而，在这一阶段强调的是学习上的沟通和互动。

从总体上讲，这三个阶段只反映了主题活动的一般走势，它们并不是固定不变的，教师要依据主题的性质、儿童的反应灵活地加以运用。

（2）主题活动的组织要注意的问题。在主题活动的组织过程中，教师要特别注意以下问题：

一是教师与儿童合作探究：要保证师生的探索活动呈现良好的状态，关键在于探索形式和教师与儿童互动的多样化，教师要建立一种自然、和谐的教师与儿童互动关系，采取多种形式激发儿童的探索欲望。

二是要多采用游戏的方式，多提供户外活动的机会：要保证儿童户外活动的时间，而且，户外活动可以让儿童更好地探索自然和社会，完成许多在户内无法完成的目标。如儿童在散步时发现草地中的蚂蚁，于是他们自由观察讨论，这样儿童所获得的经验是一两次集中教育活动所无法企及的。

三是要计划性和灵活性的统一：在主题活动的实施过程中，教师既要参照预先制定的活动方案，也要根据儿童的兴趣、活动的进展等因素随机调整活动方案。

四是要合理整合主题的资源：主题活动的实施应关注幼儿一日生活中的各类活动，并注意各类活动之间的有机联系，发挥这些活动的互补作用，做到在生活中学习，在游戏中学习，学习联系生活、利用生活，游戏反映生活、反映学习，使一日生活成为一个真正的教育整体。

4. 主题活动的观察反思与调整

（1）做好活动中的观察记录。观察记录是反思、调整的基础。教师应该根据主题活动的目标有计划地观察儿童的活动。在观察过程中，我们应该重点关注：儿童的活动兴趣、儿童活动水平、团体合作情况、材料使用情况、儿童创造水平等。可以用文字的方式记录，也可以用表格的方式记录。也可以用表格的方式记录幼儿活动的过程。

（2）适时、适当地调整方案。主题活动最有生命力的地方在于"生成与发展"。要坚持"在预成的基础上生成、在儿童的兴趣点上生成"的理念，在儿童和教师共同兴趣的随机拓展中，自然生成新的学习经验和内容。教师群体要每月以年级组为单位定期开展现场观摩研讨和反思性评价，从而实现经验共享。教师个体也要对本班开展的主题活动的进行案例剖析、反思评价。这是推进主题活动发展行之有效的好方法。

命题点4：区域活动的设计与实施要点

1. 设置活动区的基本原则

（1）发展适宜性原则。应关注和理解不同年龄阶段幼儿的情感需要，尊重他们的实际年龄表现，给他们自主的空间，提供适合儿童实际年龄需要的活动方式，让儿童做实际年龄水平力所能及的事情。我们应该将不同年龄儿童的区域活动进行区分：小班应该以游戏化的区域活动为主。中班应该加强区域活动的目标化。大班应该注重活动的探究性和区域的学习功能。

（2）目标性原则。活动材料的投放要紧扣目标；同一内容，各年龄班制定的活动目标各不相同；同一目标可以通过创设不同的区域活动来实现；区域活动的目标应尽可能与其他活动目标相联系。

（3）主动性和兴趣性原则。教师可以将时间和空间的自主权交给儿童，让他们自己决定一周内完成新活动的时间，教师不作硬性规定。教师每天可以安排一些集体区域活动，其余的时间，如来园、游戏、饭后、离园前等，儿童都可以自由进出各区域，开展新活动或继续未完成的探索。

（4）自然性原则。教师要善于利用活动室的自然条件，在有效的空间里，利用桌子、椅子、移动玩具柜将活动室分自然地为几个区域，同时利用走廊的环境创设不同的区域。

（5）相容性原则。可以把相似的内容整合在一个区域中。如手工作坊和娃娃家、音乐表演区相邻，儿童做好的作品可以放到"家"里，给儿童观赏，还可以送到表演区，给儿童穿戴、表演。又如益智区和建筑区相邻，儿童可以将益智区里获得的灵感运用到建筑区中，使儿童手脑结合，激发儿童的创造力。

（6）多样性原则。一是活动区的种类要多样，既要有促进儿童动脑的活动区，也要有促进儿童动手操作的活动区；既要有儿童独立操作的活动区，又要有便于儿童合作的活动区。二是区域内材料要多样，材料要丰富，便于不同水平的儿童进行操作。教师应该在每一个区域中，都提供分类架和游戏筐，使儿童便于取放和整理。

（7）互动性原则。教师应鼓励儿童参与环境的创设，教师与儿童共同收集材料，为活动提供开放式的环境。同时，教师还应鼓励儿童制定规则，随时改变区域人数。要尽量做到教师与儿童互动、儿童之间互动、教师儿童和环境的互动，让区域的环境具有动态性。

（8）安全性原则。减少和消除环境中不安全因素是教师不容忽视的问题。环境设置、投放材料要符合安全卫生要求,要排除潜在的不安全因素,要全力保障幼儿的健康和安全。在投放如钉子、锤子、剪刀和锯子等容易引发危险的材料时,教师应强调安全使用方法,并在活动过程中不断渗透。

2. 活动区的种类及其设置

(1) 命名和归类各个活动区。教师应该根据儿童的兴趣和发展需要来决定活动区的种类,应尽量满足儿童认知、情感、社会性、语言、动作技能等多方面的发展需要。这就要求教师既要对各类活动区的功能有清楚的认识,也要准确了解本班幼儿的兴趣、水平和需要。教师也可随时根据幼儿的特殊兴趣和需要,调整区域活动的内容和规模。应该特别注意的是,活动区的名称是为了便于分类和记录而确立的,只是一个代号,没有绝对的标准,主要视教育功能而定。

(2) 对活动区进行合理布局。既要提供一个有准备的、丰富的、精心设计的、有序的环境,又要提供开放的、变化的、有多种探索发现机会的环境;既要有多个有利于儿童个别活动的不同活动区域,又要有集体活动的空间;既要有活动室环境的整体布局,还应有细节的暗示及空间划分的动静区分等。总之,要使地面、墙面、桌面被充分利用,使环境布置、材料、设备等蕴涵的教育因素发挥作用,使儿童在其中充分活动、和谐发展。

布局的策略有:①干湿分区。美工区、科学区要用水,而图书角不需要水,应该分开。②动静分区。建构区、表演区、音乐区等属于热闹的"动"区,而图书区、数学区等活动量较小,需要安静,这两类区最好离得远些,以免相互干扰。③相对封闭性。由于界限不明晰,会导致儿童无目的地"乱窜"。所以教师要利用各种玩具柜、书架、地毯等现有设施作为活动区之间的分界线。④就近原则。美工区由于经常需要用水,最好离水源近一些;科学区、运动区需要自然的光线,而且经常需要将活动延伸到户外场地,最好选择向阳和接近户外的一面。⑤方便通畅。教师要合理利用活动室的每个角落,充分发挥活动室内设施的作用,保证活动室内的"交通"畅通无阻。积木区、娃娃家等区域活动量较大,最好有一大块宽敞的地方;活动室的中央和各个门口最好不要设置活动区;活动室和寝室合一的班级,可以用两排床在活动室后半部分隔出三个区,用钢琴、柜子在前半部分隔出三个区,中间部分根据本班实际情况再开设其他区域。

3. 区域活动的组织与指导

从创设活动区到全面开放活动区,最终使儿童达到自主选择、自主活动、自我教育的水平,是一个较长的过程,不是一蹴而就的。这个过程大体分为两个阶段:过渡阶段和自主阶段,教师在这两个阶段的任务和指导方式有所不同。一般来说,过渡阶段以介绍材料玩法、建立规则为主;自主阶段以观察儿童、调整活动为主。当然,区域活动的指导不是绝对的,也可以根据儿童的兴趣和能力先让儿童自主活动,再在活动中不断介绍新玩法、调整规则和材料。

(1) 过渡阶段。对于没有活动区经验的儿童而言,这个阶段尤为重要。此时儿童感到活动区是一个新鲜刺激的场所,他们很乐意进入活动区,但往往不清楚该怎样做,于是经常出现到处乱窜的现象。因此,教师一开始就要介绍各个活动区的内容、材料和使用方法,帮助儿童建立活动规则,并促使他们自觉遵守这些规则。从而使儿童认识并适应活动区的环境,顺利过渡到自主活动阶段。当然,如果儿童已经有丰富的区域活动经验,那么就可以采用其他的指导方式。在这个阶段,教师要注意下面两个指导重点:

一是介绍、开放活动区。一般来说,区域活动应该先介绍后开放。介绍一个区,开放一个区,逐步开放活动区,这样才能增强有序性和区域活动的功效。二是制定活动区规则。区域活动并非是任意活动的场所,应该建立必要的活动规则。这里所说的规则,并不是教师为了制约儿童制定一条让儿童遵守的规矩,而是为了创设更宽松的环境,保证活动区的顺畅有序。

(2) 自主阶段。这一阶段,儿童不再按小组进入活动区,而是按照自己的意愿自由活动。此时,教师的工作重点和指导方法要随即改变:一是要注意观察儿童的活动,二是要注意根据儿童的活动情况及时调整活动,并对活动做评价。

【本节考点知识点小结】

(1) 教育活动设计的类型:分学科式教学活动;按领域分类的活动;综合主题式活动。
(2) 综合性教育活动的设计理念、原则和策略:综合性教育活动的设计理念——幼儿教育整体观;综合性教育活动的设计原则;综合性教育活动整合的策略。

(3) 综合主题教育活动的设计与实施要点:主题的选择与开发;主题活动的设计;主题活动的展开与指导;主题活动的观察反思与调整。

(4) 区域活动的设计与实施要点:设置活动区的基本原则;活动区的种类及其设置;区域活动的组织与指导。

【本节过关自测】

一、单项选择题

1. 区域活动的教育价值是附着在(　　)之上的。
  A．材料　　　　　　B．活动情景　　　　　C．教师指导　　　　　D．活动内容
2. (　　)的整合是幼儿教育整合的主要表现,也是一种最基本的整合。
  A．教育目标　　　　B．教育方法　　　　　C．教育内容　　　　　D．教育资源
3. (　　)不是幼儿园区域活动过渡阶段的指导要点。
  A．小组活动　　　　B．提供练习的机会　　C．观察评估　　　　　D．介绍活动区
4. 实地考察适合在主题活动的(　　)阶段进行。
  A．发起及准备　　　B．进行与发展　　　　C．高潮与总结　　　　D．反思与推进

二、设计题

阅读下面的主题活动案例,设计在该主题背景下的区域活动方案。包括:主题环节或阶段、区域活动名称、具体投放材料、目标及价值说明、指导要点等,设置的区域的主题活动环节不低于3个,区域活动不少于6个。(注意:主题的目标和内容也可自己制定。)

大班主题活动——奇妙的木偶

木偶剧团来我们幼儿园进行演出,在演出前几天,我告诉幼儿老师将组织他们看一次木偶表演,听了这个信息幼儿特别兴奋,他们相互间展开了讨论、交谈。有的说自己以前看过木偶表演,有的描述:"木偶是什么样的",还有许多孩子发出疑问:"木偶是是怎么做的呀?""木偶怎么会动啊?"……我发现他们对木偶充满了好奇心,因此,我在班上开展了"奇妙的木偶"的主题教育活动。本次活动我为幼儿创造了一个听听、看看、说说、做做、玩玩、想想的自由空间,让幼儿对木偶的种类、木偶的制作方法等有所了解。

目标:(1)引导幼儿通过多种方法、途径寻找有关木偶的资料、信息,初步激发幼儿对木偶的喜爱之情。(2)能用较完整的语言与同伴交流自己的调查、探索成果,提高幼儿的社会交往能力。(3)鼓励幼儿把各种信息、资料进行整理和分类,收集有用的经验。

【本节过关自测】参考答案

一、单项选择题

【考点解析】1. 答案是A。区域活动的组织和指导,最主要的形式就是空间分割和材料投放。

【考点解析】2. 答案是C。教育内容的整合是幼儿教育整合的主要表现,也是一种最基本的整合。幼儿教育的整合最终总要体现在内容的整合上。

【考点解析】3. 答案是C。幼儿园区域活动过渡阶段主要是介绍、开放活动区,幼儿按小组进入活动区。第二是制定活动区规则。而自主阶段的主要指导要点是观察评估。

【考点解析】4. 答案是B。活动的进行与发展阶段,孩子的主要活动是实际操作的、研究和探索的活动,以全面了解主题本身或发现其背后的规律,然后,根据观察所得的东西或活动结果进行各种形式的再表达。在这些活动中,儿童为获得第一手的新经验而进行的考察和调查研究是很重要的一步。

二、设计题

【考点解析】区域活动的设计与实施要点,尤其是"活动区的种类及其设置"。

【答题参考】

主题环节	设置的区域和投放的材料	教育功能或关键经验分析，指导要点
此处写主题活动的小主题的名称	此处应按照主题的目标要求和区域活动设计和材料投放的要求，写出具体的区域名称，以及具体投放的材料	此处写清楚教师指导的要点以及实现的教育目标
……	……	……

第四章　活动中的师幼互动与个别指导

【本章考试大纲】

1. 能根据活动中幼儿的需要，选择相应的互动方式，调动幼儿参与活动的积极性。
2. 在活动中能根据幼儿的个体差异进行指导。

第一节　活动中的师幼互动方式

【本节考纲考点】

1. 理解师幼互动的内涵。
2. 掌握活动中师幼互动的方式。
3. 学会分析活动中师幼互动的案例。

【历年真题再现】

这一部分尚未出现过真题。

【本节备考指导】

本节师幼互动的内容没有在考试中单独出现过，因为师幼互动贯穿在幼儿园的一日活动中，时时处处都能够体现。一些关于日常生活、游戏活动和教学活动案例分析中会涉及关于师幼互动的问题。考生要理解关于师幼问题的理论知识进行正确的解释和分析。本节考试题型主要以选择题和材料分析题为主。

【命题考点精讲】

命题点1：师幼互动的含义

师幼互动包括师幼间的一切相互作用，既离不开师幼之间的交往，又不仅仅局限于交往，它包括交往的过程和结果。师幼互动是在教师和幼儿之间发生的一种人际互动，其互动主体是教师和幼儿。教师和幼儿双方在互动中同等重要、互为主体。师幼互动中，双方的影响不是一次性或者间断的，而是一个连续循环的动态过程。

命题点2：师幼互动中教师的行为原则

（1）解读幼儿；（2）跟随幼儿；（3）尊重幼儿。

命题点3：师幼互动的模式

（1）师幼互动：互动由教师发起，幼儿按照教师事先设计好的计划进行，处于被动地位，属机械性互动。

（2）幼师互动：互动由幼儿发起，寻求教师指导和帮助，属自发性互动。

（3）幼幼互动：由教师或者幼儿发起的互动行为，体现彼此协作。

(4) 幼儿与环境、材料互动：由教师、幼儿发起，由幼儿自主决定方式方法，并根据自己的需要与兴趣改变活动的方式方法。

【本节考点知识点小结】

本节重要知识点是关于师幼互动的方式，学生要理解师幼互动的含义和行为原则。能够根据自己对师幼互动的理解分析解决活动中师幼互动中出现的问题。考生可以参考《3～6岁儿童学习与发展指南》解读中关于"如何利用《指南》观察和了解幼儿"的解读，以正确的理念和适当的方法运用于师幼互动中。

【本节过关自测】

一、单项选择题

1. 师幼互动中教师的行为原则(   )。
   A. 解读幼儿   B. 跟随幼儿   C. 尊重幼儿   D. 三者都有

二、材料分析题

根据下列案例解释分析活动中师幼互动的问题：

《大问号》活动片段

师：我们先来念一遍儿歌。（师幼一起念儿歌《大问号》）

弯弯月，树梢挂，好像一个大问号。

螃蟹为什么会吐泡？

孔雀为什么会开屏？

……

师：好，现在我们来看一下，这些问号中的哪些能解决？哪些不能解决？

幼：我知道长颈鹿脖子为什么这么长？因为它要吃树叶！

师：那大熊猫要吃竹子，为什么脖子不长呢？你的回答不够准确。

幼：熊猫不用吃上面的叶子。

师：书上是这样说的：恐龙灭绝时代，位置低的树叶枯萎了，长颈鹿为了维持生命，使劲伸长脖子够到更高的树叶，于是脖子越来越长了。

幼：长颈鹿的脖子原来很短吗？

师（有些不耐烦）：长颈鹿的脖子原来是长的还是短的，我也不清楚，你们回家查一下。

幼：我妈妈说长颈鹿的脖子一生下来就很长，后来就越来越长了。

……

【本节过关自测】参考答案

一、单项选择题

1.【考点解析】答案是D。这里主要考察考生对理念的把握，三种原则共同存在、相互联系。

二、材料分析题

【考点解析】此题考查考生对师幼互动的基本理念的理解。

【答案要点】

(1) 案例中师幼互动缺乏平等性，教师明显是在用自己的权威压制幼儿，以至于不能产生有效的师生互动。

(2) 活动中教师应该在尊重幼儿的基础上和幼儿平等交流。

(3) 教师和幼儿各有优势，教师的知识经验和社会常规优于幼儿，幼儿的直觉和想象方面却优于教师，双方互动应是经验的互相交流与激发，在不断地循环过程中，使幼儿获得发展。

第二节　活动中的个别指导

【本节考纲考点】

1. 理解活动中教师如何进行个别指导。
2. 学会分析教师进行个别指导的案例。

【历年真题再现】

这一部分尚未出现过真题。

【本节备考指导】

本节活动中的个别指导的内容没有在考试中单独出现过,有时候在活动分析或者是师幼关系的问题分析中会涉及这方面的知识。考生要理解本节理论知识,重点抓住"个别指导"、"因人而异"、"因材施教"的理念。本节考试题型主要以材料分析题为主。

【命题考点精讲】

命题点1:教师在活动中指导的时机(介入的时机)

(1)幼儿有帮助需求时。幼儿在活动中有困惑时,教师要采用适当的方法进行支持性的干预,而不是直接交给孩子知识。

(2)幼儿的兴趣即将消失时。幼儿在活动中的兴趣出现困难或者即将消失时,教师要进行积极地干预。

(3)幼儿活动出现困难时。教师在孩子活动出现困难时,教师要给予孩子指导,让孩子对问题有更深层次的理解。

(4)幼儿活动出现纠纷时。幼儿在活动中发生矛盾时,教师要找准时机介入,尤其是小班幼儿不具备解决问题的能力,教师的介入指导很有必要。

(5)幼儿活动出现危险时。教师要随时关注活动中的安全,随时准备介入。

(6)幼儿在活动中希望获得认可时。幼儿在活动中获得成就感时,特别希望获得认可。教师要及时给予表扬、鼓励,给孩子支持。

命题点2:教师在活动中如何进行个别指导?

(1)注意观察。只有通过观察才能了解每个孩子的需要和个体差异,在观察中要学会等待,不能急于求成。

(2)适时介入指导。教师不能强加代替,要让幼儿拥有自由选择和自由决定的权利,教师要发挥好引导者和支持者的作用。

(3)指导方式多样化。幼儿个体之间存在差异,教师在活动中应该做到因人而异,寻求适合孩子本身的指导方式。

【本节考点知识点小结】

本节重要知识点在于学生要掌握如何在活动中有效的、适宜的介入指导,会进行理论上的分析、实践中的应用。

【本节过关自测】

一、简答题

1. 简述教师在活动中需要介入指导的时机。

二、材料分析题

1. 案例：由于天气十分干燥，本身就心浮气躁的孩子们就更喜欢在洗手间扎堆玩水，把洗手当成是一种游戏，就这个问题老师们每天都要在班上再三强调洗手间里的安全注意事项，可收获不大。今天在手工活动时，孩子们都在认真为自己的手工作品忙碌着，轩轩和圆圆两位小朋友以上厕所为由在洗手间里上演了一场水战，不一会功夫轩轩伸着他满是鲜血的手指来向我告状，说圆圆用水泼他。在医务室包扎时我才知道了事情的经过：两个小家伙为了好玩就用手指堵住水龙头让水花溅的到处都是，为了避免身上被水弄湿，轩轩把手指伸进了水龙头的出水口里，由于出水口很狭窄，他的手指拔不出来，一时着急用力向外拔，就被粗糙的水管内壁把手指的皮刮了下来。回到教室泪眼汪汪的圆圆也承认了是她向轩轩泼水的，并且告诉我她已经在第一时间向轩轩道了歉。

请分析上述材料中幼儿的行为及教师应采取的教育措施。

【本节过关自测】参考答案

一、简答题

1.【考点解析】本题考查教师在互动中指导介入的时机。

【答题要点】(1)幼儿有帮助需求时；(2)幼儿的兴趣即将消失时；(3)幼儿活动出现困难时；(4)幼儿活动出现纠纷时；(5)幼儿活动出现危险时；(6)幼儿在活动中希望获得认可时。

二、材料分析题

1.【考点解析】本题考查教师对日常生活中师幼互动中的随机安全教育。

【答案解析】

游戏中的受伤在幼儿交往中是不可避免的现象，争吵打闹也是幼儿的一种交往方式。但这种受伤害也是必须要避免的。两个孩子在这次事件都认识到了自己的错误：圆圆的道歉和眼泪足以说明她对这次事件的感知，看到流血的轩轩她内心害怕，但又不知该怎样去挽救，只好用最简单的道歉来平复内心的恐慌；轩轩受伤的手指让他也意识到了自己的问题。这个时候就不必再去批评，因为批评无疑加重了孩子的心理压力，但这次事件也再次敲响了安全警钟，必须要采取一些措施来避免类似事件的发生。所以，利用这次事件可给全班孩子来了一次安全主题的活动。通过做游戏，使幼儿更进一步知道在幼儿园中，不安全的事情有哪些，为避免这些不安全的事情的发生我们都必须遵守规则；通过发生在身边的现实案例，来增强幼儿遵守纪律的习惯，以及掌握安全小常识，从而学会自保的能力和发生危险的应对措施。

模块七　教 育 评 价

第一章　幼儿园教育评价的目的与方法

【本章考试大纲】

1. 了解幼儿园教育评价的目的与方法,能对保育教育工作进行评价与反思。

第一节　幼儿园教育评价的目的与方法

【本节考纲考点】

了解幼儿园教育评价的目的与方法。

【历年真题再现】

【2012 上】16. 对幼儿发展状况评估的目的是(　　)。
A．筛选、排队　　　B．教师反思性成长　　C．提高保教质量　　D．了解幼儿的发展需要
【考点】教育评价的目的
【2014 下】9. 评估幼儿发展的最佳方式是(　　)。
A．平时观察　　　B．期末检测　　　C．问卷调查　　　D．家长访谈
【考点】评估幼儿发展方式

【本节备考指南】

这节知识点不多,主要掌握幼儿园教育评价的目的,幼儿园评价的分类、幼儿园评价的方法(注意考题可能举例让考生进行判断)。

【命题考点精讲】

命题点 1：幼儿园教育评价的目的

幼儿园教育评价是幼儿园教育工作的重要组成部分。其目的是了解幼儿的发展需要,了解教育的适宜性、有效性,以便调整和改进工作,促使每一个幼儿发展。因此,幼儿园教育评价是提高教育质量的必要手段。

命题点 2：幼儿园教育评价方法与类型

1. 评价类型

按评价的参照点来分,有相对评价、绝对评价和个人发展评价。相对评价是根据儿童在集体里占据的相对位置进行评价,绝对评价是根据教育目标达成度来进行评价,个人发展评价是评价该儿童的各种能力的前后比较,掌握其进步的情况。

按评价的功能来分有诊断性评价、形成性评价和终结性评价。诊断性评价就是确定儿童在接受教育

前的"准备程度";形成性评价是确定儿童学习过程中发生了什么,确定教学任务实现程度;终结性评价是在活动实施一个阶段之后进行评价,评定达到的程度。以上评价方式各有利弊。应配合使用,取长补短。

活动评价主体的多元化是当今活动评价发展的一个趋势。评价中实施多元主体的评价是很有必要的。以教师自评为主,园长等参与评价为辅,教师作为活动的直接实施者是活动评价的主体之一,这是没有争议的。家长作为教师的合作者和教育的促进者,也应当参与活动的评价,而儿童作为活动系统的三大主体之一,也是活动实施的参与者,因此,也应当拥有活动决策和评价的权利。而且,儿童的自我评价可以让儿童意识到自己的成长、进步过程,激发其进一步学习的热情、兴趣和信心,促进其对今后的生活学习活动更加投入。因此,教师评价、家长评价与儿童自我评价要相结合。

2. 评价方法

评价应该自然地伴随着整个教育过程进行,应该根据评价目的与内容,综合采用观察、谈话、测验、作品分析、调查、档案分析等多种方法,其中,观察法是评价幼儿的基本方法。这些具体的方法请参见学前儿童发展部分的研究方法有关内容。

【本节考点知识点小结】

幼儿园教育评价的目的是了解教育的适宜性、有效性,以便调整和改进工作,促使每一个幼儿发展。按评价的参照点来分,有相对评价、绝对评价和个人发展评价。按评价的功能来分有诊断性评价、形成性评价和终结性评价。按评价的主体来分有教师评价、家长评价与儿童自我评价。评价的方法包括观察、谈话、测验、作品分析、问卷调查、档案分析等多种方法,其中,观察法是评价幼儿的基本方法。

【本节过关自测】

一、单项选择题

1. "我们要看到每个儿童的成长与进步,看到他在原有水平上获得的发展",这样的观点强调(　　)。
   A. 绝对评价　　　　B. 教育测量　　　　C. 相对评价　　　　D. 自身差异评价
2. 幼儿园开展评价活动最终的目的是(　　)。
   A. 鉴别　　　　　　B. 诊断　　　　　　C. 改进　　　　　　D. 激励
3. 幼儿园教育评价的作用是反馈作用、诊断作用和(　　)。
   A. 促进作用　　　　B. 积极作用　　　　C. 反思作用　　　　D. 纠偏作用
4. 教师对新入园幼儿发展水平进行摸底训练,以便了解幼儿发展状况,因材施教,这种评价属于(　　)。
   A. 诊断性评价　　　B. 总结性评价　　　C. 过程性评价　　　D. 形成性评价

【本节过关自测】参考答案

一、单项选择题

【考点解析】1. 答案是 D。此题考的是幼儿发展评价的类型,考查较少。
【考点解析】2. 答案是 C。此题考的是幼儿园评价的最终目的。教育评价的目的的选择题常出现。
【考点解析】3. 答案是 A。此题考的是幼儿园教育评价的作用。这一知识点考的频率较高。
【考点解析】4. 答案是 A。此题考的是教育评价的类型,考概念较多。

第二节　幼儿园教育评价的反思与建议

【本节考纲考点】

能对保育教育工作进行评价与反思。

【历年真题再现】

【2013 下】6. 幼儿园教育工作评价应当(　　)。

A．以行政人员评价为主,专家等参与评价为辅
B．以园长自评为主,教师等参与评价为辅
C．以教师自评为主,园长等参与评价为辅
D．以家长评价为主。幼儿等参与评价为辅

【考点】教育评价主体多元化

【本节备考指导】

幼儿园教育评价的反思与建议这一部分内容在历年的真题中出现次数不多,但这一部分内容主要包含了教育评价的发展理念与注意事项,是教育评价这一部分的重点。考生在复习时,应该重点掌握《幼儿园教育指导纲要(试行)》教育评价部分内容。

《幼儿园教育指导纲要(试行)》指出,教育评价"是了解教育的适宜性、有效性,调整和改进工作,促进每一个幼儿发展,提高教育质量的必要手段"。同时还指出:"评价的过程,是教师运用专业知识审视教育实践,发现、分析、研究、解决问题的过程,也是其自我成长的重要途径。"由此可见。评价对幼儿的发展、教师的成长及课程本身的发展意义重大。

根据《纲要》的精神,各幼儿园确定了开展幼儿发展评价实践的根本目的,即通过幼儿发展评价来了解幼儿的发展状况,激励幼儿更加积极主动地参与教育活动,实现教育评价的激励功能;同时,根据开展幼儿发展评价所获取的信息,对教育过程进行调整与完善,实现教育评价的反馈功能。

【命题考点精讲】

命题点1:幼儿园教育评价的反思

1. 评价取向的多元化

促进幼儿的发展是一切教育活动的出发点和归宿点。《纲要》明确指出:要从不同的角度促进幼儿情感、态度、能力、知识、技能等方面的发展。因此。在教育活动中,教师的评价不再把幼儿对知识技能的掌握作为重点取向,更多的是关注幼儿各方面的发展。基于幼儿知识技能的评价,往往由于幼儿知识技能发展的局限性,导致幼儿屡屡遭受挫折体验,影响其学习情感与心理的发展;而基于多元取向的幼儿评价,则从纵向比较出发,全面地赏识幼儿素质新的进展。使幼儿能较多感受成功与被肯定的喜悦,从而激发出更强烈的学习内驱力,使幼儿更容易登上发展的新台阶。

2. 评价主体的多元化

《纲要》明确提出:"管理人员、教师、幼儿及家长均是幼儿园教育评价工作的参与者,评价过程是各方共同参与、相互支持与合作的过程。"《纲要》运用全新的教育观念和思维方式,建立了全新的多主体教育评价体系,彻底改变了传统的教师对幼儿单向评价的评价体系。使整个教育评价置身于大众的视野,呈现出更为广阔、开放的新格局。在实践中,我们强调了家长的参与,努力提升家长在评价中的地位。灵活利用家长开放日、每周一次的家园联系本、调查表、成长记录袋等,请家长参与对幼儿的评价。如家园联系册的建立,教师把幼儿一周或一月的表现进行评价后,通过家园联系手册反馈给家长。让家长了解幼儿的各方面发展水平,促进家长采取更优化的、更艺术的教育方法对孩子进行家庭教育。

幼儿也是评价主体之一。因此,我们还注意还幼儿在评价中的主体性地位,鼓励幼儿积极参与自评和互评,并注意根据幼儿的年龄特点采取操作简单、形式有趣的评价方式,引领幼儿享受参与评价的乐趣,激起幼儿参与评价的兴趣,从而使幼儿在成为被评价者的同时也成为评价者。

3. 评价情境的自然化

《纲要》明确指出:评价要"在日常活动与教育教学过程中采用自然的方法进行"。即评价情境要自然化,要在幼儿真实的生活和学习情境中对幼儿实施评价。对幼儿来说,生活即学习,游戏即学习,活动即学习。如果把幼儿从生活、游戏、活动中抽离出来进行评价,无疑会打断幼儿的学习过程,震荡其心理,不容易得到真实的评价结果,而评价情境自然化,能避免惊吓幼儿学习心理或干扰幼儿学习过程。依托幼儿真实的学习情境开展评价,足以使幼儿更迅速地理解教师评价语言的含义,从而和教师展开有效的互动,实现评价的功能,提高幼儿的学习与发展水平。

4. 评价类型的多样化

幼儿园教育活动具有广泛和复杂的内容,因此,要根据实际情况与需要,灵活选择、运用适宜的评价方法。评价方法的多样性,是由教育各环节目的的多重性所决定的,不同的评价方法为不同的教育目的服务。

命题点2:幼儿园教育评价的建议

《幼儿园教育指导纲要(试行)》就教育评价指出:

(1) 教育评价是幼儿园教育工作的重要组成部分,是了解教育的适宜性、有效性,调整和改进工作,促进每一个幼儿发展,提高教育质量的必要手段。

(2) 管理人员、教师、幼儿及其家长均是幼儿园教育评价工作的参与者。评价过程是各方共同参与、相互支持与合作的过程。

(3) 评价的过程,是教师运用专业知识审视教育实践,发现、分析、研究、解决问题的过程,也是其自我成长的重要途径。

(4) 幼儿园教育工作评价实行以教师自评为主,园长以及有关管理人员、其他教师和家长等参与评价的制度。

(5) 评价应自然地伴随着整个教育过程进行。综合采用观察、谈话、作品分析等多种方法。

(6) 幼儿的行为表现和发展变化具有重要的评价意义,教师应视之为重要的评价信息和改进工作的依据。

(7) 教育工作评价宜重点考察以下方面:

① 教育计划和教育活动的目标是否建立在了解本班幼儿现状的基础上。

② 教育的内容、方式、策略、环境条件是否能调动幼儿学习的积极性。

③ 教育过程是否能为幼儿提供有益的学习经验,并符合其发展需要。

④ 教育内容、要求能否兼顾群体需要和个体差异,使每个幼儿都能得到发展,都有成功感。

⑤ 教师的指导是否有利于幼儿主动、有效地学习。

(8) 对幼儿发展状况的评估,要注意:

① 明确评价的目的是了解幼儿的发展需要,以便提供更加适宜的帮助和指导。

② 全面了解幼儿的发展状况,防止片面性,尤其要避免只重知识和技能,忽略情感、社会性和实际能力的倾向。

③ 在日常活动与教育教学过程中采用自然的方法进行。平时观察所获得的具有典型意义的幼儿行为表现和所积累的各种作品等,是评价的重要依据。

④ 承认和关注幼儿的个体差异,避免用划一的标准评价不同的幼儿,在幼儿面前慎用横向的比较。

⑤ 以发展的眼光看待幼儿,既要了解现有水平,更要关注其发展的速度、特点和倾向等。

命题点3:反思与改进

波斯纳提出了一个教师成长公式:经验+反思=成长。反思的形式主要有:回顾式反思、慎思熟虑式反思、行动中反思、觉察意识式反思。布鲁巴奇等人提出了四种反思的方法:反思日记、详细描述、交流讨论、行动研究。

【本节考点知识点小结】

幼儿园教育评价的反思表现在几个方面:(1)评价取向的多元化;(2)评价主体的多元化;(3)评价情境的自然化;(4)评价类型的多样化。总体来说,幼儿园教育评价的特点是评价主体多元化、评价方式多样化、评价内容全面化、评价过程生活化。

【本节过关自测】

一、单项选择题

1. 教师对新入园幼儿发展水平进行摸底训练,以便了解幼儿发展状况,因材施教,这种评价属于( )。

A. 形成性评价 B. 总结性评价
C. 过程性评价 D. 诊断性评价

2. 教师通常会通过幼儿的绘画作品来判断幼儿的心理状态,这种评价属于(　　)。
  A．观察法　　　　　　B．作品分析法　　　　C．档案袋记录法　　　　D．谈话法

二、简答题
1. 简述教师如何评估幼儿的发展状况。

【本节过关自测】参考答案

一、单项选择题

【考点解析】1. 答案是 D。此题考的是教育评价的类型中诊断性评价的概念。往年考试中,对按不同划分方式的评价类型概念考查是重点。

【考点解析】2. 答案是 B。此题考的是教育评价类型中的作品分析法。往年考试中,对按不同划分方式的评价类型概念考查是重点。

二、简答题

1.【考点解析】此题考查考生对评估幼儿发展状况的掌握。
【答题要点】
(1) 明确评价的目的是了解幼儿的发展需要,以便提供更加适宜的帮助和指导。
(2) 全面了解幼儿的发展状况,防止片面性,尤其要避免只重知识和技能,忽略情感、社会性和实际能力的倾向。
(3) 在日常活动与教育教学过程中采用自然的方法进行。平时观察所获得的具有典型意义的幼儿行为表现和所积累的各种作品等,是评价的重要依据。
(4) 承认和关注幼儿的个体差异,避免用划一的标准评价不同的幼儿,在幼儿面前慎用横向的比较。
(5) 以发展的眼光看待幼儿,既要了解现有水平,更要关注其发展的速度、特点和倾向等。

第二章　幼儿园教育的评价

【本章考试大纲】

能够利用评价手段发现教育活动中出现的问题,提出改进建议。

第一节　幼儿园保教活动的评价

【本节考纲考点】

能够利用评价手段评价幼儿园的保教活动,提出改进建议。

【历年真题再现】

这一部分尚未出现过真题。

【本节备考指导】

本节内容虽然属于考试大纲内容,但在历年考题中没有出现过,考点相对较少,了解幼儿园保教活动的概念和意义。

【命题考点精讲】

命题点1:幼儿园保教活动
学前儿童身体机能发育尚不成熟,神经系统发育尚不完善,在自我调节方面还不能收放自如。这就要

求教师合理安排他们的生活活动,帮助他们保持良好的精神状态来参与学习和游戏。

托儿所、幼儿园在生活活动方面,主要着力于培养儿童良好的作息习惯、睡眠习惯、排泄习惯、盥洗习惯、整理习惯等卫生习惯,帮助他们逐步了解初步的卫生常识和遵守有规律的生活秩序的重要意义。帮助儿童学会多种讲究卫生的技能,逐步提高儿童生活自理能力。帮助幼儿学会用餐方法,培养儿童良好的饮食习惯。保育主要是为幼儿的生存、发展创设有利的环境和提供物质条件,给予幼儿精心的照顾和养育,帮助其身体和机能良好地发育,促进其身心健康地发展;教育则重在培养幼儿良好的行为习惯、态度,发展幼儿的认知、情感、能力,引导幼儿学习必要的知识技能等。这两方面构成了幼儿园教育的全部内容。

命题点2：幼儿园保教活动的评价

幼儿园保教活动的评价主要从幼儿发展的角度进行,主要包括幼儿身体动作发展评价、语言发展评价、认知发展评价、社会性与情绪情感发展评价以及学习品质的评价。

(1) 学前儿童身体健康与动作发展评价,包括生长发育、大肌肉动作、小肌肉动作、安全意识和能力的发展评价。

(2) 学前儿童的语言发展评价,包括词汇、口头语言、早期阅读、前书写的发展评价。

(3) 学前儿童的认知发展评价,包括标准化测验中的、自编测验中的、日常教育情景中的认知发展评价。

(4) 学前儿童的社会性与情绪发展评价,包括自我认识发展、社会行为、同伴关系等的评价。

(5) 学前儿童的学习品质评价。学习品质指能反映儿童自己以多种方式进行学习的倾向、态度、习惯、风格等。学习品质是儿童学习与发展评价中的一个新领域。越来越多的学习与发展评价中,将学习品质单独列为一个领域。学习品质强调的是那些对儿童未来学习会产生巨大影响的要素。

① 学前儿童学习兴趣与好奇心的评价。学前儿童学习兴趣与好奇心通常包括：儿童具有好奇感、有寻求新信息的兴趣、对新知识的敏锐、渴望学习等。儿童面对"新"东西的倾向性,能表现出儿童的好奇和兴趣的程度。

② 学前儿童学习主动性的评价。主动性是指个体面对任务时表现出来的积极性程度的状态。与主动性相反的是被动,即在他人推动之下做事。主动性有着比较明确的、独特的内容。

③ 学前儿童坚持和专注的评价。学前儿童的坚持和专注品质尚在发展之中,坚持与专注的时间不宜过长、强度不宜过大,但学前期也是坚持与专注的重要时期。学前儿童的坚持与专注具体包括在完成任务时,表现出坚持,能够集中注意,不容易被干扰或被弄得很沮丧。在这里,非常强调的是儿童的任务意识,在面对干扰、困难甚至失败时有调节机制,能够完成具有一定持续性的任务等。

④ 学前儿童想象与创造的评价。学习品质里的想象与创造,并不是完全指儿童的想象力与创造力,此处更强调的是,儿童能够利用想象与创造拓展知识进行新的学习。儿童解决问题遇到困难时,儿童是否会做出用其他方法解决此问题的尝试,能在相当程度上看得出孩子是否会运用想象与创造。

⑤ 学前儿童反思与解释的评价。儿童的反思与解释,涉及儿童对已经发生的事情、言行、思想的认识,属于心理学里的"元认知"的范畴。反思与解释指向的是儿童曾经经历过的事件,能够记得起、能够清楚地描述,对儿童来说就是一种有效的反思与解释。在此基础上,才能讨论如何利用已有的信息来帮助自己学习、帮助自己解决问题。

【本节考点知识点小结】

幼儿园保教活动的评价主要从幼儿发展的角度进行,主要包括幼儿身体动作发展评价、语言发展评价、认知发展评价、社会性与情绪情感发展评价以及学习品质的评价。

【本节过关自测】

一、单项选择题

1. 下面哪项不属于对幼儿学习品质的评价？（　　）
   A．好奇心　　　　　B．主动性　　　　　C．想象力　　　　　D．活动性

【本节过关自测】参考答案

一、单项选择题

【考点解析】1. 答案是 D。此题考的是幼儿学习品质,在考试中可能出现。

第二节 幼儿园教育活动的评价

【本节考纲考点】

能够利用评价手段发现教育活动中出现的问题,提出改进建议。

【历年真题再现】

这一部分尚未出现过真题。

【本节备考指南】

本节内容在历年考题中没有出现过,考点相对较少,主要集中在对幼儿园教育活动的评价方面。如果考到的话,很可能会联系《指南》中涉及学习品质、《纲要》中涉及的活动评价内容,注意贯通运用,与材料分析题紧密结合。

【命题考点精讲】

命题点1：幼儿园教育活动的评价

对幼儿园教育活动的评价包括：活动方案、活动方案的实施过程与活动方案的最后效果三个部分。

1. 活动方案评价

评价学前教育活动方案,主要要了解两个方面内容：第一,方案以及方案中的各个要素、部分是否依据了科学的原理、原则,是否以先进的活动理论为指导；第二,活动结构是否合理,各要素之间是否具有较高的内部一致性,是否符合原先的指导思想。

2. 活动实施过程评价

评价学前教育机构活动方案实施过程,了解的内容就比较多,包括：

(1) 儿童在教育活动中的反应,指主动性、参与程度、情绪表现等。
(2) 教师的教育态度和行为,指对儿童的控制程度、课堂管理方式、教育机制和技巧等。
(3) 教师与儿童互动的质量。
(4) 儿童学习环境的创设和利用等。

通过对活动方案实施的评价,一方面可以获得活动方案对儿童适宜性的信息,另一方面可以了解影响活动方案效果的因素。

3. 活动效果评价

评价活动方案效果,一般是通过对儿童的发展评价来确定的。包括：评价儿童学习后的发展状况；发展状况与活动目标的符合程度；产生了哪些非预期的结果；了解教师发生了哪些变化,有怎样的提高等。

【本节考点知识点小结】

对幼儿园教育活动的评价包括：活动方案、活动方案的实施过程与活动方案的最后效果三个部分。活动实施过程评价,了解的内容就比较多,包括：(1)儿童在教育活动中的反应,指主动性、参与程度、情绪表现等；(2)教师的教育态度和行为,指对儿童的控制程度、课堂管理方式、教育机制和技巧等；(3)教师与儿童互动的质量；(4)儿童学习环境的创设和利用等。

【本节过关自测】

一、单项选择题

1. 下列哪项不属于对幼儿园教育活动的评价？（　　）
A．教育活动目标　　　B．教育活动内容　　　C．教育设施评价　　　D．教育活动过程

【本节过关自测】参考答案

一、单项选择题

【考点解析】1. 答案是 C。此题考的是幼儿园教育活动评价的三个方面，活动方案、活动过程和活动效果的评价。往年考试中，考查较少。

第二部分

国家教师资格统一考试《保教知识与能力》（幼儿园）全真模拟试卷

国家教师资格统一考试《保教知识与能力》（幼儿园）全真模拟试卷第一套及参考答案

一、单项选择题（共 10 道题，每题 3 分，共 30 分）

1. 儿童在陌生情境中，把母亲作为"安全基地"，去探究周围环境。母亲离开时产生分离焦虑，探究活动明显减少。忧伤时易于被陌生人安抚，但母亲安慰更有效。这是依恋类型中（　　）儿童的表现。
   A．回避型　　　　B．安全型　　　　C．反抗型　　　　D．迟钝型

2. 观察图片时，小班的妍妍东张希望，很容易受其他事物的干扰而分心，而大班的姗姗反复对比几张图，观察得十分专心，还会不时地喃喃自语，组织语言表达。这反映出幼儿观察力的哪个方面在发展（　　）。
   A．目的性　　　　B．持续性　　　　C．细致性　　　　D．概括性

3. 幼儿在"袋鼠跳"的游戏中学习跳的动作，这个过程主要涉及（　　）。
   A．形象记忆　　　B．情绪记忆　　　C．语词记忆　　　D．运动记忆

4. 新生入园，班里有一个孩子哭，其他孩子也会莫名其妙地跟着哭。这体现了情绪情感的（　　）。
   A．动机功能　　　B．感染功能　　　C．信号功能　　　D．组织功能

5. 一岁半的儿童想让妈妈把掉在地上的皮球捡起来，会说："妈妈，球球"，这种句式是属于（　　）。
   A．电报句　　　　B．完整句　　　　C．单词句　　　　D．简单句

6. 在构成教育活动的基本要素中，（　　）是学习的主体。
   A．教育者　　　　B．受教育者　　　C．教育内容　　　D．教育措施

7. 现代幼儿教育中，教育者主要以"广、博、浅"为准则，对幼儿进行全面发展的教育。这体现了幼儿园教育具有（　　）特点。
   A．综合性　　　　B．发展性　　　　C．启蒙性　　　　D．活动性

8. 一般附着在衣服、被褥等物品表面的病原体，在阳光下暴晒（　　）就可灭活。
   A．1~2 小时　　　B．2~3 小时　　　C．3~6 小时　　　D．12 小时

9. 幼儿教师晨间接待幼儿入园工作的重点是（　　）。
   A．提醒幼儿尽早进入学习状态　　　　B．与家长交流，沟通情感
   C．检查孩子的身心状况　　　　　　　D．督促孩子完成家庭作业

10. 某幼儿园的活动区设计包含健康、语言、社会、科学、艺术五个领域的内容，从不同的角度促进幼儿情感、态度、知识、技能等方面的发展，这体现了活动区创设的（　　）原则。
    A．教育性　　　　B．整体性　　　　C．共同发展　　　D．动态性

二、简答题（本大题共两小题，每小题 15 分，共 30 分）

11. 简述婴幼儿发展的影响因素。

12. 简述幼儿情绪情感发展的一般趋势。

三、论述题（本大题 1 小题，共 20 分）

13. 如果你是幼儿园小班的教师，面对幼儿入园焦虑的问题，你打算如何做？

四、材料分析题（本大题共两小题，每小题 20 分，共 40 分），阅读材料并回答问题。

14. 珠珠的父母工作很忙，很少陪伴她。有一天，珠珠兴冲冲地对老师说："老师，昨天爸爸妈妈带我去迪斯尼玩了，我们玩得特别开心。"后来老师了解到，珠珠的父母并没有带她去过迪斯尼。

珠珠的这番言论反映了幼儿想象的什么特点？教师应当如何正确处理这种情况？

15. 阅读下列材料,回答问题。

在"蟹"的教学活动中,一位幼儿从家里带来了两只螃蟹,孩子们就围在了一起,有的用手碰一碰,有的干脆把它提起来,看着孩子们"乱哄哄"的场面,教师并不干涉,而是以支持、欣赏的态度鼓励他们去捉蟹。在与蟹的直接接触中,孩子们产生了许多的问题:"这是大闸蟹?""蟹的大脚最厉害了。""看,它的眼睛在这里!""他的嘴巴在哪里呢?"幼儿就这样自发生成了研究蟹的愿望。这时,老师在教室的一角提供了图书、VCD、图片、更多的活蟹,很快幼儿与教师一起投入到查找资料的研究活动中去。教师准备开展一次科学教学活动"认识螃蟹"。

教师发现幼儿只注意观察蟹的外形、动态,而没有想到要深入研究蟹的内部结构。正巧,有一天,有个螃蟹死了,教师抓住了这个机会,就问幼儿:"你们想看看蟹肚子里是怎样的吗?"

"想。"幼儿马上围了上来,声音中充满了渴望。当教师剥开蟹时,他们兴奋地看边议论:"为什么螃蟹不流血呢?""它有没有血呀?""这个是鳃,鱼也有的。"在教师的提议下,幼儿开始研究起蟹的内部结构来。在教学过程中,教师是完全以游戏伙伴身份参与的。

问题:请运用教学活动中的师幼互动的理论分析上面的材料。

五、活动设计题(本大题共1题,共30分)

16. 以《好玩的报纸》为主题设计一个大班幼儿体育活动,要求写出活动名称、目标、准备、过程及延伸。

试卷第一套参考答案

一、单项选择题

1.【考点解析】答案是B。此题考的是依恋的类型。这一知识点容易考查不同依恋类型幼儿的行为表现。

2.【考点解析】答案是A。观察的目的性。幼儿初期不善于自觉地、有目的地进行观察,不能接受观察任务。幼儿中晚期观察目的性增强,能够根据任务排除干扰,根据成人或活动的要求来进行观察。

3.【考点解析】答案是D。此题考的是记忆的分类。对动作的记忆是属于运动记忆。

4.【考点解析】答案是B。在一定的条件下,一个人的情感可以影响别人,使之产生同样的情感,此种以情动情的现象,称为情感的感染功能。

5.【考点解析】答案是A。此题考的是幼儿语句发展的特点,双词句也叫电报句。

6.【考点解析】答案是B。受教育者构成教育活动的基本要素,是教育的对象,也是学习的主体。

7.【考点解析】答案是C。幼儿阶段是人生的启蒙阶段,幼儿园课程只需要向幼儿传递关于自然、社会与人类最浅显的知识。幼儿园课程应该帮助幼儿认识周围世界,使他们在原有发展水平的基础上得到初步的锻炼和启迪,因而具有启蒙性。

8.【考点解析】答案是C。一般附着在衣服、被褥等物品表面的病原体,在阳光下暴晒3~6小时就可灭活。

9.【考点解析】答案是C。幼儿教师晨间接待幼儿入园工作的重点是检查孩子的身心状况。

10.【考点解析】答案是B。题干体现的是活动区创设的整体性原则。

二、简答题

11.【考点解析】此题考查婴幼儿发展的影响因素。

【答题要点】

(1)生物因素:包括遗传和生理成熟。(2)社会因素:包括家庭环境、教育机构和社区、大众传媒等社会文化的因素。(3)儿童自身的能动性。

根据以上三点展开,进行阐述或分析。

12.【考点解析】此题考查幼儿情绪发展的趋势。

【答题要点】

(1)情绪情感的社会化。

① 情绪中社会性交往的成分不断增加。
② 引起情绪反应的社会性动因不断增加。
③ 表情的社会化,主要包括两个方面:理解(辨别)面部表情的能力;运用社会化表情手段的能力。
(2)情绪情感的丰富和深刻化。
① 情绪的日益丰富,包括两种含义:情绪过程越来越分化;情感指向的事物不断增加。
② 情感的深刻化,即指向事物性质的变化,从指向事物的表面到指向事物更内在的特点。
(3)情绪情感的自我调节化。
① 情绪的冲动性逐渐减少。
② 情绪的稳定性逐渐提高。
③ 情绪情感从外显到内隐。

三、论述题

13.【考点分析】此题考查了幼儿园小班班级管理的相关知识。
【答题要点】教师要注重对小班幼儿的入园引导,具体方法如下:
(1)入园前对幼儿进行家访;
(2)召开家长会;
(3)邀请家长、幼儿参观幼儿园;
(4)合理安排好幼儿入园之初的活动,使幼儿真正感到幼儿园生活的快乐,真正喜欢幼儿园;
(5)老师要通过观察和交往,努力与新来的幼儿建立关系;
(6)根据幼儿身心发展特点组织有趣的活动吸引幼儿,分散幼儿"想妈妈,想家"的注意力;
(7)以大带小减轻刚入园幼儿的"分离焦虑"。

四、材料分析题

14.【考点解析】此题考查幼儿想象与现实混淆的特点及教育策略。
【答题要点】
(1)这反映了幼儿想象和现实混淆的特点。珠珠希望得到父母的陪伴,很想和父母一起去迪斯尼玩,就产生了这样的想象,并把这种想象当成了现实。
(2)教师不能简单地把幼儿的话归为之说谎,而是要耐心地帮助珠珠分清想象和现实。此外,教师应当和珠珠家长进行沟通,建议家长多抽出时间陪伴珠珠,组织丰富多彩的家庭娱乐活动,满足孩子想要被陪伴的需求。

15.【考点解析】此题考查的是师幼互动知识点。
【参考答案】
儿童的学习要在学前儿童和教师之间建立一种积极有效的互动,让儿童和教师在互动中沟通、促进,从而得到健康成长。案例中的教师能很好地运用师幼互动理论于教学之中。教师把握住"互动"应渗透在学前儿童的日常生活的各个领域,特别是在儿童的教学活动中,站在儿童的角度,以"假如我是孩子"的心态,去体验幼儿可能的兴趣与需要,而不是只思考"我想怎样教"来设计活动。

在师幼互动中,教师在尊重儿童主体性的基础上多用间接指导,用非言语交际手段指导儿童主动学习,解决实际问题。在具体的教学活动中,在与儿童互动中,教师成了良好师幼互动环境的创造者、交往机会的提供者、积极师幼互动的组织者和学前儿童发展的支持者、帮助者、指导者和促进者。注意建立平等的教师与儿童的关系,营造安全、愉快、宽松的外部氛围,细心观察、敏锐关注儿童在互动中的行为表现,积极引导,并做好充分的情感交流,形成了良好的师幼互动。在具体的教学活动中,最关键的因素是人,必须清楚地认识到教师与儿童的良性互动的重要性,充分发挥互动的作用。

五、活动设计

16.【考点解析】此题考查考生对幼儿体育活动方案设计与指导的掌握情况。
【参考设计】
活动名称:好玩的报纸

活动目标：
1. 发展走、跑、跳、单脚跳等基本动作。
2. 通过多种报纸的玩法，发展创造能力和探索能力。
3. 在活动中学习与同伴合作的精神。

活动准备：
材料准备：(1)废旧报纸、音乐、图谱、黑板；(2)汗巾、大篓。
经验准备：(1)有玩过报纸的经验；(2)了解报纸的多种用途。
环境布置：创设一个报纸展览区，感受报纸的不同用途。

活动过程：
一、热身运动
1. 师生问好。
2. 教师与幼儿一起做热身操。
教师："小朋友们，我们一起来运动吧。"
音乐起，师生开始热身运动。重点活动：摆臂、腿部动作等。

二、自由玩报纸，激发创造兴趣
教师：今天老师带来了一叠报纸，这些都是废旧的报纸，拿去扔了太可惜，今天我想把废旧的报纸再利用起来，制作出可以让我们运动的器械。
1. 教师交待活动要求：请幼儿动动小脑筋，将报纸制作成不同的运动器械，玩出多种不同玩法，让自己运动起来。
2. 幼儿自由探索，教师观察指导。
3. 分享交流玩法。
提出问题：你把报纸做成了什么器械，你是怎么玩的？
教师小结(大家想出了许多方法，如把报纸做成纸球拿来踢等，大家都很棒，动了小脑筋，让自己运动起来。

三、学习带纸快跑
1. 提出带纸快跑要求，师生讨论。
想办法带着报纸向前快跑，途中既不能用手拿报纸，也不能用身体的任何部位夹住报纸。
2. 幼儿自由尝试带纸快跑方法。
① 教师巡回指导，观察幼儿能否带着报纸快跑，存在什么困难。
② 提醒幼儿注意正确的跑步姿势和安全。
3. 交流分享带纸快跑的方法。
① 请个别幼儿说说并演示不让报纸掉地上的方法，引发模仿。
② 小结、展示带纸快跑的方法：双手先持报纸紧贴在胸前，跑起来双手放掉报纸，加快跑的速度，不让报纸掉下来。
③ 运用正确的方法进行带纸快跑练习。
4. 带纸快跑比赛。
(1)教师介绍比赛规则。
教师出示图谱，引导幼儿熟悉比赛规则。
① 幼儿分成4组，每组4人。
② 依次带纸快跑，并绕过小椅子返回。
③ 最后一名队员跑完后，须举手示意。
④ 中途若有报纸掉落，须捡起来贴在胸前继续跑。
(2)幼儿进行比赛。
① 直线跑：绕过小椅子跑回起点。
② 增加难度曲线跑：绕着障碍物小椅子曲线跑。

(3) 师生总结。

教师表扬动作规范、表现认真以及能为别人加油鼓劲的孩子。

四、游戏：舞龙（尝试协同配合的新玩法，体验合作游戏的快乐）

1. 玩法：4人一组，将报纸放在头顶上方，并将自己的报纸和前面幼儿的报纸连接起来，搭成纸龙，听口令边走边舞。

2. 规则：在行走中，每条龙的报纸须保持连接，不能断开。

五、放松运动

① 全体幼儿边走边捶臂、捶腿，随音乐和同伴一起放松手臂、腿部肌肉。

② 收拾整理报纸。

活动延伸：

回去与爸爸妈妈一同体验报纸的不同玩法。

国家教师资格统一考试《保教知识与能力》（幼儿园）全真模拟试卷第二套及参考答案

一、单项选择题(共 10 道题,每题 3 分,共 30 分)

1. 乐乐耐心地为植物角的植物浇水,因而受到老师的表扬,小林见状,也开始模仿对方的行为,这时小林受到的强化是( )。
   A．直接强化　　　B．替代强化　　　C．自我强化　　　D．外部强化

2. 幼儿不理解诗歌的涵义,通过反复诵读将其记住,这是( )。
   A．形象记忆　　　B．情绪记忆　　　C．机械记忆　　　D．意义记忆

3. 作家在寓言故事中塑造出生动的人物形象,这属于( )。
   A．回忆　　　　　B．知觉　　　　　C．再造想象　　　D．创造想象

4. 下列不属于自我意识结构的是( )。
   A．自我认知　　　B．自我觉醒　　　C．自我体验　　　D．自我监控

5. 教师对新入园幼儿发展水平进行摸底训练,以便了解幼儿发展状况,因材施教,这种评价属于( )。
   A．诊断性评价　　B．总结性评价　　C．过程性评价　　D．形成性评价

6. 幼儿园的双重任务是指幼儿园除要为幼儿实施保育和教育外,还要( )。
   A．对幼儿开展心理健康教育　　　　B．为家长工作提供便利
   C．为小学教育打下基础　　　　　　D．面向幼儿家长提供科学育儿指导

7. 我国幼儿园通常不要求在学前阶段教孩子写字,这符合( )。
   A．独立自主性原则　B．发展适宜性原则　C．保教结合原则　　D．综合性原则

8. 婴幼儿接种卡介苗,能够有效预防( )。
   A．结核病　　　　B．小儿麻痹症　　C．麻疹　　　　　D．乙型脑炎

9. 关于教育活动内容的组织,不正确的是( )。
   A．应充分考虑幼儿的学习特点和认识规律　　B．各领域的内容要区分清楚、不能渗透、混淆
   C．应在生活、游戏之中组织　　　　　　　　D．要注重综合性、趣味性、活动性

10. 幼儿园园长应当具备( )以上学历、有( )年以上幼儿园工作经历和一定的组织管理能力。
    A．大专　三　　　B．大专　二　　　C．中专　三　　　D．本科　四

二、简答题(本大题共两小题,每小题 15 分,共 30 分)

11. 简述幼儿记忆发展的主要特点。
12. 概述幼儿教育的六个基本原则。

三、论述题(本大题 1 小题,共 20 分)

13. 如何确保充足的游戏时间和良好的户外环境?

四、材料分析题(本大题共两小题,每小题 20 分,共 40 分),阅读材料并回答问题。

14. 小一班老师要求小朋友"认真看看熊猫是什么样子的?"小二班老师不时地提醒小朋友"认真看看熊猫的耳朵,像什么?""认真看看熊猫的眼睛,像什么?""接下来看看熊猫的身体,是什么样子的?""再看看熊猫的四条腿,是什么样子的?"哪个老师做得好? 给你什么启示?

15. 张老师发现班上几名幼儿出现不同程度的发烧和咳嗽,她帮幼儿量了体温,发现有的孩子体温已经到达 39 度,她让这几名幼儿到寝室休息,并把随身携带的退烧药和咳嗽药交给保育员,让保育员给孩子

喂药。这几名孩子吃了药之后,昏沉沉地睡了过去,保育员见孩子睡着了,又回到班级和张老师一起组织教育活动。3个小时后,这几名幼儿的烧退了,咳嗽也明显好转……请结合《幼儿园工作规程》,分析该教师和保育员的行为。

五、活动设计题(本大题共1题,共30分)

16. 以《会动的关节》为主题设计一个中班身体保健教育活动,要求写出活动名称、目标、准备、过程及延伸。

试卷第二套参考答案

一、单项选择题

1. 【考点解析】答案是B。此题考的是替代强化的涵义,替代强化和直接强化容易混淆。
2. 【考点解析】答案是C。此题考的是机械记忆的涵义。在不理解诗歌意义的情况下,机械重复地背诵,是属于机械记忆。
3. 【考点解析】答案是D。此题考的是创造想象的涵义。作家创作人物形象是创造想象。
4. 【考点解析】答案是B。此题考的是幼儿自我意识的结构。往年考试中,自我意识中自我评价的特点是高频考点。
5. 【考点解析】答案是A。此题考的是教育评价的类型,考概念较多。
6. 【考点解析】答案是D。2016年新颁布的《幼儿园工作规程》明确指出,幼儿园的任务是促进幼儿身心和谐发展,同时面向幼儿家长提供科学育儿指导。
7. 【考点解析】答案是B。本题主要考查我国学前教育的原则。课程设置需要考虑儿童的不同年龄特征的需要,这符合发展适宜性原则。
8. 【答案解析】答案是A。婴幼儿接种卡介苗,能够有效预防结核病。
9. 【考点分析】答案是B。《幼儿园教育指导纲要》第三部分第六点明确规定:教育活动内容的组织应充分考虑幼儿的学习特点和认识规律,各领域的内容要有机联系,相互渗透,注重综合性、趣味性、活动性,寓教育于生活、游戏之中。
10. 【考点分析】答案是A。《幼儿园工作规程》"第七章 幼儿园的教职工"第四十条。

二、简答题

11. 【考点解析】此题考查幼儿记忆的发展特点。

【答题要点】(1)容易记容易忘;(2)以无意记忆为主,有意记忆逐渐发展;(3)以形象记忆为主,语词记忆逐渐发展;(4)以机械记忆为主,意义记忆逐渐发展;(5)记忆不精确。

注意回答时要适当展开。

12. 【考点分析】考察幼儿教育基本原则。是近年来的考查热点,选择题和简答题较多,有在论述题里越来越多的涉及的趋势。

【参考答案】

(1) 独立自主原则。培养儿童学会依靠自己的经验和能力进行活动,注重培养儿童的学习兴趣和基本的生活自理能力。

(2) 发展适宜性原则。为每名儿童提供适合其年龄特点和个别差异性的课程及教育教学实践。

(3) 保教结合原则。是指学前儿童的身体养护与心智教育相结合,做到"教中有保""保重有教"。

(4) 综合性原则。整合性原则是指将学前教育看作是一个完整的系统,保证学前儿童身心整体健全和谐的发展,综合化地整合课程的目的、内容和资源等要素,实施教育。

(5) 尊重儿童的人格尊严和合法权益的原则。

(6) 活动性原则。游戏是学前教育机构的基本活动形式,引导儿童在游戏中学习。

三、论述题

13. 【考点分析】这个属于学前教育原理当中的幼儿游戏部分考点。

【答案要点】确保充足的游戏时间和良好的户外环境,具体方法如下:

(1)给儿童充足的游戏时间。一方面,儿童在2岁以后逐渐开始了游戏活动,他们除了睡眠以外,大部分时间都是在游戏中度过的;另一方面,无论是哪类游戏都需要充足的游戏时间去探索和尝试。只有充足的时间,儿童才可能真正投入、探索和享受游戏的快乐。如果游戏时间仓促,儿童无法深入了解玩具的特性和玩法,会降低游戏的作用,也会阻碍幼儿对游戏的兴趣。

在幼儿园的每日生活中,游戏是主要的活动。游戏是教育的主要途径,也是孩子学习的最佳途径。在幼儿园的教育实践中,人们常常把游戏和孩子的教育割裂开来。教师应该坚定信念,把游戏作为儿童的主要活动。在幼儿园里,既要给儿童比较充分的自由游戏的时间,又要以游戏的方式去组织儿童的教育教学活动,真正使游戏成为教育的基本活动。教师必须尽可能地利用一日生活的各个环节,开展自选游戏,以保证充足的游戏时间。

(2)良好的户外游戏环境的创设。创设良好的游戏环境是教师组织和指导幼儿游戏的重要一环。两千多年以前,柏拉图设想的儿童教育,便是从提供良好的、宽敞的、露天的游戏场地着眼的。

① 场地是儿童游戏必需的空间条件。户外游戏场地是幼儿户外活动的空间。室外的游戏场地要平坦,有遮阳处,不远离活动室。各个班级最好有专用的游戏场地,同时全园也要有公用的游戏场地。游戏场地放置一些大型的设备和用具,如体育游戏的大型器械和玩具、大型积木等。室外场地的布置要合理,以不妨碍儿童奔跑、活动为原则,避免因设备密集而妨碍儿童的活动和发生不安全的问题。

② 户外活动时间的保障。《幼儿园工作规程》规定,幼儿园每日户外活动时间不得少于2小时,寄宿制幼儿园不得少于3小时。由于各个地区、各季节的气候各不相同,要因地制宜,尽可能让儿童有更多的时间在户外活动,包括游戏活动。

四、材料分析题

14.【考点解析】儿童发展部分观察力的培养这个考点。

【答案要点】小二班老师,帮助幼儿明确观察的目的任务,教给幼儿观察的方法。

(1)明确观察的目的和任务。

(2)激发观察的兴趣:用语言情绪感染幼儿;引导幼儿观察周围事物(参观植物园、动物园,观察植物、动物、景观、行人)。

(3)教给幼儿观察的方法:教幼儿先看什么,后看什么;由近及远,从上到下,从左到右,由表及里,由整体到局部或由局部到整体。

(4)运用多种感官观察。

15.【考点分析】对《幼儿园工作规程》第四章"幼儿园的卫生保健"相关要点的理解和掌握。

【答题要点】《规程》第二十条明文规定:"幼儿园应当建立患病幼儿用药的委托交接制度,未经监护人委托或者同意,幼儿园不得给幼儿用药。幼儿园应当妥善管理药品,保证幼儿用药安全。"张老师擅自将自己携带的药喂给孩子吃,违反了规程。

同时,《规程》的第十二条规定:"幼儿园应当严格执行国家和地方幼儿园安全管理的相关规定,建立健全门卫、房屋、设备、消防、交通、食品、药物、幼儿接送交接、活动组织和幼儿就寝值守等安全防护和检查制度,建立安全责任制和应急预案。"保育员在孩子睡觉时,离开寝室,违反了就寝值守安全防护制度。

五、活动设计题

16.【考点解析】此题考查考生对幼儿园身体保健健康教育活动方案设计与指导的掌握情况。

【参考设计】

活动名称: 会动的关节

活动目标:

1. 了解人体几个主要关节的名称及作用,激发幼儿探索人体的兴趣。

2. 增强幼儿的自我保护意识及运动的兴趣。

重点: 了解几个关节的名称。

难点: 了解关节的不同运动方式。

活动准备:

1. 音乐的音频资料及播放设备。

2. 木偶人制作材料：身体各部分模板、螺丝、螺帽。

活动过程：

一、听音乐活动身体，初步感知关节

1. 教师："让我们一起听着音乐把身体动起来吧！"

2. 教师："你的身体什么地方能动起来？"

幼儿边做动作边讲述。

小结："我们把人体能活动的部位都找出来了，这些部位都有一个共同的名称叫关节。"

二、认识各关节的名称，感知关节的不同运动方式

1. 教师："我们的身上有大大小小，许许多多的关节，这些关节都有不同的名称。"边演示木偶边讲述名称。（肩关节、肘关节、腕关节、指关节、髋关节、膝关节、踝关节。）

2. 教师："这些关节动起来都一样吗？""有的只能上下弯曲（指关节、肘关节、膝关节），有的可以旋转（肩、腕、膝关节）。"

三、制作木偶小人，增强对关节的认识

1. 教师交代制作要求，出示身体各部位的模型并认识身体各部位："今天我们也来做一做这会动的木偶人，一边做一边说一说，你的小人哪里会动。"

2. 幼儿制作。

3. 幼儿展示、同伴间相互讲述"我的小人哪里会动"。

四、游戏：大挑战，发现关节的重要性

1. 教师："有一个机器人不服气了，他说，小木偶，有关节有什么了不起的，我没有关节，照样很厉害！木偶说，那我出个题目考考你，你肯定做不来。好啊，你出啊，我肯定能行，出就出，谁怕谁啊？你能拿起一个苹果送到嘴巴里吗？小朋友们，你们觉得他们谁会赢呢，来试一试。"

2. 教师："谁赢了呀？为什么他会赢呢？"

小结：原来我们的关节是很厉害的，可以帮我们做很多的动作，如果没有关节，我们也不能运动跳舞了，也不能写字了，连吃饭都很困难。

五、培养幼儿的自我保护意识

教师："关节的作用可真大，那你觉得我们应该怎样保护关节？"

（不能用力拉扯胳膊、不能从高处往硬的地上跳、在体育活动前要做一些准备动作等。）

教师小结："我们不仅要保护好关节，而且还要经常运动，这样可以使它更加灵活。"

六、结束活动

在音乐中和木偶小人一起活动身体，结束活动。

延伸活动：

在活动室内提供各种各样的关节，让幼儿继续练习，开展关节拼接比赛。

国家教师资格统一考试《保教知识与能力》（幼儿园）全真模拟试卷第三套及参考答案

一、单项选择题(共10道题,每题3分,共30分)

1. 在良好教育下,3岁幼儿能集中注意力( )。
   A. 3~5分钟　　　　B. 10分钟　　　　C. 15分钟　　　　D. 20分钟

2. 幼儿在剪纸时自言自语道:"这个要怎么剪呢?……不对,应该是这样……对了。"这属于( )。
   A. 对话言语　　　B. 独白言语　　　C. 问题言语　　　D. 游戏言语

3. 在外界刺激影响下,自然而然产生的想象叫做( )。
   A. 无意想象　　　B. 有意想象　　　C. 再造想象　　　D. 创造想象

4. 学习后过几天测得的保持量比学习后立即测得的保持量要高,这种现象称之为( )。
   A. 遗忘　　　　　B. 记忆恢复　　　C. 识记　　　　　D. 再认

5. 陶行知创办了( ),这是我国第一所乡村幼稚园。
   A. 南京燕子矶乡村幼稚园　　　　B. 南京鼓楼幼稚园
   C. 星荫幼稚园　　　　　　　　　D. 集美幼稚园

6. "玩具馆"最早出现在( )。
   A. 美国　　　　　B. 日本　　　　　C. 中国　　　　　D. 英国

7. 幼儿教师在语言课上只讲故事、音乐课上只唱歌、体育课上只做游戏的做法,违背了( )原则。
   A. 活动性　　　　B. 综合性　　　　C. 保教结合　　　D. 独立自主性

8. 下列哪一项属于按认知划分的游戏阶段?( )。
   A. 独自游戏阶段　B. 平行游戏阶段　C. 象征性游戏阶段　D. 合作游戏阶段

9. 幼儿园活动的时间安排应有相对的( )。
   A. 秩序性与流畅性　B. 灵活性　　　　C. 稳定性　　　　D. 稳定性与灵活性

10. 夜盲症的病因是缺乏( )。
    A. 维生素A　　　B. 维生素B　　　C. 维生素C　　　D. 维生素D

二、简答题(本大题共两小题,每小题15分,共30分)

11. 简述幼儿无意想象的特点。

12. 简述我国幼儿园的保育与教育目标。

三、论述题(本大题1小题,共20分)

13. 论述我国幼儿教育的改革发展趋势。

四、材料分析题(本大题共两小题,每小题20分,共40分),阅读材料并回答问题。

14. 珍珍平时对动植物非常感兴趣,总喜欢去自然角照顾那里的植物,给植物浇水施肥。除此之外,她对于教室里饲养的蚕宝宝也感到特别好奇,总是目不转睛地盯着蚕宝宝,观察它们的形态和生长状况。

　　依据加德纳的多元智能理论,珍珍在哪方面的智能发展比较突出?教师应如何对她进行有针对性的教育?

15. "今天我和妞妞在汽车拉力赛中学本领了,我发现小车在塑料路上走得最快。可是昨天我在光滑的木板路上开得最快,我也不知道怎么回事。""我们一起来帮助小煜吧。""把小车放在木板路上,和塑料路上,准备好了吗?预备开始!"两辆小车一声令下就飞驰了出去,驶上了光滑的木板路和塑料路,只听到"咚"的一声,在木板路上行驶的小车率先到达了终点。这下小朋友们都毫无疑问地看清楚了,是光滑木板路上的小车开得比较快。小煜恍然大悟地在记录表上勾下了第一名拉力汽车,经过了演示,帮小煜解决了困惑。在个别化活动时,幼儿对每个活动的兴趣点很高,能对现象进行观察、比较,发现相同或者不同,根据提出问题大胆假设,可是持续不久。而汽车拉力赛里面很常见的问题就是明明这条路应该开得最快,可是由于幼儿操作时不慎让小汽车翻了身,或者滑出路面,这样一来结果就是不同的。

结合《3~6岁儿童学习与发展指南》,分析幼儿的行为和教师的教育策略。

五、活动设计题(本大题共1题,共30分)

16. 现在生活中很多幼儿喜欢喝饮料,养成习惯反而不喜欢喝白开水,觉得白开水没有味道,请设计一份解决上述问题的教育方案。要求写出:对问题的分析、教育目标和解决问题的主要方法。

试卷第三套参考答案

一、单项选择题

1.【考点解析】答案是A。在良好的教育环境下,3岁幼儿能集中注意3~5分钟,4岁幼儿能集中注意10分钟,5~6岁幼儿能集中注意15分钟左右。

2.【考点解析】答案是C。此题考的是幼儿内部言语发展的特点,问题言语是幼儿在遇到困难时产生的自言自语。

3.【考点解析】答案是A。此题考的是无意想象的含义。无意想象是在外界刺激影响下,自然而然产生的想象。

4.【考点解析】答案是B。此题考的是记忆恢复的含义。记忆恢复是指学习后过几天测得的保持量比学习后立即测得的保持量要高。因为幼儿神经系统发育较弱,所以在当时大脑容易疲劳,经过休息后记忆效果会提高。

5.【考点解析】答案是A。此题考的是陶行知创办的教育机构。

6.【考点解析】答案是D。此题考查的是国外幼儿教育的发展趋势。20世纪70年代左右,英国就出现了"玩具馆",到1996年已发展到1 000多家。

7.【考点解析】答案是B。综合性原则是在课程设计和教育活动时,必须以儿童身心的均衡发展为最高目的,围绕着某一主题或方面,以儿童的直接经验和实际生活为基础,配合其能力、兴趣和需要,尽量在课程和活动中促进儿童多层次、多角度、多学科地发展。

8.【考点解析】答案是C。幼儿游戏按照认知划分,分为练习性游戏阶段(0~2岁),象征性游戏阶段(2~7岁),规则游戏阶段(7~12岁)。

9.【考点分析】答案是D。《幼儿园教育指导纲要》第三部分第九点明确规定:时间安排应有相对的稳定性与灵活性,既有利于形成秩序,又能满足幼儿的合理需要,照顾到个体差异。

10.【考点解析】答案是A。维生素A缺乏可引起夜盲症,角膜干燥症,皮肤干燥、脱屑。

二、简答题

11.【考点解析】此题考查幼儿无意想象的具体表现。

【答题要点】(1)想象无预定目的,由外界刺激直接引起;(2)想象主题不稳定;(3)想象内容零散,不系统;(4)以想象的过程为满足;(5)想象受情绪和兴趣的影响。

12.【考点解析】此题考查《幼儿园工作规程》对我国幼儿园保教目标的界定。

【答题要点】

(1)促进幼儿身体正常发育和机能的协调发展,增强体质,培养良好的生活习惯、卫生习惯和参加体育活动的兴趣。

(2)发展幼儿智力,培养正确运用感官和运用语言交往的基本能力,增强对环境的认识,培养有益的兴趣和求知欲望,培养初步的动手能力。

(3)萌发幼儿爱家乡、爱集体、爱劳动、爱科学的情感,培养诚实、自信、好问、友爱、勇敢、爱护公物、克服困难、讲礼貌、守纪律等良好的品德行为和习惯,以及活泼、开朗的性格。

(4)培养幼儿初步的感受美和表现美的情趣和能力。

三、论述题

13.【考点解析】此题考查在《国家中长期教育改革和发展规划纲要(2010—2020年)》等政策文件的指导下,当前我国幼儿教育的改革发展趋势。

【答题要点】
(1) 更加重视发展学前教育,普及学前教育。
(2) 多种形式扩大学前教育资源,建立政府主导、社会参与、公办民办并举的办园体制。
(3) 关注幼儿园教师的专业成长,多种途径加强幼儿园教师队伍建设。
(4) 多种渠道加大学前教育投入。
(5) 加强学前教育管理的规范化和科学化。
(6) 幼儿教育交流合作的国际化态势将保持进一步加强。

四、材料分析题

14.【考点解析】此题考查多元智能理论在幼儿园教育中的运用。

【答题要点】
(1) 加德纳的多元智能理论反映了儿童在智力类型方面的差异。加德纳的研究指出,每个人至少有8种智力中心,即语言智力(智能)、逻辑或数学智力、音乐智力、空间或视觉智力、运动或身体智力、人际智力、内省智力、自然探索智力。这几种智力在不同幼儿身上的发展优势不同。而案例中的珍珍喜欢照顾植物,对动物蚕宝宝也很感兴趣,说明她在自然探索智能上发展得比较突出。

(2) 根据适宜性教学的资源利用模式,教师应当充分利用珍珍在自然探索智能上的长处,为其提供机会去施展其在自然探索方面的天分。例如,让珍珍给动植物做观察记录,为她提供更丰富的动植物资料,来促进她在自然探索方面的学习,可让她进一步去研究蚕宝宝的生长变化过程,并向其他幼儿讲述蚕宝宝的蜕变故事等。

15.【考点解析】对《3~6岁儿童学习与发展指南》科学领域和语言领域价值和教育建议的领会与运用。

【答题要点】(1) 这是一件涉及科学和语言领域的事件记录。幼儿在个别化活动中经过观察比较发现问题,在经过自己设法验证后并乐意把自己的探究结果分享给同伴。在小煜的眼里,她看到今天小车在塑料路上开得快,从孩子以前的经验来说,之前玩的时候都是光滑木板路开得快,所以才会提出自己的困惑想要得到老师的帮忙。在过程中小煜去发现探索了,所以对自己发现感到很兴奋。而在妞妞的眼里,塑料路怎么会比光滑木板路开得快呢?妞妞执着自己的经验,所以否定了小煜。

(2) 科学领域中提到:幼儿科学学习的核心是激发探究兴趣,体验探究过程,发展初步的探究能力。成人要善于发现和保护幼儿的好奇心,充分利用自然和实际生活的机会,引导幼儿通过观察,帮助幼儿不断地积累经验;幼儿的思维特点是以具体形象思维为主,应注重引导幼儿通过直接感知、亲身体验和实际操作进行科学学习,不应为追求知识和技能的掌握,对幼儿进行灌输和强化训练。在科学领域的子领域的目标中还提到:孩子喜欢接触大自然,对周围的很多食物和现象感兴趣;在探索中有所发现时感到兴奋和满足。

(3) 语言领域中还提到:应为幼儿创设自由、宽松的语言交往环境,鼓励和支持幼儿,让幼儿想说、敢说、喜欢说并能得到积极的回应。当小煜探索并发现问题时兴奋地用比较法完整地表达自己的想法时,妞妞和老师应该先表扬和赞赏小煜的想法,然后和小煜一起观察和探究,多问一个为什么。鼓励孩子去想象去发现并且耐心地听小煜的想法,走进孩子的世界,一起寻找问题的答案。在小煜发表自己的看法时,成人和老师应为幼儿提供轻松和欢快的交流环境,让孩子能大胆地说出自己的答案,而不是去否定孩子,去限制孩子的想象,用自己的想法去禁锢孩子的思维。

五、活动设计题

16.【考点解析】此题考查考生对健康教育活动方案设计与指导的掌握情况。

【参考设计】

活动名称: 白开水,益处多(大班)

设计意图:生活中我班幼儿喜欢喝饮料,不喜欢喝白开水,觉得白开水没有味道,根据《指南》目标要求,要让幼儿知道水是生命之源,养成多喝水、爱喝白开水的良好习惯,特设计次活动。

活动目标:

1. 了解饮料和水与人们健康的关系,知道白开水是幼儿最佳饮品。
2. 喜欢喝水,珍惜水资源,养成多喝白开水,少喝饮料的好习惯。
3. 初步学习设计和制作表格的方法。

活动准备:

收集视频短片:1.生命之源——水;2.世界各地的饮品,各种饮料图片、粘贴板、纸等。

活动过程:

1. 观看视频:世界各地饮品短片,引导幼儿讨论各种饮品。

(1) 教师引导幼儿认知世界各地人们喜欢的饮品,如蒙古族人喝奶茶,藏族喝青稞酒、酥油茶,西方人喝咖啡、可乐、啤酒等。

(2) 你爱喝什么饮料?

教师通过提问"你爱喝什么饮料",引导幼儿认知生活中常见的饮料:果汁、可乐、雪碧、杏仁露、椰汁、牛奶、豆浆、酸奶等。

(3) 游戏:阳光饮料站。

幼儿自取图片进行分类摆放,师生共同统计出饮品人数,贴在粘贴板上。

2. 辩论赛:哪种饮料好处多。

教师介绍白开水宝宝和饮料大王,引出辩论的内容。

教师:下面请小朋友选择你喜欢的地方,白开水宝宝代表"喝白开水比喝饮料好处多"的观点,饮料大王代表"喝饮料比喝白开水好处多"的观点。辩论赛开始,引导幼儿了解白开水和饮料与健康的关系。

教师宣布辩论赛的规则,请双方辩论队员上场。

辩论赛开始,教师做主持人主持辩论赛,先请白开水宝宝讲讲小朋友应该喝白开水、少喝饮料的理由。

再请饮料大王组小朋友讲讲应该喝饮料的理由,然后双方自由辩论。

辩论赛小结,首先请各代表队清点自己场内的观众人数,人数多的为胜。教师为胜利者颁发优胜奖,为另外一方颁发鼓励奖,最后教师和幼儿一起小结饮料和水的异同,以及与人们健康的关系,鼓励幼儿养成多喝白开水,少喝饮料的习惯。

重点提示,帮助幼儿了解白开水、饮料对人们健康都有益处,比如纯果汁,但饮用白开水的益处远远多于饮料,饮料不是不能喝而应尽量少喝。

3. 水是生命之源,白开水益处大。

(1) 讨论并小结:白开水益处大:白开水含有丰富的矿物质,能帮助人身体进行代谢,白开水也是一种营养素。

(2) 儿歌:多喝水好处多。

(3) 视频:观看《水是生命之源》视频,认知水与人类的关系和珍惜水资源。

4. 学会制作饮水表格,评选喝水小宝贝。制作"今天你喝了没有"的记录表贴在保温桶旁,请幼儿每次喝水后用自己的印章做好记录,一周评选出喝水之星。

小结:水是生命之源,白开水是我们小朋友生命中的好朋友,每一天都离不开,我们要养成常喝白开水的好习惯。

活动延伸: 利用饮水记录表格,引导幼儿多喝水;家园配合中提醒幼儿口渴时喝白开水,少喝饮料,养成饮水习惯。

国家教师资格统一考试《保教知识与能力》(幼儿园)全真模拟试卷第四套及参考答案

一、单项选择题(共10道题,每题3分,共30分)

1. 从性别差异的角度来说,男孩比女孩更占优势的能力是(　　)。
   A. 语言能力　　B. 空间想象力　　C. 人际交往能力　　D. 合作能力

2. 幼儿说:"爸爸,我长大了也要像你一样,当一个工程师。"这是属于(　　)。
   A. 经验性想象　　B. 情境性想象　　C. 愿望性想象　　D. 拟人化想象

3. 双生子爬梯实验说明影响幼儿心理发展的主要因素是(　　)。
   A. 遗传　　B. 成熟　　C. 社会文化　　D. 环境

4. 马上要上课了,孩子们还在津津有味地讨论着刚才玩的游戏,注意力难以回到课堂上,这说明幼儿注意的(　　)。
   A. 广度较差　　B. 稳定性较差　　C. 转移能力较差　　D. 分配能力较差

5. 实现保教合一的前提是(　　)。
   A. 良好的工作伙伴与师幼关系　　B. 教师的保育意识
   C. 保育员的工作态度　　D. 幼儿的自理能力

6. 属于独立自主性教育中关注环境的基本内容(　　)。
   A. 学习"安静"　　B. 学习开门　　C. 学习叠被子　　D. 学习浇花

7. 乳牙过早丢失的主要原因为(　　)。
   A. 龋齿　　B. 缺碘　　C. 长期流涎　　D. 错齿

8. "能结合情境感受到不同语气、语调所表达的不同意思。"这是(　　)幼儿在"认真听并能听懂常用语言"方面的具体目标。
   A. 3~4岁　　B. 4~5岁　　C. 5~6岁　　D. 3~6岁

9. 幼儿园实行收费(　　)制度。
   A. 预决算　　B. 民主管理　　C. 监督　　D. 公示

10. 一位新入园的孩子问老师:"妈妈什么时候来接我?"下列回答中最合适的是(　　)。
    A. 妈妈放学后来接你
    B. 你想妈妈的时候妈妈就来接你
    C. 你现在想妈妈了吗?妈妈一下班就会来接你的
    D. 妈妈下午5点来接你

二、简答题(本大题共两小题,每小题15分,共30分)

11. 简述幼儿情绪情感发展的一般趋势。

12. 结合教育实际,简述家园合作共育的内容及其注意事项。

三、论述题(本大题1小题,共20分)

13. 教师和家长如何为幼儿营造安全的心理氛围,让幼儿敢于并乐于表达表现?

四、材料分析题(本大题共两小题,每小题20分,共40分),阅读材料并回答问题。

14. 中班的兰兰今年四岁了,从小生活在福建,她常常把"那么"说成"辣么",把"经过"说成"经剁",这体现了幼儿语言发展的哪些特点?教师和家长应如何帮助其形成正确的发音?

15. 某教师在数学活动中特别关注10以内的加减运算,对来自幼儿的超纲问题,她都是推诿,请分析该教师的行为。

五、活动设计题(本大题共1题,共30分)

16. 幼儿在运动过程中因器械问题,或是没有做好防护措施,或是动作要领掌握不到位经常出现安全问题,请以"运动安全"为主题,设计一份解决上述问题的教育方案。要求写出:对问题的分析、教育目标和解决问题的主要方法。

试卷第四套参考答案

一、单项选择题

1. 【考点解析】答案是B。此题考的是幼儿发展的性别差异。男孩的空间想象力一般强于女孩。
2. 【考点解析】答案是C。此题考的是愿望性想象的含义。和个人愿望有关的想象是愿望性想象。
3. 【考点解析】答案是B。此题考的是成熟对婴幼儿发展的影响。格赛尔通过双生子爬梯实验证明成熟是影响幼儿心理发展的主要因素。
4. 【考点解析】答案是C。此题考查考生对幼儿注意品质发展的理解。
5. 【考点解析】答案是B。学前教育对儿童的保育方面的重视很重要,这是由学前儿童身心发展特点决定的。保育员在护理儿童时,忽视随机地、有意识地实施教育,会严重影响儿童的发展。因此,首先要树立教师的保育意识。
6. 【考点解析】答案是D。独立自主性教育的基本内容包括生活方面、动作方面、关注环境、待人接物、学习的自主性等方面。其中关注环境的基本内容有:儿童在团体生活中,必须清扫教室、清洗桌椅、擦拭器皿、浇花、除草、饲养小动物等。
7. 【答案解析】答案是A。龋齿是造成乳牙过早丢失的主要原因。
8. 【考点分析】答案是B。见语言领域"倾听与表达"中年龄段典型表现。
9. 【考点分析】答案是D。《幼儿园工作规程》第八章"幼儿园的经费"第四十七条。
10. 【考点分析】答案是C。教师在与幼儿交流时要把握幼儿心理状态。

二、简答题

11. 【考点解析】此题考查的是幼儿情绪情感。

【参考答案】

(1) 情绪情感的社会化:①情绪中社会性交往的成分不断增加。②引起情绪反应的社会性动因不断增加。③表情的社会化,主要包括两个方面:理解(辨别)面部表情的能力;运用社会化表情手段的能力。

(2) 情绪情感的丰富和深刻化:①情绪的日益丰富,包括两种含义:情绪过程越来越分化;情感指向的事物不断增加。②情感的深刻化,即指向事物性质的变化,从指向事物的表面到指向事物更内在的特点。

(3) 情绪情感的自我调节化:①情绪的冲动性逐渐减少。②情绪的稳定性逐渐提高。③情绪情感从外显到内隐。

12. 【考点解析】此题考查家园合作共育的内容。

【参考答案】

家园共育:即家长与幼儿园共同完成孩子的教育,在孩子的教育过程中并不是家庭亦或是幼儿园单方面的进行教育工作。

家园共育的内容:(1)定期召开幼儿家长会;(2)定期举行家长开放日;(3)亲子活动;(4)做好家访、家长问卷调查工作;(5)利用家园联系栏和网站等实现家园互动,等等。

家园共育注意事项:从幼儿园教师、家长的观念、责任,与家长沟通的技巧等方面阐述,言之有理即可。

三、论述题

13. 【考点解析】对《3~6岁儿童学习与发展指南》艺术领域的子领域"表现与创造"中的"喜欢进行艺术活动并大胆表现"目标的教育建议之领会与运用。

【答题要点】

(1)欣赏和回应幼儿的哼哼唱唱、模仿表演等自发的艺术活动,赞赏他独特的表现方式。

(2)在幼儿自主表达创作过程中,不过多干预或把自己的意愿强加给幼儿,在幼儿需要时再给予具体的帮助。

(3)了解并倾听幼儿艺术表现的想法或感受,领会并尊重幼儿的创作意图,不简单用"像不像"、"好不好"等成人标准来评价。

(4)展示幼儿的作品,鼓励幼儿用自己的作品或艺术品布置环境。

四、材料分析题

14.【考点解析】此题考查幼儿语音的发展及其教育。

【答题要点】

(1)兰兰常常把"那么"说成"辣么",把"经过"说成"经剁",说明幼儿容易把 n 和 l 混淆,d 和 g 混淆,体现了幼儿声母的发音正确率比较低,发音的错误大多数发生在辅音上。而且说明幼儿发音常常容易受到方言环境的影响。

(2)4岁是培养发音的关键期,对于幼儿错误发音,教师和家长不应嘲笑,而要对幼儿发音进行正确的示范,因为幼儿容易将 n 和 l 混淆,d 和 g 混淆,教师和家长可有针对性地采用与这些发音相关的儿歌、绕口令,让幼儿进行发音练习。

15.【考点解析】《幼儿园教育指导纲要》科学教育的内容与要求。

【答题要点】幼儿数学学习不仅仅是数量学习,《纲要》的科学领域对幼儿的数学学习提出明确要求:"引导幼儿对周围环境中的数、量、形、时间和空间等现象产生兴趣,建构初步的数概念,并学习用简单的数学方法解决生活和游戏中某些简单的问题。"所谓"超纲"的问题,只要来自幼儿生活,幼儿感兴趣,能激发幼儿解决问题,其内容都是适宜的。

五、活动设计题

16.【考点解析】此题考查考生对健康教育活动方案设计与指导的掌握情况。

【参考设计】

活动名称: 我运动我安全(大班)

活动目标: 1. 认识一些常见的安全标志,了解运动中安全自护的常识。

2. 了解运动中的安全隐患,提高运动中的自我保护意识。

3. 学会制作安全标识,养成基本的在不同运动场合应注意安全防护的意识和能力。

活动准备:

1. 一些常见的安全标志图片、书籍、视频等。

2. 幼儿分成3组,分别承担检查大型运动器械、运动安全和运动事故调查的任务,在教师指导下做好调查、检查和访问活动的准备工作,如教师一起讨论检查什么?观察什么?调查什么?记录什么?怎么记录?鼓励一下自己设计记录表和符号。

3. 请园长或保健医生,介绍近期本园的运动安全情况,分析事故的原因及今后应注意的问题。

活动过程:

1. 认知常见的安全标志,引导幼儿识别安全隐患。

2. 小组活动运动安全检查调查与访问。

在教师的带领下,第一组检查滑梯平衡木攀登架、攀岩墙等大型运动器械的完好情况,如固定的螺丝是否松动或脱落,平衡木的支架是否完全打开,平衡木摆放是否平稳,攀登的绳网是否缠绕或断裂等,并记录在设计好的统计表上。

在教师的指导下,第二组观察全园幼儿户外活动时,是否以下不安全行为:如,从高处向下跳落时没有屈膝;从滑梯上滑下之前没有观察下面是否有人;投掷时投掷物有棱角,近距离与同伴互相胡乱投掷;倒着上滑梯或头朝下,蹲着滑下来;四散跑时不会躲闪等。如发现以上情况记录在表上,同时,请教师用摄像机或照相机记录。

第三组幼儿去保健室访问保健医生,了解本园运动的安全情况及已发生运动事故的原因。

3. 各组交流调查情况。
每组推选1~2名幼儿做代表,介绍本组调查结果。
4. 集体讨论。
教师:刚才小朋友看到或听到哪些不安全的行为?这些行为有什么危害?怎样预防安全事故的发生?为了保证小朋友活动安全,我们可以为大家做些什么?引导幼儿讨论,提示大家注意运动安全的方法。
5. 园长妈妈说安全。请园长或保健医生,介绍近期本园的运动安全情况,分析事故的原因及今后应注意的问题。
6. 游戏:比一比谁说得多(我来说安全)。请幼儿观看小中班幼儿户外活动视频,然后以游戏方式说出运动中存在的安全隐患。并学会在有安全隐患的地方做好警醒标识。

活动延伸: 我是小小运动安全宣传员。
1. 分组制作安全标志、安全宣传画。
2. 寻找户外运动安全隐患,及时宣传。
3. 到社区做小小运动安全员宣讲。

国家教师资格统一考试《保教知识与能力》(幼儿园)全真模拟试卷第五套及参考答案

一、单项选择题(共10道题,每题3分,共30分)

1. 小班的孩子在看图时,往往只注意到图片上的小部分内容,而忽视了其他部分,这说明幼儿注意的( )。
   A. 广度较差　　　B. 稳定性较差　　　C. 转移能力较差　　　D. 分配能力较差

2. 幼儿常把自己当成游戏中的角色,产生和角色同样的情绪反应,这说明幼儿( )。
   A. 想象与现实混淆　　B. 说谎　　C. 移情　　D. 在游戏中过分投入

3. 幼儿书面言语发展的主要途径是( )。
   A. 大量识字　　　B. 早期阅读　　　C. 写作　　　D. 练字

4. 幼儿喝果汁用吞咽的方式,吃蔬菜改用咀嚼的方式,这种认知过程称为( )。
   A. 同化　　　B. 顺应　　　C. 平衡　　　D. 适应

5. 实现保教合一的前提是( )。
   A. 良好的工作伙伴和师生关系　　　B. 保育员的工作态度
   C. 教师的保育意识　　　D. 幼儿的自理能力

6. 培养小班幼儿具有良好的生活与卫生习惯,不用脏手揉眼睛,连续看电视等不超过多少分钟( )。
   A. 10　　　B. 15　　　C. 20　　　D. 30

7. 婴幼儿常见的细菌性传染病有( )。
   A. 流行性感冒　　　B. 水痘　　　C. 乙肝　　　D. 猩红热

8. 在幼儿园环境创设中,要把大、小环境有机结合在一起,实现学校与家庭、社区的合作,这体现了( )原则。
   A. 经济性　　　B. 参与性　　　C. 开放性　　　D. 多样性

9. ( )是重要的评价信息和改进工作的依据。
   A. 幼儿的行为表现和发展变化　　　B. 园长的评价
   C. 家长的反馈信息　　　D. 专家评课的结论

10. 为培养幼儿诚实、不说谎话的习惯,教师向幼儿讲述了《狼来了》的故事,这是运用了( )。
    A. 渗透教育法　　　B. 榜样示范法　　　C. 评价激励法　　　D. 成果欣赏法

二、简答题(本大题共两小题,每小题15分,共30分)

11. 简述华生的行为主义理论。

12. 试述陶行知的幼儿教育思想。

三、论述题(本大题1小题,共20分)

13. 如果你是幼儿园小班的教师,面对幼儿入园焦虑的问题,你打算如何做?

四、材料分析题(本大题共两小题,每小题20分,共40分),阅读材料并回答问题。

14. 小唯是一个四岁的小女孩。有一次,爸爸问她:"爸爸的爸爸叫什么呢?",小唯不假思索地回答道:"爷爷。"接着爸爸又问小唯:"爷爷的儿子是谁呢?"小唯思考了很久,却不知该如何回答。
    结合皮亚杰的认知发展理论来分析,小唯的认知处在哪一阶段,有什么特点?

15. 阅读以下材料,分析幼儿游戏情况,如果你是教师,你会怎么做?

烧烤吧,萌萌、豪豪、倩倩分别做了烧烤吧的厨师、导购员和服务员。孩子们各忙各的,萌萌负责烧烤,豪豪忙着购烧烤用的材料,倩倩就忙着整理,把烧烤店整理得干干净净,他们可开心了。忙了一会儿,他们发现,超市里、理发店、医院里到处都挤满了人,唯独自己的烧烤吧里却异常冷清,没有顾客光临。他们三人挤在一处商量着。一会儿,豪豪和倩倩在烧烤店门口大声的喊:"快来买呀,刚烤好的的鸡翅,可香了。"小朋友听见他俩的喊声,又涌到了烧烤店门口,这下,烧烤店门口围满了人。倩倩看到这种情形,忙叫他们排起了队。由于人很多,孩子们排了一会儿就不行了,只听见思语说:"这么多人,我不吃了。"说完转身就走。

五、活动设计题(本大题共1题,共30分)

16. 为中班诗歌《听》设计活动方案,包括:活动目标、活动准备、活动过程、活动延伸。

听

闭上眼睛,听花朵开放的声音;
闭上眼睛,听小草跳舞的声音;
闭上眼睛,听小鸟唱歌的声音;
闭上眼睛,听春天向我们告别的声音。

试卷第五套参考答案

一、单项选择题

1.【考点解析】答案是A。此题考查考生对幼儿注意品质发展的理解。

2.【考点解析】答案是A。此题考的是幼儿想象与现实混淆的表现。幼儿产生和角色同样的情绪反应,是想象和现实混淆的一种体现。

3.【考点解析】答案是B。此题考的是幼儿书面言语发展的途径,早期阅读是幼儿书面言语发展的主要途径。

4.【考点解析】答案是B。此题考的是顺应的涵义,顺应和同化容易混淆。幼儿喝果汁用吞咽的方式,吃蔬菜改用咀嚼的方式,就是改变已有的图式来适应新环境的要求,这是属于顺应。

5.【考点解析】答案是C。保教合一前提是教师的保育意识。

6.【考点分析】答案是B。健康领域"生活习惯与生活能力"中年龄段典型表现。

7.【答案解析】答案是D。流行性感冒、水痘、乙肝都属于由病毒引起的传染病。

8.【考点解析】答案是C。幼儿园将自身环境与外界的家庭、社区等环境结合在一起,而不是封闭在园内小环境中,这体现了其对外开放的特点,坚持了开放性原则。

9.【考点分析】答案是A。《幼儿园教育指导纲要(试行)》第四部分第六点明确规定:幼儿的行为表现和发展变化具有重要的评价意义,教师应视之为重要的评价信息和改进工作的依据。

10.【考点分析】答案是B。利用文艺作品中的鲜明人物形象,给孩子树立榜样。这是运用了榜样示范法。

二、简答题

11.【考点解析】此题考查华生的行为主义理论。

【答题要点】

他认为心理学研究的对象不是意识而是行为,认为一切行为都是刺激(S)—反应(R)的学习过程。他提出环境决定论:环境和教育是儿童行为发展的唯一决定因素,这种观点过分夸大了环境和教育的作用。

12.【考点解析】陶行知的幼儿教育思想。

【答题要点】

(1)生活是教育的中心。

陶行知先生认为,生活即教育,游戏即学习。提出以幼儿园周围的社会生活、自然现象、家乡生产、风土人情为内容编成教材,以幼儿力所能及的地方为教室,以儿童所能接触到的事物为主要内容,参加种植、饲养等劳动,让儿童从中学习,自己解决问题,自己组织游戏,培养出具有"生龙活虎的体魄、活活泼泼的心灵"的儿童。

(2)教、学、做合一的教育方法。

陶行知先生坚决反对教、学、做分家。他说:"教、学、做是一件事,不是三件事。我们要在做上教,在做上学。""比如种田这件事是要在田里做的,便须在田里学,在田里教。……做是学的中心,也就是教的中心。""不在做上用工夫,教固不成教,学也不成学。"

(3)解放儿童的创造力。

陶行知先生认为教育要启发、解放儿童的创造力,为他们提供手脑并用的条件和机会。具体包括五个方面:①解放儿童的头脑,把他们的头脑从迷信、成见、曲解和幻想中解放出来;②解放儿童的双手,给儿童动手的机会;③解放儿童的嘴,给儿童说话的自由,尤其是要允许他们发问;④解放儿童的空间,让他们接触大自然、大社会;⑤解放儿童的时间,给他们自己学习、活动的时间,给他们一些空闲时间消化所学知识,学一点他们自己渴望要学的学问,做一点他们自己高兴要做的事。

三、论述题

13.【考点解析】此题考查了幼儿园小班班级管理的相关知识。

【参考答案】

教师要注重对小班幼儿的入园引导,具体方法如下:

(1)入园前对幼儿进行家访;

(2)召开家长会;

(3)参观幼儿园;

(4)合理安排好幼儿入园之初的活动,使幼儿真正感到幼儿园生活的快乐,真正喜欢幼儿园;

(5)老师要通过观察和交往,努力与新来的儿童建立关系;

(6)根据幼儿身心发展特点组织有趣的活动吸引幼儿,分散幼儿"想妈妈,想家"的注意力;

(7)以大带小减轻刚入园幼儿的"分离焦虑"。

四、材料分析题

14.【考点解析】此题考查皮亚杰的认知发展阶段理论。

【答题要点】

(1)皮亚杰把儿童的认知发展分成以下四个阶段:感知运动阶段(0~2岁);前运算阶段(2~7岁);具体运算阶段(7~11岁);形式运算阶段(11~16岁)。小唯的认知正处于前运算阶段。前运算阶段幼儿的认知具有表面性,不具可逆性,以自我为中心。

(2)小唯知道爸爸的爸爸是爷爷,可反过来,她却不知道爷爷的儿子就是爸爸,说明幼儿的认知具有不可逆性,这是前运算阶段认知的典型特点。

15.【考点解析】教师对幼儿游戏的观察和指导。

【答案参考】

观察:在游戏中,孩子们都能明确各个游戏角色的职责,遵守游戏规则。都能选好了角色就不乱换,认真负责好自己的工作,并能坚守岗位。孩子们的角色意识也比较强。在活动中,他们发现自己的店里冷冷清清,就利用吆喝声来吸引幼儿。又由于一下子吸引了很多顾客,又不得不排队进行等候,导致了顾客思语不想排队而引起的埋怨。

这反映了大班幼儿的年龄特点,他们有了明确的角色意识,但由于他们生活经验、社会经验比较缺乏,只要一听见吆喝声,就都往一处挤,就出现了思语的这种情况,说明他们的灵活变通能力还有待进一步提高。

指导:针对以上案例,我组织幼儿针对问题进行讨论,并通过讨论,找到解决问题的方法。幼儿经过讨论,一致达成共识:如果发现店里挤满了人,顾客就可以先到别的地方去,等店里人少了,自己再去,要学会谦让。其次,我们可以学着送外卖,同样可以做到礼貌待客,为每一位顾客都提供最好服务。

五、活动设计题

16.【考点解析】此题考查的是语言教育活动设计。

【参考设计】中班语言活动《听》

活动目标：

1. 理解诗歌内容，尝试用不同的语气进行朗诵。
2. 尝试自主学习，能用语言、动作等多种方式表达对诗歌的理解，按照"听……的声音"的结构进行简单的仿编。
3. 萌发幼儿对大自然的喜爱之情，体验主动学习的快乐。

活动准备：

1. 物质准备：多种声音，教学课件和图谱各一套，教学道具若干，诗歌录音。
2. 经验准备：幼儿能辨别出日常生活中常见的多种声音。

活动过程：

一、游戏导入，引发兴趣

师幼玩游戏"听声音"，请幼儿闭上眼睛，仔细听教师播放的录音：你们都听到了什么呢？

二、自主探索，了解内容

1. 向幼儿介绍自主学习的材料，幼儿自主观察和讲述，教师通过提问的方式来帮助幼儿分享经验：

小朋友们，你看到谁来了呀？（小草）小草长得怎么样呀？哦，绿绿的、嫩嫩的小草在干什么呀？原来小草在为你们表演跳舞呢！你们听到小草跳舞的声音了吗？是什么样的？谁来学一学。

2. 教师根据幼儿的讲述用图谱的方式进行记录。如：画一只闭着的眼睛，一只耳朵，画一颗摇摆的小草，画几个音符。接着，教师完整朗诵该句话，并带领幼儿学一学。

3. 教师采用同样的方式引导孩子学习第二句和第三句话，学习时要突出表演的方式。

三、完整欣赏，多元练习

1. 教师结合图谱完整朗诵诗歌，边朗诵边做动作。
2. 教师介绍诗歌名称，带领幼儿完整学习朗诵。
3. 运用接诵的方式，教师念前半句，幼儿念后半句。
3. 运用对诵的方式，分男女小朋友朗诵。
4. 表演游戏，幼儿按小组的形式进行表演。自选角色和道具在小组内进行不同角色的表演。

四、大胆想象，仿编诗歌

1. 讨论：你还听见些什么声音？（可引导幼儿将想象画下来。）
2. 教师示范仿编：

闭上眼睛，听桃花开放的声音；

闭上眼睛，听蝴蝶跳舞的声音；

闭上眼睛，听燕子唱歌的声音；

闭上眼睛，听春天向我们告别的声音。

3. 幼儿仿编：教师可以出示图片提示，如：春天、夏天、秋天、冬天的图片。
4. 串联和总结：将幼儿仿编的诗句编进诗歌里有感情地朗诵。

五、情感升华，结束活动

1. 你们喜欢这首儿童诗吗？为什么？孩子可能的回答是：小草，花朵发出的声音很有趣。
2. 教师小结：小朋友，让我们一起去外面听听秋天有什么美妙的声音吧！

活动延伸：

1. 区域活动：将教学图谱、表演道具放在表演区表演朗诵，也可以鼓励幼儿创编诗歌内容。
2. 家园共育：鼓励家长带领幼儿寻找秋天。
3. 绘画：我听到的声音。

国家教师资格统一考试《保教知识与能力》(幼儿园)全真模拟试卷第六套及参考答案

一、单项选择题(共10道题,每题3分,共30分)

1. 根据埃里克森的观点,3~6岁儿童面临的基本冲突是( )。
   A. 主动性对内疚　　　　　　　　　B. 基本信任对不信任
   C. 自我同一性对角色混乱　　　　　D. 自主性对害羞

2. 只为言语使用者所意识到的内隐的言语是( )。
   A. 对话言语　　　B. 独白言语　　　C. 书面言语　　　D. 内部言语

3. 幼儿对自己曾经在游乐场玩时的那种快乐记忆犹新,这个过程主要涉及( )。
   A. 形象记忆　　　B. 情绪记忆　　　C. 语词记忆　　　D. 运动记忆

4. 以下做法有利于防止幼儿注意力分散的是( )。
   A. 同时提供较多新奇的玩具,抓住幼儿注意力
   B. 反复向幼儿强调任务要求
   C. 教师在嘈杂的课堂上忽然降低音量
   D. 做完游戏让幼儿马上进入到课堂学习

5. 包包小朋友经常在家看妈妈做饭,给妈妈打下手,六岁的时候就能够自食其力,自己烙饼做饭,这符合教育的( )原则。
   A. 独立自主性原则　B. 发展适宜性原则　C. 保教结合原则　D. 综合性原则

6. 在西方教育史上,( )第一次明确提出教育应从人的自然本性出发,使人得到充分自由的发展,这就是其自然教育思想。
   A. 卢梭　　　　　B. 亚里士多德　　　C. 欧文　　　　　D. 福禄贝尔

7. 下列物质中与克汀病有密切关系的是( )。
   A. 钙　　　　　　B. 磷　　　　　　　C. 碘　　　　　　D. 锌

8. 幼儿园能否成为真正的儿童所喜爱的地方,主要取决于幼儿园的( )。
   A. 物质环境　　　B. 精神环境　　　　C. 保育环境　　　D. 教育环境

9. 《3~6岁儿童学习与发展指南》的核心是( )。
   A. 促进幼儿体、智、德、美各方面的协调发展
   B. 促进幼儿学习与发展的教育途径与方法
   C. 帮助幼儿园教师和家长了解3~6岁幼儿学习与发展的基本规律和特点
   D. 为幼儿后继学习和终身发展奠定良好素质基础

10. 研究者依照一定的步骤,按事先设计好的问题提纲依次向研究对象提问,这种研究方法是( )。
    A. 结构性访谈法　B. 测验法　　　　　C. 问卷调查法　　D. 个别访谈法

二、简答题(本大题共两小题,每小题15分,共30分)

11. 简述幼儿注意力分散的原因。
12. 如何有效指导大班幼儿结构游戏?

三、论述题(本大题1小题,共20分)

13. 请举例说明在幼儿园教育中如何贯彻保教合一的原则。

四、材料分析题(本大题共两小题,每小题20分,共40分),阅读材料并回答问题。

14. 娟娟喜欢与人交往,善于理解他人的情绪,学习时容易受到周围同伴的影响,对教师的反馈也特别在意。而思思喜欢独处,学习时不容易受到外界的影响,对他人的反馈也并不在意。

娟娟和思思的认知风格分别属于哪种类型,教师应当如何对其进行有针对性的教育?

15. 起床了,孩子们各自做着自己的事情。这时乐乐走到我身边,很不好意思地对我说:"李老师,我出汗了。"看到他那紧张的样子,我马上意识到,他可能是尿床了,但又不好意思对老师说。我随他来到床前,看到被子确实湿了好大一片。我安慰他说:"出汗了没关系,一会儿我帮你把被子晾干了就行了。你先去拉尿。"过了一会儿,我悄悄地把他带到无人的消毒室里,帮他换上了干净的裤子,他腼腆地笑着对我说:"谢谢李老师!"

以上案例中的老师的做法好吗?体现了体现了什么教育原则?该案例给我们什么样的启示?

五、活动设计题(本大题共1题,共30分)

16. 请设计一份中班科学教育活动计划——空气的秘密。

要求写出:(1)活动目标;(2)活动准备;(3)活动过程;(4)活动延伸。

附:空气的背景资料:

空气是无色、无味,看不见、摸不着的气体。空气中含有各种成分。空气中有一定的压力。空气中会混有沙尘、尘埃、金属粉末等固体颗粒及油类的粉尘等……

空气对于人类和动物来说都是不可缺少的。除了用于呼吸外,空气还有多种用途。

试卷第六套参考答案

一、单项选择题

1. 【考点解析】答案是A。此题考的是埃里克森的基本观点,3~6岁儿童面临的基本冲突是主动性对内疚的冲突。

2. 【考点解析】答案是D。此题考的是内部言语的涵义,内部言语是只为言语使用者所意识到的内隐的言语。

3. 【考点解析】答案是B。此题考的是记忆的分类。对情绪情感的记忆属于情绪记忆。

4. 【考点解析】答案是C。此题考查考生对幼儿注意力分散原因的理解。

5. 【考点解析】答案是A。独立自主性教育的基本内容包括生活方面、动作方面、关注环境、待人接物、学习的自主性等方面。

6. 【考点解析】答案是A。此题考的是卢梭的自然教育思想。

7. 【考点解析】答案是C。缺碘,最大的受害者是儿童,最严重的后果是智残,患儿表现为:聋、哑、矮、傻,也就是"克汀病",又叫"呆小症"。

8. 【考点解析】答案是B。幼儿园物质环境创设目标的实现,在很大程度上取决于幼儿园精神环境的状况,取决于幼儿与教师、幼儿与幼儿之间相互作用的方式及关系。一所幼儿园能否成为真正的儿童乐园,主要取决于幼儿园的精神环境。

9. 【考点分析】答案是A。见《3~6岁儿童学习与发展指南》说明部分。

10. 【考点解析】答案是A。此题考查的是结构性访谈法的含义。

二、简答题

11. 【考点解析】此题考查考生对幼儿注意力分散原因的掌握。

【答题要点】

(1)无关刺激过多;(2)疲劳;(3)目的要求不明确;(4)注意不善于转移;(5)无意注意和有意注意没有并用。

12. 【考点解析】此题考查大班幼儿结构游戏指导要点。

【答题要点】

(1)适度借助辅助材料进行主题建构,灵活运用辅助材料参与搭建,增强建构的目的性,并引导幼进一步美化自己的结构物。

(2) 引导幼儿开展人数多、持续时间长的大型结构游戏,共同设计方案、分工合作、明确规则。

(3) 鼓励幼儿的创新精神。给幼儿充足的时间建构独特的作品,以此增进幼儿在视觉艺术上的能力。建议幼儿把搭建出来的东西画下来加以保存。

(4) 鼓励幼儿与教师同时参与积木等游戏材料的清洁工作。

三、论述题

13.【考点解析】学前教育的基本原则与特点。

【参考答案】

教师应当从幼儿身心特点出发,在全面、有效对幼儿进行教育的同时,重视对儿童生活上的照顾和保护,保教合一,确保儿童真正能健康、全面地发展。(4分)

贯彻这一原则应明确一下几点:

(1) 保育和教育是学前教育机构两大方面的工作(2分):保育主要是为儿童的生存、发展创设有力的环境和提供物质条件,给予儿童精心的照顾和养育,帮助其身体和机能良好的发育,促进其身心健康的发展(2分);教育则重在培养儿童良好的行为习惯、态度,发展儿童的认知、情感、社会性等,引导儿童学习必要的知识机能等(2分)。

(2) 保育和教育工作相互联系、相互渗透(2分):教育中包含了保育的成分(2分)、保育中也渗透着教育的内容(2分),保中有教,教中有保。有举例得4分。

四、材料分析题

14.【考点解析】此题考查幼儿认知风格的差异和教育。

【答题要点】

(1) 娟娟喜欢与人交往,学习时容易受到周围同伴的影响,认知风格是场依存型,而思思喜欢独处,学习时不容易受到外界的影响,认知风格是场独立型。

(2) 教师应当了解和尊重两位幼儿的认知风格,采用与其认知风格相匹配的教学方式。场独立型和场依存型的幼儿各有优缺点。根据适宜性教学的资源利用模式和补偿模式,让两位幼儿扬长补短。

15.【考点解析】此题考查的是学前教育的原则。

【答题要点】

答:1. 幼儿阶段是个体自我意识萌芽的阶段,自尊心开始形成,同时幼儿的道德感得到发展,幼儿会对自己做了不好的事情感到羞愧,并希望成人能为自己保守秘密。成人对待幼儿的态度和方式直接影响幼儿自尊心的水平。

2. 案例中老师没有戳穿乐乐尿床的真相,并悄悄帮助幼儿换好裤子,让幼儿感到自己是一个值得尊重的人,自尊心得到维护。这个案例体现了尊重幼儿、保护幼儿的原则。

3. 当幼儿犯错时,老师宜私下给幼儿指出来并进行教育,不宜当众批评幼儿,以免损坏幼儿的自尊心。要尊重幼儿,保护幼儿的各种权利。

五、活动设计题

16.【考点解析】此题考查的是科学教育活动设计。以下教案是主要环节,考生可以分析这个答案的步骤与层层递进的设计思路。

【参考设计】

(一) **活动目标:**(共8分)

(认知、情感、能力三维目标:6分;有这些关键词:感知特征、了解作用、探索、体验、兴趣,给2分)

1. 认知目标:能够运用多种方式感知空气的特征,了解空气的作用。

2. 能力目标:积极主动与同伴合作、讨论,发展观察、操作、探索能力。

3. 情感目标:对探索身边的空气现象感兴趣,体验发现的乐趣。

(二) **活动准备:**(共5分)

1. 知识或经验的准备:已有部分有关空气的知识。(2分)

2. 材料准备:与空气相关的材料(要求:考虑材料的种类、数量;材料的丰富、充足、安全)。(3分)

(三) 活动过程：（共 14 分）

1. 导入，激发幼儿探索空气的欲望。（2 分）

教师可以采用魔术、提问、生活经验等方式导入主题。

2. 探索、感知空气的存在与特性。（5 分）

(1) 提问：在哪里能找到空气？我们怎样才能找到空气？

(2) 幼儿自由尝试找空气。

(3) 交流讨论，梳理提升。

3. 进一步探索空气的秘密，了解空气的作用。（5 分）

(1) 提问：空气还有什么秘密？它对我们有什么作用？

(2) 介绍材料并提出规则、要求。

(3) 幼儿探索、操作、实验等。

(4) 幼儿交流讨论，梳理提升。

4. 生活经验拓展。（2 分）

(四) 活动延伸：（共 3 分，论点各 1 分，稍加说明 1 分）

1. 延伸到区角中。

2. 延伸到一日生活中。

国家教师资格统一考试《保教知识与能力》（幼儿园）全真模拟试卷第七套及参考答案

一、单项选择题（共 10 道题，每题 3 分，共 30 分）

1. 在幼儿期占主要优势地位的记忆是（　　）。
   A. 形象记忆　　　　B. 情绪记忆　　　　C. 语词记忆　　　　D. 运动记忆
2. 个体在较长时间内独自进行的言语活动是（　　）。
   A. 对话言语　　　　B. 独白言语　　　　C. 书面言语　　　　D. 内部言语
3. 儿童开始出现客体永久性的年龄是（　　）。
   A. 1 个月　　　　　B. 4 个月　　　　　C. 5 个月　　　　　D. 7 个月
4. 培养幼儿正确发音的关键期是（　　）。
   A. 3 岁　　　　　　B. 4 岁　　　　　　C. 5 岁　　　　　　D. 6 岁
5. 老师看到幼儿把香蕉皮扔在地上，便有些生气地说："你扔得蛮好的嘛！"结果幼儿把喝完的牛奶盒也扔到地上了。这体现了幼儿思维的什么特点（　　）。
   A. 理解力较差　　　B. 概括水平低　　　C. 推理水平低　　　D. 抽象逻辑性
6. 教师通过利用良好的班级气氛，亲密的师生关系，有安全感的平等发展的集体，让儿童深入其中，从而培养儿童关爱、互助等良好品质，该教师运用了（　　）。
   A. 直观形象法　　　B. 参观法　　　　　C. 环境体验法　　　D. 演示法
7. 幼儿园在某一阶段内要达到的教育目标是幼儿园的（　　）。
   A. 中期目标　　　　B. 近期目标　　　　C. 远期目标　　　　D. 活动目标
8. "心理环境"这一概念最早是由美国心理学家（　　）所提出。
   A. 洛克　　　　　　B. 勒温　　　　　　C. 福禄贝尔　　　　D. 皮亚杰
9. 幼儿园社会教育的核心在于发展幼儿的（　　）。
   A. 人际关系　　　　B. 社会性行为规范　C. 社会性　　　　　D. 社会文化
10. 强调区域活动的规则，目的是发展幼儿的（　　）。
    A. 社会性　　　　　B. 关键经验　　　　C. 创造性　　　　　D. 主动性

二、简答题（本大题共两小题，每小题 15 分，共 30 分）

11. 请简述幼儿注意分散的防止方法。
12. 简述幼儿园心理环境创设的要求。

三、论述题（本大题 1 小题，共 20 分）

13. 请简述现代儿童观的主要观点有哪些？对教育的启示有哪些？

四、材料分析题（本大题共两小题，每小题 20 分，共 40 分），阅读材料并回答问题。

14. 三岁的小雨总是对着家里的小兔玩偶自言自语道："小兔子，我们去摘萝卜吧，摘完萝卜去小熊家做客。"家长对此感到很焦虑，担心孩子是因为患上心理疾病才变得如此喜欢自言自语。家长的担忧有必要吗？这反映了幼儿言语发展的什么特点？

15. 阅读下面材料，回答问题。

李老师发现大班"理发店"的顾客很少，"顾客"对理发店不感兴趣。于是李老师带幼儿到理发店参观、学习。看理发店的设施，鼓励幼儿向理发师咨询问题，记录幼儿的问题，还拍下照片。幼儿在理发店看到顾客躺着洗头，梳理发型。回到幼儿园，李老师组织幼儿讨论"如何开好理发店"，并把照片给孩子们回顾，有的幼儿反映没有躺椅,有的反映没有发型梳,李老师则启发幼儿自己用积木做躺椅,自己画发型,之后"理发店"生意又红火起来了。

问题:请分析案例中教师采用了哪些策略来支持幼儿的游戏活动。

五、活动设计题(本大题共1题,共30分)

16.幼儿由于年龄小,自我保护能力有限等原因,遇到突发事件时,往往容易造成意外伤害。为此,保教人员经常口头教育幼儿不玩火,也向幼儿进行火灾应急逃生的教育,但效果不明显……

请设计一份解决上述问题的教育方案。要求写出:对问题的分析、教育目标和解决问题的主要方法。

试卷第七套参考答案

一、单项选择题

1.【考点解析】答案是A。此题考的是幼儿记忆的发展特点,幼儿以形象记忆为主。

2.【考点解析】答案是B。此题考的是独白言语的含义,独白言语是个体在较长时间内独自进行的言语活动。

3.【考点解析】答案是D。此题考的是感知运动阶段的特点。7个月开始出现客体永久性。

4.【考点解析】答案是B。幼儿正确发音的关键期是4岁。

5.【考点解析】答案是A。对幼儿不能轻易说反话,这是幼儿的理解力有限。

6.【考点解析】答案是C。此题考查的幼儿园的教学方法。

7.【考点解析】答案是B。考查的是幼儿园教育目标的类型。

8.【考点解析】答案是B。"心理环境"这一概念最早是由美国心理学家勒温提出的。幼儿园心理环境是指幼儿园内对幼儿发展产生影响的一切心理因素的总和,主要包括人际关系、精神氛围、保教人员的教育观念与行为等。

9.【考点解析】答案是C。幼儿社会教育的核心在于发展幼儿的社会性。幼儿社会性发展的主要内容有:亲子关系、同伴关系、性别角色、亲社会行为、攻击性行为。

10.【考点解析】答案是A。活动的规则有利于幼儿学习自律、尊重他人、认识体验并理解基本的社会行为规则。

二、简答题

11.【考点解析】此题考查考生对幼儿注意力分散防止方法的掌握。

【答题要点】

(1)防止无关刺激的干扰;

(2)制定合理的作息制度;

(3)培养良好的注意习惯;

(4)适当控制儿童的玩具和图书的数量;

(5)不要反复向幼儿提要求;

(6)灵活地交互运用无意注意和有意注意;

(7)提高教学质量。

12.【考点解析】此题考查考生对幼儿园心理环境创设要求的掌握。

【答题要点】

(1)热爱幼儿,建立良好的师幼关系;

(2)尊重幼儿,让幼儿主动发展;

(3)建立团结友爱的班集体,充分利用幼儿集体的教育力量;

(4)形成良好风气,影响全体人员。

以上每个小点考生再适当展开说明或举例分析。

三、论述题

13.【考点解析】学前教育原理当中的儿童观。

【参考答案】儿童观,就是人们对于儿童的根本看法和态度,主要涉及儿童的地位与权力,儿童期的意义,儿童的特质和能力,儿童生长发展的特点与原因等。(2分)

现当代的儿童观主要内容有:

(1) 儿童是独立的人,儿童是自身权利的主体,儿童是自身学习的主体。

(2) 儿童的个体差异和独特性。

(3) 儿童是整体发展的个体。(每点3分,共9分)

教育启示有:

(1) 儿童应当在德智体美等方面得到充分的发展,任何一方面都不能偏废。

(2) 激发孩子的"兴趣"。

(3) 给予孩子"自由":包括生长和发展的自由。(每点3分,共9分)

观点有道理即可得分,每点应适当展开或举例。

四、材料分析题

14.【考点解析】此题考查幼儿自言自语的特点。

【答题要点】

(1) 家长的担心没有必要。学前阶段的幼儿会常常自言自语,这是正常的现象,是其内部言语发展的一种表现。

(2) 小雨对着小兔玩偶自言自语的行为,其实是一种游戏言语。游戏言语是在游戏中出现的言语,用言语补充、丰富自己的行动。这种言语通常比较完整、详细,有丰富的情感和表现力。这是幼儿外部言语向内部言语过渡的一种形式。

15.【考点解析】此题考查的是幼儿游戏的指导。

【答题要点】

教师指导游戏就需要介入幼儿的游戏当中去,介入的目的是引导幼儿继续游戏,促进幼儿游戏向高一级水平发展,从而提高游戏质量,促进幼儿社会发展。在这个案例中,教师是采用外部干预的介入方式来指导游戏。外部干预是指成人并不直接参与游戏,而是以一个外在的角色,引导说明、建议、鼓励游戏中幼儿的行为。

该案例中,李老师采用了如下策略来支持幼儿的游戏活动:

(1) 及时帮助幼儿记录与总结角色游戏中的突出特点。

李老师观察游戏中孩子们的表现以及游戏主题及材料的使用情况。及时记录孩子们在游戏中的特点,帮助幼儿把无意识的游戏变为有意识的学习过程,以不断地重复与提高。另外,还可以让幼儿通过参观、记录、提问的方式发现问题,自己来制作躺椅、自己画发型来参与游戏。通过这些,不断地充实和深化幼儿的角色游戏。

(2) 以交流体验为媒介。

李老师引导幼儿自发地进行交流,积极地表达情感,共解难题,进一步为幼儿提供表现和交往学习的机会。自发交流是游戏同伴间对自己游戏的交流,自发交流改变了过去交流只是教师对幼儿的自上而下的片面做法,凸现了幼儿在整个游戏过程的主体地位,更有利于幼儿自主独立创造的个性和社会性人格情感的培养发展。

五、活动设计题

16.【考点解析】此题考查的是安全教育的综合教育活动方案设计,对应考试大纲中的"了解突发事件如火灾、地震等的应急处理方法"知识点。主要考查保教人员对突发事件应急处理方法的掌握。

【参考设计】

(1) 问题分析:

① 幼儿的特点;

② 教师的教育效果不明显的原因,单纯的口头教育存在的不足。

(2) 教育目标分析:

① 了解火灾的危害;

② 火灾逃生的重要性及方法；
③ 火灾的应急处理；
④ 家园的共同合作。
(3) 解决问题的主要方法：
① 引导幼儿了解火灾危害；
② 掌握火灾逃生的具体方法；
③ 火灾应急处理方法；
④ 家园合作的具体实施；
⑤ 社会资源在活动中的有效利用。

国家教师资格统一考试《保教知识与能力》（幼儿园）全真模拟试卷第八套及参考答案

一、单项选择题（共10道题，每题3分，共30分）

1. 儿童独立解决问题的水平与在教师和同伴的帮助下所能达到的解决问题的水平，这两者之间的差距叫做（　　）。
   A．最近发展区　　B．关键期　　C．客体永久性　　D．图式

2. 生长在过于严厉的家庭环境中，幼儿容易形成懦弱的个性，这体现了哪一因素对儿童发展的影响（　　）。
   A．遗传　　B．社会环境　　C．主观能动性　　D．成熟

3. 一幼儿在植物园看到梨花，便喊道："茉莉花！"这体现了幼儿言语的（　　）。
   A．过度规范化　　B．扩展不足　　C．过度泛化　　D．电报句式

4. 宝宝听奶奶抱怨小鸡长得慢，幼儿就把小鸡埋在沙里，把鸡头留在外面，还用水浇，并告诉奶奶："您的小鸡一定会长得大大的。"这说明幼儿思维的哪个特点（　　）。
   A．拟人性　　B．经验性　　C．形象性　　D．具体性

5. 对儿童进行潜移默化的教育，是利用了（　　）。
   A．有意识记　　B．意义识记　　C．机械识记　　D．无意识记

6. 最益于培养儿童良好的行为习惯的方法是（　　）。
   A．角色扮演法　　B．行动操练法　　C．发泄法　　D．表扬鼓励法

7. 一般情况下，人体每天所需要的热量有10%~15%来源于（　　）。
   A．脂类　　B．蛋白质　　C．碳水化合物　　D．维生素

8. （　　）的整合是幼儿教育整合的主要表现，也是一种最基本的整合。
   A．教育目标　　B．教育方法　　C．教育内容　　D．教育资源

9. 幼儿园应当将（　　）作为重要的教育资源，激发幼儿学习的兴趣与探究的愿望。
   A．幼儿同伴　　B．教师　　C．环境　　D．家庭

10. "乐于模仿自然界和生活环境中有特点的声音，并产生相应的联想。"这是（　　）幼儿在"喜欢自然界与生活中美的事物"方面的具体目标。
    A．3~4岁　　B．4~5岁　　C．5~6岁　　D．3~6岁

二、简答题（本大题共两小题，每小题15分，共30分）

11. 简述幼儿教师应如何训练幼儿的思维。

12. 试述蒙台梭利教育思想、教育内容及其教育方法。

三、论述题（本大题1小题，共20分）

13. 请结合实际说明幼儿教师如何对幼儿进行有效表扬。

四、材料分析题（本大题共两小题，每小题20分，共40分），阅读材料并回答问题。

14. 许老师教幼儿学习古诗《咏鹅》，她把诗句写在黑板上，让幼儿跟着她一句一句反复诵读。可是幼儿记忆效果并不好。张老师在教幼儿学习《咏鹅》时，把古诗内容绘制成图画，并为幼儿讲述诗句的涵义。幼儿很快就把这首诗记住了，而且记得很牢。这反映出幼儿记忆的哪些特点？

15. 阅读下列材料，回答问题。
    一个幼儿问到："张老师，为什么大蒜还没有发芽？"经她一说，其他幼儿也表现得很有兴趣，便纷纷议

论起来。另一个幼儿说："已经过了日子了,为什么我的大蒜子还是没有发芽?"原来每个幼儿都在教室的植物角种上了大蒜子,主班张老师曾说过大约过两个星期大蒜子就能发芽。幼儿在日历上把预定的日期画上记号,但预定的日期已经过了一个星期,班上小朋友的大蒜子仍看不到有什么变化。其中一个幼儿问教师："张老师,你是不是说错了?"

问题:如果你是那位张老师,当幼儿对你说的话提出疑问时,你会怎样去处理?请用教师在幼儿园心理环境创设中作用进行分析。

五、活动设计题(本大题共1题,共30分)

16. 妈妈最近给4岁的湘军买了一辆磁铁小汽车,只要拿着一块磁铁条靠近小汽车,它就会自己动起来,湘军对这一现象非常感兴趣,于是老师抓住这些兴趣点,开展了一系列科学教育活动,请你以"磁铁小车"为主题设计一个科学区游戏活动。要求:写清楚游戏目标、游戏准备、游戏玩法及指导要点。

试卷第八套参考答案

一、单项选择题

1.【考点解析】答案是A。此题考的是最近发展区的概念。最近发展区是儿童独立解决问题的水平与在教师和同伴的帮助下所能达到的解决问题的水平之间的差距。

2.【考点解析】答案是B。此题考的是社会环境(主要是家庭环境)对婴幼儿发展的影响。

3.【考点解析】答案是C。此题考的是幼儿词汇发展的特点,幼儿把梨花也说成茉莉花,这是过度泛化的体现。

4.【考点解析】答案是B。本题考查考生对于幼儿思维经验性的理解。

5.【考点解析】答案是D。幼儿识记的特点是无意识记占优势,对儿童进行潜移默化的教育,正是利用了这一点。

6.【考点解析】答案是B。本题考查考生对于幼儿园教学方法的掌握。

7.【考点解析】答案是B。蛋白质是构成细胞和组织的重要物质。一般情况下,人体每天所需要的热量有10%～15%来源于蛋白质。

8.【考点解析】答案是C。教育内容的整合是幼儿教育整合的主要表现,也是一种最基本的整合。幼儿教育的整合最终总要体现在内容的整合上。

9.【考点解析】答案是C。《幼儿园工作规程》第五章"幼儿园的教育"第三十条。

10.【考点解析】答案是C。具体参考《指南》当中艺术领域"感受与欣赏"中年龄段典型表现。

二、简答题

11.【考点解析】本题考查考生对于幼儿思维考点的掌握。
【答案要点】
训练幼儿的思维,幼儿教师应从以下几方面入手:
(1)动手能力的培养。幼儿的思维是具体形象性占主导地位的思维,对事物的直接操作和直观认识,有助于幼儿思维的发展。教师应让幼儿积极参与教育环境的创设,多为幼儿准备可操作的材料,理解、支持幼儿的探索行为。
(2)鼓励幼儿多想多问。从三四岁开始,幼儿会经常问"是什么""为什么"的问题,好奇、爱问,是幼儿思维活动的具体表现。教师要为幼儿的思维活动创造宽松的氛围,对他们的提问给予积极的回应。
(3)根据幼儿思维过程的特点对幼儿思维进行培养。根据幼儿思维具体形象的特点进行教育,需要教师多采用直观、形象的方法,尽量避免抽象、空洞的说教。

12.【考点解析】蒙台梭利教育思想、教育内容及其教育方法。
【答案要点】
(1)基本教育思想。蒙台梭利以她广博的各学科知识为基础,在教育实践中逐步地形成了自己的教育理论。①发现儿童。蒙台梭利教育原理以"儿童生命"为其出发点,是关于"生命的原理"。她认为,教育的目的在于发现儿童"生命的法则",帮助儿童发展其生命。②吸收性心智。蒙台梭利提出了儿童感觉特别敏感期的理念。她归纳出以下几个敏感期：第一，秩序敏感期。从出生第一年就出现并持续到第二年。这是幼儿的一种内部的感觉，以区别各种物体之间的关系，而不是物体本身。第二，细节的敏感期。幼儿在1~2岁时会表现出对细节的敏感。他的注意力往往集中在最细小的细节上，如鞋子放到了鞋架的旁边，而没有放在鞋架上等。第三，行走的敏感期。这是在幼儿发展中最容易观察到的一个敏感期。第四，手的敏感期。幼儿会朝外界伸出小手，这个动作的最初推动力代表幼儿自我要进入外部世界之中。第五，语言敏感期。1岁左右幼儿开始学说话，他们所获得的语言是他们从周围环境中听到的。③自由的原则。蒙台梭利认为，要建立一种合乎科学的教育，其基本原则是使儿童获得自由，使儿童的天性得以自然的表现。

(2) 教育的基本内容。包括肌肉练习、日常生活训练、初步的知识教育以及文化历史教育。

(3) 教育方法。① 提供有准备的环境。在蒙台梭利学校中，每一个教师要根据儿童不同阶段身心发展的不同需要，设计出一个能够帮助儿童发展的"生命的、活动的真实环境"。所以，为幼儿提供一个适当的教育、生活环境是非常重要的。②教师。在蒙台梭利学校任教的教师被称为指导员。她们的教学任务有别于其他的学校。因为在这里，教师只要做到三点就够了，即：观察指导、示范、准备。③教具——活动材料。儿童的活动主要是通过教具进行的。教具是根据儿童身心特点及所需要的环境来设计的。总的来说，蒙台梭利的教育理论和方法，就是通过教育引起儿童的兴趣和自由活动，在活动中，使儿童形成一个生活集体，从这个集体中培养出真正的儿童，培养他们的责任感。

三、论述题

13.【考点解析】学前教育的方法运用。
【参考答案】
(1) 选择适合年龄特点的表扬奖励方式(2分)：小班孩子的表扬奖励更多地运用物质方面的。中、大班孩子的表扬奖励，慢慢转向精神为主(2分)；小班要及时表扬，大班表扬的时间点可以适时延长(2分)。
(2) 选择直接指向活动内容的表扬奖励方式(2分)。不同的学科应该采取不同的表扬奖励方式(2分)，表扬内容应该直接指向孩子具体的活动(2分)。
(3) 表扬奖励方式的个性化选择(2分)。能力强的幼儿：表扬少点、难度大的才表扬、要求严一点；胆小、自卑的幼儿：多表扬、及时表扬、要求宽松点；爱跑、爱闹的幼儿：发现闪光点，比如我们就要夸他身体强壮(每点2分，共6分，要适当举例)。

四、材料分析题

14.【考点解析】此题考查幼儿记忆的特点。
【答题要点】
(1) 许老师教幼儿学习古诗《咏鹅》，她让幼儿跟着她一句一句反复诵读这首诗。这时幼儿进行的是机械记忆。而张老师在教幼儿学习《咏鹅》时，为幼儿讲述诗句的涵义。这时幼儿进行的是意义记忆。这说明幼儿以意义记忆为主，意义记忆的效果优于机械记忆。
(2) 许老师教幼儿学习古诗《咏鹅》，她把诗句写在黑板上，这时幼儿进行的是语词记忆，而张老师在教幼儿学习《咏鹅》时，把故事绘制成图画，这时幼儿进行的是形象记忆，说明幼儿以形象记忆为主，形象记忆的效果优于语词记忆。

15.【考点解析】此题考查的教师在幼儿园心理环境创设中作用。
【答题要点】
(1) 教师是幼儿园环境创设中重要的人的要素，准备环境、控制环境、调整环境是教师在幼儿园环境创设中的重要作用的表现。
(2) 教师的态度与言行是其儿童观、教育观和教育素养的反映。教师的态度与言行是幼儿安全感的保障；教师的态度与言行是幼儿自我价值感形成的前提；教师的态度与言行是幼儿独立人格形成的条件之一。
(3) 如果教师过分看重自己的权威，当面临幼儿的质疑时，设法加以辩护，甚至对孩子表现出不好的态度，就会不利于孩子的探索，也不利于和谐精神环境的创设。

生活在温暖、支持气氛中的幼儿，容易形成积极的个性特征、良好的交往技能和学习成绩，这种精神环境也是幼儿创造性、道德、自尊心、社会行为以及使用工具的能力等方面发展的关键变量。因此,教师要肯定幼儿的想法,在表扬他们善于观察的同时,对幼儿做出适当的引导,引导他们寻找大蒜子还没有发芽,如会不会跟天气、季节有关等,以帮助幼儿学会对事物的质疑与探究,努力找出答案。

五、活动设计题

16.【考点解析】区域游戏活动的设计

【参考设计】幼儿园中班科学区游戏活动:磁铁小车

游戏目标:

1. 初步感知磁铁同性相斥、异性相吸的特性。
2. 尝试利用磁铁的特性,通过控制条形磁铁让磁铁小车动起来。
3. 用绘画的方式记录自己在玩磁铁小车时的发现。

游戏准备:

1. 将两根短吸管粘贴在一块条形磁铁上,分别将两组车轮其中一边的轮胎卸下,将连接轮胎的铁丝穿过吸管后,再将卸下的轮胎重新装好,制作磁铁小车。
2. 条形磁铁若干,装在筐中。
3. 白纸、彩色笔若干。

游戏玩法:

幼儿不用手触碰磁铁小车,尝试用条形磁铁控制磁铁小车前行或倒退。

指导要点:

1. 创设问题情境,引发探究兴趣:"这里有一种魔法棒(条形磁铁),不碰到小车就能让小车动起来,你们想试一试吗?"
2. 观察幼儿的探索方法。如,幼儿将条形磁铁与磁铁小车吸在一起,使小车动起来。如果幼儿长时间只停留于这种玩法,可引导幼儿再试一试其他方法,尝试不接触就驱动的"魔法"。又如,当幼儿发现条形磁铁一靠近小车就动的现象时,可鼓励幼儿改变磁铁移动速度,观察小车行驶速度的变化。再如,一名幼儿通过探索发现两辆小车前后排列时,移动其中一辆小车,另一辆小车也会跟着移动。只要是围绕磁铁特性的探索,教师不必干预,应允许幼儿有自己独特的探索方式。
3. 鼓励幼儿将自己的发现用绘画的方式进行表征,帮助幼儿用文字将自己的发现记录在画纸上。
4. 引导幼儿手持记录单与同伴进行经验交流,分享自己的发现。

延伸活动:

在大型纸盒内用即时贴贴出马路、停车场的标志线等,鼓励幼儿用"魔法棒"控制车的行驶方向,将车停进车位。

国家教师资格统一考试《保教知识与能力》（幼儿园）全真模拟试卷第九套及参考答案

一、**单项选择题（共10道题，每题3分，共30分）**

1. 儿童最初的动作是全身性的，以后动作逐渐分化，这种儿童动作发展的规律称为（ ）。
   A．从笼统到专门的规律　　　　　　　　B．大小规律
   C．粗细规律　　　　　　　　　　　　　D．从整体到局部的规律

2. 幼儿看着鱼缸里游来游去的金鱼，对妈妈说："金鱼也要去找他的妈妈了。"这是属于（ ）。
   A．经验性想象　　B．情境性想象　　C．愿望性想象　　D．拟人化想象

3. 关于幼儿语音的发展，下列哪一项的说法是错误的（ ）。
   A．儿童一般在4岁左右掌握本民族全部语音
   B．幼儿发音常常容易受到方言环境的影响
   C．声母发音正确率比韵母更高
   D．家长不能嘲笑幼儿的发音

4. 某幼儿喜欢与人交往，能用合理的方法解决同伴之间的矛盾，这体现了他在哪方面的智能比较突出（ ）。
   A．语言智能　　B．音乐智能　　C．内省智能　　D．人际智能

5. 为预防儿童期恐惧，可选用（ ）。
   A．系统脱敏法　　B．阳性强化法　　C．负强化法　　D．消退法

6. 幼儿教师晨间接待幼儿入园工作的重点是（ ）。
   A．提醒幼儿尽早进入学习状态　　　　　B．与家长交流，沟通情感
   C．检查孩子的身心状况　　　　　　　　D．督促孩子完成家庭作业

7. 区域活动的教育价值是附着在（ ）之上的。
   A．材料　　B．活动情景　　C．教师指导　　D．活动内容

8. 小班幼儿（ ）较差。
   A．音准　　B．节奏　　C．旋律　　D．歌词理解

9. 20世纪30年代，我国幼教界有"南陈北张"之称，即指南京有陈鹤琴，北京有（ ）。
   A．张学良　　B．张之洞　　C．张宗麟　　D．张雪门

10. 幼儿园以（ ）为基本活动。
    A．游戏　　B．教学　　C．生活　　D．学习

二、**简答题（本大题共两小题，每小题15分，共30分）**

11. 简述幼儿想象的夸张性。
12. 联系幼儿园实际谈谈如何做好小班幼儿入园教育工作。

三、**论述题（本大题1小题，共20分）**

13. 论述学前教育和小学教育的差异、学前儿童入学的不适应及如何做好幼小衔接工作。

四、**材料分析题（本大题共两小题，每小题20分，共40分），阅读材料并回答问题。**

14. 果果最大的兴趣爱好就是画画，在幼儿园的美术活动中她总是十分投入，无论是构图，还是颜色搭配，都超出了同年龄幼儿的一般水平，而且作品往往充满了想象力，别具一格。

依据加德纳的多元智能理论，果果在哪方面的智能发展比较突出？教师应如何对她进行有针对性的

教育？

15. 区域活动开始了,孩子们根据自己的喜好自由地选择了不同的区域开始玩游戏,教师发现创想区一个人也没有。于是说:"创想区谁愿意去玩啊?"可是没有人理睬。教师耐心地再次提高了嗓门:"今天谁愿意去玩纸箱啊?"这时,有一个幼儿举手说:"我去吧。"接着几个幼儿也陆续地响应去创想区玩。可是没一会儿创想区的游戏就结束了。见此情况教师就从头到尾把整个游戏的过程和玩法讲给了他们听,并给他们几个人分配了不同的角色,在教师的指导下创想区里的"纸箱加工厂"总算顺利地开展起来了。在区域活动进行到一半的时候,教师发现创想区里乱成一团,跑过去一看,孩子们正在玩"开小汽车"的游戏呢。看到教师来又赶紧玩起了纸箱,嘴里却不停地说"一点儿都不好玩"。

问题:请根据孩子们的反应对这位教师的游戏区设置是否合理进行分析,并提出建议。

五、活动设计题(本大题共1题,共30分)

16. 围绕蔬菜营养多的主题,设计一个幼儿园中班活动方案。包括活动目标、活动准备、活动过程、活动延伸。

试卷第九套参考答案

一、单项选择题

1. 【考点解析】答案是D。儿童最初的动作是全身性的、笼统性的、弥漫性的,以后动作逐渐分化、局部化、准确化和专门化,这种儿童动作发展的趋势称为从整体到局部的规律。

2. 【考点解析】答案是D。此题考的是拟人化想象的含义。这种想象是把非人类的物体拟人化。

3. 【考点解析】答案是C。此题考的是幼儿语音的发展特点,应当是韵母发音正确率比声母更高。

4. 【考点解析】答案是D。此题考的是多元智能理论的含义。具有良好的人际交往能力,合理解决同伴冲突,这是人际智能突出的表现。

5. 【考点解析】答案是A。系统脱敏法是常用的一种矫治儿童期恐惧的方法。

6. 【考点解析】答案是C。幼儿教师晨间接待幼儿入园工作的重点是检查孩子的身心状况。

7. 【考点解析】答案是A。区域活动的组织和指导,最主要的形式就是空间分割和材料投放。

8. 【考点解析】答案是A。小班幼儿音准较差。纠正的方法主要是多给幼儿听音高准确的范唱,也可以听准确的单音旋律,或者让幼儿跟着老师的范唱轻声唱。

9. 【考点解析】答案是D。此题考查的是我国著名的幼儿教育家张雪门。

10. 【考点分析】答案是A。出处请参考《幼儿园工作规程》第五章"幼儿园的教育"第二十五条。

二、简答题

11. 【考点解析】此题考查幼儿想象的夸张性。

【答题要点】

幼儿常常在想象时夸大或缩小事物的某些特征和细节。如幼儿画人物时,总是把人的头部画的特别大。这些夸大部分,常是幼儿印象深刻的部分。

另外,幼儿喜欢吹牛,也是想象夸张的表现。

12. 【考点解析】此题考查的幼儿园入园教育。

【答题要点】

幼儿园做好幼儿入园工作应注意:

(1)进行家访,了解、熟悉幼儿的基本情况,并使幼儿与教师之间建立初步的联系;

(2)发放调查问卷,了解新入园幼儿的情况及家长的需求;

(3)召开家长会,与家长沟通,求得家长的密切配合;

(4)参观幼儿园,引起幼儿对幼儿园的兴趣和向往;

(5)把握好幼儿入园的第一个月;

(6)分批接收幼儿入园;

(7)重点帮助有困难的孩子。

三、论述题

13.【考点解析】幼小衔接。

【参考答案】

(1) 学前教育与小学教育差异：学习环境的改变、生活制度的不同、师生关系的变化、儿童主导活动和学习方式不同、对儿童的教育要求不同。

(2) 学前儿童进入小学后不适应的表现：不适应课堂教学；不知道如何利用课间休息时间；对完成作业的不适应。

(3) 做好幼小衔接的方法：

① 加强儿童入小学适应所应具备的素质培养，包括主动性、独立性、人际交往能力的培养，规则意识和任务意识的培养，发展动作，增强体质，等等。

② 做好儿童入学前准备工作，缩小与小学差异的工作；开展适应小学的教育活动；隆重举行毕业典礼。

考生在回答时应适当展开。

四、材料分析题

14.【考点解析】此题考查多元智能理论在幼儿园教育中的运用。

【答题要点】

(1) 加德纳的多元智能理论反映了儿童在智力类型方面的差异。加德纳的研究指出，每个人至少有8种智力中心，即语言智力（智能）、逻辑或数学智力、音乐智力、空间或视觉智力、运动或身体智力、人际智力、内省智力、自然探索智力。这几种智力在不同幼儿身上的发展优势不同。而案例中的果果爱好画画，而且无论是构图，还是颜色搭配，都超出了同年龄幼儿的一般水平，充满想象力，说明她在视觉空间智能上发展得比较突出。

(2) 根据适宜性教学的资源利用模式，教师应当充分利用果果在视觉空间智能上的长处，为其提供机会去施展其绘画才华，如为幼儿举办小型画展，进一步挖掘她的绘画潜能。

15.【考点解析】区域活动设计与指导题。

【参考答案】

区域活动本身具有自由、自选、独立而协作的优势，可今天创想区在没有人的情况下，是老师介入，和幼儿商讨后幼儿才去游戏的。出现如此情况的原因如下：

(1) 投放的材料的问题。

① 在投放材料的过程中，发现幼儿的兴趣已经不高了，但没有及时地调整材料，材料比较单一。

② 投放材料时没有考虑到个体差异。

(2) 教师的指导。

在区域活动中，教师是观察者、引导者。教师支持、鼓励幼儿自发地探索和操作材料，根据幼儿在区域中的表现，随时给予一定的帮助、指导。

针对材料中的问题，提出以下建议：

(1) 对材料重新进行调整。

① 材料太单一，而且没有层次性，要进行观察、评估每个幼儿的发展状况，根据教育目标为不同发展水平的幼儿提供不同层次的材料，让幼儿在与材料的"互动"中积累各种经验。

② 针对幼儿的兴趣投放材料。随着幼儿游戏水平的提高，要及时进行补充、调整，根据幼儿的兴趣和需要，改进或摒弃不适合的材料，开发挖掘新材料，使投放的材料更具有针对性，更符合幼儿的发展水平。

(2) 在活动中发挥孩子的创造性。

在区域活动中，我们要注意为幼儿提供丰富多彩的、具有启发性的活动材料，从而解放幼儿的头脑和手脚，给予幼儿足够的自由度，使幼儿充分地表现自我，勇于创新。

(3) 指导要得当、适时、有针对性。

在观察指导的时候，要给幼儿一定的空间去发挥，给他们宽松的环境去讲述他们的需求、困难等。要仔细倾听幼儿的"秘密"，要站在孩子的视角去想、看问题，这样才能更有效地推进幼儿游戏。

五、活动设计题

16.【考点解析】活动设计,考查的是健康领域,也可算科学领域内容。

【参考设计】中班健康教育活动《蔬菜营养多》

活动目标:

1. 通过猜谜激发幼儿的探究兴趣,让幼儿知道植物的身体是由根、茎、叶、花、果实五部分组成。
2. 了解各种蔬菜的食用部位,尝试按食用部位对蔬菜进行分类。
3. 知道多吃蔬菜身体好。

活动准备:

1. 知识经验准备:与爸爸妈妈一起搜集整理有关蔬菜的种类、相关知识。
2. 材料准备:各种蔬菜食物若干、挂图、卡片若干、录音设备(如智能手机)、胡萝卜雕刻印章、橡皮泥、泥工板、白纸若干、剪刀等工具。
3. 环境创设:在班级布置一个蔬菜展示角,提供一些真实常见的和不常见的蔬菜。

活动过程:

(一) 通过请出"蔬菜宝宝"激发幼儿探究兴趣。

1. "小朋友们,今天老师请来了许多的蔬菜宝宝来我们班上做客,让我们来瞧一瞧它们到底是谁。"
2. 幼儿观看各种蔬菜实物。提问:你们认识这些蔬菜宝宝吗?你喜欢哪一种蔬菜?为什么?喜欢吃哪一部位?为什么喜欢吃?
3. 出示一副植物生长图(马铃薯),知道植物的身体是由(根、茎、叶、花、果实)五部分组成。

教师小结:不同的植物我们吃它们身体的不同部分,植物身体的根、茎、叶、花、果实对我们的身体是有很多帮助的。

(二) 猜谜语,逐一出示各种蔬菜宝宝,通过猜谜游戏了解蔬菜能吃的部分不一样。

1. 白漆桶,地下埋,绿的叶子顶上载,切开白漆桶,清甜可口好小菜。(白萝卜)提问:

(1) 说一说白萝卜的样子?(形状、颜色)
(2) 我们应该吃它的哪一部分?
(3) (根)还有什么蔬菜我们可以吃它的根?(胡萝卜)

教师小结:因为白萝卜的营养可丰富了,可以凉拌吃,可以炒菜,可以煮着吃,吃了还可以使皮肤白净,还含有丰富的维生素 C。

2. 瘦长的身材,翠绿的皮肤,全身是疙瘩,丑了自己美了别人。(黄瓜)

提问:

(1) 那我们应该吃黄瓜的哪一部分?(果实)
(2) 还有什么蔬菜是吃它的果实部分?(西红柿、茄子、辣椒)

教师小结:黄瓜是绿色的,形状弯弯的,味道香甜,可以生吃,含有丰富的维生素 E,吃了可以降火,还可以解渴,对我们的身体有很大的帮助。

3. 你们看看,这是什么蔬菜?(白菜)教师说说白菜的样子。

提问:

(1) 请小朋友想想,我们吃的是白菜的哪一部分?你们知道吗?(叶)(2)还有什么蔬菜我们吃它的叶啊?(青菜、菠菜)

教师小结:因为白菜的叶和茎是连在一起的,它的茎和叶都可以吃,所以平时我们吃的白菜都是把叶和茎煮了一起吃。

4. 这是什么?(土豆)教师介绍土豆:发芽的土豆含有毒素,不能吃,如果芽很小,可以把芽和周围的肉削干净,才可以吃,它是长在土里的。

提问:

(1) 我们吃土豆的哪一部分?(茎)
(2) 还有什么蔬菜吃它的茎啊?(洋葱、芹菜)

(三) 考考小朋友,老师这里有好多蔬菜卡片,请小朋友们帮助蔬菜分类,把吃的部分相同的蔬菜归一类,比如白萝卜吃它的根,那就在卡片中找找和它一样是吃"根"部分的蔬菜归类到这组。教师小结:蔬菜营养丰富,各种颜色的蔬菜都含有多种维生素,多吃蔬菜有助于身体健康,能使我们长得更高更快更聪明,因此平时不能挑食。

（四）游戏。请个别幼儿表演,给每个幼儿提供一个蔬菜卡片,让幼儿根据蔬菜的体征找朋友,看看自己手上的蔬菜卡片是吃它的哪个部分的,然后听音乐找朋友,并能自由地、夸张地表现可爱的蔬菜在跳舞。

（五）品尝蔬菜。教师出示用西红柿、黄瓜、胡萝卜、土豆做的各种沙拉,请幼儿品尝,让幼儿边品尝边讲讲口感如何,逐步意识到多吃蔬菜营养好的道理,从而自己做到不挑食,使身体长得更棒。

（六）分组美工创作:

1. 画蔬菜;2. 泥工蔬菜;3. 给蔬菜涂色;4. 剪贴蔬菜（分类）;5. 蔬菜拼贴。

活动结束,展示作品。

延伸活动:

在植物角让孩子参与照顾种植区的蔬菜,下次的活动中展示幼儿的劳动成果和观察植物的生长过程记录。

国家教师资格统一考试《保教知识与能力》（幼儿园）全真模拟试卷第十套及参考答案

一、单项选择题（共10道题，每题3分，共30分）

1. 婴儿动作发展的一般顺序是（　　）。
   A. 翻身、抬头、坐、爬、站、走　　　　B. 抬头、翻身、坐、爬、站、走
   C. 抬头、翻身、坐、站、爬、走　　　　D. 抬头、坐、翻身、爬、站、走

2. 某幼儿在玩区域活动时不喜欢被别人打扰，喜欢独自学习。这说明他的认识风格是属于（　　）。
   A. 场独立型　　B. 场依存型　　C. 冲动型　　D. 沉思型

3. 有研究发现，在幼儿2~4岁时，若对于幼儿的秩序意识给予适当的指导，幼儿将会形成良好的秩序感。但如果错过了这个时期，就会产生难以补救的影响，这反映的正是（　　）。
   A. 最近发展区　　B. 关键期　　C. 客体永久性　　D. 图式

4. 幼儿听教师讲《小猪变形记》的故事，脑海中浮现出小猪模仿其他小动物的情景，这属于（　　）。
   A. 回忆　　B. 知觉　　C. 再造想象　　D. 创造想象

5. 在幼儿园实践中某些教师认为幼儿进餐、睡眠、午点等是保育，只有上课才是传授知识，发展智力的唯一途径，不注意利用各环节的教育价值，这种做法违反了（　　）。
   A. 发挥一日生活的整体功能原则　　B. 重视年龄特点和个体差异原则
   C. 尊重儿童原则　　D. 实践性原则

6. 创办了世界上第一所幼儿园，被世人誉为"幼儿教育之父"的人是（　　）。
   A. 裴斯泰洛齐　　B. 福禄贝尔　　C. 卢梭　　D. 洛克

7. 游戏的心理结构包括哪两种成分？（　　）
   A. 认知与情感　　B. 认知与行为　　C. 情感与意志　　D. 意志与行为

8. （　　）法是幼儿美术欣赏的基本方法。
   A. 演示　　B. 示范　　C. 对话　　D. 情景

9. 某中班一次美术活动"画熊猫"，教师制定的目标之一是：让幼儿掌握画圆和椭圆的技能。这一目标属于幼儿园的（　　）。
   A. 中期目标　　B. 近期目标　　C. 活动目标　　D. 远期目标

10. （　　）是重要的评价信息和改进工作的依据。
    A. 幼儿的行为表现和发展变化　　B. 园长的评价
    C. 家长的反馈信息　　D. 专家评课的结论

二、简答题（本大题共两小题，每小题15分，共30分）

11. 简述幼儿攻击性行为的特点。

12. 幼儿心理健康教育应注意哪些问题？

三、论述题（本大题1小题，共20分）

13. 论述如何帮助幼儿养成良好的语言行为习惯？

四、材料分析题（本大题共两小题，每小题20分，共40分），阅读材料并回答问题。

14. 小刚是一个留守儿童，父母都在外地打工，平时他的生活都由爷爷来照顾，爷爷对他十分溺爱，无论什么要求都会满足他。小刚在幼儿园总是脾气暴躁，霸道任性，很难与人亲近。结合材料分析，该例反映了哪一因素对幼儿心理发展的影响。

15. 游戏一开始,平锋和翔翔就跑到自制区,想制作老师刚刚介绍的"坦克"。在制作"炮筒"时,他们想用吸管插到塑料瓶中当炮筒,可是瓶口粗吸管插入瓶子中马上就掉进去了。平锋说:"那就不要炮筒了。"翔翔说:"那好吧。"这时在一旁观看的老师笑着对他们说:"没有炮筒的坦克怎么发射炮弹呢?"于是两个孩子又重新考虑如何不让吸管掉下去,试了几次,还是不成功,孩子又发出求助的目光,教师没有直接帮助,而是反问幼儿:"为什么吸管会掉下去?用什么办法能让瓶口变细?"孩子们发现了问题,寻找材料,反复尝试,用橡皮泥塞进瓶口,终于取得了成功。

问题:结合上述材料,分析教师在游戏活动中的作用。

五、活动设计题(本大题共1题,共30分)

16. 人们按照一定的规律去更有效地认识世界,幼儿也很早就识别了规律,例如他们会按照一定的规律涂色,会按照一定的规律串珠,在数学中我们称这种有规律的重复为模式,请设计一个中班模式排序活动(按规律排序)。

试卷第十套参考答案

一、单项选择题

1. 【考点解析】答案是B。婴儿动作发展的一般是按照抬头、翻身、坐、爬、站、走的顺序来发展。
2. 【考点解析】答案是A。此题考的是场独立型的涵义。学习不容易受到周围环境的影响,这是属于场独立型。
3. 【考点解析】答案是B。此题考的是关键期的概念。儿童心理发展的关键期指某些行为或心理机能在发展的某一特定时期,在适当条件下才会出现,若在这一时期给予适当的激发,该项机能就会得以迅速发展。如果错过了这个时期,将对儿童以后的发展产生难以补救的影响。
4. 【考点解析】答案是C。此题考的是再造想象的涵义。再造现象是根据语言描述,在头脑中形成新形象。听故事时浮现出相应的形象是再造想象。
5. 【考点解析】答案是A。此题考的是幼儿园的教育原则。
6. 【考点解析】答案是B。此题考的是福禄贝尔的贡献。
7. 【考点解析】答案是A。每个游戏都有认知和情感两种成分,其外部行为表现主要有语言和行动两种。
8. 【考点解析】答案是C。对话法——学前儿童美术欣赏的基本方法。对话法是指儿童美术欣赏活动中,教师、儿童、美术作品三者之间展开讨论、交流的一种方法。
9. 【考点解析】答案是C。此题考查的是教育目标的类型。
10. 【考点分析】答案是A。《幼儿园教育指导纲要(试行)》第四部分第六点明确规定:幼儿的行为表现和发展变化具有重要的评价意义,教师应视之为重要的评价信息和改进工作的依据。

二、简答题

11. 【考点解析】此题考查的是幼儿社会性行为(攻击性行为)的特点。

【答题要点】

(1) 幼儿发生攻击行为的频率较高。争玩具、争游戏角色、无意攻击、报复性攻击等,是产生攻击性行为的主要原因。另外,活动空间狭窄、游戏材料不足也是引起幼儿攻击性行为的重要因素。

(2) 从工具性攻击向敌意性攻击转化。小班幼儿的工具性攻击行为多于敌意性攻击行为,而大班幼儿的敌意性攻击显著多于工具性攻击。

(3) 幼儿多是身体上的攻击,而不是言语的攻击。发展的总趋势是身体上的攻击逐渐减少,言语攻击相对增多。

(4) 幼儿的攻击性行为存在明显的性别差异。男孩比女孩更容易在受到攻击后发动报复行为。

12. 【考点解析】此题考查的是幼儿心理健康教育。

【答题要点】

(1) 提高家长和教师的心理素质;

(2)把幼儿心理健康教育渗透在日常生活中；
(3)及时发现问题，适时疏导；
(4)尊重幼儿人格，不要妄下结论；
(5)整合幼儿园、家庭和社会的教育影响，家园教育同步。
每点要适当展开。

三、论述题

13.【考点解析】对《3~6岁儿童学习与发展指南》语言领域的子领域"倾听与表达"中的"目标3 具有文明的语言习惯"的教育建议之领会与运用。

【答题要点】

(1)结合情景提醒幼儿一些必要的交流礼节。如对长辈说话要有礼貌，客人来访时要打招呼，得到帮助时要说谢谢等。

(2)提醒幼儿遵守集体生活的语言规则，如要轮流发言，不随意打断别人讲话等。

(3)提醒幼儿注意公共场所的语言文明，如不大声喧哗。

结合例子说明。

四、材料分析题

14.【考点解析】此题考查幼儿发展的影响因素。

【答题要点】

(1)该例反映了家庭环境因素对儿童心理发展的影响。

(2)小刚是一个留守儿童，父母都在外地打工，由爷爷照顾他的生活。这是一个典型的隔代抚养的模式，缺乏父爱和母爱，容易导致孩子变得冷漠、脾气暴躁，无法与人亲近。而另一方面，由于爷爷过分溺爱，他变得特别霸道任性。这些体现的正是家庭结构、家长教养方式对儿童心理发展的影响。

15.【考点解析】此题考教师对游戏的指导。

【参考答案】

(1)教师要成为幼儿游戏活动的支持者、引导者、观察者。

在上面的案例中，在平锋和翔翔将要放弃游戏时，教师及时对幼儿的表现进行鼓励，教师肯定的眼神、赞赏的微笑、亲切的动作激发了幼儿解决问题的愿望。

(2)教师必须根据幼儿游戏方式的变化，灵活地转变自己的角色。

① 幼儿是游戏活动的主体，每个幼儿都可能形成自己独特的表现方式，这一过程是教师不应当直接干涉的。在活动的过程中，教师是一个不干扰幼儿活动的观察者。

② 当观察到幼儿需要帮助时，教师马上转变为指导者的角色，积极应答和满足幼儿需要。

五、活动设计题

16.【考点解析】数学活动的设计，按规律排序。

【参考设计】中班数学活动《我来排一排》

活动目标：

1. 乐意用语言表达自己的观察和发现，体验成功感。
2. 理解并善于发现物体简单的模式排列规律，尝试按一定的规律进行排序。
3. 能选择合适的材料表现物体排列的不同规律。

活动准备：

1. 知识经验准备：幼儿有一定的粘、穿等动手的技能；已经学习过相关歌曲。
2. 活动材料准备：男女剪纸娃娃、公园情景图一幅；播放设备及音乐《郊游》、《苹果丰收》；两种颜色花的图片；线和珠子；花和环。

活动过程：

1. 站队：发现男女间隔排队的规律。

出示两组剪纸娃娃站队的图片：一组男女间隔站队剪纸娃娃，另一组男女自由站队剪纸娃娃。

幼儿观察，讲述男女间隔排队的不同方法。

游戏：我们来排队。

请幼儿在游戏中幼儿亲自体验男女间隔排队的方法。(在音乐《郊游》中，幼儿按要求进行排队。事后，老师请四个幼儿作排头，用报数的形式自我检查排队是否正确，如男女男女。)

思考：你还会怎样排队？(鼓励幼儿说出按女男女男的方法排队。)

师生小结：这样按一定的规律排队，队伍显得很整齐。

2. 活动身体：鼓励幼儿尝试用不同的身体动作来表现排列的方法。

如：拍手拍肩拍手拍肩、点头跺脚点头跺脚等。

3. 借助公园情景图，请幼儿参观：发现公园景物的不同排列规律。

引导幼儿观察，说一说公园里有什么。

请幼儿讲出公园景物的排列方法，如两棵树三朵花两棵树三朵花等。

请幼儿用动作来告诉大家公园景物的排列方法。

4. 我为公园做点事：鼓励幼儿尝试创造新的排列方法。

介绍公园里新来的鲜花。

思考：你想按什么样的规律摆放它们？

幼儿人手一份操作卡，鼓励他们排出新规律。

与同伴分享交流自己与众不同的排列规律。

5. 欢乐郊游：请幼儿自选材料进行排列装饰后来打扮自己，并进行表演。

教师介绍材料及要求：做花环。(用两种颜色的花有规律地贴在环上)；做手链、项链。(用两种或三种颜色的珠子有规律地穿在线上。)

幼儿自选，分组操作。

幼儿相互欣赏作品并进行表演。

活动延伸：

提供更多的材料，放置于活动区中，便于幼儿自由选择并练习模式排序。

鼓励幼儿留心观察生活中不同的模式排序。

第三部分

国家教师资格统一考试《保教知识与能力》(幼儿园)历年真题

打开网站 www.fudanxueqian.com,搜索《保教知识与能力·考点精练与备考指南》,在"资源"列表中下载。或扫以下二维码下载:

2011年11月全国教师资格考试《保教知识与能力》(幼儿园)真题及参考答案

真题二维码　　　　　参考答案二维码

2012年上半年全国教师资格考试《保教知识与能力》(幼儿园)真题及参考答案

真题二维码　　　　　参考答案二维码

2012年下半年全国教师资格考试《保教知识与能力》(幼儿园)真题及参考答案

真题二维码　　　　　参考答案二维码

2013年上半年全国教师资格考试《保教知识与能力》(幼儿园)真题及参考答案

真题二维码　　　　　参考答案二维码

2013年下半年全国教师资格考试《保教知识与能力》(幼儿园)真题及参考答案

真题二维码　　　　　参考答案二维码

2014年上半年全国教师资格考试《保教知识与能力》(幼儿园)真题及参考答案

真题二维码

参考答案二维码

2014年下半年全国教师资格考试《保教知识与能力》(幼儿园)真题及参考答案

真题二维码

参考答案二维码

2015年上半年全国教师资格考试《保教知识与能力》(幼儿园)真题及参考答案

真题二维码

参考答案二维码

2015年下半年全国教师资格考试《保教知识与能力》(幼儿园)真题及参考答案

真题二维码

参考答案二维码

2016年上半年全国教师资格考试《保教知识与能力》(幼儿园)真题及参考答案

真题二维码

参考答案二维码

主要参考书目

[1] 洪秀敏,金芳,刘宏旭.保教知识与能力.上海:华东师范大学出版社,2015.
[2] 王卫东,李建,传习.保教知识与能力考试标准与考试大纲解读.上海:华东师范大学出版社,2015.
[3] 麦少美,高秀欣.学前卫生学.上海:复旦大学出版社,2010.
[4] 陈帼眉.学前心理学.北京:人民教育出版社,2003.
[5] 郑健成.学前教育学.上海:复旦大学出版社,2014.